# 魏光燾集 六

杜宏春　高彬彬　整理

岳麓書社·长沙

# 目　　录

## 奏议　东南卷二

**光绪三十一年（1905）**

## 外交函牍

**光绪二十八年（1902）**

**光绪三十一年（1905）**

**附录**

# 奏议　东南卷二

# 光绪三十年（1904）

## 1811. 奏报东台令何元泰留省学习折

光绪三十年八月初五日（1904年9月14日）

头品顶戴两江总督臣魏光焘、头品顶戴调署江苏巡抚湖北巡抚臣端方跪奏，为新选实缺知县请暂行留省学习，恭折具陈，仰祈圣鉴事。

窃照定例：遴选人员留省察看及委派差使，应随时奏咨立案。兹据江宁布政使黄建筦详称：新选东台县知县何元泰，于光绪三十年二月初六日到省缴凭。查该员于外省吏治、民情尚欠谙练，现经留省派委江宁府谳局，随同帮审案件，以资学习。俟情形稍熟，再饬赴任等情。详请具奏前来。

臣等覆查无异，除批饬遵照外，谨合词恭折具奏。伏乞皇太后、皇上圣鉴。谨奏。八月初五日。

光绪三十年九月初一日，奉朱批：吏部知道。钦此。①

## 1812. 奏报编改南洋军制酌定办法折

光绪三十年八月初七日（1904年9月16日）

头品顶戴两江总督臣魏光焘跪奏，为编改南洋军制，酌定办法，先行开练大概情形，恭折仰祈圣鉴事。

---

①台北故宫博物院藏：《军机及宫中档》，文献编号：163176。

窃臣恭读光绪二十七年七月三十日上谕：各省制兵、防勇，积弊甚深，着将原有各营严行裁汰，精选若干营，分为常备、续备、巡警等军，一律操习新式枪炮，认真训练等因。钦此。上年，复简派重臣特设练兵处于京师总汇之区，以期将全国兵制务在整齐画一。仰见朝廷整军经武，力图自强，是各省编改军制，实为今日讲求戎政要图，必不可缓。

臣自履任江南，查考营制、饷章，即思参仿日本师团成法，从新改定，但调查匪易，经理需才，乃豫选各营员弁，逐日附入将备学堂研究战术，又分遣文武将士亲赴日本阅操，或留东学习，用资考镜；并遴派陆师学堂及外洋回国毕业高等学生分带营旗，作为试办。期年以来，各处风气渐开，考求亦渐得条理，亟宜趁此将全省军制一律改编，俾与练兵处办法无甚参差，而与直、鄂联为一气。

查江南各军二十七年间虽经前督臣刘坤一奏改为常备、续备等军，然仅立名目，未更制度。惟自强军十一营系新制、新操，自二十七年调赴山东后，旋归北洋训练，迄未回防。现在南洋所有各军计常备兵十二营二旗六千五百七十二员名，续备兵二十六营十七旗一哨一万三千八百五十一员名，武威新军兵六营二旗三千五百七十二员名，总共二万三千九百九十五员名。臣统筹全局，仅拟分立二军，江南为一军、江北为一军。其制每军步兵两镇，镇分两协，协分两标，标分三营，营分四哨，哨分三排，排分三棚；另炮兵一协，骑、工、辎重兵各一标，计步兵每棚一十二人，两镇八百六十四棚，正兵一万三百六十八人；骑、炮、工、辎亦每棚一十二人，标或三营、两营，均两两分配，以备可分可合，有事分拨两镇，无事合练一处。大抵仿照北洋办法，而以南北地形不同，故骑兵独少。臣先就常备左、右两军，并续备护军正四旗兵数，在江南练第一镇。嗣左军奉调赴湘，故目前已开练者，计步兵一协，炮、骑、工各一营，并在江宁城北地方建造新式营房数所，于本年夏间落成，檄调新兵驻扎，就场操演，规模业已粗备，一俟左军回防第一镇练兵，即可足额，再就武威新军加拨他营，从中挑选，在镇江开练第二镇，并补足骑、炮、工、辎全额。江南一军，应可完全。

江北一军，应就清江练第三镇、徐州练第四镇，骑、炮、工、辎亦分配足额，如江南军。此一军兵数除徐防各营略可备用从严汰留外，应全仿北洋章程，专募土著，统计一军步、骑、炮、工、辎战兵，凡一万七千一百九十四名；加入员弁、匠役、伙夫等，全军凡二万六十八员名，岁需饷项银一百六十六万八千四百九十八两。因各兵衣、靴、巾、帽等项业经开列在内，故杂用较少，计需银十七万以外。共计全军各项岁饷应不过一百八十四万两。以人数、饷数参互比较，视北洋为数已省，视湖北比例等而增入。全军总统开支各款银三万四百八十两，是江南制度比湖北为备，而饷数比较仍属有减无增。就江南现有各防营饷数核算，足抵一军之需。其江北一军，则须全数另行筹出，若在铜元项下添机增局，多获盈余，再于两淮盐务各口米厘办理得宜，筹措尚易。

惟是立法非人不行，江南旧设营务处，亟应趁此扫除旧制，另启新规，拟仿北洋设参谋、执法、督操三所，仿湖北设立经理一所，各派专员分司其事，以知兵道员总之，并选派在外国陆军各学校暨江南陆师将备学堂毕业生，以备顾问而资阅历。现因人材缺乏，故于两镇、五协、十三标等处参谋官皆未拟设，将来全军编成后，似可即以此项学生，按其程度浅深，分派各处。惟是一军、两镇，已隐合日本两师团之制，徒以经费支绌，故战兵额数仅能比一师团；骑、炮、工、辎需费较多，故所定兵额尤少。此为惜费起见，战时必须将五项一律增加，则一军可得两军之用。

惟外国所以能行此法者，恃有续备、后备等兵，以备临时征调。中国此时甫议编改，办理尤难。江南风气尚文，中兴以来，为湘军百战之地，强弱之间，虽自殊异；主客之势，业已混成。将来此新立两军，常备三年退为续备之时，应体察情形，或仍于湘、淮，或于江北淮、徐各地选募补成，择其身家、年力合格者，由州县立册保送，退伍时仍归原籍，有事按籍而调，刻日即可成军，庶无从前逃溃、乌合之弊，而为临战增添足额之需。

以上各办法皆系粗拟条规，所有未尽详细事宜，应随时奏陈办理。谨将拟改南洋营制、饷章，缮册开呈御览。伏请敕下练兵处核议施行。所有议改军制并目下先行开练缘由，谨恭折具陈。伏乞皇太后、皇上圣鉴训示。谨奏。光绪三十年八月初七日。

（朱批：）练兵处知道，单并发。①

光绪三十年八月二十八日，奉朱批：练兵处知道，单并发。钦此。②



【案】此案旋经练兵处核议，并以窒碍难行附片具奏，曰：

再，本年八月二十八日，准军机处钞交两江总督魏光焘奏，编改南洋军制一折，奉朱批：练兵处知道，单并发。钦此。臣等将单开编制各条复加详核，与奏定新章不无缺漏，且原奏所称江南拟练第一、第二镇，江北拟练第三、第四镇，分立二军等语。此时镇数未定，暂可不必编军，前经臣等奏准各省编立镇数，按成镇先后依次排列，俾之同条共贯，脉络相联。今该督拟设江南两镇，系就常备、续备、武威等军增改，目前尚未足额；江北两镇则汰留徐防各营，其余尚须招募，尤应熟察情形，妥为筹画，毋令参差糅杂，俟各镇陆续编成、规模完备后，再行按照臣等前奏，排列镇数，俾免两歧。

现议覆湖广总督张之洞奏编湖北军制，请令遵照钦定章程，认真举办。南洋事同一律，并请饬下现署两江督臣遵照新章，切实办理，以符定章，而昭画一。所有南洋军制拟请饬照新章办理缘由，谨附片具陈。伏乞圣鉴。谨奏。③

①台北故宫博物院藏：《军机及宫中档》，文献编号：408007417。
②台北故宫博物院藏：《军机及宫中档》，文献编号：163037。
③台北故宫博物院藏：《军机及宫中档》，文献编号：163998。

## 1813. 呈编改南洋军制酌定办法清单

光绪三十年八月初七日（1904年9月16日）

谨将筹改江南军制、薪饷数目，缮具清单，恭呈御览。

计开

全军

总统一员，每月公费银五百两，薪水银五百两；文案二员，每月薪水银各五十两；随员四员，每月薪水银各四十两；稽查差遣二十员，每月薪水银各三十两；清书八名，每月工食银各八两；差弁十二名，每月工食银各十两；护勇一百名，每月饷银各四两；衣、靴、巾、帽一百二十分，每分银八钱，每月共银九十六两。一军每月共银二千五百四十两，每年共银三万四百八十两。

步兵每镇

镇统一员，每月公费银三百两，薪水银三百两；文案二员，每月薪水银各三十两；委员二员，每月薪水银各三十两；差弁四名，每月工食银各七两；清书二名，每月工食银各七两；护勇十六名，每月饷银各四两；衣、靴、巾、帽二十二分，每分八钱，每月共银十七两六钱。每镇每月共支银八百四十三两六钱，每年共支银一万一百二十三两二钱。共两镇，每月共支银一千六百八十七两二钱，每年共支银二万二百四十六两四钱。

每镇分两协

每协协统一员，每月公费银二百两，薪水银二百两；文案二员，每月薪水银各三十两；委员二员，每月薪水银各三十两；差弁二名，每月工食银各七两；清书二名，每月工食银各七两；护勇十四名，每月饷银各四两；衣、靴、巾、帽十八分，每分银八钱，每月共银一十四两四钱。每协每月共银六百一十八两四钱，每年共银七千四百二十两八钱。共四协，每月共银二千四百七十三两六钱，每年共银二万九千六百八十三两二钱。

每协分两标

每标督带一员，每月公费银二百两，薪水银一百两；文案一员，每月薪水银二十五两；令旗官一员，每月薪水银一十六两；清书二名，每月工食银各七两；护勇十二名，每月饷银各四两；衣、靴、巾、帽十四分，每分银八钱，每月共银十一两二钱。每标每月共银四百三十九两二钱，每年共银五千二百七十两四钱。共八标，每月共银三千五百十三两六钱，每年共银四万二千一百六十三两二钱。

每标分三营

每营管带一员，每月公费银一百五十两，薪水银五十两；文案一员，每月薪水银二十两；委员一员，每月薪水银二十两；军医一员，每月薪水银二十两；医役四名，每月饷银各四两五钱；书识二名，每月工食银各七两；号目一名，每月饷银六两；号兵八名，每月饷银各五两；护勇八名，每月饷银各四两；修枪匠二名，每月饷银各八两；缝匠一名，每月饷银五两；衣、靴、巾、帽二十六分，每分银八钱，每月共银二十两八钱。每营每月共银四百一十一两八钱，每年共银四千九百四十一两六钱。共二十四营，每月共银九千八百八十三两二钱，每年共银十一万八千五百九十八两四钱。

每营分四哨

每哨哨官一员，每月薪水银三十两；书识一名，每月工食银七两；护勇四名，每月饷银各四两；伙夫一名，每月饷银三两三钱；衣、靴、巾、帽五分半，每分银八钱，每月共银四两四钱；每哨每月共银六十两七钱，每年共银七百二十八两四钱。共九十六哨，每月共银五千八百二十七两二钱，每年共银六万九千九百二十六两四钱。

每哨分三排

每排排长一员，每月薪水银二十两；每排每月共银二十两，每年共银二百四十两。共二百八十八排，每月共银六万九千一百二十两。

每排分三棚

每棚正棚目一名，每月饷银五两五钱；正兵十二名，每月饷银各四两二钱；伙夫一名，每月饷银三两三钱；衣、靴、巾、帽十三分半，每分银八钱，每月共银十两八钱。每棚每月共银七十两，每年共银八百四十两。共八百六十四棚，每月共银六万四百八十两，每年共银七十二万五千七百六十两。

以上步兵两镇薪饷，每年共银一百十万五千九百七十七两六钱。

炮兵每协

协统一员，每月公费银二百两，薪水银二百两；文案二员，每月薪水银各三十两；委员二员，每月薪水银各三十两；差弁二名，每月工食银各七两；清书二名，每月工食银各七两；护勇十四名，每月饷银各四两；衣、靴、巾、帽共十八分，每分银八钱，每月共银十四两四钱。一协每月共银六百十八两四钱，每年共银七千四百二十两八钱。

每协分两标

每标督带一员，每月公费银二百两；薪水银一百两；文案一员，每月薪水银二十五两；委员一员，每月薪水银二十五两；令旗官一员，每月薪水银十六两；清书二名，每月工食银各七两；护勇十二名，每月饷银各四两；衣、靴、巾、帽共十四分，每分银八钱，每月共银十一两二钱。每标每月共银四百三十九两二钱，每年共银五千二百七十两四钱。共两标，每月共银八百七十八两四钱，每年共银一万五百四十两八钱。

两标分六营

陆路炮四营

每营管带一员，每月公费银一百五十两，薪水银五十两；文案一员，每月薪水银二十两；委员一员，每月薪水银二十两；军医一员，每月薪水银二十两；号目一名，每月饷银六两、马干银三两；号兵六名，每月饷银各五两，马干银三两；书识二名，每月工食银各七两；马医一名，每月工食银八两；医役三名，每月饷银各四两五钱；木匠一名，每月饷银五两；铁匠二名，每月饷银各五两；鞍匠二名，每月饷银各五两；缝匠二名，每月饷银各五两；护勇八名，每月饷银各四两；衣、靴、巾、帽共二十八分，每分银八钱，每月共银二十二两四钱；炮十八尊，每月擦费银各五两；拉炮车马二百十六匹，每月马干银各三两。每营每月共银一千一百七十九两九钱，每年共银一万四千一百五十八两八钱。共四营，每月共银四千七百一十九两六钱，每年共银五万六千六百三十五两二钱。



每营分三哨

每哨哨官一员，每月薪水银三十两，马干银四两；书识一名，每月工食银七两；护勇四名，每月饷银各四两；伙夫一名，每月饷银三两三钱；衣、靴、巾、帽五分半，每分银八钱，每月共银四两四钱。每哨每月共银六十四两七钱，每年共银七百七十六两四钱。共十二哨，每月共银七百七十六两四钱，每年共银九千三百十六两八钱。

每哨分三排

每排排长一员，每月薪水银二十两，马干银三两。每排每月共银二十三两，每年共银二百七十六两。共三十六排，每月共银八百二十八两，每年共银九千九百三十六两。

每排分三棚

每棚棚目一名，每月饷银五两五钱；正兵十二名，每月饷银各四两五钱；伙夫一名，每月饷银三两三钱；衣、靴、巾、帽十三分半，每分银八钱，每月共银十两八钱。每棚每月共银七十三两六钱，每年共银八百八十三两二钱。共一百八棚，每月共银七千九百四十八两八钱，每年共银九万五千三百八十五两六钱。

过山炮两营

每营管带一员，每月公费银一百五十两，薪水银五十两；文案一员，每月薪水银二十两；委员一员，每月薪水银二十两；军督一员，每月薪水银二十两；号目一名，每月饷银六两，马干银三两；号兵六名，每月饷银各五两，马干银各三两；书识二名，每月工食银各七两；马医一名，每月工食银八两；医役三名，每月饷银各四两五钱；木匠二名，每月饷银各五两；铁匠二名，每月饷银各五两；鞍匠二名，每月饷银各五两；缝匠二名，每月饷银各五两；护勇八名，每月饷银各四两；衣、靴、巾、帽二十八分，每分银八钱，每月共银二十二两四钱。炮十八尊，每月擦费银各五两；驼炮马一百四十四匹，每月马干银各三两。每营每月共银九百六十八两九钱。共两营，每月共银一千九百三十七两八钱，每年共银二万三千二百五十三两六钱。

每营分三哨

每哨哨官一员，每月薪水银三十两，马干银四两；书识一名，每月工食银七两；护勇四名，每月饷银各四两；伙夫一名，每月饷银三两三钱；衣、靴、巾、帽五分半，每分银八钱，每月共银四两四钱。每哨每月共银六十四两七钱，每年共银七百七十六两四钱。共六哨，每月共银三百八十八两二钱，每年共银四千六百五十八两四钱。

每哨分三排

每排排长一员，每月薪水银二十两，马干银三两。每排每月共银二十三两，每年共银二百七十六两。共十八排，每月共银四百一十四两，每年共银四千九百六十八两。

每排分三棚

每棚棚目一名，每月饷银五两五钱；正兵十二名，每月饷银各四两五钱；伙夫一名，每月饷银三两三钱；衣、靴、巾、帽十三分半，每分银八钱，每月共银十两八钱。每棚每月共银七十三两六钱，每年共银八百八十三两二钱。共五十四棚，每月共银三千九百七十四两四钱，每年共银四万七千六百九十二两八钱。

以上炮兵一协、陆路炮四营、过山炮二营，每年薪饷共银二十六万九千八百八两。

骑兵每标

督带一员，每月公费银二百两，薪水银一百两；文案一员，每月薪水银二十五两；委员一员，每月薪水银二十五两；令旗官一员，每月薪水银十六两；清书二名，每月工食银各七两；护勇十二名，每月饷银各四两；衣、靴、巾、帽十四分，每分银八钱，每月共银十一两二钱。一标每月共银四百三十九两二钱，每年共银五千二百七十两四钱。

每标分四营

每营管带一员，每月公费银一百五十两，薪水银五十两；文案一员，每月薪水银二十两；委员一员，每月薪水银二十两；军医一员，每月薪水银二十两，马干银三两；号目一名，每月饷银六两，马干银三两；号兵六名，每月饷银各五两，马干银各三两；马医一名，每月工食银八两，马干银三两；医役三名，每月饷银各四两五钱；枪匠一名，每月饷银八两；铁匠二名，每月饷银各五两；鞍匠二名，每月饷银各五两；缝匠二名，每月饷银各五两；护勇八名，每月饷银各四两，马干银各三两；衣、靴、巾、帽二十八分，每分银八钱，每月共银二十二两四钱。每营每月共银四百八十两九钱，每年共银五千七百七十两八钱。共两营，每月共银九百六十一两八钱，每年共银一万一千五百四十一两六钱。

每营分三哨

每哨哨官一员，每月薪水银三十两，马干银三两；书识一名，每月工食银七两；护勇四名，每月饷银各四两；伙夫一名，每月饷银三两三钱；衣、靴、巾、帽五分半，每分银八钱，每月共银四两四钱。每哨每月共银六十三两七钱，每年共银七百六十四两四钱。共六哨，每月共银三百八十二两二钱，每年共银四千五百八十六两四钱。

每哨分三排

每排排长一员，每月薪水银二十两，马干银三两。每排每月共银二十三两，每年共银二百七十六两。共十八排，每月共银四百一十四两，每年共银四千九百六十八两。

每排分三棚

每棚棚目一名，每月饷银五两五钱，马干银三两；正兵十二名，每月饷银各四两五钱，马干银各三两；伙夫一名，每月饷银三两三钱；衣、靴、巾、帽十三分半，每分银八钱，每月共银十两八钱。每棚每月共银一百一十二两六钱，每年共银一千三百五十一两二钱。共五十四棚，每月共银六千八十两四钱，每年共银七万二千九百六十四两八钱。

以上骑兵共一标，薪饷每年共银九万九千三百三十一两二钱。

工兵每标

督带一员，每月公费银二百两，薪水银一百两；文案一员，每月薪水银二十五两；委员一员，每月薪水银二十五两；令旗官一员，每月薪水银十六两；清书二名，每月工食银各七两；护勇十二名，每月饷银各四两；衣、靴、巾、帽十四分，每分银八钱，每月共银十一两二钱。一标每月共银四百三十九两二钱，每年共银五千二百七十两四钱。

每标分两营

每营管带一员，每月公费银一百五十两，薪水银五十两；文案一员，每月薪水银二十两；委员一员，每月薪水银二十两；物料委员一员，每月薪水银二十六两；物料司帐一员，每月薪水银十六两；军医一员，每月薪水银二十两；号目一名，每月饷银六两；号兵六名，每月饷银各五两；书识二名，每月工食银各七两；医役三名，每月饷银各四两五钱；枪匠二名，每月饷银各八两；铁匠四名，每月饷银各五两；木匠四名，每月饷银各五两；缝匠二名，每月饷银各五两；护勇八名，每月饷银各四两；衣、靴、巾、帽三十二分，每分银八钱，每月共银二十五两六钱。每营每月共银四百八十九两一钱，每年共银五千八百六十九两二钱。共两营，每月共银九百七十八两二钱，每年共银一万一千七百三十八两四钱。

每营分三哨

每哨哨官一员，每月薪水银三十两；书识一名，每月工食银七两；护勇四名，每月饷银各四两；伙夫一名，每月饷银三两三钱；衣、靴、巾、帽五分半，每分银八钱，每月共银四两四钱。每哨每月共银六十两七钱，每年共银七百二十八两四钱。共六哨，每月共银三百六十四两二钱，每年共银四千三百七十两四钱。

每哨分三排

每排排长一员，每月薪水银二十两。每排每月共银二十两，每年共银二百四十两。共十八排，每月共银三百六十两，每年共银四千三百二十两。

每排分三棚

每棚棚目一名，每月饷银五两五钱；正兵十二名，每月饷银各四两五钱；伙夫一名，每月饷银三两三钱；衣、靴、巾、帽十三分半，每分银八钱，每月共银十两八钱。每棚每月共银七十三两六钱，每年共银八百八十三两二钱。共五十四棚，每月共银三千九百七十四两四钱，每年共银四万七千六百九十二两八钱。

以上工兵一标薪饷每年共银七万三千三百九十二两。

辎重兵每标

督带一员，每月公费银二百两，薪水银一百两；文案一员，每月薪水银二十五两；委员一员，每月薪水银二十五两；令旗官一员，每月薪水银十六两；清书二名，每月工食银各七两；护勇十二名，每月饷银各四两；衣、靴、巾、帽十四分，每分银八钱，每月共银十一两二钱。一标每月共银四百三十九两二钱，每年共银五千二百七十两四钱。

每标分两营

每营管带一员，每月公费银一百五十两，薪水银五十两；文案一员，每月薪水银二十两；委员一员，每月薪水银二十两；物料委员二员，每月薪水银各二十六两；物料司帐二员，每月薪水银各十六两；军医一员，每月薪水银二十两；号目一名，每月饷银六两；号兵八名，每月饷银各五两；书识二名，每月工食银各七两；医役四名，每月饷银各四两五钱；枪匠二名，每月饷银各八两；铁匠四名，每月饷银各五两；木匠四名，每月饷银各五两；鞍匠二名，每月饷银各五两；缝匠二名，每月饷银各五两；护勇八名，每月饷银各四两；衣、靴、巾、帽三十七分，每分银八钱，每月共银二十九两六钱。每营每月共银五百五十九两六钱，每年共银六千七百十五两二钱。共两营，每月共银一千一百一十九两一钱，每年共银一万三千四百三十两四钱。

每营分四哨

每哨哨官一员，每月薪水银三十两；书识一名，每月工食银七两；护勇四名，每月饷银各四两；伙夫一名，每月饷银三两三钱；衣、靴、巾、帽五分半，每分银八钱，每月共银四两四钱。每哨每月共银六十两七钱，每年共银七百二十八两四钱。共八哨，每月共银四百八十五两六钱，每年共银五千八百二十七两二钱。

每哨分三排

每排排长一员，每月薪水银二十两。每排每月共银二十两，每年共银二百四十两。共二十四排，每月共银四百八十两，每年共银五千七百六十两。

每排分三棚

每棚棚目一名，每月饷银五两五钱；正兵十二名，每月饷银各四两五钱；伙夫一名，每月饷银三两三钱；衣、靴、巾、帽十三分半，每分银八钱，每月共银十两八钱。每棚每月共银七十三两六钱，每年共银八百八十三两二钱。共七十二棚，每月共银五千二百九十九两二钱，每年共银六万三千五百九十两四钱。

以上辎重一标薪饷，每年共银九万三千八百七十八两四钱。

军乐每队

队官一员，每月薪水银三十两；队长一员，每月薪水银十六两；一等乐兵二名，每月饷银各十两；二等乐兵八名，每月饷银各八两；三等乐兵十二名，每月饷银各六两；学习乐兵二十六名，每月饷银各四两五钱；夫五名，每月饷银各三两三钱；衣、靴、巾、帽五十分半，每分银八钱，每月共银四十两四钱。一队每月共银三百七十五两九钱，每年共银四千五百十两八钱。

谨将营务处开办分所经费附列于后。

营务处分设四所

总办一员，每月公费银二百两，薪水银二百两；参谋所提调一员，每月薪水银八十两；执法所提调一员，每月薪水银八十两；督操所提调一员，每月薪水银八十两；经理所提调一员，每月薪水银八十两。参谋所文案一员，每月薪水银五十两；执法所文案一员，每月薪水银五十两；督操所文案一员，每月薪水银五十两；经理所文案一员，每月薪水银五十两。差遣委员四员，每月薪水银各三十两；谘议官四员，每月薪水银各五十两；正收支一员，每月薪水银二十四两；副收支一员，每月薪水银十六两；清书八名，每月工食银各八两；差弁八名，每月饷银各七两；护勇六十名，每月饷银各四两；火食、杂项每月银一百六十两。每月共银一千八百两，每年共银二万一千六百两。

统计全军步、炮、骑、工、辎重、军乐及营务处官弁兵丁共二万六十八员名，每年开支经费共银一百六十六万八千四百九十八两。

（朱批：）览。[①]

## 1814. 奏报改设江南实业学堂情形折

光绪三十年八月初七日（1904年9月16日）

头品顶戴两江总督臣魏光焘跪奏，为改设江南实业学堂，谨将筹办情形恭折具陈，仰祈圣鉴事。

窃维强国之道，首在富民；致富之方，不外实业；而振兴实

---

①台北故宫博物院藏：《军机及宫中档》，文献编号：163037-0-A。

业，莫大于农、工、商、矿四者。近年，东、西各国于振兴此等实业学堂孜孜不倦，故财力日雄，国势日盛。臣自上年抵任以来，窃见两江虽夙称繁庶，而土旷民游，商疲工窳，多未讲求，非兴实业学堂，不足以陶冶人才，以为振兴富庶之基。

查江南旧有格致书院，系正任抚臣恩寿在江宁藩司任内，就已撤之高等学堂改设，自光绪二十五年开办以来，颇多造就。臣以为格致专主明理，实业尤切致用。伏查去年十一月间，管学大臣张百熙会奏重订学堂章程折内称：实业学堂有百利而无一弊，最宜注重，另拟高等、中等农、工、商实业学堂章程，先后奏明。又，本年商部奏设高等实业学堂，考取学生入堂肄业，是考求实业实为今日第一要图。江南地广民稠，兴办尤不可缓。臣现就格致书院，改为江南实业学堂，分设农、工、商、矿四科，额设学生一百二十名，分门肄习，并备有各科标本、仪器、材料等，为学生考验之用。

查格致书院原有学生，为府、县各学堂教习者已不乏人。现在堂学生为数无多，中有曾习矿学者，于格致之理已有根柢，故本堂矿学一科，即以原有学生专门练习。其农、工、商三科，另行延聘日本教习、技师，分班教授，先习普通一年，再授专门三年，积四年毕业，仍遵钦定章程，参酌损益，以免歧异。商部于京师奏设实业学堂，系属高等，江南现即照奏定中等实业学堂功课办理，俾程度相循，阶级不紊，将来毕业考取咨送京师实业学堂考验升入，以资成就。方兹时事艰难，筹款匪易，于格致书院改并办理，既收实业之用，复省度地营建之劳，诚为两益，用以仰副圣明教养民生、实事求是之至意！

惟事方创始，头绪繁难，苟非综理得人，每至有名无实。查有现办商务局奏留江苏补用道刘世珩，讲求实业，曾经派赴出洋，于农、工、商各学尤极究心，办事认真核实，委令兼综堂务；江苏候补道黎经诰，曾随前出使大臣李盛铎[①]在日本有年，留心学科，学堂规制亦极谙练，派委驻堂总办；并加派江宁布政使黄建笎督办其事，以重责成。其开办经费，常年支款，即于商务局所储官商合办通州大生纱厂息银措拨济用。

所有改并江南格致书院专设江南实业学堂缘由，前于奏报通省学堂大概情形折内业经陈明，谨再专折奏明立案。除将章程、课目分别开具清单咨送学务处、商部外，理合恭折具陈。伏乞皇太后、皇上圣鉴。谨奏。光绪三十年八月初七日。

（朱批：）学务大臣、商部知道。[②]

光绪三十年八月二十八日，奉朱批：学务大臣、商部知道。钦此。[③]

## 1815. 请以杨大章补授安庆营副将折

光绪三十年八月初七日（1904年9月16日）

头品顶戴两江总督臣魏光焘跪奏，为遵照部议另行拣员请补陆路副将员缺，恭折仰祈圣鉴事。

窃准兵部咨，议覆安徽安庆营副将员缺，请以开复两江尽先副将李振标补授，核与定章不符，应令另拣陆路尽先人员请补等因。遵于两江实任、候补各员内逐加遴选，查有奏留两江尽先补

---

①李盛铎（1859—1934），字义樵，号椒征、木斋、木犀斋，江西德化县（九江市）人，优廪生。光绪五年（1879），中举。十五年（1889），中式进士，授翰林院编修。十七年（1891），充江南乡试副考官。二十年（1894），授会试同考官。二十四年（1898），补江南道监察御史。同年，任出使日本国大臣。二十六年（1900），补内阁侍读学士。同年，授顺天府府丞。三十年（1904），署太常寺卿。三十一年（1905），充出使比国大臣、考察政治大臣。宣统三年（1911），授山西提法使，升山西布政使。同年，署山西巡抚。民国元年（1912），任山西省民政长。三年（1914），充约法会议议员、参政院参政。六年（1917），署农商总长。七年（1918），任安福国会参议院议长。晚年，寄居天津，不问政事，一意收求古籍，藏书十万卷。二十三年（1934），卒。编有《木犀轩收藏旧本书目》《木犀轩元版书目》等行世。

②台北故宫博物院藏：《军机及宫中档》，文献编号：408007415。

③台北故宫博物院藏：《军机及宫中档》，文献编号：163024。

用副将实任皖南镇标芜采营参将杨大章，年六十二岁，四川巴县人，由行伍随营剿匪出力，洊保副将衔尽先推补参将。嗣于苏军分援浙、皖、闽三省迭克湖州、长兴、广德、漳浦各府州县城及晟舍、四安等镇案内出力，经前署两江督臣李鸿章奏保，同治五年八月二十九日奉上谕：杨大章着以副将留于四川尽先补用，并赏给正二品封典。钦此。光绪元年，经前督臣刘坤一奏请改留两江补用。二十七年三月，复经奏请借补安徽皖南镇标芜采营参将，旋经兵部议奏，二十八年奉旨：依议。钦此。该员整饬营伍，朴实耐劳，以之请补安徽安庆营副将，洵堪胜任，按照部章名次尚在二十名之内，与例相符。其名次在该员之前各员，多有事故，前于李振标请补是缺折内开单声明具奏在案。

该员杨大章前虽查与是缺人地不甚相宜，惟名次最先，系属合例应补之员，合无仰恳天恩俯准以两江尽先补用副将实任皖南镇标芜采营参将杨大章补授安徽安庆营副将员缺，由臣随时察看，照例办理。如蒙俞允，俟部复至日，即行给咨送部引见，以符定制。

除饬取履历咨部查核外，谨会同安徽巡抚兼提督衔臣诚勋，恭折具陈。伏乞皇太后、皇上圣鉴训示。再，所遗芜采营参将员缺，江省现有合例应补人员，应请扣留外补。合并声明。谨奏。光绪三十年八月初七日。

(朱批：) 兵部议奏。①

光绪三十年八月二十八日，奉朱批：兵部议奏。钦此。②

## 1816. 奏报动款设立德律风缘由片

光绪三十年八月初七日（1904 年 9 月 16 日）

再，前因筹备防务，省垣地方辽阔，各署局先后设立德律风，

①台北故宫博物院藏：《军机及宫中档》，文献编号：408007416。

②台北故宫博物院藏：《军机及宫中档》，文献编号：163010。

以便遇事由电传话商办，业经附奏在案。惟将军、都统两署相距较远，每遇紧要之事，往返晤商，诸形迟滞，经江宁将军臣永隆、副都统臣奎芳①商请设立德律风，接通总汇处，俾与各署局联为一气，呼应灵通。当饬官电局派委员匠，购办杆线、机器、料物，分投安设，共用工料等项银七百三十八两有奇，添用司事，月支薪费银十两，自光绪三十年六月十六日起支，均在江南筹防局款内拨发，汇入官电局经费，造册开报。据金陵官电局详请核办前来。

臣覆核无异，除分咨户、工二部立案外，理合附片具陈。伏乞圣鉴，敕部查照施行。谨奏。



（朱批：）该部知道。②

光绪三十年八月二十八日，奉朱批：该部知道。钦此。③

## 1817. 奏报缉私飞霆船烧毁缘由片

光绪三十年八月初七日（1904 年 9 月 16 日）

再，据仪征盐栈总办兼沙漫洲缉私江苏候补道蒯光典禀称：该栈有缉私飞霆蚊船，驻泊三江口，为长江上下游扼要处所，平日巡缉得力。本年七月十三日夜，飞霆船忽失慎，全船烧毁沉没，轰毙舵工、水手等五名，受伤三名；在船军装等件，均未及救护。其时该道因公赴苏，旋回栈查讯起火之由，系因舱内储备缉枭无烟火药回酸自燃所致。该船为督带水师千总陈世贞、兼管大副五品蓝翎外委郑严林专管，应即分责赔修，并令将飞霆打捞起水，

---

①奎芳（1868—?），满洲正黄旗人。光绪十四年（1888），充鸟枪护军。十六年（1890），补鸟枪护军校。二十年（1894），赏空衔花翎。二十二年（1896），委充鸟枪护军参领。二十三年（1897），补副鸟枪护军参领。二十五年（1899），补授鸟枪护军参领。二十九年（1903），授江宁副都统。同年，兼署江宁将军。三十年（1904），调补京口副都统。宣统二年（1910），授乌里雅苏台将军。

②台北故宫博物院藏：《军机及宫中档》，文献编号：408007415-0-A。

③台北故宫博物院藏：《军机及宫中档》，文献编号：163011。

以免阻碍行旅等情。禀请具奏前来。

臣查光绪二十八年，前署督臣张之洞奏裁南洋旧式兵蚊各船案内，飞霆系在裁停之列，嗣因整顿淮盐缉私，奏明将所裁小轮分拨瓜州口、沙漫洲等处驻巡。该船又改归仪栈缉私之用，今乃疏于防范，全船被烧，军装亦毁，兼轰毙人口多名，虽据查明系因无烟火药回酸自燃所致，并经臣委查情形相同，该管员弁究属咎有应得。

除咨部将兼管官千总陈世贞、专管大副外委郑严林一并革职，勒令赔修，并饬将轰毙舵工、水手优予抚恤，郑严林提省讯究外，理合附片具陈。伏乞圣鉴。谨奏。

（朱批：）该部知道。①

光绪三十年八月二十八日，奉朱批：该部知道。钦此。②

## 1818. 奏报派员验收鱼雷快舰片

光绪三十年八月初七日（1904年9月16日）

再，查福建船厂新造建威、建安鱼雷快舰两艘，于上年七月间经福建船政大臣崇善奏准拨归南洋收用，咨会派员验收，当经臣奏明遴派奏留两江委用之福建建宁镇总兵徐传隆前往验收，旋准崇善以该两舰炮价、子药保脚、擦洗等费需银八万六千五百两，又添配仪器、图书、灯、镜、钟、吊床、国旗、语旗、号衣、陈设暨备用料件、机舱家伙、验马力机器，添换锚链等银四万七千二百两，共银十三万九千七百两，请由江宁拨付，两船始可齐备收回，即经先后饬由江南筹防局陆续如数拨解，由徐传隆等酌募员弁、水手等，于本年五月初间驾驶回宁，即派委徐传隆并添派参将叶伯鋆，分别管带，以备遣用。

除该两舰募配弁勇、舵水人等以及月支薪费各数饬局核定详

①台北故宫博物院藏：《军机及宫中档》，文献编号：408007415-0-B。

②台北故宫博物院藏：《军机及宫中档》，文献编号：163039。

办外，理合附片具陈。伏乞圣鉴。谨奏。

(朱批:)该部知道。[1]

光绪三十年八月二十八日，奉朱批：该部知道。钦此。[2]

## 1819. 奏报江宁铜元局报效候拨片

光绪三十年八月初七日（1904年9月16日）

再，钦奉上谕，练兵需饷，并准部议筹饷条款，酌提报效等因。业将江苏院、司、道、府、局员报效银数开单具奏在案。查江宁银、铜元局未经整顿以前，系属优差。江苏候补道刘锡庚、志钧、沈邦宪、潘汝杰先后曾充该局总办，当经责令报效。据刘锡庚缴解银二万两，志钧缴解银三万两，沈邦宪缴解银四万两，潘汝杰缴解银一万两，均存藩库听候部拨。理合附片陈明。伏乞圣鉴。谨奏。

(朱批:)户部知道。[3]

光绪三十年八月二十八日，奉朱批：户部知道。钦此。[4]

---

①台北故宫博物院藏：《军机及宫中档》，文献编号：408007415-0-C。

②台北故宫博物院藏：《军机及宫中档》，文献编号：163008。

③台北故宫博物院藏：《军机及宫中档》，文献编号：408007405-0-A。

④台北故宫博物院藏：《军机及宫中档》，文献编号：163014。

## 1820. 请准张预暂缓引见缘由片

光绪三十年八月初七日（1904 年 9 月 16 日）

再，补用道前任徐州府知府张预①，由翰林院编修京察一等，曾任湖南学政，任满回京，遵章呈请以保送知府分发江苏，历署松江、苏州等知府，补授徐州府知府。先因光绪二十四年冬漕海运案内出力，保准补知府后，以道员用，旋在徐州府任内丁忧，开缺回籍，服阕后例应请咨赴引。

查该员系曾任江苏实缺知府，学识优长，品行端正，经臣调办两江学务，兼理南洋官报事宜，考究认真，尚称得力。现值扩充学务之际，应将该员以道员暂留江苏办理学务一切，以资熟手，俟学校一律办齐，规模大定，即行给咨赴引。理合附片陈明。伏乞圣鉴。谨奏。

（朱批：）吏部知道。②

光绪三十年八月二十八日，奉朱批：吏部知道。钦此。③

## 1821. 奏报拨银建造练将学堂片

光绪三十年八月初七日（1904 年 9 月 16 日）

再，江宁省城创设练将学堂，经臣于上年夏间具奏整顿防营

---

①张预（1840—1910），字子虞，浙江钱塘县（杭州市）人，拔贡生。同治六年（1867），中举。光绪九年（1883），中式进士，选庶吉士。十二年（1886），授翰林院编修。十四年（1888），充顺天乡试同考官。十五年（1889），授会试同考官。历补翰林院撰文，功臣馆纂修官、提调官，国史馆协修官，会典馆图上协修官。十七年（1891），简湖南学政。二十年（1894），请假回籍。二十三年（1897），保知府分发省分。二十四年（1898），署江苏松江府知府。二十六年（1900），补授徐州府知府。二十七年（1901），署理苏州府知府。同年，丁忧回籍终制。三十年（1904），以道员暂留江苏办理学务。宣统二年（1910），卒。

②台北故宫博物院藏：《军机及宫中档》，文献编号：408007405-0-B。

③台北故宫博物院藏：《军机及宫中档》，文献编号：163013。

案内陈明，旋即择定省城，校场东官荒基址，并购用民地，参仿湖北将备学堂之式，先将兵房绘图，估工筹款建造。嗣因所延日本教习已到，即由防营挑选学生，暂假昭忠祠，于上年冬间开学，俟新堂落成迁入。所有该学堂学生定额、等级、内外场一切课程，业于奏报通省各学堂大概情形折内具陈在案。

兹查该堂新建兵房，已于夏间工竣，计工料等费银六万九千余两；接造学堂，亦将次完工，计估用银九万九千余两；又开办一切，经费银一万两。其常年经费，因学生多由防营挑选，以原营薪饷抵支外，每年须另拨银三万余两，均于铜元盈余项下动给。除遵章咨部立案，一俟全堂工竣验收详细报销外，谨附片陈明。伏乞圣鉴。谨奏。

(朱批：) 该部知道。[①]

光绪三十年八月二十八日，奉朱批：该部知道。钦此。[②]

## 1822. 奏报密筹练兵要需等由折

光绪三十年八月初八日（1904年9月17日）

头品顶戴两江总督臣魏光焘跪奏，为遵旨密筹练兵要需，综核江南财力，拟就铜元推广铸造，认解的款，余款仍请留办本省各项新政，恭折具陈，仰祈圣鉴事。

窃准军机大臣字寄：光绪三十年五月二十八日奉上谕：朕钦奉慈禧端佑康颐昭豫庄诚寿恭钦献崇熙皇太后懿旨：现在各省空虚，边防尤关紧要，近畿一带非有数枝劲旅，难期巩固。上年特设练兵处，整齐军制，以资筹画。惟军制以整齐为要，练兵尤以筹饷为先。各督抚膺此重寄，务须审大局之安危，知事机之紧迫，各就本省财力，实心筹措，每年匀出的款若干，以备练兵之用。至筹款之法，尤以不扰民生、不伤元气为第一要义。事关重要，

---

①台北故宫博物院藏：《军机及宫中档》，文献编号：408007405-0-C。

②台北故宫博物院藏：《军机及宫中档》，文献编号：163012。

不得稍有漏泄等因。钦此。又于六月二十一日奉上谕：朕钦奉慈禧端佑康颐昭豫庄诚寿恭钦献崇熙皇太后懿旨：前因时事方殷，需款孔急，曾经密谕各督抚切实筹办。现在库藏空虚，内外同一支绌，然事势迫切，练兵筹饷，实刻不容缓之时，应如何移缓就急，腾挪接济，着仍遵前旨，一并速筹具奏。钦此。仰见朝廷奋武自强、上下兼权之至意！莫名钦悚！

伏查江南向称地大物博，惟元气未复，外患交乘，纷剧情形，实较他省为甚。司道库款历经拨解无遗，厘金多归税司抵征；新办各税捐，或凑还洋款，或专解部库，综计出入各款，委属支绌异常；州县陋规，历年清查，近复节次摘提，办公已非宽裕。前月又曾奏明宁、苏两属每年认筹银二十一万两；盐务自前大学士刚毅①澈底搜提后，臣经督饬运司接续整理，厘务亦经严饬司道递加比较。当兹物力奇绌，上年课、厘两项均尚有赢，大抵今日之盈收，不似从前之中饱。

以上各款，现仍行饬各司道重加综核，然锱铢之集，终恐无补要需。诚如圣言“内外同一支绌”。惟练兵、筹饷为朝廷根本至计，疆臣责无可辞。当兹宵旰焦劳，臣实何心，讵敢空言塞责！查江南近惟铜元盈余一项，为新入之大宗。上年以来，经臣切实考核，力求扩充，因本省应举一切新政万不容辍，而又苦无他款可筹，曾于六月内奏请此款盈余悉数留充本省各项经费在案。兹与司道等再四筹商，务求的实巨款，仍期仰体圣意，不扰民生，

---

①刚毅（1834—1900），字子良，满洲镶蓝旗生员。同治初，充刑部笔帖式。五年（1866），补刑部主事。八年（1869），升刑部员外郎。光绪五年（1879），升郎中。六年（1880），补广东惠潮嘉道。次年，迁江西按察使。八年（1882），调直隶按察使。同年，升广东布政使，转云南布政使。十一年（1885），擢山西巡抚。十四年（1888），调补江苏巡抚。十八年（1892），调广东巡抚。二十年（1894），任军机大臣，礼部左、右侍郎，署礼部右侍郎，兼方略馆总裁。次年，任户部右侍郎，兼管钱法堂事务。是年，充满洲翻译副考官。二十二年（1896），授工部尚书，兼崇文门监督、会典馆正总裁。二十三年（1897），调刑部尚书。次年，补正红旗蒙古都统、兵部尚书，升协办大学士、经筵讲官。同年，充翻译阅卷官。二十五年（1899），任内大臣。二十六年（1900），随慈禧西巡，卒于途。

不伤元气。除扩充鼓铸外，实别无可筹之道。

查宁局旧设东、西两厂，本年添设新厂，合并三厂，每日约出当十铜元一百余万枚。现因西厂机具损坏，修整停工，日铸已三减其一，拟再于扬州增设一分局，西厂约九月内可以修竣，扬州新厂赶紧布置，约明年春季可以开铸，将来三厂一分局并举，暂照目前铜价银值炭资，计本权息，每年应得盈余银一百七八十万两，拟遵提八十万两解济练兵处饷项，以应急需。惟江宁一局自光绪二十八年就旧设银元局增铸铜元，事属创办，章程未能妥洽，故二十八九两年所获盈余无多。银元局本有亏欠并铜元局增厂、添机各款，除已还外，尚未全清。上年臣履任，后经始建造三江师范学堂，夏间又经奏设练兵营房及将弁、陆师、高等各学堂，农桑、工艺、学务、官报各局所，资送出洋学生官费，添募巡警、新操各兵饷，又奉拨云南铜本、浚浦工费，种种要需，皆赖此款匀拨，故本年所获盈余较多，出款亦巨。算至本年七月底止，除抵支外，尚有不敷，而扬州购机建厂，尚须借拨成本。是遵筹练兵处饷项八十万一款，必须待西厂修竣，扬州分局开工以后，方能起解。合并声明。此外盈余应请俯如前奏，留充本省各项之用。事关君父之忧，臣不敢不先其所急。江督职守綦重，绸缪拮据情形，早在圣明洞鉴，亦不敢不内外兼权！

所有遵筹练兵要需，综核江南财力，拟就铜元推广铸造，认解的款，余款仍请留办本省各项新政缘由，理合恭折具陈。伏乞皇太后、皇上圣鉴训示。谨奏。光绪三十年八月初八日。

（朱批：）练兵处、户部知道。①

光绪三十年八月二十七日，奉朱批：练兵处、户部知道。钦此。②

---

①台北故宫博物院藏：《军机及宫中档》，文献编号：408007405。

②台北故宫博物院藏：《军机及宫中档》，文献编号：163003。

# 1823. 奏销水师二十七年俸饷等项折

光绪三十年八月初十日（1904年9月19日）

头品顶戴两江总督臣魏光焘跪奏，为长江水师各营光绪二十七年分官兵俸饷等项银两报销，遵照新章改题为奏，恭折仰祈圣鉴事。

窃查长江水师设立在两江境内者十四营，岁需俸饷、米折等项银两，前经奏定章程，酌留江西之湖口、安徽之大通、江苏之瓜洲等三处厘卡，每年每卡各提银十六万两，自同治八年为始，因船厂经费、制造火药不敷，添设亲兵飞划，先后加拨江西湖口厘卡银一万两，皖南茶厘局银一万两，江苏、安徽厘卡银各五千两，共银五十一万两，按年解归江南盐巡道库支发，历经题报至光绪二十二年分止，并将二十三四五六四年分俸饷等项银两遵照新章奏销在案。

兹据江南盐巡道徐树钧详称：光绪二十七年正月起至十二月底止，共收江苏、安徽、江西三省各局解到二十七年分及补解二十六年分饷项，共银五十一万一千八百四十九两三钱三分，又旧管存银七万八千一百四十二两七钱一分八厘三毫四丝，统计共存银五十八万九千九百九十二两四分八厘三毫四丝，内支发长江水师提、湖、瓜三标十四营经制官弁、兵书廉俸、薪蔬、粮饷、米折、亲兵口粮、皮纸、火香折价、飞划津贴并金陵、湖口两船厂二十七年造修战船工料及二十七年制办洋火药经费，暨补解奉拨解交金陵防营支应局二十六年分长江节省兵饷，共银四十八万二千七百六十二两二钱九分一厘七毫六丝九忽，应存银十万七千二百二十九两七钱五分六厘五毫七丝一忽，内划出应扣各营小建银五千八百二十六两一厘九毫八忽，计正款实在存库平银十万一千四百三两七钱五分四厘六毫六丝三忽。又扣建项下二十七年分扣存各营小建银五千八百二十六两一厘九毫八忽，旧管存银一万八百三十二两一钱四分二厘六毫六丝三忽，共实存小建银一万六千六百五十八两一钱四分四厘五毫七丝一忽，又扣收各营解缴二十七年分截旷湘平银四十两二钱四分一厘三毫七丝二忽，旧管存银五千一百四十二两二钱八分二厘六毫，共实存截旷湘平银五千一百八十二两五钱二分三厘九毫七丝二忽。以上三款所存银两，应遵会议条款，留为长江水师各营以后闰月及厘局拨款不敷之用等情。详请具奏前来。

臣覆核收放各款，均系照例支给，委无浮冒，谨缮具清单，恭呈御览，仰恳天恩敕部照数核销。除将送到清册分咨户部、兵部外，理合会同署江苏巡抚臣端方、安徽巡抚臣诚勋、署江西巡抚臣夏时、长江水师提督臣程文炳，恭折具陈。伏乞皇太后、皇上圣鉴。谨奏。光绪三十年八月初十日。

（朱批：）该部知道，单并发。[①]

光绪三十年八月二十九日，奉朱批：该部知道，单并发。钦此。[②]

## 1824. 呈水师二十七年俸饷收支清单

光绪三十年八月初十日（1904年9月19日）

谨将光绪二十七年分长江水师各营官兵俸饷收支各款银两，缮具清单，恭呈御览。

计开

旧管：光绪二十六年分

正项厘金款存银七万八千一百四十二两七钱一分八厘三毫四丝。

新收：光绪二十七年分

一、收金陵木厘局协解瓜洲厘卡应拨长江水师经费银十万二千两，又收补解二十六年饷银二万八千八百五十三两六钱八分

①台北故宫博物院藏：《军机及宫中档》，文献编号：408007408。

②台北故宫博物院藏：《军机及宫中档》，文献编号：163068。

八厘。

一、收江宁藩司拨补苏、沪两局应解长江水师经费银四万两。

一、收金陵厘捐局拨补苏、沪两局应解长江水师经费银五千两。

一、收安徽牙厘局拨解大通厘卡应解长江水师经费银五万五千两，又收补解二十六年饷银一万两。

一、收皖南茶厘局协解大通厘卡应拨长江水师经费银十万两，又收添拨银一万两。

一、收江西藩司拨补湖口厘卡应解长江水师经费银八万九百九十五两六钱四分二厘，又收补解二十六年饷银八万两。

总共新收、旧管银五十八万九千九百九十二两四分八厘三毫四丝。

开除：长江水师提督

光绪二十七年春、冬二季饷项由江南支给，夏、秋二季饷项由湖北支给，闰月各半分支。

一、支提督养廉、俸薪、蔬菜、心红纸张银三千八百九十七两七钱九分九厘五丝六忽。

一、支提督座船船价、战船杂费、兵书粮饷、亲兵口粮银一千四百七十九两五钱九分九厘九毫八丝八忽，又米九十石六斗二升四合，每石折银一两六钱，共支银一百四十四两九钱九分八厘四毫。

一、支战船需用皮纸、火香价银二两九钱二分八厘。

长江水师提标中军副将营

光绪二十七年分

一、支官弁养廉、俸薪、蔬菜、心红纸张银六千二百二十一两六钱八厘七毫九丝四忽。

一、支官弁座船船价、战船杂费、兵书粮饷、亲兵口粮银二万九千二百一两八钱三分九厘八毫二丝四忽，又米一千六百九十九石二斗，每石折银一两六钱，共支银二千七百十八两七钱二分。

一、支战船需用皮纸、火香价银一百四两一分六厘。

一、支舢板战船、飞划津贴银三百二十两。

长江水师提标金陵参将营

光绪二十七年分

一、支官弁养廉、俸薪、蔬菜、心红纸张银四千七百四十七两九钱三分四厘八毫二丝六忽。

一、支官弁座船船价、战船杂费、兵书粮饷、亲兵口粮银二万二千七百八十七两三钱七分九厘八毫六丝四忽，又米一千三百二十八石二斗八合，每石折银一两六钱，共支银二千一百二十五两一钱三分二厘八毫。



一、支战船需用皮纸、火香价银八十两四钱九分六厘。

一、支舢板战船、飞划津贴银二百四十两。

长江水师提标裕溪参将营

光绪二十七年分

一、支官弁养廉、俸薪、蔬菜、心红纸张银四千七百四十七两九钱三分四厘八毫二丝六忽。

一、支官弁座船船价、战船杂费、兵书粮饷、亲兵口粮银二万二千七百八十七两三钱七分九厘八毫六丝四忽，又米一千三百二十八石二斗八合，每石折银一两六钱，共支银二千一百二十五两一钱三分二厘八毫。

一、支战船需用皮纸、火香价银八十两四千九分六厘。

一、支舢板战船、飞划津贴银二百四十两。

长江水师提标大通参将营

光绪二十七年分

一、支官弁养廉、俸薪、蔬菜、心红纸张银四千七百四十七两九钱三分四厘八毫二丝六忽。

一、支官弁座船船价、战船杂费、兵书粮饷、亲兵口粮银二万二千七百八十七两三钱七分九厘八毫六丝四忽，又米一千三百二十八石二斗八合，每石折银一两六钱，共支银二千一百二十五两一钱三分二厘八毫。

一、支战船需用皮纸、火香价银八十两四钱九分六厘。

一、支舢板战船、飞划津贴银二百四十两。

长江水师提标芜湖游击营

光绪二十七年分

一、支官弁养廉、俸薪、蔬菜、心红纸张银三千二百七十五两九钱四分五厘五毫三丝二忽。

一、支官弁座船船价、战船杂费、兵书粮饷、亲兵口粮银一万六千四百七十九两一钱一分九厘九毫四忽，又米九百五十七石二斗一升六合，每石折银一两六钱，共支银一千五百三十一两五钱四分五厘六毫。

一、支战船需用皮纸、火香价银五十六两九钱七分六厘。

一、支舢板战船、飞划津贴银一百六十两。

长江水师湖口镇总兵暨中军游击营

光绪二十七年分

一、支官弁养廉、俸薪、蔬菜、心红纸张银六千一百二十八两七钱八分五厘五毫六丝。

一、支官弁座船船价、战船杂费、兵书粮饷、亲兵口粮银二万二千四百四十五两四钱一分九厘八毫七丝二忽，又米一千三百二十二石五斗四升四合，每石折银一两六钱，共支银二千一百十六两七分四毫。

一、支战船需用皮纸、火香价银七十六两九钱四分四厘。

一、支舢板战船、飞划津贴银二百八两。

长江水师湖口镇标安庆副将营

光绪二十七年分

一、支官弁养廉、俸薪、蔬菜、心红纸张银六千二百二十一两六钱八厘七毫九丝四忽。

一、支官弁座船船价、战船杂费、兵书粮饷、亲兵口粮银二万九千二百一两八钱三分九厘八毫二丝四忽，又米一千六百九十九石二斗，每石折银一两六钱，共支银二千七百十八两七钱二分。

一、支战船需用皮纸、火香价银一百四两一分六厘。

一、支舢板战船、飞划津贴银三百二十两。

长江水师湖口镇标吴城参将营

光绪二十七年分

一、支官弁养廉、俸薪、蔬菜、心红纸张银四千七百四十七两九钱三分四厘八毫二丝六忽。

一、支官弁座船船价、战船杂费、兵书粮饷、亲兵口粮银二万二千七百八十七两三钱七分九厘八毫六丝四忽，又米一千三百二十八石二斗八合，每石折银一两六钱，共银二千一百二十五两一钱三分二厘八毫。

一、支战船需用皮纸、火香价银八十两四钱九分六厘。

一、支舢板战船、飞划津贴银二百四十两。

长江水师湖口镇标饶州参将营

光绪二十七年分

一、支官弁养廉、俸薪、蔬菜、心红纸张银四千七百四十七两九钱三分四厘八毫二丝六忽。

一、支官弁座船船价、战船杂费、兵书粮饷、亲兵口粮银二万二千七百八十七两三钱七分九厘八毫六丝四忽，又米一千三百二十八石二斗八合，每石折银一两六钱，共支银二千一百二十五两一钱三分二厘八毫。

一、支战船需用皮纸、火香价银八十两四钱九分六厘。

一、支舢板战船需用皮纸、火香价银八十两四钱九分六厘。

长江水师湖口镇标华阳游击营

光绪二十七年分

一、支官弁养廉、俸薪、蔬菜、心红纸张银三千二百七十五两九钱四分五厘五毫三丝二忽。

一、支官弁座船船价、战船杂费、兵书粮饷、亲兵口粮银一万六千四百七十九两一钱一分九厘九毫四忽，又米九百五十七石二斗一升六合，每石折银一两六钱，共支银一千五百三十一两五钱四分五厘六毫。

一、支战船需用皮纸、火香价银五十六两九钱七分六厘。

一、支舢板战船、飞划津贴银一百六十两。

长江水师瓜洲镇总兵暨中军游击营

光绪二十七年分

一、支官弁养廉、俸薪、蔬菜、心红纸张银六千一百二十八两七钱八分五厘五毫六丝。

一、支官弁座船船价、战船杂费、兵书粮饷、亲兵口粮银二万二千四百四十五两四钱一分九厘八毫七丝二忽，又米一千三百二十二石五斗四升四合，每石折银一两六钱，共支银二千一百十六两七分四毫。

一、支战船需用皮纸、火香价银七十六两九钱四分四厘。

一、支舢板战船、飞划津贴银二百八两。

长江水师瓜洲镇标江阴副将营

光绪二十七年分

一、支官弁养廉、俸薪、蔬菜、心红纸张银六千二百二十一两六钱八厘七毫九丝四忽。

一、支官弁座船船价、战船杂费、兵书粮饷、亲兵口粮银二万九千二百八十一两八钱三分九厘八毫四丝，又米一千六百九十九石二斗，每石折银一两六钱，共支银二千七百十八两七钱二分。

一、支战船需用皮纸、火香价银一百八两六钱二分四厘。

一、支舢板战船、飞划津贴银三百二十两。

长江水师瓜洲镇标三江游击营

光绪二十七年分

一、支官弁养廉、俸薪、蔬菜、心红纸张银三千二百七十五两九钱四分五厘五毫三丝二忽。

一、支官弁座船船价、战船杂费、兵书粮饷、亲兵口粮银一万六千五百十九两一钱一分九厘九毫一丝二忽，又米九百五十七石二斗一升六合，每石折银一两六钱，共支银一千五百三十一两五钱四分五厘六毫。

一、支战船需用皮纸、火香价银五十九两二钱八分。

一、支舢板战船、飞划津贴银一百六十两。

长江水师瓜洲镇标孟河游击营

光绪二十七年分

一、支官弁养廉、俸薪、蔬菜、心红纸张银三千二百七十五两九钱四分五厘五毫三丝二忽。

一、支官弁座船船价、战船杂费、兵书粮饷、亲兵口粮银一万六千五百十九两一钱一分九厘九毫一丝二忽，又米九百五十七石二斗一升六合，每石折银一两六钱，共支银一千五百三十一两五钱四分五厘六毫。



一、支战船需用皮纸、火香价银五十九两二钱八分。

一、支舢板战船、飞划津贴银一百六十两。

一、支金陵船厂光绪二十七年分造修战船工料银一万六千九十八两二钱三分一厘一毫八丝一忽。

一、支湖口船厂光绪二十七年分造修战船工料银一万四千七百四十五两四钱六分。

一、支金陵防营支应局拨解光绪二十七年分洋火药经费银一万二千六百五十六两。

一、补解金陵防营支应局奉拨光绪二十六年分长江节饷银二万两。

总共支银四十八万二千七百六十二两二钱九分一厘七毫六丝九忽。

应存银十万七千二百二十九两七钱五分六厘五毫七丝一忽，内划出应扣各营光绪二十七年分小建银五千八百二十六两一厘九毫八忽，收入小建款内另存外。

实在：计实存正项厘银十万一千四百三两七钱五分四厘六毫六丝三忽。

扣存各营小建银两项下

旧管：光绪二十六年分

存小建银一万八百三十二两一钱四分二厘六毫六丝三忽。

新收：光绪二十七年分

扣收各营小建银五千八百二十六两一厘九毫八忽。

开除：无项。

实在：计实存小建银一万六千六百五十八两一钱四分四厘五毫七丝一忽。

扣存各营缴回官兵空旷银两项下

旧管：光绪二十六年分

存空旷银五千一百四十二两二钱八分二厘六毫。

新收：光绪二十七年分

收各营缴回空旷银四十两二钱四分一厘三毫七丝二忽。

开除：无项。

实在：计实存空旷湘平银五千一百八十二两五钱二分三厘九毫七丝二忽。

(朱批：) 览。①

## 1825. 请以牛锡恩补授常州营守备折

光绪三十年八月初十日（1904年9月19日）

头品顶戴两江总督臣魏光焘跪奏，为拣员请补陆路守备员缺，恭折仰祈圣鉴事。

窃江南提标常州营左军守备李桂芳病故，遗缺接准部咨系推缺第一轮第五缺，轮用尽先人员，行令拣员请补等因。按照定章，守备一项以十二缺为一轮，周而复始。又，卫所裁缺人员，俱归裁缺即用班尽数补选，不入轮缺计算，各等语。臣查是缺守备驻

①台北故宫博物院藏：《军机及宫中档》，文献编号：163068-0-A。

扎无锡县城，该处地当冲要，为苏省出入门户，缉捕、巡防，均关紧要，必须熟悉情形之员，方资得力。自应遵章在于卫所裁缺改归营用守备班内拣补。

查有裁缺卫守备改归两江督标候补即用守备牛锡恩，年四十五岁，江南山阳县人，由武举中式丙戌科进士，殿试三甲，奉旨：以卫守备用。钦此。报捐分发漕标试用。光绪十七年四月十七日引见，奉朱笔圈出，着照例发往。钦此。五月到浦。二十五年，委署江淮卫守备。二十六年，补授湖北荆州卫守备，接准部复，先行试署，二十七年二月到任。二十八年，奉旨裁缺交卸，在任并无未完钱粮及有关降调处分。嗣经改归臣标中营候补，造具履历咨准部复以营守备归即用班注册候补，各在案。

该员办事勤谨，人亦明白，以之请补是缺守备，洵堪胜任，核与部章亦属相符。合无仰恳天恩俯准以裁缺即用守备牛锡恩补授常州营左军守备员缺，实于营伍、地方均有裨益。如蒙俞允，俟部复至日，即行给咨赴部引见，以符定制。

除饬取履历咨部查核外，谨会同署江南提督臣杨金龙，恭折具陈。伏乞皇太后、皇上圣鉴训示。谨奏。光绪三十年八月初十日。

（朱批：）兵部议奏。①

光绪三十年八月二十九日，奉朱批：兵部议奏。钦此。②

## 1826. 请以艾国桢补授淮扬镇标游击折

光绪三十年八月初十日（1904年9月19日）

头品顶戴两江总督臣魏光焘跪奏，为拣员请补陆路游击员缺，恭折仰祈圣鉴事。

窃准部咨：宿迁营游击李东武准其补授淮扬镇标左营参将，

①台北故宫博物院藏：《军机及宫中档》，文献编号：408007406。

②台北故宫博物院藏：《军机及宫中档》，文献编号：163054。

所遗游击员缺系陆路题补第一轮第六缺，轮用应补无人，过班用第八缺捐输人员，行令迅拣合例人员请补等因。前来。查是缺游击驻扎宿迁县新安镇地方，民情强悍，素为盗匪出没之区，镇抚、巡防均关紧要，非精明强干、长于缉捕之员，难期胜任。

查有两江候补游击艾国桢，年五十六岁，江南江宁县人，由武生中式武举，经部拣选发回原营效力，以千、把总拔补，光绪三年十月内到标。二十六年，于安徽凤、颍、泗等属水灾赈捐案内报捐花翎五品顶戴。二十七年，在办理南洋顺直善后赈捐局捐升游击，分发两江补用。是年八月，经前督臣刘坤一给咨赴部引见。十月二十二日，奉朱笔圈出：照例发往。钦此。十二月初八日，到标试用。嗣因试用一年期满咨准部覆，归入江苏省捐输游击班注册候补。

该员熟习操防，办事勤奋，以之请补是缺游击，洵堪胜任，核与例章亦属相符。合无仰恳天恩俯念员缺紧要，准以两江候补游击艾国桢补授淮扬镇标宿迁营游击员缺，实于营伍、地方均有裨益。如蒙俞允，该员系引见奉旨发往之员，此次毋庸送部，应请敕部颁给札付，以昭信守。

除饬取该员履历、册结咨部查核外，谨会同署漕运总督臣恩寿，恭折具陈。伏乞皇太后、皇上圣鉴训示。谨奏。光绪三十年八月初十日。

（朱批：）兵部议奏。①

光绪三十年八月二十九日，奉朱批：兵部议奏。钦此。②

## 1827. 请以黄殿英补内河水师守备折

光绪三十年八月十二日（1904 年 9 月 21 日）

头品顶戴两江总督臣魏光焘跪奏，为拣员请补内河水师守备

①台北故宫博物院藏：《军机及宫中档》，文献编号：408007407。
②台北故宫博物院藏：《军机及宫中档》，文献编号：163055。

员缺，恭折仰祈圣鉴事。

窃内河水师庙湾营中军守备宋学亮升补东海营都司，所遗员缺接准部咨系内河水师题补第一轮第一缺，轮用尽先人员，行令拣员请补等因。惟查内河水师尽先都司、守备各员，内尽先都司李赞魁，尽先守备沈联镳、张兆魁、柏殿魁均已病故，苗恩瀚前于宋学亮请补是缺折内声叙查无其人，徐攀龙咨部勒休；涂运鸿已保游击，过班借补守备系越二级，与章不符，且久已离标，不知去向。此外内河水师并无尽先都司、守备，亦无卓异应升人员，自应照章过班递轮第四缺之拣发班内补用人员请补。



伏查是缺守备系内河水师营，分驻阜宁，临近海滨，俗悍盗多，督率巡防，尤关紧要，非久历水师之员，不克胜任。查有内河水师补用守备实任洪湖营千总黄殿英，年五十三岁，江苏清河县人，由行伍历拔内河水师庙湾营左哨千总，调补洪湖营千总，均经奉部发给札付，祇领到任。光绪二十五六两年南河安澜出力案内，经护理漕运总督沈瑜庆奏保以守备补用。二十八年四月初九日具奏，奉旨：依议。钦此。业经接准部文归入江南内河水师拣发守备班内注册候补在案。

该员年壮才明，操防勤奋，以之请补是缺守备，洵堪胜任，与例亦符，合无仰恳天恩俯准以补用守备黄殿英补授内河水师庙湾营中军守备，实于营伍、地方均有裨益。如蒙俞允，俟部覆至日，即行给咨送部引见。至该员所补之缺系属本府，例应回避，应俟接准部复，再行拣员对调，以符定制。

除饬取该员履历咨部查核外，谨会同署漕运督臣恩寿，恭折具陈。伏乞皇太后、皇上圣鉴训示。谨奏。光绪三十年八月十二日。

（朱批：）兵部议奏。[①]

---

①台北故宫博物院藏：《军机及宫中档》，文献编号：408007409。

光绪三十年八月二十九日，奉朱批：兵部议奏。钦此。[1]



## 1828. 奏销二十六年江宁八旗朋马折

光绪三十年八月十二日（1904 年 9 月 21 日）

头品顶戴两江总督臣魏光焘跪奏，为光绪二十六年分江宁八旗官兵朋扣、马匹报销，恭折具陈，仰祈圣鉴事。

窃查江宁驻防八旗官兵朋、马报销，自光绪十年起至二十五年止，均由江宁藩司按年造册详经奏销在案。今光绪二十六年分八旗朋、马，照案由江宁藩司造册，详请具奏前来。查光绪二十六年正月起至十二月止，江宁八旗驻防旧管官额马四百四十匹，内实拴马二百三十二匹；兵额马五千三百四十九匹，内实拴马一千七百八十三匹。新收官额马五十匹，内实拴马二十六匹；兵额马一百七十一匹，内实拴马五十七匹。开除官额马五十匹，内实拴马二十六匹；实在官额马四百四十匹，内实拴马二百三十二匹；兵额马五千三百五十二匹，内实拴马一千七百八十四匹，册报均属相符，覆核无异。

除将册籍咨送部、科查核外，谨会同江宁将军臣永隆[2]、署江苏巡抚臣端方，恭折具陈。伏乞皇太后、皇上圣鉴。再，江宁驻防马匹尚未复额，向系改题为奏。合并声明。谨奏。光绪三十年八月十二日。



---

①台北故宫博物院藏：《军机及宫中档》，文献编号：163050。

②永隆（1848—1906），字子懋，满洲正红旗人，佟佳氏。同治三年（1864），充鸟枪护军额外蓝翎长。八年（1869），升鸟枪护军校。光绪五年（1879），戴花翎。六年（1880），委署鸟枪护军参领。十年（1884），补副鸟枪护军参领。十二年（1886），补鸟枪护军参领。十三年（1887），掌关防营总。十四年（1888），晋委翼长。十七年（1891），充外火器营翼长，加副都统衔，授水碓药局管带官，办理颐和园工程处弹压事务。二十年（1894），充水操营总。二十一年（1895），补镶黄旗汉军副都统。翌年，调补镶蓝旗满洲副都统、正黄旗汉军副都统。二十四年（1898），补正红旗护军统领。次年，晋都统衔。二十六年（1900），署理镶白旗汉军副都统。二十七年（1901），管理内外火器营事务。二十八年（1902），补正白旗蒙古副都统。二十九年（1903），授右翼监督。同年，擢江宁将军。三十二年（1906），卒于任。

（朱批：）兵部知道。①

光绪三十年八月二十九日，奉朱批：兵部知道。钦此。②

## 1829. 请以曾樊贵补授金山营游击折

光绪三十年八月十二日（1904年9月21日）

头品顶戴两江总督臣魏光焘跪奏，为拣员请补陆路游击员缺，恭折仰祈圣鉴事。

窃金山营游击何士元病故，遗缺接准部咨系新章题补第一轮第五缺，应用尽先人员，行令拣补等因。伏查是缺游击驻扎金山卫城，于裁改江苏水师营分案内兼管柘林营汛地，辖境辽阔，向为枭匪出没之区，巡缉弹压，均关紧要，非精明强干、熟悉营伍之员，难期胜任。



臣于通标实缺、候补尽先各员内逐加遴选，查有奏留两江尽先游击曾樊贵，年五十六岁，湖南龙阳县人，由武童投效军营，随剿出力，洊保花翎都司，嗣于新疆剿平边寇案内经前督办新疆军务臣刘锦棠奏保，光绪七年五月二十日奉上谕：都司曾樊贵免补都司，以游击尽先补用。钦此。于兴修涿州等处河工案内，经前两江督臣左宗棠汇保免补游击，以参将尽先补用，经部议驳俟补本班后，以参将尽先补用。十三年，经前督臣曾国荃奏留两江补用，奉部覆准。二十六年，奏补江西瑞州营都司，奉部扣选，续经改补江西铜鼓营都司员缺，到营任事。二十八年裁缺，交卸回标。二十九年七月，经臣委署九江前营游击。

该员熟习戎务，办事勤干，先后补、署各缺，均能措置裕如，以之请补是缺游击，洵堪胜任。惟所保名次稍后，其在前各员除病故、勒休、年老及久未在标不知下落各员例应开除不计外，核计该员名次尚在二十名之内，与例尚属相符。谨将尽先游击名次

①台北故宫博物院藏：《军机及宫中档》，文献编号：408007410。

②台北故宫博物院藏：《军机及宫中档》，文献编号：163056。

在该员之前各员未便迁就请补缘由，缮具清单，恭呈御览。合无仰恳天恩俯念员缺紧要，准以升用参将尽先游击曾樊贵补授金山营游击员缺，实于营伍、地方均有裨益。如蒙俞允，俟部复至日，再行给咨送部引见，恭候钦定。

除将该员履历、切结咨部查核外，谨会同署理江南提督臣杨金龙，恭折具陈。伏乞皇太后、皇上圣鉴训示。谨奏。光绪三十年八月十二日。

（朱批：）兵部议奏，单并发。①

光绪三十年八月二十九日，奉朱批：兵部议奏，单并发。钦此。②



## 1830. 呈尽先在曾樊贵之前各员清单

光绪三十年八月十二日（1904年9月21日）

谨将尽先名次在曾樊贵之前者未便迁就请补金山营游击员缺缘由缮单，恭呈御览。

计开

胡俊升、谭鉴臣、吴连陞、汪振川、朱公远、马德龙、罗福春、施占琦、刘玉泉、潘文质、王尚明、文家银、郑大楷、高庆龙、汪友仁、廖云祥、陆占魁、徐东阳、闻其政、罗登高。以上二十员，均已病故开除在案。

杨得义、韩长发、姚长煊、赵发春、郭金魁、张得意、丁日刚、周启发、胡福荣。以上九员，均年届六十三岁，未便迁就请补。

沈廷兰、巫胜昌、陈光全、戴景明、沈振庆。以上五员，沈廷兰系平望营都司，巫胜昌系金山营把总，陈光全系浦口营都司，均业奉勒休；戴景明系龙山营守备，沈振庆系潜山营守备，均开缺后不知下落，无从拣补。

---

①台北故宫博物院藏：《军机及宫中档》，文献编号：408007411。

②台北故宫博物院藏：《军机及宫中档》，文献编号：163060。

郝金明、何光福、胡有林、陈贵宝、刘洪发、张文清、何元善、丁兆麟、李福春、陈凤鸣、高振标、戴庆有、苏福元、朱学海、何旗贤、刘荣盛。以上十六员，或久未在标，或查无下落，无从拣补。

张炳泰，该员已改归江苏外海、内洋水师候补，陆路册档开除。

姚文焕，该员已补游兵营游击，应行开除。

陈骏，该员请假回籍。

刘吉云、祖飞熊、郭廷忠、谭青山、叶得贵。以上五员，刘吉云系亳州营都司，祖飞熊系平望营都司，郭廷忠系萧营都司，谭青山系羊角营都司，在任均称得力；叶得贵系漕左营都司，尚未奉准部复，查与是缺人地均不相宜，未便迁就请补。

陆邦贵、张明星、黄胜福、江得龙、朱传富、张廷升、陈锡武、吴庆和、陆明胜、郑道隆、高同科。以上十一员，均在臣标候补，查与是缺人地不宜，未便迁就请补。

（朱批：）览。①

## 1831. 奏报前年下半年淮南征收课厘折

光绪三十年八月十二日（1904年9月21日）

头品顶戴两江总督管理两淮盐政臣魏光焘跪奏，为恭报光绪二十八年下半年淮南征收课厘数目，仰祈圣鉴事。

窃淮南盐务于同治三年奏定新章征收课银按半年奏报一次，盐厘随课并报，历届循照办理。光绪八年，湖南、湖北、安徽三岸经前督臣左宗棠奏加新引，接准部咨自光绪九年起，将两淮新旧各商课厘数目、收支各款，分款造报。又，光绪二十一年，署督臣张之洞奏准续加鄂、湘、皖三岸新引，所收课厘备还瑞记洋

①台北故宫博物院藏：《军机及宫中档》，文献编号：163060-0-A。

款各等因。遵经造报至光绪二十八年六月止在案。

兹查二十八年七月起至十二月底止，收旧商课厘银一百三十六万四百二十三两有奇，收新商课厘银十二万二千八十四两有奇，又收续加新票厘银四万六千三百四十七两有奇，共收新、旧各商暨续加新票课厘银一百五十二万八千八百五十五两有奇。又收湖北襄阳、郧阳等府试销淮盐厘税钱一万二千七百八十一千有奇，万户沱抽收川厘钱九万六千五百二十四千有奇。比较二十七年下半连同预厘银钱各数，大致尚属相符。据署两淮盐运使恩铭分造清册，详请具奏前来。

臣覆核无异，除将清册咨送部、科外，谨汇开清单，恭折具奏。伏乞皇太后、皇上圣鉴，敕部查核。谨奏。光绪三十年八月十二日。

（朱批：）户部知道，单并发。[①]

光绪三十年八月二十九日，奉朱批：户部知道，单并发。钦此。[②]

## 1832. 呈前年秋冬淮南征收课厘清单

光绪三十年八月十二日（1904年9月21日）

谨将淮南光绪二十八年七月起至十二月底止收解盐课、盐厘，分晰开单，恭呈御览。

银数入款

一、收淮南各岸盐课银三十五万五千五百九十七两三钱八分，内新票课银二万一千七百五十九两三钱六分。

一、由湖北督销局扣收盐厘银三十八万九千二百二十六两三分三厘，内新票厘银四万二百三十六两五钱八分八厘一毫二丝五忽，又续加新票厘银二万四千三两三分五厘七毫五丝。

---

①台北故宫博物院藏：《军机及宫中档》，文献编号：408007412。

②台北故宫博物院藏：《军机及宫中档》，文献编号：163064。

一、由湖南督销局扣收盐厘银三十万七千一百十三两一钱一分二厘七毫五丝，除海防需款案内先缴过银一千三百三十三两三钱三分四厘，实收银三十万五千七百七十九两七钱七分八厘七毫五丝，内新票厘银二万八千八百四十二两。

一、由江西督销局扣收盐厘银二十三万六千八两二钱二分七厘。

一、由安徽督销局扣收盐厘银二十万二千一百四十一两，除海防需款案内先缴过银五千四十两，实收银十九万七千一百一两，内新票厘银二万九千一百八十四两，又续加新票厘银二万二千三百四十四两。

一、收江宁等食岸盐厘银一万八千四百四十九两二钱。

一、收外江盐厘银一万六千八十三两七钱三分，内新票厘银二千六十三两四分。

一、收湖南花畹冈川税银四千二百三十七两五分五厘四毫。

以上下半年共收课厘银一百五十二万八千八百五十五两七钱三分八厘一毫五丝，除海防需款案内先缴过银六千三百七十三两三钱三分四厘，实共收银一百五十二万二千四百八十二两四钱四厘一毫五丝，内新票课厘银十二万二千八十四两九钱八分八厘一毫二丝五忽，又续加新票厘银四万六千三百四十七两三分五厘七毫五丝，又光绪二十八年上半年运库盐课项下截存银三十三万九千三百十九两六分四厘，又外江盐厘项下截存银一万六百九十七两七钱六分三厘，又湖北督销局实存盐厘银二万七千九百七十二两二钱一分四厘九毫。

银数出款

一、解户部饷银十四万两。

一、解内务府饷银一万两。

一、解步军统领衙门饷银一万两。

一、解圆明园饷银二千两。

一、解固本京饷银七千二百两。

一、解两江督标亲兵前、中两营月饷动拨盐课银三万六千两。

一、解江宁兵饷划解旗营小甲兵饷动拨盐课银六千两。

一、解淮军月饷动拨盐课银五万两。

一、解摊还英、德、俄、法四国借款动拨盐课银二万五千一百十四两二钱八分九厘。

一、解江南机器制造局三厂常费动拨盐课银一万两。

一、解未办妆闪缎绸料工动拨盐课银一万两。

一、解永定河岁修动拨盐课银一万两。

一、解奉省俸饷动拨盐课银二万两。

一、解加认瑞记本银动拨盐课银二万两。

一、解堤工挑浚子婴闸一带河道经费动拨盐课银一万两。

一、支两淮盐属各员养廉动拨盐课银一万一千二百九两六钱七分八厘。

一、解金陵支应局鄂厘动拨盐厘银一千九百二十一两二钱二分八厘三毫。

一、解湖北盐道衙门楚厘动拨盐厘银四万两。

一、解湖北善后局归湖北收用军需动拨盐厘银六万四千八百六十一两四钱六分六厘二毫五丝。

一、解湖南善后局归湖南收用军需动拨盐厘银八万一百七十两三钱八分三厘七毫五丝。

一、解九江关税动拨盐厘银一万七千九百八十六两三钱九分五厘。

一、支奉部提存候拨银九万五千六百五十两一钱二分二厘九毫五丝，内解过湖南善后局淮厘一半协湘银一万九千七百两九钱四分一厘四毫七丝五忽，又解过金陵支应局拨解淮厘银一万八千三百六十七两六钱七厘四毫七丝五忽，又解过金陵支应局原协甘饷改归金陵充饷银五万七千五百八十一两五钱七分四厘。以上共解过银九万五千六百五十两一钱二分二厘九毫五丝，相应登注扣除。

一、解北洋淮军银钱所动拨盐厘银三万一千二百三两八钱七分。

一、解金陵防营支应局转发各营军需动拨盐厘银二万三千七百六十二两七钱九分五厘四毫。

一、解东北边防经费动拨盐厘银四万九千五百两。

一、解甘肃新饷划拨顺直赈捐动拨盐厘银一万两。

一、解甘肃新饷划拨新疆偿款连加平动拨盐厘银四万四千九百八十九两二钱五分四厘。

一、解甘肃新饷划抵新疆军火价脚动拨盐厘银三千两。

一、解奉省俸饷动拨盐厘银七千两。

一、解新增边防经费改拨偿款连加平动拨盐厘银一万一千七十九两八分四厘四毫。

一、解摊还英、德、俄、法四国借款动拨盐厘银三万六百二两三钱八分四毫。

一、解瑞记洋款动拨盐厘银八万四千六百六十八两五钱九厘。

一、解上海机器局三厂常费动拨盐厘银一万两。

一、解税司抵还洋款动拨盐厘银四十四万七千一百一两二毫。

一、支奉传办光绪二十八年分福方绢笺价值等项动拨盐厘银一万八千五百二十一两四钱一分二厘。

一、支盐捕营缉私炮船勇粮动拨盐厘银一千二十四两八钱。

以上共解支银一百四十六万五百六十六两六钱六分八厘六毫五丝，另行造册，咨部运库。盐课项下，计实存银三十万七千三百九十二两四钱七分七厘，又外江盐厘项下实存银七千二百三十五两二钱八分一厘，又湖北督销局实存盐厘银十二万五千二百七十七两一分九厘四毫，统俟汇同续收银两，拨解要饷登明。

钱数入款

一、收湖北襄阳、郧阳等府试销淮盐厘税钱一万二千七百八十一千八百文。

一、收万户沱抽收川盐厘钱九万六千五百二十四千四十四文。

以上共收钱十万九千三百五千八百四十四文，又光绪二十八年上半年截存万户沱川厘钱二万四千六十四千三十七文。

钱数出款

一、解湖北盐道衙门钱一万一千六千五百五十文。

一、解金陵支应局钱一千七百七十五千二百五十文。

一、解湖北督销局钱十万五千七百二十四千六百八十二文。

以上共解钱十一万八千五百六千四百八十二文，实存万户沱川厘钱一万四千八百六十三千三百九十九文。

一、旧存运库盐厘钱八千二百五十三千二百七十一文，自同治十年正月起奏明停收。合并陈明。

（朱批：）览。[①]



## 1833. 奏报都司马树勋禀请开缺片

光绪三十年八月十二日（1904年9月21日）

再，准署理江西抚臣夏时咨：据临江营都司马树勋禀称：系京旗汉军镶黄旗荣悳佐领下人，由印务章京拣补今职，于光绪二十年四月初四日到任迄今，连接家信，都司先茔连年雨水，坟墓被冲，即须修理，禀请开缺回旗修墓，咨请会办等因，到臣。当经咨请兵部开除员缺在案。兹准江西巡抚夏时咨准，部咨行令奏明核办，自应遵照办理。

合无仰恳天恩俯准将江西临江营都司马树勋准予开缺回旗修墓，所遗员缺准其扣留由外拣补。理合会同署理江西抚臣夏时，附片具陈。伏乞圣鉴训示。谨奏。

（朱批：）着照所请，兵部知道。[②]

光绪三十年八月二十九日，奉朱批：着照所请，兵部知道。

---

①台北故宫博物院藏：《军机及宫中档》，文献编号：163064-0-A。

②台北故宫博物院藏：《军机及宫中档》，文献编号：408007413-0-A。

钦此。[①]

【案】此奏片之具奏日期，台北故宫博物院藏《宫中档》将其置于光绪三十年九月初九日408007413主折之后，随据主折朱批日期查“光绪三十年九月二十八日”《随手档》[②]“朱批魏光焘折”一栏，栏内并无此奏片。再据录副之朱批日期光绪三十年八月二十九日，查《随手档》[③]“朱批魏光焘折”一栏，内即有此片。据同批折件可知，此片之具奏日期当为光绪三十年八月十二日无疑。据此，原件日期讹误，兹据校正。



## 1834. 奏请旌奖陶在铭捐银助赈片

光绪三十年八月十二日（1904年9月21日）

再，上年江苏淮徐海各属迭被水灾，穷黎遍野，待赈孔殷，经正任铜山县知县陶在铭，遵其故祖母朱氏、故母沈氏、故继母赵氏遗命，捐助银三千两，分拨济赈，当将此款列入淮徐海赈捐第三次报销案内奏明核销在案。查同时官绅、士民，凡捐赈款在一千两以上者，均经先后奏请建坊，给予“乐善好施”字样。今铜山县知县陶在铭善承先志，且所捐银数甚巨，核与建坊成案相符。兹据清理捐输文照处司道等详请奏奖前来。

合无仰恳天恩俯准将该员故祖母朱氏、故母沈氏、故继母赵氏给予“乐善好施”字样，并准于原籍自行建坊，以示旌奖而昭激劝。谨附片具陈。伏乞圣鉴训示。谨奏。

（朱批：）着照所请，礼部知道。[④]

---

①台北故宫博物院藏：《军机及宫中档》，文献编号：163051。

②中国第一历史档案馆藏：《军机处随手登记档》，档案编号：03-0319-1-1230-263。

③中国第一历史档案馆藏：《军机处随手登记档》，档案编号：03-0319-1-1230-235。

④台北故宫博物院藏：《军机及宫中档》，文献编号：408007413-0-B。

光绪三十年八月二十九日，奉朱批：着照所请，礼部知道。钦此。[①]

【案】此奏片之具奏日期，台北故宫博物院藏《宫中档》将其置于光绪三十年九月初九日408007413主折之后，随据主折朱批日期查“光绪三十年九月二十八日”《随手档》[②]“朱批魏光焘折”一栏，栏内并无此奏片。再据录副之朱批日期光绪三十年八月二十九日，查《随手档》[③]“朱批魏光焘折”一栏，内即有此片。据同批折件可知，此片之具奏日期当为光绪三十年八月十二日无疑。据此，原件日期讹误，兹据校正。

## 1835. 奏报交卸两江总督篆务日期折

光绪三十年八月十三日（1904年9月22日）

头品顶戴调署闽浙总督两江总督臣魏光焘跪奏，为微臣交卸督篆日期，恭折仰祈圣鉴事。

窃臣于本年七月二十二日钦奉电传上谕：魏光焘着调署闽浙总督，两江总督着李兴锐[④]署理。钦此。当即具折叩谢天恩，并吁恳恩准陛见。兹署督臣李兴锐行抵江宁，臣于八月十三日派委江

①台北故宫博物院藏：《军机及宫中档》，文献编号：163057。

②中国第一历史档案馆藏：《军机处随手登记档》，档案编号：03-0319-1-1230-263。

③中国第一历史档案馆藏：《军机处随手登记档》，档案编号：03-0319-1-1230-235。

④李兴锐（1827—1904），字勉林，湖南浏阳人，诸生。咸丰初，随曾国藩剿办太平军。咸丰十一年（1861），以军功保直隶州知州，赏五品封典。同治元年（1862），保以知府补用，赏戴花翎。七年（1868），保道员。次年，保知府补用。九年，补直隶大名府知府。光绪元年（1875），总办上海机器制造局，晋二品顶戴。十五年（1889），署津海关道。二十一年（1895），调补山东登莱青道，转天津道。次年，升长芦盐运使。二十二年（1896），署直隶按察使。次年，补授福建按察使。二十四年（1898），迁福建布政使。二十五年（1899），调广西布政使。次年，擢江西巡抚。二十八年（1902），调广东巡抚，署两广总督。次年，署闽浙总督。三十年（1904），署两江总督。同年，卒于任。谥勤恪。

宁府知府罗章、署督标中军副将李祥椿将两江总督关防、两淮盐政印信、南洋通商钦差大臣关防暨王命旗牌、文卷等件赍送署督臣李兴锐接收，臣即于是日交卸。

所有微臣交卸督篆日期，理合恭折具陈。伏祈皇太后、皇上圣鉴。谨奏。光绪三十年八月十三日。

（朱批：）知道了。[①]

光绪三十年九月初一日，奉朱批：知道了。钦此。[②]

## 1836. 恭报接署闽浙总督篆务日期折

光绪三十年九月初九日（1904 年 10 月 17 日）



头品顶戴调署闽浙总督两江总督臣魏光焘跪奏，为恭报微臣接篆任事日期，叩谢天恩，仰祈圣鉴事。

窃臣钦奉恩命调署闽浙总督，随即交卸两江督篆，由宁起程，行抵镇江，承准军机大臣电传，遵旨航海抵闽。兹于光绪三十年九月初七日准兼署督臣崇善将闽浙总督兼管福建巡抚关防、福建盐政印信并王命旗牌、文卷等项，委员赍送前来。臣恭设香案，望阙叩头祗领任事。

伏念闽浙负山面海，辖境辽阔，政务殷繁。当此时局艰难，非整军无以强国，非察吏无以安民。新政在切实举行，外交当相机因应，弛张所在，治忽攸关。梼昧如臣，惧弗胜任！惟有殚竭愚忱，悉心筹画，遇事与福州将军及浙江抚臣和衷商办，以期仰答高厚鸿慈于万一！

所有微臣接篆日期并感激下忱，谨缮折叩谢天恩。伏乞皇太后、皇上圣鉴。谨奏。光绪三十年九月初九日。

（朱批：）知道了。[③]

①台北故宫博物院藏：《军机及宫中档》，文献编号：408007414。

②台北故宫博物院藏：《军机及宫中档》，文献编号：163182。

③台北故宫博物院藏：《军机及宫中档》，文献编号：408007413。

光绪三十年九月二十八日，奉朱批：知道了。钦此。[①]

## 1837. 奏报闽省本年八月雨水粮价折

光绪三十年九月二十四日（1904 年 11 月 1 日）

头品顶戴调署闽浙总督两江总督臣魏光焘跪奏，为恭报晴雨、粮价情形，仰祈圣鉴事。

窃查福建省城光绪三十年八月分得雨十四次，省外各属禀报略同。通省粮价间有稍减；晚稻吐穗，民情安谧。据福建布政使周莲具详前来。谨缮清单，恭折具陈。伏乞皇太后、皇上圣鉴。谨奏。光绪三十年九月二十四日。

（朱批：）知道了。[②]

光绪三十年十月二十四日，奉朱批：知道了。钦此。[③]

## 1838. 呈福建光绪三十年八月粮价清单

光绪三十年九月二十四日（1904 年 11 月 1 日）

谨将福建省九府二州属光绪三十年八月分米粮价值，缮具清单，恭呈御览。

谨开

福州府属：上米每仓石价银三两四分至三两七钱，较上月减一钱。中米每仓石价银二两六钱至三两五钱，较上月减二钱。下米每仓石价银二两三钱至三两四钱，较上月减二钱。

兴化府属：上米每仓石价银三两三钱至三两四钱，与上月同。中米每仓石价银三两二钱至三两三钱，与上月同。下米每仓石价银三两一钱至三两二钱，与上月同。

①台北故宫博物院藏：《军机及宫中档》，文献编号：163929。
②台北故宫博物院藏：《军机及宫中档》，文献编号：408007427。
③中国第一历史档案馆藏：《录副奏折》，档号：03-7023-041。

泉州府属：上米每仓石价银三两五分至四两三钱，与上月同。中米每仓石价银二两九钱五分至四两，与上月同。下米每仓石价银二两八钱五分至三两七钱，与上月同。

漳州府属：上米每仓石价银二两八钱至三两五钱，与上月同。中米每仓石价银二两七钱至三两四钱，与上月同。下米每仓石价银二两六钱至三两三钱，与上月同。

延平府属：上米每仓石价银二两七钱六分至四两，与上月同。中米每仓石价银二两六钱六分至三两九钱一分，与上月同。下米每仓石价银二两五钱至三两八钱四分，与上月同。

建宁府属：上米每仓石价银二两四钱二分至三两八钱，与上月同。中米每仓石价银二两二钱五分至三两七钱，与上月同。下米每仓石价银二两一钱二分至三两六钱，与上月同。

邵武府属：上米每仓石价银二两至二两六钱，与上月同。中米每仓石价银一两九钱至二两五钱，与上月同。下米每仓石价银一两八钱至二两四钱，与上月同。

汀州府属：上米每仓石价银二两四钱至四两五钱，较上月减四钱。中米每仓石价银二两三钱至四两三钱，较上月减四钱。下米每仓石价银二两二钱至四两一钱，较上月减四钱。

福宁府属：上米每仓石价银二两二钱至三两三钱五分，与上月同。中米每仓石价银二两一钱至三两二钱五分，与上月同。下米每仓石价银二两至三两一钱五分，与上月同。

永春州属：上米每仓石价银二两八钱至四两四钱，较上月减一钱。中米每仓石价银二两六钱至四两三钱，较上月减一钱。下米每仓石价银二两四钱至四两二钱，较上月减一钱。

龙岩州属：上米每仓石价银三两四钱至四两八钱，与上月同。中米每仓石价银二两九钱至四两七钱，与上月同。下米每仓石价银二两八钱至四两六钱，与上月同。

（朱批：）览。①

## 1839. 奏销闽省二十九年兵马钱粮折

光绪三十年九月二十四日（1904年11月1日）

头品顶戴调署闽浙总督两江总督臣魏光焘跪奏，为光绪二十九年分兵马、钱粮奏销，恭折仰祈圣鉴事。

窃照福建省旗、绿各营兵马、钱粮奏销，业经奏报至光绪二十八年止在案。兹查福建省光绪二十九年分旗、绿各营兵马、钱粮支销俸饷、米折、公费等款银八十万八千六百三十九两零，又支销建、旷各款银六万五百四十七两零，共银八十六万九千一百八十七两零，在于奉拨二十九年估饷、实收各款及春、秋拨案内留备拨补兵饷各款共银六十三万四千九十两零内动支，计尚不敷银二十三万五千九十七两零，入于光绪三十年秋拨案内拨补。又粮米项下共支销本折色粮米一十二万三千五百二十五石零，经藩司周莲会同督粮道启约②造具册结，开单请奏前来。

臣覆核无异，除册结分送部、科外，理合缮具清单，恭折具陈。伏乞皇太后、皇上圣鉴，敕部核覆施行。谨奏。光绪三十年九月二十四日。

（朱批：）该部知道，单并发。③

光绪三十年十月二十四日，奉朱批：该部知道，单并发。钦此。④

---

①中国第一历史档案馆藏：《单》，档号：03-7023-042。

②启约，生卒年未详，正白旗满洲人，由监生报捐笔帖式。同治八年（1869），选补翰林院笔帖式。光绪三年（1877），保即选主事。六年（1880），保员外郎。八年（1882），签掣户部。十年（1884），奏补户部陕西司员外郎。二十二年（1896），放张家口监督。二十五年（1899），补授福建督粮道。二十九年（1903），赏加二品顶戴。三十二年（1906），署理福建按察使。三十三年（1907），调补浙江杭嘉湖道。三十四年（1908），署理浙江按察使。宣统三年（1911），升浙江提法使。

③台北故宫博物院藏：《军机及宫中档》，文献编号：408007420。

④中国第一历史档案馆藏：《录副奏折》，档号：03-6168-062。

## 1840. 呈闽省二十九年兵马钱粮清单

光绪三十年九月二十四日（1904 年 11 月 1 日）

谨将光绪二十九年分福建省旗、绿各营兵马、钱粮，开具简明清单，恭呈御览。

谨开

兵饷项下

一、奉部指拨本省壬寅年地丁银四十万四千一百一十三两二钱九分一毫六忽。

一、奉部指拨江西省壬寅年未完地丁银五万两，续奉截留拨抵九江货厘，并未解闽。

一、奉部指拨本省癸卯年应征税厘银四十万两，内仅准税厘局拨给银二十二万一千五百四十七两五钱六厘七毫，计短拨银一十七万八千四百五十二两四钱九分三厘三毫。

一、于光绪二十九年秋拨留备银八千四百二十一两六钱二分八厘三毫八忽。

一、于光绪三十年春拨拨补银七两七钱一分九厘。

以上实收银六十三万四千九十两一钱四分四厘一毫一丝四忽。

一、支给满洲八旗、福州水师旗、督标四营官兵马匹光绪二十九年分连闰俸薪、饷干、谷草等项银一十六万八千二百三十五两四钱五分六厘。

一、支给各标、镇、协、营官兵马匹光绪二十九年分连闰俸薪、饷干银五十万二千二百五十一两四钱二厘。

一、支给旗兵丁光绪二十九年分连闰米折银三万二千四十六两八钱四分二毫八丝九忽。

一、支给绿营兵丁光绪二十九年分连闰不敷米折银三万一百五十一两六钱七分六厘八毫。

一、支给督标四营兵丁光绪二十九年分连闰米折银八千九百九两一钱五分二厘。

一、支给原旧额饷公费、守粮银二万四千九十两三钱七分四厘八毫。

一、支给满洲八旗兵丁白事赏银一千四百两。

一、留备练兵制械银四万一千五百五十五两三分九厘六毫。

共支银八十万八千六百三十九两九钱四分一厘四毫八丝九忽。

一、支给各营署员光绪二十九年分连闰俸薪、饷干银八千一百五十二两五钱九分八厘。

一、支给福州驻防捷胜前、后两营光绪二十九年分一半津贴银一万八千七百八十八两二钱，又二十九年夏、冬季制操衣裤银二千六百四十二两八钱五分。

一、支给各府州昭忠祠祭品银七十两七钱。

一、支给王文勤等各专祠十处祭品银七十两七钱。

一、留给光绪三十年分武职养廉银三万两。

一、支给满洲旗妇半俸饷银八百二十二两四钱六厘四毫。

以上支银六万五百四十七两四钱五分四厘四毫。统共支银八十六万九千一百八十七两三钱九分五厘八毫八丝九忽，计不敷银二十三万五千九十七两二钱五分一厘七毫七丝五忽，请在光绪三十年秋拨案内拨补。理合登明。

粮米项下

一、额征粮米一十二万五千八百三十一石六斗六升一合九勺四抄五撮，内除截存备用并仓截旷剩等款，共米五万五千七百九十石四斗五升六合五勺三抄四撮外，实米七万零四十一石二斗五合四勺一抄一撮。

一、原估司库凑拨旗营官员白米四百二十九石，折银四百二十九两。

一、原估司库凑拨旗营官兵糙米三万六千三百一十七石二斗七升六合一勺八抄九撮，折银三万二千六百八十五两五钱四分八厘五毫七丝一微。

一、原估司库凑拨绿营折价米二万零四百石二斗二升七合四勺六抄，折银三万二千六百四十两三钱六分三厘九毫三丝六忽。

共收米一十二万七千一百八十七石七斗九合六抄。

一、支给满洲八旗官员折色白米四百三石三斗，折银四百三两三钱。

一、支给满洲八旗暨水师旗营官兵折色糙米三万五千一百五十九石四斗八升九合二勺一抄，折银三万一千六百四十三两五钱四分二毫八丝九忽。

一、支给各绿营实销兵米六万九千一百一十七石六斗七升九勺五抄。



一、支给各绿营凑拨折价兵米一万八千八百四十四石七斗九升八合，折价银三万一百五十一两六钱七分六厘八毫。

共支米一十二万三千五百二十五石二斗五升八合一勺六抄。计存剩米三千六百六十二石四斗五升九勺，内道仓并各属仓截旷额米九百二十三石五斗三升四合四勺六抄一撮。又旗营折色白米二十五石七斗，折银二十五两七钱；又旗营折色糙米一千一百五十七石七斗八升六合九勺七抄九撮，折银一千四十二两八厘二毫八丝一忽一微；又绿营折价旷米一千五百五十五石四斗二升九合四勺六抄，折银二千四百八十八两六钱八分七厘一毫三丝六忽。理合登明。

（朱批：）览。①

## 1841. 请以沈宗约调补前江场大使折

光绪三十年九月二十四日（1904 年 11 月 1 日）

头品顶戴调署闽浙总督两江总督臣魏光焘跪奏，为调补场员，以裨鹾务，恭折仰祈圣鉴事。

窃准部咨：前江场盐大使黄维藩准其调补下里场大使，所遗

①中国第一历史档案馆藏：《单》，档号：03-6168-063。

前江场大使要缺，应令另行调补，坐四月初八日等因。查前江场大使系属繁缺，督晒、缉私，均关紧要，必须干练人员，以资治理。该司道查有祥丰场盐大使沈宗约，年四十岁，浙江萧山县监生。光绪十二年，在台湾办理海防转运出力，保五品顶戴，遵新海防例捐盐大使，指分福建新班先补用，于光绪十五年七月十八日到省。十六年七月，闻讣丁母忧回籍，服满由京起复。十八年十一月二十四日回省，请补祥丰场，于二十五年正月十三日到任，试俸三年，业已期满。

该员沈宗约熟谙鹾务，办事勤能，以之调补前江场繁缺，洵堪胜任，与例亦符。该员系现任大使请调大使，衔缺相当，毋庸送部引见，并请免叙参罚。据福建盐法道鹿学良会同藩司周莲，造具履历清册，会详请奏，前兼署督臣崇善未及核办，移交前来。

除将履历咨部外，谨恭折具陈。伏乞皇太后、皇上圣鉴，敕部议覆施行。至所遗祥丰场简缺，系升调遗第二次第二留补之缺，应请留闽另行拣补。合并声明。谨奏。光绪三十年九月二十四日。

（朱批：）吏部议奏。①

光绪三十年十月二十四日，奉朱批：吏部议奏。钦此。②

## 1842. 奏报闽省未解上年各款缘由折

光绪三十年九月二十四日（1904年11月1日）

头品顶戴调署闽浙总督两江总督臣魏光焘跪奏，为闽省税厘短绌，所有未解上年各款京饷，委难兼筹，恭折仰祈圣鉴事。

窃闽省奉拨光绪二十九年分各款京饷已先后解完银四十万两，旋因年关已届，无可筹解，当经前署督臣李兴锐奏明请俟今春再行设法补完，旋准户部咨覆，催筹补解，复经缕晰沥陈力难筹解情形奏咨在案。兹复准户部咨覆赶紧如数补解等因。查闽省地处

①台北故宫博物院藏：《军机及宫中档》，文献编号：408007419。

②中国第一历史档案馆藏：《录副奏折》，档号：03-5430-059。

边疆，民贫土瘠，财力之绌，实较各省为最。从前奉拨京饷，原恃茶货厘金，近则货滞茶疲，子税充斥，办厘种种棘手，收数大不如前，进款锐减，何止十去其三。上年奉拨各京饷，先后解过四十万两，委系竭力搜罗，勉强凑解，固知现在部库应支各款均关要需，如果稍可设法挪移，何敢不赶筹补解。无如闽省局库自奉加派偿款、举办新政以来，早已竭泽而渔，空如悬磬。

今春原期茶税转机，或可渐纾喘息，讵料入夏以后，日俄战事未定，商贾裹足不前，不特茶市顿停，而且货厘大减。前此筹解本年新饷及本省例支各项，已属筹画维艰，又因前月筹解练兵处经费关系近畿防务，又不得不先其所急，赶紧措集银七万两汇都，再经此番搜括，目下尤觉借无可借，挪无可挪。所有未解上年各京饷委属万难兼筹，惟有稍缓时日，俟进款略纾，即当补解，以应要需。据福建藩司会同财政局司道详请奏咨，前兼署督臣崇善未及核办，移交前来。

臣复加查核，委属实在情形，除咨部查照外，理合恭折具陈。伏乞皇太后、皇上圣鉴。谨奏。光绪三十年九月二十四日。

（朱批：）户部知道。①

光绪三十年十月二十四日，奉朱批：户部知道。钦此。②

## 1843. 奏报汇解练兵处经费片

光绪三十年九月二十四日（1904年11月1日）

再，查接管卷内，闽省遵旨设筹练兵处经费，先经前署督臣李兴锐电请在于文武养廉、税厘、盐务合筹银七万两，略尽报效之忱，先向号商借汇解京，由外务部代奏，奉旨：练兵处户部知

①台北故宫博物院藏：《军机及宫中档》，文献编号：408007418。

②中国第一历史档案馆藏：《录副奏折》，档号：03-6659-027。

道。钦此。旋由福建布政司周莲①、盐法道鹿学良②暨财政局司道先后具详，所有合筹前项银七万两，在藩司库认筹银一万八千两，又应需汇费银一千一百五十二两，统于文武各官养廉内每两酌扣六分，陆续扣收。又盐法道库认筹银二万两，又汇费银一千二百八十两，在于该道及各官运局员薪水、差费项下按月兑足，解道收库，俟解清前数停止。又财政局认筹银三万二千两，又汇费银二千零四十八两，在于税厘各局卡另加比较款内提集，分别提还归款等因。

查此款除汇费外，统计认解银七万两，经前署督臣先向源丰润等各号商借集，查照批解京饷成案给咨饬令各该号商，定于本年七月二十日由闽起程，限八月十三日汇解户部投纳，由部转解练兵处察收，候奉批回送闽备案，并经咨练兵处察照在案。惟未及具奏移交，前兼署督臣崇善复未及核办，移交前来。

臣覆查无异，除分咨练兵处、户部查照外，谨附片具奏。伏乞圣鉴。谨奏。

（朱批：）该衙门知道。③

---

①周莲（1847—1920），字子迪，贵州贵阳人，附贡生。同治十年（1871），捐纳同知。十二年（1873），赏戴花翎。光绪三年（1877），加运同衔。四年（1878），加捐知府分发江苏。十五年（1889），代理太仓直隶州知州。十七年（1891），晋三品衔。同年，保道员，升二品衔。二十一年（1895），补授福建兴泉永道。二十二年（1896），署理福建按察使。二十四年（1898），调补直隶按察使，改福建按察使。二十六年（1900），擢福建布政使。三十一年（1905），晋头品顶戴。后告归如皋。宣统三年（1911），武昌暴动后，充如皋临时军政总司令。民国九年（1920），病卒。

②鹿学良（1854—?），字遂侪，直隶定兴（河北定兴县）人。光绪元年（1875），中举。六年（1880），中式进士，签分刑部。十五年（1889），充刑部提牢。十六年（1890），补刑部陕西司主事。十七年（1891），升福建司员外郎。同年，充秋审处坐办。十八年（1892），任律例馆提调。同年，补授广东司郎中。二十一年（1895），放广东琼州府知府。二十二年（1896），丁忧开缺回籍守制。二十五年（1899），补福建泉州府知府。二十七年（1901），调补福建福州府知府。同年，授福建盐法道。三十三年（1907），署理福建按察使。三十四年（1908），实授福建臬司篆务。同年，授福建海关务处总办。宣统二年（1910），迁福建提法使。

③台北故宫博物院藏：《军机及宫中档》，文献编号：408007418-0-A。

光绪三十年十月二十四日，奉朱批：该衙门知道。钦此。①

## 1844. 奏报筹解新定偿款情形片

光绪三十年九月二十四日（1904年11月1日）

再，准部咨：新定偿款，摊派福建省岁解银八十万两，并钦奉谕旨，各该省前次指派之款，应即按月分匀，赶紧筹措，先期解交上海道转付等因。钦此。业经按月筹解至本年八月第三年第九期分匀如数汇解上海道查收清楚，先后奏咨在案。

兹光绪三十年九月应解第三年第十期前项库平纹银六万六千六百七十两，除奉户部议准将闽海关药厘由税务司径拨汇解银二万两外，实尚应解库平纹银四万六千六百七十两，现于司、道、局库筹集如数，于本年九月十三日交号商领汇，定限九月二十三日以前解交江海关道查收汇付。至号商汇费银一千五百八十六两七钱八分及药厘拨抵银两应需汇费，仍请随正支给。据福建财政局司道会同藩、臬两司，粮、盐二道，详请奏咨前来。

臣覆核无异，除给咨批解并分咨外务部、户部查照外，谨附片具奏。伏乞圣鉴。谨奏。

（朱批：）该部知道。②

光绪三十年十月二十四日，奉朱批：该部知道。钦此。③

## 1845. 奏闻筹解俄法借款情形片

光绪三十年九月二十四日（1904年11月1日）

再，前准部咨：应还俄、法、英、德借款，福建按年拨银三十四万两等因。当即转饬司、道、局库不拘何款，通力合筹，提

---

①中国第一历史档案馆藏：《录副奏片》，档号：03-6168-067。

②台北故宫博物院藏：《军机及宫中档》，文献编号：408007418-0-B。

③中国第一历史档案馆藏：《录副奏片》，档号：03-6699-034。

由藩司按期拨解在案。嗣准部行，号商汇费，令照汇解关税、盐课等项开支，自应一律支办。兹届光绪三十年九月期，应解俄、法两国本息银六万两，连同汇费银二千四十两，由司照数筹提，于本年八月二十八日发交号商汇解江海关道兑收，以备汇付。据福建藩司周莲详请奏咨前来。

除给咨批解并咨部外，臣谨附片具陈。伏乞圣鉴。谨奏。

（朱批：）该部知道。[①]

光绪三十年十月二十四日，奉朱批：该部知道。钦此。[②]

## 1846. 奏报解清奉拨盐课京饷片

光绪三十年九月二十四日（1904年11月1日）

再，准部咨，奉拨光绪三十年分福建盐课京饷银一十五万两，行令照限批解等因。遵经饬据福建盐法道鹿学良先后筹备银十万两，作为光绪三十年首、二两批京饷，发交号商汇解。兹再设筹银五万两，作为第三批京饷，仍令号商新泰厚等汇解进京，赴部投纳。所有本年奉拨盐课京饷银两，业已全数解清，详请奏咨前来。

除分咨外，理合附片具陈。伏乞圣鉴，敕部查照施行。谨奏。

（朱批：）户部知道。[③]

光绪三十年十月二十四日，奉朱批：户部知道。钦此。[④]

---

①台北故宫博物院藏：《军机及宫中档》，文献编号：408007418-0-C。

②中国第一历史档案馆藏：《录副奏片》，档号：03-6699-033。

③台北故宫博物院藏：《军机及宫中档》，文献编号：408007418-0-A。

④中国第一历史档案馆藏：《录副奏片》，档号：03-6476-089。

## 1847. 奏报筹拨汇解各款京饷片

光绪三十年九月二十四日（1904年11月1日）

再，光绪三十年分闽省部拨各款京饷，业已先后三次筹解内务府京饷银四万两、固本京饷银四万两，筹备饷需银三万两、茶税京饷银二万两，添拨税厘京饷银一万两、东北边防经费银一万两在案。兹再筹解第四批内务府京饷银一万两、茶税京饷银二万两、固本京饷银五千两，筹备饷需银一万五千两，饬号商源丰润等汇解赴京，分别投纳，定于九月初三日起程。据闽省财政局司道详请具奏。前兼署督臣崇善未及核办，移交前来。

除分咨外，理合附片具陈。伏乞圣鉴。谨奏。

（朱批：）该衙门知道。[1]

光绪三十年十月二十四日，奉朱批：该衙门知道。钦此。[2]

## 1848. 奏报遵裁福建水师提督等由折

光绪三十年九月二十六日（1904年11月3日）

头品顶戴调署闽浙总督两江总督臣魏光焘跪奏，为遵裁福建水师提督员缺，归并陆路提督，请旨饬部颁发印信，以重职守，恭折仰祈圣鉴事。

窃查前署督臣李兴锐奏请裁撤福建水师提督，归并陆路提督一片，奉朱批：政务处、练兵处议奏。钦此。兹承准政务处咨会同练兵处议覆，将水师提督一缺即行裁撤，其陆路提督应照浙江提督统辖水陆军务之例，改为提督福建全省水陆军务，节制各镇，驻扎厦门，并饬将水陆营汛分别裁并，于光绪三十年八月初一日具奏，奉旨：依议。钦此。钞录原奏，行令遵照前来。除恭录咨



①台北故宫博物院藏：《军机及宫中档》，文献编号：408007418-0-B。
②中国第一历史档案馆藏：《录副奏片》，档号：03-6659-028。

行陆路提督臣黄少春、水师提督臣曹志忠[1]分别钦遵办理外，应请饬部颁发“提督福建全省水陆军务节制各镇之印”一颗，俟颁到后，随将水陆提督原印二颗咨部缴销。至所有福建水陆营汛应如何裁并一切事宜，臣查水师现存十五营，所属官弁兵丁共五千五百二十一员名，巡洋大号艇船五支，小号哨船四十三支，现议归并陆路提督，自应与陆路营汛体察情形，酌量裁并，择要巡防。臣甫经到闽，应与陆路提督臣黄少春妥筹商办，以期周密。该提臣移驻厦门日期，届时续行奏报。

所有遵裁水师提督员缺，归并陆路提督，请旨饬部颁发印信缘由，谨恭折具陈。伏乞皇太后、皇上圣鉴。谨奏。光绪三十年九月二十六日。

（朱批：）礼部知道。[2]

光绪三十年十月二十五日，奉朱批：礼部知道。钦此。[3]

## 1849. 奏报闽省二十九年收支无亏折

光绪三十年九月二十六日（1904年11月3日）

头品顶戴调署闽浙总督两江总督臣魏光焘跪奏，为闽省光绪二十九年底察盘司库银两，实储无亏，恭折具奏，仰祈圣鉴事。

---

①曹志忠（1840—1916），湖南湘乡人。咸丰五年（1855），以武童投效湖北水师中营。七年（1857），以军功保把总，戴蓝翎。八年（1858），保千总，加守备衔。十年（1860），保升都司。次年，晋游击，赏戴花翎。同治元年（1862），先保参将，再迁副将。三年（1864），保以总兵记名简放，加劲勇巴图鲁名号。五年（1866），保提督衔。次年，管带霆庆中营，赏芬臣巴图鲁勇号。九年（1870），保记名提督。光绪三年（1877），管带霆庆中营。次年，封建威将军。六年（1880），统带楚军庆祥等营。八年（1882），率师驻防基隆。十年（1884），赏穿黄马褂。十二年（1886），统领凯字等营。十四年（1888），带营助剿彰化土匪。十九年（1893），署理福建陆路提督。二十七年（1901），署福建漳州镇总兵，暂统福强全军。二十九年（1903），署福建水师提督，统领常备军右镇暨长门各营台差务。三十年（1904），实授福建水师提督。同年，调补湖南提督。民国五年（1916），卒。

②台北故宫博物院藏：《军机及宫中档》，文献编号：408007421。

③中国第一历史档案馆藏：《录副奏折》，档号：03-5963-048。

窃查每年封印后例应察盘藩库，所有光绪二十九年库储各款，先经由司造具册折呈送，经前署督臣李兴锐率同在省司道亲赴逐一盘查，俱系实在存库，并无亏短，饬令造具册结，详送核办去后。兹据藩司详称：光绪二十八年底止，流下共存银二十五万五千八十二两零，又存盈余谷价钱三百五十七文，另储存番三千八百三十六圆零，又存钱一千一百六十四千五百五十一文。自光绪二十九年正月起至十二月底止，共收银一百七十六万二千二百五十三两零，共支银一百九十一万五千五百八十五两零，实在存库银一十万一千八百五十两零，又存盈余谷价钱三百五十七文，另储存番三千八百三十六圆零，又存钱一千一百六十四千五百五十一文。相应遵照部文，造具收支细数清册，出具实储无亏印结，详送察核加结请奏前来。

臣覆加察核，所有收支数目均属相符。除加具印结同该藩司册结分送部、科外，理合恭折具奏。伏乞皇太后、皇上圣鉴，敕部核覆施行。谨奏。光绪三十年九月二十六日。

（朱批：）户部知道。[①]

光绪三十年十月二十五日，奉朱批：户部知道。钦此。[②]

## 1850. 奏报浙省各营兵丁马匹数目折

光绪三十年九月二十六日（1904年11月3日）

头品顶戴调署闽浙总督两江总督臣魏光焘跪奏，为浙省各营兵丁、马匹数目，恭折仰祈圣鉴事。

窃照同治九年十一月十六日奉上谕：兵部奏，请饬各省督抚及各路统兵大臣依限咨报兵勇数目，并请饬各省将兵丁数目按年题报各折、片。着各省督抚、统兵大臣等奉到此旨后，除以前未经造报兵勇各数毋庸补报外，即将现在所部兵勇数目，仍按三个

---

①台北故宫博物院藏：《军机及宫中档》，文献编号：408007424。

②中国第一历史档案馆藏：《录副奏折》，档号：03-6583-016。

月咨报一次，以备稽核。倘再视为具文，即着兵部严参。至已造报各处，仍着依限报部，毋得先后参差，以昭核实。其各省兵丁数目，并着该督抚按年造册题报，不得再有耽延等因。钦此。历经遵办在案。

查浙省存防楚军勇丁数目，已据防军支应局按季造册详咨。兹准浙江提督臣吕本元将光绪二十九年分浙省各标、镇、协、营查照裁定实存兵丁、马匹数目，汇造清册，移送核办等因到。前兼署督臣崇善未及具奏，移交前来。

臣覆核无异，谨恭折具陈。伏乞皇太后、皇上圣鉴，敕部核覆施行。再，此项清册业经前兼署督臣崇善咨送兵部查核在案。合并声明。谨奏。光绪三十年九月二十六日。

（朱批：）兵部知道。①

光绪三十年十月二十五日，奉朱批：兵部知道。钦此。②



## 1851. 奏报商民顶开铁炉输课缘由折

光绪三十年九月二十六日（1904 年 11 月 3 日）

头品顶戴调署闽浙总督两江总督臣魏光焘跪奏，为商民顶开铁炉，照例输课，恭折仰祈圣鉴事。

窃照闽省各属产铁山场例准商民设炉开煽，领帖输课，汇入奏销造报。间有年老物故以及无力开煽者，并准另举接充，久经遵行在案。兹查永春州大田县铁炉商郑陈义呈请在于县辖大溪边土名太平桥地方、前商民刘丹兴设炉旧址改设郑泰兴字号小铁炉正、副各一座、炒灶二只，煽炼生铁，铸造锅鼎、犁锄，通销民用，按年遵完课银一十四两三钱，出具族邻、保、甘各结，经该州县履勘，无碍田园庐墓，递加印结，由司转详给帖，核与额设炉座及应征课银数目相符，应请准其接顶开煽。年额课银，饬令

①台北故宫博物院藏：《军机及宫中档》，文献编号：408007423。

②中国第一历史档案馆藏：《录副奏折》，档号：03-5763-130。

依期解缴，归入各属额征炉课，造册报销。兹据福建布政使周莲详请具奏前来。

臣覆核无异，除咨部外，谨恭折具陈。伏乞皇太后、皇上圣鉴，敕部核覆施行。谨奏。光绪三十年九月二十六日。

（朱批：）户部知道。[①]

光绪三十年十月二十五日，奉朱批：户部知道。钦此。[②]

## 1852. 奏报筹拨汇解英德借款片

光绪三十年九月二十六日（1904年11月3日）



再，准部咨：应还俄、法、英、德借款，福建按年拨银三十四万两，自光绪二十三年起，英、德款银每年匀分四次解交等因。当经转饬各局库通力合筹，提由藩司按期拨解。嗣准部咨号商汇费应随正项支给，不得动支税厘，并令照汇解关税、盐课等项汇费开支，自应一律支办。兹届三十年十月期，应还英、德款银四万七千五百两，由司照数筹提，于本年九月二十八日发交号商汇解江海关道兑收，以备汇付。又另支出银一千六百十五两，作为号商汇费之需。据福建藩司周莲详请奏咨前来。

除给咨批解并咨部查照外，理合附片陈明。伏乞圣鉴。谨奏。

（朱批：）该部知道。[③]

光绪三十年十月二十五日，奉朱批：该部知道。钦此。[④]

---

①台北故宫博物院藏：《军机及宫中档》，文献编号：408007422。

②中国第一历史档案馆藏：《录副奏折》，档号：03-9646-089。

③台北故宫博物院藏：《军机及宫中档》，文献编号：408007422-0-A。

④中国第一历史档案馆藏：《录副奏片》，档号：03-6699-035。

## 1853. 奏报署镇姜河清到任情形片

光绪三十年九月二十六日（1904 年 11 月 3 日）

再，据护理福建建宁镇总兵建宁中营游击李飞龙禀报：调署建宁镇总兵姜河清于本年八月十九日抵建，接署任事。该游击即于是日交卸护理镇篆，恳请代奏等情。前来。理合附片具陈。伏乞圣鉴。谨奏。

（朱批：）知道了。①

光绪三十年十月二十五日，奉朱批：知道了。钦此。②



## 1854. 请将革员罗德聪严提监追片

光绪三十年九月二十六日（1904 年 11 月 3 日）

再，已革前署长泰县知县罗德聪交代案内短交正、杂并外结各款银四千八百三十九两零，又粮米三百六十九石八斗零，又仓谷八石九斗零，又粮捐钱一千一百九十三千零，又铺贾各捐洋银一千六百六十三圆零，节催未解。据福建藩司周莲会同臬司、督粮道，转据该管道府揭请参追。前兼署督臣崇善未及核办，移交前来。

查罗德聪业经另案参革，相应请旨将革员罗德聪严提监追，勒限完缴。倘再宕延，或完不足数，即行从严追办。除咨部外，理合附片陈明。伏乞圣鉴。谨奏。

（朱批：）着照所请，该部知道。③

光绪三十年十月二十五日，奉朱批：着照所请，该部知道。

---

①台北故宫博物院藏：《军机及宫中档》，文献编号：408007423-0-A。

②中国第一历史档案馆藏：《录副奏片》，档号：03-5962-141。

③台北故宫博物院藏：《军机及宫中档》，文献编号：408007423-0-B。

钦此。[1]

## 1855. 请将革员倪源寿严提监追片

光绪三十年九月二十六日（1904 年 11 月 3 日）

再，已革前署闽清县知县倪源寿交代案内短交正项银一千一百九十五两零，又杂款银五十两零，又杂款钱三十八千零，又随粮捐钱一千一百八十四千零，叠经严饬催追，未据缴解。兹据福建藩司周莲会同臬司、督粮道，转据该管府揭请参追前来。



查倪源寿业经另案参革，相应请旨将革员倪源寿严提监追，勒限完缴。倘或宕延，或完不足数，即行从严追办。除咨部外，理合附片陈明。伏乞圣鉴。谨奏。

（朱批：）着照所请，该部知道。[2]

光绪三十年十月二十五日，奉朱批：着照所请，该部知道。钦此。[3]

## 1856. 奏报闽省新案交代已结各案折

光绪三十年九月二十八日（1904 年 11 月 5 日）

头品顶戴调署闽浙总督两江总督臣魏光焘跪奏，为闽省新案交代已结各案，恭缮清单，仰祈圣鉴事。

窃照闽省新案交代，业经造报至光绪二十九年十二月底止。兹据福建藩司周莲详称：三十年正月起至六月止半年届满，所有二参限内已结各案交代，照章分晰，开单请奏。前兼署督臣崇善未及核办，移交前来。

臣覆查无异，除咨部查照外，理合开单缮折具陈。伏乞皇太

---

①中国第一历史档案馆藏：《录副奏片》，档号：03-7391-059。

②台北故宫博物院藏：《军机及宫中档》，文献编号：408007423-0-C。

③中国第一历史档案馆藏：《录副奏片》，档号：03-7391-060。

后、皇上圣鉴。谨奏。光绪三十年九月二十八日。

(朱批:) 户部知道，单并发。[①]

光绪三十年十月二十六日，奉朱批：户部知道，单并发。钦此。[②]





## 1857. 呈闽省新案交代已结各案清单

光绪三十年九月二十八日 (1904 年 11 月 5 日)

谨将闽省光绪三十年正月起至六月止各属已结新案交代，缮具清单，恭呈御览。

计开

二参限内算清结报各案

署兴粮通判宋廷模，二十九年九月二十四日到任，应接前任丁恭寿交代，扣至三十年正月二十三日二参限满，已于限内算清结报。

署长汀县知县左元成，二十九年九月二十八日到任，应接前任余鹤鸣交代，扣至三十年正月二十七日二参限满，已于限内算清结报。

署闽清县知县倪源寿，二十九年十月初一日到任，应接前任邱炳圻交代，扣至三十年正月三十日二参限满，已于限内算清结报。

长乐县知县王守谦，二十九年十月初二日到任，应接前任王叔谦并钟崇萱交代，扣至三十年二月初一日二参限满，已于限内算清结报。

代理泉上里县丞饶廷杰，二十九年十月初十日到任，应接前任李承绪交代，扣至三十年二月初九日二参限满，已于限内算清结报。

---

①台北故宫博物院藏：《军机及宫中档》，文献编号：408007425。

②中国第一历史档案馆藏：《录副奏折》，档号：03-6583-019。

代理宁化县知县李承绪，二十九年十月十六日到任，应接前任普荣交代，扣至三十年二月十五日二参限满，已于限内算清结报。

署晋江县知县谭子俊，二十九年十月二十日到任，应接前任陈其煃交代，扣至三十年二月十九日二参限满，已于限内算清结报。

建阳县知县俞秉焜，二十九年十月二十一日到任，应接前任金秉琮交代，扣至三十年二月二十日二参限满，已于限内算清结报。

尤溪县知县宋时雍，二十九年十月二十二日到任，应接前任张朝锡交代，扣至三十年二月二十一日二参限满，已于限内算清结报。

上杭县知县谢翌雯，二十九年十月二十二日到任，应接前任陆锦燧交代，扣至三十年二月二十一日二参限满，已于限内算清结报。

署古田县知县卢家驹，二十九年十月二十七日到任，应接前任沙世昌交代，扣至三十年二月二十六日二参限满，已于限内算清结报。

沙县知县高凌汉，二十九年十月二十七日到任，应接前任周有基交代，扣至三十年二月二十六日二参限满，已于限内算清结报。

永安县知县叶新第，二十九年十月二十八日回任，应接前任张于汉交代，扣至三十年二月二十七日二参限满，已于限内算清结报。

署永春州知州陈模，二十九年十一月初十日到任，应接前任黄运昭交代，扣至三十年三月初九日二参限满，已于限内算清结报。

署永福县知县苏梦兰，二十九年十一月初十日到任，应接前任屠宗基并杨文荣交代，扣至三十年三月初九日二参限满，已于限内算清结报。

蒲城县知县马立礼，二十九年十一月十二日到任，应接前任张文治交代，扣至三十年三月十一日二参限满，已于限内算清结报。

署漳浦县知县以景福，二十九年十一月十六日到任，应接前任刘永棠交代，扣至三十年三月十五日二参限满，已于限内算清结报。

汀军同知陶济福，二十九年十一月十六日回任，应接前任沈兆桂交代，扣至三十年三月十五日二参限满，已于限内算清结报。

署南靖县知县邱祖惠，二十九年十一月二十日到任，应接前任潘常翰交代，扣至三十年三月十九日二参限满，已于限内算清结报。

署安溪县知县原鸿达，二十九年十一月二十五日到任，应接前任谢金元交代，扣至三十年三月二十四日二参限满，已于限内算清结报。

佛墨桥县丞陈耕，二十九年十二月初二日回任，应接前任郑世球并张应成交代，扣至三十年四月初一日二参限满，已于限内算清结报。

侯官县知县苏元桱，二十九年十二月十七日到任，应接前任谭子俊并刘锡渠交代，扣至三十年四月十六日二参限满，已于限内算清结报。

松溪县知县何建忠，二十九年十二月十七日到任，应接前任陈增交代，扣至三十年四月十六日二参限满，已于限内算清结报。

署龙岩州知州陈锬，二十九年十二月十七日到任，应接前任朱丙元并刘玉璋交代，扣至三十年四月十六日二参限满，已于限内算清结报。

署武平县知县凌汝曾，二十九年十二月二十一日到任，应接前任朱云从交代，扣至三十年四月二十日二参限满，已于限内算清结报。

岚下县丞张毓芳，二十九年十二月二十九日回任，应接前任薛赞权交代，扣至三十年四月二十八日二参限满，已于限内算清结报。

署厦防同知高桑，三十年正月十六日到任，应接前任郑煦并骆腾衢交代，扣至五月十五日二参限满，已于限内算清结报。

建安县知县王宗猛，三十年正月二十五日到任，应接前任范溶交代，扣至五月二十四日二参限满，已于限内算清结报。

署长乐县知县王扩中，三十年二月初一日到任，应接前任王守谦交代，扣至五月二十九日二参限满，已于限内算清结报。

龙溪县知县潘震临，三十年二月初二日到任，应接前任黄逢年并杨兆清交代，扣至六月初一日二参限满，已于限内算清结报。

署邹武县知县陈寿昌，三十年二月初二日到任，应接前任翁立德交代，扣至六月初一日二参限满，已于限内算清结报。

署宁化县知县张朝法，三十年二月初十日到任，应接前任李承绪交代，扣至六月初九日二参限满，已于限内算清结报。

泉上里县丞李承绪，三十年二月十八日到任，应接前任饶廷杰交代，扣至六月十七日二参限满，已于限内算清结报。

代理归化县知县易德声，三十年二月二十八日到任，应接前任王乃钧交代，扣至六月二十七日二参限满，已于限内算清结报。

以上三十四案，业已造册咨明。

已满二参、查有短款参追各案

永定县知县刘锡濂，二十九年十一月十二日到任，应接前任徐元治交代，扣至三十年三月十一日二参限满，已于限内算结。查徐元治尚有应交之款，业已参追。

署闽清县知县谭禄泉，三十年二月二十七日到任，应接前任倪源寿交代，扣至六月二十六日二参限满，已于限内算结。查倪源寿尚有应交之款，业已参追。

以上二案，短款参追，并经造册咨明。

交代延迟、业经造册结报核咨一案

前代理佛墨桥县丞郑世球，二十九年六月二十四日到任，应接前任陈耕交代，扣至十月二十三日二参限满，前因未据造册结报，当经咨部摘顶，一面勒限一个月造册结报，业于二十九年下半年汇奏案内声登在案。兹据郑世球续经算清结报，相应归入本届案内开报。理合登明。

（朱批：）览。①

## 1858. 奏报察盘闽省上年道库银两折

光绪三十年九月二十八日（1904 年 11 月 5 日）

头品顶戴调署闽浙总督两江总督臣魏光焘跪奏，为闽省光绪二十九年底察盘道库银两，恭折仰祈圣鉴事。

窃照福建粮库存储米折银两，向归粮道经管，应照司库年底察盘之例画一办理，先经由道造具册折呈送，经前署督臣李兴锐亲赴逐一盘查在案。兹据藩司周莲详称：准督粮道启约册报闽省粮道库截至光绪二十八年底止，流下共存银一十一万七千四百四十七两零。二十九年正月起至十二月底止，共收银一十一万三千八百两零，共支银九万四千四百六十四两零，实在存库银一十三万六千七百八十四两零，造具册结，移司覆核，加具印结，详请察核具奏前来。

臣覆核无异，除加具印结同各册结分送部、科外，理合恭折具奏。伏乞皇太后、皇上圣鉴，敕部核覆施行。谨奏。光绪三十年九月二十八日。

（朱批：）户部知道。②

光绪三十年十月二十六日，奉朱批：户部知道。钦此。③

---

①中国第一历史档案馆藏：《单》，档号：03-6583-020。

②台北故宫博物院藏：《军机及宫中档》，文献编号：408007426。

③中国第一历史档案馆藏：《录副奏折》，档号：03-6583-017。

# 1859. 奏销闽省上年察盘粮道银米折

光绪三十年九月二十八日（1904年11月5日）

头品顶戴调署闽浙总督两江总督臣魏光焘跪奏，为闽省光绪二十九年奏销察盘粮道库米折银两，恭折仰祈圣鉴事。

窃照福建省粮道库储钱粮，每年奏销时照例由督抚盘查，仍责令藩司核明，于督抚未经盘查之先出具保结，详送督抚。盘查之后，如有亏挪等弊，照例分赔议处等因在案。兹据福建布政使周莲详称：准督粮道启约移送光绪二十九年分粮米、旗、绿各营米折册结到司，除粮米一项由司察盘详咨外，所有旗营米折项下旧管原估请拨不敷旗营白粟米折银三万三千一百一十四两零，新收部拨司移米折银三万三千一百一十四两零，开除支给过驻防满洲水师各旗营光绪二十九年分官员、兵丁家口白粟米折银三万二千四十六两零，实在存剩建截旷米折银一千六十七两零。又，绿营米折项下旧管原估凑支绿营原配台运请拨米价银三万二千六百四十两零，新收部拨司移米价银三万一百五十一两零，开除支给各标、镇、协、营光绪二十九年分米价银三万一百五十一两零，实在存剩建截旷米价银二千四百八十八两零。合将支存数目，逐一核明加结，详送察盘具奏等情。前来。

臣亲赴道库，盘验无异，仍令督粮道收存备解藩库充饷。除册结分送部、科外，理合恭折具奏。伏乞皇太后、皇上圣鉴，敕部核覆施行。谨奏。光绪三十年九月二十八日。

（朱批：）户部知道。[1]

光绪三十年十月二十六日，奉朱批：户部知道。钦此。[2]

---

①台北故宫博物院藏：《军机及宫中档》，文献编号：408007428。

②中国第一历史档案馆藏：《录副奏折》，档号：03-6583-018。

## 1860. 请以成心中署理顺昌县知县折

光绪三十年九月二十八日（1904年11月5日）

头品顶戴调署闽浙总督两江总督臣魏光焘跪奏，为请署知县以裨地方，恭折仰祈圣鉴事。

窃照光绪三十年八月初四日奉准吏部咨：福建顺昌县知县陈勷光革职，光绪三十年五月十九日奉朱批等因。按奉旨后第五日行文，闽省照限八十日减半计算，扣至三十年七月初三日作为出缺日期，应即照例按班遴员请补。查定例：部选知县内参劾所出之缺，除办理军务出力钦奉特旨先尽补用人员准扣留题补外，其余各项候补、委用、试用人员，概不准扣留请补。又，新章：现任佐杂、军功保举以知县用，捐离任候补及由候补佐杂、军功保举补缺后以知县用，报捐免补本班，离任归知县候补，准其照例请补参革之缺，各等语。所遗顺昌县系参革遗缺，例应专以军功保举先尽补用人员酌补。

查有军功保举候补尽先补用知县成心中，年四十八岁，湖南湘乡县监生，遵例捐从九品，递捐县丞选用，于新疆南北路荡平案内保举免选本班，以知县补用。复于五次剿平边寇案内保加同知衔，并换花翎，捐指福建，先行禀到，请咨引见，领照来闽，光绪十一年七月二十日到省，试看期满，甄别留用，考列二等。丁父忧，服满。二十年四月初三日回省。新海防例，加捐本班尽先补用。二十年七月二十日，奉部行文过班序补。丁母忧，服满起复。二十三年正月十四日，领照回省。历委署代霞浦、龙溪、闽县、松溪、同安等县知县。兹查该员既经由司出考，气充才裕，办事实心，以之请署顺昌县知县，洵属人地相宜，与例亦符。合无仰恳天恩俯准以候补尽先补用知县成心中署理顺昌县知县，俾资治理。如蒙俞允，该员系候补知县请署知县，衔缺相当，毋庸送部引见，并免核计参罚，仍俟试署期满，如果称职，另请实授。据福建藩司周莲、臬司朱其煊会详前来。

除咨部外，理合恭折具奏。伏乞皇太后、皇上圣鉴，敕部核覆施行。再，臣到任未及三月，例不出考。合并陈明。谨奏。光绪三十年九月二十八日。

（朱批：）吏部议奏。①

光绪三十年十月二十六日，奉朱批：吏部议奏。钦此。②

## 1861. 奏报署定海镇总兵交接片

光绪三十年九月二十八日（1904年11月5日）

再，据署浙江定海镇总兵王书选呈报，于光绪三十年八月初八日由闽起程，行抵定海厅城，于八月十九日接印任事。又据署定海镇总兵吴杰呈报，于光绪三十年八月十九日交卸镇篆等情。各前来。谨附片代奏。伏乞圣鉴。谨奏。

（朱批：）知道了。③

光绪三十年十月二十六日，奉朱批：知道了。钦此。④

## 1862. 奏报闽省本年九月雨水粮价折

光绪三十年十月三十日（1904年12月6日）

头品顶戴调署闽浙总督两江总督臣魏光焘跪奏，为恭报晴雨、粮价情形，仰祈圣鉴事。

窃查福建省城光绪三十年九月分得雨九次，省外各属禀报略同。通省粮价间有稍减，晚稻黄熟，民情安谧。据福建布政使周莲具详前来。谨缮清单，恭折具陈。伏乞皇太后、皇上圣鉴。谨奏。光绪三十年十月三十日。

---

①台北故宫博物院藏：《军机及宫中档》，文献编号：408007432-1。

②中国第一历史档案馆藏：《录副奏折》，档号：03-5430-060。

③台北故宫博物院藏：《军机及宫中档》，文献编号：408007432-1-A。

④中国第一历史档案馆藏：《录副奏片》，档号：03-5962-143。

（朱批：）知道了。[1]

光绪三十年十二月初四日，奉朱批：知道了。钦此。[2]





## 1863. 呈闽省本年九月雨水粮价清单

光绪三十年十月三十日（1904年12月6日）

谨将福建省九府二州属光绪三十年九月分米粮价值，缮具清单，恭呈御览。

谨开

福州府属：上米每仓石价银二两九钱至三两七钱，与上月相同。中米每仓石价银二两六钱至三两五钱，与上月相同。下米每仓石价银二两三钱至三两四钱，与上月相同。

兴化府属：上米每仓石价银三两二钱至三两三钱，较上月减一钱。中米每仓石价银三两一钱至三两二钱，较上月减一钱。下米每仓石价银三两至三两一钱，较上月减一钱。

泉州府属：上米每仓石价银三两五钱至四两三钱，与上月相同。中米每仓石价银二两九钱五分至四两，与上月相同。下米每仓石价银二两八钱五分至三两七钱，与上月相同。

漳州府属：上米每仓石价银二两八钱至三两五钱，与上月相同。中米每仓石价银二两七钱至三两四钱，与上月相同。下米每仓石价银二两六钱至三两三钱，与上月相同。

延平府属：上米每仓石价银二两七钱六分至四两，与上月相同。中米每仓石价银二两六钱六分至三两九钱一分，与上月相同。下米每仓石价银二两五钱至三两八钱四分，与上月相同。

建宁府属：上米每仓石价银二两三钱二分至三两五钱，较上月减三钱。中米每仓石价银二两一钱六分至三两四钱，较上月减三钱。下米每仓石价银二两四分至三两三钱，较上月减三钱。

---

①台北故宫博物院藏：《军机及宫中档》，文献编号：408007429。

②中国第一历史档案馆藏：《录副奏折》，档号：03-7025-005。

邵武府属：上米每仓石价银二两至二两六钱，与上月相同。中米每仓石价银一两九钱至二两五钱，与上月相同。下米每仓石价银一两八钱至二两四钱，与上月相同。

汀州府属：上米每仓石价银二两三钱至四两五钱，与上月相同。中米每仓石价银二两二钱至四两三钱，与上月相同。下米每仓石价银二两一钱至四两一钱，与上月相同。

福宁府属：上米每仓石价银二两二钱至三两三钱五分，与上月相同。中米每仓石价银二两一钱至三两二钱五分，与上月相同。下米每仓石价银二两至三两一钱五分，与上月相同。



永春州属：上米每仓石价银二两八钱至四两，较上月减四钱。中米每仓石价银二两六钱至三两九钱，较上月减四钱。下米每仓石价银二两四钱至三两八钱，较上月减四钱。

龙岩州属：上米每仓石价银三两四钱至四两八钱，与上月相同。中米每仓石价银二两九钱至四两七钱，与上月相同。下米每仓石价银二两八钱至四两六钱，与上月相同。

（朱批：）览。[①]

## 1864. 请以谭子俊调补侯官县知县折

光绪三十年十月三十日（1904年12月6日）

头品顶戴调署闽浙总督两江总督臣魏光焘跪奏，为省会首邑员缺紧要，拣员请补，恭折仰祈圣鉴事。

窃照光绪三十年五月二十六日，据福州府申报：侯官县知县苏元桎于光绪三十年五月二十五日在任病故，业经具奏开缺，照例以病故日作为出缺日期，归五月分截缺，除另行截缺咨部外，所遗侯官县知县系冲、繁、疲、难兼四要缺，例应由外先尽现任正途人员内酌量拣选调补。该县系省会首邑，政务殷繁，必须慎

①中国第一历史档案馆藏：《单》，档号：03-7025-006。

选廉明练达之员，方克胜任。

经前兼署督臣崇善与藩、臬两司于闽省现任知县内逐加遴选，查有南安县知县谭子俊，年四十三岁，贵州贵筑县进士，引见奉旨：以知县即用。钦此。签分福建，光绪十八年闰六月二十三日到省，遵茶捐例捐加同知衔，准补南安县知县，二十六年四月二十七日到任，闽省赈捐案内奖戴花翎。二十七年防捐案内，报捐知府不论双单月在任候选，调署侯官、晋江等县，饬回本任。该员历任内并无承缉盗案已起二、三、四参有关降调处分，曾署斯缺，措置裕如，于省会风土民情较为熟悉，以之调补侯官县知县，洵堪胜任，与例亦符。

合无仰恳天恩俯准以南安县知县谭子俊调补侯官县知县，俾要缺得人治理。如蒙俞允，该员系现任繁缺知县调补省会要缺知县，衔缺相当，毋庸送部引见，并免核计参罚。所遗南安县知县系调缺，应俟准到部复再行拣员请补。据福建藩司周莲、臬司朱其煊[①]会详请奏。前兼署督臣崇善未及核办，移交前来。

除咨部外，理合恭折具陈。伏乞皇太后、皇上圣鉴，敕部议复施行。再，臣到任未及三月，例不出考。合并陈明。谨奏。光绪三十年十月三十日。

（朱批：）吏部议奏。[②]

---

①朱其煊（1839—1915），字少桐，浙江萧山人，二品荫生。咸丰七年（1857），以主事签分工部。同治五年（1866），保工部主事，加员外郎衔。七年（1868），保工部员外郎，加四品衔。九年（1870），丁母忧。十二年（1873），丁父忧，回籍终制。光绪元年（1875），保郎中，赏戴花翎。二年（1876），补工部都水司郎中。同年，保知府。五年（1879），保道员。十年（1884），补授四川嘉定府知府。十三年（1887），署四川成都府知府。十四年（1888），补成都府知府。十六年（1890），升湖北安襄郧荆道。二十年（1894），署湖北盐法武昌道。二十一年（1895），署湖北汉黄德道。同年，署湖北按察使。二十二年（1896），署湖北盐法武昌道。二十五年（1899），补授荆宜施道。二十九年（1903），迁福建按察使。三十四年（1908），擢山东布政使，晋头品顶戴。宣统三年（1911），开缺修墓。民国四年（1915），卒于籍。

②台北故宫博物院藏：《军机及宫中档》，文献编号：408007430。

光绪三十年十二月初四日，奉朱批：吏部议奏。钦此。[1]

## 1865. 奏报提督黄少春销假供职折

光绪三十年十月三十日（1904 年 12 月 6 日）

头品顶戴调署闽浙总督两江总督臣魏光焘跪奏，为提臣假满销假，力疾供职，恭折代陈，仰祈圣鉴事。

窃福建陆路提督黄少春前因感冒牵动旧伤，咨经前督臣李兴锐代奏，奉朱批：着赏假一个月。钦此。旋因假期将满病仍未痊，又经咨请代奏开缺，奉朱批：黄少春着赏假一个月，毋庸开缺。钦此。本年九月间，复准咨称：自蒙赏假以来，加紧医治，曩时受伤处所牵连腰脊，依然疼痛，行动维艰。提督责任綦重，诚恐贻误，负咎滋深，咨请据情代奏开缺。适臣到任，即经电知该提督以已蒙两次赏假，圣恩优渥，未便固辞。兹准咨称：现在病虽未能全愈，惟有依期销假，力疾从公，图酬高厚之恩，以效驰驱之助等因。前来。

臣覆查属实，所有提臣假满销假、力疾供职缘由，理合恭折具陈。伏乞皇太后、皇上圣鉴训示。谨奏。光绪三十年十月三十日。

（朱批：）知道了。[2]

光绪三十年十二月初四日，奉朱批：知道了。钦此。[3]

## 1866. 奏报去年经征钱粮未完各员折

光绪三十年十月三十日（1904 年 12 月 6 日）

头品顶戴调署闽浙总督两江总督臣魏光焘跪奏，为查明闽省



---

①中国第一历史档案馆藏：《录副奏折》，档号：03-5433-029。

②台北故宫博物院藏：《军机及宫中档》，文献编号：408007432。

③中国第一历史档案馆藏：《录副奏折》，档号：03-5964-029。

二十九年经征钱粮未完一分以上各员职名，开单具报，仰祈圣鉴事。

窃前准部咨：钱粮奏销，一面将未完一分以上各员名开具简明清单，专折奏报等因。兹据福建布政使周莲、督粮道启约于光绪三十年九月二十三日将二十九年经征未完一分以上各员开送职名前来。

臣覆核无异，除册咨部外，谨开单缮折具陈。伏乞皇太后、皇上圣鉴。谨奏。光绪三十年十月三十日。

（朱批：）该部议奏，单并发。①

光绪三十年十二月初四日，奉朱批：该部议奏，单并发。钦此。②



## 1867. 呈去年经征钱粮未完各员清单

光绪三十年十月三十日（1904 年 12 月 6 日）

谨将闽省光绪二十九年分九府二州属经征地丁耗羡粮米、耗米未完一分以上各员职名，缮具简明清单，恭呈御览。

谨开

经征地丁未完一分

现任营前县丞庄承绶等二员。

经征地丁未完一分以上

现任南日县丞蔡锡璋等二员，卸署南日县丞事本任禾坪县丞刘烈藩等十三员，病故署泰宁县事本任晋江县知县苏元樫一员，参革顺昌县知县陈勷光等二员。

经征地丁未完二分以上

卸事闽清县知县邱丙圻等八员，参革调署晋江县事本任德化县知县陈其煃一员。

①台北故宫博物院藏：《军机及宫中档》，文献编号：408007431。

②中国第一历史档案馆藏：《录副奏折》，档号：03-6279-026。

经征地丁未完三分以上

卸署惠安县事试用知县原鸿达等二员，改教武平县知县翁立德一员，参革署长泰县事候补知县罗德聪一员。

经征耗羡未完一分以上

现任知县宁德县知县韩克诚一员，卸署龙溪县事试用知县黄逢年等八员，丁忧署长乐县本任长泰县知县王秉箓等三员，参革署长泰县事候补知县罗德聪一员，病故署泰宁县事本任晋江县调补侯官县知县苏元樫一员。

经征耗羡未完二分以上

卸事闽清县知县邱炳圻等十员，丁忧代理建阳县事分缺先知县金秉琮一员，改教邵武县知县翁立德一员，参革调署晋江县事本任德化县知县陈其煃等三员。

经征耗羡未完三分以上

卸署惠安县事试用知县原鸿达等二员。

经征粮米未完一分

卸署泉州府事候补知府金学献一员，病故大湖县丞李有楠一员。

经征粮米未完一分以上

现任营前县丞庄承绶等八员，署莆田县事候补知县吴廷桢等四员，离任瓯宁县调补闽县知县裴汝钦一员，卸署金门县丞事试用县丞虞景濂等十员，病故署长乐县事即用知县王叔谦等二员。

经征粮米未完二分

卸代罗溪县丞试用县丞许庆曾等三员。

经征粮米未完二分以上

现任南平县知县姚步瀛等三员，离任仙游县知县祝维垙等二员，卸署侯官县本任南安县知县谭子俊等十员，丁忧调署长乐县事本任长泰县知县王秉箓一员。

经征粮米未完三分

离任漳浦县知县白象贤一员。

经征粮米未完三分以上

离任马巷通判余振芳一员，卸署福清县本任松溪县知县何建忠等二员。

经征粮米未完四分以上

卸署晋江县本任德化县知县陈其煃等四员。

经征粮米未完八分以上

卸代南靖县事试用府经历潘常翰一员。

经征耗米未完一分以上

现任营前县丞庄承绶等二员，署莆田县事试用知县吴廷桢一员，卸署兴粮通判事试用通判丁恭寿等十三员，参革署平和县事试用同知李韶级一员。

经征耗米未完二分以上

现任邵军同知潘仰熊一员，卸署侯官县本任南安县知县谭子俊等五员，丁忧署长乐县事本任长泰县知县王秉箓等二员，参革署晋江县本任德化县知县陈其煃等二员。

经征耗米未完三分以上

现任宁德县知县韩克诚一员，卸署南安县事候补知县黄云龙等七员。

（朱批：）览。①

## 1868. 奏销二十九年随本动存银数折

光绪三十年十一月初一日（1904年12月7日）

头品顶戴调署闽浙总督两江总督臣魏光焘跪奏，为光绪二十九年奏销随本动存银两数目，恭折具陈，仰祈圣鉴事。

窃照福建省随本动存奏销，业经奏报至光绪二十八年止在案。兹查光绪二十九年分奏销册报，旧管光绪二十八年分奏销剩银一

---

①中国第一历史档案馆藏：《单》，档号：03-6279-027。

百八十九两零，已于光绪二十九年秋拨册内造报；又光绪十四年起至二十八年止，未完并参追地丁共银二百八十四万五百八十六两零，新收光绪二十八年地丁奏销册报存剩光绪二十八年地丁银四十六万七千七百一十四两零，当税银七千二十两零，牙帖、杂税银八百八十八两零，厦门地租银一千九百六十两零，铁炉课银一十两，牛、猪、杂税银八百三十四两零，渔税银二百七十九两零，入官租税银五十二两零，共银四十七万八千七百六十两零；又收光绪十四年起至二十八年止续完地丁银一千四百七十一两零，续完参追银三万二千九百一十五两零。以上共收银五十一万三千一百四十七两零，共银五十一万三千三百三十七两零。



开除光绪二十八年奏销地丁册报存剩地丁、当、杂税等款共银四十七万八千七百六十四两零，又除光绪十四年起至二十八年止各年地丁共银一百八十九两零，又光绪十五等年地丁参追仁寿县丞徐洪业等员续完另行入拨造报银三万二千九百一十五两零，共除银五十一万一千八百六十五两零。实存剩地丁银一千四百七十一两零，应俟汇入光绪三十年秋拨册内造报。未完光绪十四年起至二十八等年止共银二百八十万六千一百九十九两零，现在分檄严催，应俟解到另行注完造报。

又，租谷项下旧管存剩租谷一千一百六十一石零，新收长泰县册报光绪二十八年征完租谷二十石，罗溪县丞册报征完租谷一百一十三石零，共谷一百三十三石零。管收共谷一千二百九十五石零。开除罗溪县丞解完光绪二十八年租谷业经入于二十九年秋拨册内造报谷一百一十三石零，实在存剩租谷一千一百八十一石零，另行拨给兵食。

又，粮米项下光绪二十八年奏销册报旧管应存各属征存未解给节年粮米六千一百八十一石零，未完光绪十四年起至二十八等年止民欠粮米四十五万一千九百六十石零。新收各属续完各年粮米六千四百四十二石零，开除支拨归完各属仓并省仓、道库粮米六千四百四十二石零，实在应存各属征存未解给节年粮米六千一百八十一石零，请俟严催补解，再行作正开除。尚未完光绪十四年起至二十八等年止粮米四十四万五千五百一十八石零，现已严催征解，分别归补造报。相应遵照部行分晰造具动支完欠数目清册，呈送核办。

再，闽省州县官经征钱粮，其中有完不足数者，已于该年奏销案内议处在案。其经征全完之员，催科尚属认真，似应量加甄叙，以示鼓励。所有光绪二十九年地丁经征三百两以上不及一万两之水口县丞沈其麟照额通完，应请照例议叙等情。据福建藩司周莲详请具奏前来。

臣覆核无异，除册分送户部、户科外，理合恭折具奏。伏乞皇太后、皇上圣鉴，敕部核覆施行。谨奏。光绪三十年十一月初一日。

（朱批：）户部知道。①

光绪三十年十二月初四日，奉朱批：户部知道。钦此。②

## 1869. 请以杨兆清署理松溪县知县折

光绪三十年十一月初一日（1904年12月7日）

头品顶戴调署闽浙总督两江总督臣魏光焘跪奏，为请署知县以裨地方，恭折仰祈圣鉴事。

窃照松溪县知县何建忠于光绪三十年六月二十七日在任病故，经前兼署督臣崇善附奏开缺，声明留闽另补，照例应以病故本日作为出缺日期，归于本年八月分截缺咨部案内声明勒归六月分截缺。所遗松溪县知县系选缺，应即按班遴员请补。查定例：告病、病故、休致三项缺出，以一缺题补各项候补并进士即用人员，以一缺题补，大挑人员。闽省病、故、休知县一项上缺归化县，业

---

①台北故宫博物院藏：《军机及宫中档》，文献编号：408007433。

②此朱批日期与内容，据《军机处随手登记档》（档案编号：03-0319-2-1230-327）校补。

经请以即用本班知县冯绍斌补授；续出长乐县系奉到新章第一次出缺，请以曾任实缺丁忧服满候补知县丁振德补授在案。兹所出松溪县知县，查闽省坐补原缺、裁缺即用、回避即用，新选、新补之留省另补及曾任实缺、丁忧服满来闽候补并新旧例捐纳先用、即用各班知县均无人，轮应大挑人员到班，例应先用大挑尽先之员补用。

查有新海防例大挑尽先补用知县杨兆清，年四十八岁，广东嘉应州附生，中式光绪壬午科举人，戊戌科大挑一等，以知县用，遵例捐指福建。光绪二十四年五月初八日，领照到省，试用期满，甄别留用。新海防例加捐本班尽先补用。二十五年十二月二十日，奉部行文过班序补，按照限减半计算，应扣至二十六年正月二十九日，作为到省日期，照章早经扣满一年。该员既经由司查得勤慎精明，老成持重，以之请署松溪县知县，洵属人缺相宜，与例亦符。合无仰恳天恩俯准以大挑尽先补用知县杨兆清署理松溪县知县，俾资治理。如蒙俞允，该员系大挑尽先补用知县请署知县，衔缺相当，毋庸送部引见，并免核计参罚，仍俟试署期满，如果称职，再行另请实授。兹据福建藩司周莲、臬司朱其煊会衔，详请具奏前来。

除咨部外，理合恭折具奏。伏乞皇太后、皇上圣鉴，敕部议覆施行。再，臣到任未及三月，例不出考。合并陈明。谨奏。光绪三十年十一月初一日。

（朱批：）吏部议奏。①

光绪三十年十二月初四日，奉朱批：吏部议奏。钦此。②



①台北故宫博物院藏：《军机及宫中档》，文献编号：408007435。

②中国第一历史档案馆藏：《录副奏折》，档号：03-5433-030。

## 1870. 奏报闽省去年征收新旧钱粮折

光绪三十年十一月初一日（1904年12月7日）

头品顶戴调署闽浙总督两江总督臣魏光焘跪奏，为闽省光绪二十九年征收新旧钱粮数目，循例开单，恭折仰祈圣鉴事。

窃照闽省光绪二十九年分额征地丁银一百二十三万三千四十二两零，内存留银一十九万九千九百二十两零，起运银一百三万三千一百二十二两零，又加补征光绪二十八年分闽县升科银一两零，共应征银一百二十三万三千四十四两零。已完地丁银一百六万八千五百一十四两零，内除已完存留银一十八万四千四百二十一两零，尚应完地丁银八十八万四千九十三两零，内除前大湖县丞李有楠等员征存地丁银一万五千六百九十二两零，屡催未解，业经奏参革职限追。嗣据归化县张振寅等员续完银三千四百三两零，尚未完银一万二千二百八十八两零，应俟解到另归参案办理外，实收解司地丁银八十七万一千八百五两。

旧赋光绪十四、十五、十六、十七、十八、十九、二十、二十一、二十二、二十三、二十四、二十五、二十六、二十七、二十八等年未完地丁共银二百八十四万五百八十六两零，内据各属续完地丁并参追共银三万四千三百八十六两零，应俟汇入光绪二十九年随本奏销册内造报。尚未完银二百八十万六千一百九十九两零，内地丁未完银二百七十二万六千五十六两零，参追未完银八万一百四十二两零。

又，光绪二十三四五六七八等年原欠当税银五万七千一百六两零，内续报豁除银三百二十五两，完解银八千九百八十两零，应俟入于光绪三十年秋拨册内造报。尚未完银四万七千七百七十六两零。又，十四、十五、十六、十七、十八、十九、二十、二十一、二十二、二十三、二十四、二十五、二十六、二十七、二十八等年原欠租税银九千六百六十六两零，内据完解银一十五两零，应俟入于光绪三十年秋拨册内造报。尚未完银七百七十八两零。原欠牙帖、杂税银六百九十八两零，未据完解。原欠牛、猪、杂税银一千五百二十九两零，未据完解。以上未完正、杂钱粮，现催各属赶征解缴，于本年十月十四日据福建布政使周莲详请奏咨前来。

臣覆核无异，除咨部外，理合开单，恭折具陈。伏乞皇太后、皇上圣鉴。谨奏。光绪三十年十一月初一日。

（朱批：）户部知道，单并发。①

光绪三十年十二月初四日，奉朱批：户部知道，单并发。钦此。②



## 1871. 呈闽省去年征收新旧钱粮清单

光绪三十年十一月初一日（1904年12月7日）

谨将福建省光绪二十九年分征收新旧钱粮，比较上三年完欠分数，缮具清单，恭呈御览。

谨开

光绪二十九年额征地丁银一百二十三万三千四十二两九钱五分，内除存留银一十九万九千九百二十两四钱四分，起运银一百三万三千一百二十二两五钱一分，外加补征光绪二十八年分闽县升科银一两一钱九分，二共应征银一百二十三万三千四十四两一钱四分。已完地丁存留一百六万八千五百一十四两九钱九分七厘，未完地丁存留银一十六万四千五百二十九两一钱四分三厘。计完八分六厘六毫，计未完一分三厘四毫。

比较光绪二十八年分应征地丁存留银一百二十三万二千九百六十四两八钱三分五厘，已完八分六厘六毫银一百六万八千三百八十五两八分四厘，未完一分三厘四毫银一十六万四千五百七十九两七钱五分一厘。计完相等。

---

①台北故宫博物院藏：《军机及宫中档》，文献编号：408007434。

②中国第一历史档案馆藏：《录副奏折》，档号：03-6279-028。

比较光绪二十七年分应征地丁存留银一百二十三万二千九百六十四两六钱六分一厘，已完八分六厘六毫银一百六万七千四百二十七两六分二厘九毫，未完一分三厘四毫银一十六万五千五百三十八两二钱一分九厘一毫。计完相等。

比较光绪二十六年分应征地丁存留银一百二十三万三千四十一两五分二厘，已完八分六厘五毫银一百六万六千四百五十四两八钱八分九厘，未完一分三厘五毫银一十六万六千五百八十六两一钱六分三厘。计多完一毫，计多完银二千六十两一钱八厘。

旧赋项下

光绪二十九年分带征光绪十四年起至二十八年止各年地丁银二百八十四万五百八十六两三钱三分二厘一毫，已完银三万四千三百八十六两七钱九分，未完银二百八十万六千一百九十九两五钱五分二厘一毫，已完一厘二毫，未完九分八厘八毫。

比较光绪二十八年分带征原欠光绪十四年起至二十七年止各年地丁银二百六十八万七百五十三两二钱六分八厘一毫，已完一毫银一千九百五十四两八钱四分一厘，未完九分九厘银二百六十七万八千七百九十八两四钱二分七厘一毫。计多完银一厘一毫。

比较光绪二十七年分带征原欠光绪十四年起至二十六年止各年地丁银二百五十二万六千二百四十七两四钱六分一厘一毫，已完二毫银四千八百五十六两五分九厘，未完九分九厘八毫银二百五十二万一千三百九十一两四钱二厘一毫。计多完银一厘。

比较光绪二十六年分带征原欠光绪十四年起至二十五年止，各年地丁银二百三十七万七千一百四十二两一钱一分二厘一毫，已完四毫银九千七百八十七两五钱五分六厘，未完九分九厘六毫银二百三十六万七千三百五十四两五钱五分六厘一毫。计多完银八毫。

（朱批：）览。[①]

①中国第一历史档案馆藏：《单》，档号：03-6279-029。

## 1872. 恭报闽省本年早稻收成分数折

光绪三十年十一月初一日（1904年12月7日）

头品顶戴调署闽浙总督两江总督臣魏光焘跪奏，为恭报光绪三十年早稻收成分数，仰祈圣鉴事。

窃查福建省早稻情形，叠于奏报晴雨、粮价折内附陈在案。兹据福建布政使周莲将本省九府二州属光绪三十年分早稻收成分数，造册呈送前来。臣覆加查核，福州、兴化、泉州、漳州、延平、建宁、邵武、汀州、福宁九府，永春、龙岩二州，统计收成七分。

除咨部外，理合缮具清单，恭折具陈。伏乞皇太后、皇上圣鉴。谨奏。光绪三十年十一月初一日。

（朱批：）知道了。①

光绪三十年十二月初四日，奉朱批：知道了。钦此。②

## 1873. 呈三十年早稻收成分数清单

光绪三十年十一月初一日（1904年12月7日）

谨将福建省光绪三十年分早稻收成分数，缮具清单，恭呈御览。

谨开

收成八分有余者二县：永安县、松溪县。

收成八分者五州县：龙岩州、古田县、建安县、瓯宁县、上杭县。

收成七分有余者十九县：屏南县、永福县、安溪县、海澄县、平和县、南平县、将乐县、沙县、蒲城县、政和县、邵武县、光泽县、建宁县、清流县、归化县、武平县、福鼎县、漳平县、宁

---

①台北故宫博物院藏：《军机及宫中档》，文献编号：408007436。

②中国第一历史档案馆藏：《录副奏折》，档号：03-6733-024。

洋县。

收成七分者五县：罗源县、尤溪县、长汀县、永定县、大田县。

收成六分有余者十（九）〔五〕州县：永春州、闽县、侯官县、闽清县、仙游县、同安县、漳浦县、南靖县、长泰县、泰宁县、宁化县、连城县、福安县、宁德县、寿宁县。

收成六分者一县：霞浦县。

收成五分有余者九县：长乐县、福清县、连江县、莆田县、晋江县、南安县、惠安县、龙溪县、德化县。

统计各属早稻收成七分。

（朱批：）览。①

## 1874. 奏报筹拨汇解新定偿款片

光绪三十年十一月初一日（1904年12月7日）

再，准部咨：新定偿款，摊派福建省岁解银八十万两，并钦奉谕旨：各该省前次指派之款，应即按月分匀，赶紧筹措，先期解交上海道转付等因。钦此。业经按月筹解至本年九月第三年第十期，分匀如数汇解上海道查收清楚，先后奏咨在案。兹光绪三十年十月应解第三年第十一期前项库平纹银六万六千六百七十两，除奉户部议准将闽海关药厘由税务司径拨汇解银二万两外，实尚应解库平纹银四万六千六百七十两。现于司、道、局库筹集如数，于本年十月十三日交号商领汇，定限十月二十四日以前解交江海关道查收汇付。至号商汇费银一千五百八十六两七钱八分及药厘拨抵银两应需汇费，仍请随正支给。据福建财政局司道会同藩、臬两司，粮、盐二道详请奏咨前来。

臣覆核无异，除给咨批解并分咨外务部、户部查照外，谨附

---

①中国第一历史档案馆藏：《单》，档号：03-6733-044。

片具奏。伏乞圣鉴。谨奏。

(朱批:)该部知道。[①]

光绪三十年十二月初四日，奉朱批：该部知道。钦此。[②]

## 1875. 奏报甄别试用期满知县片

光绪三十年十一月初一日（1904年12月7日）

再，劳绩、捐纳、大挑、分发各员到省一年期满，例应详加甄别。兹福建试用知县赖仰东、周启铨、李祖衡、王家驹、梁应棠先后试用期满，俱应甄别。据福建藩、臬两司会详前来。查该员赖仰东、周启铨、李祖衡、王家驹、梁应棠，均堪以知县留闽按班序补。

除履历咨部外，理合附片具奏。伏乞圣鉴。再，臣到任未及三月，例不出考。合并陈明。谨奏。

(朱批:)吏部知道。[③]

光绪三十年十二月初四日，奉朱批：吏部知道。钦此。[④]

## 1876. 奏报甄别保荐俸满巡检片

光绪三十年十一月初一日（1904年12月7日）

再，首领、佐贰、杂职各官，历俸届满六年，例应调取验看，详加甄别，其中如有人材出众、著有劳绩者，应即出具切实考语保荐，历经遵办在案。兹查有本任龙岩州雁石巡检调署龙溪县江东巡检罗建昌，广东顺德县监生，捐巡检指分福建，赴台投效，内渡赴京验看，领照到省，咨补龙岩州雁石巡检，调署江东巡检。

---

①台北故宫博物院藏：《军机及宫中档》，文献编号：408007434-0-A。

②中国第一历史档案馆藏：《录副奏片》，档号：03-6699-083。

③台北故宫博物院藏：《军机及宫中档》，文献编号：408007433-0-A。

④中国第一历史档案馆藏：《录副奏片》，档号：03-5433-033。

自光绪二十三年八月二十六日到任起，连闰扣至二十九年闰五月二十六日止，初次六年俸满，任内并无奉议各项处分、违碍等案，例应验看。据该管县、府、道出考，送由福建藩、臬两司查得该巡检罗建昌，才识明通，操履端谨，堪膺保荐，会详呈请具奏前来。

臣验看得初次六年俸满本任龙岩州雁石巡检调署龙溪县江东巡检罗建昌，任内并无违碍各项处分，堪膺保荐。除咨部外，理合附片具陈。伏乞圣鉴。再，臣到任未及三月，例不出考。合并陈明。谨奏。

（朱批：）吏部知道。①

光绪三十年十二月初四日，奉朱批：吏部知道。钦此。②



## 1877. 奏销州县额外孤贫口粮片

光绪三十年十一月初一日（1904年12月7日）

再，福建省各州县额外孤贫口粮动支公项，例应按年造册核销，业经奏报至光绪二十八年止在案。兹查光绪二十九年分闽县等五十五州县册报额外孤贫林江等一千六百三十五名口，自正月初一日起，连闰至十二月底止，扣除小建七日外，计三百八十三日，每日每名口给银一分，共给口粮银六千二百六十二两零。除扣六分减平银三百七十五两零，实给银五千八百八十六两零，应于光绪二十九年存公银内动支。据福建藩司详请具奏前来。

臣覆核无异，除册送部外，理合附片具陈。伏乞圣鉴，敕部核覆施行。谨奏。

（朱批：）户部知道。③

光绪三十年十二月初四日，奉朱批：户部知道。钦此。④

---

①台北故宫博物院藏：《军机及宫中档》，文献编号：408007433-0-B。

②中国第一历史档案馆藏：《录副奏片》，档号：03-5433-028。

③台北故宫博物院藏：《军机及宫中档》，文献编号：408007436-0-A。

④中国第一历史档案馆藏：《录副奏片》，档号：03-5607-069。

## 1878. 奏报知县谭宗晋病故出缺片

光绪三十年十一月初一日（1904年12月7日）

再，福建德化县知县谭宗晋，江西南丰县监生，于光绪三十年七月二十三日在任病故。据福建藩司周莲详请具奏前来。除咨部外，理合附片具奏。伏乞圣鉴。至所遗德化县系选缺，闽省现有应补人员，应请留闽另行遴员请补。合并陈明。谨奏。

（朱批：）吏部知道。①

光绪三十年十二月初四日，奉朱批：吏部知道。钦此。②



## 1879. 奏报通判余振芳病故出缺片

光绪三十年十一月初一日（1904年12月7日）

再，署福建归化县知县本任马家巷通判余振芳，顺天大兴县，祖籍浙江会稽县，附贡生，光绪三十年八月初七日在任病故。据福建藩司周莲具详前来。除分咨外，谨附片具奏。伏乞圣鉴，敕部开缺施行。至所遗泉州府马家巷通判系调、选，应请留闽另行拣员请补。合并陈明。谨奏。

（朱批：）吏部知道。③

光绪三十年十二月初四日，奉朱批：吏部知道。钦此。④

## 1880. 奏报罗俊璘俸满保荐缘由折

光绪三十年十一月初三日（1904年12月9日）

头品顶戴调署闽浙总督两江总督臣魏光焘跪奏，为教职六年

---

①台北故宫博物院藏：《军机及宫中档》，文献编号：408007436-0-B。

②中国第一历史档案馆藏：《录副奏片》，档号：03-5433-032。

③台北故宫博物院藏：《军机及宫中档》，文献编号：408007436-0-C。

④中国第一历史档案馆藏：《录副奏片》，档号：03-5433-034。

俸满，堪膺保荐，恭折仰祈圣鉴事。

窃查定例：各省教职以到任之日起，扣算六年俸满，各府、州具文申请，巡道加考，移司查实，转呈督抚、学政调取验看，详加甄别，如果才能出众、堪膺民社者，出具考语保题，送部引见；如奉旨准其升用者，留部铨选等因。遵照在案。兹据连江县教谕罗俊璘申称：年五十八岁，建宁府崇安县附生，应同治丁卯科本省乡试，中式举人，呈请兼袭云骑尉世职。光绪庚辰科会试，大挑二等，以教职用。历署侯官、福清等县教谕。光绪十五年丁嫡母忧，服满起复，委署永定县训导，奉选连江县教谕，于光绪二十四年八月初二日到任。先后委兼理本学训导，各在案。

兹计光绪二十四年八月初二日到任之日起，连二闰扣至三十年六月初二日止，初次六年俸满，任内并无奉议参罚、降级、停升、记过案件，例应备具亲供事实册结，呈请验看。该管县、府、道出考，送由福建藩、臬两司查连江县教谕罗俊璘，品端学粹，洵属教职中出色之员，堪膺保荐，会详呈请具奏，并经学政臣秦绶章[①]按试，出具该教谕“质直廉明，楷模足式”考语，咨会前来。

臣查得初次六年俸满连江县教谕罗俊璘，任内并无奉议参罚处分，堪膺保荐。除将册供结送部外，理合会同福建学政臣秦绶

①秦绶章（1849—1925），字佩鹤，号蓴盦、恒庐，江苏嘉定县（上海嘉定）人。同治五年（1866），取生员。光绪二年（1876），拔贡。五年（1879），中举。九年（1883），中式进士，改庶吉士。十五年（1889），授翰林院编修。十七年（1891），补国史馆协修。十九年（1893），充湖南乡试副考官。二十年（1894），补翰林院侍讲学士，选日讲起居注官。同年，授顺天武乡试主考官。翌年，任咸安宫总裁。二十三年（1897），充顺天乡试同考官。二十四年（1898），补翰林院侍读学士、国史馆纂修，加三品衔。二十六年（1900），升詹事府詹事、文渊阁直阁事。二十七年（1901），选内阁学士兼礼部侍郎衔，转工部右侍郎兼管钱法堂事务，同年，放福建学政。三十年（1904），迁兵部左侍郎。三十三年（1907），补镶黄旗蒙古副都统。是年，充优贡朝考阅卷大臣。同年，调补镶黄旗满州副都统。宣统元年（1909），兼署护军统领。二年（1910），授稽查梁格庄值班官兵大臣、备查坛庙大臣。民国十四年（1925），卒。著有《彤珥集》《灵湘庵文集》《蓴庵吟稿》《补讽籀室丛钞》《湘轺记程》《湘弦词》等行世。

章，恭折具奏。伏乞皇太后、皇上圣鉴，敕部议覆施行。再，臣到任未及三月，例不出考。合并陈明。谨奏。光绪三十年十一月初三日。

（朱批：）吏部知道。[①]

光绪三十年十二月初四日，奉朱批：吏部知道。钦此。[②]

## 1881. 奏报盘查盐法道库存储银两折

光绪三十年十一月初三日（1904年12月9日）



头品顶戴调署闽浙总督两江总督臣魏光焘跪奏，为盘查盐法道库存储银两事。

窃照督抚新任，例应将盐法道库有无亏挪之处，盘查具奏。臣仰蒙恩命，调署闽浙总督，于光绪三十年九月初七日接印视事。旋据福建盐法道鹿学良详称：该道自光绪二十七年十一月十九日到任起，截至三十年十月初二日堂期止，经收正、杂盐课并票运课耗、厘同接收前任流交存库银两，除支解外，实存库银一十九万二千一百五十六两七钱八分八厘九毫九丝九忽八微三织，造具册结，详请具奏前来。

臣覆查无异，除循例加结分送部、科外，理合恭折具陈。伏乞皇太后、皇上圣鉴，敕部查照施行。谨奏。光绪三十年十一月初三日。

（朱批：）户部知道。[③]

光绪三十年十二月初四日，奉朱批：户部知道。钦此。[④]

---

①台北故宫博物院藏：《军机及宫中档》，文献编号：408007437。

②中国第一历史档案馆藏：《录副奏折》，档号：03-5433-027。

③台北故宫博物院藏：《军机及宫中档》，文献编号：408007438。

④中国第一历史档案馆藏：《录副奏折》，档号：03-6583-039。

## 1882. 奏报校阅闽省各营操队情形折

光绪三十年十一月初三日（1904年12月9日）

头品顶戴调署闽浙总督两江总督臣魏光焘跪奏，为校阅闽省常备军并督标城守各营操队及长门各炮台情形，恭折仰祈圣鉴事。

窃臣奉命调署闽浙督篆，到任后随即饬令各营将领于营伍新操实力整顿。旋于十月初三、初四两日将常备军左镇各营步队并炮队暨右镇工程队调集较场，逐加简阅。又于二十日复赴长门阅看常备军右镇各营步队。该两镇演习新操，进止步伐，尚属整齐；变换阵势，亦极灵便；演放枪炮，亦皆连环应节；于站击、跪击、卧击等式，体格姿势，尤极合宜。复阅各营官弁兵勇洋枪打靶，亦多命中，训练尚属认真。臣于阅看后将材技出色官兵分别奖赏，以示鼓励。其间有技艺生疏者，即予革换，仍饬令各该统领督率将弁，加意训练，以期精益求精。

至督标城守各营，亦已就加校阅，虽不如常备军之整饬，然于布阵、打靶，亦间有所取材。惟常备军制叠经前督臣议改，尚未画一，应用军械亦多不齐备。现奉练兵处颁发编练常备军新章，自应察酌闽省饷力，妥为筹办，俟有头绪，专折奏明办理。

至福州一口，控扼全省，形势险要。臣复亲历马江下游一带察看各处炮台，大致尚属周妥。惟金牌后路仅恃崖石一处，似嫌太疏，其中台基、炮位亦未能处处布置得宜，子药库建置处所，亦有数台未尽合法；炮位、药弹各台多未完备，固因闽省筹款为艰，措施匪易，然值此海疆多事，海军一时既难议复，守口仅恃炮台，何敢因噎废食，稍涉疏懈！臣现督饬司道设法筹画，择要整理，以冀仰副朝廷整饬戎行、修明武备之至意！

所有阅视闽省常备军并督标城守各营操队及炮台情形，理合恭折具陈。伏乞皇太后、皇上圣鉴训示。谨奏。光绪三十年十一月初三日。

（朱批：）知道了。①

光绪三十年十二月初四日，奉朱批：知道了。钦此。②



## 1883. 奏报查阅陆军武备学堂片

光绪三十年十一月初三日（1904年12月9日）

再，自强之要，首在练兵，而练兵非预储将材，终无实济。武备学堂实为练将根本，臣到任后，亲临福建陆军武备学堂，察阅讲堂、操场、各项功课，均属可观。该学生等于军械、测绘之要术，枪炮子弹之理法，野外击射之要务，行军攻守之机宜，皆颇能知要领，足见风气已开，成效可期。当经酌量奖赏，以示鼓励。惟操场限于地势未免逼窄，必须再加扩充，方能合法。

除饬令该堂总办各员随时认真训练考核期收实效外，谨附片陈明。伏乞圣鉴训示。谨奏。

（朱批：）知道了。③

光绪三十年十二月初四日，奉朱批：知道了。钦此。④

## 1884. 奏调陶森甲来闽差遣缘由片

光绪三十年十一月初三日（1904年12月9日）

再，江苏候补道陶森甲，洞达时务，任事实心，屡经派赴日本阅视兵操，调查学务，于彼国情形考校既多，具有条理。臣甫经到闽，一切军政、学务整理，在在需人，拟调该员来闽差遣委用，合无仰恳天恩俯赐允准。谨附片陈请。伏祈圣鉴训示。谨奏。

（朱批：）所请着毋庸议。⑤

---

①台北故宫博物院藏：《军机及宫中档》，文献编号：408007439。

②中国第一历史档案馆藏：《录副奏折》，档号：03-6000-065。

③台北故宫博物院藏：《军机及宫中档》，文献编号：408007438-0-A。

④中国第一历史档案馆藏：《录副奏片》，档号：03-6000-066。

⑤台北故宫博物院藏：《军机及宫中档》，文献编号：408007438-0-B。

光绪三十年十二月初四日，奉朱批：所请着毋庸议。钦此。①



## 1885. 奏销闽省二十九年丁耗钱粮折

光绪三十年十一月初六日（1904年12月12日）

头品顶戴调署闽浙总督两江总督臣魏光焘跪奏，为光绪二十九年分丁耗钱粮奏销数目，恭折仰祈圣鉴事。

窃照福建省丁耗钱粮奏销，业经奏报至光绪二十八年止在案。兹查闽省光绪二十九年分内地九府二州属额征地丁钱粮银一百二十三万三千四十二两零，加补征光绪二十八年闽县升科银一两零，二共应征银一百二十三万三千四十四两零。已完银一百六万八千五百一十四两零，内除存留并前大湖县丞李有枏等员征存未解、嗣据归化县张振寅等员续完银三千四百三两零，尚未完银一万二千二百八十八两零。实收银八十七万一千八百五两零，内除支给各款外，实收银五十二万八千一百三十五两零，汇入光绪三十年秋拨册内造报拨用。实未完银一十六万四千五百二十九两零。又额征耗羡银一十四万八千一百五十五两零，已完银一十二万八千七百三十七两零，内除存留并前大湖县丞李有枏等员征存未解外，实收银一十二万二千六百九十六两零，未完银一万九千四百一十七两零。

又，长泰、罗溪等处征完租谷一百三十三石零，又完入官租税银五十二两零，均俟汇入三十年秋拨册内造报。又完七关商税银一万七千三百五十五两零，业经拨充善后、海防动支。又完当税银一万一千四百四十二两零，牙帖、杂税银八百八十八两零，厦门地租银一千九百六十两零，铁炉课银三十九两零，牛、猪杂税银八百六十九两零，民屯税契银六万六千九十三两零，渔税银三百三十六两零，内除当税银四百六十二两零，牙帖、杂税银二十九两零，厦门地租银一百六十三两零，牛、猪杂税银一百二十



①中国第一历史档案馆藏：《录副奏片》，档号：03-5433-031。

八两零，均汇入光绪三十年春拨册内造报。

又完关税银一万二千两，拨给癸卯恩科科场经费动用，尚余银五千三百五十五两零，查照奏案，拨充善后、海防经费动用。又完税契银六万四千八百七两零，留为防饷及船工之需外，实存剩银一万六千四十两零，内当税银一万九百八十两零，税契银一千二百八十六两零，牙帖、杂税银八百五十九两零，厦门地租银一千七百九十七两零，铁炉课银三十九两零，牛、猪杂税银七百四十一两零，渔税银三百三十六两零，均汇入光绪三十年秋拨册内造报。

又，粮米项下额征并起科补征共米一十二万五千八百三十一石零，已完米九万三千三百六十一石零，未完米三万二千四百七十石零。又随征耗米银三万三十二两零，内除存留并前大湖县丞李有枏等员征存未解外，实收银二万三千七百七十两零，未完银五千五百六十四两零。又，通省额征学租完银二千二百四十二两零，业经奏明拨入闽省学堂经费之用。其存剩地丁银五十二万八千一百三十五两零，当税银一万九百八十两零，税契银一千二百八十六两零，牙帖、杂税银八百五十九两零，厦门地租银一千七百九十七两零，铁炉课银三十九两零，牛、猪杂税银七百四十一两零，渔税银三百三十六两零，入官租税银五十二两零，共存银五十四万四千二百二十七两零等情。据福建布政使周莲详请具奏前来。

臣随亲赴司库，率同在省司道盘验无异，仍令收储听候拨用。除照例加结同该藩司册结分送部、科外，理合缮具清单，恭折具陈。伏乞皇太后、皇上圣鉴，敕部核覆施行。谨奏。光绪三十年十一月初六日。

（朱批：）户部知道，单并发。①

光绪三十年十二月初五日，奉朱批：户部知道，单并发。钦此。②

---

①台北故宫博物院藏：《军机及宫中档》，文献编号：408007443。

②中国第一历史档案馆藏：《录副奏折》，档号：03-6279-031。

# 1886. 呈二十九年分丁耗钱粮数目清单

光绪三十年十一月初六日（1904 年 12 月 12 日）

谨将光绪二十九年分奏销案内实收、实支、实存数目，开具简明清单，恭呈御览。

谨开

收款项下

一、实收解司地丁银八十七万一千八百五两四分四厘，又杂税并厦门地租银八万一千六百三十两五钱七厘，又关税正款银一万七千三百五十五两五分三厘，又入官租税银五十二两八钱四分，又各属学租银二千二百四十二两五钱九分八厘四毫，共收银九十七万三千八十六两四分二厘四毫。

支款项下

一、支给坊价银二百七十两，又支给琉球国官俸、廪蔬、盐菜、行粮银三百五十七两七钱二分二厘，又支给兵饷银三十四万三千四十二两二钱八分五毫九丝六忽，又拨支学租银二千二百四十二两五钱九分八厘四毫，共支给银三十四万五千九百一十二两六钱九毫九丝六忽。

以上收、支两项对除外，计应存剩银六十二万七千一百七十三两四钱四分一厘四毫四忽，内除当税银四百六十二两一钱一分三厘，牙帖、杂税银二十九两一钱二分五厘，厦门地租银一百六十三两一钱三分一厘，牛、猪杂税银一百二十八两八钱五分，均经汇入光绪三十年春拨册内造报；又完关税正额银一万二千两，拨给癸卯恩科科场经费动用，尚余银五千三百五十五两五分三厘，拨充善后、海防经费动用；又完税契银六万四千八百七两二钱七分，留为防饷及船工之需，均毋庸报销外，实应存剩银五十四万四千二百二十七两八钱九分九厘四毫四忽，应行汇入光绪三十年秋拨册内造报。合并陈明。

(朱批：)览。[①]

## 1887. 请以吴永宗补授外海水师游击折

光绪三十年十一月初六日（1904年12月12日）

头品顶戴调署闽浙总督两江总督臣魏光焘跪奏，为遴员请补外海水师游击员缺，恭折仰祈圣鉴事。

窃福建水师提标后营游击杨春蔚病故，遗缺系水师题补之缺，准到兵部咨，按照新章第一轮第二缺轮用预保，该省预保无人，应过班用第四缺拣发人员，行令拣员请补等因。伏查部定章程：保举补用、升用，未保“尽先”字样及捐纳、分发、降调、曾经保留省分养亲事毕不必坐补原缺、开复、捐复各项人员，均归拣发班补用，各等语。臣随在于闽省拣发班各项候补水师游击内详加遴选，如赖恩锡捐输案内应行给咨，王金扬、陈友定均久不在标，吕文经请假回籍，久未销假；王大昌部查保案不符，尚未覆办；王康林改水案内尚未保题送部，前经请假回籍，亦未回标销假，俱未便迁就请补。

惟查有闽省水师补用游击闽安协标左营都司吴永宗，现年五十五岁，福建泉州府同安县人，由舵工充补飞云轮船水手头目，驾驶熟悉，于剿抚台湾番社各案内递保以都司尽先补用。嗣于台湾海防五年期满保奖俟补都司后，以游击仍留闽浙补用。光绪二十六年，补授闽安协标左营都司，二十八年十一月札任，准到部咨，以二十七年十二月十八日准补都司奉旨之日，归入福建水师拣发游击班内注册序补。该员现任闽安左营都司，措置裕如，以之请补是缺游击，堪期胜任。惟该员与是缺游击系属籍隶本府，俟部覆到日，再行遴员对调。合无仰恳天恩俯准以吴永宗补授水师提标后营游击，于营伍、洋防均有裨益。该员引见未满三年，

①中国第一历史档案馆藏：《单》，档号：03-6279-032。

照例毋庸送部。

除饬取履历咨部外，所遗闽安左营都司员缺，应请留闽拣补。谨会同福建水师提督臣曹志忠，合词恭折具陈。伏乞皇太后、皇上圣鉴，饬部议覆施行。再，臣到任未及三月，例不出考。合并陈明。谨奏。光绪三十年十一月初六日。

（朱批：）兵部议奏。①

光绪三十年十二月初五日，奉朱批：兵部议奏。钦此。②

## 1888. 请以白荃补授泉州府通判折

光绪三十年十一月初六日（1904 年 12 月 12 日）

头品顶戴调署闽浙总督两江总督臣魏光焘跪奏，为拣员升补海疆通判要缺，恭折仰祈圣鉴事。

窃照本任马家巷通判署归化县知县余振芳于光绪三十年八月初七日在归化县署任内病故，照例以病故日作为开缺日期，归八月分截缺。所遗泉州府马家巷通判系沿海疲、难要缺，例应在外拣选调补。该厅地处海滨，民俗强悍，且有稽察海船之责，弹压、巡防，在在均关紧要，非精明勤干、熟悉风土民情之员，弗克胜任。臣督同藩、臬两司于闽省现任通判内详加遴选，均与是缺人地不甚相宜，未便迁就请补。

复于卓异应升人员内查有布政司经历白荃，年五十六岁，山西介休县监生，考取国史馆誊录，议叙通判选用，报捐同知衔，改捐兵马司副指挥分缺先补用。光绪二年五月，拟补中城兵马司副指挥。三年七月，因会同拿获盗犯出力保奏，奉旨作为俸满在任，以知县不论双单月，归俸满班选用。十一年二月，补南城兵马司副指挥。十四年，练勇局出力保奏，交部从优议叙。十五年十一月，拿获邻境盗犯出力保奏，以应升之缺升用，俸满引见，

①台北故宫博物院藏：《军机及宫中档》，文献编号：408007441。

②中国第一历史档案馆藏：《录副奏折》，档号：03-5964-034。

奉旨：着照例用。钦此。二十年，选补福建布政司经历，领凭来闽，饬赴新任，光绪二十年十一月初六日到任。初次六年俸满保荐，奉准部咨入于卓异班内，以应升之缺升用，毋庸送部引见，委署崇安县篆事，经藩、臬两司查得该员白荃，才堪肆应，历任内并无承缉盗案、征解钱粮已起降调、参限处分；在闽年久，于海疆风土民情均能熟悉，以之请补是缺通判，洵堪胜任，且核与前奉部行"州县以上应升缺出，先尽卓异人员请升，无论曾否引见，即行议准"新章亦相符合。兹据藩司周莲会同臬司朱其煊详请具奏前来。

合无仰恳圣恩俯准以卓异布政司经历白荃升补泉州府马家巷通判，于地方实有裨益。如蒙俞允，该员系现任布政司经历升补通判，俟准部复，再行给咨送部引见，并免核计参罚。

除咨部外，谨恭折具奏。伏乞皇太后、皇上圣鉴，敕部议覆施行。至所遗布政司经历系一咨后第一次扣留外补之缺，闽省现有应补人员，应请扣留外补。臣到任未及三月，例不加考。合并陈明。谨奏。光绪三十年十一月初六日。

（朱批：）吏部议奏。①

光绪三十年十二月初五日，奉朱批：吏部议奏。钦此。②

## 1889. 奏明范国桢等承袭世职缘由折

光绪三十年十一月初六日（1904年12月12日）

头品顶戴调署闽浙总督两江总督臣魏光焘跪奏，为查明承袭世职难荫，汇开清单，恭折仰祈圣鉴事。

窃照原任福建泉州城守营守备范作霖、北洋海军经远铁甲兵船候补副管带补用把总张海鳌、五品军功尽先拔补外委郭德祥、从九品职衔刘永寿、游瑞林，原任台湾南路营外委王朝桂，从九

---

①台北故宫博物院藏：《军机及宫中档》，文献编号：408007442。

②中国第一历史档案馆藏：《录副奏折》，档号：03-5433-048。

品职衔张秉辉，贡生詹式琦，或带兵剿匪阵亡，或御敌中炮及办团殉难，均各经部臣议给云骑尉世职，袭次完时，给予恩骑尉，世袭罔替。又，增生谢邦殿守义不屈，投塘身死；附贡生张晋堂随同官军打仗阵亡，均经部臣议给云骑尉世职。又，五品军功尽先千总原任福建水师提标中营把总陈世安，调赴船厂当差，积劳病故，经部臣议给伊子八品监生，遇有外委、把总缺出，拣选拔补。兹据各该地方官查明难裔范国桢等十一员，请袭各世职难荫，讯取族保图册、供结，分别检同敕书，加结具详，经前署督臣李兴锐及前兼署督臣崇善先后考验发标，未及汇奏，移交前来。

臣逐加查核，范国桢、张云韬、郭开华、谢登朝、张运丰，堪准承袭云骑尉世职，均檄发陆路标营学习。刘英华、游启昌堪准承袭云骑尉世职，王褒基堪准接袭恩骑尉，陈兆珪堪准承荫八品监生，均檄发水师标营学习。张宗瀚、詹程伊堪准承袭云骑尉世职，给予半俸，俟各该员期满及岁，另行照例办理。

除将敕书、图册、供结暨张海鳌生前履历并照新章另造议恤原案清折送部外，谨缮清单，恭折具奏。伏乞皇太后、皇上圣鉴，敕部议覆，分别填给敕书，发领施行。谨奏。光绪三十年十一月初六日。

（朱批：）兵部议奏，单并发。[①]

光绪三十年十二月初五日，奉朱批：兵部议奏，单并发。[②]钦此。[③]

## 1890. 奏报盛鸿藻借补都司员缺片

光绪三十年十一月初六日（1904年12月12日）

再，浙江海宁营都司杨镇陞准补海门镇标中营游击，所遗都

①台北故宫博物院藏：《军机及宫中档》，文献编号：408007440。

②此清单查无下落，待考。

③中国第一历史档案馆藏：《录副奏折》，档号：03-5433-047。

司员缺，接准部咨系内河水师题补第一轮第二缺，轮用预保卓异，如无人，以拣发班抵补，行令拣员请补等因。伏查定例：内河水师缺出，于内河水师人员题补，如内河水师未得其人，即以外海水师人员借补。此项借补人员遇应升时，仍以外海升用，各等语。浙省现无预保卓异人员，自应照章以外海水师拣发人员抵补。

臣随于浙省已收标外海水师补用各都司内详加遴选，如名次在前之洪得意丁忧未满，安晋丰未据呈请收标。惟查有浙江补用都司盛鸿藻，年五十四岁，浙江太平县人，由武进士以卫守备用，历保补缺后以都司并补都司后以游击用。嗣补江苏徐州卫守备，奉裁改归营用，奉部选补云南广西营守备。光绪二十八年十二月初四日，蒙部带领引见，嗣复呈请开守备底缺，归浙江水师拣发都司班序补，俟补都司后，以游击补用，经部具奏，光绪二十九年正月十二日奉旨：依议。钦此。发给验票，令其投标，收入浙江提标左营候补，咨准部覆注册归班序补在案。以之借补海宁营都司员缺，洵堪胜任，核与班次、例章均属相符。合无仰恳天恩俯准以外海水师补用都司盛鸿藻借补浙江海宁营都司员缺，于营伍、河防均有裨益。如蒙俞允，该员系已经引见未满三年，应请毋庸再行送部。

除饬取履历册另咨外，谨会同浙江巡抚臣聂缉椝、浙江提督臣吕本元①，合词附片具陈。伏乞圣鉴，敕部议覆施行。再，臣到任未及三月，例不出考。合并声明。谨奏。

（朱批：）兵部议奏。②

---

①吕本元（1840—1911），安徽滁州人，行伍出身。初隶李鸿章淮军，参与镇压太平军、捻军，同治二年（1863），以功拔补把总。四年（1865），升千总。八年（1869），晋游击，管带李鸿章亲军马步小队。十三年（1874），升副将，统领直隶盛军飞骑马队等营。光绪二十年（1894），统领盛军全军，保记名提督。同年，迁四川重庆镇总兵，赐强勇巴图鲁勇号。二十六年（1900），署天津镇总兵，擢直隶提督，统领淮练各军。同年，调补浙江提督。宣统三年（1911），授陆军第二十一镇统制官，加陆军副都统衔。同年，因病出缺。

②台北故宫博物院藏：《军机及宫中档》，文献编号：408007440-0-A。

光绪三十年十二月初五日，奉朱批：兵部议奏。钦此。[①]



## 1891. 奏报李维华请补游击缘由片

光绪三十年十一月初六日（1904 年 12 月 12 日）

再，福建湄洲营游击郭发祥病故，遗缺系外海水师题补之缺，准到兵部咨第一轮第五缺应用尽先人员，官册只有张立成一员。前出浙江海门游击亦用尽先，业经行知外补，自应过班用应补人员。该省应补无人，再过班用第八缺捐输班人员，行令拣员请补等因。臣查闽省水师捐输游击班内，如赖恩锡改水案内应行给咨，亦未奉部注册，未便迁就请补。此外只有李维华一员，该员现年四十四岁，福建泉州府同安县人，由行伍历拔水师提标左营把总。光绪二十一年八月札任。嗣于福建防赈案内报捐蓝翎，复于新海防案内捐升以游击指分福建水师补用，并捐免试用。旋经考验收标，二十八年四月，请咨晋京引见，奉旨发回本省，照例用，准到部咨覆准注册，归班序补。

该员前委署理水师提标前营游击，现经调署水师提标中营参将，办理裕如，于闽省外海洋面情形极为熟悉，以之请补是缺游击，堪期胜任，与例亦符，合无仰恳天恩俯念湄洲营游击员缺紧要，准以李维华补授，于营伍、洋防均有裨益。如蒙俞允，该员捐输案内业经引见，毋庸再行送部。

除饬取履历随案咨部外，谨会同福建水师提督臣曹志忠，合词附片具陈。伏乞圣鉴，敕部议覆施行。再，臣到任未及三月，例不出考。合并陈明。谨奏。

（朱批：）兵部议奏。[②]

光绪三十年十二月初五日，奉朱批：兵部议奏。钦此。[③]



---

①中国第一历史档案馆藏：《录副奏片》，档号：03-5964-037。

②台北故宫博物院藏：《军机及宫中档》，文献编号：408007440-0-B。

③中国第一历史档案馆藏：《录副奏片》，档号：03-5964-035。

## 1892. 奏报徐镜清请补游击员缺片

光绪三十年十一月初六日（1904年12月12日）

再，福建福宁镇标中营游击彭阶瑞勒休，遗缺系陆路题补之缺，准到兵部咨第一轮第五缺，轮用尽先。该省尽先及第六缺应补均无人，应过班第八缺捐输人员，行令拣员请补等因。查是缺游击驻扎福宁府城，背山面海，为闽省北路屏蔽，民俗犷悍，弹压抚绥，均关紧要；且为镇标水陆领袖，有督率操防训练之责，非精明练达之员，不足以资治理。臣随在于闽省陆路捐输班游击内详加遴选，如苏拱宸籍隶本府，例应回避；连嘉宾请假修墓，谢丹甫、吴邦栋、杨殿英、侯培光、黄宝琨均与是缺人地不宜，未便迁就请补。

惟查有名次最前之闽省捐输班补用游击徐镜清，年三十五岁，湖南湘阴县人，由武童于闽省新海防案内报捐以游击指分福建补用。因在闽管带营勇，于光绪二十七年奏准暂缓给咨，先行归班注册序补，俟补缺后并案给咨，准到兵部咨，应以二十九年正月初十期满之日归班序补。该员两次派赴日本阅操，于新操武学潜心领悟，管带营勇，军威严肃，且于闽省风土情形较为熟悉，以之请补是缺游击，洵堪胜任，与例亦符，合无仰恳天恩俯念福建福宁镇标中营游击员缺紧要，准以徐镜清补授，于营伍、地方均有裨益。如蒙俞允，容俟部覆到日，给咨送部引见，恭候钦定。

除饬取履历随案咨部外，臣谨会同福建陆路提督臣黄少春，合词附片具陈。伏乞圣鉴，敕部议覆施行。再，臣到任未及三月，例不出考。合并陈明。谨奏。

（朱批：）兵部议奏。①

光绪三十年十二月初五日，奉朱批：兵部议奏。钦此。②

---

①台北故宫博物院藏：《军机及宫中档》，文献编号：408007440-0-C。

②中国第一历史档案馆藏：《录副奏片》，档号：03-5964-036。

## 1893. 奏为赏赐绸缎等物谢恩折

光绪三十年十一月初七日（1904 年 12 月 13 日）

头品顶戴调署闽浙总督两江总督臣魏光焘跪奏，为恭谢天恩，仰祈圣鉴事。

本年十一月初六日，臣衙门折弁回闽，奉到皇太后颁赏灰色缎一卷、石青缎一卷；又奉到颁赏"福""寿"字各一方、如意一柄、花衣一件，当即恭设香案，望阙叩头祇领讫。伏念臣久事戎旃，忝膺疆节，切瞻依于寿宇，正莫伸凫藻之欢忱；庆遭际于熙朝，竟叠被骈蕃之恩赉！颁七襄而作则，宫锦霞明；妙八法以垂型，宸章日丽。珍逾玉麈圭璋，承特达之知；宠迈金貂黼黻，赞休明之化！一二日万几轸念，犹勤余暇于钟王；七十年薄海胪欢，共仰古稀之尧舜。龙光申锡，蚁慕寅承！

臣惟有勉竭驽庸，益深鳌戴，五采彰施于五色，分星云纠缦之光；九畴兼备夫九如，沐雨露涵濡之泽！所有微臣感激欣幸下忱，理合恭折具奏，叩谢天恩。伏乞皇太后、皇上圣鉴。谨奏。光绪三十年十一月初七日。

（朱批：）知道了。[①]

光绪三十年十二月初五日，奉朱批：知道了。钦此。[②]

## 1894. 恭报调补闽浙总督谢恩折

光绪三十年十一月初十日（1904 年 12 月 16 日）

头品顶戴调补闽浙总督臣魏光焘跪奏，为叩谢天恩，仰祈圣鉴事。

窃臣恭阅电钞：光绪三十年十一月初七日，钦奉上谕：闽浙

①台北故宫博物院藏：《军机及宫中档》，文献编号：408007444。

②中国第一历史档案馆藏：《录副奏折》，档号：03-5571-072。

总督着魏光焘调补等因。钦此。当即恭设香案，望阙叩头谢恩。伏念臣军旅起家，封圻承乏，南洋任重，方惭蚊负以丛愆；北阙恩深，曲谅蚁忱而移节！兹复渥承简命，实畀疆符，闻命自天，悚惶无地！查闽省负山面海，地瘠民贫，当华洋交错之冲，处优劣竞争之会。榻眠甚迩，何以辑睦夫外交？邻斗方殷，何以保全夫中立！

念时艰之孔亟，必须兴学以储才；防事变之纷乘，尤在整军而经武。富国与强兵并重，期实行乎路矿农工；安民以察吏为先，当慎选乎守丞牧令。凡此胥关紧要，如臣深愧梼庸，惟有殚竭愚忱，悉心筹画，遇事与福州将军及浙江抚臣和衷商办，矢勤矢慎，敢忘鳌戴于九重；任怨任劳，勉答鸿慈于万一！



所有微臣感激下忱，理合具折叩谢天恩。伏乞皇太后、皇上圣鉴。谨奏。光绪三十年十一月初十日。

（朱批：）知道了。①

光绪三十年十二月初一日，奉朱批：知道了。钦此。②

## 1895. 奏报新垦田亩入额升科缘由折

光绪三十年十一月二十一日（1905年1月26日）

头品顶戴闽浙总督臣魏光焘跪奏，为新垦田亩入额升科，恭折仰祈圣鉴事。

窃准部咨：各省有浮卤浅沙之地，饬令地方官劝民开垦，相其土性之所宜，及时种植，俾无弃土，仍将垦过地粮按年造册报部等因。历经遵办在案。兹据福建藩司周莲转据福安县册报：光绪二十九年分，里民林开树等首垦康熙元年原荒征官折料差增田计三百九十亩五分七厘三毫五丝四忽五微二纤，每亩按则应征银九分四厘二毫四丝一忽四微七纤七沙七尘三埃二渺，共应征银三

①台北故宫博物院藏：《军机及宫中档》，文献编号：408007445。

②中国第一历史档案馆藏：《录副奏折》，档号：03-5433-003。

十六两八钱八厘二毫二丝八忽六纤，随征耗羡银四两四钱一分六厘九毫八丝七忽三微七纤，系光绪二十九年分首垦，应照自首垦之例，于光绪二十九年入额起科，造具图册并应征粮、银总、细册结，由府委员勘丈取结，送府加结，转送前来。

臣覆查无异，除册结送部外，理合恭折具陈。伏乞皇太后、皇上圣鉴。谨奏。光绪三十年十一月二十一日。

（朱批：）户部知道。①

光绪三十一年二月初四日，奉朱批：户部知道。钦此。②

## 1896. 奏报闽省三十年十月雨水粮价折

光绪三十年十一月二十四日（1904 年 12 月 30 日）

头品顶戴闽浙总督臣魏光焘跪奏，为恭报晴雨、粮价情形，仰祈圣鉴事。

窃照福建省城光绪三十年十月分得雨一次，省外各属禀报略同。通省粮价，间有稍减。晚稻收割，民情安谧。据福建布政使周莲具详前来。谨缮清单，恭折具陈。伏乞皇太后、皇上圣鉴。谨奏。十一月二十四日。

光绪三十年十二月二十四日，奉朱批：知道了。钦此。③

## 1897. 呈闽省三十年十月分粮价清单

光绪三十年十一月二十四日（1904 年 12 月 30 日）

谨将福建省九府二州属光绪三十年十月分米粮价值，缮具清单，恭呈御览。

谨开

①台北故宫博物院藏：《军机及宫中档》，文献编号：408007454。
②中国第一历史档案馆藏：《录副奏片》，档号：03-6280-021。
③中国第一历史档案馆藏：《录副奏折》，档号：03-7025-039。

福州府属：上米每仓石价银二两九钱至三两七钱，与上月相同。中米每仓石价银二两五钱至三两五钱，与上月相同。下米每仓石价银二两二钱至三两四钱，与上月相同。

兴化府属：上米每仓石价银三两至三两三钱，与上月相同。中米每仓石价银二两九钱至三两二钱，与上月相同。下米每仓石价银二两八钱至三两一钱，与上月相同。

泉州府属：上米每仓石价银三两五分至四两三钱，与上月相同。中米每仓石价银二两九钱五分至四两，与上月相同。下米每仓石价银二两八钱五分至三两七钱，与上月相同。

漳州府属：上米每仓石价银二两八钱至三两五钱，与上月相同。中米每仓石价银二两七钱至三两四钱，与上月相同。下米每仓石价银二两六钱至三两三钱，与上月相同。

延平府属：上米每仓石价银二两七钱六分至三两五钱二分，较上月减四钱。中米每仓石价银二两六钱六分至三两四钱，较上月减五钱一分。下米每仓石价银二两五钱至三两三钱一分，较上月减五钱三分。

建宁府属：上米每仓石价银二两三钱二分至三两五钱，与上月相同。中米每仓石价银二两一钱六分至三两四钱，与上月相同。下米每仓石价银二两四分至三两三钱，与上月相同。

邵武府属：上米每仓石价银二两至二两六钱，与上月相同。中米每仓石价银一两九钱至二两五钱，与上月相同。下米每仓石价银一两八钱至二两四钱，与上月相同。

汀州府属：上米每仓石价银二两二钱至三两七钱，较上月减八钱。中米每仓石价银二两一钱至三两六钱，较上月减七钱。下米每仓石价银二两至三两五钱，较上月减六钱。

福宁府属：上米每仓石价银二两二钱至三两二钱五分，较上月减一钱。中米每仓石价银二两一钱至三两一钱五分，较上月减一钱。下米每仓石价银二两至三两五分，较上月减一钱。

永春州属：上米每仓石价银二两八钱至四两，与上月相同。

中米每仓石价银二两六钱至三两九钱，与上月相同。下米每仓石价银二两四钱至三两八钱，与上月相同。

龙岩州属：上米每仓石价银三两四钱至四两八钱，与上月相同。中米每仓石价银二两九钱至四两七钱，与上月相同。下米每仓石价银二两八钱至四两六钱，与上月相同。

（朱批：）览。①

## 1898. 奏为闽省遭灾来春察看情形折

光绪三十年十一月二十四日（1904 年 12 月 30 日）

头品顶戴闽浙总督臣魏光焘跪奏，为闽省屡遭灾歉，民力拮据，来春如须接济，随时查察抚恤，恭折仰祈圣鉴事。

窃承准军机大臣字寄：光绪三十年九月二十九日奉上谕：本年各省被灾地方，来春有无应行调剂之处，着一体查照具奏。钦此。遵旨寄信前来。当经恭录转行钦遵去后。伏查闽省本年五月间，省垣叠起飓风，德化诏娄等县溪水陡涨。七月间，漳州府属各厅县复遭水患，龙溪、南靖两县受灾尤重，所有筹备赈抚情形，业经前督臣李兴锐会同督臣崇善先后奏报暨声明请展办赈捐，并推广七项捐输，准归闽省收捐两年截留分用在案。

现据各属具报，本年早、晚二稻收获，均系中稔；被灾各属经查验委员分别极贫、次贫，发款接济，并会同地方官开仓平粜，多设粥厂，源源接济，贫民得以就食，不致流离失所。察看通省民情，均称安谧。第闽省屡遭灾歉，民力未免拮据，明春青黄不接之时如须接济，自当随时查察情形，加意抚恤，妥筹办理，以期仰副圣主轸念民依至意！据福建藩、臬两司，粮、盐二道会详请奏前来。

除咨部外，谨缮折具奏。伏乞皇太后、皇上圣鉴。谨奏。十

①中国第一历史档案馆藏：《单》，档号：03-7025-040。

一月二十四日。

光绪三十年十二月二十四日，奉朱批：知道了。钦此。①

## 1899. 请以余鹤鸣补授德化知县折

光绪三十年十一月二十四日（1904年12月30日）

头品顶戴闽浙总督臣魏光焘跪奏，为请补知县，以裨地方，恭折仰祈圣鉴事。

窃照德化县知县谭宗晋于光绪三十年七月二十三日在任病故，业经附奏开缺由闽另补。照例应以病故日作为出缺日期，归八月分截缺案内，应勒归七月分截缺，另行咨部。所遗德化县知县系选缺，应即按班遴员请补。查定例：告病、病故、休致三项知县缺出，以一项题补各项候补并进士即用人员，以一缺题补大挑举人。又于光绪二十九年十月初六日奉准吏部咨：曾任实缺、丁忧服满分发人员，道府以至未入流并盐务等官，如遇选缺出时，除坐补原缺、裁缺即用、回避即用、新选、新补之留省另补，均仍照定例先尽请补外，其余无论何项到班，先将此项人员尽数请补，各等因。

闽省病故、休致知县一项，上次用至大挑、尽先止，前所出德化县知县，查闽省坐补原缺、裁缺即用、回避即用、新选、新补之留省另补及曾任、实缺、丁忧服满来闽候补，并新旧例遇缺先及海防先即、郑工分缺先各班知县均无人，按班轮应各项出身、捐纳、分缺先用人员请补。

查有各项出身新海防例捐纳分缺先用知县余鹤鸣，年三十五岁，广东澄海县难荫生，入监读书，六月期满，以知县注册候选，遵新海防例捐知县，指分福建试用。光绪二十四年二月初八日领照到省，加捐分缺先用。二十四年十一月二十日奉部行文过班序



①中国第一历史档案馆藏：《录副奏折》，档号：03-5607-087。

补，按照限减半计算，应扣至二十四年十二月二十九日，作为新海防分缺先知县到省日期，遵照新章已满一年，续在湖北筹赈局报捐同知衔，委代闽清县，委署长汀县，卸事回省。藩司周莲、臬司朱其煊查得该员治事明敏，练达老成，以之请补德化县知县，洵属人缺相宜，与例亦符。合无仰恳天恩俯准以分缺先知县余鹤鸣补授德化县知县，俾资治理。如蒙俞允，该员系分缺先知县请补知县，衔缺相当，毋庸送部引见，并免核计参罚。据福建藩司周莲、臬司朱其煊会详前来。

除咨部外，理合恭折具陈。伏乞皇太后、皇上圣鉴，敕部议覆施行。再，臣到任未及三月，例不出考。合并陈明。谨奏。十一月二十四日。

光绪三十年十一月二十四日，奉朱批：吏部议奏。钦此。[①]



## 1900. 请以张世绂补授福清场盐大使折

光绪三十年十一月二十四日（1904 年 12 月 30 日）

头品顶戴闽浙总督魏光焘跪奏，为请补场员，以裨鹾务，恭折仰祈圣鉴事。

窃前据准补福清场盐大使钱绳椝申报，于光绪三十年八月十一日接信闻讣丁父忧，业经详咨开缺，声明留闽省另补，照例应以丁忧本日作为开缺日期，应归八月截缺。是月分仅出一缺，毋庸掣签。查定例：盐场补缺班次，应照知县之例用候补一人、委用一人、捐纳一人、候补一人、委用一人、捐纳一人、捐输一人、候补一人、委用一人、议叙一人，按班挨次序补。又奉部咨新章内开：盐库大使遇有缺出，统令各省咨部铨选一次、扣留外补二次。又，升、调、遣并杂项所出之缺，与丁忧、病故所遗之缺，分为两轮，各积各缺，按照各省定例核计。又奉新章内开：丁忧

---

①中国第一历史档案馆藏：《录副奏折》，档号：03-5434-047。

服满、分发人员、遵府以至未入流并盐务等官，如遇选缺出时，除坐补原缺、裁缺即用、回避即用、新选、新补之留省另补，均仍照定例先尽请补外，其余无论何项到班，先将此项人员尽数请补，均不积各项班次之缺等因。遵照在案。

兹新出福清场盐大使缺，查闽省坐补原缺、裁缺即用、回避即用、留省另补均无人，遵照新章，应以曾经实缺丁忧服满、分发、候补人员请补。该司道查有曾经实缺候补盐大使张世绂，年五十七岁，系浙江萧山县监生，遵筹饷例捐双月同知，改捐盐大使分缺先前选用。同治十年，选授云南白盐井大使，即丁本生母忧，服满报捐分发两淮，归候补班补用。十二年到淮，复在浙江海塘局捐离原省，改指福建，光绪元年九月初十日到省。二年，丁本生父忧回籍，服满回闽，准补惠安场盐大使，五年八月初一日到任。二十一年分大计，卓异保荐，奉部覆准候升。二十八年，复丁本生母忧，开缺请咨回籍，服阕赴部呈请分发原省，归候补班补用，二十九年六月二十八日到省。该大使熟悉鹾务，办事勤能，以之请补福清场员缺，洵堪胜任，与例亦符。据福建盐法道鹿学良会同藩司周莲造具履历清册，详请具奏前来。

臣查该员张世绂堪以请补福清场盐大使，系曾任实缺盐大使请补盐大使，衔缺相当，毋庸送部引见，并免核计参罚。除将履历分送部、科外，谨恭折具奏。伏乞皇太后、皇上圣鉴，敕部议覆施行。再，臣到任未及三月，例不出考。合并陈明。谨奏。十一月二十四日。

光绪三十年十二月二十四日，奉朱批：吏部议奏。钦此。①

## 1901. 奏报修理轮船动用工料银两片

光绪三十年十一月二十四日（1904 年 12 月 30 日）

再，前准户部咨：奏定新章，各省机器局并闽省船政局添购

①中国第一历史档案馆藏：《录副奏折》，档号：03-5434-050。

机器经费，先行奏报立案，方准核销等因。兹查福建省巡洋差遣元凯、飞捷、靖海、南通、定海、捷胜、利济各轮船，光绪二十九年在福州中歧船厂修理，动用各厂匠工银九千五百六十九两零，又物料价值银一万七千四百一十五两零，又福州口水雷营领用物料价值银一千四百五十一两零，共银二万八千四百余两。据福建财政局司道开折详请奏咨前来。

除清折咨部外，谨附片具陈。伏乞圣鉴。谨奏。

光绪三十年十二月二十四日，奉朱批：户部知道。钦此。①

【案】此奏片之具奏日期，录副以朱批日期为之，未确。查光绪三十年十二月二十四日《随手档》②“朱批魏光焘折”栏，即有此片。据同批折件，此奏片具奏时间当为“光绪三十年十一月二十四日”无疑。兹据校正。



## 1902. 奏报巡检刘益谦俸满甄别片

光绪三十年十一月二十四日（1904年12月30日）

再，首领、佐贰、杂职各官，历俸届满六年，例应调取验看，详加甄别，其中如有人材出众、著有劳绩者，应即出具切实考语保荐，历经遵办在案。兹查有平和县漳汀巡检刘益谦，江苏上元县人，由从九品职衔捐足从九品，指分福建试用，并免验看，由闽验看留省，奉准注册，报捐指项巡检分缺先用，丁母忧回籍，服满回闽禀到，历署雒阳、嵢峡、柘洋等处巡检、德化县典史，准补今职，光绪十年七月二十七日到任，准销“试俸”字样，初次俸满，验看留任，又连闰扣至二十二年三月二十七日止，二次俸满，验看留任。兹自二次俸满之日起连二闰扣至二十八年正月

①中国第一历史档案馆藏：《录副奏片》，档号：03-7123-055。

②中国第一历史档案馆藏：《军机处随手登记档》，档案编号：03-0319-2-1230-347。

二十七日止，三次六年俸满，任内并无奉议各项处分、违碍等案，例应验看。据该管县、府、道出考，送由福建藩、臬两司验看得该巡检老成练达，办事实心，堪膺保荐，会详呈请具奏等情。前来。

臣验看得三次六年俸满平和县漳汀巡检刘益谦，任内并无违碍各项处分，堪膺保荐。除咨部外，理合附片具陈。伏乞圣鉴。再，臣到任未及三月，例不加考。合并声明。谨奏。

光绪三十年十二月二十四日，奉朱批：吏部知道。钦此。[①]



【案】此奏片之具奏日期，录副以朱批日期为之，未确。查光绪三十年十二月二十四日《随手档》[②]“朱批魏光焘折”栏，即有此片。据同批折件，此奏片具奏时间当为“光绪三十年十一月二十四日”无疑。兹据校正。

## 1903. 请准闽省应办大计展缓举行片

光绪三十年十一月二十四日（1904 年 12 月 30 日）

再，每届大计年分，均于九、十月间接奉吏部行文，通饬各道、府、州将应行举劾各官出考造册，送由藩司加考，转送督抚覆核，赶于封印前奏进。今届光绪三十年举行计典，虽于未奉部文之先已经查照成案，通饬各属先期赶办，而离省较远之处应送文册，迄今多未到齐。查定例，督抚遇有升调，适当举行计典，如前官先已核定，新官即覆核赶办。倘册报未齐，准其奏明展限等语。今臣到任未久，于所属各员贤否一时尚未周知，加以文册未齐，黜陟攸关，未便草率从事，合无仰恳天恩俯准将福建省本年应办大计，缓至来年二月内具奏，以昭慎重。据福建藩司周莲

①中国第一历史档案馆藏：《录副奏片》，档号：03-5964-096。

②中国第一历史档案馆藏：《军机处随手登记档》，档案编号：03-0319-2-1230-347。

详请展限前来。

除咨部并勒催文册核办外，谨附片具陈。伏乞圣鉴。谨奏。

光绪三十年十二月二十四日，奉朱批：吏部知道。钦此。[1]

【案】此奏片之具奏日期，录副以朱批日期为之，未确。查光绪三十年十二月二十四日《随手档》[2]“朱批魏光焘折”栏，即有此片。据同批折件，此奏片具奏时间当为“光绪三十年十一月二十四日”无疑。兹据校正。





## 1904. 奏报闽省筹解第十二期偿款片

光绪三十年十一月二十四日（1904年12月30日）

再，准部咨：新定偿款，摊派福建省岁解银八十万两，并钦奉谕旨：各该省前项指派之款，应即按月分匀，赶紧筹措，先期解交上海道转付等因。钦此。业经按月筹解至本年十月第三年第十一期，分匀如数汇解上海道查收清楚，先后奏咨在案。兹光绪三十年十一月应解第三年第十二期前项库平纹银六万六千六百三十两，合成全年奉派八十万两数目。除奉户部议准将闽海关药厘由税务司遵拨汇解银二万两外，实尚应解库平纹银四万六千六百三十两。现于司、道、局库筹集如数，于本年十一月十八日交号商领汇，定限十一月二十五日以前解交江海关道查收汇付。至号商汇费银一千五百八十五两四钱二分及药厘拨抵银两应需汇费，仍请随正支给。据福建财政局司道会同藩、臬两司，粮、盐二道详请奏咨前来。

臣覆核无异，除给咨批解并分咨外务部、户部查照外，谨附片具奏。伏乞圣鉴。谨奏。

---

①中国第一历史档案馆藏：《录副奏片》，档号：03-5434-048。

②中国第一历史档案馆藏：《军机处随手登记档》，档案编号：03-0319-2-1230-347。

光绪三十年十二月二十四日，奉朱批：该部知道。钦此。[①]

【案】此奏片之具奏日期，录副以朱批日期为之，未确。查光绪三十年十二月二十四日《随手档》[②]"朱批魏光焘折"栏，即有此片。据同批折件，此奏片具奏时间当为"光绪三十年十一月二十四日"无疑。兹据校正。

## 1905. 奏报同知步翔藻丁忧等情片

光绪三十年十一月二十四日（1904年12月30日）



再，福建云霄厅同知步翔藻，河南杞县进士，于光绪三十年九月二十八日在任闻讣丁父忧。据福建藩司详请具奏前来。除分咨外，理合附片具陈。伏乞圣鉴，敕部开缺，施行。查闽省选缺同知，一咨二留，上缺平潭同知业经第一次留补。兹云霄同知系第二次留补之缺，闽省现有应补人员，应请留闽另行按班请补。合并陈明。谨奏。

光绪三十年十二月二十四日，奉朱批：吏部知道。钦此。[③]

【案】此奏片之具奏日期，录副以朱批日期为之，未确。查光绪三十年十二月二十四日《随手档》[④]"朱批魏光焘折"栏，即有此片。据同批折件，此奏片具奏时间当为"光绪三十年十一月二十四日"无疑。兹据校正。

---

①中国第一历史档案馆藏：《录副奏片》，档号：03-6699-103。

②中国第一历史档案馆藏：《军机处随手登记档》，档案编号：03-0319-2-1230-347。

③中国第一历史档案馆藏：《录副奏片》，档号：03-5434-051。

④中国第一历史档案馆藏：《军机处随手登记档》，档案编号：03-0319-2-1230-347。

## 1906. 请以朱义胜升补水师游击片

光绪三十年十一月二十四日（1904 年 12 月 30 日）

再，浙江太湖营游击布国才病故遗缺，准到部咨系内河水师第一轮第二缺，轮用卓异人员，浙江如卓异无人，照章过班抵补等因。伏查浙省现无卓异拣使发班次及应补、捐输各项人员，自应照章一并过班，以应升人员抵补。定例内河水师缺出，于内河人员题补。如内河水师未得其人，即以外海水师人员借补。此项借补人员遇应升时，仍以外海升用。又，外海水师轮用应升人员，先尽历俸一年以上者拣选，保题实授，各等语。

浙江内河水师现任都司亦属遴员升补，臣随在于外海水师都司内详加遴选，除澉浦营都司员缺已奉裁撤，瑞安协左营都司阎麟趾病故，毋庸核计，查有石浦营都司朱义胜，年五十四岁，湖南湘潭县人，由水勇随军剿匪著绩，递保留闽浙水师补用都司。光绪二十八年间，奏准补授石浦营都司员缺。二十九年二月，领咨赴都。四月十八日引见，奉朱批圈出：着照例准其补授。钦此。承领札付出京，于六月初七日到营任事。该员任内并无违碍事故，历俸已满一年，以之升补斯缺，洵堪胜任，核与借补例章均属相符。合无仰恳天恩俯念内河水师游击员缺紧要，准以外海水师石浦营都司朱义胜升补，于营伍、河防均有裨益。如蒙俞允，该员引见未满三年，应请毋庸再行赴都。

除饬取履历册另咨，其所遗都司系外海水师题补之缺，容另照章拣员请补外，谨会同浙江巡抚臣聂缉椝、浙江提督臣吕本元，合词附片具陈。伏乞圣鉴，敕部议覆施行。再，臣到任未及三月，例不出考。合并声明。谨奏。

光绪三十年十二月二十四日，奉朱批：兵部议奏。钦此。①

①中国第一历史档案馆藏：《录副奏片》，档号：03-5964-095。

【案】此奏片之具奏日期，录副以朱批日期为之，未确。查光绪三十年十二月二十四日《随手档》[1]“朱批魏光焘折”栏，即有此片。据同批折件，此奏片具奏时间当为“光绪三十年十一月二十四日”无疑。兹据校正。

## 1907. 奏报罗豫淞等员期满甄别片

光绪三十年十一月二十四日（1904年12月30日）

再，劳绩、捐纳、大挑、分发各员，到省试用期满，例应详加甄别。兹福建试用道罗豫淞、俞凤官，试用知县江赓扬，同知衔拣发知县七襄，先后试用期满，俱应甄别。据福建藩、臬两司会详前来。

查该员罗豫淞、俞凤官均堪以道员留闽，江赓扬、七襄均堪以知县留闽，分别按班序补。除履历咨部外，理合附片具陈。伏乞圣鉴。再，臣到任未及三月，例不出考。合并陈明。谨奏。

光绪三十年十二月二十四日，奉朱批：吏部知道。钦此。[2]

【案】此奏片之具奏日期，录副以朱批日期为之，未确。查光绪三十年十二月二十四日《随手档》[3]“朱批魏光焘折”栏，即有此片。据同批折件，此奏片具奏时间当为“光绪三十年十一月二十四日”无疑。兹据校正。

## 1908. 奏报闽省前年上半年税厘收支折

光绪三十年十一月二十七日（1905年1月2日）

头品顶戴闽浙总督臣魏光焘跪奏，为闽省光绪二十八年上半

---

①中国第一历史档案馆藏：《军机处随手登记档》，档案编号：03-0319-2-1230-347。

②中国第一历史档案馆藏：《录副奏片》，档号：03-5434-049。

③中国第一历史档案馆藏：《军机处随手登记档》，档案编号：03-0319-2-1230-347。

年税厘收支数目，恭折具报，仰祈圣鉴事。

窃照闽省税厘，向章每届半年奏报一次。查上届业经报至光绪二十七年十二月止。兹据福建藩司周莲会同财政局司道详称：二十八年正月起至六月底止，共收银一十六万四千六百六十九两零，除拨解京、协各饷，并给本省兵饷勇粮，修造军械、师船及一切经费，共银五十三万一千二十六两零，计不敷银三十六万六千三百五十七两零，先将续收税厘提凑拨用。其前次不敷之数，应俟续征拨补。详请奏咨前来。

除将数册咨送户部外，理合开单缮折具陈。伏乞皇太后、皇上圣鉴。谨奏。十一月二十七日。

光绪三十年十二月二十五日，奉朱批：户部知道，单并发。钦此。①

## 1909. 呈闽省前年上半年收支税厘清单

光绪三十年十一月二十七日（1905年1月2日）

谨将闽省光绪二十八年正月起至六月底止收支税厘数目，开具清单，恭呈御览。

谨开

收款项下

一、收茶税银一十万七千九百三十七两四钱三分六厘。

一、收茶厘银九万九千一百九十九两五钱六分。

一、收茶捐银三万五千一百四十四两三钱八分四厘。

一、收百货厘金银三十一万四千五百七十六两九钱四厘二毫，内货厘银二十九万八千一百一十四两一钱二分九厘二毫，护费银一万六千四百六十二两七钱七分五厘。

以上共收银五十五万六千八百五十八两二钱八分四厘二毫，

①中国第一历史档案馆藏：《录副奏折》，档号：03-6514-121。

内除提前归于光绪二十七年下半年济应银三十九万二千一百八十八两九钱四分八厘七毫外，实收银一十六万四千六百六十九两三钱三分五厘五毫。



支款项下

一、解光绪二十八年分户部茶税京饷银一万两，又汇费银五百三十两，共银一万五百三十两。

一、解光绪二十八年分内务府茶税京饷银四万两，又汇费银二千一百二十两，平余银一千两，抬费、布袋、劈鞘银三百二十两，共银四万三千四百四十两；又解得内务府茶税京饷二十六年一批、二十七年五批京饷正项共银二万两项下随解平余、抬费、布袋、劈鞘、汇费等银六百九十四两九钱八分。

一、解光绪二十八年分固本京饷银三万两，又汇费银一千五百九十两，共银三万一千五百九十两。

一、解光绪二十八年分筹备饷需银二万两，又汇费银一千六十两，共银二万一千六十两。

一、解船政衙门选派学生赴东洋肄业第三年经费及购日本汇票等项银一千七百五十二两六钱六分。

一、解善后局拨给各军薪粮并修制军装师船等项银二十八万六千八百六十三两八钱一分六厘。

一、解各营巡洋弁兵口粮银一千二百五十九两五钱八分二厘。

一、解藩司衙门光绪二十八年分各属缉捕经费银一万六千七百七十九两。

一、解藩司衙门闽省壬寅年兵饷银一十万五千五十六两三钱八分七厘。

一、解陆军武备学堂经费银一万二千两。

以上共支银五十三万一千二十六两四钱二分五厘。

附收项下

一、收加征二成烟厘银二千一十二两二钱五厘。

（朱批：）览。[①]

## 1910. 奏销闽省各营上年棚马情形折

光绪三十年十一月二十七日（1905年1月2日）

头品顶戴闽浙总督臣魏光焘跪奏，为闽省各营光绪二十九年分棚马奏销，恭折仰祈圣鉴事。

窃案准部咨：各省督、抚、提、镇各标营棚马奏销一项，凡官兵例扣棚银并倒马分数，动用棚银买补及赔拨皮脏各款均列一章，照各省驿站奏销之例具题。又于光绪二十七年间钦奉上谕，嗣后各项本章一律删除；续奉部咨，是案改题为奏，各等因。自应遵照办理。查闽省水陆各营光绪二十九年分官兵棚扣项下，支给提镇伙食银三百九十里两零、赏号银二千两，又八旗、水师标营赏号银七百二十两，又八旗步兵操演药铅银九十二两零，又各营操演抬炮、硝磺、铅价、料脚银四千八十一两零，又解兵部饭食银二百两，共支银七千三百八十四两零，尚存剩银一千二百五十五两零，照案拨充本省海防经费。

另，各旧准官倒马六百二十六匹，弁兵骑操马一百七十六匹；新收各营官倒马二百一十七匹，改调官马一十一匹，选营马一匹。开除各营哨官倒马一百九十三匹，年满倒毙马一十一匹，改调官马一十一匹，选营马一匹。实存各营哨倒马六百五十匹、弁兵骑操马一百六十五匹。据福建布政使周莲详请奏咨前来。

臣覆核无异，除册分送部、科外，理合会同福建水陆提督臣黄少春，合词恭折具陈，并缮清单，恭呈御览。伏乞皇太后、皇上圣鉴，敕部核覆施行。谨奏。十一月二十七日。

光绪三十年十二月二十五日，奉朱批：该部知道，单并发。钦此。[②]

---

①中国第一历史档案馆藏：《单》，档号：03-6514-122。

②中国第一历史档案馆藏：《录副奏折》，档号：03-6053-074。

## 1911. 呈闽省去年棚马奏销各款清单

光绪三十年十一月二十七日（1905年1月2日）

谨将闽省光绪二十九年分棚马奏销各款，缮具简明清单，恭呈御览。

谨开

棚扣项下

一、收水陆各营光绪二十九年分官兵共棚扣银八千六百三十四两九钱九分五厘。

一、收光绪二十九年分倒马皮脏银五两五钱。

以上共收银八千六百四十四两四钱九分五厘。

一、支水陆提镇光绪二十九年分执事役食银三百九十两六钱。

一、支水陆提督并漳州、建宁、汀州、福宁、南澳各镇光绪二十九年分赏号银二千两。

一、支满洲八旗水师旗营光绪二十九年分赏号银七百二十两。

一、支满洲八旗光绪二十九年分步兵操演药铅银九十二两二钱七分七厘。

一、支水陆各营光绪二十九年分操演抬炮、硝磺、铅价、料脚银四千八十一两七钱四分二厘。

一、支解兵部光绪二十九年分饭食银一百两。

以上共支银七千三百八十四两六钱一分九厘。计尚存剩银一千二百五十五两八钱七分六厘，连同执事人役工食及赏号内扣存六分新平，照案拨充海防经费。理合陈明。

（朱批：）览。①

①中国第一历史档案馆藏：《单》，档号：03-6169-110。

# 1912. 奏报筹办次第编练新军情形折

光绪三十年十一月二十七日（1905年1月2日）

头品顶戴闽浙总督臣魏光焘跪奏，为闽省遵照练兵处章程，就本省兵力、饷力变通办理，次第编练新军，谨将筹办情形恭折具陈，仰祈圣鉴事。

本年九月二十五日，承准练兵处王大臣咨开：光绪三十年八月初三日，本处会同兵部具奏拟定营制、饷章一折，又会同兵部具奏营制初定，请饬各省次第编练一折，均经奉旨依议。钦此。等因。伏读之下，仰见圣主经武自强之至意，曷胜钦佩！臣起自戎行，于兵事粗有阅历，然不敢拘守旧法，尝取东西各国练兵新制，详加考求。前在两江任内，曾将南洋各军编定改练，略具端绪；抵闽后，念海疆紧要，时势艰难，非筹饷无以练兵，非练兵无以强国。而闽省地方瘠苦，饷需支绌，又万倍于江南。正筹画间，适奉谕旨饬令各省次第编练新军。此诚今日自强之要务也。

伏查闽省军制，自前督臣许应骙暨兼署督臣崇善、署督臣李兴锐三次奏改后，通计常备军左右两镇新兵共三千二十四名，福强、福健、福锐、福毅防勇共四千三百三十七名，又水陆练军共三千三百三十三名。惟常备一军稍为整饬，而额数太少，尚不足新军一协之数。其余防练各营大抵异常杂糅，人数、饷章皆不画一，制度歧异，名目纷繁，久应大加厘定。臣抵任两月以来，先将驻扎省城之常备左镇六营校阅操演，又亲莅长门阅看常备右镇兵操，均尚合法。惟防练各军分驻各属，未便调阅，细加考察，始知令不能一律，因赶紧颁发教练规则各条，添派教习，严饬各统领将弁督率操练，以备改练之用。此次练兵处拟定陆军新章。期于全国一律，其制度实极为周备。闽省以海疆要区，又本有左、右两镇足为基础，自应编练一军，以重防守而备征调。

查新章内载变通制略一条有云，如该省饷项支绌，不能一转照章编立成军、成镇，其开办第一年，一镇中先设步队甲协两标，马、炮队各一甲营，工程、辎重各一队；第二年续成步队一协之两标，马、炮队各一营，工程、辎重各两队等语。闽省现拟设立一军两镇，谨援此条，暂行变通办法，于每镇先练一协，先设第一镇之甲协步队六营，并配山炮一营，马兵、工程、辎重、军乐各一队，再设第二营之丙协。所有步、炮、马、工、辎重、军乐营数、队数，悉行配置，与第一镇相同。两镇兵官除各营管带以下照章设立外，第一镇拟专设镇统而虚协统，第二镇专设协统而虚镇统，俟全军足额后，再行补设。

闽省地势负山面海，延、建、汀、邵皆山岭绵叠，漳、泉、兴、福则港汊纷歧，无平原大陆可以骑战，与西北形势迥异，故拟设马兵虽少。惟要塞最多，利于用炮，且近来各国用兵尤恃炮力，一炮足抵百枪之用，炮力所及，虽快枪亦无所施放，拟先练炮队两营，通计两镇员弁兵夫共一万一百六十六员名，尚需饷项、杂支共八十九万八千五百六十三两零，就常备、防、练三项兵内可抽调改练者，共底饷六十六万三千四百七十七两零，不足二十三万五千八十五两零。其杂支无定额者，尚不在内。所开饷数照新章在薪公、杂支项下核减二十余万两，臣意宁减执事之员数，而不减营队之兵数；宁减统将之薪数，而不减弁兵之饷数。将来操练纯熟，军制完备，仍须一律照加。尝考东西各国军制，每一军皆一万余人，或多至三万人。日本一小国，而有十数师团，其不惜饷力以注重兵者如此。

闽省改练新军，虽须饷稍巨，而前之常备仅三千人，今之常备逾一万人，实冀多练一兵，多得一兵之用。现将省城原设军政局遵照新章改为督练处，于明年正月开办，所有员司俟派定后，奏咨立案，从开办之日起，一面抽调防、练各军之半，并归原设左镇新兵开练第一镇，练至数月之后，即将此项新兵遣防各处，再行抽调防、练各军之半，并归原设右镇新兵开练第二镇，俟至明年冬季，两镇先练之步兵两协，虽炮、马、工、辎、军乐两营八队，当可次第告成，届时即当照章咨明练兵处、兵部，奏请简派大臣来阅覆核，果有成效，再行续筹两镇之第二协，并添足炮、马各营，以期完善。

再，查新军立军制略，陆军编列名号，应俟奏请简派大臣考验合格后，再请钦定军、镇、协、标号数等语。闽省改陈新军数，于未经简阅之先，拟暂名曰：福建常备军第一镇第一协、第二镇第一协。所有防、练各军，如福强、福健各军名目，悉予删除。以一观听。抑臣更有请者，新军固以操练为先，而闽省则系操防并重，现既将防、练各军统改常备，重在操练，以备缓急征调。其抽调合操之时，至少亦须三四千人，方能备训练之须。纵有余兵分拨加驻，亦恐单弱，不敷分布。而各州县遇有事故，动资兵力弹压，又不能无所镇摄。闽省现存镇营六千余人，经前署督臣崇善奏明改编巡警军三十八队半，迄未核办，拟咨会陆路提臣黄少春将各标、营、塘、汛兵丁照原奏分别裁减，极力整顿分防，以助新军防守之力。

至常备军照章选土著充当续备、后军等军，又以常备三年出伍退归原籍之兵充当。闽省现在各军多非土著，斟酌变通，拟俟将来遇有缺额之时，即选土著充补，统俟练兵处领到征兵专章，再行遵办。

所有闽省遵照新章变通办理两镇各先练一协情形，除将营制、饷章咨送练兵处、兵部查核外，理合恭折具陈。伏乞皇太后、皇上圣鉴训示。谨奏。十一月二十七日。

光绪三十年十二月二十五日，奉朱批：练兵处、兵部知道。钦此。①

## 1913. 奏报各营更换管带移扎处所折

光绪三十年十一月二十七日（1905 年 1 月 2 日）

头品顶戴闽浙总督臣魏光焘跪奏，为恭报闽省防、练各营更

①中国第一历史档案馆藏：《录副奏折》，档号：03-5763-137。

换管带及移扎处所，仰祈圣鉴事。

窃查本省防营更换管带或移扎他处，均应随时奏报，闽省业经奏报至光绪二十九年冬季止在案。兹查光绪三十年春、夏两季分，福安轮船由粤回闽，薪粮按照闽章给发，并裁撤三副舵水五员名，靖海轮船管驾千总李图圻卸交飞捷轮船管驾把总王以彰兼带，复经派委把总袁春华接带捷胜小轮船，添派大副一名。闽浙督标水师营巡缉艇船五号，管带参将赖望云卸交闽浙督标水师营参将李美接带。闽口水雷营添设文案、雷兵、长夫三十九员名，裁减雷目、书吏三名，常备军左右两镇改编四标步队十二营、炮队、工程队各一营，计一十四营，委福建候补道孙道仁统领，仍兼带炮队、工程两营。第一标委补用游击范庆升分统，并管带一标一营。其一标二营委补用都司贺贵春管带，一标三营委日本士官学校超等毕业生张显仁管带。左镇第二标委署闽浙督标右营参将左俊卿分统，并管带二标一营。该营原扎兴化，调回省城南较场。二标二营委候补都司易桂英管带，复经卸交补用都司黄泰春接带。二标三营原委都司黄泰春，续经卸交补用都司杨福田接带。

右镇第一标委补用游击吴邦栋分统，并管带一标一营。其一标二营委升用副将万国官管带，一标三营委补用守备邵云彪管带。右镇第二标委补用游击徐镜清分统，并管带二标一营。其二标二营原委外用都司杨福田管带，续经卸交日本士官学校毕业生冯耿光接带。该营驻扎省城，拔赴长门。二标三营委补用守备蒋海清管带。署漳州镇总兵万起顺所部之福强军卫队亲兵一哨调回福宁，交署福宁镇总兵姜海清接带。福强军中路左营管带升补闽浙督标水师营参将何绍志卸交候补游击杨殿英接带。福毅等营管带记名提督方泗高病故，饬委尽先游击李安福接带。福健军亲兵前营管带升用游击万长青请假回籍，卸交闽浙补用总兵彭桂堂接带。福州口电光山炮台管带福建候补道孙道仁卸交候选府经历项汉接带。崖石炮台管带尽先都司何其彪卸交尽先都司曹世忠接带，复经卸交候补游击萧芝美接带。厦门口磐石炮台管带闽浙补用总兵彭桂堂调带福健军亲兵前营，所遗炮台事务卸交都司衔尽先补用守备陈德朝接带。据福建财政局司道具详前来。

臣覆核无异，除咨部外，恭折具奏。伏乞皇太后、皇上圣鉴。谨奏。十一月二十七日。

光绪三十年十二月二十五日，奉朱批：该部知道。钦此。[①]

## 1914. 请饬道员易顺鼎来闽差遣片

光绪三十年十一月二十七日（1905 年 1 月 2 日）

再，臣到闽后，将应办诸务调齐，渐有端绪，亟待振兴。如整顿学务，编改新军，在在需人经理，查有前广西右江道易顺鼎[②]，学诚通达，讲求时务，曾随故两江督臣刘坤一办理军务，颇有阅历，现经臣电饬来闽，用资差遣。谨附片陈明。伏乞圣鉴。谨奏。

光绪三十年十二月二十五日，奉朱批：所请着毋庸议。钦此。[③]

【案】此奏片之具奏日期，录副以朱批日期为之，未确。查光绪三十年十二月二十五日《随手档》[④]“朱批魏光焘折”栏，即有此片。据同批折件，此奏片具奏时间当为“光绪三十年十一月二十七日”无疑。兹据校正。

---

①中国第一历史档案馆藏：《录副奏折》，档号：03-5964-102。

②易顺鼎（1858—1920），字实甫、实父、中硕，号眉伽，晚号哭庵、一广居士等，龙阳（今湖南汉寿）人。光绪元年（1875），中式举人。十三年（1887），以道员发往河南候补。二十九年（1903），署理广西太平思顺道，嗣补左右江道。同年，调补江苏江宁道。宣统元年（1909），署理广东广肇罗道。三年（1911），署高雷阳道。曾两去台湾，帮助刘永福抗战。民国九年（1920），卒。平生工诗，著有《琴志楼编年诗集》《琴志楼游山诗集》等行世。

③中国第一历史档案馆藏：《录副奏片》，档号：03-5434-068。

④中国第一历史档案馆藏：《军机处随手登记档》，档案编号：03-0319-2-1230-348。

## 1915. 核销去年闽省建造营房银两片

光绪三十年十一月二十七日（1905年1月2日）

再，光绪二十七年善后案内，统领福锐、福毅、祥胜等军署陆路提督臣钟紫云咨：准前督臣许应骙以闽省营伍改定新章，祥胜各营改为常备军十一营等因。现整饬行伍，所有营务规模，自应照按新章建造，旱雷测绘学堂、体操厂等项一应俱备，营房前面仍照作廊檐，回圜通转，以便风雨操练。惟七门地滨海口，台风较多，砖瓦、木料均饬加倍结实，不许稍有偷减，以期经久；派管带祥胜正中营守备蒋河清、副中营游击徐镜清、左营游击吴邦栋、右营守备廖澍春、后营守备邹云彪、分统金牌各营台参将江孝全等，督工建造，计实用工程银一万四千六百一十七两零三分，在于赈捐项内陆续支发清款。前项工程于光绪二十八年间先后完竣，经前兼署督臣崇善饬委总兵曹志忠验收接管在案，应即造册汇入光绪二十九年财政海防报销案内送部核销，并取造长门、长寿山等处营房图说汇送。据福建财政局司道详请奏咨前来。

除分咨外，理合附片具奏。伏乞圣鉴。谨奏。

光绪三十年十二月二十五日，奉朱批：该部知道。钦此。[①]

【案】此奏片之具奏日期，录副以朱批日期为之，未确。查光绪三十年十二月二十五日《随手档》[②]"朱批魏光焘折"栏，即有此片。据同批折件，此奏片具奏时间当为"光绪三十年十一月二十七日"无疑。兹据校正。

①中国第一历史档案馆藏：《录副奏片》，档号：03-5763-138。

②中国第一历史档案馆藏：《军机处随手登记档》，档案编号：03-0319-2-1230-348。

## 1916. 奏销建造洋教习住宅楼工费片

光绪三十年十一月二十七日（1905 年 1 月 2 日）

再，光绪二十九年间善后案内，因闽省各海口炮台拟聘洋员总司教习，经前督臣许应骙咨由总统福锐等军署陆路提督臣钟紫云勘定，于电光山下预建洋楼，俾洋员到时有所驻止，由营咨局遴派营员，就近督造。旋据具报，饬令管带祥胜副中营补用游击徐镜清会同管带长门炮台蓝翎拔补把总刘燕，开工督造。计实需工料银一千四百七十九两六钱七分，在于赈捐项内发营清款。前项工程据报于光绪二十九年间完竣，经委候补知县乂襄覆验属实，应即造册汇入光绪二十九年财政海防报销案内送部核销。据福建财政局司道详请奏咨前来。

除分咨外，理合附片具奏。伏乞圣鉴。谨奏。

光绪三十年十二月二十五日，奉朱批：该部知道。钦此。[①]

【案】此奏片之具奏日期，录副以朱批日期为之，未确。查光绪三十年十二月二十五日《随手档》[②]“朱批魏光焘折”栏，即有此片。据同批折件，此奏片具奏时间当为“光绪三十年十一月二十七日”无疑。兹据校正。

## 1917. 恭报本年十一月雨水粮价折

光绪三十年十二月十六日（1905 年 1 月 21 日）

头品顶戴闽浙总督臣魏光焘跪奏，为恭报晴雨、粮价情形，仰祈圣鉴事。

---

①中国第一历史档案馆藏：《录副奏片》，档号：03-6039-038。

②中国第一历史档案馆藏：《军机处随手登记档》，档案编号：03-0319-2-1230-348。

窃查福建省城光绪三十年十一月分得雨四次，省外各属禀报略同，通省粮价间有稍增，二麦青葱，民情安谧。据福建布政使周莲具详前来。谨缮清单，恭折具陈。伏乞皇太后、皇上圣鉴。谨奏。光绪三十年十二月十六日。

（朱批：）知道了。①

光绪三十一年二月初三日，奉朱批：知道了。钦此。②

## 1918. 呈闽省本年十一月雨水粮价清单

光绪三十年十二月十六日（1905年1月21日）

谨将福建省九府二州属光绪三十年十一月分米粮价值，缮具清单，恭呈御览。

谨开

福州府属：上米每仓石价银二两九钱至三两七钱，与上月相同。中米每仓石价银二两五钱至三两五钱，与上月相同。下米每仓石价银二两二钱至三两四钱，与上月相同。

兴化府属：上米每仓石价银三两至三两三钱，与上月相同。中米每仓石价银二两九钱至三两二钱，与上月相同。下米每仓石价银二两八钱至三两一钱，与上月相同。

泉州府属：上米每仓石价银三两五分至四两三钱，与上月相同。中米每仓石价银二两九钱五分至四两，与上月相同。下米每仓石价银二两八钱五分至三两七钱，与上月相同。

漳州府属：上米每仓石价银二两八钱至三两八钱，较上月增三钱。中米每仓石价银二两七钱至三两七钱，较上月增三钱。下米每仓石价银二两六钱至三两六钱，较上月增三钱。

延平府属：上米每仓石价银二两七钱六分至三两五钱二分，与上月相同。中米每仓石价银二两六钱六分至三两四钱，与上月

①台北故宫博物院藏：《军机及宫中档》，文献编号：408007446。

②中国第一历史档案馆藏：《录副奏折》，档号：03-7027-008。

相同。下米每仓石价银二两五钱至三两三钱一分，与上月相同。

建宁府属：上米每仓石价银二两三钱二分至三两五钱，与上月相同。中米每仓石价银二两一钱六分至三两四钱，与上月相同。下米每仓石价银二两四分至三两三钱，与上月相同。

邵武府属：上米每仓石价银二两至二两六钱，与上月相同。中米每仓石价银一两九钱至二两五钱，与上月相同。下米每仓石价银一两八钱至二两四钱，与上月相同。

汀州府属：上米每仓石价银二两二钱至三两七钱，与上月相同。中米每仓石价银二两一钱至三两六钱，与上月相同。下米每仓石价银二两至三两五钱，与上月相同。

福宁府属：上米每仓石价银二两二钱至三两二钱五分，与上月相同。中米每仓石价银二两一钱至三两一钱五分，与上月相同。下米每仓石价银二两至三两五分，与上月相同。

永春府属：上米每仓石价银二两八钱至四两，与上月相同。中米每仓石价银二两六钱至三两九钱，与上月相同。下米每仓石价银二两四钱至三两八钱，与上月相同。

龙岩府属：上米每仓石价银三两四钱至四两八钱，与上月相同。中米每仓石价银二两九钱至四两七钱，与上月相同。下米每仓石价银二两八钱至四两六钱，与上月相同。

(朱批：)览。①

## 1919. 奏报闽省本年晚稻收成分数折

光绪三十年十二月十六日（1905 年 1 月 21 日）

头品顶戴闽浙总督臣魏光焘跪奏，为闽省各属晚稻收成分数，恭折具陈，仰祈圣鉴事。

窃福建省晚稻情形，业于奏报晴雨、粮价折内附陈在案。兹

①中国第一历史档案馆藏：《单》，档号：03-7027-009。

据福建布政使周莲将光绪三十年各属晚稻收成分数，汇造清册，呈送前来。臣复加查核，收成八分有余者，闽县等五县；收成八分者，连江等三县；收成七分有余者，龙岩等二十四州县；收成七分者，永福等九县；收成六分有余者，永春等十五州县；收成五分有余者，龙溪等三县；收成四分有余者，南靖一县。计九府二州属，光绪三十年分晚稻收成分数，统共七分有余。

除咨户部查照外，谨缮清单，恭折具奏。伏乞皇太后、皇上圣鉴。谨奏。光绪三十年十二月十六日。

（朱批：）知道了。①

光绪三十一年二月初三日，奉朱批：知道了。钦此。②



## 1920. 呈闽省本年晚稻收成分数清单

光绪三十年十二月十六日（1905 年 1 月 21 日）

谨将福建省各属光绪三十年分晚稻收成分数，敬缮清单，恭呈御览。

谨开

收成八分有余者五县：闽县、侯官县、闽清县、永安县、松溪县。

收成八分者三县：连江县、古田县、蒲城县。

收成七分有余者二十四州县：龙岩州、长乐县、福清县、罗源县、屏南县、莆田县、南安县、同安县、安溪县、海澄县、南平县、顺昌县、将乐县、沙县、建安县、瓯宁县、政和县、邵武县、光泽县、建宁县、宁化县、福鼎县、寿宁县、宁洋县。

收成七分者九县：永福县、惠安县、漳浦县、尤溪县、归化县、永定县、霞浦县、大田县、漳平县。

收成六分有余者十五州县：永春州、晋江县、长泰县、平和

---

①台北故宫博物院藏：《军机及宫中档》，文献编号：408007448。

②中国第一历史档案馆藏：《录副奏折》，档号：03-6734-011。

县、建阳县、崇安县、长汀县、清流县、连城县、上杭县、武平县、仙游县、福安县、宁德县、德化县。

收成五分有余者三县：龙溪县、诏安县、泰宁县。

收成四分有余者一县：南靖县。

（朱批：）览。[1]

## 1921. 奏销闽省二十九年驿站钱粮折

光绪三十年十二月十六日（1905年1月21日）

头品顶戴闽浙总督臣魏光焘跪奏，为光绪二十九年分驿站钱粮奏销，恭折仰祈圣鉴事。

窃照福建省驿站钱粮奏销，业经奏报至光绪二十八年止在案。兹查福建省光绪二十九年分各府州属驿站钱粮，旧管光绪二十八年分驿站银三万四千七百三十两一钱七分五厘，应归藩库汇入地丁项下造报。内存留光绪二十八年分带征匀闰银九百四十三两七钱六分，应作支给光绪二十九年分闰月夫食之用。新收光绪二十九年分额征驿站银六万五千六百五两六钱五分二厘，内裁四、续裁、新裁、现裁共银三万二千六百九十二两七钱四分二厘，又额存留给各府州厅县驿夫、船并带征匀闰等项共银二万九千七百八两九钱一分，又各属征解藩库岁编廪粮银三千二百四两。以上三项，共符年征额银之数。

又收各驿夫食匀捐解赴藩库充饷银九百八十二两三钱，上年流存银九百四十三两七钱六分。开除支给过各府州厅县驿夫食等项全年连闰共银三万五百七十六两三钱五分五厘，又支解本年分兵部加增饭银八百二十两，又廪给口粮银五两九钱六分，又补销二十八年分廪给口粮银二十四两七分，通共支给过三万一千四百二十六两三钱八分五厘。实在扣存小建银五百四十八两一钱九分

---

[1] 中国第一历史档案馆藏：《单》，档号：03-6734-012。

五厘，廪粮支剩银一千八百八十二两九分，裁四、续裁、新裁、现裁共银三万二千六百九十二两七钱四分二厘，又各驿夫食匀捐银九百八十二两三钱。

以上通共应存银三万六千一百五两三钱二分七厘，内除侯官等县未完共银二千六百三十八两二钱八分，应由藩司衙门归入地丁完欠册内核办外，实尚应存银三万三千四百六十七两四分七厘，俱系实储藩库，归入地丁造报。据福建臬司会同藩司详请具奏前来。

臣覆核无异，除册结分送部、科外，理合缮具清单，恭折具奏。伏乞皇太后、皇上圣鉴，敕部核覆施行。谨奏。光绪三十年十二月十六日。

（朱批：）该部知道，单并发。[①]

光绪三十一年二月初三日，奉朱批：该部知道，单并发。钦此。[②]

## 1922. 呈闽省去年驿站钱粮四柱清单

光绪三十年十二月十六日（1905年1月21日）

谨将光绪二十九年分福建省各府州属驿站钱粮，开具四柱简明清单，恭呈御览。

谨开

一、旧管光绪二十八年分驿站银三万四千七百三十两一钱七分五厘，内除专案详咨拨给光绪二十九年分闰月夫食银九百四十三两七钱六分，应归光绪二十九年分册报外，尚应存银三万三千七百八十六两四钱一分五厘，俱系实储藩库，汇入地丁项下造报。

一、新收光绪二十九年分额征驿站银六万五千六百五两六钱五分二厘，内裁四、续裁、新裁、现裁共银三万二千六百九十二

①台北故宫博物院藏：《军机及宫中档》，文献编号：408007449。

②中国第一历史档案馆藏：《录副奏折》，档号：03-7139-061。

两七钱四分二厘，又额存留给各府厅县驿夫、船并带征匀闰等项共银二万九千七百八两九钱一分，又各属征解藩库岁编廪粮银三千二百四两。以上三项，共符年征额银之数。又收各驿夫食匀捐解赴藩库充饷银九百八十二两三钱，上年流存银九百四十三两七钱六分。

一、开除支给过各府、厅、县驿夫食等项全年连闰共银三万五百七十六两三钱五分五厘，除将本年额存给驿银二万八千二百一十六两九钱五分五厘，并光绪二十八年分存给带征匀闰银九百四十三两七钱六分，光绪二十九年分存给带征匀闰银九百四十三两七钱六分，共银三万一百四两四钱七分五厘外，尚缺给闰月夫食银四百七十一两八钱八分，又支解兵部加增饭食银八百二十两，又廪给口粮银五两九钱六分，又补销光绪二十九年分廪给口粮银二十四两七分，当经详请咨明兵部在于该年分廪粮项下凑给，通共支给银三万一千四百二十六两三钱八分五厘。

一、实在扣存小建银五百四十八两一钱九分五厘，廪粮支剩银一千八百八十二两九分，裁四、续裁、新裁、现裁共银三万二千六百九十二两七钱四分二厘，又各驿夫食匀捐银九百八十二两三钱。以上通共应存银三万六千一百五两三钱二分七厘，内除侯官等县未完共银二千六百三十八两二钱八分，应由藩司衙门归入地丁奏销完欠册内核办外，实尚应存银三万三千四百六十七两四分七厘，俱系实储藩库，归入地丁项下造报，仍将解存光绪二十九年分银两于地丁奏销时造具册结，一并察盘。合并陈明。

（朱批：）览。[①]

## 1923. 奏报闽省就地正法人犯缘由折

光绪三十年十二月十六日（1905 年 1 月 21 日）

头品顶戴闽浙总督臣魏光焘跪奏，为闽省就地正法人犯，恭

①中国第一历史档案馆藏：《单》，档号：03-7139-062。

折具陈，仰祈圣鉴事。

窃照闽省山海交错，盗贼易于窃发，时有游勇、土匪勾结为患，动辄纠党持械杀人强劫，实属情罪重大，未便稽诛，历经照章就地正法，先后汇奏在案。兹查光绪三十年分泉州府属拿获陈添、李成、吴乍、苏蔚、陈吗、陈章六犯，讯系土匪结伙，执持洋枪，叠劫财物；建宁府属拿获张狗仔一犯，讯系随同前获正法之逆匪刘加幅强劫得赃，杀人拒敌官兵；汀州府属拿获僧戒成一犯，讯系入会，种种悖逆，并起意强劫得赃，当由该管道及委员覆审明确，先后批准就地正法，以昭炯戒。其余寻常盗案，仍一律照例解勘。据福建臬司会同藩司，粮、盐二道核详请奏前来。

除咨部查照外，谨缮折具陈。伏乞皇太后、皇上圣鉴。谨奏。光绪三十年十二月十六日。

（朱批：）刑部知道。①

光绪三十一年二月初三日，奉朱批：刑部知道。钦此。②

## 1924. 奏报知县白象贤病故开缺片

光绪三十年十二月十六日（1905年1月21日）

再，署福建清流县本任漳浦县知县白象贤，山西平定州进士，于光绪三十年九月初二日在署任病故。据福建藩司周莲详请奏咨前来。除分咨外，谨附片具奏。伏乞圣鉴，敕部开缺施行。至所遗漳浦县系调缺，应请留闽另行拣员调补。合并陈明。谨奏。

（朱批：）吏部知道。③

光绪三十一年二月初三日，奉朱批：吏部知道。钦此。④

---

①台北故宫博物院藏：《军机及宫中档》，文献编号：408007447。

②中国第一历史档案馆藏：《录副奏折》，档号：03-7382-002。

③台北故宫博物院藏：《军机及宫中档》，文献编号：408007447-0-A。

④中国第一历史档案馆藏：《录副奏片》，档号：03-5437-019。

## 1925. 奏报知县寇宗华呈请开缺片

光绪三十年十二月十六日（1905年1月21日）

再，本任福建莆田县知县寇宗华，系贵州贵筑县举人，报捐主事，签分户部云南司行走，遵例改捐知县遇缺先选用，奉选宁德县，领凭来闽，饬赴新任，于光绪十七年正月二十六日到任，调署同安县，十九年四月初六日卸事；复调署莆田县，续经调补斯缺，于二十二年二月十五日奉文实授，因病请假，是年八月初七日卸事。病痊销假，委署闽县，调署霞浦县，卸事回省。嗣于二十五年三月委赴上海、湖南、贵州等处查探硝矿价值。

兹据该员禀称：由上海溯江而上，历楚赴黔，查悉各处情形，本应即行回闽禀复销差，讵意久涉水程，感受潮湿，致成痰嗽、腹胀之疾。到黔后，病仍未痊，恳请开缺前来。查本年举行计典，实缺人员照例本不准开缺。惟该员卸事后，奉差出省，年久在闽，历过各任亦无经手未完事件，据禀中途患病，自无规避情弊，且莆田县为兼四要缺，未便日久旷悬，自应开缺另行拣员请补。据福建藩、臬两司会详请奏前来。

除咨部查照并咨贵州抚臣委员诣验取结详咨外，理合附片具陈。伏乞圣鉴，敕部开缺施行。至所遗莆田县系调缺，应请留闽俟准部覆，另行拣员调补。合并陈明。谨奏。

（朱批：）吏部知道。①

光绪三十一年二月初三日，奉朱批：吏部知道。钦此。②

---

①台北故宫博物院藏：《军机及宫中档》，文献编号：408007447-0-B。

②中国第一历史档案馆藏：《录副奏片》，档号：03-5429-160。

## 1926. 奏报知县冯绍斌告请终养片

光绪三十年十二月十六日（1905 年 1 月 21 日）

再，准补福建归化县知县冯绍斌，广东顺德县进士，签掣湖北，因亲老告近，改掣福建，在京领照，于光绪二十二年八月二十一日到省，遵茶捐例加捐同知衔，委代归化县知县；赈捐案内奖叙花翎，委署长汀县知县，卸事交代，扫数解清后。接到家信，因老母郭氏现年八十五岁，在家时多疾病，即由汀就近顺道回籍，迨到籍省视，因母病仍未就痊，年老体衰，精神委顿，乏人侍奉，告请在籍终养。据福建藩司周莲详请具奏前来。

臣覆核无异，除咨部查照并咨粤省饬取供结另咨外，理合附片具奏。伏乞圣鉴，敕部开缺施行。谨奏。

（朱批：）吏部知道。[①]

光绪三十一年二月初三日，奉朱批：吏部知道。钦此。[②]

## 1927. 奏销闽省二十九年武职养廉折

光绪三十年十二月十八日（1905 年 1 月 23 日）

头品顶戴闽浙总督臣魏光焘跪奏，为造销光绪二十九年分武职养廉，恭折仰祈圣鉴事。

窃案准部咨：各省武职养廉，提督每员给银二千两，总兵每员给银一千五百两，副将每员给银八百两，参将每员给银五百两，游击每员给银四百两，都司每员给银二百六十两，守备每员给银二百两，千总每员给银一百二十两，把总每员给银九十两，经制外委、千、把总每员给银一十八两，于乾隆四十七年为始，按年造册动支，题报核销等因。福建省业经按年造册题销。嗣经钦奉

①台北故宫博物院藏：《军机及宫中档》，文献编号：408007447-0-C。

②中国第一历史档案馆藏：《录副奏片》，档号：03-5437-022。

谕旨各项本章一律改题为奏，复经遵将此案武职养廉奏报至光绪二十八年分止在案。

兹查闽省各营大小员弁支销，光绪二十九年分养廉银五万八千八十八两零，又动给各营新、续增公费银一万三千六百八十四两，又裁缺武廉留备本省练兵、制械银二千六百六十八两，统共支银七万四千四百四十两零，尚存剩银一万五千一百三两零，照案归入拨册造报。据福建布政使周莲详请奏咨前来。

臣覆加察核，所有二十九年分闽省武职员弁支销养廉数目均属相符。除册送部外，理合缮具清单，恭折具奏。伏乞皇太后、皇上圣鉴，敕部核覆施行。谨奏。光绪三十年二月十八日。

（朱批：）该部知道，单并发。①

光绪三十一年二月初三日，奉朱批：该部知道，单并发。钦此。②

## 1928. 呈闽省去年武职养廉各款清单

光绪三十年十二月十八日（1905年1月23日）

谨将闽省光绪二十九年分武职养廉奏销各款，缮具清单，恭呈御览。

谨开

武廉项下

一、由盐道库移解光绪二十九年分盐课、课费等项银三万九千五百四十四两。

一、动司库光绪二十九年分建旷银三万两。

一、动光绪二十九年分秋拨银二万两。

以上共收银八万九千五百四十四两。

一、支给通省各营提、镇大小员弁光绪二十九年分养廉银五

---

①台北故宫博物院藏：《军机及宫中档》，文献编号：408007452。

②中国第一历史档案馆藏：《录副奏折》，档号：03-6170-033。

万八千八十八两九钱一分七厘七毫。

一、支给各营新、续增公费银一万三千六百八十四两。

一、裁缺武廉留备本省练兵、制械银二千六百六十八两。

以上共支银七万四千四百四十两九钱一分七厘七毫。

计尚存剩银一万五千一百三两八分二厘三毫，应请另行入拨造报。至提、镇、副、参、游各员应扣一成减廉及大小员弁应扣六分新平，均已照章核扣。所有扣存减成、减平并请照案留充本省海防经费要需。理合陈明。

（朱批：）览。①



## 1929. 奏报去年办理海防善后经费折

光绪三十年十二月十八日（1905年1月23日）

头品顶戴闽浙总督臣魏光焘跪奏，为光绪二十九年分闽省办理海防善后经费收支各款，恭折仰祈圣鉴事。

窃查闽省海防善后用款，按年造报至光绪二十八年底止，计不敷银四十四万八千九百九两零，业经前督臣李兴锐奏明在案。光绪二十九年分所有开支各防营轮船、炮船、炮台、员弁兵勇人等薪粮、公费、夫食、教习薪水、匠工、船租、修造船只、索洗、购制枪炮、军装、军火、器械、煤炭并一切杂支及附销养船经费等项，均系循照例章核实支给，并照新章正、杂用款概行核扣六分减平，业将应扣各款分别造报。所有筹办缘由及官弁兵勇名数、月支饷项数目，均经先后奏咨立案。

计自光绪二十九年分收到藩库、盐库各款并征收税厘、茶叶加捐军饷、截留新海防捐输、膏、酒各捐以及船政垫支养船经费旧扣减平，共银一百二十八万四千一百二十二两零，除上届不敷银四十四万八千九百九两零，又除拨解福建陆军武备学堂经费银

①中国第一历史档案馆藏：《单》，档号：03-6170-034。

五万三千两外，实收银七十八万二千二百一十二两零。开支各款共银一百二十八万一千三百八十九两零，实在连同上届新旧不敷银四十九万九千一百七十七两零，内欠解裁节一成勇饷、四成夫粮银二十二万四千三百二十五两零，添扣减平银六万六千五百九十九两零，挪用司库应放各款及赈捐筹垫银二十万八千二百五十二两零。因近年税厘征数短绌，收不敷支，不得不移缓就急，暂行挪垫应付。俟光绪三十年起，陆续筹还归补。至旧扣六分减平，楚、湘军余平，匠工四分平余各银两，均经汇入本案列收动用。又，本案扣收一分平余银五百三十六两零，例得开支书识油蜡、纸张、工食等费，另册报销。据闽省财政局、司道详请具奏前来。

臣覆查闽省光绪二十九年善后海防案内开支薪粮等项并一切杂支及附销养船经费，所有收支各款数目相符。除将各款细数开单造册咨部外，理合恭折具奏。伏乞皇太后、皇上圣鉴。谨奏。光绪三十年十二月十八日。

（朱批：）该部知道。①

光绪三十一年二月初三日，奉朱批：该部知道。钦此。②

## 1930. 请以李镇藩补授漳州府同知折

光绪三十年十二月十八日（1905年1月23日）

头品顶戴闽浙总督臣魏光焘跪奏，为请补同知以裨地方，恭折仰祈圣鉴事。

窃查漳州府云霄同知步翔藻于光绪三十年九月二十八日在任闻讣丁父忧，业经具奏开缺留闽另补，照例应以闻讣丁忧本日作为出缺日期，归十月分截缺案内声明勒归九月分截缺。除另行截缺咨部外，所遗云霄同知系选缺，应即遴员请补。查前奉新章：道、府、直隶州知州、同知、通判，如遇丁忧、告养、回避，撤

①台北故宫博物院藏：《军机及宫中档》，文献编号：408007450。

②中国第一历史档案馆藏：《录副奏折》，档号：03-6170-035。

回选缺，应先尽正途出身之记名分发人员请补。如记名分发无人，始准以各项候补班前候补本班人员酌补等因。兹所出云霄同知丁忧，遗缺，系第二次留补之缺。查闽省坐补原缺、裁缺即用、回避即用、留省另补均无人，按班轮应曾任实缺人员补用。查闽省曾任实缺仅有候补同知温冠春一员，核计该员到省日期，尚未届满，未便请补。此外郑工新海防遇缺先并海防先即、筹饷遇缺先、遇缺亦无人，按班应先尽正途出身记名分发人员请补。

查有截取记名同知李镇藩，年四十岁，系湖南湘潭县附贡生，候选训导，中式光绪甲午科本省乡试第二十九名举人，委署蓝山县训导。二十五年，在京报捐内阁中书，十一月到阁行走，加捐本班先；历充本衙门撰文，管理诰敕房事务。二十九年七月，准补内阁中书，于昭信股票案内核奖，作为试俸、历俸期满。八月，经内阁保送堪以外用。九月二十二日，吏部带领引见，奉旨：截取内阁中书，照例用。钦此。呈请分发以同知归候补班补用，指分福建。十一月初十日，经吏部带领引见，奉旨：着照例发往。钦此。是月二十日领照，于光绪三十年三月十九日到省。

查该员明练有为，讲求吏治，以之请补漳州府云霄同知，洵属人地相宜，与例亦符。合无仰恳天恩俯准以截取补用同知李镇藩补授漳州府云霄同知，俾资治理。如蒙俞允，该员系截取补用同知请补同知，衔缺相当，毋庸送部引见，并免核计参罚。据福建藩司周莲、臬司朱其煊会详前来。

除咨部外，理合恭折具陈。伏乞皇太后、皇上圣鉴，敕部议覆施行。谨奏。光绪三十年十二月十八日。

（朱批：）吏部议奏。①

光绪三十一年二月初三日，奉朱批：吏部议奏。钦此。②

---

①台北故宫博物院藏：《军机及宫中档》，文献编号：408007451。

②中国第一历史档案馆藏：《录副奏折》，档号：03-5437-014。

## 1931. 奏报县丞蔡锡章堪膺保荐片

光绪三十年十二月十八日（1905 年 1 月 23 日）

再，首领、佐贰、杂职各官，历俸届满六年，例应调取验看，详加甄别，其中如有人材出众、著有劳绩者，应即出具切实考语保荐，历经遵办在案。兹查有福清县南日县丞蔡锡章，系四川安岳县监生，报捐县丞，选授宁德县周墩县丞，领凭来闽，奉饬赴任，试俸期满，准销“试”字，二、三次俸满保荐，入于卓异班内升用，奉旨：依议。钦此。二十四年，调补南日县丞，饬赴调任。计自二十四年十一月初四日四次俸满之日起，连二闰扣至三十年九月初四日止，五次六年俸满，并无各项处分、违碍等案，例应验看。据该管县、府、道出考，送司由福建藩、臬两司加考堪膺保荐，会详呈请具奏前来。

臣验看得五次六年俸满福清县南日县丞蔡锡章，明练笃实，堪膺保荐。除咨部外，理合附片具陈。伏乞圣鉴。谨奏。

（朱批：）吏部知道。①

光绪三十一年二月初三日，奉朱批：吏部知道。钦此。②

## 1932. 奏报巡检史峻悠堪膺保荐片

光绪三十年十二月十八日（1905 年 1 月 23 日）

再，首领、佐贰、杂职各官，历俸届满六年，例应调取验看，详加甄别，其中如有人材出众、著有劳绩者，应即出具切实考语保荐，历经遵办在案。兹查有本任宁化县安远寨巡检调署闽县永庆巡检史峻悠，顺天宛平县俊秀，捐巡检指分福建，赴京验看。光绪十四年五月二十一日领照到省，加捐遇缺先，准补宁化县安

①台北故宫博物院藏：《军机及宫中档》，文献编号：408007451-0-A。

②中国第一历史档案馆藏：《录副奏片》，档号：03-5437-013。

远寨巡检，调署闽县永庆巡检。自光绪二十一年十月二十五日到任起，连二闰扣至二十七年八月二十五日止，初次六年俸满，任内并无参罚、记过各项违碍处分等案，例应验看。据该管县、府、道出考，送由福建藩、臬两司加考堪膺保荐，会详呈请具奏前来。

臣验看得初次六年俸满本任宁化县安远寨巡检调署闽县永庆巡检史峻悠，年力强壮，办事勤能，任内并无违碍各项处分，堪膺保荐。除咨部外，理合附片具奏。伏乞圣鉴。谨奏。

（朱批：）吏部知道。①

光绪三十一年二月初三日，奉朱批：吏部知道。钦此。②



## 1933. 奏报知府张文治等期满甄别片

光绪三十年十二月十八日（1905年1月23日）

再，劳绩、捐纳、大挑分发各员，到省一年期满，例应详加甄别。兹福建候补班前补用知府张文治、试用知县方宗猷，先后试用期满，俱应甄别。据福建藩、臬两司会详前来。查该员张文治老成练达，堪以知府留闽；方宗猷凝重安详，堪以知县留闽，分别按班序补。

除履历咨部外，理合附片具奏。伏乞圣鉴。谨奏。

（朱批：）吏部知道。③

光绪三十一年二月初三日，奉朱批：吏部知道。钦此。④

---

①台北故宫博物院藏：《军机及宫中档》，文献编号：408007451-0-B。

②中国第一历史档案馆藏：《录副奏片》，档号：03-5437-017。

③台北故宫博物院藏：《军机及宫中档》，文献编号：408007451-0-C。

④中国第一历史档案馆藏：《录副奏片》，档号：03-5437-018。

## 1934. 请饬江西筹解协饷缘由片

光绪三十年十二月十八日（1905 年 1 月 23 日）

再，接准广西抚臣电称：现接部电，江西代闽协桂之五万两已抵九江货厘，桂饷仍由闽解。现值桂省军务起色，各军需饷甚急，全赖各省协济。除四月间收到闽饷一万、续准认解一万外，尚欠四万，务于万难之中设法筹解，并准户部暨江西抚臣先后咨，以江西应协闽饷五万两，自光绪二十五年起，均已拨抵湖口货厘。其二十四年以前旧欠银两，现实无策补苴，所有桂饷应仍由闽自行筹解，各等情。当经转行司局筹解去后。

兹据福建布政司周莲会同财政局司道详称：闽省奉派协桂饷项，只因司局库储一空如洗，度支奇窘，故请将江西省欠闽协饷内每年拨银六万两，径解广西作抵福建解款，经部核准，江西无论如何为难，理宜照数解抵，无可推延。况闽省当桂省军务吃紧，未奉派协之前曾解银五万两接济，嗣桂省军需紧急，因虑江西省辗转需时，缓不济急，复经在于税厘及赈款项下先后竭力勉筹银二万两解应。核计先后实已解过银七万两，是闽省之畛域无分外省，当可共谅。目下本省漳州、南靖、平和等十余县水灾甚巨，甫办急赈，而筑坝、修堤，工程浩大，尚在筹画；近又因畿辅重地两次告急，亦皆谊不容辞。加以先后奉饬筹解练兵处经费及筹补镑价，竭尽司、道、局库之藏，尚不能敷。瞬届岁阑，一切度支尤形棘手，以闽之窘，实有自顾不暇之势。所有奉派协桂饷款，现在苟有可挪之款、可尽之力，自当移缓就急，设法勉筹解应，何敢借词推诿！相应将万难再解情形详请奏咨，仍请部饬江西省在于欠闽二十四年以前协饷内照数解抵等情。会详请奏前来。

臣查闽省库储奇绌，本系受协省分，无力协济他省，业经前署督臣李兴锐奏请以江西协闽兵饷抵解桂饷，奉部议准在案。是部臣亦知闽省为难情形，故准拨抵。况值本年漳州各属水灾，筹办赈抚，需款孔殷，加以措解练兵处经费及归补镑价，左支右绌，自顾不暇。江西乃以应协闽饷已拨抵湖口厘金，不能抵解协桂之饷，仍请由闽省自行筹解，一再推诿。闽省既无筹拨之策，而桂饷时有缺乏之虞，衡以救灾恤邻之道，殊抱不安！臣督同司局再四筹思，实属无法可设！

合无仰恳天恩俯准饬部仍咨江西抚臣饬司迅将欠闽协饷照数设筹解抵，毋再推诿，抑或由部另拨桂饷，以应要需。是否有当？除分咨外，理合附片具陈。伏乞圣鉴训示。谨奏。

（朱批：）户部议奏。①

光绪三十一年二月初三日，奉朱批：户部议奏。钦此。②



## 1935. 奏销续办善后支用各款片

光绪三十年十二月十八日（1905年1月23日）

再，查闽省光绪二十八年以前办理军需、善后、海防，应给各局书识、工、火等项，照例动支平余银两，业经先后造册报销在案。兹自光绪二十九年正月起，连闰至十二月底止，续办善后财政给过局书工、火、油蜡、纸张等项银九百一十九两零，均系核实支给，照章添扣六分减平，应请准于平余项下作正开销。至平余一项，前经截至光绪二十八年底止，不敷银三百七十八两零，二十九年分续收银五百三十六两零，除支给前项书识、工、火等项共银九百一十九两零，计尚不敷银七百六十两零，应请归入后案列收造报。据闽省财政局司道造册详请奏咨前来。

除清册送部外，谨附片具陈。伏乞圣鉴。谨奏。

（朱批：）该部知道。③

光绪三十一年二月初三日，奉朱批：该部知道。钦此。④

---

①台北故宫博物院藏：《军机及宫中档》，文献编号：408007450-0-A。
②中国第一历史档案馆藏：《录副奏片》，档号：03-6660-029。
③台北故宫博物院藏：《军机及宫中档》，文献编号：408007450-0-B。
④中国第一历史档案馆藏：《录副奏片》，档号：03-6170-030。

## 1936. 奏报闽省去年水灾办赈收支折

光绪三十年十二月二十一日（1905年1月26日）

头品顶戴闽浙总督臣魏光焘跪奏，为闽省光绪二十九年水灾案内收办赈捐支用各款，援案开单报销，恭折仰祈圣鉴事。

窃照闽省光绪二十六七两年连遭风灾、水患，兼之疏浚西、南两港河道，均经先后奏准接办赈捐，业将动用各款数目先后开单奏报，钦奉朱批：该部知道，单并发。钦此。行知在案。嗣以西、南两港工程尚未告竣，本年五月十八至二十三等日，省垣叠遭台风，滨海民居、船只漂没无算；永春州属之德化县、漳平县、漳州府属之诏安县，先后均被水灾，工赈吃紧，复经奏准展办一年。

兹自光绪二十九年八月接办起至三十年七月止，共收三成赈捐银一十三万八千六百两零六钱，又五成赈捐银九十二万四千四百零一两，共收银一百零六万三千零一两六钱，照章核扣公费银一万零六百三十两零一分六厘，实收银一百零五万二千三百七十一两五钱八分四厘，内除归补前次报销不敷银二十一万八千九百四十九两六钱七分二厘外，尚余银八十三万三千四百二十一两九钱一分二厘。

所有赈给德化、诏安两县被水灾黎干粮、面饼、口粮、坍房修费、淹毙人口、雇备木排船只，拯救难民及设厂煮粥，赈济灾黎并省垣办理平粜，采运米石，疏浚西、南两港及各处河道、沟渠，遭风漂失、损坏船只修费，又资遣被灾舵工、水手路费，设立中西医局，诊治贫病小民，协解广西省饷糈、工艺局经费、年终施给贫民棉衣裤各款，共银八十三万五千七百九十三两七钱一分三厘，计不敷银二千三百七十一两八钱一厘，仍由司局各库暂行设法挪垫，于续收赈捐款内随时归还；查顺直等省开办赈捐，向系开单奏报，免造细册。闽省前届报销，业蒙奏准有案。此次续用款项，均经细为核实，照案造销，涓滴归公，并无浮冒，应仍援照办理，开具简明清单，恭呈御览，仰恳敕部查照。至以后用款，应俟赈捐截清数目，再行汇报。据闽省财政局司道具详请奏前来。

所有闽省二十九年赈捐援案开单报销缘由，理合恭折具陈。伏乞皇太后、皇上圣鉴训示。谨奏。光绪三十年十二月二十一日。

（朱批：）户部知道，单并发。[①]

光绪三十一年二月初四日，奉朱批：户部知道，单并发。[②]钦此。[③]

## 1937. 奏报盘查司道库储钱粮情形折

光绪三十年十二月二十一日（1905年1月26日）

头品顶戴闽浙总督臣魏光焘跪奏，为盘查司道库储钱粮，恭折仰祈圣鉴事。

窃照督抚到任，例应将司、道各库有无亏挪之处，盘查具奏等因。臣接印任事后，分饬造册呈送去后。兹据福建布政使周莲、督粮道启约各将库存银数备造清册，出具印结，呈送前来。臣查藩司库项，实在应存正、杂各项银一十四万一千一百四十三两七钱五分，又存盈余谷价钱三百五十七文，又存番三千八百三十六圆八尖七瓣五秒，又存钱一千一百六十四千五百五十一文。

又，粮道库存储米折银六千六十八两二钱二分二厘七毫九丝二忽九微，又存米折司票由司折给市平合计库平银一千三百九十两八钱四分六厘一毫，又存台米折价银二百三十五两六钱二分七厘二毫九丝四忽，又存书院膏火银三千五百二十一两四钱一分七厘二毫七丝三忽二微，又存经费钱三百一十四千六百九十六文，又存兴、汀、宁米价银一十一万八千五百九十四两四钱一分二厘

①台北故宫博物院藏：《军机及宫中档》，文献编号：408007453。

②此清单查无下落，待考。

③中国第一历史档案馆藏：《录副奏折》，档号：03-5608-009。

四丝七忽，又存绿营米折银一钱一分二厘，又存闽、上、武等县九钱米价银一万一千一十二两二钱一分九厘一毫九丝，又存原估台运改拨米价银九分六厘。经臣按款察盘，俱系实存在库，并无亏挪短少情弊。

除加具印结送部外，合将盘查司、道各库存储银两缘由，理合恭折具陈。伏乞皇太后、皇上圣鉴，敕部查照施行。谨奏。光绪三十年十二月二十一日。

（朱批：）户部知道。[①]

光绪三十一年二月初四日，奉朱批：户部知道。钦此。[②]



## 1938. 请准何祥麟补授参将员缺片

光绪三十年十二月二十一日（1905年1月26日）

再，准补浙江镇海营参将黄文琮病故，遗缺接准部咨系外海水师题补第一轮第二缺，轮用预保卓异。如无人，以拣发班抵补，行令拣员请补等因。伏查浙省水师现无预保卓异拣发，自应照章以应归拣发班次补用人员抵补。臣随于浙省已收标水师拣发班补用参将内详加遴选。惟查有闽浙水师补用参将何祥麟，年五十五岁，湖南平江县人，由水勇历保花翎即补都司；续于荡平金积堡贼巢宁灵肃清案内保奖，同治十年十月初三日奉上谕：着免补游击，以参将补用。光绪十七年，奏留闽浙水师补用。七月初四日奉朱批：着照所请，兵部知道。钦此。十二月，收入督标水师营候补，咨准部覆注册，归闽浙水师拣发补用参将班请补。

该员朴练老成，水师谙悉，现署福建海坛协副将篆务，办理裕如，以之请补斯缺，洵堪胜任，核与班次例章相符，合无仰恳天恩俯念外海水师员缺紧要，准以该员何祥麟补授浙江镇海营参将，于营伍、洋防实有所裨益。如蒙俞允，俟部覆到日，即行给

①台北故宫博物院藏：《军机及宫中档》，文献编号：408007455。

②中国第一历史档案馆藏：《录副奏折》，档号：03-6585-006。

咨送部引见。

除饬取履历、保案印册送部外，谨会同浙江巡抚臣聂缉椝、浙江提督臣吕本元，合词附片具陈。伏乞圣鉴，敕部议覆施行。谨奏。

(朱批：) 兵部议奏。①

光绪三十一年二月初四日，奉朱批：兵部议奏。钦此。②

## 1939. 请准陈桂芳补授守备员缺片

光绪三十年十二月二十一日（1905年1月26日）



再，浙江提标右营守备黄崇良病故，遗缺接准部咨系外海水师题补第一轮第四缺，轮用拣发，行令拣员请补等因。伏查浙省现无拣发，自应照章以应归拣发班内补用人员请补。臣随于浙省已收标外海水师补用守备内详加遴选。查有浙江补用守备陈桂芳，年五十九岁，浙江钱塘县人，由军功历保拔补把总，于克复武康、德清、石门、孝丰、安吉、湖州各城及三次截剿案内出力，保奖以守备补用，同治五年六月十三日奉旨允准。光绪十六年十二月，收入浙江提标水师左营候补，咨准部覆注册，归班序补在案。

该员才具稳练，水道谙熟，现署是缺守备，办理裕如，以之请补斯缺，洵堪胜任，核与班次、例章均属相符。合无仰恳天恩俯准以补用守备陈桂芳补授浙江提标右营守备员缺，于营伍、洋防均有裨益。如蒙俞允，俟部覆到日，即行给咨送部引见。

除饬取履历、保案印册送部核办外，谨会同浙江巡抚臣聂缉椝、浙江提督臣吕本元，合词附片具陈。伏乞圣鉴，敕部议覆施行。谨奏。

(朱批：) 兵部议奏。③

---

①台北故宫博物院藏：《军机及宫中档》，文献编号：408007454-0-A。

②中国第一历史档案馆藏：《录副奏片》，档号：03-5965-026。

③台北故宫博物院藏：《军机及宫中档》，文献编号：408007454-0-B。

光绪三十一年二月初四日，奉朱批：兵部议奏。钦此。[①]



## 1940. 奏报叶文荣请归建宁效力片

光绪三十年十二月二十一日（1905 年 1 月 26 日）

再，营用守备武进士叶文荣，系福建建安县人，由武童投充建宁镇标左营入伍。光绪六年间岁试，取进建安县学武生。十五年，应本省己丑恩科乡试，中式武举人。十八年壬辰科会试，中式武进士，殿试三甲第七十五名，钦点以营守备用。旋因病请假回籍，未候分发。前据建宁镇、府会禀：该员熟谙营务，遇事勤能，在籍管带团勇，操演认真，请归建宁镇标效力等情。当经前署督臣李兴锐咨部核覆。



兹准部咨应令奏明办理等因。臣查定例：营兵中式武进士，有情愿回营效力者，发回本省，仍食马粮一分，随营差操等语。该员叶文荣系由营兵中式，例准归于本省效力，相应奏明请旨准将武进士叶文荣归于建宁镇标效力。除饬取出身履历咨部注册外，谨附片具奏。伏乞圣鉴。谨奏。

（朱批：）兵部知道。[②]

光绪三十一年二月初四日，奉朱批：兵部知道。钦此。[③]

## 1941. 请准郑葆霖补授守备员缺片

光绪三十年十二月二十一日（1905 年 1 月 26 日）

再，福建陆路提标前营守备叶显忠病故，遗缺系陆路题补之缺，部咨应过班用第八缺武进士，行令拣补等因。查部定新章：武进士归第八缺补用；又，武进士补缺章程：统按到标五年期满，

①中国第一历史档案馆藏：《录副奏片》，档号：03-5965-027。

②台北故宫博物院藏：《军机及宫中档》，文献编号：408007454-0-C。

③中国第一历史档案馆藏：《录副奏片》，档号：03-5965-022。

拣选在前无事故者，奏请补用。如同日期满，以科分名次先后为断等语。臣于闽省期满武进士候补陆路守备班内详加遴选，如名次在前之叶定国因病辞标，黄履安缘案未结，未便迁就请补。惟查有闽省期满武进士候补陆路守备郑葆霖，年四十六岁，福建侯官县人，由武生中式举人。光绪己丑科中式武进士，殿试三甲，奉旨以营守备用。钦此。由部分发闽浙督标效力，十六年正月初八日到闽收标，试用五年期满，于二十年十二月二十一日考验，归标候补，咨部报满，覆准注册。

该员办事勤干，熟悉营伍，曾署邵武左营、建宁右营、长福营各守备，办理裕如，于下游风土民情亦极熟悉，以之请补是缺守备，洵堪胜任，与例相符。合无仰恳天恩俯念陆路提标前营守备员缺紧要，准以郑葆霖补授，于营伍、地方均有裨益。如蒙俞允，该员系部发武进士候补守备请补守备，衔缺相当，毋庸送部。

除饬取履历随案咨部外，谨会同福建提督臣黄少春，合词恭折具陈。伏乞圣鉴，敕部议覆施行。谨奏。

（朱批：）兵部议奏。①

光绪三十一年二月初四日，奉朱批：兵部议奏。钦此。②

## 1942. 请准陈学曾补授都司员缺片

光绪三十年十二月二十一日（1905年1月26日）

再，准兵部咨：议覆福建陆路提标后营都司员缺，准以漳州中营守备何树春升补，惟该员距是缺在原籍五百里以内，应行拣员对调，俟拣调奏准后，再行给与札付赴任等因。臣随于闽省现任陆路各都司内详加遴选，或与是缺亦系籍隶本府，或人地不甚相宜，均未便迁就调补。惟查有福建漳州镇辖云霄营都司陈学曾，年六十三岁，福建邵武府光泽县人，由世职云骑尉于长门拒击法

---

①台北故宫博物院藏：《军机及宫中档》，文献编号：408007455-0-A。

②中国第一历史档案馆藏：《录副奏片》，档号：03-5965-023。

船案内保准免补守备，以都司尽先补用。光绪二十年九月，奉部拟补云霄营都司，于二十四年正月十二日领札任事。二十七年二月赈捐案内，报捐三品顶戴。

该员年健技娴，讲求营伍，现无违碍事故，以之调补陆路提标后营都司，洵堪胜任。所遗福建云霄营都司员缺，即以应行拣调之准补陆路提标后营都司何树春调补，庶人地各得其宜，与例亦符。如蒙俞允，该员陈学曾系实缺都司调补都司，衔缺相当；何树春卓异案内曾经引见，均请毋庸送部。

除饬取各履历随折咨部外，谨会同福建提督臣黄少春，合词附片具陈。伏乞圣鉴，敕部议覆施行。谨奏。

（朱批：）兵部议奏。①

光绪三十一年二月初四日，奉朱批：兵部议奏。钦此。②

## 1943. 请准副将请贺吉祥留任缘由片

光绪三十年十二月二十一日（1905 年 1 月 26 日）

再，定例：各省武职将备等官，年届六十三岁，令该督、抚、提、镇严加甄别，将年力就衰者即行勒令休致。如有精力尚健、堪以留任者，出具切实考语，保题留任，各等语。兹查浙江台州协副将贺吉祥，年逾六十三岁，例应甄别，前据浙江海门镇总兵余宏亮③具禀：该副将贺吉祥现在精力尚强，堪以留任，禀请核办等情。经前署督臣李兴锐批准留任，未及具奏。臣查该副将贺吉

---

①台北故宫博物院藏：《军机及宫中档》，文献编号：408007455-0-B。

②中国第一历史档案馆藏：《录副奏片》，档号：03-5965-025。

③余宏亮（1835—1904），湖南长沙人。初投效军营。咸丰九年（1859），充外委。十一年（1861），拔补千总，加守备衔。同治二年（1863），保都司。三年（1864），升游击。四年（1865），晋参将。五年（1866），署浙江玉环营参将，晋总兵衔。十二年（1873），署福建长福营参将。光绪元年（1875），署理福建兴化城守协副将。光绪六年（1880），署崇安游击。同年，补浙江象山协副将。二十二年（1896），授福州城守参将。同年，迁浙江海门镇总兵。二十五年（1899），署浙江提督。二十八年（1902），加威勇巴图鲁勇号。三十年（1904），卒于任。

祥精力尚健，办事勤明，堪以留任，相应循例保请，合无仰恳天恩俯准将浙江台州协副将贺吉祥准予留任。

除将送到履历咨部外，理合会同浙江巡抚臣聂缉椝、浙江提督臣吕本元，合词附片具陈。伏乞圣鉴，敕部核覆施行。再，此案例应具题，前准部咨每年改为汇奏一次。合并声明。谨奏。

（朱批：）着照所请，兵部知道。①

光绪三十一年二月初四日，奉朱批：着照所请，兵部知道。钦此。②



## 1944. 奏报筹款派送学生赴日留学折

光绪三十年十二月二十三日（1905年1月28日）

头品顶戴闽浙总督臣魏光焘跪奏，为闽省筹款派送学生赴日本学习师范专科，并请编发教科书，以宏教育而收捷效，恭折具陈，仰祈圣鉴事。

窃以自强之本，端在育才；育才之方，尤资广学。欲开通风气，培养人才，非各省各属多设中小学堂不可；欲多设中小学堂，非多储教员不可；欲多储教员，非多派学生出洋专习师范不可。前准学务大臣咨送奏定学堂章程内开：各省应多派学生游学外洋等因。仰见朝廷培才兴学之苦心，诚为今日救敝扶衰之盛举。

伏查近年各省风气渐开，官费、私费出洋游学者，皆不乏人。福建最近东洋，乃官费学生最少。前署督臣李兴锐任内仅选派学生十五名，以十二名学习速成师范，以三名学习理化及政法速成科，甫于本年七月间送赴日本在案。臣到任后，念福建为理学名邦，从前文教昌明，英贤辈出，士风较东南各省颇推朴茂。然当此世局变迁，时艰日亟，固不能不存旧学以端士习，亦不能不参新法以育通才，因将全省学务详细调查，则各属所有学堂多未实

①台北故宫博物院藏：《军机及宫中档》，文献编号：408007455-0-C。

②中国第一历史档案馆藏：《录副奏片》，档号：03-5965-024。

力举行。即有业经举行者，亦不过将书院名目改为学堂，山长名目改为教习，仍系敷衍塞责，未能核实整顿。细加体察，盖有三难：一曰无经费，一曰无教员，一曰无课本。臣已严饬各属务将学堂认真举办，经费设法妥筹。

而学堂教员尤关紧要，计福建全省九府二州数十州县，即以每县一学堂、每学堂一教习而论，已需教员数十之多。福建语言全系方音，若用他省教习，亦不相宜。除多派本省学生出洋专习师范以备教员，更无他法。连日督同学务处司道，就省城师范、高等两学堂肄业学生挑取考试，择其年在三十以内中学粗有根柢、略通东西国文者，得四十人，派赴日本学习师范，以三十名习速成科，十名习完全科，已与出使日本大臣杨枢①电商送入日本东京宏文、经纬两学堂肄业，俾学成回闽，以作各属中小学堂教习之用。现在考验已毕，派员监督照料，准于明年正月由沪东渡。通计川资、学费，每年须银二万余圆。闽省库款空虚，入不敷出，惟以学习师范为全省人才命脉所系，不能不竭力勉筹，已饬由藩司无论何款项下，先行提款万余圆，预交半年学费，以后陆续筹寄。譬犹士庶之家诸事，务从节俭，而至为子弟延师就学，则虽多费，亦所不辞。况当此需才孔亟之时，蓄艾疗疴，尚虞缓不济急。师范为国民教育根本，尤非速储教员，不能望教育之普及也。至于学堂课本必须画一，方能有所适从，拟请饬下学务大臣编定颁发，以资应用。

抑臣更有请者。近年，日本骤致强盛，实由全国人皆有忠君

---

①杨枢（1845—?），字星垣，汉军正黄旗人。同治十年（1871），考取翻译生员，就学广东同文馆，于北京同文馆肄业，旋以主事发户部学习。光绪四年（1878），充出使日本国参赞，历出使日本国领事、翻译官、随员。二十四年（1898），授总理各国事务衙门章京上行走。二十六年（1900），署理广东高廉钦兵备道。二十七年（1901），署广东肇阳罗道。二十九年（1903），授出使日本国大臣，充日本游学生总监督。三十二年（1906），升鸿胪寺卿。同年，补外务部右参议。三十三年（1907），调外务部左参议。同年，因病开缺回籍调理。宣统元年（1909），授专使日国、瑞典国、丹国、比国大臣。

爱国之心。观于其国明治二十三年所颁之教育敕语及其国人所著之伦理教科书，则皆本中国古圣贤所述之伦常道德以为根本，用能强国势而固民心，足见其各项科学虽多取法欧美，而德育一科仍必资我圣教。中国近年学生往往习于嚣张恣肆，殆于圣贤根本先未讲求，于蒙养之年无以育成其孝弟忠信之气质。微臣愚见，拟请将中国经书、小学及日本所著伦理书互相参酌，择要编辑，定为中国伦理教科书，分作浅、深二种，颁行各省，以为蒙、小学堂课本，庶乎人心可正，士习可端，而后国家乃可收得人之效。

所有闽省选派学生赴日本专习师范并请编发教科书各缘由，理合恭折具陈。伏乞皇太后、皇上圣鉴训示。谨奏。光绪三十年十二月二十三日。



（朱批：）该衙门知道。[1]

光绪三十一年二月初四日，奉朱批：该衙门知道。钦此。[2]

## 1945. 奏报闽浙两省各官考语情形折

光绪三十年十二月二十三日（1905年1月28日）

头品顶戴闽浙总督臣魏光焘跪奏，为敬陈闽、浙两省提、镇、司、道、知府各官考语，密缮清单，恭折仰祈圣鉴事。

窃照定例各省提、镇、司、道、知府，责成督抚于年底出具切实考语，密奏一次，历经遵办在案。伏念提督、总兵寄干城于专阃，藩、臬、道、府作表率于庶司。吏治与军政相表里，责任綦重，考察自不得不严。臣蒙恩命调任闽浙总督，自本年九月到任，现在已届三月，于所属文武大僚日以时局艰难，勖其实力实心，共图干济。凡在福建各员随时接见，其平日政迹之勤惰、才识之短长，固已略知梗概，即浙江所属未经晤对，而于文牍考其建白、舆论察其声名，亦不敢稍存忽略，谨就见闻所及，分别出

①台北故宫博物院藏：《军机及宫中档》，文献编号：408007457。

②中国第一历史档案馆藏：《录副奏折》，档号：03-7224-043。

具切实考语，密缮清单，恭呈御览。臣仍随时认真考核，倘有后先易辙不力之员，再行奏劾，以期仰副圣主整饬官方之至意！

再，闽粤南澳镇总兵萨镇冰、福建漳州镇总兵洪永安、福建建宁镇总兵徐传隆、浙江定海镇总兵吴元恺、浙江海门镇总兵孙多庆、浙江温州镇总兵任永清、浙江处州镇总兵蒋云龙、浙江盐运使信勤、福建兴泉永道袁大化、浙江督粮道颜钟骥、福建福宁府知府曹垣，均未到任；福建福宁镇总兵、浙江处州府知府员缺，均未补有人，俱照例毋庸出考。合并声明。伏乞皇太后、皇上圣鉴。谨奏。光绪三十年十二月二十三日。

（朱批：）知道了，单二件、片一件留中。[①]

光绪三十一年二月初四日，奉朱批：知道了，单二件[②]、片一件留中。钦此。[③]

## 1946. 奏为据实参劾文职各员缘由折

光绪三十年十二月二十三日（1905年1月28日）

头品顶戴闽浙总督臣魏光焘跪奏，为据实参劾文职各员，以示惩儆而肃官方，恭折具陈，仰祈圣鉴事。

窃维为政莫要于得人，安民必先以察吏。闽省地处海滨，民俗愚悍，兼以通商多年，籍民、教民所在皆有，官吏一不得人，则地方立时多事，全赖任事各官精白乃心，勤慎尽职，方可望政平讼理，日即乂安。臣自本年九月抵任后，查得闽省吏治习于因循，丁役甚为扰累，叠经通饬整顿，严革颓风，但欲整饬官常，必须先将溺职各员据实参劾，方足以树风声而肃观听。

数月来，督同藩、臬两司，考察所属各员，并随时参之舆论，证之公牍，颇知梗概。除其中治绩卓著、堪膺上考者，容俟查察

---

①台北故宫博物院藏：《军机及宫中档》，文献编号：408007458。

②此清单查无下落，待考。

③中国第一历史档案馆藏：《录副奏折》，档号：03-5437-030。

确实、再行胪陈请旨嘉奖，以昭激劝外，至贪庸不职，如尤溪县知县宋时雍，信任丁胥，操守不谨；署宁化县大挑知县张朝法，办事颟顸，被控有案；侯官县五县寨巡检吴丙寿，嗜好甚深；浦城县溪源巡检戴鼎元，品行卑污；大田县桃源巡检沈承熺，擅受有案；龙溪县典史谢承绪，迹近疯癫；政和县典史章堡，年力就衰。以上各员均难稍事姑容，相应请旨将宋时雍、张朝法、吴丙寿、戴鼎元、沈承熺、谢承绪等一并革职，章堡勒令休致，以肃官方。此外如尚有此等劣员，仍当随时考核，据实参劾。至此次参劾所遗各缺，闽省现有应补人员，应请扣留外补。



所有参劾文职各员缘由，是否有当？谨恭折具陈。伏乞皇太后、皇上圣鉴训示。谨奏。光绪三十年十二月二十三日。

（朱批：）另有旨。①

光绪三十一年二月初四日，奉朱批：另有旨❶。钦此。②

❶【案】此奏旋于三十一年二月初四日得旨照准，《光绪朝上谕档》载曰：

光绪三十一年二月初四日，内阁奉上谕：魏光焘奏，参劾各员一折。福建尤溪县知县宋时雍，信任丁胥，操守不谨；署宁化县大挑知县张朝法，办事颟顸，被控有案；侯官县五县寨巡检吴丙寿，嗜好甚深；浦城县溪源巡检戴鼎元，品行卑污；大田县桃源巡检沈承熺，擅受有案；龙溪县典史谢承绪，迹近疯癫，均着即行革职。政和县典史章堡，年力就衰，着勒令休致，以肃官方。余着照所议办理，该部知道。钦此。③

---

①台北故宫博物院藏：《军机及宫中档》，文献编号：408007456。

②中国第一历史档案馆藏：《录副奏折》，档号：03-5437-029。

③《光绪朝上谕档》，第31册，第16页。又，《德宗景皇帝实录（八）》，卷五百四十二，光绪三十一年二月，第198页。

## 1947. 请将熊世鳌等勒休缘由片

光绪三十年十二月二十三日（1905 年 1 月 28 日）

再，本年冬操，所有省标水陆各营现任、候补各员弁洋枪打靶，经臣亲自校阅，其中技艺娴熟者尚不乏人，均经分别给奖，以示鼓励。其枪未中靶而年力尚强壮者，均勒限学习覆考。惟查有本任兴化城守营副将熊世鳌、福州城守右军都司张得胜、臣标中营把总邱龙恩，又陆路候补开缺另补副将张春和、降补都司林鸿、世职云骑尉候补守备陈肇功，俱系年力衰惫，技艺生疏，未便令其久厕戎行，恋栈贻误，相应请旨将本任兴化城守营副将熊世鳌、福州城守右军都司张得胜、臣标中营把总邱龙恩、陆路候补开缺另补副将张春和、世职云骑尉候补守备陈肇功，均即勒令休致。降补都司林鸿，应即革标，以儆废弛而资整顿。其所遗兴化城守营副将系陆路题补之缺，应请留闽另补。

除咨部查照外，理合附片具陈。伏乞圣鉴训示。谨奏。

（朱批：）着照所请，兵部知道。①

光绪三十一年二月初四日，奉朱批：着照所请，兵部知道。钦此。②

## 1948. 请将故令周骏革追缘由片

光绪三十年十二月二十三日（1905 年 1 月 28 日）

再，已故前署理闽县知县周骏交代案内短交光绪三十年地丁银九百七十一两零，又粮捐钱一千二百八十一千零，又贾捐等款银八十六两零，节催未解。据福建藩司周莲会同臬司、督粮道转据该管府揭请参追前来。

①台北故宫博物院藏：《军机及宫中档》，文献编号：408007456-0-A。

②中国第一历史档案馆藏：《录副奏折》，档号：03-6001-026。

相应请旨将该员革职，提属勒追，倘再宕延，或完不足数，即行从严追办。除咨部外，理合附片陈明。伏乞圣鉴。谨奏。

（朱批：）着照所请，该部知道。[①]

光绪三十一年二月初四日，奉朱批：着照所请，该部知道。钦此。[②]

## 1949. 奏报汇解京饷备还镑款片

光绪三十年十二月二十三日（1905年1月28日）

再，前接江海关道袁树勋转奉外务部、户部电：赔款亏折镑价，议令各省无论何款，移缓就急，以顾目前。俟借款到手，照数拨还，或作预解明年的款，亦各任便。福建省提银五十万两等因。经臣督饬司局公同竭力设筹，只能将本年及来年各款京饷预筹抵解银二十万两，电准外务部、户部复电：准抵各款京饷等因。遵将闽省应解光绪三十年分第五批内务府京饷银一万两，固本京饷银一万五千两，筹备饷需银五千两，添拨税厘京饷银一万两，东北边防经费银一万两，共五万两；又于粮库提动米折应解光绪三十一年分四国洋款银二万两，盐库提动应解光绪三十一年分盐课京饷银三万两，合共银一十万两，发交号商新泰厚等承领，汇沪转交江海关道兑收，备还镑款，奏咨在案。其尚短前项镑价银一十万两，亟应筹措续解，以应要需。

伏查闽省奉拨光绪三十年分各款京饷，业已先后五次将内务府京饷银六万两、固本京饷银六万两已经解清，又解过筹备饷需银五万两、茶税京饷银四万两，添拨税厘京饷银二万两、东北边防经费银二万两。兹再于司局款内筹集应解第六批茶税京饷银一万两，添拨税厘京饷银一万两、东北边防经费银一万两，筹备饷

---

①台北故宫博物院藏：《军机及宫中档》，文献编号：408007456-0-B。

②此朱批日期与内容，据《军机处随手登记档》（档案编号：03-0320-1-1231-032）校补。

需银二万两，共银五万两；又于粮库提动应解司库光绪三十年分练兵米价银二万两，盐库提动应解光绪三十一年盐课京饷银三万两，合共银一十万两，内发交号商新泰厚银三万四千两、蔚泰厚银三万两、源丰润银二万三千两、蔚长厚银一万三千两，定于十二月十三日由闽起程汇沪，转交江海关道兑收，以为闽省筹解光绪三十、三十一年分各款京饷拨作备还洋款亏折镑价之需。

至此项银两经部电覆准抵京饷，应请将司局款提解前银五万两，照数作抵闽省应解光绪三十年分第六批各项京饷。其粮库提解二万两，作为应解司库光绪三十年分练兵米价，仍由司局在于应解三十一年京饷项下扣抵。又，盐库提解银三万两，作为抵解光绪三十一年分盐课京饷，以清款目。据福建财政局司道会同藩司暨粮、盐二道详请奏咨前来。

臣覆查无异，除分咨外，理合附片具陈。伏乞圣鉴。谨奏。

(朱批：) 该衙门知道。①

光绪三十一年二月初四日，奉朱批：该衙门知道。钦此。②

## 1950. 奏报筹拨汇解新定偿款片

光绪三十年十二月二十三日（1905 年 1 月 28 日）

再，准部咨，新定偿款，摊派福建省岁解银八十万两。并钦奉谕旨：各该省前次指派之款，应即按月分匀，赶紧筹措，先期解交上海道转付等因。钦此。业经按月筹解至本年十一月第三年第十二期止，先后奏咨在案。兹光绪三十年十二月应解第四年第一期前项库平纹银六万六千六百七十两，除奉户部议准将闽海关药厘由税务司径拨汇解银二万两外，实尚解库平纹银四万六千六百七十两，现于司、道、局库筹集如数，于本年十二月十八日交号商领汇，定限十二月二十六日以前解交江海关道查收汇付。至

①台北故宫博物院藏：《军机及宫中档》，文献编号：408007457-0-A。

②中国第一历史档案馆藏：《录副奏片》，档号：03-6700-022。

号商汇费银一千五百八十六两七钱八分及药厘拨抵银两应需汇费，仍请随正支给。据福建财政局司道会同藩、臬两司，粮、盐二道详请奏咨前来。

臣覆核无异，除给咨批解库平纹银四万六千六百七十两，并分咨外务部、户部查照外，谨附片具奏。伏乞圣鉴。谨奏。

（朱批：）该部知道。①

光绪三十一年二月初四日，奉朱批：该部知道。钦此。②



①台北故宫博物院藏：《军机及宫中档》，文献编号：408007457-0-B。

②中国第一历史档案馆藏：《录副奏片》，档号：03-6700-020。

# 光绪三十一年（1905）

## 1951. 恭报赏赐福字等物谢恩折

光绪三十一年正月十三日（1905年2月16日）

头品顶戴闽浙总督臣魏光焘跪奏，为恭谢天恩，仰祈圣鉴事。

窃臣于光绪三十年冬蒙皇太后、皇上年赏“福”字、“寿”字、“介寿”字各一方及灰色宫绸、石青江绸各一卷，均由臣衔门折弁回闽，敬谨赍到。当即恭设香案，望阙叩头祇领讫。

伏念臣忝握疆符，倏更岁琯，涓埃未报，兢惕方深！乃因运转乎鸿钧，叠荷恩颁乎凤陛。宸章奎焕，妙八法以垂型；宫锦霞明，本七襄而作则。九五福一曰寿，冕旒方争拜天间；卅六宫都是春，衣被已遍敷海宇！介芝龄于鹤鹿，特培犬马之衰年；加华衮于龙虫，更励羔羊之晚节。麗慈申锡，蚁慕寅承！臣惟有倍策驽庸，益深鳌戴，思日襄思日赞，长仰星云纠缦之光；荷天宠荷天休，敢忘雨露涵濡之泽！

所有微臣感激欣幸下忱，理合恭折具奏，叩谢天恩。伏乞皇太后、皇上圣鉴。谨奏。光绪三十一年正月十三日。

（朱批：）知道了。①

光绪三十一年二月初五日，奉朱批：知道了。钦此。②

①台北故宫博物院藏：《军机及宫中档》，文献编号：408007462。
②中国第一历史档案馆藏：《录副奏折》，档号：03-5572-041。

## 1952. 恭报三十年十二月雨水粮价折

光绪三十一年正月二十八日（1905 年 3 月 3 日）

头品顶戴闽浙总督臣魏光焘跪奏，为恭报晴雨、粮价情形，仰祈圣鉴事。

窃查福建省城光绪三十年十二月分得雨十七次，省外各属禀报略同；通省粮价间有增减，二麦畅茂，民情安谧。据福建布政使周莲，具详前来。谨缮清单，恭折具陈。伏乞皇太后、皇上圣鉴。谨奏。光绪三十一年正月二十八日。

（朱批：）知道了。①

光绪三十一年二月二十八日，奉朱批：知道了。钦此。②

## 1953. 呈闽省去年十二月雨水粮价清单

光绪三十一年正月二十八日（1905 年 3 月 3 日）

谨将福建省九府二州属光绪三十年十二月分米粮价值，缮具清单，恭呈御览。

谨开

福州府属：上米每仓石价银二两九钱至三两七钱，与上月相同。中米每仓石价银二两五钱至三两五钱，与上月相同。下米每仓石价银二两二钱至三两四钱，与上月相同。

兴化府属：上米每仓石价银三两至三两四钱，较上月增一钱。中米每仓石价银二两九钱至三两三钱，较上月增一钱。下米每仓石价银二两八钱至三两二钱，较上月增一钱。

泉州府属：上米每仓石价银三两五分至四两三钱，与上月相同。中米每仓石价银二两九钱五分至四两，与上月相同。下米每

---

①台北故宫博物院藏：《军机及宫中档》，文献编号：408007466。

②中国第一历史档案馆藏：《录副奏折》，档号：03-7027-041。

仓石价银二两八钱五分至三两七钱，与上月相同。

漳州府属：上米每仓石价银二两九钱至三两八钱，与上月相同。中米每仓石价银二两八钱至三两七钱，与上月相同。下米每仓石价银二两七钱至三两六钱，与上月相同。

延平府属：上米每仓石价银二两七钱六分至三两九钱一分，较上月增三钱九分。中米每仓石价银二两六钱六分至三两八钱四分，较上月增四钱四分。下米每仓石价银二两五钱至三两七钱七分，较上月增四钱六分。

建宁府属：上米每仓石价银二两三钱二分至三两五钱，与上月相同。中米每仓石价银二两一钱六分至三两四钱，与上月相同。下米每仓石价银二两四分至三两三钱，与上月相同。



邵武府属：上米每仓石价银二两至二两四钱，较上月减二钱。中米每仓石价银一两九钱至二两三钱，较上月减二钱。下米每仓石价银一两八钱至二两一钱，较上月减三钱。

汀州府属：上米每仓石价银二两二钱至三两六钱五分，较上月减五分。中米每仓石价银二两一钱至三两五钱五分，较上月减五分。下米每仓石价银二两至三两四钱五分，较上月减五分。

福宁府属：上米每仓石价银二两二钱至三两二钱五分，与上月相同。中米每仓石价银二两一钱至三两一钱五分，与上月相同。下米每仓石价银二两至三两五分，与上月相同。

永春州属：上米每仓石价银二两八钱至四两，与上月相同。中米每仓石价银二两六钱至三两九钱，与上月相同。下米每仓石价银二两四钱至三两八钱，与上月相同。

龙岩州属：上米每仓石价银三两三钱至四两八钱，与上月相同。中米每仓石价银二两八钱至四两七钱，与上月相同。下米每仓石价银二两七钱至四两六钱，与上月相同。

（朱批：）览。[1]

---

①中国第一历史档案馆藏：《单》，档号：03-7027-042。

## 1954. 奏明秋审绞犯误入旧事缓决折

光绪三十一年正月二十八日（1905年3月3日）

头品顶戴闽浙总督臣魏光焘跪奏，为查明秋审未准部覆绞犯误入旧事缓决，恭折具陈，仰祈圣鉴事。

窃准刑部咨钞奏内开：建宁县绞犯刘哑吧仔一起，该督咨称：光绪二十七年秋审，据邵武府补解审录开单奏咨，检查案卷，刑部未接此项咨文，该省于是年六月咨报解审迟延，岂有于五月咨报补解审录开单奏咨之理？显属捏饰。该犯刘哑吧仔应入二十八年秋审情实予勾之犯，乃该省竟将该犯入于二十七年旧事缓决，难保无贿嘱情弊，奏明请旨饬下该督严密查明，切实推究，据实奏明办理，奉旨依议。钦此。等因。咨行前来。当经札饬福建臬司遵办去后。

兹据查明详覆，臣调集案卷，详加查核。该犯刘哑吧仔籍隶建宁县，系与小功兄妻李氏通奸，因妒奸将刘连城用刀戳伤肚腹、穿透右腰眼身死拟绞。光绪二十七年秋审，署邵武府知府徐承禧解审迟延，经前督臣许应骙于是年四月十八日奏参，五月二十一日钞奏，分咨吏、刑二部。嗣据该府将犯补解到省，又经审录，于是年五月二十九日开单具奏，声明可否入缓听候部示办理，并于是年七月二十日分别照钞原奏、清单暨造年貌清册，由驿分咨刑部、都察院、大理寺查核；续于是年九月初十日准行在刑部咨行，七月十八日，据奏应入秋审新事绞犯刘哑吧仔续拟缓决一片，当日奉朱批：刑部议奏。钦此。又于十一月十四日准行在刑部钞奏咨行内开：二十七年秋审人犯，业经会同在京刑部详拟实缓可矜，开单奏奉谕旨，遵行情实人犯并入下届办理，饬将新旧实缓各犯牢固监禁。查核原奏，单开福建拟缓决常犯九起，并无该犯刘哑吧仔之名，亦无接刑部扣除明文。光绪二十八年秋审时，以审限期迫，不及守候部覆，因查该犯刘哑吧仔系属旧事人犯，又经上届曾以可否入缓请示有案，是年即将刘哑吧仔归入旧事缓决，分别奏咨，由部详审具题，奉旨：刘哑吧仔着缓决等因。钦此。钦遵咨行。二十九年秋审，因该犯业经由部详审题准缓决，遵即归入旧事缓决，复经刑部题奉谕旨咨行在案。

伏查此案系于是年四月间奏参，解审迟延。五月二十一日，钞奏咨部。二十九日，补解录审，开单具奏。七月间，钞奏造册分咨。皆系前督臣任内之事，并非先咨补解审录后咨解审迟延。检查原案奏咨日期，历历可稽，毫无捏饰，且两次奏案均经钦奉朱批由部咨行有案。现刑部称无接到补解审录咨文，已据臬司委员挨查闽驿，实已递送出境，究系何驿失误，复经分咨各省严饬确查覆办。

至光绪二十八年秋审时，闽省因上届秋审业经奏咨可否入缓，即将该犯归入旧事秋审缓决，详细密查，并无别项情弊。惟未经声明上届请示有案，遽请归入缓决办理，殊属疏忽，应俟刑部定案时查取职名，照例议处。

除咨部外，理合将查明缘由恭折具奏。伏乞皇太后、皇上圣鉴，敕部核覆施行。谨奏。光绪三十一年正月二十八日。

（朱批：）刑部议奏。①

光绪三十一年二月二十八日，奉朱批：刑部议奏。钦此。②

## 1955. 奏报提解闽省去年上忙钱粮折

光绪三十一年正月二十八日（1905年3月3日）

头品顶戴闽浙总督臣魏光焘跪奏，为提解闽省光绪三十年分上忙钱粮银数，恭折仰祈圣鉴事。

窃准部咨：州县经征钱粮，每年上、下两忙尽数提解司库，专折具奏等因。兹据福建藩司周莲详：闽省九府二州属光绪三十年分额征地丁银一百二十三万二千九百六十五两零，内坐支存留

①台北故宫博物院藏：《军机及宫中档》，文献编号：408007465。

②中国第一历史档案馆藏：《录副奏折》，档号：03-7285-005。

银一十九万八千七百六十七两零，应解司库银一百三万四千一百九十八两零。上忙完解银三十万八千七百六十一两零，又额征耗羡银一十四万八千一百四十五两零，内解司银一十四万三千二百八十一两零，存留银四千八百六十四两零，上忙完银二万三千三百三十七两零，均已提解司库。所有丁、耗二款与另征现年当商牙帖、杂税等项银两，汇入奏销公费册内造报等情。前来。

查闽省光绪三十年分上忙征完丁耗银三十三万二千九十八两零，又征完现年当税牙帖、杂税、税契、牛猪杂税、渔税共银一万八千九百九十一两零，均已提解司库。至带征节年正、杂钱粮，已分款造册咨部，谨缮折具陈。伏乞皇太后、皇上圣鉴。谨奏。



光绪三十一年正月二十八日。

(朱批：) 户部知道。[①]

光绪三十一年二月二十八日，奉朱批：户部知道。钦此。[②]

## 1956. 奏报闽省去年征收新旧钱粮折

光绪三十一年正月二十八日（1905年3月3日）

头品顶戴闽浙总督臣魏光焘跪奏，为闽省各属光绪三十年新旧钱粮已、未征完数目，恭折仰祈圣鉴事。

窃准部咨：地丁钱粮，截至年底将已、未征完数目具奏等因。兹据福建布政使周莲详称：福建省九府二州属额征光绪三十年分地丁银一百二十三万二千九百六十五两零，内坐支各款银一十九万八千七百六十七两零，应征起运银一百三万四千一百九十八两零。截至三十年十二月十八日止，据各属解完三十年上忙司库银三十万八千七百六十一两零，归于三十一年春拨册内造报；尚未完银七十二万五千四百三十七两零，又带征光绪十四年起至二十九年止节年地丁银三百四十五万三千三十八两零，除续完银五十

①台北故宫博物院藏：《军机及宫中档》，文献编号：408007463。

②中国第一历史档案馆藏：《录副奏折》，档号：03-6280-031。

七万七千九百五十一两零，实未完节年民欠银二百八十七万五千八十六两零，又参追银一十二万五千三百四十六两零等情。前来。

除咨部外，谨缮折具陈。伏乞皇太后、皇上圣鉴。谨奏。光绪三十一年正月二十八日。

(朱批：) 户部知道。[①]

光绪三十一年二月二十八日，奉朱批：户部知道。钦此。[②]

## 1957. 请准党志振等留于闽浙差委片

光绪三十一年正月二十八日（1905 年 3 月 3 日）

再，花翎提督衔记名简放总兵党志振，由武进士随军，递保今职，随臣来闽。又据前福宁镇总兵曹志忠禀：花翎副将衔留川尽先补用参将王玉和，由武童递保今职；又花翎尽先补用都司何添绅，由武童递保今职；又蓝翎尽先补用守备向顺英，由军功递保今职；又蓝翎都司衔尽先补用守备朱云开，由勇目递保今职。又据闽省军政局详：花翎都司衔补用守备朱光胜，由军功递保今职。又据前调署臣标中军副将谢国恩禀：花翎尽先补用守备黄孝经，由行伍递保今职。又据现署臣标中军副将何绍志禀：蓝翎都司衔尽先守备颜朝举，由军功递保今职。请分别留于闽浙陆路补用，各等情。均经查核保案相符。

伏查闽省为海疆重地，将才亟宜储练，武员在所必需，合无仰恳天恩俯准将总兵党志振留于闽浙差遣委用；参将王玉和、守备向顺英、朱云开、黄孝经、颜朝举留于闽浙陆路尽先补用；都司何添绅留于闽浙陆路尽先补用，守备朱光胜留于闽浙陆路补用，以备驱策。除饬取各员履历随案咨部外，理合附片具奏。伏乞圣鉴训示。谨奏。

---

①台北故宫博物院藏：《军机及宫中档》，文献编号：408007464。

②中国第一历史档案馆藏：《录副奏折》，档号：03-6280-032。

（朱批：）着照所请，兵部知道。①

光绪三十一年二月二十八日，奉朱批：着照所请，兵部知道。钦此。②

## 1958. 代奏总兵孙道仁叩谢天恩片

光绪三十一年正月二十八日（1905年3月3日）

再，据署理福建福宁镇总兵孙道仁呈称：接奉照会内开：准兵部咨：钦奉上谕：福建福宁镇总兵员缺，着福建候补道孙道仁署理等因。钦此。谨即恭设香案，望阙叩头谢恩。伏念道仁幼从军旅，徒读父书，世受国恩，猥承门荫，曾预鲲身之战，垒守台澎；忝随豹尾之班，宫依慈福。洊保道员，备官闽峤，既有滥竽之愧，旋增覆悚之惭！乃荷优容，仍留驱策。陆军待罪，愧无细柳之声名；海国观兵，略识扶桑之情状。不意九重纶綍，叠沛鸿施，俾权专阃旌旄；试鞭驽钝，宠荣逾格，感悚莫名！

当此国家多事之秋，正为臣子致身之日。矧道仁沐非常异数，福宁为本省要区，鳌戴弥深，鹈濡倍懔；使功使过，洵为恩上加恩；教孝教忠，敢负将门出将！渥邀非分，实惧弗胜。惟有竭尽心力，勉效驰驱，以期仰答高厚鸿慈于万一！

所有道仁感激下忱叩谢天恩缘由，理合呈请察核，俯赐代奏等情。前来。理合附片代陈。伏乞圣鉴。谨奏。

（朱批：）知道了。③

光绪三十一年二月二十八日，奉朱批：知道了。钦此。④



①台北故宫博物院藏：《军机及宫中档》，文献编号：408007464-0-A。
②中国第一历史档案馆藏：《录副奏片》，档号：03-5965-062。
③台北故宫博物院藏：《军机及宫中档》，文献编号：408007464-0-B。
④中国第一历史档案馆藏：《录副奏片》，档号：03-6047-016。

## 1959. 奏报筹拨汇解新定偿款片

光绪三十一年正月二十八日（1905年3月3日）

再，准部咨：新定偿款摊派福建省岁解银八十万两，并钦奉谕旨各该省前次指派之款，应即按月分匀，赶紧筹措，先期解交上海道转付等因。钦此。业经按月筹解至上年十二月第四年第一期止，先后奏咨在案。兹光绪三十一年正月应解第四年第二期前项库平纹银六万六千六百七十两，除奉户部议准将闽海关药厘由税务司径拨汇解银二万两外，实尚解库平纹银四万六千六百七十两，现于司、道、局库筹集如数，于本年正月十九日交号商领汇，定限正月二十五日以前解交江海关道查收汇付。至号商汇费银一千五百八十六两七钱八分及药厘拨抵银两应需汇费，仍请随正支给。据福建财政局司道会同藩、臬两司，粮、盐二道，详请奏咨前来。

臣覆核无异，除给咨批解库平纹银四万六千六百七十两，并分咨外务部、户部查照外，谨附片具奏。伏乞圣鉴。谨奏。

（朱批：）该部知道。[①]

光绪三十一年二月二十八日，奉朱批：该部知道。钦此。[②]

## 1960. 请以卢捷祥补授南澳守备折

光绪三十一年二月初二日（1905年3月7日）

头品顶戴闽浙总督臣魏光焘跪奏，为遴员请补外海水师守备员缺，恭折仰祈圣鉴事。

窃闽粤南澳镇标左营守备余世烘年老辞退，遗缺准到部咨系水师题补第一轮第三缺，轮用尽先人员，行令拣员请补等因。臣

①台北故宫博物院藏：《军机及宫中档》，文献编号：408007463-0-A。

②中国第一历史档案馆藏：《录副奏片》，档号：03-6700-046。

随于闽省水师尽先各守备内详加遴选，如名次在前之李文陞、林熊、李廷龙、陶瑞麟、郭玉麟、郭成志、谢仲篪、吴奇猷，均久无下落；舒德真、王凤岐改用水师案内，应行给咨；张升桂、康朝基、汪兆荣、卢得贵前均在台湾，未报回闽归标；沈有恒、凌玉和均于是缺人地不宜，且沈有恒续保游击，业已咨部过班，均未便迁就请补。

惟查有水师尽先补用守备卢捷祥，年五十一岁，福建同安县人，由水勇递保，以千总尽先拔补，于台湾历年剿办各路土匪、叛番出力案内保奖免补千总，以守备尽先补用。光绪十七年正月二十八日奉旨：依议。钦此。旋经考验收标，咨部覆准，注册序补。该员年强才敏，枪炮亦娴，于闽省洋面情形较为熟悉，以之请补是缺，堪期胜任，与例亦符。合无仰恳天恩俯准以卢捷祥补授闽粤南澳镇标左营守备，于营伍、洋防均有裨益。如蒙俞允，俟部覆到日，给咨送部引见，恭候钦定。

除饬取履历随案咨部外，谨会同福建提督臣黄少春，合词恭折具陈。伏乞皇太后、皇上圣鉴，敕部议覆施行。谨奏。光绪三十一年二月初二日。

（朱批：）兵部议奏。①

光绪三十一年二月二十八日，奉朱批：兵部议奏。钦此。②

## 1961. 奏报筹办闽省地方要政情形折

光绪三十一年二月初二日（1905年3月7日）

头品顶戴闽浙总督臣魏光焘跪奏，为筹办闽省地方要政，谨陈大概情形，恭折具陈，仰祈圣鉴事。

窃臣于上年九月奉命调任来闽，体察地方情形，斟酌缓急，择要举办。数月以来，或略具基础，或甫有萌芽，或尚在调查，

---

①台北故宫博物院藏：《军机及宫中档》，文献编号：408007459。

②中国第一历史档案馆藏：《录副奏折》，档号：03-6188-092。

皆未及布置周妥，本不敢遽渎宸聪，惟臣交卸在即，所有现办事宜，筹画略有端绪，谨将大概情形为我皇太后、皇上分晰陈之。

查目前最要诸务，自莫急于练兵。闽省改练新操，业经臣于上年十二月遵照新章，略予变通，奏明办理在案。惟闽省常备军原仅四千人，经臣奏改增为一万人，每岁除底饷亦增二十余万两。闽省为海疆要地，近来时局变幻，强邻密迩，吃重过于广东，新兵万人，万万不敷调遣，若能加筹新款，如臣原奏，数年之内，练足两镇，有事方可无虞。至沿海各口情形尤关紧要，三都、沙埕、海坛等处洋舰均便于停泊，尚未设防，惟福、厦两口炮台历经布置，臣于上年十月亲历马江下游一带，察看各处炮台，其中台垒、炮位及子药库等处布置多未合宜，亟需改造。金牌后路防守亦嫌太单，又各炮子药、拉火器具、零件多未齐全，尤宜速行购备。以上各节择要整理，至少亦需银十余万两。至新军开办经费，以购办枪炮为大宗，闽省一时无此财力，现咨商两江督臣周馥，由江南制造局先拨新式毛瑟枪二千枝，配子弹二百万枚，然尚不敷应用，将来总须配足八千杆。惟子药需用极多，价目太巨，若由闽省原设之机器局自行多造无烟子药，则费稍省，而事尤便。此臣筹办练兵之大概情形也。

其次莫如学务，省城所设学堂，以武备学堂开办最久，成效亦多，现遵练兵处颁行定章，照小学堂功课办理，此外高等、师范两学堂皆因经费难筹，规模仅具。师范学堂系照寻常初级功课教授，近又附设小学堂，以便师范生就近实习，办理尚属认真。惟高等学堂系就书院改设，每岁经费仅万余两，如改良讲舍，增聘教习，选定课本，在在需款、需人。至各府、厅、州、县各学，皆仅设立名目，形式尚且不具，安论精神，然地方官为难之处亦有四端：一、无经费；二、无课本；三、师范未经预备；四、管理尤乏考求。臣再四筹维，因于上年十一月选派师范生四十人赴日本分习高等速成师范，分年回闽；又经札饬外府、厅、州、县各选两人送入省城师范学堂肄业，复札饬福建学务处宽筹经费，多储人才，分设研究、调查、编译、会计四所，期于一年之内将课本、师范、管理三项代地方官一律通筹。至经费一项，各地方有不足者，亦拟筹款补助。此臣筹办学务之大概情形也。

福建度支奇绌，预算今岁，以入抵出，已不敷二三十万两。添练新兵，又增饷二十余万两；每年添购军械，亦应增十余万两。此外，兴学之费又需增十余万两，计算已短银八十万两之谱。欲应急需，只有推广办理铜元一法。查铜元一项，闽省设局鼓铸，近来获有余利，拨充文武学堂经费，赖以挹注。惟限于机厂，出数无多。臣查得西门外制造局厂基宽展，与司道熟商，委员订购机器，全副每日可出铜元百余万枚。一俟秋间机器到齐，开工鼓铸，将来所获赢余分作二十成，以七成拨充军务经费，三成拨充学务经费，其余留备商务、工艺一切新政之用，并照章拨解黄浦滩经费。惟现在铜价日涨，铸出铜元易银，价又日落，再有年余，利源必不可恃。将来仍以整顿盐务为常年增款大宗。

查闽省盐务，自前督臣左宗棠改章，岁收课厘四十余万两，近年只收二十九万余两，实由私贩太多。臣到任后，数经派员考查，无如出盐之场千数百里，食私之人数十万户，非认真整顿，宽以岁时，万难一扫从前积弊。现经查明闽盐私销浙、粤两省及南洋各岛，为数甚多，已饬盐法道妥筹缉私畅销之法。或征收浙、粤课厘，或清查埕坎确数，切实改良兴办，以期化私为官，每岁当可增收课厘以符原额。此外则木植、茶、纸等项为出口货物大宗，现正调查，尚无实数，若能详细考察，加以劝导保护，每岁出数渐旺，税厘自增。其蚕桑、工艺二项，亦经臣分饬整顿。此臣筹开利源之大略情形也。

抑臣更有虑者，自台澎既失，闽省实当要冲，全省矿权、路权如果不趁东方战局未定之先先集巨资自行兴办，将来可虑之事甚多。查闽属漳、泉等府，经商南洋各埠拥厚资者，颇不乏人，若有诚信相孚、名望素著之人前往招股，设立公司，巨款不难立集。臣去冬曾电约考察外埠商务，督办闽广农工路矿大臣张振勋①来闽熟商，将来或由闽省加派官绅，随同张振勋前往各埠切实劝导，但期先集巨款，自行认办，以立根基。当此事机紧迫之际，稍一因循，则利权即为外人所侵夺，全赖封疆大吏速即联络绅商妥筹自办，庶足以资抵制。此尤为自保利权之要务也。

伏念臣久从戎马，历事两朝，犬马之齿，今年六十有八，自惭迂拙，无深谋远虑可分宵旰忧劳，何敢繁词再尘宸听！惟念臣受国厚恩，应有休戚与共之义，既经莅闽数月，将地方应办事宜陆续筹画，岂敢以今将去任遽尔恝置，用敢披沥上陈，以备圣明采择。

所有臣任内筹办闽省地方要政大概办法，恭折具陈。伏乞皇太后、皇上圣鉴。谨奏。光绪三十一年二月初二日。

（朱批：）着升允妥筹办理，片并发。②

光绪三十一年二月二十八日，奉朱批：着升允妥筹办理，片并发。钦此。③

## 1962. 奏请实授马立礼浦城县知县折

光绪三十一年二月初二日（1905 年 3 月 7 日）

头品顶戴闽浙总督臣魏光焘跪奏，为知县试署期满，请准实授，恭折仰祈圣鉴事。

窃查定例：各省署事官员，无论衔缺相当、衔大缺小及衔小

---

①张振勋（1841—1916），字弼士，广东大埔县人，监生出身。光绪二十年（1894），在直隶、奉天、山东开办张裕酿酒公司。二十二年（1896），充新加坡领事。同年，保知府，晋道员。二十九年（1903），加二品衔，以三品京堂候补。同年，授太仆寺少卿，晋侍郎衔。三十年（1904），迁太仆寺卿。同年，授商部考察外埠商务大臣，督办闽广农工路矿事宜。三十三年（1907），总办粤汉铁路公司事宜。宣统元年（1909），授商务总会总理。民国五年（1916），卒于印尼巴达维亚。

②台北故宫博物院藏：《军机及宫中档》，文献编号：408007460。

③中国第一历史档案馆藏：《录副奏折》，档号：03-5618-010。

缺大者，题请实授时，任内如有一切因公处分，毋庸计算，一体准其实授等因。兹查福建浦城县知县马立礼，年五十九岁，安徽太湖县举人。光绪己丑科大挑一等，赴京引见，奉旨准列一等，照例以知县用。钦此。领照来闽，光绪十五年八月二十八日到省，劝办直隶赈捐案内保加同知衔，借补龙岩州溪口州同，历署建宁县，准补今职，光绪二十九年十一月十二日到任。自到任起，扣至三十年十一月十二日止，试署一年期满，任内并无奉议参罚处分、各项违碍情事，备叙亲供、履历事实册结，由该管府出考，送由福建藩、臬两司会详呈请具奏等情。前来。



臣查浦城县知县马立礼老成稳练，系属称职之员，应请准其实授。除将册、供结送部外，理合恭折具陈。伏乞皇太后、皇上圣鉴，敕部议覆施行。谨奏。光绪三十一年二月初二日。

（朱批：）吏部议奏。[①]

光绪三十一年二月二十八日，奉朱批：吏部议奏。钦此。[②]

## 1963. 奏报姚步瀛调署晋江县知县片

光绪三十一年二月初二日（1905年3月7日）

再，福建晋江县知县员缺政务殷繁，时有交涉事件，亟应遴员往署。查有南平县知县姚步瀛，精明干练，堪以调署；所遗南平县缺，查有晋江县知县陈煊，安详勤慎，堪以调署。至陈煊未到任以前，南平县缺委令遇缺先知县李祖衡先行代理。据福建藩、臬两司会详前来。除咨部外，理合附片具陈。伏乞圣鉴。谨奏。

（朱批：）吏部知道。[③]

光绪三十一年二月二十八日，奉朱批：吏部知道。钦此。[④]

---

①台北故宫博物院藏：《军机及宫中档》，文献编号：408007461。

②中国第一历史档案馆藏：《录副奏折》，档号：03-5437-158。

③台北故宫博物院藏：《军机及宫中档》，文献编号：408007461-0-A。

④中国第一历史档案馆藏：《录副奏折》，档号：03-5437-161。

## 1964. 奏报甄别试用期满知县片

光绪三十一年二月初二日（1905 年 3 月 7 日）

再，劳绩、捐纳、大挑分发各员，到省一年期满，例应详加甄别。兹福建试用知县许福桢、庄重先后试用期满，俱应甄别。据福建藩、臬两司会详前来。查该员许福桢学优品端，庄重年富才明，均堪以知县留闽分别按班序补。除履历咨部外，理合附片具奏。伏乞圣鉴。谨奏。

（朱批：）吏部知道。①

光绪三十一年二月二十八日，奉朱批：吏部知道。钦此。②

## 1965. 奏报拣员署理发州知府片

光绪三十一年二月初二日（1905 年 3 月 7 日）

再，福建泉州府知府严良勋调省，遗缺查有候补知府陈景墀，学识练达，有守有为，堪以委署。又，兴化府知府员缺，查有建宁府知府谢启华，才具安详，留心治术，堪以调署；所遗建宁府缺，查有兴化府知府宝康，精明干练，讲求吏治，堪以调委署理。据福建藩、臬两司会详请奏前来。除咨部外，理合附片具陈。伏乞圣鉴。谨奏。

（朱批：）吏部知道。③

光绪三十一年二月二十八日，奉朱批：吏部知道。钦此。④

---

①台北故宫博物院藏：《军机及宫中档》，文献编号：408007461-0-B。

②中国第一历史档案馆藏：《录副奏折》，档号：03-5437-159。

③台北故宫博物院藏：《军机及宫中档》，文献编号：408007461-0-C。

④中国第一历史档案馆藏：《录副奏折》，档号：03-5437-157。

## 1966. 奏报办理洋务教案情形片

光绪三十一年二月初二日（1905 年 3 月 7 日）

再，闽省当南洋之冲，各国人民游历、经商，络绎不绝，交涉之事日益繁多，而洋人传教内地更几于无处蔑有。漳、泉等府出洋谋生者，不下数十万人，侨寓既久，辄入外籍，籍民、教民既多，动易滋事。臣莅任后，即经通饬各属，凡遇一应词讼，一体持平审理。数月以来，访查各属地方，民教尚称安谧。至日本僧侣向无准在中国传教之约，乃漳州、泉州一带内地，比来竟有日僧收徒布教，赁屋设堂，借口中日通商行船条约第二十五款“一体均沾”之语，朦混牵引，叠经臣照会驻厦门日本领事，按约驳阻，并电准外务部核覆，亦以该约第二十五款与传教无涉，不能强为牵引，照会日使、驳论，内外坚持，冀可稍伸补救。此臣到任后办理教案之大略情形也。

又，查闽省矿产，经前督臣许应骙①设立矿务局，将汀州、建宁、邵武三府属地方与华商华裕及法商大东两公司订立合同，限三年内在于指定地方觅地开采。嗣由大东公司派来矿师法人顾尔夔，勘定邵武金矿，请照开采。前署督臣李兴锐遵照部章，饬缴

①许应骙（1830—1903）字筠庵、昌德，广东番禺人。道光二十九年（1849），中举。三十年（1850），中式进士，改庶吉士，授翰林院检讨。同治元年（1862），与撰《文宗显皇帝实录》，后历任翰林院侍讲，左、右庶子，署国子监祭酒。十一年（1872），充日讲起居注官，十三年（1874），任武会试副考官。光绪元年（1875），授福建乡试正考官。次年，放甘肃学政。四年（1878），升内阁学士兼礼部侍郎衔。翌年，任兵部左侍郎。六年（1880），授会试副总裁、殿试续卷官。八年（1882），调户部左侍郎，兼管三库事务。同年，充浙江正考官。九年（1883），兼吏部右侍郎。次年，转吏部左侍郎，署兵部左侍郎。十一年（1885），任顺天府学政。十五年（1889），充顺天乡试副考官。次年，任武会试正考官。十七年（1891），补仓场侍郎。二十一年（1895），授都察院左都御史。次年，擢工部尚书。二十三年（1897），授总署各国事务衙门大臣、礼部尚书，署左都御史。二十四年（1898），任会典馆副总裁。是年，调补闽浙总督。二十六年（1900），参与“东南互保”。二十八年（1902），被劾褫职。二十九年（1903），病卒。著有《谕折汇存》等行世。

照费，该公司抗不遵办，实属自取耽延，乃竟请彼驻使向外务部索偿巨款，经臣照会驻福州法领事，据理剖说。旋准领事照覆，已能稍就范围。正在派员与商，适该领事请假回国，以致尚未成议。又，前督臣许应骙任内设立官脑局，用日本人爱久泽直哉为制脑技师，由该技师保借日商三五公司洋银二十万元，作为官局成本。

乃开办以后，该技师不遵合同，糜费巨款，又复擅派日人往内地各处缉私，致将英商领单采办之脑肆行拦截多起，英使屡向外务部索赔商亏。前署督臣李兴锐饬将英商扣脑发还内地，日人撤退。该技师均不遵办，始终任意妄为。李兴锐即饬辞退技师，停办官局。该技师悍然不顾，仍前把持，更肆要索，叠经外务部与日使辩论，迄无端倪。臣莅任后，细核档卷，访察情形，因即电咨外务部转商日使，彼此另议办法，总以无碍中国主权、不背各国条约为宗旨。现准外务部电覆：日使业已认允，派驻厦门日本领事上野专一前来会议，刻该领事尚未到省，揣度情形，将来当可和平了结。

以上各案，除移交兼署督臣崇善核办外，谨附片具奏。伏乞圣鉴。谨奏。

(朱批：) 览。[①]

光绪三十一年二月二十八日，奉朱批：览。钦此。[②]

## 1967. 奏报孙道仁即赴总兵署任片

光绪三十一年二月初二日（1905 年 3 月 7 日）

再，福建候补道孙道仁，现准兵部咨：奉上谕署理福建福宁镇总兵篆务，应即饬赴署任供职。其原统常备军左镇各差，仍令照常办理，并饬该署镇接篆后，仍驻省垣筹办改练新军事宜，并

---

①台北故宫博物院藏：《军机及宫中档》，文献编号：408007460-0-A。

②中国第一历史档案馆藏：《录副奏片》，档号：03-7133-051。

随时驰往任所整顿营汛，以期兼顾。其现署福宁镇总兵王复胜，并即饬回闽安协副将本任，仍兼统常备军右镇，各专责成。

除分檄遵照外，理合附片具陈。伏乞圣鉴。谨奏。

（朱批：）兵部知道。①

光绪三十一年二月二十八日，奉朱批：兵部知道。钦此。②

## 1968. 请准包国才补授守备缘由片

光绪三十一年二月初二日（1905年3月7日）



再，浙江抚标右营守备陈茂恩病故，遗缺接准部咨系陆路题补第一轮第四缺，轮用拣发人员，行令拣员请补等因。伏查浙省现无拣发人员，照章以应归拣发班内补用人员请补。臣随于浙省已收标陆路补用各守备内逐加遴选，虽有名次在前之陈得胜，然籍隶本府，例应回避，陈德庆因离营撤标，俱未便请补。

惟查有浙江补用守备包国才，年五十四岁，浙江临海县人，由行伍历拔浙江台州协左营千总，于温台拿获著匪案内出力，保请以守备补用。光绪二十四年七月十九日奉旨允准，咨准部覆注册，归入拣发补用守备班序补。该员缉捕勤能，以之请补是缺，洵堪胜任，核与班次、例章均属相符。合无仰恳天恩俯准以补用守备包国才补授浙江抚标右营守备员缺，于营伍、地方均有裨益。如蒙俞允，俟部覆到日，即行给咨送部引见。

除饬取履历、印册送部核办外，谨会同浙江抚臣聂缉槼、浙江提督臣吕本元，合词附片具奏。伏乞圣鉴，敕部议覆施行。谨奏。

（朱批：）兵部议奏。③

---

①台北故宫博物院藏：《军机及宫中档》，文献编号：408007459-0-A。

②中国第一历史档案馆藏：《录副奏片》，档号：03-5965-065。

③台北故宫博物院藏：《军机及宫中档》，文献编号：408007459-0-B。

光绪三十一年二月二十八日，奉朱批：兵部议奏。钦此。[1]



## 1969. 请准张文彪补授都司缘由片

光绪三十一年二月初二日（1905年3月7日）

再，浙江瑞安协左营都司阎麟趾病故，遗缺现准部咨系外海水师题补第一轮第一缺，轮用尽先人员，行令拣员请补等因。臣随于浙省已收标外海水师尽先补用各都司内逐加遴选，如名次在前之张信成、马士兴，均与斯缺人地未宜；黄得陞请假回籍省亲，张朝光未据呈请考验收标，俱未便迁就请补。惟查有闽浙水师尽先补用都司张文彪，年五十六岁，安徽怀宁县人，由水勇剿匪著绩，递保尽先千总；续于长门获胜出力保奖，光绪十年十一月十七日奉上谕着免补守备，以都司尽先补用。十四年三月，收入督标水师营候补。是年，奏请留于闽浙水师补用。四月初十日奉旨允准，咨部覆准注册，归班序补。

该员年健才明，熟悉水务，历委管带差务，办理裕如，以之请补斯缺，洵堪胜任，核与班次、例章相符。合无仰恳天恩俯准以该员张文彪补授浙江瑞安协左营都司员缺，于营伍、洋防均有裨益。如蒙俞允，俟奉部覆行令给咨送部引见。

除饬取履历保案、印册送部外，理合会同浙江巡抚臣聂缉椝、浙江提督臣吕本元，合词附片具陈。伏乞圣鉴，敕部议覆施行。谨奏。

（朱批：）兵部议奏。[2]

光绪三十一年二月二十八日，奉朱批：兵部议奏。钦此。[3]



①中国第一历史档案馆藏：《录副奏片》，档号：03-5965-063。

②台北故宫博物院藏：《军机及宫中档》，文献编号：408007459-0-C。

③中国第一历史档案馆藏：《录副奏片》，档号：03-5965-064。

## 1970. 奏报交卸督篆日期情形折

光绪三十一年二月初四日（1905年3月9日）

头品顶戴闽浙总督臣魏光焘跪奏，为具报交卸督篆日期并感激下忱，恭折仰祈圣鉴事。

窃臣恭阅电钞：光绪三十一年正月二十一日，钦奉上谕：闽浙总督魏光焘、陕西巡抚夏时均着开缺，另候简用。钦此。同日，复奉上谕：闽浙总督着升允补授，未到任以前着崇善兼署。钦此。自天闻命，伏地增惭！臣遵将应办事件分别辑理，于二月初四日将关防、印信、文卷等交福州将军崇善接收，臣即于是日交卸。

伏念臣猥以庸材，谬膺重任，适逢复旦星云之会，渥荷三朝雨露之隆。数万里戎马奔驰，徒抱惭于将略；十八载封疆忝领，更无补于时艰。自知迂拙招尤，常虞陨越；乃荷圣恩解职，特予矜全。感高厚之难酬，望阙廷而增恋。惟因服官日久，祖墓失修，拟于交卸督篆后，回籍亲为料理，一俟修墓完竣，即当泥首宫门，叩聆圣训。幸犬马之精力未惫，庶蝼蚁之征悃借伸。

所有交卸日期及感激下忱，理合恭折具陈。伏乞皇太后、皇上圣鉴。谨奏。二月初四日。

光绪三十一年二月二十九日，奉朱批：知道了。钦此。[①]

---

①中国第一历史档案馆藏：《录副奏折》，档号：03-5437-173。

# 光绪三十四年（1908）

## 1971. 奏为敬陈哀痛恭慰大孝缘由折

光绪三十四年十一月初二日（1908 年 11 月 25 日）

头品顶戴开缺闽浙总督西林巴图鲁臣魏光焘跪奏，为敬陈哀痛下忱，恭慰大孝，仰祈圣鉴事。

窃臣一介樗庸，谬蒙大行太皇太后、大行皇帝特达之知，由监司洊膺疆寄，屡绾兵符，宠眷叠加，感愧无似。计自闽浙总督任内奉旨开缺请假回籍以来，无日不默祝两宫康吉，永享遐龄。兹于光绪三十四年十一月初一日在原籍接准宝庆府知府潘清①钞报，惊悉大行皇帝十月二十一日龙驭上宾，大行太皇太后十月二十二日仙驭升遐，北望长号，五中崩裂，当即随同地方文武各官举行成服，随拟星奔北上，叩谒梓宫，稍伸哀悃，适奉谕旨停止来京，祗聆之下，应即钦钦！

伏惟我皇上聪明天亶，至孝性成，大故叠遭，哀毁倍至。臣以愚昧，何敢以慰藉之语上渎宸聪？然敬念大行太皇太后垂帘训政四十七年，大行皇帝临御寰宇三十有四年，无日不在忧勤惕励

①潘清（1831—？），浙江山阴县监生。同治六年（1867），由候补通判补授衡州府通判。八年（1869），署理善化县知县。同年，署理长沙县知县。九年（1870），升补武冈州知州。光绪五年（1879），署湘阴县知县。六年（1880），补授靖州直隶州知州。十二年（1886），大计卓异加一级。十八年（1892），调补澧州直隶州知州。三十一年（1905），调署郴州知州。三十二年（1906），回宝庆府知府本任。宣统二年（1910），以原品休致。

之中，无事不以敬天法祖、勤政爱民为务。即当玉几末命，犹复训迪周详，以宗庙社稷之重付托圣躬，以摄政王直豪忠贞，诏令监国。其至德之纯一，实率土所同钦。尤愿我皇上仰承遗命，勉节哀思，借慰大行两圣在天之灵，以答中外臣民之望，臣不胜哀恋恳切之至！

所有微臣感激下悃并恭慰大孝缘由，谨缮折具陈，由湖南抚臣代为呈递。伏乞皇上圣鉴。谨奏。十一月初二日。

光绪三十四年十二月十三日，奉旨：览。钦此。①



【案】此折由时任湖南巡抚岑春蓂代递，并于是年十一月初八日奏报，曰：

湖南巡抚臣岑春蓂跪奏，为在籍大员呈请代递折件，恭折仰祈圣鉴事。窃臣接准开缺闽浙总督臣魏光焘呈送具奏敬陈哀痛下忱，恭慰大孝一折，请为代递到臣。理合将魏光焘缮具折件敬谨代递，恭呈御览。伏乞皇上圣鉴。谨奏。光绪三十四年十一月初八日。

光绪三十四年十二月十三日，奉蓝批：知道了。钦此。②

---

①台北故宫博物院藏：《军机及宫中档》，文献编号：168690。

②中国第一历史档案馆藏：《录副奏折》，档号：04-01-14-0101-007。再，朱批日期据《军机处随手登记档》（档案编号：03-0327-2-1234-334）补。

# 外交函牍

# 光绪十五年 (1889)



## 001. 阿布都格买田屋娶妻生子由

光绪十五年六月十四日（1889年7月11日）



光绪十五年六月十四日，护理新疆巡抚魏文称：案据喀什噶尔道袁垚龄详称：窃奉爵抚宪刘札开：案照光绪十五年正月初五日，准兵部火票递到总理各国事务衙门咨开：光绪十四年十一月十三日，准俄使库满照称：驻喀俄领事近日所报该处于俄国商头阿布都瓦希达一事，办理非是。据称阿布都瓦希达欲将哈桑阿浑之妻给伊弟哈米达坎尔为妻，哈桑阿浑不允，遂被打伤。领事因疑哈桑阿浑称为俄属或属不实，派通事赴道署。经道署称哈桑阿浑应为俄人，阿布都瓦希达久入中国籍，应送交道署，照章将房屋、田产充公，妻子撵逐。领事查阿布都瓦希达两次派充商头，曾领变卖产业之价，迄今未缴，该回自称为华民，不足为凭，道台于阿布都瓦希达视为华民，而哈桑阿浑认为俄民，应请严嘱该处官员，持平办理，其产业不能充公等因。查新疆案件，或称华民，或称俄民，往往轇轕不清，致滋口舌，必须质证确实，方能折服。其阿布都瓦希达一案，希即饬属查明办理，早为了结。本处照覆俄使原文，钞录附阅等因，到本爵部院。

承准此，查此案未据该道申报有案。兹阅俄使文内产业不能充公一语，果系俄民不应有中国产业，既有中国产业，即不能认为俄民。总之，人民无定而产业有定，属中、属俄，固不待烦言而解。惟案关中外交涉，办理是否持平，应由该道迅将办理情形详细具覆，以凭核转，合行札饬。为此札仰该道，即便遵照。计粘钞一纸等因。奉此，查入籍安回阿布都瓦希达即阿布都格亦提，在喀置买田屋，娶妻生子，历有年所。光绪十年春间，俄领事初次到喀，应用无人，商准张[①]前帮办，暂将该回借给，以资呼唤。俄文内所谓阿布都瓦希达派充俄国商头，殆谓此也。十二年，该回出领事衙门以后，在喀照常纳粮当差，毫无异言。上年七月，该回为其弟议娶回民之女为室，俄民哈桑阿浑无端阻挡，因成口角。领事并不知会，遂将该回收押职道，按约理论。领事复文仍然狡辩不已，比以如必认该回为俄民，应将所有田屋充公，妻子撵逐出卡各语，照覆商办。以上往复文件，业于上年七月分册报内附呈爵宪在案。伏思该回乃中国入籍人民，领事擅行收押，已属显背约章，及至照章委曲办理，拟令将该回改为俄民，而中国田产充公一节，又复意不允从，且具呈报，俄使居然以产业不能充公之语，径情吐出，辗转无理，实属无从了结。再，阿布都格亦提经手未缴银两，业经领事商请职道悉数追出，转交领事收讫。合并声明。所有奉查办理阿布都瓦希达一案情形，理合据实备文详复。为此具详，伏乞鉴核等情，到本护部院。

查喀什噶尔入籍安回，与缠民耦俱无猜，本一体奉法受治。自俄领事至喀，每遇查办入籍安民事件，辄出相挠阻，认为俄属之人。愚回乐其庇护，无事则安华籍，有犯则又附俄，轇轕纷纭，日滋口舌。嗣经爵抚部院刘酌定限制，以入籍年久、置产娶妻者为断，编入户口册籍，订条规六则，咨呈贵总署核覆，饬属遵行，隐杜争端，明示区别，实具一片苦心。是办理此等交涉案件，自应以有无置产娶妻为属中、属俄之辨。今阿布都瓦希达本中国人民，置有田地，俄领事擅行管押，经喀什噶尔道照会，据复以该回曾当俄差为辩。该道复行照会，以必认该回为俄属，则其中国田产即应充公，盖执是说以穷之，犹委曲求全之意，办理并无不

①即帮办新疆军务大臣喀什噶尔提督张曜。

合，不谓俄领事居然以产业不能充公，又以该回自称华民不足为凭等语。呈报驻京公使，无理取闹至斯已极。夫置产、娶妻、生子、纳粮、当差，即为该回属中确证，亦即为查办安回属中定则，不容稍有迁就者也。若如俄领事所言，一味混争，不惟此案别无办法，即将来凡有此等案件，亦更无办法，务祈贵总署知照俄使，转饬驻喀领事，毋得含混相争，致多事故，边陲幸甚！除行知外，相应咨呈。为此咨呈贵总署，谨请鉴照施行。照录照会。

●照录喀什噶尔道两次与俄领事照会为照会事

为照会事。为照阿不都格亦提久已入籍中国，贵领事素所深知，现闻因事被押，如云所为不法，自应照章送交本道惩办，何得擅行管押，违背约章？况该回现已未在贵衙门当差，则入籍中国人民，应即照章办理，相应备文照会。为此照会贵领事，请烦查照见覆施行。须至照会者。

●为照复事。案准贵领事文开：光绪十四年七月初七日，接准贵道来文，本领事已细为阅看，该玛木托米尔札之子阿不都格亦提前曾当过在喀之俄商头目，贵道台试思如何算是中国所管人民，请给回信等因。准此，查阿布都格亦提在喀什噶尔地方，置买房屋，娶妻生子，历有年所。是该回为中国人民，毫无疑义。兹因该回前在贵领事衙门充差之故，认为俄国属民，本道只得遵照刘爵部院定章，将该回房屋、田产充公，并将其妻子撵逐出卡。是否可行？应请贵领事酌夺见覆，相应备文照复。为此照会贵领事，请烦查照施行。须至照会者。①

## 002. 咨送酌定稽查俄商贩运土货章程由

光绪十五年九月二十二日（1889 年 10 月 16 日）

九月二十二日，护理甘肃新疆巡抚魏光焘文称：照得俄商贸

①台北“中央研究院”近史所藏：《外交档案》，馆藏号：01-17-056-19-001。

易新疆，每因贩运土货动致轇轕，而俄商捏报，领事官转报，俄国公使辄指为华官违约，及至本护部院严札行查，多系票照朦混。查光绪十三年，经爵抚部院刘酌定稽查俄货规条，刊发改运护照，冀以保护俄商，并免华商假托，咨呈贵总署在案。今俄商贩运土货回国，往往沿途销售，亟应设法稽查，以杜包庇而示限制。前据署喀什噶尔道向邦倬详：办俄商贩买土货，须连华商完税印票一并呈验，业经商由驻喀什领事官先行出示，晓谕俄商，并请酌定章程，刊发验票，通饬遵照等情。前来。饬据税务总局详拟稽查土货章程六条，并刊刻票式等情到院。除通饬遵办外，相应抄录章程、票式咨呈。为此咨呈贵总署，谨请鉴照施行。



●照录粘单

新疆全省税务总局谨将遵议喀什噶尔道详俄商贩买土货回国，另给验票及沿途各厅、州、县局卡查验章程六条，呈请宪台核示。

计开

一、俄商贩买土货回国，另给新颁验票，以归划一。查土货税项系就地征收，则起运必凭税票，或有合为生理，须留凭日后算账，不愿交给俄商者，似不能强拟。自后凡俄商在各处贩买华商货物，须随时邀同华商，携带税票，呈局查验。如该处未经设局，即呈地方官查验。各署局查验属实，即填给新颁俄商贩买土货回国验票，以便沿途各厅、州、县局卡查验放行。其华商税票由各署局批载：此票货物于某年月日尽经俄商某人买去。未曾买完之票亦批载：此票某项货物于某年月日经俄商某人买去若干。税票均可掷还华商。如华商税票交给俄商自行呈请换票者，亦应批载明白，由各署局收销汇缴，无须交俄商执照，以便①两岐。

一、以后俄商在贩买地方起运货物，并不呈请验票，或所运之货与验票所载之货不符。此弊专在俄商，应将货物、票照一并扣留，按约办理。若将已经卖与别人之票移甲作乙，呈局抵塞，

①“以便”当为“以免”之误。

则弊专在华商，应将华商从重惩办，以警效尤。

一、俄商来往贸易，应仍以条约所载俄国官所发中俄两国文字执照为凭。此次刊发验票，专为俄商贩卖土货回国、包揽华商货税而设，与所运未经销售之俄货无涉。以后俄商贩买华商货物，呈请换票，必须验明有俄国官所发中俄两国文字执照，方准发给。至俄商姓名务必查照中俄执照所载姓名一律填写，沿途各厅、州、县局卡查验，亦须查前项执照相符，方准放行。执照上并当注明年月日期，盖用戳记，不得仅以此次所发验票即予验放。如无两国文字执照及已经往返未曾缴销之票照，均应照约扣留，报由各该管署局，照会俄领事惩办。若执照与验票所载姓名不符，亦应分别查究。

一、各厅、州、县局卡查验俄商土货验票，务须另立号簿，所有商人姓名、货物数目、验票号数、起运地方，均当照验票逐件分载，按月汇报各该管署局及本总局查考；盖戳记亦须挨验票年月之后、俄文之上，上下局卡，次第盖用，并将年月日填载明白，庶便清查。其查验戳记，拟盖由本总局刊发，以归一律。

一、此次刊发验票，原系两连，其验一连，填给俄商，应由出省界之各厅、州、县局卡验收，月终汇缴各该管署局，分别转送大局及本总局稽核。其存根即存各局备查，每月填发若干，各署局仍应按月分起并货物数目造册分赍，以备查考。

一、俄商来往贸易，须令遵照约章所载，指定通商卡伦过界。其余沿边各卡应一律查禁。如有故违，即有票照，亦当照约罚办。第查指定卡伦亦复不少，况新疆幅员辽阔，一入境内即可四通八达，若恃各税局卡稽查，甚属难周。拟自后凡俄商来往贸易，经过沿途局卡，自应节次呈验，登号、盖戳、具报。即未设局卡之各厅、州、县，亦应通饬一体照章稽查具报，以期周密。

以上六条，谨抒管见所及，琐屑胪陈，是否有当？均乞核夺，示遵。[①]

## 003. 咨复俄属哈萨额勒斯拜等案由

光绪十五年十月十八日（1889年11月10日）

十月十八日，护理新疆巡抚魏文称：窃查接管卷内，光绪十五年正月初五日，爵抚部院刘承准贵总署咨开：光绪十四年十月十八日，准俄使库满照称：据驻伊犁俄领事报称：本年六月二十九日，经署伊犁道陈将俄属哈萨克三名解交领事，此内一名，其腿被枪穿通；二名被责，已成重伤，未送交领事之先，该哈萨克经中国官拷讯三次，一在博罗塔拉，一在绥定城，一在道署等语。查中国官残虐俄人，二年已至九次，一系哈密收禁俄商尼阔来，一系凌虐俄国旗丁善经（此案已予行虐官应得之罪），一系中国百长在额尔古纳河杖责俄人九名，一系伊犁联同知收禁木萨尔，一系联同知将拉木拉舍伏重责收禁，一系凌虐木哈灭忒沙奇尔拜占拜，一系欺侮哈萨克踢舍喀木拜，一系伊犁狱内收禁哈萨克奇初拜都拜。中国边界官专擅各事，故意玩视条约内所载俄民不归中国管辖之理，切请贵署认真设法，禁止中国官凌虐不归其管辖之俄人，无论案情大小，万不得欺侮、拷打、凌虐，应照约章明文，刻即送交领事，抑或就近俄边界官查办。中国新疆官若再违拂约章，恐易致生轇轕等因。前来。

查俄使所称陈道拷讯哈萨克三名一事，未据咨报有案，应由贵抚详细查明，妥速办结，并所列联同知各案，分别已结、未结，迅即咨复。此后无论何案，凡查系俄人，照约送交领事查办，切勿用刑、拘禁，免致别生事端为要等因。当经分别行查。其哈密收禁俄商尼阔来一案，曾于光绪十三年三月初二日函覆贵总署，并咨请塔城参赞照会驻塔领事完结了案。木哈灭忒沙奇尔拜占拜

---

①台北“中央研究院”近史所藏：《外交档案》，馆藏号：01-20-008-05-001。

一案，亦于上年清结中俄积案内将办结情形钞单咨呈贵总署，各在案。至所称陈道拷讯哈萨克三名与联同知收禁木萨尔及拉木拉舍伏两案，叠据署伊塔道英林查覆前来。应即钞呈贵总署查核，以凭照覆。其余各案，现据各属申覆，均无案可稽，无从查悉，自属实情。或领事因俄使穹远，故影射虚捏，恣其播弄，殆未可知。除通饬各属嗣后凡属俄人案件，务须照约送交领事查办外，相应咨呈。为此咨呈贵总署，谨请鉴照施行。

●照录清单

钞呈署伊塔道英林前后查复申文

为申覆事。窃光绪十五年正月二十八日，案奉宪台饬查新疆各属有无虐待俄人一案，除原文有案邀免重录外，内开查陈署道将俄属哈萨克三名解交领事一案，于上年八月申报到辕，当经批饬查明卡伦官有无责打情事，详候核办，迄今未据申复。兹准前因，应由该道详细查明，与俄领事妥速办结。除木哈灭忒沙奇尔拜占拜一案及尼阔来一案业经办结外，其余伊塔各案，此间无案可稽，并应由该道饬属，迅将各案情由分别已结、未结，据实详复，以凭转咨。除咨行外，合行札饬。为此札仰该道即便遵照，妥速办理。计粘钞一纸等因。奉此，除所列联同知各案已结、未结，现饬该丞逐一查明具覆，其伊犁狱内收禁哈萨克奇初拜都拜，并凌虐俄国旗丁善经，又欺侮哈萨克踢舍喀木拜，又中国百长在额尔古纳河杖责俄人九名各节，中俄局无案可稽，无从查悉，现亦饬令联丞暨绥、宁两县查明有无此事，俟申覆至日，另案详报外，遵查前任陈署道准察哈尔领队德克津布派弁送交俄属哈萨克偷马贼额勒斯拜、托克三拜、伯克图尔罕等三名到局，据供实系私自潜越盗马，未得其便，仅偷羊只等情。当经陈道派人送交领事查办，并申报宪台在案。内有伯克图尔罕一名，受伤颇重，系捉拿时该犯拒捕逃跑受伤。至供称卡伦官鞭责二次伤痕，现在似不应有此办法，业经陈署道申请伊犁将军转饬查明究办，以警将来。至在道署提问时，陈署道暨各委员并未用刑拷打，该领事竟据盗贼一面之词，辄向俄使报称在道署拷打，究属袒护盗贼。兹奉饬查，理合申覆。伏乞宪台察核施行。须至申者。

为申覆事。案奉宪台钞由批发职道申覆遵查俄属哈萨额勒斯拜等陈道并未用刑拷打，俄领事袒护盗贼等情一案，蒙批：据申覆额勒斯拜等一案已悉，其余各案既据分别饬查，应俟查覆至日，并案转咨，此批等因。奉此，卷查俄属哈萨克偷马贼额勒斯拜、托克三拜、伯克图尔罕等三名前在道署提问时，陈前署道暨各委员并未用刑拷打，俄领事竟据盗贼一面之词，辄向俄公使报称在道署拷打，究属袒护盗贼。此案业于本年二月间详细申覆在案。至伊犁狱内收禁哈萨克奇初拜都拜并凌虐俄国旗丁善经，又欺侮哈萨克踢舍喀木拜，又中国百长在额尔古纳河杖责俄人九名各节，前因中、俄局无案可稽，无从查悉，当饬令宁远、绥定两县及理事厅联丞查覆，旋据该各厅县先后详覆前来，并无此等情事。惟查联同知申覆木萨尔一名，因打伤中国缠民报案，供系俄人，当时送交俄领事查办，并未收禁。又，拉木拉舍伏原名巴海，因偷俄属安集延遐密西顶马匹报案拿获，供系中国缠头在绥定前旗柴旗官营内充当通事，旋将马匹追获，柴旗官保出，仍在该旗当差。以上二件，系光绪十二年卑厅任内办结之事，其余各案无从查悉，详请核转等情。职道覆查无异，理合具文申覆。为此具申，伏乞宪台察核，转咨施行。①



## 004. 咨送十五年俄商出入卡货物价值由

光绪十五年十一月十三日（1889 年 12 月 5 日）

十一月十三日，护理新疆巡抚魏文称：案查接管卷内准户部咨：粘单内开光绪七年中俄改订条约，内载俄民在伊犁、塔城、喀什及关外之天山南北各城贸易暂不纳税，俟将商务兴旺，再将

①台北“中央研究院”近史所藏：《外交档案》，馆藏号：01-16-076-02-005。

免税之例废弃等语。现计俄人于新疆各城贸易已有数年，应由该大臣密查每年出口、进口货物某项究有若干，系何价值，逐一登明，按年开单咨送本部及总理各国事务衙门备查，庶将来议定税则之日，不至为所欺朦等因。查光绪十四年分俄商出入卡伦货物价值，业经开单咨送在案。兹将十五年分镇迪、伊塔、阿克苏、喀什噶尔四道申送各单，饬承核算，共计俄商进口货物价值银壹佰肆万肆佰两有奇，出口货物价值银伍拾柒万玖千陆百两有奇。除咨呈户部外，相应咨呈。为此咨呈贵总署，谨请鉴照施行。

●照录清单

头品顶戴护理甘肃新疆巡抚新疆布政使魏，今将镇迪、伊塔、阿克苏、喀什噶尔四巡道造报光绪十五年分按季估计俄商出入卡伦贩运货物价值，开具清单，呈请鉴核。须至单者。

计开

镇迪道单报

春季分俄商贩运入卡各色货物项下

大小哈萨缎五板，合银二十五两；杂色哈萨布十四板，合银七十七两；桂子皮一板，合银七两；霞衣绸一千三百匹，合银一千九百五十两；棉线带子四百板，合银八十两；罗底绢一匹，合银二两五钱；缎纬被面五匹，合银二十五两；品红四斤，合银八两；洋铁箱五十口，合银一百十二两；铁调羹二千个，合银六十两；铁盘子一百个，合银一十二两；铁条五千六百斤，合银二百二十五两六钱；旧铁八百二十五斤，合银一十六两五钱；杏仁一百一十斤，合银二十七两五钱；粗药四十二斤，合钱三两三钱六分；铜脸盆二百七十五斤，合钱六十六两；杂铁一包，合银七两五钱；羊油一百五十普桶，合银二百五十五两；饭盘一百个，合银一十五两五钱；洋药一普桶，合银二十一两；巴杏四普桶，合银三十两；羹匙二千个，合银二十七两；染色四斤，合银十四两；带子四百根，合银二十四两；倭缎五匹，合银一十七两五钱；锦缎五匹，合银一百两；缠头绸子一千二百匹，合银九百九十六两；

罗底二百五十个，合银七十五两；洋烛三十四普桶，合银七十四两一钱；胰子二箱，合银三十两；空箱七十一口，合银一百一十九两二钱五分；棉羊五十只，合银三十七两五钱；口袋一百四十二条，合银二十一两三钱；洋铁六百九十普桶，合银一千一百二十七两一钱；羊肉九百九十斤，合银三十九两六钱；小木桶一百八个，合银一十两八钱；大小铁杓六百一十个，合银四十五两七钱五分；洋油一百五十普桶，合银二百一十两七钱；铁桶九十八普桶，合银二百六十八两七钱；洋铁盆三十五普桶，合银七十二两；皮鞋袜子三十双，合银三十四两；缠头帽一千六百八十顶，合银二百九十九两六钱；手巾八十条，合银九十两；香牛皮八十张，合银二百八十两；洋蜡三箱，合银三十五两五钱；铜盆二普桶，合银三十九两；洋火八百八十四箱，合银一千八百七十八两四钱；洋刀子九百四十把，合银一百七十六两；洋铁瓢二百四十个，合银九十五两；各色洋布六千一百七十六板，合银二万三千三百九十九两九钱；洋冰各糖五百九十七斤，合银一百一十二两九钱；大小铁锅三百二十六口，合银四百四十六两；杂货二百六十八包，合银三千二百二十五两。

以上入卡各色货物，共价银三万六千四百四十七两六分。

夏季分俄商入卡各色货物项下

各色洋布一万一千二百四十五板，合银五万二千八十五两二钱；各色哈萨缎九百三十板，合银四千六百四十两；哈萨布五百四十板，合银二千九百七十两；桂子皮二十四板，合银一百六十八两；杂色吹布一百板，合银三百四十两；白果一百五十斤，合银二十二两五钱；香牛皮一百五十张，合银五百七十七两五钱；洋纸五刀，合银七钱五分；洋冰各糖四十四箱，合银二百八十五两；洋烛二十八箱，合银三百三十六两；铜盆六普桶，合银七十八两；洋铜线二包，合银九十八两；小洋箱二十口，合银一十六两；缠头帽子二十顶，合银七两；杏干八十二普桶，合银一百四十两；玉石九块，合银一百两；铁器五普桶，合银一十五两；洋铁盆七十个，合银四十三两四钱；洋铁桶七十五普桶，合银二百六十一两四钱；红枣七普桶，合银一十七两五钱；辣烟六十三普桶，合银一百七两一钱；洋褥一十二铺，合银四十八两；单衫子八件，合银三十二两；狐皮袄一件，合银一十八两；马鞍一百六十付，合银三百二十两；大小洋铁杓二千八百个，合银三百五十八两一钱；洋铁锅铲一千一百八十三件，合银一千一百四十两一钱；洋铁二百九十八普桶，合银四百八十七两；洋铁订四十五包，合银七百二十两，洋皮鞋靴七百七十双，合银三百六十三两；杂货十九箱，合银三百四十两五钱。

以上入卡各色货物，共价银六万六千一百三十五两五分。

秋季分俄商贩运入卡各色物项下

各色洋布四千六百三十八板，共价银二万五千一十四两八钱；洋巾一千七十条，共价银三百二十三两九钱；杂货十九箱，共价银二百三两八钱；洋锁一千六百把，共价银三百四十八两；杂铁二十普桶，共价银一百七十两；天鹅毛一普桶，价银二十一两六钱；饭盘二十三包，共价银一百一十三两五钱；洋白糖二包，共价银五十五两；洋白糖十二普桶，共价银八十四两；洋白糖四百斤，共价银八十两；锁钥一千五百套，共价银十八两；洋茶壶七普桶，共价银四十五两五钱；洋茶壶四箱，共价银三十八两；小洋箱四口，共价银十二两六钱；小洋箱二十九包，共价银一百四十五两四钱；洋铁锅二百四十一口，共价银三百九十七两三钱；洋钢二十七包，共价银九百七十二两；洋铁三百一十普桶，共价银五百五十八两；洋纸八捆，共价银二百八十八两；洋纸十刀，价银一两五钱；洋铁桶十三包，共价银八十四两五钱；大小洋铁杓十二包，共价银三十三两六钱；洋铜盆三十普桶，共价银三百九十两；口袋二百条，共价银一百二十两；各色哈萨缎六百七十八板，共价银三千九十八两；桂子皮七十六板，共价银五百三十三两；洋火九箱，共价银三十一两五钱；哈萨布三百一十八板，共价银一千七百四十九两；印花洋布四百八十九板，共价银一千四百一十五两四钱；红洋布一百九十板，共价银四百七十五两；零星杂货四百斤，共价银二百八十两；染色单洋布七百八十一板，共价银二千七百三十三两五钱；染色坎布六十一板，共价银二百七两四钱；本色单洋布一千七板，共价银二千五百一十七两五钱；洋绉七十二板，共价银四百三十二两；緗绒十五板，共价银九十两；洋铁盆桶三千四百四十六斤，共价银二百七十五两六钱八分；白松子一百九十二斤，共价银二十八两八钱；洋磁茶壶八十二把，共价银四十一两；洋铁条四千一百五十斤，共价银一百六十六两；洋调羹六百片，共价银十八两；香牛皮十张，价银三十两；洋烛十箱，价银一百二两；皮鞋袜二十五套，共价银十二两五钱；藏枣八十七斤，共价银二十六两一钱；鸟毛二十七斤，共价银三十五两七钱五分；洋铁炒瓢五百三十二把，共价银三百二十四两；洋铁丝一百一十斤，共价银三十三两。

以上入卡各色货物，共价银四万四千五百九十九两一钱三分。

冬季分俄商贩运入各色货物项下

哈萨缎二百一板，共价银八百三十四两；桂子皮十四板，共价银九十八两；哈萨布十二板，共价银五十七两六钱；染色洋绉十板，共价银六十两；染色印花洋布三千三十九板，共价银二千二百九十八两二钱；坎布一百四十一板，共价银五百七两六钱；红洋布六十板，共价银二百一十两；緗绒四十板，共价银二百四十两；搭连布十七匹，共价银十两二钱；大白布一万一千二十一匹，共价银三千二百七十二两四钱；洋磁茶壶二十六把，共价银十三两；铜盆十三斤，共价银四两五钱五分；铜盆十九普桶，共价银二百三十两；洋铁箱一百四十七口，共价银二百一十两；洋铁盘一千二百个，共价银二百八十八两；洋铁锁八百把，共价银六十四两；洋铁锅二千五百三十七口，共价银一千六百四十二两七钱；洋铁锅四十二包，共价银四百九十五两四钱；洋铁锅六十普桶，共价银一百一十四两；洋铁炒瓢四千七十七把，共价银八百三十七两五钱；洋铁盆桶八千二百斤，共价银六百五十六两；

碎铁一万五百斤，共价银一百五十七两五钱七分五厘；洋糖五十四普桶，共价银二百七十两；洋糖二千五百一十斤，共价银五百二两；洋糖四包，共价银八十三两二钱；洋糖九箱，共价银一百三十五两；洋清油烛七百五斤，共价银七十两五钱；洋油烛五十六箱，共价银六百七十二两；洋蜡二百八十五箱，共价银三百五十四两六钱；洋铁条四万九千六百斤，共价银一千九百八十四两；洋油一千三百五十斤，共价银一百八两；洋油七包，共价银三十八两五钱；松子二百三十斤，共价银三十四两五钱；松子一包，价银二十两；洋纸一百二十合，共价银十八两；线口袋一百二十条，共价银十八两；香牛皮八十张，共价银二百六十两；洋胰子一千一百二十八斤，共价银一百一十二两八钱；洋胰子四普桶，共价银十两；洋火一百二十箱，共价银四百一十两；洋杂货十五箱，共价银六百四十六两；洋杂货七百七十五斤，共价银五百四十二两五钱；洋铁二百六十普桶，共价银四百四十两；洋铁七十二条，共价银五百五十三两二钱，红糖二包，共价银四十一两六钱；洋铁桶六十普桶，共价银六十二两五钱；洋铁杓二百个，共价银三十两；洋铁杓十一包，共价银二百两二钱；洋布五十二板，共价银二千一百四十五两；洋布二包，共价银三百两；铁订一箱，共价银一百两；羊油四箱，共价银二十五两；羊油四包，共价银六十八两；蜂蜜三桶，共价银九十三两；羊油烛十四箱，共价银一百五十四两；珊瑚六包，共价银二百四十两；锅撑子十二普桶，共价银二十四两。

以上入卡各色货物项下，共价银二万三千六十六两八钱二分五厘。

春季分俄商贩运出卡各色货物项下

洋纱六十匹，合银二十四两；粗毛毡八百五十斤，合银六十八两；生羊皮三千七百五十张，合银五百六十二两五钱；磁器四箱，合银六百两；线口袋、钱塔三百五十个，合银一百四十两；大土布一百五十匹，合银五十二两五钱；布棉衣一十件，合银二十两；红枣一百五十斤，合银四两五钱；毛口袋十五条，合银三两七钱五分；棉花五千五百斤，合银四百四十两；麻子二百斤，合银一两四钱；驼毛二百斤，合银八两；杏、桃皮九百五十斤，合银一百四十二两五钱；葡萄五百六十斤，合银二十八两；杂货一千三百斤，合银九百一十两；核桃六百斤，合银三十两；官茶十块，合银二十两；搭连布料一十件，合银一十二两；杂色洋布二百八十匹，合银九十八两。

以上出卡各色货物，共价银四千四十七两一钱五分。

夏季分俄商贩运出卡各色货物项下

熟棉花二万七千三百斤，合银二千一百八十四两；生羊皮五千九百一十五张，合银八百八十七两二钱五分；生牛皮一百四十张，合银一百四十两；核桃一千八百斤，合银九十两；杂货九百斤，合银六百三十两；毛口袋一百一十条，合银二十七两五钱；磁器三百五十斤，合银三百五十两；桃仁四百斤，合银二十八两；杏干七百斤，合银二十一两；驼毛二千七百斤，合银一百八两；粗大布五十匹，合银一十七两五钱；狐皮三百一十张，合银二百四十八两；羊皮袍七件，合银七十两；粗白毡一千斤，合银八十两；棉线口袋一百斤，合银三十两；笤帚二百把，合银八两；磁茶壶四十把，合银二十两；哈萨布二百五十七板，合银一千四百一十三两五钱；洋绉二十三板，合银二百七两；桂子皮七十九板，合银五百五十三两；各色洋布一千九百四十一板，合银六千一百一十两二钱；皮靴页一百七十个，合银八十五两；霞衣绸三百匹，合银四百五十两；洋毛毡三条，合银六两；棉线毡二十条，合银五十两；哈萨缎二百八十一板，合银一千四百四十六两。

以上出卡各色货物，共价银一万五千二百五十九两九钱五分。

秋季分俄商出卡各色货物项下

粗大布一百匹，共价银三十五两；驼毛一百斤，共价银六两；羊皮、狍角一百八十件，共价银三百六十两；羊皮五千一百五十张，共价银七百七十二两五钱；羊羔皮十七张，共价银三两四钱；

染色湖绉七匹，共价银七十两；核桃一千一百斤，共价银五十五两；红枣七百六斤，共价银二十一两一钱八分；马尾三十斤，共价银三两六钱；官茶二百斤，共价银八十两；磁器三百三十斤，共价银十九两八钱；染色单洋布一千八百板，共价银六千三百两；印花洋布二十板，共价银八十四两；洋糖五百斤，共价银一百两；杂货七百二十斤，共价银五百四两；棉线六十斤，共价银三十两；生铜器一千一百斤，共价银二百六十四两。

以上出卡各色货物，共价银八千七百八两四钱八分。

冬季分俄商贩运出卡各色货物项下

缎子五匹，共价银一百五十两；湖绉五匹，共价银五十两；细磁器六百一十六斤，共价银三十六两九钱九分；细磁碟子一对，价银一两六钱；大磁海碗四对，共价银六两；大磁瓶五十七对，共价银二百三十两；粗磁器一百斤，共价银四两；小土布五百二十匹，共价银七十八两；棉花三千三百斤，共价银二百三十两；棉线一百斤，价银七两；毡帽二十五顶，共价银五两；金边缠头帽二十五顶，共价银十二两五钱；官茶四百斤，共价银一百六十两；核桃一千六百五十斤，共价银八十二两五钱；杏干一千七百斤，共价银五十一两；红枣六百五十斤，共价银十九两五钱；牛皮二十张，共价银三十两；獭皮一百张，价银八百两；狐皮一百七十张，共价银一百三十六两；羊羔皮四百张，共价银八十两；老羊皮一万六百八十四张，共价银一千六百二两六钱；驼毛一千四百五十斤，共价银八十七两；羊毛一万一千五百斤，共价银三百五十三两六钱；老羊皮袍四件，共价银八两；小毛毯三十块，共价银三十两；葡萄一万二千一百斤，共价银三百六十三两；布钱搭四十个，共价银四两八钱；线口袋一百条，价银二十两；毛口袋八十五条，共价银一百二十七两五钱；小洋匣一口，价银三钱；杂货六百斤，共价银四百二十两。

以上出入各色货物，共价银五千一百八十七两八钱九分。

伊塔道单报

春季分俄商贩运入卡各色货物及牲畜项下

鱼三千个，合帖银七十五两；乌搭三千四百九十个，合帖银五百五十五两；白布三千五百匹，合帖银一千一百五十两；白糖三百三十普桶，合帖银一千二百两；格子货一千八十七卷，合帖银十万八千四百九十七两；洋纸五十七普桶，合帖银一千二十两；洋蜡五百五十一箱，合帖银二千九百五十六两；杂货二百四十七箱，合帖银一万三千三百八十二两；磁碗一箱，合帖银四十两；钉子三箱，合帖银六十两；玻璃十箱，合帖银二百两；铁钢十普桶，合帖银二十两；棉线二卷，合帖银十两；香牛皮五十九卷，合帖银一千五百七十两；玉石五普桶，合帖银三百五十两；斧刀五十把，合帖银五十两；铜盆五普桶，合帖银二百二十两；箄子一百条，合帖银十五两；棉花五包，合帖银七十五两；洋钢五普桶，合帖银五十两；鹿茸二架，合帖银二十两；砍刀满一百七十个，合帖银一百二十两；牛五十六只，合帖银四百二十五两；皮条三百根，合帖银八两；马鞭一百五十根，合帖银九两；酸梅一包，合帖银二十五两；洋酒二十四箱，合帖银九百五十两；羊二千二百一十只，合帖银四千一百两；皮帽五百顶，合帖银三百两；席子二百条，合帖银二十九两；笼头四十个，合帖银十两；拉扣八百对，合帖银一百二十两；洋瓶七百四十个，合帖银五十五两；茶壶二十箱，合帖银六百三十五两；石灰七十普桶，合帖银十五两；黑油十普桶，合帖银十二两；洋糖一十五箱，合帖银七百二十两；麻绳十一卷，合帖银九十二两；铁锅一百二十六只，合帖银一百八十两；棒子烟三十箱，合帖银八百二十两；马二十六匹，合帖银三百二十两；杏干九百八十普桶，合帖银一千八百九十五两；葡萄一百七十普桶，合帖银三百八十两；杏仁六十普桶，合帖银一百五十两；汉烟十五箱，合帖银一百二十两；熟铁一百一十普桶，合帖银一百八十五两；皮裤四十条，合帖银四十两；毛毡八十条，合帖银八十五两；马嚼五百一十个，合帖银一百五两；毡袜二百双，合帖银十五两；霍哪九卷，合帖银九十五两；皮袄五件，合帖银十两；清油一百七十普桶，合帖银一百九十两；胰子三十四箱，合帖银一百三十五两；狐皮二百张，合帖银三百两；泥灌子一千个，合帖银四十两；马鞍子九个，合帖银十三两；铁灌子二普桶，合帖银七两；铁锨七十四把，合帖银四十两；铁钯十个，合帖银八两；皮胶五十斤，合帖银十一两；辣末十普桶，合帖银十二两；牛皮一百六十八张，合帖银一百九十九两；洋箱十二口，合帖银五十两；洋火一十箱，合帖银四十五两；水药三包，合帖银一百二十两；羊皮四卷，合帖银一百两；花洋布二十卷，合帖银四百五十两；冰糖二十八包，合帖银七百二十两；皮靴五箱，合帖银五百两；蜂蜜十五桶，合帖银二百二十二两；洋灯油四桶，合帖银五十两；锅子七十只，合帖银三十七两；搭子五十个，合帖银十二两；花绸料二百匹，合帖银三百三十两；花布一百八十匹，合帖银一百两；棉纱布九百根，合帖银三十两；布鞋三百五十双，合帖银一百两；搭连二卷，合帖银六十两；铁四普桶，合帖银十两；松百子十三普桶，合帖银三十五两；驼一十九只，合帖银四百二十五两；皮绳五百五十对，合帖银二百八十二两；生铁二百七十普桶，合帖银三百一十五两；毛绳二千八百六十根，合帖银一百四十两；粉条一百斤，合帖银十两；瓜子一百四十二普桶，合帖银八十七两；碱一千二百斤，合帖银一百二十两；铁铲一百一十把，合帖银五十四两；马镫三十六箱，合帖银二十五两；麻线三十九普桶，合帖银一百九十两；洋油七百斤，合帖银三十两。

以上入卡各色货物，共价银一十四万九千一百四十四两。

夏季分俄商贩运入卡各色货物及牲畜项下

牛皮二百四十一张，合帖银三百五十二两；皮条六百根，合帖银一百二十两；马二百一十二匹，合帖银二千八百四十两；格子货三百九十九卷，合帖银三万四千六百八十两；杂货一百二箱，合帖银六千五百四十二两；乌塔三千四百二十个，合帖银四百三十一两；胰子三十七箱，合帖银三百四十两；麻绳一千二百六十根，合帖银一百三十两；洋箱七口，合帖银二十三两；生铁五百八十九普桶，合帖银七百四十九两；铁瓢五十个，合帖银一十两；毛毡五十七条，合帖银六十六两；茶盘十个，合帖银五两；碱三百八十九普桶，合帖银一百七十七两；拉扣九百二十对，合帖银一百二十七两；毛绳八百三十根，合帖银八十七两；瓜子四千五百斤，合帖银一百七两；镰刀八百一十把，合帖银一百九十七两；皮胶五十斤，合帖银五十三两；铁锅二十四只，合帖银三十两；洋瓶七箱，合帖银四十两；茶壶二十九把，合帖银七十两；白布八十二卷，合帖银一千三百八十两；马蹄六十对，合帖银三十两；铁铲二十个，合帖银十五两；马鞍子五十六个，合帖银八十七两；柴灰七百四十五普桶，合帖银四百二十一两；板料一百块，合帖银十五两；羊油一百斤，合帖银八两；冰糖八箱，合帖银三百一十两；杏干二百二十五普桶，合帖银一千三百八十三两；棉花一十三包，合帖银一百八十两；帽子一百顶，合帖银四十两；汉烟四十普桶，合帖银一百六十两；胡椒三箱，合帖银三十两；羊皮二捆，合帖银七十两；皮袜子二箱，合帖银三十两；松香一箱，合帖银十两；洋酒二十三箱，合帖银九百三十两；蓿子五普桶，合帖银十五两；香牛皮七十三卷，合帖银三千七百五两；铁货二百三十二普桶，合帖银五百四十六两；席子七百五十条，合帖银七十两；洋糖四十三包，合帖银四千六百两；洋纸二十三捆，合帖银八百两；铁锨二百一十把，合帖银一百五两；洋刀一箱，合帖银一百两；铁盆十五普桶，合帖银一百两；铁钢十五普桶，合帖银一百两；马嚼四十五个，合帖银二十二两；鞭子三十根，合帖银十两；棉带子七百根，合帖银二十七两；皮靴三百五十双，合帖银三百五十两；麻线三卷，合帖银二十九两；钉子十三普桶，合帖银四十五两；马镫一百三十付，合帖银一百三十两；霍哪八十一件，合帖银一百二十三两；鹿茸七十架，合帖银一千六百一十两；羊六十四只，合帖银一百三十五两；铜壶二十把，合帖银三十两；泥碗一千五百个，合帖银三十二两；白糖六百五十普桶，合帖银一千八十两；杏仁六十普桶，合帖银一百七十两；洋蜡四十四箱，合帖银四百九十二两；八大六包，合帖银一百八十两；牛十只，合帖银四十五两；搭子一百个，合帖银二十五两；洋壶二把，合帖银八两；洋炉一个，合帖银二两；毛毯二条，合帖银七两；绵袍四十件，合帖银一百两；毡帽一百九十顶，合帖银三十六两；棉线十八普桶，合帖银一百八十二两；驴一只，合帖银五两；洋伞十五把，合帖银十五两；刮浆刀一百五十把，合帖银五两；洋表六个，合帖银五十两；木碗七百个，合帖银七十两；铜货三百普桶，合帖银二千四百两；黑油一普桶，合帖银五两；皮鞋二百二十双，合帖银八十三两；衣裳五百五十套，合帖银五百二十五两；布鞋十双合帖银五两；夹袄二十件，合帖银二十二两；皮靴二百六十双，合帖银三百七十两；红糖二十一普桶，合帖银一百六十二两；皮袄三件，合帖银二十两；松子二十四普桶，合帖银五十两；洋油五普桶，合帖银十五两。

以上入卡各色货物，共价银七万二百三十八两。

秋季分俄商贩运入卡各色货物项下

各色粗细洋布五百三十五板，共价银二千四百八十七两七钱五分；各色粗细杂货十一包，共价银三百五两；各色粗细杂货一百二箱，共价银五千三百二十二两；洋布三十捆，共价银七百五十两；洋布十二箱，共价银一百一十两；洋布四包，共价银五十两；洋布二百四卷，共价银七千八百两；洋人照像器具五箱，共价银九百三十二两五钱；洋蜡三百五十八箱，共价银三千七百六十五两；羊油蜡三箱，共价银十四两四钱；洋纸一百四十四合，共价银二百一十六两；洋糖三百七十八普桶，共价银一千六百七十八两二钱；洋糖二箱，共价银十两；胰子五十六箱，共价银六百四十五两五钱；胰子三普桶，共价银五两；洋胰子三箱，共价银四十两；洋火十箱，共价银二十五两；洋火一桶，价银三两；香牛皮十块，共价银三十五两；洋红铜茶壶二十六个，共价银三十一两五钱；洋黄铜脸盆一百一十九普桶，共价银一千九百二十八两；洋铁锅九百六十五口，共价银一千二百七十六两二钱五分；洋铁锅六十普桶，共价银二百两；锅三十只，共价银二十五两；洋铁锁钥七百二十个，共价银三十九两六钱；洋铁勺九百四十个，共价银一百四十一两；洋铁盆十五普桶，共价银六十二两五钱；洋铁盆十个，共价银四两；洋铁盆十五箱，共价银五百两；洋铁桶一百六十五普桶，共价银四百一十二两五钱；洋铁盘七百二十个，共价银一百二十九两六钱；洋铁条一千六百八十八普桶，共价银二千九百五十四两；洋铁水牌四百块，共价银十两；铁架子十个，共价银七两五钱；洋铁撑子二十个，共价银七两；松子八普桶，共价银二十五两六钱；杏干子五十八普桶，共价银八十九两四钱；杏干十四包，共价银二百七十一两；洋铁包厢一百二十口，共价银八十四两；毛口袋二百个，共价银三十两；乌塔一千五百六十五个，共价银二百七十四两；毛绳二百根，共价银二十三两；毛毡七十条，共价银六十四两；草药三包，共价银三十两；牛皮三百八十张；共价银六百六十三两；锅八十二普桶，共价银一百七十两；芝麻九百斤，共价银四十二两；碱一百三十二普桶，共价银五十二两；洋箱八十四个，共价银一百七十四两；茶壶一箱，共价银十五两；铁钢八百一十普桶，共价银三千二百三十五两；格子货二百九十六卷，共价银二万一千六百一十两；香牛皮四十五卷，共价银二千一百两；香牛皮四百九十张，共价银二千三百六十两；白布三十四卷，共价银三千六百一十两；铁货二百四十五普桶，共价银五十六两；铜货十三箱，共价银一百四十两；冰糖八箱，共价银一百六十七两；颜料三包，共价银八两；嚼子五个，共价银二两；葡萄二普桶，共价银三两；玻璃六十一箱，共价银三千一百二十两；木碗七千个，共价银五百五十两；皮鞋二包，共价银八十两；皮鞋二十五双，共价银十两；洋钢六普桶，共价银五十两；刀子一箱，价银二十五两；棉花二包，共银三两；棉花十普桶，共价银二十八两；芝麻四十普桶，共价银四十两；瓜子二十普桶，共价银十两；鹿茸九架，共价银三百两；鹿茸四对，共价银九十二两；洋酒二十四箱，共价银一千四百六十两；黑油三普桶，共价银十三两；霍哪五十二件，共价银四十七两；霍哪一百六十六个，共价银二百九十九两；铁钢二十个，共价银十两；洋匣十个，共价银四两；磁器二十二箱，共价银七百二十两；篦子一百五十块，共价银二十二两；熟铁三百普桶，共价银五百两；长袍二百件，共价银三百三十两；铁皮三百块，共价银一百五十两；花布四十六卷，共价银一千一十五两；花布二十包，共价银二千五百两；茶壶十二把，共价银一百二十两；白矾一箱，价银一十五两；洋油四桶，共价银二百五十两；拉扣五十对，共价银五两；拉扣一百付，共价银二十五两；铁钢四普桶，共价银十二两；皮袄十五件，共价银一百二十两；花线一斤，珊瑚珠二十串，共价银二十两；棉长袄二十件，共价银四十两；缎衣二十件，共价银二十五两；汉烟十普桶，共价银七两；汉烟一箱，共价银五两；铜盆七个，共价银七两；麻绳二十五普桶，共价银九十两；胡椒半普桶，共价银七两；铁器十四普桶，共价银一百五两；糖一百五十普桶，共价银五百二十两；铁钉十箱，共价银三十七两；老布一千匹，共价银一百五两；毛毡三十个，共价银七十五两；皮靴十五双，共价银十七两；马镫五十付，共价银三十两；马鞍十副，共价银七两五钱；石炭十五普桶，共价银五两；大米三百四十五普桶，共价银二百一十一两；棉裤十五条，共价银十二两；洋瓶子一箱，价银二十五两；石油二普桶，共价银五两；松子二包，共价银五十两；坎头满二十普桶，共价银一百两；毡袜子六十双，共价银五两；洋铁一百五十普桶，共价银一百二十五两；铁桶子三十二普桶，共价银二十五两；蜂蜜六十普桶，共价银一百七十五两；蜂蜜二十二桶，共价银七百八十五两；瓶子七箱，共价银二十五两；毡一百五十条，共价银一百八十二两；毛绳、毛袜各一桶，共价银十五两；灰碱四十普桶，共价银二十两；洋货五十箱，共价银九百两；箱子一百九十个，共价银三百五十七两；清油二十普桶，共价银二十两；铁锹一百三十普桶，共价银二百两；马一千八百二十二匹，共价银一万五千九百两；羊四百三十只，共价银五百六十五两；驴二只，共价银八两；驼二十八只，共价银六百七十五两；牛十只，共价银一百一十两；骆驼五十四只，共价银一千二十两；儿马五十匹，共价银三百五十五两。

以上入卡各色货物及牲畜，共价银一十万二千六百八十一两三钱。

冬季分俄商贩运入卡各色货物项下

各色洋布四千九百四十七板，共价银二万三千三两五钱五分；白大布一万一千二百二十四，共价银一千七百九十五两二钱；洋杂货七十五箱，共价银三千两五钱；洋杂货二包，共价银四十两；洋蜡三百七十三箱，共价银三千九百九十九两一钱；洋珊瑚六小包，共价银一千七百四十两；洋油一百九十九普桶，共价银四百三两五钱；洋油二千八百斤，共价银一百六十一两；十锦白洋糖二千四百盒，共价银一千二百两；香牛皮三百九十六张，共价银一千二百四十八两；洋糖二百八十九普桶，共价银一千四百八两；洋火一百三十六箱，共价银三百四十两；洋胰子五十九普桶，共价银一百九十七两；洋黄铜脸盆八十二普桶，共银九百九十二两；洋铜盆二十个，共价银十五两；洋钢铁五普桶，共价银二十一两；洋铁桶一百二十三普桶，共价银二百九十四两五钱；洋铁桶二十六个，共价银七两五钱；洋铁勺二千四百七十个，共价银二百九十五两二钱；洋铁锅二千八百三十七口，共价银二千一百二十六两八钱五分；洋铁盆三十普桶，共价银七十五两；洋铁盘四百五十个，共价银八十一两；洋铁条二千七百七十普桶，共价银四千六百一两九钱；洋杂铁二百五十普桶，共价银三百五十两；蜂蜜一百二十普桶，共价银四百七十六两；蜂蜜一千斤，共价银一百六十两；蜂蜜十桶，共价银三百三十五两；打狼铁架子十个，共价银七两五钱；洋铁锅撑子四十个，共价银十四两；清油一百一十七普桶，共价银一百四十四两五钱；洋铁包箱一百六十口，共价银七十四两二钱；松子四普桶，共价银十四两四钱；杏干三百三十三普桶，共价银四百一十九两；羊油三百三十三普桶，共价银五百二十八两；羊肉八普桶，共价银四两八钱；桦皮桶一百个，共价银十二两；格子货一百九十八卷，共价银一万八千三百一十三两；格子货四包，共价银四百二十两；格子货一百一十六板，共价银六百五十两；洋蜡一百二十五普桶，共价银五百二十五两；洋蜡二驮，共价银一百七十五两；合哪四卷，共价银五十两；洋炉二百二十七个，共价银三百六两；胰子九箱，共价银八十六两；铁锅二十二普桶，共价银五十七两五钱；钟表二十五个，共价银三百两；皮袄一百二十件，共价银一百九十二两；蓝布一百匹，共价银二十五两；鹅毛一百斤，共价银九十两；杏干五驮，共价银七十五两；杏干二十包，共价银二百四十两；杏仁一百四普桶，共价银三百九十二两；杏仁八驮，共价银五百两；洋瓶子四十四箱，共价银三百二十两；洋瓶子五十个，共价银三两；红洋布二百三十八卷，共价银三万三千八百四十两；铁器二十普桶，共价银三十五两；蓝白搭连布一百七十四卷，共价银三千六百五十两；搭连布一百匹，共价银六十两；粗毯三十条，共价银一百五十两；粗大毯十五条，共价银二十两；洋糖二箱，共价银五十两；鸡、鸭六千四十五只，共价银五百一十六两七钱；洋纸二箱，共价银二十四两；洋纸二捆，共价银二十三两；洋纸四包，共价银四十五两五钱；洋纸十一卷，共价银二百四十二两；洋纸四驮，共价银一百八十五两；洋纸六普桶，共价银三十六两；毛斜衣五件，共价银七两五钱；粗碗一箱，共价银十五两；洋漆一包，价银二十五两；搭尔糖二百八十二普桶，共价银一千二百五十二两；榜榜糖十箱，共价银二百五十两；榜榜糖六十普桶，共价银一百八十两；铁一百五十一普桶，共价银二百八十二两五钱；木碗一百个，共价银十二两；杏干、葡萄共二百六普桶，共价银三百九十两；酥油一桶，共价银三十五两；酥油五十斤，共价银五两；香牛皮二十一卷，共价银一千五十两；香牛皮二包，共价银一百四十两；核桃子三箱，共价银七十两；皮靴四大卷，共价银一千二百五十两；粗皮靴十件，共价银十五两；皮靴一包，价银三十五两；皮靴二百双，共价银二百两；洋甬子烟十七箱，共价银二百一十两；洋甬子烟八十包，共价银三百二十两；斜衣四包，共价银二百五十三两；斜衣十件，共价银十五两；绸斜衣料二包，共价银一千一百五十两；石油三十九普桶，共价银一百三十五两；梭梭灰三十普桶，共价银七两五钱；鸡蛋六万四千四百元，共价银二百五十七两二钱；鸡蛋二箱，共价银十两；乌塔一百五十条，共价银二十七两五钱；粗毡五铺，共价银十五两；毡袜一百三十三双，共价银三十五两五钱；碱五百六十普桶，共价银二百一十八两二钱；碱一千斤，共价银四十五两；生铁二十普桶，共价银三十二两五钱；粗皮袍桶子七十二件，共价银一百四十五两；毛绳一千五百五十根，共价银一百一十九两；洋箱大小五口，共价银十二两；铁丝十三普桶，共价银一百六十五两；麻子烟一普桶，共价银三两；洋酒十五箱，共价银五百两；拉扣六百五十对，共价银六十两；石榴四十普桶，共价银九十二两；斧头一百一十把，共价银三十两；粗白布五百匹，共价银一百两；粗白布四小包，共价银四十八两；皮裤二十条，共价银二十五两；褐衫六十件，共价银九十八两；野鸡一千四百九十五只，共价银一百二十二两五钱；果子四千个，共价银一百两；果子五个，共价银四十两；冰糖三驮，共价银二百两；冰糖五普桶，共价银二十三两五钱；冰糖二箱，共价银八十三两；洋铁铜子十五个，共价银三两八钱；冰鱼一万四千九百斤，共价银六百五两；冰鱼二万一千八百条，共价银九百六十一两；冰鱼五包，共价银四十两；冰鱼二百五十八普桶，共价银四百一十二两；冰鱼四桶，共价银六十六两；洋布三卷，共价银一百两；洋布三驮，共价银四百五十两；马笼头五十个，共价银二十两；马缰绳五百根，共价银十五两；马镫十五副，共价银八两；马鞍三驮，共价银一百五十两；皮靴、皮鞋三驮，共价银三百二十两；茶壶二驮，共价银一百二十五两；洋钢一驮，价银一百四十五两；朝瑙一普桶，价银三十两；牛胶一包，价银十两；松子十一包，共价银二百六十五两；干鸡四百只，共价银十两；洋镜子十六箱，共价银二百五十两；哈酒一普桶，价银十二两五钱；麻绳一百五十根，共价银五两；杏仁十八普桶，共价银四十两；蓝靛二普桶，共价银四十两；羊化油三百五十斤，共价银二十两；口袋四千七百一十条，共价银八百四十一两三钱；土布五万九千八百匹，共价银一万一千二百二两；棉花、土布、毛毯二十三驮，共价银二千二百二十五两；瓜子二十普桶，共价银四十两；瓜子一千斤，共价银二十五两；清油一万一千五百三十斤，共价银五百二十八两一钱；马七百六十三匹，共价银五千七十两；羊六百九十只，共价银一千一百三十二两；骆驼三十四只，共价银五百七十五两。



以上入卡各色货物及牲畜，共价银十四万六千八百五十五两五分。

春季分俄商贩运出卡各色货物及牲畜项下

葫麻子七百二十普桶，合帖银九十两；牛皮七百一十六张，合帖银一千二百七两；羊皮七千五百张，合帖银一千六十四两；羊四千只，合帖银六千七百五十两；葡萄二十普桶，合帖银三十五两；磁器十七箱，合帖银七百六十四两八钱；杂货九箱，合帖银七百一十两；梨子一箱，合帖银十八两；羊肠三包，合帖银三十两；白布一千二百匹，合帖银五百四十一两；生铁三十普桶，合帖银一十五两；磁碗二十八箱，合帖银一千一百七十二两；红枣八箱，合帖银四十四两；毡帽二百二十五顶，合帖银八十两；毛毡四条，合帖银四两；牛七十只，合帖银六百五十两；狐皮六十四张，合帖银七十两；洋糖二十普桶，合帖银六十二两五钱；花椒二普桶，合帖银二十两；乌塔一百个，合帖银七两；洋线一卷，合帖银二十五两；杏干十四包，合帖银一百五十两；棉花二包，合帖银二十四两；鹿茸七架，合帖银一百五十两；羊毛七普桶，合帖银四两；洋酒七箱，合帖银一百五十两；绒花二箱，合帖银二十五两；洋蜡十五箱，合帖银一百八十两；核桃十五普桶，合帖银二十两；毛绳一百根，合帖银七两；泥灌子六百个，合帖银十八两；犁铧二千四百一十五个，合帖银九百九两；洋油三十普桶，合帖银四十八两；各色粗细洋布二千六百七十五板，合帖银一万二千一十六两二钱五分；各色粗细杂货三十三箱，合帖银一千七百二十八两；洋火一百四十二箱，合帖银三百五十五两；洋冰糖二包，合帖银六十三两六钱；洋皮鞋一箱，合帖银四十两；黄铜脸盆二包，合帖银一百五两；洋铁包箱二十六口，合帖银三十九两；洋铁盆二包，合帖银二十五两；洋铁桶二包，合帖银二十五两；大小洋铁杓七包，合帖银九十八两八钱七分五厘；洋铁钉子二箱，合帖银三十五两；大小铁锅三百二十口，合帖银一百六十两；洋铁锅撑三十个，合帖银一十两八钱；洋铁条一百四十五条，合帖银五百二十五两；洋杂铁一箱，合帖银七两；洋油烛一箱，合帖银一十二两七钱五分；洋油十四包，合帖银二百三两七钱五分。

以上出卡各色货物，共价银三万四百九十四两三钱二分五厘。

夏季分俄商贩运出卡各色货物及牲畜项下

驼毛七十普桶，合帖银一百三十两；马皮九百七十七张，合帖银一千四百二十七两；狼皮三百张，合帖银四百五十两；马鬃二十三普桶，合帖银二百八十两；驼皮三张，合帖银五两；鹿皮三张，合帖银五两；红枣十一箱，合帖银一百一十六两；辣子四十普桶，合帖银五十两；皮袜六捆，合帖银一百二十五两；姜片二十斤，合帖银四两；绒花一盒，合帖银四两；布鞋十双，合帖银三两；花椒二箱，合帖银二十五两；白矾二十普桶，合帖银二十两；铜壶五十把，合帖银一百两；羔皮九包，合帖银三百两；石灰二十普桶，合帖银二两；箩筛一百七十把，合帖银六十五两；绸料一箱，合帖银五百两；鹿角五十对，合帖银五十两；毛毡二百条，合帖银一百七十七两；磁器六十四箱，合帖银二千九百二十两；羊毛一千九百九十五普桶，合帖银二千三百八十九两；乌搭一千六百个，合帖银四百五十两；核桃四十八普桶，合帖银七十两；牛皮四十五卷，合帖银一千一十五两；清油二百七十普桶，合帖银三百八十六两；葡萄二百八十一普桶，合帖银三百三十两；羊皮二万八千二百张，合帖银三千五百六十两；棉花十九包，合帖银四百二十七两；牛一百五十四只，合帖银一千一百四十两；羊一千七百三只，合帖银一千七百八十三两；泥罐子一百五十个，合帖银六两；鞍子二十个，合帖银十两；毡帽三百顶，合帖银一百五十两；羊油十普桶，合帖银八两；磁碗十箱，合帖银四百四十两；羊肠十四包，合帖银一百四十两；毛绳一卷，合帖银八两；杏干一十一包，合帖银一千四百一十两五钱；粗细洋布四百七十四包，合帖银五万八千五百一十三两八钱；杂货八十四箱，合帖银六千九百五十三两；各色洋糖十七箱，合帖银二百七十六两；白布十七卷，合帖银二百七十九两；各色洋绸十五板，合帖银二百一十两；花洋巾五百方，合帖银二十二两五钱；洋纸三包，合帖银五十二两五钱；洋蜡三十六箱，合帖银三百九十六两；香牛皮七十五张，合帖银二百六十二两五钱；鹅绒毛一普桶，合帖银十八两五钱；洋铜丝二包，合帖银六十四两；洋茶壶四箱，合帖银三十两；洋脸盆五包，合帖银三百两；洋铁锅七百四十九口，合帖银六百三十六两六钱五分；洋铁桶二十九包，合帖银三百五十七两五钱；洋铁盆二十四包，合帖银三百两；洋铁盘十九包，合帖银一百八十两；铁勺二十九包，合帖银六百五十二两五钱；洋锁二包，合帖银三十九两；洋钉三箱，合帖银五十一两；洋锅撑五十个，合帖银一十七两七钱五分；洋铁条九十一条，合帖银四百五十九两；铁包箱二十九包，合帖银二百六十两一钱；杂铁三包，合帖银三十三两。

以上出卡各色货物，共价银九万八百四十四两八钱。

秋季分俄商贩运出卡各色货物项下

磁器三十八箱，共价银一千六百一十两；磁器一匣，价银七两；鹿角八十对，共价银八十两；鹿皮六十一张，共价银八十八两；马皮二百八十一张，共价银一百五十一两；驼皮十三张，共价银二十两；白布二十四卷，共价银四百二十两；毛毡一百三十四条，共价银八十一两；格子货一百一十卷，共价银三千三百五两；罗节一百把，共价银二十五两；羊皮二万五百五十张，共价银二千九百七十两；羊皮十卷，共价银六百两；缎衣一卷，共价银二百五十两；核桃八普桶，共价银八两；清油十普桶，共价银十两；杂货二十五箱，共价银一千四百三十两；羊毛四十捆，共价银五百四十五两；马鬃三捆，共价银一百五十两；驼毛三捆，共价银六十两；羊肠一捆，价银五十两；羊肠四包，共价银一百五十两；熊皮二张，共价银五两；羊毛一千七百一十四普桶，共价银一千五百六十一两；杏干十一包，共价银九十五两；杏干八普桶，共价银十二两；牛皮一百二十张，共价银三百四十两；鹿尾三十个，共价银二十两；绸料二匹，共价银十六两；鹿茸二十五对，共价银二十五两；棉花一百九包，共价银一千二百七十九两；棉花一百四普桶，共价银二百九十五两；石炭二百普桶，共价银五十七两；伽袢三百二十件，共价银一百五两；毛毡五十条，共价银一百三十五两；羔皮五百二十四张，共价银五百三十五两；花布四千匹，共价银八百两；皮袄一百件，共价银一百五十两；洋布二十五板，共价银一百两；毡子一百五十六条，共价银一百二两；狐皮二百张，共价银三百两；毛绳八普桶，共价银十五两；洋铁八普桶，共价银二十两；杏干、乌塔，共价银十两；驼皮七张，共价银十五两；药材二箱，共价银一百两；白布三百匹，共价银六十两；洋瓶子九箱，共价银一百两；皮靴子六十双，共价银七十五两；马皮二十张，共价银十五两；山羊皮六百一十七张，共价银一百四十五两；铁二十五普桶，共价银五十两；汉烟二十普桶，共价银三十两；狐皮三百三张，共价银四百四十五两；野羊皮一百五张，共价银二十五两；虎皮二十一张，共价银五十二两；狼皮三十张，共价银四十五两；猞狸皮十一张，共价银三十三两；马尾五普桶，共价银七十五两；糖一箱价银三十两；毡袜五百双，共价银三十五两；帽子一百顶，共价银二十五两；牛一百一十九只，共价银九百三十两。

以上出卡各色货物及牲畜项下，共价银二万二百七十二两。

冬季分俄商贩运出卡各色货物项下

棉花一百一十普桶，共价银六百两；生羊皮一万六千七百九张，共价银二千五百三两五钱；棉花六十九包，共价银六百三十六两五钱；杏干、核桃六十三普桶，共价银二百二十二两五钱；乌塔、毡子二卷，共价银三十两；葡萄三百九十七普桶，共价银六百六十二两五钱；羊毛八百五十普桶，共价银一千三百五两；花布五卷，共价银七十八两；毡九百五十四条，共价银七百三十五两五钱；毡袜八百七十双，共价银七十一两；生丝十六普桶，共价银八百两；生狐皮六十张，共价银七十五两；杂货十一箱，共价银一千三十两；鹿角二百八十对，共价银一百四十两；鹿皮三百六十二张，共价银四百二十两；洋油二十五普桶，共价银三十三两；洋油五十斤，共价银二十二两五钱；驼皮一千四百八十三张，共价银四百二十两；磁盘子八十个，共价银二十两；白葡萄十包，价银七十九两；白葡萄三百斤，共价银十五两；胡麻三百普桶，共价银八十两；粗白布九十卷，共价银一千四百六十二两；粗白布二千七百匹，共价银五百一十三两；缠帽子一百顶，共价银五十两；羊绒毯二铺，共价银十四两；红花大碗二十个，共价银四两六钱；青缎子三板，共价银七十五两；裁绒毯四十七条，共价银一百六十七两；酥油二普桶，共价银五两；格子洋布八卷，共价银一千一百二十两；青磁器三十五箱，共价银二千八百九十三两；香牛皮十七张，共价银三十八两五钱；粗皮袍甬子六十件，共价银七十五两；梨子一箱，共价银七两五钱；梨子二大箱，共价银二十七两；核桃四普桶，共价银二十两；核桃一包，共价银七两五钱；鸡蛋一千八百元，共价银二十五两；羔皮袍甬子十件，共价银四十七两五钱；果子五千个，共价银十七两五钱；蓝花碗十个，共价银二两；清油二千二百斤，共价银一百两；红砬子六十箱，共价银四十两；粗碗二箱，共价银八十五两；粗碗五十个，共价银七十五两；药材一箱，价银一百两；毡帽二百顶，共价银八十两；花椒一包，价银五两；红、白糖七十斤，共价银十四两；丝线八斤，共价银五十六两；磁瓶子十三个，共价银二十两八钱；羊毛二百四十普桶，共价银二百五十两；小毛二十条，共价银三十两；砂罐子三百五十个，共价银十四两；犴子皮一张，价银十二两；牛皮二百四十九张，共价银四百九十四两；石灰四十普桶，共价银六两；格子洋布一卷，价银七十五两；杏仁二百斤，共价银十五两；杏仁十二普桶，共价银四十两；纸花一箱，价银二十两；羊九百只，共价银一千三百两；牛二百四十六只，共价银二千二百两；骆驼十三只，共价银三百两。

以上出卡各色货物及牲畜项下，共银二万一千八百八十一两九钱。

阿克苏道报单

春季分俄商贩运入卡各色货物、牲畜项下

各色洋布七千二十四匹，合银三千四百九十三两五钱；哈萨缎二十六板，合银一百五十六两；缠帽子一千八百二十五顶，合银四百三十三两七钱五分；洋铁桶三十七只，合银四十两；霞衣绸八百五十匹，合银一千三十六两；磁器三箱，合银五十六两；镜子八百五十块，合银四十两；洋火一百二十三箱，合银三百六十七两五钱；洋冰糖三千斤，合银六百两；叭哒杏仁五百五十斤，合银一百三十九两；洋烛八箱，合银九十一两二钱；洋药五十斤，合银四两；裁纸刀一百把，合银十二两；洋料瓶八百个，合银八十两；洋针五百包，合银八十两；洋桶三百个，合银三十两；洋料珠子六十斤，合银三十六两；香牛皮三张，合银十三两；黑蜡二百五十斤，合银九两七分；洋铁三千九百斤，合银二百二十八两；洋钢一千七百斤，合银一百六十二两；烟叶四百五十二斤，合银十八两；葡萄二百五十斤，合银九两；花衣边五百付，合银五十两；粗布袋子二十三个，合银一十四两七钱二分；豆酱二百四十斤，合银三十六两；苏油二百四十斤，合银一百二十两；生洋铁三千三百六十斤，合银一百六十三两一钱；烟土一千六百六十斤，合银一百九十五两；马七匹，合银四十一两；蜂蜜一百七十七斤，合银二十七两；瓜子一百五十斤，合银一十五两；杂货八箱，合银四百七十四两；松子三百五十斤，合银二十一两；洋绸三百二十匹，合银四百二十二两四钱；熟牛皮三十七张，合银八十四两五钱；洋糖五箱，合银五十五两五钱；铁锅四十口，合银五十两；洋沙布十五驮，合银七百五十两；洋胰子二箱，合银十二两。

以上入卡各色货物，共价银九千六百六十五两二钱四分。

夏季分俄商贩运入卡各色货物、牲畜项下

各色花洋布一千一百九匹，合银二千五百两；手巾四百四十八条，合银八十九两二钱；缠帽四千一百三十顶，合银一千五十二两五钱；洋沙衣边五百七十架，合银五十七两；红绳八十五斤，合银二十一两二钱五分；小刀子八百五十把，合银一百四十七两五钱；腰带布二十匹，合银一十五两；小镜子五百五十个，合银二十二两；洋糖九百九十斤，合银一百四十一两；蓝哔叽八匹，合银四十八两；搭连布四十匹，合银二十两；哈萨缎二十二匹，合银一百二十一两；桂皮布一百匹，合银六百二十五两；金丝缎十二匹，合银九十两；白土布二百四十匹，合银二十八两八钱；豆酱六百六十斤，合银六十六两；洋铁二千八百四十斤，合银五百两；霞衣绸二百五十匹，合银三百两；生铁一千四百斤，合银三十两；蜂蜜七百斤，合银八十两；粗细杂货、皮木各箱七十八口，共合银四万九千八百八十一两；洋蜡八箱，合银八十两；松子一百斤，合银八两；马鞍二十八副，合银二十八两；马二十一匹，合银一百八十四两；洋烛三箱，合银三十六两；熟铁二百斤，合银十六两；熟牛皮四张，合银十二两；洋火八箱，合银二十两；洋沙一百二十匹，合银三十两；生皮花七百二十斤，合银三十六两。

以上入卡各色货物，共价银五万六千二百八十五两二钱五分

秋季分俄商入卡各色货物项下

各色洋布三百二十匹，共价银一千一百四十七两；霞衣绸四百七十六匹，共价银七百一十四两；桂皮八十板，共价银三百二十两；桂皮五匹，共价银三十两；洋糖一千六百九十斤，共价银二百五十二两五钱；杂货七箱，共价银五百七十两；杂货八驮，共价银七百七十两；洋火一百六十九箱，共价银五百三十七两五钱；洋铁二百四十斤，共价银二十四两；羊毛被面十匹，共价银三十两；缎子十三匹，共价银三百二十五两；湖绉十匹，共价银五十两；洋货、钟表、铜器一箱，价银六百两；洋酒一百瓶，价银二十五两；洋绉四十二板，共价银一百七十六两四钱；马鞍三十四副，共价银三十四两；马镫四十四副，共价银二十三两；烟叶八十斤，共价银四两五钱；羊毛毡二十二条，共价银二十二两；熟牛皮十四张，共价银四十二两；熟铁架子十二只，共价银六两；剪子三十把，共价银三两；生铁八百斤，共价银三十二两；熟铁二百斤，共价银十六两；洋胰子一小箱，价银三两；蜂蜜二百斤，共价银三十两；小镜子一百个，价银三两；土烟九千七百九十斤，共价银一千一百三十二两四钱；洋烛四箱，共价银四十八两；粗药材二百斤，共价银二十五两；洋巾三百条，共价银一百两；马后鞦九副，共价银四两五钱；大小铁锅十口，价银十二两；马八十五匹，共价银六百二十三两；牛七条，共价银四十八两；羊四十只，共价银二十一两。

以上各色货物及牲畜，共价银七千八百四两八钱。

冬季分俄商贩运入卡各色货物项下

各色洋布一千七十八匹，共价银三千五百三十一两八钱；各色洋布六捆，共价银二千四百两；杂货十七箱，共价银二千二百五十两；洋蜡五十九箱，共价银七百两；洋火七十二箱，共价银一百八十五两；洋磁壶二百三十把，共价银八十七两五钱；洋镜子一千个，共价银二百两；洋针二万个，共价银四十两；洋箱二

百口，共价银三百两；洋胰子四十箱，共价银六十两；栏杆一百根，共价银四百二十两；洋篮十盒，共价银八两；洋菩萨二十个，共价银十两；洋铁胡琴一百个，共价银四十两；洋金线二百板，共价银四百两；铁针二筒，共价银二两；洋棉线一千把，共价银二百两；桌面八十个，共价银二十二两；桌面五十铺，共价银二十五两；洋手锯七十把，共价银一百五两；洋蜡台一筒，共价银五两；铜盆二筒，共价银八两；回夷经书二百部，共价银二十两；账簿二十部，共价银二两四钱；洋皮天罡袋三百个，共价银四十五两；小洋刀十把，价银八钱；小剪子五把，共价银二钱五分；洋糖一千四百五十斤，共价银二百一十七两；洋糖十六普桶，共价银八十三两二钱；洋糖十二筒，共价银三十四两；洋铁十六筒，共价银九两九钱二分；玻璃镜瓶五百个，共价银二十五两；红铜器八斤，共价银一两九钱二分；药二筒，共价银二十五两；药油一百四十斤，共价银七十两；蜂蜜一千六百六十斤，共价银二百九十五两；蜂蜜十六桶，共价银四十九两六钱；洋货八箱，共价银二千九百六十两；洋手巾一千二百块，共价银九十六两；罗布五匹，共价银二十两；洋笔三十六捆，共价银五两四钱；缠回绸四十匹，共价银二十八两；胡椒一百二十斤，共价银二十四两；旧裁绒毯四千斤，共价银二百四十两；白果十六桶，共价银三十八两四钱；红洋绉三十档，共价银三两四钱五分；铜丝六百斤，共价银七十二两；生熟铁一万一千七十五斤，共价银五百七十一两四钱；洋钢八百斤，共价银七十八两；洋纱四十板，共价银一百六十八两；葡萄胶五十斤，共价银二两五钱；洋铁盆五十只，共价银十两；烟土三千六百两，共价银三百七十二两；洋锁六十把，共价银四两；马鞍一百三十三副，共价银一百四十二两；蹈镫九十副，共价银五十五两；霞衣绸五百五十三匹，共价银八百六十五两；白蜡一百斤，共价银二十四两；大小铁锅一百一十口，共价银一百三十二两；牛皮四十张，共价银一百两；铁锅架五个，共价银四两；松子二驮，共价银十两；松子二百斤，共价银十六两；皮靴子十六双，共价银九两六钱；洋铁桶三十三个，共价银十三两；洋箱子十八只，共价银九两；洋葡萄二百斤，共价银十二两；马十一匹，共价银四十五两；羊十一只，共价银九两。

以上入卡各色货物及牲畜项下，共价银一万八千六十二两一钱四分。

春季分俄商贩运出卡各色货物项下

葡萄一千七百斤，合银六十二两九钱；梨子一千二百斤，合银六十两；桃皮一千六百斤，合银六十九两；沙枣一千九百斤，合银四十二两六钱；毡袜二百双，合银一十四两；毛绳三百斤，合银十二两；杏干七十斤，合银二两八钱；辣粉一百斤，合银五两；香牛皮十三张，合银十三两；白土布五千五百八十匹，合银七百八十三两六钱；棉袍子五十件，合银三十七两七钱；麻烟九十二斤，合银九十二两；白毡二百三十块，合银九十一两八钱；铜锅一口，价银一两二钱；核桃八千六十斤，合银二百四十一两八钱；红枣一百斤，合银十两；棉花八百斤，合银一百二十两；平果三千三百五十斤，合银一十六两七钱五分；磁器六箱，合银三百四十两；杂货十箱，合银九十二两；牛皮六十斤，合银六两；木碗五十个，合银一两；熟牛皮三十二张，合银五十两；线搭子二十九个，合银四两五钱；汗屉子一百一十三块，合银一十一两三钱；大小毛毯十八条，合银七十二两；老羊皮袄六百五十件，合银三百九十两；小绿羊皮八张，合银三两六钱；小红羊皮三十二张，合银一十二两八钱；杏仁子七十斤，合银二两一钱。

以上出卡各色货物，共价银二千六百六十一两四钱五分。

夏季分俄商贩运出卡各色货物项下

白土布四千四百五十匹，合银五百五十八两四钱；熟羊皮二百张，合银五十五两；毛毯一百一十条，合银八十七两；裁绒毯四十三条，合银一百五十两五钱；粗毡七百五十九条，合银一百五十三两五钱五分；棉线七十三斤，合银一十一两六钱八分；毛带三十六根，合银九两；熟铜器一百一十五斤，合银五十五两二钱；白洋棉沙一百七十二匹，合银三百九十五两六钱；毛裹脚四百八十八双，合银一百五十九两七钱；乔搭布四十五匹，合银一十一两二钱五分；生羊皮五十二张，合银十两四钱；花洋纱二十二匹，合银五十五两；红枣六百斤，合银二十四两；羊毛一千四百九十斤，合银四十四两；花洋布五十五匹，合银一百七十八两；坎布五板，合银二十两；霞衣绸三十匹，合银三十六两；洋马鞍五副，合银五两；核桃六千四百斤，合银一百九十二两；生牛皮一百一十八张，合银七十二两；棉花二千八百斤，合银二百八十两；粗细磁器九箱，合银二百七十两；杂货七箱，合银二百两；沙枣八百斤，合银四两八钱；老羊皮袍三百五十件，合银三百一十两；麻烟八百斤，合银八十两；羊肠八驮，合银四十八两；水葫芦一驮，合银五钱；皮靴五十双，合银四十两；白矾一百斤，合银四两；生杏子六十驮，合银三十两；平果二十驮，合银十二两；棉线带一百根，合银一十六两五钱；棉线钱搭二百九十个，合银一十四两五钱。

以上出卡各色货物，共价银三千八百七十四两五钱三分。

秋季分俄商出卡各色货物项下

白布三千四百匹，共价银五百一十两；蓝布八百二十匹，共价银一百三十九两四钱；粗细红白毡二千六百八十四条，共合银五百六十八两九钱；生、熟牛皮四百六十八张，共价银六百八十二两五钱；花毛本地毯十九铺，共价银十七两一钱；色绒毛毡八铺，共价银十八两八钱；色绒毛毯十三条，共价银十六两八钱；白棉纱十五匹，共价银十五两；熟铜器五斤，共价银二两；核桃二千二百九十斤，共价银七十六两二钱六分；核桃三驮，共价银七两五钱；棉线马搭子六十个，共价银十二两；棉线马搭子一百一个，共价银二十五两二钱；珊瑚二百两，共价银二百两；熟羊皮一百四十八张，共价银十五两；熟羊皮二百斤，共价银一百两；绿股子皮六十八张，共价银一百二两；香牛皮五张，共价银七两五钱；白洋棉纱六百一十匹，共价银六百一十两；白棉线四斤，共价银一两二钱；扯手带子十八根，共价银一两八钱；羊毛带子五十三个，共价银五两三钱；棉纱带子十八个，共价银十八两；红铜壶一百一十五把，共价银八十五两六钱；石羊皮二百张，共价银八十两；老羊皮坎肩甬子二十五件，共价银一十五两；土布七千三百二十九匹，共价银一千一百八十六两八钱八分；皮纸七万五千张，共价银六十七两五钱；洋绿二十一斤，共价银四十二两；老羊袍甬二千三百八十一件，共价银一千一百九十六两；老羊皮货三十五件，共价银五十二两五钱；老羊皮货三千一百斤，共价银一百三十两二钱；二毛羊皮袍甬十五件，共价银七十五两；二毛羊皮马褂甬子十八件，共价银五十两四钱；毡袜二十八双，共价银四两二钱；羊毛四千六百斤，共价银一百三十八两；骆驼毛六千二百斤，共价银一百九十八两四钱；棉花三千四百斤，共价银二百七十八两；箩筛一百一十把，共价银十九两；平果一百二十四驮，共价银七十五两六钱；生杏子四驮，共价银二两；布棉袍二百七十件，共价银一百九十二两；搭连布二百三十匹，共价银二百三十两；磁器一箱，价银二十五两；杂货一箱，价银五十两；白矾一千一百五十斤，共价银二十七两三钱；麻烟五百斤，共价银七十两；葡萄五十七驮，共价银三十五两四钱；杏仁三百五十斤，共价银十两五钱；杏仁一驮，价银二两五钱；沙枣二十五驮，共价银十五两；沙枣一百五十斤，共价银九钱；马尾一百七十斤，共价银五十两；马笼头八十个，共价银八两；绿羊皮十张，价银七两；皮靴四十八双，共价银二十五两；铜锅八口，共价银十二两。

以上出卡各色货物，共价银七千六百一十九两一钱四分。

冬季分俄商贩运出卡各色货物项下

土布六千九百三十九匹，共价银一千九十两八钱九分；丝绒毯四百六十五斤，共价银一百四十六两七钱；丝绒毯三十铺，共价银九十两；布估衣一百五十斤，共价银二十五两五钱；粗细毡一千五百二十斤，共价银一百五十六两五钱；粗细毡四十四铺，共价银二十六两二钱；牛皮胶一百八十斤，共价银十八两；马尾一百五十斤，共价银二十五两五钱；棉线带七斤，共价银二两八钱；牛皮二百五十张，共价银三百二十四两五钱；洋纱七十板，共价银七十两；洋纱四十五匹，共价银二十七两；红枣六百斤，共价银四十二两；口袋三十斤，共价银六两；洋油三百斤，共价银二两四钱；熟铜器二斤，共价银八钱；香牛皮靴一双，价银二两五钱；皮靴四十双，共价银二十两；羊毛一万六千三百斤，共价银五百一两八钱；羊皮一千五十七张，共价银一百四十七两二钱五分；羊皮四千九百斤，共价银一百七十两五钱；海带一百二十五斤，共价银三十一两二钱五分；水粉十斤，价银五钱；篦子二百把，共价银十二两；大米六百斤，共价银四两二钱；搭连布三百六十匹，共价银二百三十五两；棉花六千三百斤，共价银五百二十六两；骆驼毛四千斤，共价银一百六十八两；平果二十四驮，共价银十四两四钱；核桃五十一驮，共价银一百一十七两五钱；葡萄一驮，价银一两四钱；沙枣五十驮，共价银三十一两八钱；老羊皮袍五百一十件，共价银四百七十五两；白矾一千斤，共价银二十八两八钱；白矾二驮，共价银六两；杏仁二驮，共价银六两六钱；棉马搭子四十个，共价银十二两；铜茶壶三十七把，共价银二十五两九钱；磁器二箱，共价银一百两；麻烟六百斤，共价银九十两，铜锅二十二只，共价银十七两六钱；杏干八驮，共价银十二两八钱；布棉袍二十五件，共价银二十五两；骨珠子二箱，共价银三十两；花毛绳十四根，共价银二两。

以上出卡各色货物，共价银五千一百二十二两二钱九分。

喀什噶尔道单报

春季分俄商贩运入卡各色货物、牲畜项下

各色洋布六千七百板，合银一万四千七百四十两；各色坎布三百二十板，合银一千二百一十六两；各色哈萨缎一百七十板，合银一千二十两；各色哈萨布四百五十板，合银一千二百六十两；各色霞衣绸一千二十匹，合银一千二百二十四两；烟叶二万三百斤，合银一千一十五两；染草二万三千四百斤，合银一千六百三十八两；玻璃九百斤，合银一千三百五十两；生、熟铁二万二千斤，合银一千五百四十五两；马一百七十三匹，合银二千二百四十九两；各色金丝缎三十五匹，合银四百九十两；各色洋缎一百三十板，合银七百八十两；各色洋呢五十板，合银六百两；香牛皮八十张，合银二百四十两；羊皮一千二百张，合银一百二十两；松子四千三百斤，合银四百三十两；杏干二千二百斤，合银一百一十两；各色洋纱四百五十匹，合银二百八十八两；各色丝辫带三百斤，合银六百两；各色小帽一万顶，合银二千两；各样獭皮一百二十张；合银五百四十两；毛毡二百二十铺，合银一百一十两；葡萄六千斤，合银一百二十两；巴达杏二千斤，合银二百四十两；洋糖一万三千九百斤，合银九百七十三两；蜂蜜一千一百斤，合银一百六十五两；胡椒一千七百斤，合银六百八十两；洋蜡二千二百斤，合银二百八十六两；大小洋镜八百个，合银六百四十两；洋纸二百板，合银一百六十两；药材一百五十斤，合银七两五钱；洋火二百六十箱，合银五百二十两；线口袋一百六十个，合银六十四两；马鞍三百八十个，合银三百四十二两；大小铜盆四百个，合银四百两；大小洋铁盆四百五十个，合银六十七两五钱；洋铜七千一百斤，合银七百一十两；大小铁锅二百四十口，合银三百六十两；大小铁瓢三百块，合银二十一两；大小铁斧刀四百五十把，合银一百三十五两；铁小刀五百把，合银五十两；驴二十二头，合银六十六两；骆驼六十二头，合银九百三十两；羊二百五十只，合银三百两；各色桂皮布一百一十板，合银五百二十八两。

以上入卡各色货物，共价银四万一千三百二十五两；

夏季分俄商贩运入卡各色货物、牲畜项下

各色洋布一万七千板，合银二万六千一百八十二两；各色洋缎二百四十板，合银一千四百四十两；洋糖三万五千七百斤，合银二千四百九十九两；生、熟铁一十万四百斤，合银七千二十八两；洋钢一万斤，合银一千两；各色坎布六百二十板，合银二千三百五十六两；各色桂皮布四百七十板，合银二千二百四十九两；各色哈萨缎五百板，合银三千两；染草二万八千八百斤，合银二千一十六两；大小手镜一千八百个，合银三千四百四十两；洋火一千五百个，合银三千四百七十三两；各色哈萨布七百三十板，合银二千一百九十两；各色霞衣绸一千七百匹，合银一千二百八十四两；马一千九百八十匹，合银二万三千七百六十两；羊一万五百四十只，合银一万二千六百四十八两；骆驼二百三十只，合银三千二百二十两；各色洋呢五十六板，合银六百七十二两；各色金丝缎四十匹，合银五百六十两；各色洋纱五百五十匹，合银三百三十两；印花洋巾二千九百条，合银四百三十五两；花夹小帽三千二百顶，合银六百四十两；大小毛毡四百四十条，合银二百二十两；各色丝辫带四千五百根，合银四百五十两；各样獭皮二百二十张，合银九百九十两；香羊皮五百三十张，合银二百六十五两；香牛皮一百五十张，合银四百五十两；松子一千九百斤，合银一百九十两；铁小刀四百把，合银四十两；大小洋铁盘一千五百个，合银二百二十五两；洋胰子一千二百八十匣，合银一百二十八两；牛二十一头，合银一百二十六两；驴一百三十头，合银三百九十两；藏枣九百斤，合银三百六十两；胡椒一千七百斤，合银六百八十两；巴达杏一千二百斤，合银一百四十四两；大小洋铜盘八百个，合银四百两；烟叶七千二百斤，合银三百六十两；黑葡萄一千八百斤，合银三十六两；洋蜡三千六百斤，合银四百六十八两；洋针八百匣，合银六百四十两；铜茶壶一百一十把，合银六十六两；大小铜盆五百二十个，合银五百二十两；马鞍七百二十个，合银六百四十八两；马挂口六百五十付，合银三百九十两；铜铁马镫九百对，合银二百七十两；大小铁锅二百八十口，合银四百二十两；大小铁瓢九十件，合银六两三钱；大小洋碗二千七百五十只，合银五百五十两；各色丝线二百五十斤，合银三百两。

以上入卡各色货物，共价银一十万八千一百五十四两三钱。

秋季分俄商贩运入卡各色货物项下

各色洋布六千三百九十板，共价银一万五千九百七十五两；各色金丝缎四十匹，共价银五百六十两；各色洋纱七百二十匹，共价银五百七十六两；各色桂皮布三百四十板，共价银二千一百七十六两；各色哈萨缎三百三十板，共价银一千三百二十两；各色洋缎二百一十板，共价银三千一百五十两；各色坎布三百五十板，共价银一千四百两；各色哈萨布五百一十板，共价银一千七百八十五两；各色洋呢六十五板，共价银一千五百六十两；各色霞衣绸一千三百四十匹，共价银一千三百四十两；各色丝线三百斤，共价银三百九十两；花夹小帽一千五百顶，共价银三百两；大小毛毡五百九十铺，共价银二百九十五两；香牛皮七十张，共价银二百一十两；香牛皮八百二十张，共价银四百一十两；各样獭皮一百一十张，共价银四百九十五两；洋糖二万七千一百斤，共价银二千七百一十两；黑葡萄二千二百斤，共价银四十四两；巴达杏仁四百斤，共价银六十两；松子二千六百斤，共价银三百九十两；烟叶六千九百斤，共价银三百四十五两；胡椒五千一百斤，共价银一千二百七十五两；蜂蜜一千二百斤，共价银一百八十两；各色丝带一百六十斤，共价银二百四十两；药材二千五百斤，共价银一百二十五两；染草一万二千九百斤，共价银九百三两；洋蜡二千七百五十斤，共价银三百五十七两五钱；大小手镜五百个，共价银四百两；洋胰子一千五百匣，共价银一百五十两；大小洋碗一千四百四十只，共价银四百三十二两；大小洋磁壶一百八十把，共价银一百四十四两；洋火一千八十箱，共价银二千四百八十四两；大小铜盆三百只，共价银三百两；洋铁盘二千三百只，共价银四百六十两；大小洋铁盆八十五只，共价银四十二两五钱；生、熟铁七万四千一百斤，共价银五千一百八十七两；大小铁锅一千二百七十口，共价银三千一百七十五两；铁瓢六百八十块，共价银五百四十四两；马鞍三百二十个，共价银三百二十两；铜铁马镫六百三十对，共价银二百五十二两；马挂口一千五百八十副，共价银九百四十八两；马一千八百一十匹，共价银一万四千四百八十两；驴一百六十八头，共价银五百四两；牛五十八头，共价银二百三十二两；羊二万一千七百九十只，共价银二万六千一百四十八两。

以上入卡各色货物及牲畜，共价银九万四千八百一十两。

冬季分俄商入卡各色货物项下

各色洋布六千二百板，共价银一万五千五百两；各色哈萨缎三百一十板，共价银一千二百四十两；各色桂皮布一十板，共价银一千二百六十两；各色坎布二百六十板，共价银一千四十两；各色洋纱四百七十板，共价银三百二十九两；各色洋呢一百五板，共价银二千五百二十两；各样金丝缎三十五匹，共价银四百九十两；各色霞衣绸六百七十匹，共价银六百七十两；各色洋缎一百八十板，共价银二千七百两；各样獭皮一百六十张，共价银七百二十两；各色丝辫带三百斤，共价银三百九十两；各色丝线八百斤，共价银一千二百两；大小毛毡七百四十铺，共价银三百七十五两；香牛皮五十张，共价银一百五十两；香牛皮七百五十张，共价银三百七十五两；生、熟铁五万五千六百斤，共价银三千八百九十二两；洋钢二千三百斤，共价银二百三十两；大小铜盆二百七十个，共价银二百七十两；大小洋铁盘一千二百只，共价银五十三两；大小洋铁盆一百五十只，共价银三十两；大小洋铁桶三百三十只，共价银一百五两；大小铁锅一千七百八十口，共价银四千四百五十两；大小铁瓢二百块，共价银十六两；铜蜡台一百五十对，共价银六十两；胡椒四十斤，共价银一千二百两；染草四万斤，共价银二千八百两；松子五千九百斤，共价银七百八两；白蜡六百斤，共价银二百四十两；洋火一千一百箱，共价银二千四百二十两；洋蜡六千六百斤，共价银九百九十两；烟叶一万四千三百斤，共价银七百一十五两；各样洋糖一万一千六百斤，共价银一千四十四两；蜂蜜三千五百斤，共价银五百二十五两；

药材七百斤，共价银三十五两；巴达杏二千斤，共价银二百四十两；黑葡萄四千斤，共价银八十两；大小洋手镜四千五百个，共价银三千六百两；洋胰子一万八千匣，共价银一千八百两；马鞍三百五十个，共价银三百五十两；铜铁马镫六百对，共价银二百四十两；马挂口一千二百副，共价银七百二十两；姜皮四百五十两，共价银五十四两；杏干二千三百斤，共价银一百一十五两；牛九十头，共价银三百六十两；羊五千五百七十只，共价银六千六百八十四两；马二百六十匹，共价银二千八十两。

以上入卡各色货物及牲畜，共价银六万五千一百六十四两。

春季分俄商贩运出卡各色货物项下

白土布三十八万七千二百匹，合银九万六千八百两；毛毡三万四千六百铺，合银一万七千三百两；和阗丝一万九百斤，合银一万九百两；棉花三万九千八百斤，合银三千九百八十两；搭连土布三万一千七百匹，合银一千二百六十八两；印花土布一万一百匹，合银二千二十两；洋布袍八百五十件，合银一千二百七十五两；土布汗褂四百九十五套，合银一百九十八两；生筋四百斤，合银一十二两；磁碗一百对，合银三十两；花椒五百斤，合银八十两；红枣四百斤，合银二十两；白矾一万四千七百斤，合银二百九十四两；羊毛三万八千七十斤，合银一千一百四十二两一钱；羊皮三千一百一十张，合银三百一十七两；皮靴三百七十双，合银二百二十二两；毡袜七百五十双，合银三十两；和阗绒毯六十铺，合银三百两；棉线带一千九百五十根，合银一百九十五两；棉线三百三十八斤，合银五十四两八分；土布棉袍一千二百二十件，合银九百七十六两。

以上出卡各色货物，共价银一十三万七千四百一十三两一钱八分。

夏季分俄商贩运出卡各色货物项下

白土布二十四万一千匹，合银六万二百五十两；印花土布二万五千六百匹，合银五千一百二十两；搭连土布三万一千四百匹，合银一万二千五百六十两；土布棉袍四千二百件，合银三千三百六十两；大小毛毡一万二千条，合银六千两。和阗丝四千二百斤，合银四千二百两；羊皮袍一千二百件，合银一千八百两；棉花二万九千斤，合银二千三百二十两；线口袋八百二十个，合银三百二十八两；皮靴、皮鞋三百六十套，合银三百六十两；杏干二千七百斤，合银一百三十五两；羊毛五千斤，合银一百五十两；牛皮二百张，合银二百两；白矾二万八百斤，合银四百一十六两；羊羔皮三千张，合银四百五十两；大小磁碗七百只，合银一百四十两；大小和阗丝毯一百五十铺，合银一千五百两；大小和阗绒毯一百四十铺，合银五百六十两；汗褂衣裤三百套，合银一百五十两。

以上出卡各色货物，共价银九万九千九百九十九两。

秋季分俄商贩运出卡各色货物项下

搭连土布四万五千六百匹，合价银九千一百二十两；白土布二十五万一千三百匹，共价银三万一百五十六两；印花土布五万七千五百匹，共价银四千六百两；汗褂衣裤四百九十套，共价银一百四十七两；土布棉袍二千八百一十件，共价银一千四百五两；羊皮袍二百三十件，共价银三百四十五两；羊毛带六千四百五十根，共价银三百六十二两五钱；线口袋六百二十只，共价银二百四十八两；羊皮六千七百张，共价银六百七十两；牛皮三百二十张，共价银三百二十两；羊毛二万七千六百斤，共价银八百二十八两；白矾三万五千七百斤，共价银七百一十四两；皮靴鞋八百三十套，共价银八百三十两；棉花一万四千五百斤，共价银七百二十五两；大小毛毡四千一百九十铺，共价银二千九十五两；大小毛毯二百六十铺，共价银一千四十两；和阗大小丝毯九十铺，共价银一千一十两；和阗丝一千六百斤，共价银一千六百两；杏干二千六百斤，共价银一百三十两；大小磁碗三百五十只，共价银一百五两；棉线带八百六十斤，共价银二百五十八两；皮纸三万张，共价银二十四两。

以上出卡各色货物，共价银五万六千五百三十二两五钱。

冬季分俄商出卡各色货物项下

白土布一十九万六千匹，共价银二万五千四百八十两；印花土布八万九千匹，共价银七千一百二十两；搭连土布五万六千四百匹，共价银一万一千二百八十两；各色棉布袍二千六百八十件，共价银一千三百四十两；羊皮袍二千六十件，共价银三千九十两；汗褂衣裤六百二十套，共价银一百八十六两；皮靴鞋九百三十套，共价银九百三十两；羊毛带八千三百斤，共价银三百三十二两；棉线带一千一百五十斤，共价银三百四十五两；毡袜八百五十双，共价银五十九两五钱；大小毡五千六百二十铺，共价银二千八百一十两；和阗大小丝毯二百六十铺，共价银二千三百四十两；大小毛毯三百二十铺，共价银一千二百八十两；大小毛口袋一千四百个，共价银二百八十两；羊毛六万六千四百斤，共价银一千九百九十二两；白矾二万一千四百斤，共价银四百二十八两；牛皮九百三十张，共价银九百三十两；和阗丝五千二百斤，共价银五千二百两；牛皮九百三十张，共价银九百三十两；羊皮五千九百张，共价银五百九十两；丝线一千九百斤，共价银二千八百五十两；棉花三千九百斤，共价银一百九十五两；棉线一千五百斤，共价银四百五十两；各样磁器三百三十对，共价银一百六十五两；土碗一千二百对，共价银二十四两。

以上出卡各色货物，共价银六万九千六百九十六两五钱。

镇迪道造报光绪十五年分俄商贩运入卡各色货物，共价银一十七万二百四十八两六分五厘，出卡各色货物共价银三万三千二百三两四钱七分。

伊塔道造报光绪十五年分俄商贩运入卡各色货物及牲畜，共价银四十六万八千九百一十八两，出卡各色货物及牲畜共价银一十六万三千四百九十三两二分五厘。

阿克苏道造报光绪十五年分俄商贩运入卡各色货物及牲畜，共价银九万一千八百一十七两四钱三分，出卡各色货物共价银一万九千二百七十七两四钱一分。

喀什噶尔道造报光绪十五年分俄商贩运入卡各色货物及牲畜，共价银三十万九千四百五十三两三钱，出卡各色货物共价银三十六万三千六百四十一两一钱八分。

以上总共俄商入卡货物、牲畜价银一百四万四百三十七两九分五厘，俄商出卡货物、牲畜价银五十七万九千六百一十五两八分五厘。①





①台北“中央研究院”近史所藏：《外交档案》，馆藏号：01-20-035-01-001。

# 光绪十六年 (1890)



## 005. 咨送十四年俄商出入卡货物价值由

光绪十六年正月十六日 (1890年2月5日)

正月十六日，护理新疆巡抚魏光焘文称：前承准户部咨：粘单内开光绪七年中俄改订条约内载：俄民在伊犁、塔城、喀什及关外之天山南北各城贸易，暂不纳税，俟将来商务兴旺，再将免税之例废弃等语。现计俄人于新疆各城贸易已有数年，应由该大臣密查每年出口、进口货物某项究有若干，系何价值，逐一登明，按年开单咨送本部及总理各国事务衙门备查，庶将来议定税则之日，不致为所欺朦等因。承准此，查光绪十三年分俄商出入卡伦货物价值，业经前爵抚部院开单咨送在案。兹将十四年分镇迪、伊塔、阿克苏、喀什噶尔四道申送各单，饬承核算，共计俄商进口货物价银一百九十二万八千有奇，出口货物价银八十七万九千有奇。除咨呈户部外，相应咨呈。为此咨呈贵总署，谨请鉴照施行。(计镇迪道单报一纸)

照录钞单

今将镇迪、伊塔、阿克苏、喀什噶尔四巡道造报光绪十四年分按季估计俄商出入卡伦贩运货物价值，开具清单，呈请鉴核。须至单者。

计开

镇迪道单报春季分俄商贩运入卡各色货物项下

大板色洋布共四千八百二十三板，共价银一万六千八百八十两五钱；大哈萨缎二千三百三十四板，共价银一万四千四两；小哈萨缎二千五百五十九板，共价银一万二百三十六两；大板哈萨布二千七百一十三板，共价银一万四千九百二十一两五钱；小板色洋布七百五十板，共价银一千八百八十七两五钱；大板白洋布一百四十五板，共价银四百三十五两；印花洋布一百七十八板，共价银七百四十七两；回绒二百九十一板，共价银一千七百四十六两；桂子皮七百八板，共价银五千三百一十两；色坎布六百九十一板，共价银四千七两八钱；洋纱七十板，共价银一百四十两；洋绉二百三十四板，共价银一千四百四两；雅尔缎九十八板，共价银六百三十七两；洋火一千三百二十箱，共价银二千三百七十六两；洋铁盆桶一千五百九十四斤，共价银一百二十七两五钱二分；头号铁锅六十九口，共价银八十二两八钱；二号铁锅二百九十五口，共价银一百七十七两；三号铁锅一百九口，共价银四十三两六钱；洋铁条三千四百一十九斤，共价银一百三十六两七钱六分；大洋铁箱三十一口，共价银九十三两；小洋铁匣一百六十个，共价银六十四两；洋铁茶盘三千三十六个，共价银三百六十四两三钱二分；洋铁钉子七百六十二斤，共价银六十两九钱六分；铜脸盆四千六百八十五斤，共价银一千一百二十四两四钱；铜蜡台四百九十三斤，共价银一百七十二两五钱五分；洋麻线三百五十七斤，共价银二百四十九两九钱；大珊瑚顶珠三颗，共价银二百四十两；小珊瑚珠一百六十八串，共价银一百六十八两；金银线三百二十斤，共价银三千二百两；香牛皮六十四张，共价银一百九十二两；帐本纸一百八十五斤，共价银三十七两；洋伞一百三十把，共价银一百四两；洋炮火二十匣，共价银四两；牛骨排扣三千五百颗，共价银三十五两；洋皮荷包三百五十个，共价银三十五两；账簿六十本，共价银六十两；胡椒八十斤，共价银二十四两；小手镜五百个，共价银六十两；铜抵针四百个，共价银二十两；苏油糖馒一百三十八斤，共价银一十三两八钱；牛皮胶二百二十斤，共价银一十七两六钱；蜂蜜三百五十七斤，共价银八十五两六钱八分；洋糖九百四十七斤，共价银一百八十九两四钱；铁锯子三百九十五柄，共价银七十九两；铜钉子一百九十一斤，共价银七十六两四钱；伽衣绸四百六匹，共价银六百九两；品红七斤，共价银三十五两；棉线花帽四百四十三顶，共价银一百七十七两二钱；白布纱手巾三百九十九条，共价银一百一十九两七钱；小洋巾六十条，共价银十二两；洋纸十八刀，共价银四两二钱；铜铃铛八十斤，共价银四十两；洋棉线二百八十斤，共价银一百六十八两；洋蜡六十箱，共价银四百八十两；洋铁剪刀三百六十把，共价银四十三两二钱；蓝布克七板，共价银一百五两；洋磁碟子三百个，共价银三十两；铜茶壶十二把，共价银十二两；小洋铁勺五百八十八柄，共价银二十九两四钱；藏枣一千一百斤，共价银三百三十两；七响小钉子炮十一杆，共价银八十八两；药材五十斤，共价银十两；钉子火一千七百五十颗，共价银七十两；牛骨洋火匣三百七十个，共价银七两四钱；铁錭凿六百八十一支，共价银一百三十六两二钱；洋铁茶壶十三把，共价银六两五钱；洋磁茶壶二百二十柄，共价银一百一十两；十丈丝经棉纬被面十板，共价银八十两；洋笔五百七十六枝，共价银十七两二钱八分；洋铁锁三千九百九十五柄，共价银三百一十九两六钱；香胰子一百六匣，共价银十两六钱；小刀二千三百二十六柄，共价银一百八十六两八分；洋铁调羹一千五百二十四片，共价银四十五两七钱二分；洋铁皮一百五十斤，共价银十两五钱；洋针五十九万五千五百苗，共价银四百七十六两四钱；刨铁七十二块，共价银二十八两八钱；洋铁丝一百七十斤，共价银一十七两；铜金纸一千三百张，共价银六十五两；皮鞋袜三十套，共价银一十五两；洋铁银柜一只，共价银一两五钱。

洋布一千一百七十九板，铜盆三十二包，洋糖十三箱，杂货三箱，蜡台三箱，五项共价银五千三百二十五两。

洋布三千二百九十板，香牛皮六十件，洋火五百九十箱，洋油四蒲桶，四项共价银一万九千八百三十七两。

铁锅三十五蒲桶，铁桶四件，洋火一百二十箱，洋蜡一十二箱，四项共价银一千两。

杂货九车一百一十一驮，共价银三万三千两；洋布一百板，洋糖六蒲桶，铁瓢四件，饭盘一百件，洋火三百箱，洋蜡四十二箱，锅一百蒲桶，七项共价银三千两。

洋布一十三件，洋糖二件，锅二十三件，三项共价银二千五百两。犍牛一十八只，共价银二百五十两。洋纸四箱，洋布四十六板，二项共价银二百二十五两。

洋火二十四件，洋铁四件，油四件，锅四件，四项共价银四百五两。

饭盘十六件，洋布八十八件，铁八件，三项共价银一万二千五百八十两。

洋糖二件，洋布二十二件，杂货二件，羊肉二件，四件共价银三千五百两。

洋布十六件，洋蜡六十件，铁锅十二件，洋火六十件，杂货八件，五项共价银三千两。

洋布七十五件，洋糖十二件，饭盘四件，杂货二十四件，铜盆十四件，五项共价银一万四千七百五十五两。

洋布二十八板，铜盆二包，洋糖、杂货九件，洋火六十箱，四项共价银四万八千三百三十二两七钱五分。

洋布二十五件，洋线一件，二项共价银三千两。

洋布六十二件，古月一件，杂货一十二只，三项共价银一万六千五百两。

洋布四十件，共价银五千五百两。洋布七十五包，洋蜡台二件，铜盆八十包，铜钉五件，铁钉二蒲桶三斤，五项共价银一万一千三百七十七两五钱五分。

杂货二十件，共价银三千两。

洋布六十三件，铜盆三件，锯子一件，洋火一百七十只，杂货六只，五项共价银九千五百五十六两八钱。

缠头花帽子七百顶，绸子六百匹，布五百三十匹，皮袜、皮鞋五十二双，小刀一百五十把，单衫子十二件，鞋子八十双，烟三十二蒲桶，线一百斤八两，白毛尖茶六斤八两，虎皮二张，十一项共价银一千三百两。

各色绸子五百匹，洋袋子十四只，花小帽子六百顶，经帽一百四十顶，带子一千条，皮袜子五十双，鞋子一十七盘，刀子三百把，线四百九十二绺，手巾七十二块，被工十二块，毡子四张，布二百匹，十三项共价银二千五百九十三两。

以上入卡各色货物，共价银二十八万六千五百三两三钱七分。



夏季分俄商入卡各色货物及牲畜项下

桂皮四百七十板，共价银三千五百二十五两；大板色洋布四千九百一十五板，共价银一万七千二百二两五钱；大哈萨缎一千八百三十三板，共价银一万九百九十八两；小哈萨缎二千三十四板，共价银八千一百三十六两；色坎布一百二十七板，共价银七百三十六两六钱；色哈萨布九百一十二板，共价银五千一十六两；坎布六百一板，共价银一千八百三两；哈萨布一千六百六十四板，共价银六万六千五百六十两；洋绉三百五十九板，共价银二千一百五十四两；印花洋布七百一十二板，共价银二千九百九十两四钱；大板白洋布二百三十二板，共价银六百九十六两；小板白洋布一千二百七十二板，共价银二千五百四十四两；色哈萨缎二百四十二板，共价银一千二百一十两；洋伞三百五十三把，共价银二百八十二两四钱；洋火二百八十九箱，共价银五百二十两二钱；小刀子一千五百四十八把，共价银一千一百六十六两四钱；洋糖一千九百四十二斤，共价银三百八十八两四钱；洋铁二万三千四百四十斤，共价银九百三十七两六钱；洋铁茶盘三千五百三十八个，共价银四百二十四两五钱六分；洋铁盆桶六千六百四十个，共价银四百八十五两一钱二分；小洋铁匣子六百六个，共价银二百四十二两四钱；洋铁调羹四百六十二斤，共价银十三两八钱六分；洋铁钉子七百一十斤，共价银五百六十八两；洋麻线一百四十一斤，共价银九两八钱七分；铜脸盆二千六百六十六斤半，共价银六百三十六两九钱六分；铜蜡台四百二十二斤半，共价银一百四十四两三钱七分五厘；鍮镫六百四十一只，共价银一百二十八两四钱；洋棉线六百八十三斤十二两，共价银四百一十两二钱五分；布鞋袜三百零八双，共价银一百五十四两；香牛皮七十张，共价银二百一十两；洋铁勺子三百六十四柄，共价银一十八两二钱；洋铁锁一千二百五十三把，共价银一百二两四钱；小手镜六百五十个，共价银七十八两；品红三斤六两，共价银十六两八钱七分五厘；香胰子六百七十七匣，共价银六十七两七钱；大回绒一千九十五板，共价银六千五百七十两；洋针七万七千苗，共价银六十一两六钱；账簿一百二十五本，共价银一百二十五两；小表二十八个，共价银二百八十两；修钟家俱二十套，共价银六十两；大八音琴一个，价银二十两；小八音琴一个，价银十两；银戒脂子四十个，共价银三十二两；洋铜小箱四口，共价银六两；锁练十付，共价银二十五两；洋铜蜡台二十个，共价银十六两；坐镜六个，共价银三十两；皮护皮十个，共价银五两；石头小箱五口，共价银十两；坐钟二十二个，共价银二百二十两；皮枕头四个，共价银一两六钱；石头小盒二十个，共价银二十两；石头小碟二十七个，共价银九两四钱；木碗二百五十个，共价银二十两；银小刀十三把，共价银一两九钱五分；皮棹罩二十一张，共价银十四两七钱，银碗一对，共价银六两；银香炉三个，共价银九两；小乐器二千把，共价银一百九十两；大八音匣六个，共价银三十两；石匣子一个，价银四钱；搭连布十六匹，共价银十九两二钱；茶壶二百七十把，共价银三百二十四两；小獭皮一百一十张，共价银五十五两；鹿皮五张，共价银一两五钱；画纸五十包，共价银六十两；伽衣绸三百四匹，共价银四百五十两；洋巾一千八百三十条，共价银一千八百三十两；松子一千二百八十斤，共价银一千二百八十两；铜炭盆一百一十个，共价银六十两；头油二十蒲桶，共价银六十两；小八音匣一个，共价银四两；料扣子二千付，共价银二百两；蓝梭布一百匹，共价银八十两；洋铜炉一对，价银八两；牛骨洋火匣七百一十八个，共价银十四两三钱；洋铁皮三十斤，共价银二两一钱；洋蜡八十八箱，共价银七百四两；铜铃铛三百斤，共价银一百五十两；洋纸九百八十刀，共价银一百四十七两；胡椒一百斤，共价银三十两；挂钟三座，共价银六十六两；缠头花帽一千九百九十顶，共价银一百九十两；皮荷包九十个，共价银九两；小珊瑚珠九十七串，共价银九十七两；大珊瑚珠三十颗，共价银二千五百二十两；马鞍子十二付，共价银三十两；马踏蹬八十付，共价银四十八两；盘子四十九蒲桶，共价银六百一十二两五钱；洋铁五百一十二蒲桶，共价银八百四十四两五分；铜盆四十蒲桶，共价银五百两；饭盘九十蒲桶，共价银九百八两；小箱子一百三十四个，共价银一百六十七两；蜡台五蒲桶，共价银六十二两五钱；洋火六十件，共价银一百五十两；洋纸八百刀，共价银一千二百两；洋糖一千七百九十斤，共价银三百七十六两二钱；洋铁一千斤，共价银六十五两；洋绸九十二匹，共价银三百六十八两；洋火四百七十三箱，共价银一千一百八十二两五钱；牛皮七十张，共价银二百四十五两；洋盘十蒲桶，共价银一百二十五两；洋线五蒲桶，共价银七十两五（两）〔钱〕；花手巾三十五板，共价银二百二十七两五钱；铁桶一百三十蒲桶，共价银二百一十四两五钱；洋铁五百八十条，共价银三千八百七十六两；洋铁盆二十五蒲桶，共价银四十一两二钱五分；洋铁勺七百个，共价银一百三十六两五钱；洋伞二十六把，共价银三十九两；古月一百五十斤，共价银四十八两；各色马二百八十四，共价银三千三百八十五两；缠绸六十匹，共价银九十两；羊二百七十只，共价银四百八十六两；洋布二万一千八十二匹，共价银十一万九千二百九两；皮鞋七双，共价银十两五钱；洋蜡九十二箱，共价银一千一百五十两；珊瑚九十串，共价银一百八十两；杏仁烟箱五个，共价银一百两；各样药三蒲桶，共价银三十七两五钱；俄绸六十板，共价银九十两；俄绸三百二十匹，共价银八百两；清油二十一蒲桶，共价银四十二两；洋帽三百六十顶，共价银一百八两；夷靴十双，共价银十五两；洋糖三十八蒲桶，共价银一百九十两；洋铁二十一件，共价银二百一十两；洋呢一百二十匹，共价银一千五百两；小木碗四百个，共价银一百二十两；钢铁一十蒲桶，共价银三十三两；铁勺一千六百五十个，共价银一百六十两；铁钉一件，共价银二十二两五钱；空箱子十四扣，共价银二十一两；铁钉六箱，共价银一百三十五两；口袋五十条，共价银八两；锁钥三千把，共价银一百二十两；茶叶六十二斤，共价银四十三两四钱；胰子一千五百块，共价银五十二两五钱；饭盆三十三蒲桶，共价银四百一十二两五钱；铁锅一百七十八口，共价银一百二十四两六钱；杂货一百四十九件，共价银六千一百五十两；杂色纸八百八十刀，共价银八百八十两；耕牛十条，共价银八十两；骆驼五只，共价银六十两；羊子一千六百只，共价银二千五百六十两；马八匹，共价银八十两。

以上入卡各色货物及牲畜，共价银二十九万七千四十六两二钱五分。

秋季分俄商贩运入卡各色货物项下

色哈萨布一千七板，共价银五千五百三十八两五钱；桂子皮二百四十四板，共价银五千五百三十八两五钱；杂色洋布三千二百二十二板，共价银一万一千二百七十七两；大哈萨缎九百六十一板，共价银五千七百六十六两；小哈萨缎七百二十一板，共价银二千八百八十四两；小印花洋布三百五十一板，共价银七百三十七两一钱；大印花洋布一百五十一板，共价银六百三十四两二钱；洋绉一百八板，共价银六百四十八两；上蓝梭布四百四十匹，共价银三百五十二两；洋巾十二条，共价银一两二钱；洋纱手巾二百四十条，共价银一十二两；杂色坎布二十四板，共价银一百三十九两二钱；洋棉线八十二斤，共价银四十九两二钱；洋麻线五十五斤，共价银三十八两五钱；伽衣绸三百六十匹，共价银五百四十两；回绒一十一板，共价银六十六两；哈萨铜盆一万二千一百斤，共价银二千九百四两；洋铁茶盘四千八百一十五个，共价银五百七十七两八钱；洋纸二百四十五刀，共价银三十六两七钱五分；洋铜一百六十七斤，共价银三十三两四钱；小铁锅四百一十一口，共价银三百二十八两八钱；洋铜蜡台四百五十八斤，共价银一百六十两三钱；洋铁小匣六百六十一个，共价银二百六十四两四钱；小夹靶刀五百六十四把，共价银五十六两四钱；中号铁箱一百四十七口，共价银二百九十四两；鍧错一千四百二十五把，共价银二百八十五两；洋铁调羹八百三十二片，共价银二十四两九钱六分；二号铁锅六百八十五口，共价银一千二十七两五钱；头号铁锅一百二十二口，共价银二百四十四两；洋铁条九万二千三百斤，共价银三千六百九十二两；玻璃酒瓶一千九百五十个，共价银一百九十五两；洋铁炒瓢二千四百五十块，共价银四百九十两；生铁茶壶二十把，共价银八两；白菜一百七十斤，共价银二十五两五钱；熟羊皮一百四十张，共价银二百八十两；细洋铁器五百五十斤，共价银二百二十两；牛皮胶八十二斤，共价银二十四两六钱；粗铁器八十二斤，共价银一十二两三钱；白铁皮五百四十七斤，共价银二百一十八两八钱；白矾一百三十七斤，共价银二十七两四钱；金银线七十二包，共价银一百四十四两；挂钟八座，共价银一百四两；洋针五十一万茴，共价银四十两八钱；棉线花帽二百五十顶，共价银二十五两；生铜器一百一十斤，共价银二十四两二钱；麻衣起拉一个估，共价银一十七两五钱；小珊瑚三十二串，共价银四十一两二钱五分；皮鞋袜三百三十套，共价银一百六十五两；旧熟铁器三千三百斤，共价银九十九两；皮荷包三十个，共价银三两；皮手套九十对，共价银二十七两；花油布五十块，共价银三十五两；小手镜二百个，共价银二十四两；棉线毯二十铺，共价银四十两；洋磁茶壶六百五十把，共价银三百二十五两；洋布五千一百一十六匹，共价银二万八千八百一十九两；洋货五十四匹，共价银八百四十两；洋铁钉子一百二件，共价银九百七十二两；铁钉六千五百六十五斤，共价银六百八十两六钱；杂货一百二十件，共价银一千五百两五钱；空箱二百一十一口，共价银三百五两五钱；铁钉五箱，共价银一百六十五两；香牛皮一千二百七十八张，共价银四千七百五十七两五钱；铜盆一百蒲桶，共价银一千二百两；洋烛三百二十二箱，共价银三千九十四两五钱；洋铁三万一千三百八十五斤，共价银二千九百七十六两七钱；小铁勺二千七百七十五个，共价银一百五十三两七钱五分；铜盆四件，共价银二百两；洋糖三千四百七十五斤，共价银七百五十一两；小箱子三百八口，共价银二百三十六两四钱；铁盆四千五百八十七斤，共价银三百四十九两四钱六分；小洋纸十板，共价银十两；茶壶六百五十八个，共价银五百九十八两五钱；膘胶五十二斤，共价银一百四两；铁锅二百一口，共价银三百二十九两一钱；白洋布二百一十五匹，共价银一千七十五两；洋小铁勺八百四十个，共价银六十七两二钱；洋铁桶六千三百四十四斤半，共价银六百八两六分；铁盘四百三十七斤八两，共价银二百六十二两五钱；大铁勺八百个，共价银一百六十两；锉子二百九十把，共价银六十两；洋纸一百板，共价银一百六十两；铜盆八千四十斤，共价银五千二百五十二两；锁钥八千三百六十把，共价银七百三两九钱；钢铁五十三斤，共价银十五两九钱；洋炉二件，共价银八两；锁钥九件，共价银六百六十两；饭盘一千四百七十五个，共价银二百六十七两；铁锅九千八百九十斤，共价银七百一十三两七钱；杂铁二千八百八十七斤，共价银一百七十三两二钱二分；洋火三百九十六箱，共价银一千一百八两；饭盘八百六十个，共价银一百七十二两；胰子八百五十二斤，共价银一百九十二两；洋铁箱十四件，共价银四百二十两；洋糖十箱，共价银二百一十两；白铜六件，共价银一百八十两；洋线一包，共价银八十两；铜炉一座，价银九两；锁钥一百四十斤，共价银二百一十两。

以上入卡各色〔货〕物，共价银十万三千七百四十七两五钱五分。

冬季分俄商贩运入卡各色货物项下

杂色哈萨布八百五十一板，共价银四千六百八十两五钱；桂子皮一百九十板，共价银七百六十三两；杂色洋布八千五百九十四板，共价银三万七十九两；大哈萨缎一千九十板，共价银六千五百四十两；小哈萨缎一千三百七十二板，共价银五千四百八十八两；小印花洋布二百三十二板，共价银四百八十七两二钱；大印花洋布六十板，共价银二百五十二两；五丈白洋扣布一百八板，共价银二百二十四两；洋绉三百五十板，共价银二千一百两；杂色坎布十板，共价银五十八两；洋棉线六百八十二斤，共价银四百九两二钱；回绒八十板，共价银四百八十两；哈萨铜盆一千一百斤，共价银二百六十四两；洋铁茶盘七百一十三斤，共价银八十五两五钱六分；铁钉子五百七十三斤，共价银四十五两八钱四分；洋纸十刀，共价银一两五钱；洋铜八百二十五斤，共价银一百六十五两；洋铁桶二千五十三斤，共价银一百六十四两二钱四分；中号铁锅一百四十四口，共价银二百一十六两；洋铜蜡台四百三十四斤，共价银一百五十一两九钱；洋铁小匣一百四十四个，共价银五十七两六钱；洋铁盆一千五百二十三斤，共价银一百二十一两八钱四分；大洋铁箱五十二口，共价银二百八两；小夹靶刀一千九百二十把，共价银一百九十二两；小号洋铁箱一口，价银一两；二号洋铁箱一百二十口，共价银二百四十两；洋铁条四万二千六百二十五斤，共价银一千七百五两；零杂货七箱，共价银五百三十两五分；洋糖一千四百二十二斤，共价银一百七十两六钱四分；洋铁炒瓢三百五十块，共价银七十两；洋胰子一百五十斤，共价银三十两；洋细铁器三十五斤，共价银一十四两；洋铁皮八十二斤，共价银三十二两八钱；洋炉一座，价银四两；洋磁茶壶五百六十把，共价银二百八十两；花油布六十块，共价银四十二两；小手镜四百个，共价银八两；洋油一万五百一十斤，共价银六百三十两六钱；旧碎铁一千三百七十斤，共价银二十七两四钱；洋铁铲五十五斤，共价银八两二钱五分；毡靴十五双，共价银八两；烟叶子五百五十斤，共价银一十六两五钱；十丈丝经棉纬被面三十板，共价银一百五十两；土胰子五十五斤，共价银五两五钱；花洋布三十匹，共价银一百五十两；洋布八百一十匹，共价银三千六百七十五两；洋巾三十四板，共价银一百六十三两二钱；铁撑子二十五个，共价银十二两五钱；铁盆一百二十一蒲桶，共价银三百二十一两六钱；杏干十五蒲桶，共价银三十七两五钱；香牛皮三百三十张，共价银一千二百八十五两；松子三十一蒲桶，共价银一百四十八两；铁锅二百六十二蒲桶，共价银四百五十八两；铁桶一百七十五蒲桶，共价银四百五十两五钱；杂货三十九件，共价银六百五十两；铜盆三十九蒲桶，共价银四百五十二两五钱；杂铁二十蒲桶，共价银二十两；洋铁一千八百蒲桶，共价银三千六十一两四钱；铁杓九百二十个，共价银一百二十八两；小铁杓一千七百一十七个，共价银一百八两一钱九分；大铁杓八百五十个，共价银一百七十七两五钱；洋烛一百九十一箱，共价银二千七十两三钱；铁饭盘四百个，共价银八十两；铜铁一十七蒲桶，共价银六十二两五钱；茶壶一千二百九十个，共价银五百一十三两；杂货二十五箱，共价银一千一百七十五两；锁钥四千五百个，共价银三百六十两；锁钥链五蒲桶，共价银十七两五钱；洋纸五板，共价银七两五钱；缝衣匣子二套，共价银七十五两；铁锅二百四十口，共价银三百四十七两六钱；洋糖一百一十六蒲桶，共价银六百三十二两；袋子九十条，共价银二十七两；洋巾一千一百四十六个，共价银一百七十两四钱；洋线八十二斤，共价银四十一两；锁钥、小刀三箱，共价银一百五十两；洋糖一百五十盒，共价银四十五两；铁锹三十把，共价银九两；洋漆棹子五十个，共价银二十两；毡靴十五双，共价银十二两；小匣子一百九十二个，共价银一百二十二两八钱；空箱一百一十二口，共价银二百两三钱；蜡台七蒲桶半，共价银七十五两；蜡台十个，共价银五两；毛口袋一百九十二条，共价银四十三两四钱；小木桶六百个，共价银八十五两；饭盘五百一十个，共价银九十一两八钱；胰子八蒲桶，共价银二十八两；冰糖三蒲桶，共价银十八两；铁钉一十五蒲桶，共价银五十七两五钱；洋火四十八箱，共价银一百六十八两；洋铁八千斤，共价银四百八十两；洋布一万五千七百六十板，共价银九万一千三百六十三两；白铜货一蒲桶，价银二十五两；洋油三百九十二蒲桶，共价银八百一十两五钱；洋书四十二套，共价银十两九钱；烟药二十蒲桶，共价银四十两；白鱼四百个，共价银二十两；铁缸六蒲桶，共价银二十一两。

以上入卡各色货物项下，共价银一十六万七千九百九十八两一分。



春季分俄商贩运出卡各色货物项下

葡萄九千六百斤，共价银一百九十二两；核桃三千二百八十斤，共价银九十八两四钱；羊毛二千二百斤，共价银一百三十二两；麻绳三百六十斤，共价银二十一两六钱；粗大布六千匹，共价银一千八百两；棉花二千八百斤，共价银三百三十六两；磁器一百斤，共价银六两。

以上出卡各色货物，共价银二千五百八十六两。

夏季分俄商贩运出卡各色货物项下

棉花八千七百二十斤，共价银一千四十六两四钱；葡萄二千一百三十斤，共价银四十三两；粗大布一万一千八百九十匹，共价银三千五百六十七两；毛绳一百五十斤，共价银九两；生羊皮四千三百张，共价银六百四十五两。

以上出卡各色货物，共价银五千三百一十两四钱。

秋季分俄商贩运出卡各色货物项下

生羊皮三千八百张，共价银五百七十两；葡萄六百八十斤，共价银二十两四钱；羊毛四千二百五十斤，共价银三百四十两；骆驼毛五百斤，共价银二十两；羊毛毡二百五十斤，共价银二十五两；稀稀布七千六百匹，共价银二千二百八十两；钉城门铁皮八十块，共价银九十六两。

以上出卡各色货物共价银三千三百五十一两四钱。

冬季分俄商贩运出卡各色货物项下

棉花八千二百斤，共价银六百五十六两；羊毛一千二百斤，共价银九十六两；驼毛六百斤，共价银二十四两；羊皮三千四百张，共价银五百一十两；葡萄、红枣二千八百斤，共价银八十四两；稀稀布六百五十匹，共价银二百一十两；粗大布四百匹，共价银一百四十两；香梨子九箱，共价银一百四十五两；钱搭子五十个，共价银二十两；毛口袋一千三百五十斤，共价银八十一两；洋布五百八十板，共价银二千三十两；老羊皮甬三件，共价银三两；棉线搭子三百个，共价银一百二十两；虎皮六十张，共价银六百两；貂皮、狼皮、狐皮二百七十六张，共价银四百一十四两。

以上出卡各色货物，共价银五千三十三两。

伊塔道单报春季分俄商贩运入卡各色货物及牲畜项下

白洋布一万三千八百匹，共价银二千七百六十两；皮靴五百双，共价银二百两；缠头夹小帽一千七百六十顶，共价银五百七十六两七钱五分；缠头棉袍一百五十件，共价银二百二十五两；搭连一千一百九十匹，共价银五百九十五两；洋布一百五十匹，共价银七百五十两；单衣二包，共价银五百两；酥油十蒲桶，共价银五十两；酒一百二十箱，共价银一千二百二十两；清油四十七蒲桶，共价银七十两二钱三分；铜铁零杂货，共价银五百两；马钉五百个，共价银五百两；白布一十九卷，共价银三百二十三两；杏干、葡萄、马鞍等项，共价银一千三百两；白布三十二包，共价银一百五十两；瓜子一百四十五蒲桶，共价银九十五两五钱；白布十万八千六百匹，共价银二万一十两；铁六百七蒲桶，共价银一千三十八两；洋布四十九卷，共价银八千五百八十两；洋布六十捆，共价银四千二百两；铁八百斤，共价银三十八两四钱；刀子一千把，共价银三百七十五两；清油一千一百斤，共价银四十四两；瓜子八千二百五十斤，共价银一百一十两一钱；杏干、葡萄、洋蜡、胰子、洋糖、洋火，共价银八百两；毡子一百床，共价银四百两；杏干二百三蒲桶，共价银三百三两五钱；铁罐二十五蒲桶，共价银五十两；皮袜子二千双，共价银三千两；棉线十一蒲桶，共价银一百两；烟叶六捆，共价银三百两；洋蜡一百五十蒲桶，共价银八百两；杏干、葡萄三百蒲桶，共价银四百七十五两；洋糖十六箱，共价银三百两；筒子烟一百箱，共价银二千五百两；黑石油二箱，共价银一百两；松子三十五蒲桶，共价银一百五十两；熟牛皮十张，共价银二十五两；木盘一千个，共价银五十两；被窝一百五十床，共价银二百二十五两；八丈九十三蒲桶，共价银二百八十二两；白布二十三捆，共价银四千八百三十九两；棉线十哈搭，共价银一两二钱；小香牛皮四百二十张，共价银四千八十六两；大香牛皮二百五十张，共价银一千二百五十两；搭连布五卷，共价银三十五两；洋胰一千七百块，共价银七十五两；拉扣三百四十对，共价银四十五两四钱；洋糖三百七十八蒲桶，共价银一千六百五十六两五钱；洋蜡三十四箱，共价银三百四十两；瓜子九十三蒲桶，共价银五十六两八钱；格子货二十包，共价银五千九百五十两；洋火八十蒲桶，共价银三百三十七两五钱；生铁一百九十五蒲〔桶〕，共价银一百一十两；生铁六十五把，共价银三十二两五钱；粗细格子货七百六十六卷，共价银二十万一千五百两五钱；毛绳六十根，共价银六两六钱；坐钟一架，共价银三十两；玉石十蒲桶，共价银七十五两；麻绳十蒲桶，共价银一两二钱五分；洋胭脂十二蒲桶，共价银一百五十两；木杓五千个，共价银二十五两；蜂蜜二十五蒲桶，共价银一百两；洋铁罐二百个，共价银五十两；小洋铁盆一百五十个，共价银三十七两五钱；大洋铁盆一百五十个，共价银七十五两；洋火一百一十三箱，共价银二百四十九两；羊六百七十三只，共价银一千七十两；中酒一千斤、土酒五十瓶，共价银二百三十七两五钱；玻璃五箱，共价银二十五两；马一百八匹，共价银一千一百二十五两，麻绳十四卷，共价银七十两；玻璃瓶五百个，共价银五十两；蓝靛二蒲桶，共价银五十两；乌搭一千四百四十三个，共价银一百七十九两四钱五分；铁锨一百四十五把，共价银一百二十四两；铁猫一百五十个，共价银七十五两；木碗一千三百个，共价银六十两；铁锅七十八口，共价银四十六两八钱；铁锅二十蒲桶，共价银二十两；铁桶二十〔蒲〕，共价银五十五两；黑油二十蒲桶，共价银九十两；花洋带子三根，共价银五两；铜一蒲桶，共价银七两五钱；格子货三百板，共价银四千八百两；洋伞三十把，共价银二十五两；茶壶五十把，共价银二十五两；红糖十七箱，共价银五百二十五两；大茶二十块，共价银九两；茶七十五箱，共价银三千五百五十七两五钱；麻绳一千根，共价银五十四两；洋胰二十蒲桶，共价银三十两；洋胰五百块，共价银七两五钱；金板茶二箱，共价银七十五两；金板茶一百蒲桶，共价银一千二百七十五两；武夷茶一箱，共价银五十五两；白毫茶二箱，共价银一百三十两；洋床一张，共价银五两；洋酒一千瓶，共价银三百三十五两；洋布袍料五个，共价银五两；羊六百只，共价银七百五十两；牛二只，共价银三十五两；杏干、葡萄、八大烟叶共二十八蒲桶，共价银五十两；洋纸二十八蒲桶，共价银三十五两；洋纸二十五合，共价银十二两二钱；烟二十五蒲桶，共价银一百五十两；洋胰八箱，共价银一百九十六两；草药十斤，共价银四两五钱；洋布二十五板，共价银一千二百五十两；洋棉线五十包，共价银二十二两五钱；皮胶五十斤，共价银十二两五钱；杂货三百三十六箱，共价银一万五千八百七十一两；杏仁四蒲桶，共价银八两；花洋巾九十条，共价银三两五钱；洋布五匹，共价银二十五两；缠头绸一百二十匹，共价银一百四十二两五钱；毛毡十条，共价银八两。

以上入卡各色货物及牲畜，共价银三十万八千一百七十九两二钱。

夏季分俄商贩运入卡各色货物及牲畜项下

粗细格子货一百二包，共价银一万三千九百七十五两；棉花二十包，共价银三百两；杂货九十箱，共价银四千两；格子货二百二十一卷，共价银二万六百七十五两；格子货一箱，价银一百五十两；马三百三十匹，共价银三千三百二十五两；羊一百六十七只，共价银一百八十七两；乌搭一千六百八十个，共价银一百九十三两；杏干一百二十蒲桶，共价银一百四十八两；山羊一百四只，共价银五十二两；皮裤一百五十条，共价银一百五十两；皮靴三百三十双，共价银三百二十两；皮靴十二蒲桶，共价银一百五十两；鹿茸一百二十八对，共价银四千五百三十两；鹿茸四架，共价银二百五十两；带子五十根，共价银十二两；包巾一百个，共价银三十二两；夹小帽二百顶，共价银七十两；小帽一百顶，共价银二十五两；镰刀一百把，共价银三十两；生铁四百一十蒲桶，共价银五百九十五两；蜂蜜十八蒲桶，共价银七十两；洋刀二百把，共价银六十两；洋铁盘六蒲桶，共价银二百两；粗碗盘一千五百个，共价银三十两；棉被五十床，共价银七十五两；洋毡四条，共价银三百二十两；瓜子二千斤，共价银九十两；毛毡二十床，共价银八十两；葡萄七百七十一蒲桶，共价银一千七百一十六两；熟铁四百七十蒲桶，共价银七百三十两；烟叶五十蒲桶，共价银一百二十五两；铁杓子二十蒲桶，共价银九十两；铁锅一百二口，共价银一百六十五两；铁锅二百四十蒲桶，共价银三百二十五两；香牛皮一包，价银四十五两；洋油九蒲桶，共价银十三两五钱；毛毡五十七床，共价银五十六两；白糖二百蒲桶，共价银四百两；洋糖一千七十五蒲桶，共价银五千四百七十八两五钱；棒子烟一百一十八箱，共价银七百八十七两；棒子烟七千包，共价银三十五两；玻璃六箱，共价银二百二十一两；铁丝八包，共价银四十八两；茶一百七十二箱，共价银五千七百七十两；洋胰子八箱，共价银六十九两；洋胰子五十蒲桶，共价银一百两；杏干、葡萄五百三十蒲桶，共价银八百三十五两；清油七（甬）〔桶〕，共价银三十二两；粗碗四千个，共价银五百两；毛绳八百根，共价银八十三两；麻绳二十蒲桶，共价银十两；铜盘五十个，共价银三十两；哈拉四个，共价银六两；洋酒五箱，共价银二十两；白布三万八百匹，共价银六千一百六十两；冰糖一百五十箱，共价银九百两；搭连布一百五十匹，共价银四十两；瓜子十五蒲桶，共价银二十六两；洋蜡二十一箱，共价银三百一十二两；洋酒四百瓶，共价银一百两；洋糖十三箱，共价银五百二十一两；撑架五十蒲桶，共价银七十五两；沙玛碗一百个，共价银十两；香牛皮二十七卷，共价银一千三百五十两；镰刀五十把，共价银十二两；铁缸五十蒲桶，共价银一百六十两；铁钉十蒲桶，共价银二十五两；洋火四百一十箱，共价银一千五十两；白矾二十蒲桶，共价银八十二两；香牛皮二十张，共价银一百五两；铜盘一百五十三蒲桶，共价银三百七十两；八丈一百三十蒲桶，共价银二百八十两；松子、八丈十蒲桶，共价银九十两；芝麻二百一十一蒲桶，共价银一百六十一两；洋铁匣十六个，共价银十一两；马鞍二百四十二个，共价银二百四十二两；皮靴四十双，共价银六十两；白洋纸三捆，共价银七两；白洋纸三十一卷，共价银五百五十两；洋纸十四蒲桶，共价银一百两；铁货二十五包，共价银三百五十两；洋箱三包，共价银二十两；洋箱五十个，共价银二百五十两；刮纸二箱，共价银五十两；洋粗布二包，共价银三百两；洋坐车一辆，共价银七十五两；斧头五十箱，共价银十五两；玻璃茶壶一箱，共价银二十五两；玻璃镜子一箱，共价银二十五两；铜丝五蒲桶，共价银二十五两；洋镜子五箱，共价银一百五十两；茶壶五箱，共价银一百五十两；巴豆四包，共价银一百三十两；木调羹七蒲桶，共价银二十五两；马扎子十个，共价银二十五两；烟叶十蒲桶，共价银十五两；茶叶四蒲桶，共价银一百四两；衣箱四十个，共价银六十两；洋酒五（甬）〔桶〕，共价银七十五两；鱼油十五蒲桶，共价银三十七两。

以上入卡各色货物及牲畜，共价银八万一千九百九十三两。

秋季分俄商贩运入卡各色货物项下

铁锅五百九十五口，共价银五百九十五两；铁桶二百只，共价银五十两；洋铁盆一百蒲桶，共价银五百两；大铁锅一个，价银三两；洋蜡三百五十蒲桶，共价银一千三百五十两；铁杓二千把，共价银三百两；铁缸二百二十五蒲桶，共价银一百五十五两；生铁一百九十五蒲桶，共价银三百六十七两；牛皮十五蒲桶，共价银七十五两；香牛皮二千四百一十六张，共价银五千四百七十两；杏干一千八百四十七蒲桶，共价银二千二百九十两；茶叶八蒲桶，共价银一百两；茶叶三十九箱，共价银一千二百九十两；马鞍二十七箱，共价银三十二两；皮靴五百七十双，共价银六百七十五两；哈萨布四蒲桶，共价银一百两；洋红十五蒲桶，共价银五十两；纱毡八蒲桶，共价银二十两；青石五蒲桶，共价银二十五两；胡椒一蒲桶，共价银十二两；蓝布二十匹，共价银十二两；洋毡五十四条，共价银五百二十两；马一千一百五十四匹，共价银八千七百四十四两；熟铁一千九百二十蒲桶，共价银三千三百七十两；格子货一千二百五十二卷，共价银五万五千三百八十两；胰子五箱，共价银三十两；白布二百匹，共价银九十两；胰子三千七百个，共价银八十九两；洋酒十三（甬）〔桶〕，共价银三千九十两；洋酒六箱，共价银一百八十两；洋表六个，共价银六十两；撑架二十五蒲桶，共价银一百二十二两；油棹毡十六条，共价银十二两；木碗二十一捆，共价银三百六十两；木碗八千八百个，共价银二百七十两；铜脸盆十卷，共价银一百两；席子二百条，共价银二百二十两；洋箱三百四十八个，共价银九百四十四两；洋糖六十箱，共价银八百一十六两；铁铲四十蒲桶，共价银一百三十两；杂货七十二箱，共价银二千一百九十两；洋铁盆二卷，共价银三十二两；杂货三十七包，共价银四百二十两；洋秤一把，价银十两；玻璃三箱，共价银七十五两；棒子烟八箱，共价银二百二十五两；茶壶三箱，共价银三十六两；洋糖八百三十五蒲桶，共价银二千一百二十二两；鹿茸十二架，共价银二百四十两；香牛皮十九卷，共价银二百六十两；白糖二百一十八蒲桶，共价银一千六十两；白糖八箱，共价银一百两；铁盆十蒲桶，共价银五十两；黑糖二十箱，共价银二百五十两；铁杓五蒲桶，共价银二十五两；炮子四蒲桶，共价银一百两；鸭毛四蒲桶，共价银十五两；衣服六箱，共价银三百两；羊五千一百九十只，共价银五千三百九十五两；皮绳一百根，共价银十二两；洋瓶四百四十个，共价银一百一十八两；胰子五十八蒲桶，共价银一百四十三两；铁缸五十个，共价银十两；毛绳三百五十根，共价银三十一两；药材二蒲桶，共价银十五两；白矾二十蒲桶，共价银九十两；乌搭一千二百四十五个，共价银二百三十三两；格子货一百蒲桶，共价银二千五百两；药六箱，共价银四百八十两；铁锅三十六蒲桶，共价银九十两；铁钢三十蒲桶，共价银五十四两；牛皮胶九蒲桶，共价银三十九两；玻璃瓶十八箱，共价银五十两；铜壶一百二十把，共价银一百七十两；茶壶三百把，共价银一百二十两；铜壶二蒲桶，共价银二十两；哈搭十五个，共价银二十五两；烟盘二蒲桶，共价银十八两；洋纸二十三合，共价银二十五两；洋糖三十一箱，共价银四百七十四两；洋铁橙一条，价银七两；洋蜡一百三十八箱半，共价银一千四百四十二两；毛毡四百二十五条，共价银五百五十五两；棉袄十五件，共价银二十五两；清油三千五百斤，共价银一百四十五两；桐油十蒲桶，共价银九两；八大十二蒲桶，共价银七十二两；八大一包，价银十两；葡萄九十一蒲桶，共价银四百九十五两；玻璃一千个，共价银五十两；洋纸八蒲桶，共价银一百两；红牛皮十张，共价银五十两；铁缸一百蒲桶，共价银二百五十两；洋铁盘七蒲桶，共价银二十五两；茶二箱，共价银七十二两；洋酒十三箱，共价银八百二十两；清油九十蒲桶，共价银一百一十五两；铁二十蒲桶，共价银十六两；磁碗三百个，共价银二十二两；洋纸二十三包，共价银二百九十七两；洋纸三箱，共价银三十五两；黑油二十二蒲桶，共价银五十两；黑油五百斤，共价银二十五两；铁铲四十把，共价银二十两；茶十包，价银十一两；棒子烟一蒲桶，价银十一两；洋匣二十四个，共价银十七两；洋瓶一箱，价银三两；蜡台二箱，价银六两；皮条三百根，共价银四十五两；木盘五十个，共价银七两；破铁三十蒲桶，共价银十五两；木杓一箱，共价银二两；铁杓三十把，共价银三两；毛绳五百八十根，共价银八十五两；块茶二十六包，共价银九百二十两；皮袄九十八件，共价银一百三十七两；骆驼一只，价银二十五两；毡袜四十双，共价银四两；京搭料六件，共价银九两；松子六十三蒲桶，共价银一百五十七两；白毡二条，共价银一两；羊皮十五张，共价银二两；杏干二包，共价银三十两；白布二万八千五百匹，共价银三千五百五十两；冰糖六十蒲桶，共价银三百两；桃干十七蒲桶，共价银二十两；格子货一百二十捆，共价银一万六千两；格子货一百板，共价银四百五十两；格子货四百一十五包，共价银四万五千六百五十两；玻璃五箱，共价银五十八两；玻璃缸一箱，共价银十二两；红皮裤一百二十条，共价银一千两；洋壶五十把，共价银十五两；霍衫十件，共价银十两；毡帽九十顶，共价银四十五两；粗碗一千个，共价银五十两；皮条一梱，价银十两；皮绳二百根，共价银十五两；麻绳七百根，共价银三十五两；叶烟十二蒲桶，共价银二十四两；洋蜡三十蒲桶，共价银一百八十两；柴灰一百一十蒲桶，共价银五十四两；洋火二百箱，共价银七百两；铜盆八蒲桶，共价银一百两；衣服九卷，共价银九百两；棉袍一百件，共价银一百五十两；皮袄九卷，共价银一百七十两；皮靴五十双，共价银六十两；羊皮二百张，共价银二十两；挂口二百个，共价银二十一两；瑕衣三百件，共价银四百五十两；棉线十六蒲桶，共价银一百两；磁碗四箱，共价银二百两；靴子三百双，共价银一百二十两；蜂蜜七甬，共价银五百两；牛皮五十张，共价银八十两；牛十九头，共价银一百二十两；衣服三十件，共价银四十五两；马鞭一百一十根，共价银九两；哈哪七个，共价银十两；衣服一百套，共价银一百两；蓝布十卷，共价银二百五十两；玉石八蒲桶，共价银二百两；洋巾一百条，共价银十五两；洋酒一千一百瓶，共价银七百五十两；花洋布八百匹，共价银一百二十两。

以上入卡各色货物及牲畜，共价银一十八万五千一百六十六两。

冬季分俄商贩运入卡各色货物及牲畜项下

驼二十二只，共价银四百七十五两；牛四十二只，共价银四百二十两；马一千五百八十四匹，共价银一万五千九百二十三两；羊一千八百九十只，共价银一千五百三十五两；马鞍一百五十三个，共价银一百七十九两；鹰十一只，共价银六十三两；香牛皮二十九卷，共价银一千八百九十两；香牛皮五百一十一张，共价银二千三百六十二两；格子货八十板，共价银三百七十两；杂货七十六箱，共价银三千二百八十五两；洋灯油二十六蒲桶，共价银八十两；胰子五百个，共价银一十两；胰子三十二箱，共价银二百七十二两；胰子三十蒲桶，共价银七十五两；毛毡一百二十四条，共价银一百一十八两；生铁一千四百七十蒲桶，共价银二千四百一十两；柴灰一百九十五蒲桶，共价银四十七两；熟铁二百六十四蒲桶，共价银四百二十八两；铁锅四百五十蒲桶，共价银八百六十两；铁锅五百一十口，共价银七百一十五两；洋蜡一百五十蒲桶，共价银八百两；黑油一百斤，共价银五两；黑油四十六蒲桶，共价银四十六两；黑油二桶，共价银三十两；棒子烟二十八箱，共价银六百六十两；玻璃三箱，共价银三十两；叶烟二百斤，共价银八两；洋蜡二百七十七箱，共价银二千八百六十两；粗碗一千五百个，共价银五十两；辣子五包，共价银三十两；杏干二千一百四十五蒲桶，共价银二千四百三十二两；辣末三十斤，共价银二两；冰糖七箱，共价银二百两；白糖十三蒲桶，共价银六十两；冰糖九十六蒲桶，共价银四百五十两；清油二千五百斤，共价银一百两；洋糖三百一十九蒲桶，共价银一千八百二十一两；洋糖四十一箱，共价银五百二十四两；毡袜一百双，共价银一十两；霍衣五百一十八件，共价银七百一十六两；柿榴一百五蒲桶，共价银二百三十两；白布五万一千匹，共价银九千九百五十两；铁二百五十蒲桶，共价银一百七十五两；铁桶八十个，共价银二十五两；铁炉三十个，共价银四十两；铁锅撑二十个，共价银一十两；铁盆八十个，共价银二十二两；铁盆一百蒲桶，共价银二百五十两；洋炉一百五十七个，共价银二百一十七两；洋纸四箱，共价银五十七两；蜂蜜十蒲桶，共价银二十七两；蜂蜜二桶，共价银三十四两；皮帽四百七十顶，共价银一百二十两；麻绳一百二十根，共价银七两；麻绳二卷，共价银五两；碱四十蒲桶，共价银二十两；白布四十五卷，共价银九百八十两；洋酒一十箱，共价银七百七十两；松油五蒲桶，共价银一十八两；洋布五十板，共价银一百五十两；铁缸一百九十个，共价银七十二两；皮靴六百双，共价银六百六十二两；洋瓶一千二百个，共价银七十两；麻绳一千五百根，共价银三十七两；洋瓶三十三箱，共价银五十八两；木碗一千一百个，共价银一百三十五两；白布九十五卷，共价银一千八百六十两；洋烟八十四蒲桶，共价银一百八十五两；汗烟八包，共价银一百八十两；小匣一百五十个，共价银二十两；铁缸一百二十五蒲桶，共价银二百五十两；铁杓一千把，共价银九十两；铁钉子三箱，共价银四十七两；砍刀二十四把，共价银八两；棉花五包，共价银六十两；表十三个，共价银一百一十两；洋箱五个，共价银一十三两；哈那十件，共价银十五两；毛袜一百双，共价银一十两；毡袜二百双，共价银一十五两；狐皮一百张，共价银一百二十五两；格子货四百七十一卷，共价银四万七千七百九十两；茶炉十九个，共价银一百一十五两；泥碗七千个，共价银七百五十两；撑架二十个，共价银一十两；鱼四百四十三蒲桶，共价银六百三十五两；葡萄一百蒲桶，共价银二百两；洋纸六捆，共价银一百五十两；瓜子七十蒲桶，共价银一百二十两；皮绳九百根，共价银六十两；皮鞋七十双，共价银七十两；刀子二百五十把，共价银二十两；棉衣八件，共价银八两；棉带二十根，共价银七两；葱四十五蒲桶，共价银十二两；麻线五蒲桶，共价银八两；玉石一块，价银五十两；鱼六千六百个，共价银二百二十五两；乌搭四千七十个，共价银五百二十一两；皮袄二百八十八件，共价银八百八十四两；杏仁六十蒲桶，共价银一百五十两；花洋布一卷，价银三十两；烟叶十六蒲桶，共价银二十四两；毛绳一千四百三十五根，共价银九十六两；洋糖二十蒲桶，共价银八十两；洋盆五十个，共价银八两；清油二十蒲桶，共价银二十两。

以上入卡各色货物及牲畜，共价银一十一万一千四百二十三两。

春季分俄商贩运出卡各色货物及牲畜项下

牛皮三千六百八十张，共价银五千四百七十六两五钱；羊皮一万八千六百八张，共价银二千五百九两五钱五分；细磁碗二箱，共价银四百五十两；白布二捆，共价银四十两；茶八十五箱，共价银四千三百一十九两五钱；牛二百五十六只，共价银二千三百三十三两五钱；白布三千二十六匹，共价银六百一十五两六钱；青磁碗二箱，共价银十二两；羊一千七百只，共价银二千二百二十五两；茶十三包，共价银四百六十五两；磁碗三十个，共价银五十两；驴二头，共价银六两；磁碗二箱，共价银三百两；犁铧一千一百个，共价银四十三两；牛油十蒲桶，共价银十一两五钱；毛毡子三床，共价银三十七两五钱；格子货一包，价银一百两；珊瑚珠二颗，共价银七两；棉花十二包，共价银一百三十二两；缠头小夹帽十五顶，共价银七两五钱；葡萄二十二蒲桶，共价银四十九两五钱；毡帽一百顶，共价银五十两；细磁器蓝花碗一百蒲（桶），共价银五十五两；铅铁十二蒲桶，共价银二百两；皮靴五双，共价银一十两；狐皮二百九十一张，共价银三百四十八两二钱；毡二百九床，共价银四百三十九两；马五百五十匹，共价银五千七百两；磁器三箱，共价银一百六十三两；马皮六千六百八十张，共价银五百七十五两；杂货三箱，共价银一百七十两；乌搭六百二十四个，共价银九十三两六钱；毛绳三百九十二根，共价银三十九两二钱；鹿角一千六百五十架，共价银五百五十两；硗沙三百五十蒲桶，共价银一千两；鹿皮六百六十二张，共价银一百五十两；铁缸三蒲桶，共价银七十五两；格子货一包，共价银六十两；驼毛二蒲桶，共价银三两七钱五分；铁锨十张，共价银六两；白布六卷，共价银九十两；俄绸二千四百六十匹，共价银四千一百三十二两八钱；各色洋布二万六千七百六十板，共价银一十一万九千八百八十四两八钱；各色桂皮三千四百二十板，共价银四万七千三百六十七两；各色坎布二千八百四十板，共价银二万三千四百三十两；各色洋棉线二蒲桶半，共价银五十七两；洋糖一百八十八蒲桶，共价银一千一百七十五两；羊油一十六蒲桶，共价银三十四两四钱；羊油蜡二蒲桶半，共价银六两；羊肉一十蒲桶，共价银一十六两；胡椒二蒲桶，共价银五两一钱；粗洋磁饭盘一千一百二十个，共价银一百九十六两；细白洋纸三十六合，共价银五十五两八钱；洋火五十七箱一十二包，共价银一千五百七十四两；黄铜盆九十四蒲桶，共价银一千一百七十五两；黄铜蜡台一十四蒲桶，共价银一百八十二两；洋铜小钉子二蒲桶，共价银二十七两三钱；洋铁二百一十蒲桶，共价银四百九两五钱；铁锅二百七十蒲桶，共价银七百一十五两五钱；洋铁桶十蒲桶，共价银三十一两五钱；洋铁盆十五蒲桶，共价银一百四十一两七钱五分；杂铁一十蒲桶，共价银一十六两五钱；洋铁钉子二十五蒲桶，共价银七十八两七钱五分；洋铁锯子二蒲桶，共价银七两二分；驼毛口袋一百九个，共价银二十两一钱六分五厘；毛绳子五十根，共价银八两七钱五分；香牛皮七十块，共价银二百九十一两二钱；洋铁包箱大木箱子四十八只，共价银一百八十两；洋铁包厢小木箱子一十只，共价银二十二两五钱；细洋铁包厢小匣子七百九十个，共价银五百九十二两五钱；各色粗细杂货九十八箱又四十四包，共价银一万九百八十八两；犍乳牛一十六条，共价银一百九十二两；羯母羊五百五十只，共价银九百九十两。

以上出卡各色货物及牲畜，共价银二十四万二千九百七十二两二钱三分五厘。

夏季分俄商出卡各色货物及牲畜项下

羊皮八千九百五十六张，共价银八百八十六两；马十八匹，共价银八十两；羊一千九十八只，共价银一千六百五十二两五钱；牛六十三只，共价银四百七十五两；马皮十五张，共价银十两；棉花三十八包，共价银五百一十六两；山羊毛二百三十五蒲桶，共价银五十六两；棉花三十八蒲桶，共价银八十二两；格子货九十四卷，共价银七百七十五两；玻璃一十蒲桶，共价银一百八十两；冰糖一箱，共价银三十两；白布二十七卷，共价银九百九十一两；白布八千四百匹，共价银一千五百九十两；花布五十匹，共价银七两五钱；夹小帽二十五顶，共价银一十两；牛皮二十七张，共价银四十两；狐皮袄二件，共价银五十两；牛一百六十八只，共价银一千五百五十两；马鬃三蒲桶，共价银三十两；马鬃四千斤，共价银一千两；羊毛一千六百七十蒲桶，共价银四百五十四两；羊毛二十九包，共价银十二两；磁碗二箱，共价银九十一两；茶二十二箱，共价银八百四十五两；驼皮五张，共价银五两；驼毛一百四十六蒲桶，共价银四百九十五两；麻绳二蒲桶，共价银五两；洋糖二蒲桶，共价银九两；山羊皮二百六十一张，共价银二十六两；山羊毛四蒲桶，共价银一十六两；白毫茶十箱，共价银四百两；毛毡二十二条，共价银一十八两；毛毡三块，共价银四两；洋瓶五箱，共价银五十两；洗羊毛一百九十四蒲桶，共价银九十七两；毡帽二百顶，共价银一百两；鹿皮五十张，共价银七十五两；鹿角五十对，共价银二十五两；磁碗一千五百个，共价银三百二十五两；胰子二箱，共价银六十二两；洋糖二百蒲桶，共价银八百二十五两；洋蜡四十箱，共价银四百五十两；衣箱一百一十二个，共价银四百两；洋纸一百一十合，共价银二百六十五两；大米五十蒲桶，共价银五十两；洋酒五百瓶，共价银一百二十五两；洋酒四箱，共价银一百二十五两；犁铧六蒲桶，共价银一十六两；瑕衣三十八匹，共价银五十四两；香牛皮三十五张，共价银一百七十五两；棒子烟五箱，共价银三百四十两；黄酒二十蒲桶，共价银一十八两；俄绸七百匹，共价银一千一百五十两；缠头小白布一千匹，共价银三百两；各色粗细洋布六千九百九十七板，共价银五万一千五百二十一两四钱八分五厘；印花红洋巾三十五板，共价银六十三两；缠头小衬帽三百八十顶，共价银一百四十二两五钱；缠头皮靴一百五十双，共价银二百二十五两；洋棉线二蒲桶，共价银四十八两七钱五分；香牛皮八十块，共价银三百两；洋蜡八十八箱，共价银一千五十六两；洋火九百四十五箱，共价银二千三百六十二两五钱；细白洋纸一百四十二合，共价银二百一十三两；洋糖七十蒲桶，共价银三百五十两；洋冰糖五蒲桶，共价银三十二两五钱；清油二十一蒲桶，共价银八十四两；俄罗斯砖条六十四块，共价银四十两；胡椒四蒲桶，共价银七两四钱；缠头木碗一百八十个，共价银一十三两五钱；粗洋磁碗饭盘一百六十个，共价银二十四两；洋铜茶壶一十六个，共价银二十四两；洋铜水火壶五个，共价银六两；黄铜脸盆一十二蒲（桶），共价银一（十）〔百〕四十四两；洋布伞二百二把，共价银二十七两五钱；洋胰子一百四蒲桶，共价银二百六十两；洋铁二千六百五十六蒲桶，共价银四千六百四十八两；钢铁六蒲桶，共价银一百七十五两；洋铁杓一千个，共价银一百七十五两；洋铁盆五十四蒲桶，共价银一百四十八两五钱；洋铁桶一百三十蒲桶，共价银三百五十七两五钱；洋铁钉子三十二蒲桶，共价银七十九两二钱；洋铁锁钥一千四百个，共价银一百五两；洋铁匣子一百二十个，共价银八十四两；洋铁包厢空箱子一十四只，共价银四十九两；小桦木箱三百三十个，共价银四十二两九钱；驼毛口袋五十条，共价银九两三钱五分；毛绳二十根，共价银三两一钱；粗细各色杂货一百六箱又四包，共价银八千五百七十两；骟母驼大小三十二只，共价银七百二十两；骟骡马大小二百五十五匹，共价银二千六百七十七两五钱；犍乳牛大小五十九条，共价银七百八两；羯母羊大小八千八百七十只，共价银一万五千五百二十二两五钱。

以上出卡各色货物及牲畜，共价银八万八千一百八十四两六钱八分五厘。

秋季分俄商出卡各色货物及牲畜项下

羊毛二千八百二十七蒲桶，共价银一千一百三十三两；狐皮二百张，共价银三百两；羊皮一万二千一百九十六张，共价银一千九百一十五两；羊羔皮四千四百张，共价银五百一十五两；马鬃二十蒲桶，共价银一百二十两；狼皮一十四张，共价银二十两；马皮八十九张，共价银二百五两；磁碗二箱，共价银二十五两；熊皮八张，共价银一十两；牛一百一十九头，共价银七百六十两；白布二千二百匹，共价银四百两；玻璃瓶五百个，共价银五十两；驼毛三捆，共价银三十两；棉花一十五包，共价银二百一十两；茶叶一十二箱，共价银五百两；毛毡二十九条，共价银一十七两；羊肠三捆，共价银二十两；羊肠二十九蒲桶，共价银五十二两；羊六百只，共价银一千一百五十两；马鞍五十个，共价银二十五两；葡萄七十五蒲桶，共价银一百两；洋酒八箱，共价银四十两；杂货四箱，共价银四百一十八两；细药一箱，共价银一百七十两；磁碗一箱，共价银四十两；绸子六匹，共价银七十二两；驼皮十张，共价银一十七两；白布二十八卷，共价银六百二十五两；棉花十蒲桶，共价银三十两；泥罐二百个，共价银二十两；玻璃瓶一箱，共价银五两；洋毯四条，共价银二十两；棉被八床，共价银一十两；茶壶二箱，共价银二十五两；茶叶二十三斤，共价银一十两；靴子三十双，共价银三十两；棉花三百五十斤，共价银五十六两；绒花四十匣，共价银九两；篦子四十五把，共价银三两；棉衣十件，共价银十二两；洋瓶一千个，共价银六十两；米糖八蒲桶，共价银四十两；皮袄八件，共价银十二两；毛毡七条，共价银一十两；牛皮八百八十七张，共价银一千四百三十八两；羊油十一蒲桶，共价银二十两；磁碗五百个，共价银一百五十两；鹿角八百四十对，共价银八百四十两；毛毡二百条，共价银二百两；各色粗细洋布一万一千二百七十五板，共价银五万一千九十两五钱；印花洋巾三十四板，共价银五十五两八分；洋线毡子二十条，共价银二十五两；香牛皮三百五十九块，共价银一千二百七十四两四钱五分；黄铜脸盆四百六十七蒲桶，共价银五千三百七十两五钱；黄铜盘十五蒲桶，共价银一百七十二两五钱；洋白铜三十蒲桶，共价银三百九十三两；洋铜茶壶二百四十六个，共价银三百四十四两四钱；洋铜蜡台十二蒲桶，共价银一百三十八两；洋蜡一百二十五箱，共价银一千五百五十二两五钱；大小洋铁勺八千五百三十个，共价银一千四百九十二两七钱五分；洋铁桶三百一十六个桶半，共价银八百三十二两五钱七分五厘；洋铁盆一百四十五蒲桶，共价银三百六十九两七钱五分；洋铁锁钥三千个，共价银一百九十五两；洋钢铁三十二蒲桶，共价银一百二十一两六钱；洋铁条三千八百二十三蒲桶半，共价银五千九百二十六两四钱二分；杂洋铁二百三十二蒲桶，共价银三百五十九两六钱；大小铁锅一千五百七十九口，共价银一千三百四十二两一钱五分；洋铁锅撑二十五个，共价银九两一钱二分五厘；洋锉五百二十个，共价银三十六两四钱；洋铁饭盘四千七百五个，共价银七百三十三两五钱；洋铁钉子六百三十五蒲桶，共价银二千一百五十九两；洋人缝衣架子一个，共价银十二两；洋糖一百一十蒲桶，共价银五百一十一两五钱；细白洋纸一百八十四合，共价银二百七十六两；洋棉线四蒲桶，共价银七十四两八分；鱼鳔八蒲桶，共价银七十一两二钱；洋火五百一十箱，共价银一千一百七十五两三钱；洋胰子一百二十蒲桶，共价银二百七十六两；洋油五蒲桶，共价银一十两；松籽一十蒲桶，共价银四十四两；杏干一十蒲桶，共价银十八两二钱；白果一百七十斤，共价银二十二两一钱；洋铁包厢小空箱子四十四口，共价银五十二两八钱；洋铁包厢大空箱子二百三十六口，共价银七百八两；洋铁包厢小匣子四百个，共价银二百六十两；驼毛口袋一百二十条，共价银十八两；洋铁火炉一个，共价银一两五钱；骆驼一只，共价银十七两七钱；犍乳牛大小七条，共价银七十七两；骟骡马大小十四匹，共价银一百四十两；羯母羊大小二千二百只，共价银三千三百两。

以上出卡各色货物及牲畜，共价银十万三千二十三两一钱八分。

冬季分俄商出卡各色货物及牲畜项下

羊皮一万三千七百五十张，共价银一千六百九十五两；马皮四十四张，共价银五十三两；羊三百一十五只，共价银三百四十五两；羊毛一百四十蒲桶，共价银九十两；马四十匹，共价银三百两；牛皮七百五十张，共价银一千四百四十六两；鹿角二百八十对，共价银二百八十七两；鹿皮一百七十七张，共价银二百七两；羊肠五十蒲桶，共价银二百三十两；毛毡一百九条，共价银一百一十四两；香牛皮十张，共价银五十两；皮袄十五件，共价银五十两；狐皮一百一十八张，共价银一百六十七两；马鬃三卷，共价银七十两；白布一千一百三十匹，共价银二百一十二两；白布五卷，共价银八十两；泥罐子一千三百只，共价银四十九两；磁碗二十四箱，共价银九百一十两；花椒二蒲桶，共价银十二两；茶壶七百把，共价银五十两；牛油四蒲桶，共价银一十六两；牛油一百斤，共价银八两；格子货二卷，共价银一百两；杂货五箱，共价银一百七十两；花椒五十斤，共价银一十二两；犁铧四百个，共价银一百二十五两；麻纸二十合，共价银三两；鞍子四十个，共价银二十两；油子一百五十蒲桶，共价银三十两；瓜子四十蒲桶，共价银二十两；汉烟十蒲桶，共价银一十两；辣子十蒲桶，共价银一十两；麻子一百块，共价银一百五十两；葡萄四蒲桶，共价银六两；磁器二箱，共价银一百两；羊油四十蒲桶，共价银六十二两；羊油四百五十斤，共价银三十两；马鞍一百六十个，共价银九十五两；杏干四百二十二蒲桶，共价银四百二十二两；清油一十蒲桶，共价银十二两；沙锅一百个，共价银五两；洋瓶九百个，共价银五十两；棉花二包，共价银三十两；梨子二箱，共价银十两；石灰二百五十斤，共价银五两；各色粗细洋布一万四百六十板，共价银四万七千六百一十一两二钱；印花洋巾二十五板，共价银四十五两；洋棉线四蒲桶，共价银七十两；洋罗底一百个，共价银三十六两；缠头衣服八十件，共价银二百四十两；洋漆布棹面子一百四十张，共价银七十两；洋胰子三十蒲桶，共价银七十五两；香牛皮二百五十块，共价银八百八十七两；洋火七百二十八箱，共价银一千八百二十两；洋蜡一百二十箱，共价银一千三百九十一两；洋糖六十蒲桶，共价银七百八十五两八钱五分；粗细杂货八十九箱，共价银五千七百五十两；洋冰糖五蒲桶，共价银三十二两五钱；松子八蒲桶，共价银三十三两六钱；烟叶二十蒲桶，共价银二十四两；洋白铜五蒲桶，共价银六十七两五钱；洋铜盘四十五蒲桶，共价银四百七十二两五钱；洋红铜茶壶六个，共价银八两四钱；洋黄铜蜡台十个，共价银二两六钱七分；洋铜铁四百蒲桶，共价银一十六两；洋铁条四千四百九十蒲桶半，共价银六千九百六十两二钱七分五厘；洋铁锅五百一口，共价银四百二十五两八钱五分；洋铁桶一百四十五蒲桶，共价银三百六十九两七钱五分；洋铁盆六十蒲桶，共价银一百五十三两；洋铁钉子五十蒲桶，共价银一百七十五两；洋锨七十个，共价银二十四两五钱；洋铁锁钥七百个，共价银四十九两；洋铁小刀一千个，共价银一百五十两；杂洋铁二十蒲桶，共价银三十一两二钱；洋人照像器具四箱，共价银六百六十两；洋书四十二套，共价银二十二两；洋铁包厢大空箱一百五十三口，共价银三百八十二两五钱；洋铁包厢小空箱八十五个，共价银五十五两二钱五分；小桦木桶四百个，共价银五十二两；木碗一百四十个，共价银二十两五钱；粗洋磁饭盘四百五十个，共价银六十七两五钱；驼毛口袋一百七十二条，共价银二十五两八钱；驼毛毡靴一百双，共价银八十五两；羊油四百五蒲桶，共价银六百四十八两；羊肉一百一十蒲桶，共价银五十五两；白鱼五千五百条，共价银二百二十两。

以上出卡各色货物及牲畜，共价银八万一百五十三两五钱九分五厘。

阿克苏道单报

春季分俄商贩运入卡各色货物、牲畜项下

熟铁一千五百斤，共价银一百六十二两；铁锅五十六口，共价银四十六两六钱；红牛皮二十九张，共价银七十两五钱；马十二匹，共价银一百七两；小铁杓子一百二十个，共价银一十二两；白哈萨布二十匹，共价银一百八十两；洋铁脚盆五十二个，共价银二十两八钱；洋针一百包，共价银一十两；牛十四条，共价银七十两；白洋布六板，共价银二十一两；花土布八匹，共价银三十二两；斜衣料四十匹，共价银六十两；花洋布二十匹，共价银二百五十两；生铁四百斤，共价银二十两；羊四百一十三只，共价银九百三十七两五钱。

以上入卡各色货物及牲畜，共价银一千九百九十九两四钱。

夏季分俄商贩运入卡各色货物、马匹项下

洋花帽一百顶，共价银三十两；花捆子一百四十匹，共价银一百七十五两；缠花小帽二十八顶，共价银五两六钱；青绒五丈六尺，共价银三十六两四钱；马二百九十三匹，共价银二千一百四十五两；生铁一千九百斤，共价银三十八两。

以上入卡各色货物及马匹，共价银二千四百三十两。

秋季分俄商贩运入卡各色货物及马匹、羊只项下

缠小帽四百顶，共价银一百二十两；麻烟六百斤，共价银三百六十两；洋铁八百斤，共价银八十两；洋纸二十刀，共价银四两；烟土一万八千四百六十两，共价银一千六百两；醉烟五十个，共价银一十五两；马五百五十一匹，共价银三千八百两；羊四百四十六只，共价银五百三十三两八钱；洋布七十一板，共价银二百八十八两；白洋布二十二板，共价银八十八两；红洋布五十板，共价银二百两；白哈萨布四板，共价银十二两；洋胰子四十盒，共价银五两。

以上入卡各色货物及牲畜，共价银七千一百五两八钱。

冬季分俄商贩运入卡各色货物、牲畜项下

各色洋布三百五十六匹，共价银一千四百九十三两六钱；洋冰糖二千七百五十斤，共价银三百八十五两；各色哈萨缎二十五匹，共价银一百三十五两；洋烛十四箱，共价银一百二十八两；各色洋缎四十匹，共价银四十八两；洋蜜二百二十斤，共价银六十六两；各色坎布五十三板，共价银一百二十七两九钱；杏仁二百四十斤，共价银一十三两九钱二分；哈萨布一十七板，共价银八十五两；洋铁盘五百个，共价银七十五两；洋火一百八箱，共价银二百七十七两四钱；桂子皮六十板，共价银五百四两；洋绉八板，共价银四十八两；洋锁三百个，共价银三十两；洋巾子八百四十条，共价银七十五两六钱；洋蜡台一百对，共价银五十六两；回绒六十五板，共价银三百八十二两；洋料瓶子三百四十个，共价银三十四两；洋铜盆子一百二十个，共价银七十二两；镜子四百八十个，共价银二十四两；洋铁桶子四十个，共价银一十八两；黄蜡三十斤，共价银一十五两；红洋布二十匹，共价银八十四两；冰糖二百斤，共价银二十四两；缠帽四百七十顶，共价银一百四十一两；洋铁三千五百二十斤，共价银三百四十一两；烟土八千四百八十两，共价银八百四十八两；马四十三匹，共价银二百七十五两；羊四百九十三只，共价银三百四十五两一钱；坎布七十板，共价银四百二十两；蓝洋布五十板，共价银一百六十二两五钱；青洋布二十一板，共价银五十六两三钱；红花洋布五十板，共价银二百一十一两；白洋布七十板，共价银二百二十两；哈萨缎四十板，共价银三百两；玛蚁布二十板，共价银一百五十两；洋纸二十板，共价银三十两；洋糖一千八百二斤，共价银三百三两八钱；铁锅二十一口，共价银三十三两四钱五分；霞衣绸七百九十匹，共价银一千八十七两五钱；生铁十斤，共价银五钱；蜂蜜一百斤，共价银一十两；杂货七箱，共价银一百一十五两；青呢一丈四尺，共价银七两；大小铁锅十八口，共价银九十一两二钱；红花十六板，共价银二十二两四钱；铜一千五百斤，共价银二百二十五两；洋烛二百斤，共价银四十两；马鞍三个，共价银二两四钱；毛毡四块，共价银四两；羊烛十三斤，共价银六钱五分；马鞍三个，共价银二两四钱；红洋布五十板，共价银一百七十两；坎布十八板，共价银一百二十八两；白洋布七十板，共价银二百四十五两；花洋布五十匹，共价银一百七十五两；桂子皮三十匹，共价银二百八十五两；熟牛皮八张，共价银三十两；小花洋布四十匹，共价银一百二十两；白花洋布三十匹，共价银九十五两；生铁六百斤，共价银三两。

以上入卡各色货物及牲畜，共价银一万九百一两五钱七分。

春季分俄商出卡贩运货物项下

白土布九千一百匹，共价银九百七十五两；搭连布袍子一百件，共价银一百二十两；平果二千个，共价二两七钱；白布五千三百五十匹，共价银八百二两五钱；棉花二千二百斤，共价银二百七十五两；醉烟一千九百五十斤，共价银二百四十两；杏干子六百斤，共价银十八两；核桃八百斤，共价银二十四两；生牛皮十四张，共价银十四两；熟牛皮十张，共价银十五两；白花带子三百根，共价银三两七钱五分；沙枣二百斤，共价银六两；搭连布一百一十六匹，共价银六十九两六钱；平果八千三百个，共价银十四两九钱四分；棉衣十二件，共价银十二两；铜茶壶一十五把，共价银十二两；马尾一十五斤，共价银一两二钱六分；核桃一万颗，共价银四两；桃皮子二百斤，共价银四两；皮纸一万张，共价银四十两；平果一驮，共价银二两；大小木碗二百个，共价银四两；羊羔皮一百二十张，共价银七两二钱。

以上出卡各色货物，共价银二千六百六十六两九钱五分。

夏季分俄商出卡贩运货物项下

马褥子五个，共价银五两；牛皮八十九张，共价银七十四两；粗毡七十条，共价银二十一两；羊毛三十斤，共价银一两二钱；羊皮三十张，共价银一两五钱；毯子七条，共价银四两二钱；各色洋布二十五匹，共价银一百七两五钱；桂皮四匹，共价银三十九两；官茶十二块，共价银三十六两；小洋布八十四匹，共价银八十四两；大洋巾一百九十六条，共价银九十六两；霞衣六匹，共价银六两；杏干三十五驮，共价银二十一两；罗筛子九十八个，共价银二两九钱四分；白小布二千三十匹，共价银一百九十八两；斜衣四十件，共价银二十四两；醉烟五百三十斤，共价银一百三两六钱；白土布二百六十匹，共价银三十一两二钱；平果七十驮，共价银五十五两；核桃四百斤，共价银一十两；毛线毯六十铺，共价银四十八两；草纸二百五十斤，共价银一十两；木耳子一十五斤，共价银四两五钱；粗铜扣子四百付，共价银一两三钱；棉线带子六斤，共价银六钱五分；线笼头三十个，共价银一两五钱；马尾子三十斤，共价银一两五钱；偏缰绳三十根，共价银一两五钱；熟牛皮三张，共价银一两五钱；怀衣镜七个，共价银三钱五分；小蓝干十把、竹筷子三十双，共价银一两二钱；白土布八驮，共价银二百八十八两；核桃三万五千颗，共价银十四两；小皮子十张，共价银一两二钱五分；白羊羔皮六十张，共价银六两；搭连布八十六匹，共价银四十一两；白稀布七百六十四匹，共价银六十八两六钱；白棉搭连带三十个，共价银二两二钱五分；灰色搭连三十匹，共价银一十两五钱；棉斜衣十件，共价银六两；白大布三百匹，共价银六十两；白皮纸一百五十合，共价银一十五两；白布四百匹，共价银五十两；棉衣十四件，共价银七两；棉花一百五十斤，共价银一十八两；红羊毛小毡一百一十条，共价银二十二两；磁碗一百二十斤，共价银九十两；花洋布十五匹，共价银六十两；白洋布九匹，共价银三十二两五钱；生铁二千三百斤，共价银四十六两；洋冰糖三十五斤，共价银三十五两；洋大毡六十条，共价银四两五钱；马七百二十一匹，共价银四千六百三两；熟铁一万七百七十斤，共价银一千三百一十两九钱；铁锅三百四口，共价银一百三十六两六钱；钢铁五百斤，共价银七十五两；斜衣绸料二百匹，共价银二百四十两；洋火十箱，共价银二百四十两；花布三十匹，共价银八十二两五钱；大铁锅五口，共价银三两七钱五分；小铁锅八十七口，共价银三十九两六钱五分；白洋布五十一板，共价银一百二十七两五钱；青洋布十五匹，共价银五十二两五钱；小白布十一驮，共价银二百六十四两。

以上共出卡各货物及牲畜，共价银八千八百二十六两七钱四分。

秋季分俄商出卡贩运货物、马匹项下

中等丝茧二百九斤八两，共价银一十二两五钱七分；中等丝四百二十五斤，共价银四十二两五钱；茧一百一十八斤二两，共价银一十一两八钱一分；旧丝一千一百二十斤，共价银二百二十四两；上丝一百一十五斤，共价银三十四两五钱；土布三百匹，共价银四十五两；裁绒马褥三条，共价银三两；老羊皮二十张，共价银二两；五倍子五斤，共价银一两二钱；粗白毡六十条，共价银一十二两；狐皮二张，共价银三两；染土布三十二匹，共价银四两八钱；钱搭子二十个，共价银三两；搭连布四十匹，共价银二十四两；假金丝缎十二丈，共价银三十六两；毛丝毯五十条，共价银三十五两；花毡二百五十条，共价银一百一十二两五钱；毛毡二百三十五条，共价银六十三两二钱五分；羊毛二万五千斤，共价银一千两；小帽子四十顶，共价银一十二两；老羊皮袄一百五十二件，共价银二百二十八两；芝麻二石，共价银八两；皮货七百九斤，共价银七十九两；洋布二十四匹，共价银八十四两；果子二十七驮，共价银一十五两二钱；熟牛皮七十二张，共价银一百四十四两；葡萄十八驮，共价银一十四两四钱；白土布六百五十五匹，共价银七十一两五钱；核桃七千二百斤，共价银三百二十四两；羊黑皮五十张，共价银二两五钱；羊羔皮三十张，共价银一两五钱；马褥子十铺，共价银八两；铜器三十二斤，共价银十二两八钱；罗筛二十个，共价银一两；磁器一百斤、花椒五十斤、红糖五十斤，共价银四十两；袷袢衣四十八件，共价银三十四两八钱；平果四千二百斤，共价银二十二两六钱；生牛皮九十张，共价银九十两；平果二十八驮，共价银二十五两二钱；麻烟四百斤，共价银四十两；棉袍子二十件，共价银四十两；棉花四千三百六斤，共价银四百三十八两；葡萄四百斤，共价银二两；老羊皮九百七十斤，共价银九十七两；狐皮褥子二床，共价银二十两；皮靴子十双，共价银一十两；白大布二百五十匹，共价银一百二十五两；沙枣子六百斤，共价银三两。

以上出卡各色货物，共价银三千六百六十六两七钱八分。

冬季分俄商贩运货物项下

熟牛皮一百张，共价银一百两；熟铜器二十八件，共价银一十两六钱四分；羊毛七千七百七十斤，共价银一百九十四两二钱五分；醉烟一千一百斤，共价银三百三十两；白布二千匹，共价银二百四十两；棉花二千七百一十斤，共价银三百两一钱；红洋布四百档，共价银二十两；洋糖二百斤，共价银二十四两；白土布一千六百五十匹，共价银二百二十五两七钱五分；大米一千斤，共价银一十两二钱；葡萄五百斤，共价银三两；平果三千一百斤，共价银一十六两五钱；沙枣子一千四百五十斤，共价银十二两一钱；粗杂货四驮，共价银一十五两；小白布一百六十匹，共价银一十九两二钱；老羊皮一千六斤，共价银三百二十两；白矾一千六百五十斤，共价银六十两五钱；核桃三千一百斤，共价银四十两；扫把六十个，共价银五钱；小土布六千五百二十匹，共价银九百八十四两八钱；线搭子七十一个，共价银一十两六钱五分；搭连布一百九十五匹，共价银一百九十五两；马尾六斤，共价银六两；棉线七斤，共价银一两五钱；白毡八块，共价银二两二钱；老羊皮四百三十九斤，共价银一百四十两四钱八分；麻烟二百斤，共价银八十两；羊皮十三张，共价银六钱五分；大小毛毡二十一条，共价银七十三两五钱；粗磁器五十斤，共价银二十三两；竹篦梳五十把，共价银二两五钱；毛毡六块，共价银三两；棉线搭二十个，共价银四两；铜茶壶十四把，共价银九两八钱；马搭子三十个，共价银三两三钱。

以上出卡各色〔货〕物，共价银三千四百八十二两一钱二分。

喀什噶尔道单报

春季分俄商贩运入卡各色货物、牲畜项下

各色洋布五千九百四十板，共价银一万五千四百四十四两；金丝缎一十二匹，共价银六百三十两；各色哈萨缎二百一十板，共价银一千二百六十两；各色洋缎一百五十板，共价银六百三十两；各色坎布二百五十板，共价银九百五十两；各色桂皮布一百五十板，共价银七百二十两；各色哈萨布四百板，共价银一千一百二十两；各色洋呢四十板，共价银四百八十两；各色洋纱二百一十板，共价银一百四十七两；各色霞衣绸一千六百，共价银一千九百二十两；各色丝辫带一万五千根，共价银一千五百两；棉夹小帽三千三百顶，共价银六百六十两；霞衣绸棉袍三百三十件，共价银六百六十两；各色染草三万六千九百斤，共价银二千五百八十三两；大小毛毡一千六百三十铺，共价银二千四百四十五两；香牛皮五百六十张，共价银一千六百八十两；羊羔皮一千张，共价银一百五十两；洋铜八千斤，共价银九百六十两；生熟铁七万四千五百斤，共价银四千四百七十两；大小铁锅二百九十口，共价银四百三十五两；大小斧刀三百把，共价银九十两；大小铜盆二百个，共价银二百两；大小洋铁盘五百个，共价银七十五两；洋蜡三千五百斤，共价银六百三十两；各样洋糖五千八百斤，共价银四百六十四两；蜂蜜六百斤，共价银九十两；烟叶三万九百斤，共价银一千五百四十五两；药材二千四百斤，共价银一百二十两；松子五千二百斤，共价银五百二十两；巴达杏七千斤，共价银八百四十两；胡椒一千斤，共价银一百两；黑葡萄五千三百斤，共价银一百六两；洋火一千五百箱，共价银三千三百两；马鞍七百五十个，共价银六百七十五两；玻璃四百斤，共价银六百两；铜铁踏镫四百副，共价银一百六十两；线口袋三百个，共价银一百二十两；马五百四十八匹，共价银六千五百七十六两；骆驼五百四十二头，共价银七千五百八十八两；驴四百六十四头，共价银一千三百九十二两；牛十八头，共价银九十两；羊二百三十七只，共价银二百八十四两四钱。

以上入卡各色货物及牲畜，共价银六万三千九百四十七两四钱。

夏季分俄商贩运入卡各色〔货〕物、牲畜项下

各色洋布九千九百六十板，共价银二万五千八百九十六两；各色坎布五百二十板，共价银一千八百七十二两；各色哈萨布四百三十板，共价银一千二百四两；各色哈萨缎一千一百板，共价银六千六百两；各色洋呢八十二板，共价银九百八十四两；各色回绒一百二十板，共价银四百八十两；各色霞衣绸二千七百匹，共价银二千七百两；各色金丝缎五十匹，共价银七百两；各色丝腰带三百根，共价银二百七十两；各色丝辫带八百根，共价银八百两；洋纱四百二十匹，共价银二百九十四两；棉夹小帽一千九百顶，共价银五百七十两；霞衣绸棉袍八十件，共价银一百六十两；洋靛五千二百斤，共价银三千一百二十两；洋红洋蓝三百六十匣，共价银一百八十两；蜂蜜二千四百斤，共价银三百六十两；洋糖一万七千九百斤，共价银一千二百五十三两；黑葡萄二千五百斤，共价银五十两；巴达杏二千六百斤，共价银三百一十二两；松子三千四百斤，共价银三百四十两；洋纸一千二百刀，共价银九百六十两；洋针一百五十棰，共价银一百二十两；药材二千六百斤，共价银一百三十两；烟叶二万四千斤，共价银一千二百两；大小玻璃六百四十块，共价银三百八十四两；大小毛毡一千六百条，共价银八百两；各样獭皮三百六十张，共价银一千六百二十两；马鞍二百四十个，共价银二百一十六两；香羊皮五百张，共价银二百五十两；香牛皮一百五十张，共价银四百五十两；羊羔皮一千二百张，共价银一百八十两；生牛皮四百六十张，共价银三百六十八两；生羊皮五百八十张，共价银五十八两；洋火二百八十箱，共价银六百一十六两；洋蜡一千五百斤，共价银二百二十五两；生、熟铁六万一千六百斤，共价银三千六百九十六两；洋钢二万四千斤，共价银二千四百两；洋铜三千五百斤，共价银七百两；大小铜盆一百五十个，共价银一百五十两；大小洋铁盘

八百只，共价银一百二十两；大小洋铁桶二百只，共价银六十两；大小铜茶壶二百把，共价银一百两；大小铁锅三百五十口，共价银五百二十五两；铜铁踏镫二百四十付，共价银九十六两；马三千四百一十三匹，共价银三万七百一十七两；羊九千八百七十二只，共价银一万一千八百四十六两四钱；牛三十五头，共价银二百一十两；驴三百七十二只，共价银一千一百一十六两；骆驼四百三十八只，共价银六千五百七十两。

以上入卡各色货物及牲畜，共价银一十一万四千二十八两四钱。

秋季分俄商贩运入卡各色货物、牲畜项下

各色洋布一万八百八十五板，共价银二万三千九百四十七两；各色哈萨缎三百八十板，共价银二千二百八十两；各色哈萨布一千一十板，共价银二千八百二十八两；各色桂皮布三百六十板，共价银一千七百二十八两；各色回绒二百一十板，共价银八百四十两；各色洋呢六十五板，共价银七百八十两；各色霞衣绸二千七百四十匹，共价银三千二百八十八两；金丝缎三十一匹，共价银五百五十八两；假金丝缎三百六十匹，共价银一千四百四十两；假金银罗布三百二十匹，共价银一百九十二两；洋纱二百九十匹，共价银一百七十四两；各色丝辫带五千八百根，共价银五百八十两；金丝缎小帽一百二十顶，共价银九十六两；棉夹小帽二千三百顶，共价银六百九十两；蓝白包巾三千三条，共价银一百五十两一钱五分；花铜排扣一千八百付，共价银五百四十两；印花手巾一千九百条，共价银九十五两；各色洋线九十五斤，共价银三十八两；大小毛毡六百七十五铺，共价银三百三十七两五钱；各色獭皮一百七十张，共价银七百六十五两；香羊皮三百一十张，共价银一百五十两；香牛皮八十张，共价银二百四十两；生牛皮三百一十张，共价银二百四十八两；老羊皮三千一百张，共价银三百一十两；羊羔皮五千二百张，共价银七百八十两；玻璃镜三百三十张，共价银一百九十八两；大小洋镜六百二十块，共价银四百九十六两；洋针三百二十匣，共价银二百五十六两；洋纸三十五块，共价银二十八两；大小洋铜盘一百一十个，共价银五十五两；大小洋铁盘六十个，共价银九两；大小洋铁盆一百三十个，共价银三十九两；大小洋铁桶三百二十个，共价银九十六两；生、熟铁八万三千斤，共价银四千九百八十两；洋铜八千五百斤，共价银一千七百两；大小铁锅三百二十口，共价银四百八十两；洋铜一千六百斤，共价银一百六十两；铁小刀六百一十把，共价银六十一两；洋火一千三十箱，共价银二千二百六十六两；洋蜡三千一百斤，共价银五百五十八两；烟叶二万一百斤，共价银一千五两；蜂蜜一千一百斤，共价银一百六十五两；洋糖二万一千七百斤，共价银一千五百一十九两；胡椒三千一百斤，共价银一千二百四十两；药材四千三百斤，共价银二百一十五两；松子四千六百斤，共价银四百六十两；巴达杏三千六百斤，共价银四百三十二两；马鞍三百一十个，共价银三百七十二两；染草三千二百斤，共价银二百二十四两；洋靛六百六十斤，共价银三百九十六两；洋红一百匣，共价银一百两；洋胰子二百三十斤，共价银四百六十两；马一千六百九十匹，共价银一万五千二百一十两；骆驼二百八十只，共价银四千二百两；驴一百八十只，共价银五百四十两；牛一百九十头，共价银一千一百四十两；羊一万六千三百二十七只，共价银三万一千五百九十二两四钱。

以上入卡各色货物及牲畜，共价银一十一万三千七百三十二两五分。

冬季分俄商贩运入卡各色货物、牲畜项下

各色洋布八千三百二十板，共价银一万八千三百四两；各色哈萨缎五百一十板，共价银三千六十两；各色哈萨布一千八十板，共价银三千二十四两；各色桂皮布四百九十板，共价银二千三百五十二两；各色坎布三百三十板，共价银一千二百五十四两；各色洋纱二百三十匹，共价银一百三十八两；各色罗布三百三十匹，共价银一百九十八两；各色回绒一百一十板，共价银四百四十两；

各色洋缎二百三十板，共价银一千三百八十两；各色金丝缎四十匹，共价银五百六十两；各色霞衣绸一千四百匹，共价银一千六百八十两；各色洋呢五十板，共价银六百两；花夹小帽一千五十顶，共价银二百一十两；各色线辫带三千根，共价银三百两；印花洋布手巾二千八百条，共价银一百四十两；羊皮一千八百张，共价银一百八十两；獭皮一百五十张，共价银六百七十五两；染草二万一千斤，共价银一千四百七十两；洋糖九千八百斤，共价银六百八十六两；黑蜡、白蜡二千六百斤，共价银二千八十两；烟叶二万一千八百斤，共价银一千九十两；大小镜子五百一十个，共价银四〔十〕八两；洋蜡三千七百斤，共价银六百六十六两；蜂蜜九百斤，共价银一百三十五两；药材九百斤，共价银四十五两；胡椒五百斤，共价银二百两；洋纸四百板，共价银三百二十两；洋针五百匣，共价银四百两；玻璃八百斤，共价银一千二百两；丝线四百斤，共价银六百两；洋火八百九十箱，共价银一千七百八十两；松子二千八百斤，共价银二百八十两；巴达杏一千二百斤，共价银一百四十四两；黑葡萄三千一百斤，共价银六十二两；大小毛毡七百九十铺，共价银三百九十五两；马鞍一百五十个，共价银一百三十五两；香牛皮五十张，共价银一百五十两；洋酒五百四十瓶，共价银一百六十二两；洋钢一万三千斤，共价银一千三百两；生、熟铁八万二千斤，共价银五千八百一十两；洋铜四千四百斤，共价银八百八十两；洋铁盆三百二十只，共价银一百六十两；大小铁瓢一百八十块，共价银一十二两六钱；大小洋铁桶一百六十个，共价银四十八两；大小洋铁盘四百五十个，共价银六十七两五钱；大小铁锅一千六百口，共价银二千四百两；铜茶壶一百八十把，共价银一百八两；铁小刀六百六十把，共价银六十六两；铁斧刀一百三十把，共价银三十九两；大小铜盘一百九十只，共价银九十五两；马二百二十匹，共价银二千八百六十两；牛一百二十头，共价银七百二十两；骆驼三百八十只，共价银五千七百两；羊四千三百五十只，共价银五千二百二十两。

以上入卡各色货物及牲畜，共价银七万二千三百八十九两一钱。

春季分俄商贩运出卡各色货物项下

白土布四十二万九千八百匹，共价银七万七千三百六十四两；搭连土布一万一千四百匹，共价银五千七百两；印花土布一千九百匹，共价银二百八十五两；和阗丝二万二千四百斤，共价银二万二千四百两；大小和阗丝毯一百八十铺，共价银一千二百六十两；各色和阗绸五百匹，共价银四百五十两；和阗丝腰带一千五百根，共价银一千二百两；白土布汗褂九百五十套，共价银三百八十两；布棉袍一千九十件，共价银六百五十四两；白矾二千二百斤，共价银四十四两；杏干二千一百斤，共价银一百五两；红枣二千一百九十斤，共价银一百九两五钱；羊皮袍九百二十件，共价银一千三百八十两；皮靴鞋五百二十套，共价银五百二十两；牛皮二百八十张，共价银二百八十两；羊皮一千一百八十张，共价银一百一十八两；大小毛毡七千三百一十铺，共价银三千六百五十五两；毛口袋二百个，共价银四十两；棉花一万八千五百斤，共价银一千八百五十两。

以上出卡各卡各色货物，共价银一十一万七千七百九十四两五钱。

夏季分俄商贩运出卡各色货物项下

白土布三十二万二千二百三十匹，共价银五万八千一两四钱；搭连土布一千三百三十匹，共价银五百三十二两；印花土布一千二百六十匹，共价银一百八十九两；和阗生丝五千五百三十斤，共价银五千五百三十两；大小和阗绒毯一百五十铺，共价银四百五十两；大小毛毡三千八百九十铺，共价银一千九百四十五两；大小和阗丝毯二十铺，共价银一百四十两；棉花五万三千六百斤，共价银四千二百八十八两；丝腰带一千根，共价银九百两；白布汗褂裤七百九十套，共价银三百一十六两；线口袋一百五十条，共价银六十两；毛口袋一百四十条，共价银二十八两；白矾二万五千斤，共价银五百两；羊毛四千六百斤，共价银九十二两；牛皮一百七张，共价银八十五两六钱；羊皮三百张，共价银三十两；羊羔皮九百张，共价银一百三十五两；土碗三千二百对，共价银六十四两。

以上出卡各色货物，共价银七万三千二百八十六两。

秋季分俄商贩运出卡各色货物项下

白土布二十一万二千匹，共价银四万二千四百两；搭连土布二万六百匹，共价银四千二百四十两；印花土布六千二百匹，共价银九百三十两；和阗丝三千九百斤，共价银三千五百一十两；和阗大小丝毯九十五铺，共价银六百六十五两；和阗绸三百八十匹，共价银三百四两；和阗大小绒毯一百一十铺，共价银三百三十两；丝辫带一千九百根，共价银一百九十两；棉线带四千二百根，共价银四百二十两；棉布袷袢九百三十件，共价银四百六十五两；毛口袋九百七十条，共价银一百九十四两；线口袋八百五十条，共价银三百四十两；棉花一万八百斤，共价银八百六十四两；羊毛二万一千斤，共价银六百三十两；熟牛皮七十五张，共价银六十两；羊羔皮八百三十张，共价银八十三两；毛绳六百根，共价银三十两；白矾一万三百斤，共价银二百六两；皮靴五百双，共价银三百两。

以上出卡各色货物，共价银五万六千一百六十一两。

冬季分俄商贩运出卡各色货物项下

白土布二十四万五千六百匹，共价银六万一千四百两；搭连土布一万九百匹，共价银四千三百六十两；印花土布二千三百匹，共价银四百六十两；和阗丝一万五百斤，共价银一万五百两；绸袷袢一百四十件，共价银二百八十两；棉夹布袍二百五十件，共价银二百两；大小丝毯六十铺，共价银四百二十两；土布汗褂三百一十套，共价银一百二十四两；羊皮袍三百五十件，共价银五百二十五两；羊毛带一千二百八十根，共价银六十四两；羊毛一万二千斤，共价银三百六十两；棉线带五千根，共价银五百两；

棉花二万三千斤，共价银一千八百四十两；白矾八千九百斤，共价银一百七十八两；牛皮八百三十张，共价银六百六十四两；羊皮二千一百张，共价银三百一十五两；毛毯一千三十铺，共价银五百一十五两；线口袋一千八十个，共价银四百三十二两；磁碗四百对，共价银一百二十两。

以上出卡各色货物，共价银八万三千二百五十七两。

镇迪道造报光绪十四年分俄商贩运入卡各色货物及牲畜，共价银八十五万五千二百九十五两一钱五分，出卡各色货物共价银一万六千二百八十两八钱。



伊塔道造报光绪十四年分俄商贩运入卡各色货物及牲畜共价银六十八万六千七百六十一两二钱，出卡各色货物及牲畜共价银五十一万四千三百三十三两六钱九分五厘。

阿克苏道造报光绪十四年分俄商贩运入卡各色货物及牲畜共价银二万二千四百三十六两七钱七分，出卡各色货物共价银一万八千六百四十二两五钱九分。

喀什噶尔道造报光绪十四年分俄商贩运入卡各色货物及牲畜共价银三十六万四千九十六两九钱五分，出卡各色货物及牲畜共价银三十三万四百九十八两五钱。

以上总共俄商入卡货物、牲畜价银一百九十二万八千五百九十两七分，俄商出卡货物、牲畜价银八十七万九千七百五十五两五钱八分五厘。[①]

## 006. 俄商应完税项已电知库使查复由

光绪十六年三月二十八日（1890年5月16日）

三月二十八日，护理新疆巡抚魏文称：案据署伊塔道英林禀称：昨奉钧械示，以抱定约章，饬令完纳税饷为目前急务，洵属

①台北“中央研究院”近史所藏：《外交档案》，馆藏号：01-20-034-01-001。

光明正大之举。伏查此案自奉宪札饬知已奉总署核准，当即派令中俄局提调委员南令风济，据约与论。领事始则以俄商贸易圈未定，应俟指定后再令在圈外者完纳税饷。南令当答以贸易圈向在惠远老城，本有定处，俄商自不往住，不得以一日不往住即一日不完税饷，致与条约违背，且俄商所盖市房竟有一家数十门面，除自己住居贸易外，复多租与中国商民。是俄商竟图中商之房租，而中国反不能取地租于俄商，实无此理。如俄商不肯完税，则中商住俄商市房者亦将不肯出租等语。领事闻此，然后答称，完纳税饷本是正办，但中国自收还伊犁，已历多年，久不收取税饷，俄商亦向未完纳。前两任领事又未令俄商完纳，今忽议及此事，必须请我们驻京库使分示，方可办理。昨职道亲与会晤理论，并告以中国断不苛征俄商税饷，只要申明条约，令俄商尚知系住中国地方，不致混争混占，应纳税饷总好商办。领事答词恭顺，云已电知该国库使，俟有复音，即行开办，并据咨覆前来。

除另将往来咨文钞呈宪鉴外，理合将议办情形禀请鉴核，并请转咨总署查核等情，到本护部院。据此，查伊犁惠远老城贸易圈外，如绥定、宁远等处，俄人耕种田地既多，修盖房屋亦复不少，现于自耕自住之外，多拨佃中国民人征租取值，而应行完纳中国税饷久未议及，实不足示限制而规久远。当此改设郡县、清厘善后之时，自应按照约章，令与中国人民一体完纳税饷，由地方官征收。据理与论，俄使宜无异词。惟咸丰元年所定惠远城城外贸易圈道里宽广若干，伊犁自经兵燹，档卷荡然，无从查考，贵总署有无成案？应请饬查赐覆，以凭核办。除批示外，相应咨呈。为此咨呈贵总署，谨请鉴照施行。

照录粘单

●照录署伊塔道英林与俄领事照会

闰二月初三日，为照会事。为照伊犁地方所有俄国商民在各城关盖房，占用官地，及在四乡所种田地者甚属不少。查《中俄改订条约》第四条内开：俄国人田地在咸丰元年伊犁通商章程第十三条所定贸易圈以外者，应照中国民人一体完纳税饷等语。查咸丰元年所定贸易圈地在惠远老城外，现在俄国人所占田地均在惠远老城贸易圈之外，早应按照条约完纳税饷，因伊犁未办善后，以致数年来未向俄国人收取税饷。现在本道开办善后，自应按约办理，业将俄国人应完税饷之处禀请新疆巡抚，转咨总理各国事务衙门照准办理在案。除光绪八年起至十五年税饷本道拟禀请上司免令俄国人补完，以示体恤。现自光绪十六年起，所有俄国人在四乡所种田地，应照中国民人一体完纳粮税；俄国人在各城关盖房所占官地，应照中国民人一体完纳税饷。此系按照条约办理之事，相应咨明。为此合咨贵领事，请烦查照条约，传谕俄国商民一体遵照施行。须至照会者。



●照录粘单

照录俄领事覆伊塔道照会

闰二月初六日，为照会事。遵照新定约章第四条，向伊犁地方居住俄属人等，按中国所属人等一体完纳税饷等语。因为此案于本年闰二月初三日由贵道咨来之文，本匡苏勒处业已收到，将该咨来之文详细阅看，因无惠远老城及贸易圈，以此不合与约章第四条正事情形，又不为两边怨苦。讲此第四条最为难矣。因谋略向俄属人等收取税饷之事，最为紧要。除由本匡苏勒处日昨电驻北京我们使臣，恳请使臣与本匡苏勒指示外，并由匡苏勒处将此案情由明白缮文，咨行库大臣，请我们使臣与贵总理各国事务衙门承办大臣等，会议办理。此项事案并不为两边怨苦，以昭约章第四条之意，相应照会贵道，请烦查照施行。①

## 007. 奏办伊犁事宜一折钞稿咨呈由

光绪十六年七月十四日（1890年8月28日）

七月十四日，护理新疆巡抚魏文称：窃照本护部院于光绪十

①台北“中央研究院”近史所藏：《外交档案》，馆藏号：01-20-008-06-001。

六年四月初六日，在新疆省城由驿具奏拟办伊犁地方事宜大概情形一折，除俟奉到朱批恭录另咨外，相应钞稿咨呈。为此咨呈贵衙门，谨请鉴照施行。

照录钞折

头品顶戴护理甘肃新疆巡抚新疆布政使臣魏光焘跪[①]奏，为拟办伊犁地方事宜大概情形，恭折仰祈圣鉴事。

窃维伊犁为新疆重地，向设将军，统辖驻防旗务，兼理地方。风会所趋，建省设郡，地方文武奏归巡抚管辖，责任所属，经画宜周。臣前准将军臣色楞额移交，悉心体察，有不敢以暂时摄篆，稍涉因循，亦未便以时绌举赢，概行缓办者。

一曰整顿营伍。设兵所以卫民，防务废弛，士卒惰偷，非特缓急不足恃也。伊犁辖境辽阔，户口稀少。哈萨克恃其慓悍，三五成群，外来匪徒又复隐相勾结，劫抢之案，层见迭出，往来行旅，各有戒心，是宜以巡防缉捕责之营汛。现饬伊犁镇总兵张俊，将所部营旗勤加训练，申明纪律，以作士气；一面妥筹布置，择要扼扎，联络巡防，务使缓急有备，边境晏然，地方事宜乃可以次举行。

一曰修理水渠。该处地亩多由哈什、辟里沁、伊犁等河开渠引溉，惟冰雪消融，河流暴涨，时有冲塌之患。现据署宁远县知县高敬昌禀报：所属巴彦岱渠被水刷裂数十丈，毁坏庐舍十余户，正会营拨勇，酌派民夫，分工赶筑；而哈什河及七里沟、城盘子等渠复行溃决，宽十数丈、长至四十余丈不等。臣查该县甫经招户，渠道忽被冲决，亟应修整，以便耕垦，当饬署伊犁府知府潘效苏驰往勘办，并饬张俊多拨队伍，迅往修复。此外各处渠道兵燹后，多半坍塌淤塞，均应及时修浚，俾广水利。又，绥定县属果子沟为迤东孔道。上年，色楞额奏请提拨银两，以备岁修。查该处层峦夹峙，仄径崎岖，冬令雪积冰凝，既须开凿，方春融释，

①原文为“全衔魏”，兹据《军机及宫中档》（文献编号：408006690）校补。

或大雨时行，山水陡发，一经刷洗，多成深坑。运解军饷，递送公文，阻滞动至经旬，亦应借资勇力，兼筹并及。

一曰兴办屯务。伊犁水土肥饶，乱后尽成荒废，欲兴地利，首重屯田。该处向分旗屯、兵屯、回屯、民屯，旗屯地亩，应由将军臣饬令查丈，计户授田，连成片段，不与各屯参杂，以示区别。兵屯原为抵兵饷、实边储起见，惟查现在情形，似应改作民屯，一律招垦。查光绪九年户部奏请大兴屯田一折，经前将军臣金顺覆奏，收获略无赢余，不能接济军食，请从缓议。抚臣刘锦棠亦于统筹全局折内声明屯田抵饷，难求速效，各等因。是该处兵屯不能不变通办理。新疆现设各标，系以客勇抵兵，此辈虽来自田间，大半不安耕作，亦既挂名兵籍，岂愿更事耘耔。即令迫之使前，而人非土著，事不经心，卤莽之耕，虽遇丰年，无殊歉岁，抵饷不能，边储何有？况标勇只有此数，既须操演，日事巡防，而筑城建署，资其力；浚渠平道，护解饷装，又资其力；并顾兼营，日不暇给，复欲其作苦陇亩，有不辍耕而叹者乎？臣愚以为与其寓农于兵，徒博抵饷实边之虚名，不如改为民屯，立收升科成赋之实效。数年后，兵制大定，诸事就绪，如果兵屯可复，再行察看情形，酌量指拨荒地，俾令垦种。至现未充兵旧户及各户解丁所垦熟地，应与民屯一体科粮，用杜冒占。回屯本为民地，惟汉缠气类各殊，应分段落，各奠厥居。其如何分等、清丈、给照、管业，借给牛籽，定限起征，业经派员会同地方官，妥为筹办。

一曰联络保甲。伊犁五方杂处，又近俄疆，无业闲民，往来游匪，逗遛城市，摇煽百端，积习相沿，几难穷诘。若不设法整顿，将变本加厉，且有猝难收拾之虞。现于城关地面委员填发门牌，分行保甲，联络各户，互相稽查。从来不靖之徒多成于勾引，无人敢为，窝容宵小，自当敛迹，除莠安良，当无逾此。

一曰推广义学。边荒风会，骤难转移，非以诗书之泽隐相渐摩不可。查惠远、塔勒奇各城居民尚少，暂可毋庸设学；绥定、宁远现设义学九堂，膏火、薪粮暂由善后项下支给。慎择塾师，朝夕训课，“章句”之外，兼习“幼”“仪”，并将四子书浅近义理，日与讲说，冀牖其秉彝之良，渐化其嚣凌之气。兴学立教，取效不必速入，入固甚深也。

一曰修建城署。伊犁向列九城，棋布星罗，雄镇边圉。今惟绥定、拱辰、广仁、瞻德四城及惠远大城曾经奏修，多未完工，其余各城均待兴筑。将军及副都统，前经刘锦棠奏准同驻惠远，以资镇守，因衙署未修，暂驻绥定。新设道府各官，或出租赁住，或筑室暂居，遂至废址颓城，并无障蔽官司廨舍陋等民廛，既无以震慑强邻，亦无以昭垂体制。现惠远城未竣工程及应修衙署、兵房、庙宇，容咨商将军臣，酌计经费，先行兴修。其未修各城及文职道府以下武职总兵以下衙署、监狱、仓廒、祠庙等工，亦应以次举办，均照南北两路城署章程，派拨营勇，帮同工作，以期节省。所需匠工、物料，饬由地方官核实估报，分案奏咨。

一曰修整卡伦。东南通商，尚有重洋阻隔。伊犁则沙漠广袤，处处可通，既无以杜阑入之路。沿边地段并无居民，又无以资声息之通居室者，须固藩篱，卡伦实关紧要。查该处自光绪九年，界务分画完竣，总计新旧设立卡伦三十二处，由锡伯、索伦、察哈尔、额鲁特等营分派官兵驻扎，历时既久，各卡均应补修完固，仍由锡伯各营分段驻守。中俄通商，应按照约章，只准由指定霍尔果斯卡伦出入，责成该处通判认真稽查，此外卡伦概行封禁，业饬署伊塔道英林照会俄领事，商妥照办。

一曰清理交涉。中俄事件，轇轕滋多。清查界址，自为最要关键。查俄商贸易圈原在惠远城外，今则萃处宁远一隅。当伊犁交还之时，缠民被胁迁入俄境。收还以后，田产迄未清厘，现中国商民反有出租银赁俄商房屋以居者。住中国之地，取中国之租，而不纳中国税饷，揆诸事理，未免失平，非亟为清理，实无以严中外之防而弭侵占之患。臣檄饬署伊塔道英林派员查明，先将宁远城内俄商购置房地，备价赎回；其余田庐、园地，在指定贸易圈以外者，均按约章，完纳税饷，仍饬令推诚相与，不激不随，务期妥善，仰副朝廷绥边之至意。

以上各端，或次第推行，或同时并举，事等创始，头绪纷繁，成效能否速收，臣不敢多所论列，惟有分饬文武各员认真办理，裨益边疆。需用经费，已于估饷折内奏明在案。

除镇标营制、饷章、驻扎处所容俟议定另行奏咨外，所有现办伊犁地方事宜大概情形，是否有当？谨会同陕甘总督臣杨昌濬，恭折具奏。伏乞皇上圣鉴训示。谨奏。①



## 008. 奏办伊犁事宜一折恭录朱批知照由

光绪十六年九月初十日（1890年10月23日）

九月初十日，新疆巡抚魏文称：光绪十六年四月初六日，在新疆省城由驿具奏拟办伊犁地方事宜大概情形一折，前已钞稿咨呈在案。兹于本年六月十三日承准兵部火票递回原折，奉朱批：知道了。该衙门知道。钦此。除钦遵咨行外，相应恭录咨呈。为此咨呈贵衙门，谨请钦遵鉴照施行。②

## 009. 奔窜人民已令折回各情查照由

光绪十六年十月二十八日（1890年12月9日）

十月二十八日，护理新疆巡抚魏文称：案据署喀什噶尔道向邦倬禀称：窃职道前将外部什克南与爱乌罕构兵，会商提督军门谭，遴派管带布鲁特马队张旗官鸿畴，带队驰往，巡查内外卡伦，以防窜突各缘由，禀陈宪鉴在案。张旗官起程时，职道谆谆面嘱，勿论何处败卒到我边境，务须设法勒令折还，勿收留一人，致英国有所借口。该旗官于六月二十五日起行，嗣叠据械报，行抵黑

①台北“中央研究院”近史所藏：《外交档案》，馆藏号：01-17-048-11-001。

②台北“中央研究院”近史所藏：《外交档案》，馆藏号：01-17-048-11-002。

孜吉牙克，探得爱部出兵四营，计一千余众，凶悍异常，于六月二十一日到什克南境。该部头目阿克伯里罕自知不能抵御，携家远扬，其人民亦四散逃窜，将到我边境。该旗官即兼程前进，行抵巴什滚伯孜地方，什部逃难人民一千二百余众已先至彼处，爱部头目亦派二人前来察探。该难民等声称地方已失，无处可归，特来投效中国。该旗官未允收纳，谕令仍回本部。各难民惧爱兵杀戮，不肯折回。该旗官无法拒绝，连次飞禀请示。当经职道覆械以什克南夺据爱部要卡，罪在头目，不在百姓。爱部兴兵原为夺地复仇，今地已得矣，仇已复矣，若再戮其民而空其地，爱部亦有损无益。至中英和好已久，边界收留叛卒，两国例有明禁，中国断不能因伊等之恳求，遂违禁收纳，切嘱该旗官将各项情节剀切开导，各难民令其仍回本境，并将杀戮百姓有损无益各情婉致爱部头目，嘱其妥为招抚，以免百姓疑畏。

该旗官械内又称，巴什滚伯孜地方雪雨交作，寒冷异常，各难民只有牛羊，并无粮食。职道即拨运麦面二千三百斤，按人给发，稍资抚恤，并续运粮料接济官兵食用。严嘱该旗官务将此起人民悉数拦令折还，地方安静后方可带队回喀。该旗官接信后，连次委婉开导，各难民见势难容留，始允折还，即于七月十七日由该旗官派人全行送出境外，并函致爱部头目，勿加伤害。适爱部亦派六十人来至玛江拉地方，即在彼交收。闻其一路同行，幸未加害。该旗官布置地方各事后，带队回喀。

职道面询备细情形，据称什克南头目阿克伯里罕系逃往饶鲜地方居住。饶鲜者距什克南约三四百里，高山环绕，路径险仄，外人不易轻入。阿克伯里罕向充该处头目，爱部人从前夺取什克南，派一头目驻守，苛虐太甚，大拂民意，阿克伯里罕就近夺而居之。本年夏间，乘其不备，又夺据所属即巴亦希恰希木要卡。迨爱部发兵到境，并未接仗，即率其民分四股奔窜，一系该头目携家室并居民三四百户，逃入饶鲜；一系该部小头目率民一百余户，逃至中途，遇爱部兵拦转，照其定例，悉数充发；一系该部小头目率一百余户，逃往俄境，俄人不纳，给路票勒还；一系该部头目米儿哎山伯克等四人率八百余户，共男妇大小一千二百余人，逃入中国卡内，即该旗官此次所遣还者。当遣发各难民时，有英人名屈郎者带十二人，以采药为名，在彼察探，见中国不收叛卒，皆啧啧称善。非然者，难免英人借口。

又探得阿克伯里罕所逃之饶鲜地方，虽居险要，不甚宽阔，居民耕种为生，不事游牧，向只八百余户。此次又添入数百户，且闻中国遣回之难民行至半途亦有潜赴饶鲜者，地小人众，恐难安居。

又，查巴什滚伯孜前行一百六十里，有地名苏满，两山夹道，险峻异常，不但与英俄边界紧相毗连，且为俄属阿拉尔湖及英属爱乌罕，与巴达克山入中必由之路。从前杨候用兵西域，曾在此地立有清字碑记，因残缺不能录其全文。该旗官探明俄英边界，均未认为属地，宜乘此布置为我门户，拟请择派头目一名，带部回数十户在彼驻守稽查，照各卡伦章程，发给食粮，以资羁縻，各等语。



据此，职道查什克南俗尚争夺，反覆靡常，今又为英属爱部所据，逼处益甚。苏满既系门户要区，前次什克南头目曾禀请派人驻守，今复经张旗官查明，其地并非俄英所属，应即如所陈，遴派妥当头目一名，带布回三十户，前往驻守稽查，虽不能恃以无恐，而借其探报消息，亦不无裨益。所需食粮，每月酌给麦面一千五百斤，由疏附县拨发，同各卡伦食粮一律报销。

至张旗官此行办事，深中肯綮，免起中外争端，且驰驱蚕丛鸟道，寝处雪地冰天，寒苦奔劳，四旬有余，未便泯没，已商请提督军门谭存记奖叙，以酬勤劳。除将动用经费、粮料核明另详请销外，所有爱乌罕夺踞什克南，奔窜人民亦已勒令折还，内外卡伦安静各缘由，理合肃禀驰陈，以慰宪廑，并乞批示祇遵等情，到本护部院。据此，除批据禀各情办理均属妥协，张旗官办事勤能，殊堪嘉尚，苏满设卡，遴派头目，带布回三十户，驻守稽查，照各卡伦月给食粮，应准照办，仰即转饬知照、印发外，相应咨呈。为此咨呈贵总署，谨请鉴照施行。[①]



## 010. 奏办罗布淖尔事宜折稿咨呈由

光绪十六年十二月十六日（1891 年 1 月 25 日）

十二月十六日，新疆巡抚魏文称：窃照本护部院于光绪十六年十月二十四日，在新疆省城由驿具奏创办罗布淖尔地方事宜，以重边要而资保障一折，除俟奉到朱批恭录咨呈外，相应钞稿咨呈。为此咨呈贵总署，谨请鉴照施行。须至咨呈者。

照录钞折

头品顶戴护理甘肃新疆巡抚新疆布政使臣魏光焘跪[②]奏，为创办罗布淖尔地方事宜，以重边要而资保障，恭折仰祈圣鉴事。

窃维皇朝肇造区夏，中外一家。新疆僻在西陲，向为声教所不及，经列圣文谟武烈，平准、平回，环疆二万余里，尽隶版图，永为关内屏蔽，而罗布淖尔介南北路之中，犬牙相错，历未开辟，又为新疆要地。溯自汉开西域，劳师征剿，叛服无常。罗布淖尔以一隅之地，浑浑噩噩，与世无争，犹存太古遗风，盖天时、人事隐相辐辏，以待圣天子戎索之疆也。

该处即古蒲昌海，一名盐泽，壤地广袤，水草肥饶。光绪初年，前督臣左宗棠奉命进规新疆，南北底定，委员前赴该处勘查，抚臣刘锦棠复派员续勘，即思辟治，均以行省待建、经费支绌而止。臣在藩司任内禀商抚臣，酌拟开办，复以伊犁、塔尔巴哈台分隶事宜尚未定局而止。现在行省设定，地方善后具有规模，伊犁、塔尔巴哈台事宜亦渐有端绪，罗布淖尔地既膏腴，又属边要，非及时经理，则南北有扞格之虞。迩来，英俄游历人员接踵而往，荒僻穷乡，无从保护，时势所值，尤有不得不黾勉从事者。上年，与督臣往复函商，未便再事稽缓，饬据署布政使饶应祺遴委准补



①台北“中央研究院”近史所藏：《外交档案》，馆藏号：01-17-052-01-002。

②原文为“全衔魏”，兹据《军机及宫中档》（文献编号：408006734）校补。

阜康县知县李时熙，携带书识、医士、通事、匠役人等，前往办理。该处户民罕见汉人，又忌天花，一人患痘，举庄迁避，不复过视，故幸生者绝少，户口不甚加增。委员入境，宣布朝廷德意，赏以茶布，并出示翻贴各庄，剀切开谕，俾知中国饮食居处之宜、稼穑桑麻之利。适值痘疫并行，人心惶恐，饬医诊治，应手就痊，远近争传，愿请医药，全活甚众，民情欢忭，共庆再生。旋据查勘禀报，绘赍图说前来。

其疆域东达敦煌，西抵库车，西南界于阗，南通前藏，东南接青海，北与吐鲁番、喀喇沙尔毗连，总计该处准乌里东西广一千六百余里，或数百里，南北袤延千余里及数百里不等。沿河两岸，土衍地旷，实为隩区。其河道塔里木河及渭干南河、渭干北河由库车入境，孔雀河由喀喇沙尔入境，屈曲萦绕，乍合乍分，至阿拉罕东北，四河之水，并而为一，趋入淖尔。切锵河自于阗入境，东北汇于淖尔，吞纳众流，潴为巨浸，潜行至青海境，乃出为星宿海，实据黄河上游。其物产则芦、蒲、蒹、苇、榆、柳，梧桐漫泽，被山弥望，葱蔚鳞介，卵育蕃衍，种类最多，而水鸟、林禽、熊、麋、獭、豕飞走之属毕萃焉。

其户民分处二十六庄，共六百四十余户，男女六千有奇，沿水聚居，不习耕种，捕鱼为粮，结芦为宇，风俗敦厚，并无争斗，间以牲畜出库尔勒贸易，言语略近缠回，在西域别为一类。臣当饬将全境区分段落，以英格可立等十三庄为中段，卡克里克等七庄为东段，托和拉克等六庄为西段，约共可安数万户，垦地百数十万亩。惟该处地面辽阔，又属创辟，若三段同时并举，势必兼顾不及，拟先尽中段，次及东西两段。英格可立地土平衍，居中扼要，饬立抚辑招徕总局，以便布置一切，并为修建城署地步；传集近局各户，散给各色籽种，教令试种，以审土宜，农具、牛只均由公中购发。随派补用副将刘乾福，招募缠勇五百名，会同局员，相度地势，芟除荆棘，俾膏腴之区豁然轩露，以资开垦。

查该处地亩，中西两段须引塔里木诸河之水灌注，东段须引切锵河之水灌注。旧有水沟均系随流刷成，脉络混杂，并无常道，将来应修正渠若干、支渠若干，旧沟或浚或填，由该委员等随所垦荒地，挨段察看，派勇工作，务使派别支分，以备蓄泄，用防旱涝；渠工完竣，前项缠勇应一律指拨地亩，令成土著，另于附近各属招集年壮知农事及有眷口缠民，分段安插，以气类相近自能耦俱无猜，且欲其生聚之速也。

其入境道路，查吐鲁克沁及桑树园至英格可立为程七八百里不等，水草缺乏，山径崎岖，车马既属难行，驿站又须多设。若由喀喇沙尔属库勒前往，计二百八十余里，路坦水饶，柴草亦便，应以此为通衢，业据藩司详请按照南路各驿章程，酌减夫马，先于英格可立、和拉里、孔雀河、克尼尔等处，暂设四站，盖造房屋，作为驿房、官店，以通文报而便行旅；并于迤南勒钭尔、乌兰达布逊山东南噶斯山各要处，酌设卡伦，稽查出入。

以上开办各节，一俟渐有端倪，凡蚕桑、纺织、畜牧及义学诸事，即当以次推行，将来民物日就殷繁，奏请建治设官，列为郡县，不独青海、前藏足以遥树藩篱，阳关道通，关内重增屏障，即南路各城间道四达，形势相联，声息不虞阻隔；且养民储粟，由该处再行直达库车、莎车等处，俾数千里驼载车行之地得以一苇往来，飞艘转运，呼应尤觉灵通，辟穷边未竟之洪荒，实为要地；彰盛世无疆之丕冒，足备垣墉！此臣体察情形，急拟开办，非仅为收沃壤裕饷源计也。

惟开辟、招徕，里以千计，户以万计，需费浩繁，暂于岁拨新疆善后经费项下垫支，杯水车薪，断难济用，容由臣会商督臣另行设法筹措，奏明办理。所发牛具、籽种、修盖房屋银两及土勇、驿站各章程，容俟咨部立案。

除绘具全境舆图咨送军机处备呈御览外，谨会同陕甘总督臣杨昌濬，恭折具奏。伏乞皇上圣鉴训示。谨奏。①

---

①台北“中央研究院”近史所藏：《外交档案》，馆藏号：01-17-048-11-004。

# 光绪十七年 (1891)

## 011. 应领薪费无款一片恭录朱批知照由

光绪十七年十月初六日（1891年11月7日）

十月初六日，新疆巡抚魏文称：窃照本护部院于光绪十七年六月初四日在甘肃新疆省城，由驿附奏查明知府吴炳鑫应领薪公、局费银两，无款可发一片，前已钞稿咨呈在案。兹于本年八月十五日承准兵部火票递回原片，奉朱批：刑部知道。钦此。除钦遵咨行外，相应恭录咨呈。为此咨呈贵总署，谨请钦遵鉴照施行。①

## 012. 查讯革员侵欺一折恭录朱批知照由

光绪十七年十月初六日（1891年11月7日）

十月初六日，新疆巡抚魏文称：窃照本护部院于光绪十七年六月初四日在甘肃新疆省城，由驿具奏遵驳查讯被参革员侵欺各款，分别定议一折，前已钞稿咨呈在案。兹于本年八月十五日承准兵部火票递回原折，奉朱批：刑部议奏。钦此。除钦遵咨行外，相应恭录咨呈。为此咨呈贵总署，谨请钦遵鉴照施行。②

---

①台北“中央研究院”近史所藏：《外交档案》，馆藏号：01-17-052-04-001。

②台北“中央研究院”近史所藏：《外交档案》，馆藏号：01-17-052-04-002。

# 光绪二十六年（1900）





## 013. 议赔英教士衣物等价并希赐复由

光绪二十六年五月二十一日（1900 年 6 月 17 日）

五月二十一日，陕甘总督魏文称：案据甘肃兰州道黄云申称：据委办交涉教案委员候选州吏目江连庆申称：奉饬遵查议赔英国教士僖德生衣物等价银原五百两，该教士固执争论，相与切磋，业允增添，共赔银一千五百两，除该教士已具领三百九十两外，尚存银一千一百一十两及衣物各件，前已妥收诸库，由卑职屡为照会具领，该教士推诿至今未领，察其语言，殊多反覆狡诈。前在保安被番众滋事，经缴赔后，该教士仍要回保安，因地方官难于保护，恐又生事，屡经卑职转达宪意，力为劝导，汉口英领事亦有电阻，该教士似在听与不听之间，迄无一定之说，现闻由循化回兰。三月二十四，电禀芜湖监督：准我们夫妇下来否？二十七日，接芜湖覆电，准来汉口等语。该教士究竟或行或止，殊难预信，俟到省后，探其如何定见，及所存银物如何（其）〔具〕领，再当随时禀报。

又据申转据甘肃安定县知县陈明德申称：本年四月初五日，有英国教士僖德生夫妇二人，已过安定转送前进，交替护送等情。相应据情详请鉴核，并祈转咨总理衙门照会驻京使臣，并电汉口英领事查照办理，务令僖德生将追还各物迅速具领，以完前案，各等情。据此，相应咨呈。为此咨呈贵衙门，谨请鉴照转行办理，并希赐覆施行。①

①台北“中央研究院”近史所藏：《外交档案》，馆藏号：01-12-223-03-001。

# 光绪二十七年（1901）



## 014. 滇越议修铁路事咨呈外务部

光绪二十七年六月二十九日（1901年8月13日）

铁路谋始最难，切商方苏雅三端。一、彼此推诚实告；二、凡事商妥乃行，循序渐进；三、专认法派省员商办路事，不与他洋员紊议。铁路工程应归公司商务人员专办，方均照允，较前和平受商。就目前论，尚觉相安。方云路章须在京议定，发滇核办。目前多员来滇无益，应俟定章后，陆续赴办。所议甚当。乃近有法员十九人来抵河口，传闻尚有续到者。询诘方领，据云此项洋员多系越督派来武官，办路不宜，已电请截留缓进，并称越督只办越路，滇路应归公司专办，不能由越督搀管，均申达外部、法使等语。方论果确，实利交涉，但恐剖释无成，则在我尤深隐虑。焘等愚见，无论法派何员，但能和平体察，均可会同商办。若任听越督遥制暗主，纷派武员搀管路工，武断隔阂，民情疑阻，后事棘手，滇难任咎。可否于定章时请钧署订明此节，并先恳据商法使电询法廷，指明划一办法，俾现办路务早得依据，伏候钧示，不胜企祷。

再，省城教案，现与主教开议，索赔过奢，须费磋磨，矿务正核议章程，均俟有绪，另电请示。魏光焘、李经羲叩呈。巧。[①]

①台北“中央研究院”近史所藏：《外交档案》，馆藏号：01-10-004-02-005。

## 015. 奏报滇越议修铁路由

光绪二十七年七月初一日（1901 年 8 月 14 日）

七月初一日，收滇督抚电一件：铁路谋始最难，切商方苏雅三端。一、彼此推诚实告；二、凡事商妥乃行，循序渐进；三、专认法派省员商办路事，不与他洋员紊议。铁路工程应归公司商务人员专办，方均照允，较前和平受商。就目前论，尚觉相安。方云路章须在京议定，发滇核办。目前多员来滇无益，应俟定章后，陆续赴办。所议甚当。乃近有法员十九人来抵河口，传闻尚有续到者。询诘方领，据云此项洋员多系越督派来武官，办路不宜，已电请截留缓进，并称越督只办越路，滇路应归公司专办，不能由越督搀管，均申达外部、法使等语。方论果确，实利交涉，但恐剖释无成，则在我尤深隐虑。焘等愚见，无论法派何员，但能和平体察，均可会同商办。若任听越督遥制暗主，纷派武员搀管路工，武断隔阂，民情疑阻，后事棘手，滇难任咎。可否于定章时请钧署订明此节，并先恳据商法使电询法廷，指明划一办法，俾现办路务早得依据，伏候钧示，不胜企祷。

再，省城教案，现与主教开议，索赔过奢，须费磋磨，矿务正核议章程，均俟有绪，另电请示。魏光焘、李经羲叩呈。巧。[①]

## 016. 滇省赔还教堂完结已订合同画押由

光绪二十七年十一月初三日（1901 年 12 月 13 日）

光绪二十七年十一月初三日，收云贵总督魏光焘、李经羲电称：外务部钧鉴，宙密，滇省上年烧毁教堂一案，本年六月开议赔款，主教初索三十三万两，切与磋磨，减至三十万，坚持不能

①台北“中央研究院”近史所藏：《外交档案》，馆藏号：01-10-003-08-002。

再商。嗣经法领事方苏雅复倩来滇议办矿厂之法领事弥乐石居间调停，始得以由滇赔款十五万两，将通省从前教案归并，全行完结。本日已订合同，画押定案。除奏报并电行在外务部先行代奏外，谨此电呈。魏光焘、李经羲谨叩。冬。①

## 017. 蒙自关所收洋税值百抽五请示由

光绪二十七年十二月初四日（1902 年 1 月 13 日）

光绪二十七年十二月初四日，收云南总督、云南巡抚电称：外务部、王爷、各堂钧鉴：亥密，据蒙自关道电：准税司照称：奉总税务司电：新定值百抽五税章系指沿江海而言，蒙自、思茅，非江海口岸，进口货税不能照新约办理，请将已收税银退商等情。查前奉通章，蒙自关常税不在新关代征之列，其洋关加足值百抽五之税，并无免加明文，所奉转行户部“啸”电、南洋大臣“祃”电，均饬将蒙关加足税银，按月照数提二成解沪，是蒙关已在应加之内等语。查蒙关常税固不在新关代征之列，现该关洋税十月初一日起，已加足值百抽五，自系总税司饬令开办，且户部电饬该关照提二成解沪，是明在应加之内。兹据前因，究竟蒙关洋税应实加足值百抽五，抑废将已加者退商？立候电示遵办。焘、羲叩。冬。②

## 018. 新约赔款向商号挪借汇沪由

光绪二十七年十二月初六日（1902 年 1 月 15 日）

光绪二十七年十二月初六日，收云贵总督魏光焘、云南巡抚李经羲（电）：外务部王爷、各堂钧鉴：亥密，“先”电谨悉。新约赔款，前奉枢部各电饬仍照原派之数，按月解沪。当以年限紧

①台北“中央研究院”近史所藏：《外交档案》，馆藏号：01-14-018-01-034。
②台北“中央研究院”近史所藏：《外交档案》，馆藏号：01-14-021-01-007。

迫，应先遵旨照办，免失初信。嗣据司局禀称：适届年关，库空如洗，本省发款尚多亏欠，而此款又万难迟误，目下腊、正两期，只得暂照原派之数，向商号天顺祥挪借五万，限腊、正以前解交沪道二万五千两，以免贻误。以后总额即筹获的款匀拨，俾可力愿解期。惟有设法赶筹，尽筹定之数，立请奏咨核办等语。除饬电移沪道外，合此电闻。焘、羲叩。支。[①]

## 019. 新约赔款两期向商挪借汇沪由

光绪二十七年十二月初六日（1902 年 1 月 15 日）

光绪二十七年十二月初六日，收云南督抚电称："先"电悉。新约赔款，前奉枢部各电饬仍照原派之数，按月解沪。当以年限紧迫，应先遵旨照办，免失初信。嗣据司局禀称：适届年关，库空如洗。本省发款尚多亏欠，而此款又万难迟误。目下腊、正两期只得暂照原派之数，向商号天顺祥挪借五万，限腊、正以前解交沪道二万五千两，以免贻误；以后总额即筹画的款匀拨，俾可力顾解期。惟有设法赶筹尽筹定之数，立请奏咨核办等语。除饬电移沪道照收外，合电开。焘、羲。支。[②]

---

①台北"中央研究院"近史所藏：《外交档案》，馆藏号：01-14-019-03-039。

②台北"中央研究院"近史所藏：《外交档案》，馆藏号：02-07-009-02-021。

# 光绪二十八年（1902）

## 020. 滇越边设对汛并将清册送呈由

光绪二十八年正月初九日（1902年2月16日）

正月初九日，云贵总督魏光焘文称：据云南善后局司道会同布政使林绍年详称：案查光绪二十一年九月二十七日奉前督部堂札开：光绪二十一年九月十八日，准总理各国事务衙门咨：准法国施使照会：中法会同巡查边界，设立对汛，并绘图定章前来。本衙门查越南盗风甚炽，往往越境滋扰，此拿彼窜，徒滋口舌，自应两国公同会捕，以靖盗风。兹特照录约章，并照绘原图专寄，希即选派妥员查明该使所定专章有无窒碍难行之处，并图内两国交界处所地名、方向有无舛误，图内卡房有无旧设抑须新增，驻卡弁兵由何处调拨，每月口粮若干，妥筹明白，详细声覆等因咨滇，当蒙札委临安开广道查核办理。复奉准总理各国事务衙门寄到法使对汛图一纸，共注明十八处，并拟设副督办二员，分驻河口、麻栗坡，声称本署不能遥度，饬滇中会商酌办，各等因。当将会商裁减，共设十对汛、两副督办，饬委关道充当正督办，并饬将卡房有无旧设、新增，弁兵由何处调拨，每月口粮若干，妥筹明白，禀候核夺去后。旋据该道邹馨兰详称：河口副督办向有防营驻扎，无庸另筑营房；麻栗坡向无营卡，应择要添修营房，为副督办驻扎之所。其十对汛设卡之处，均系极边旷地，应各筑卡房一所，以备弁兵同住。河口副督办拟请兼带忠字后营，仍驻防河口。麻栗坡副督办拟兼带怀远前营，仍驻防麻栗坡。每汛应设汛弁一员，各带兵三十名。所有那发、龙膊、河口、新店、老卡等五汛，即就忠字后营内拨兵一百五十名，归麻栗坡副督办管辖，计程各五百余里。该两营除拨对汛弁兵外，其余之兵各归两副督办管带。所有弁兵口粮仍照防营战兵章程开支。中法约定于二十一年十一月内安设，现已届期，合将筹议各节及选派两副督办、十汛汛弁衔名开折，详请给委，以专责成等情。详奉批准，分别札委遵办，并将副督办暨各汛弁衔名、驻扎处所开折，咨呈总理各国事务衙门查核，照会法使知照，各在案。查河口、麻栗坡两副督办，均兼带防营差使，不另支薪、公等费。惟河口为滇越交界通商地方，交涉事繁，较麻栗坡为尤重，非设员专办，难期周妥，业经关道详委河口副督办黄河源就近兼理，以资熟手。月支办公经费等银三十三两，俾专责成。其十对汛汛弁、役书薪工及公费、油烛、纸张等项，每届各支银三十两。设汛处所均系极边瘴乡，百物昂贵，所有各汛弁开支薪工一切，不论官阶，均一律支给，以资办公而示体恤。所设兵、夫均由防营拨调，应支饷米银两仍由各该营按届支发。理合将委员衔名、驻扎处所及开支薪工等项银两造具章程清册，会文详请察核，分咨户科、兵部、工科，暨咨呈外务部查照立案等情，到本部堂。据此，除据详分咨外，所有清册相应咨呈。为此咨呈贵部，谨请查照立案施行。

●照录清册

云南等处承宣布政使司、云南善后筹饷报销总局，谨将滇越边界设立对汛驻□处所及开支薪水、公费等项，缮具清册，呈请查核。为此具册。

计开

一、副督办一员，系管带粤勇忠字后营候选通判黄河源兼办，驻扎河口，交涉事务，分辖河口、龙膊、那发、新店、老卡等五汛，不另支薪水、公费。

一、副督办一员，系兼带土勇怀远前营游击衔补用都司张贵祚兼办，驻扎麻栗坡，分辖茅坪、天保、攀枝花、董干、田遴等五汛，不另支薪水、公费。

前件查该副督办二员，现在俱兼管带。现值饷项奇绌，撙节办理，是以不另支薪水、公费。如另行委员专办，每处每员月支薪水银三十两、公费银二十两。稿书一名，月支工食银六两；清书一名，月支工食银三两。又月支心红、灯油、笔墨纸张、杂费等项银八两。理合登明。

一、设立十对汛，每汛计汛弁一员，每届支薪水、火食银十六两；总稿一名，每届支工食银六两。什长、勇丁共三十名，水、火夫三名，心红、灯油、笔墨纸张、公费等项，每届支银八两。

以上一汛，每届各支银三十两，不扣建，以一月三天为放饷之期。至每汛所设什长、勇丁三十名，计十汛共三百名，系由边防忠字后营、怀远前营，每营拨勇一百五十名，共三〔百〕名，分设各汛，并水、火夫应支饷米银两，仍由各该营按届支发，登明。

一、河口汛弁补用千总李美等，均自光绪二十三年十一月二十五日到汛，起支薪工等银，登明。

一、龙膊汛弁补用千总骆家信等，均自光绪二十三年十一月二十七日到汛，起支薪工等银，登明。

一、老卡汛弁云骑尉陈立德等，均自光绪二十三年十二月初一日到汛，起支薪工等银，登明。

一、那发汛弁补用都司周仁章等，均自光绪二十三年十二月初七日到汛，起支薪工等银，登明。

一、新店汛弁补用把总黄奇芳等，均自光绪二十三年十二月十六日到汛，起支薪工等银，登明。

一、天保汛弁拔补把总萧礼模等，均自光绪二十三年十二月初一日到汛，起支薪工等银，登明。

一、董干汛弁试用巡检史棻等，均自光绪二十三年十二月初二日到汛，起支薪工等银，登明。

一、攀枝花汛弁补用把总岑润松等，均自光绪二十三年十二月初二日到汛，起支薪工等银，登明。

一、田蓬汛补用千总马建文等，均自光绪二十三年十二月初五日到汛，起支薪工等银，登明。

一、茅坪弁补用千总闭修能等，均自光绪二十三年十二月初六日到汛，起支薪工等银，登明。

前件查以上十汛所设处所，均系极边瘴乡，兼之百物昂贵，所有支给薪水银两，不论官阶，均系按届一律支给，不扣减平，以昭公允而资办公。理合登明。

一、办理河口交涉事件委员一员，系管带粤勇忠字后营候选通判黄河源兼办，不支薪水，每月支办公经费银二十两。设稿书一名，月支工食银六两，月支心红、灯油、纸张等项银六两，月共支银三十二两，仍照章核扣减平。查对汛各弁应给薪水等项，均系随同汛兵饷银支给，故一律按届支发。该员因办理交涉事烦，与他项不同，其办公经费故按月支给，自二十四年十二月十五日设立起支。理合声明。

前件查河口为越滇交界通商地方，交涉事件甚属纷纭。若不设员专办，难期周密，是以札饬该副督办就近兼理，以资熟手而专责成。若嗣后另行委员专办，所需薪水银两，自应照章支给。合并声明。右具册。光绪二十七年十月日。①

## 021. 抄送奏文咨呈由

光绪二十八年二月初四日（1902 年 3 月 13 日）

二十八年二月初四日，云贵总督魏文称：窃照本部堂于光绪二十八年正月初六日会同云南抚部院李、矿务大臣唐，由驿具奏法员来滇开办矿厂，现与议定章程，请旨办理一折；又附奏密陈会议矿章情形一片，又附片一件。所有折、片稿清单，相应抄录

①台北“中央研究院”近史所藏：《外交档案》，馆藏号：02-18-002-01-006。

咨呈。为此咨呈贵部，谨请查照施行。（抄折、抄片清单，均详见二月初六日军机处交出魏光焘抄折）。①

## 022. 法员弥乐石来滇议办矿务章程由

光绪二十八年二月初六日（1902 年 3 月 15 日）

二月初六日，军机处交出魏光焘抄折称：谨奏为法员来滇开办矿务，现与议明章程，请旨办理，恭折仰祈圣鉴事。

案查法员弥乐石，于光绪二十七年三月到滇议办矿务，经臣唐炯将初议大概情形奏奉朱批：政务处速议具奏。旋经政务处覆议，奏奉谕旨，饬由臣等悉心妥议，钞折咨行到滇，钦遵办理。随准法员弥乐石将所拟中西合办矿务章程照送前来。臣等伏查滇省风气未开，遇有交涉事件，群情辄滋疑惧，谣喙繁兴，猝难喻解。此次开议矿章，犹幸弥乐石在滇年久，熟悉地方情形，臣等推布公诚，与之和衷商榷，往返斟酌，务期详晰。诚以此时多一番研求，即日后少一番轇轕，实为交益之道。历时七月有奇，定章二十四款，大旨不外均中外之利便，弭闾里之猜嫌，明地主之义分。弥乐石尚能通悉曲谅。臣等察知与该公司实有窒碍者，亦不强以所难，业经会议妥竣，准弥乐石将议定各款，亲缮法文照会送到，校核无讹，随备中文照会互换，声明具奏请旨办理。

所有会议章程，理合缮具清单，恭呈御览。可否请旨饬下外务部，先将会议章程详加覆核，一俟该公司查勘滇矿完竣，绘图开单，交由臣等分别核明，另行具奏到日，一并饬部核议，奏奉谕旨，照会英、法使臣，订立合同，咨行到滇，钦遵办理之处，伏候圣裁。

除照缮会议章程分咨政务处、外务部查核外，谨合词恭折具陈。伏乞皇太后、皇上圣鉴训示。遵行。谨奏。

①台北“中央研究院”近史所藏：《外交档案》，馆藏号：02-04-028-01-004。

光绪二十八年二月初五日，奉朱批：外务部议奏，单一件、片二件并发。钦此。

●照录奏片

再，云南为最瘠之省，而矿产夙饶，救贫之策，莫先办矿。臣等到滇后，即于此锐志图维，逆知坐守窒山，终为外人攘夺，惟有自办一法，庶是预保利权。无如民间以土法开采，往往得不偿失，事废半涂，财力匮乏，既不能广集公司，风气固陋，又不肯研求西法，欲由官中提倡，苦难筹拨巨资，而精于采矿之员尤不易得。外省富商大贾，屡经设法招徕，仍皆裹足不前，良由购运机器，延聘矿师，万里崎岖，无一不形凿枘。溯英、法攘我缅、越，其游历入滇各员，首先注意开矿，明知造端较难，究因类多利溥，谋构益坚，虽经历任各疆臣权辞婉谢，亦不过暂时推展。本年英、法合集公司，以法员弥乐石主持其事，由法使商准外务部，遣派来滇，并由京寄到矿务草章，就滇商订。嗣经矿务大臣唐炯奏奉谕旨，交军机处议覆，请旨交议，钦遵知照到滇。

臣等伏念滇省兴办路矿均有成议。去年各国新立和约，复将开通商务、推广路矿各事订入专条。现在法人议办滇越铁路，刻不容缓，矿务实与铁路相需为用，深恐英人从中角逐，致失先着，因而合集公司，乘机并议，已隐挟一不容坚却之情，垄断独登之势。自办力固不及，推拒易启责言。计惟有因其图谋最急、不欲失欢之际，先允所请，以慰其隐，婉示必争，以抑其贪。此时能多就一分范围，日后即轻减一分顾虑，磋商大端，应以防患、保权、均利三事为要义。防患则永禁洋兵弹压，战时私济敌人，平日夹带禁物，妨碍田庐、坟墓各节居先；保权则公司不购买尺土寸地，不侵占官民已开利益，除允办各矿外，不任意含混妄指。中国自设公司，诸听照常办理各节居先；均利则各矿分立账目，支费科利，均不得牵混，计算矿税，派滇员稽收，准查核出产数目，铜斤除供京运外，应先尽各省购用。出口矿产，入口料件，概照海关税则完纳各节居先。凡此多为外人所不愿，实皆滇省所必争。其余另就送到草章，逐款磋议，或据理驳正，或援义引伸，或专条增订。弥乐石在滇最久，洞悉情事。初到滇时，外则甘言柔论以诱成，内则狡谋刻意以餍欲。继见臣等察知隐曲，于是反覆变计，时而闪烁尝试，时而吓诈推求，及至大概已定，又复于华、洋词义间多所遁饰，得步进步。其以停议请英、法另派专员相挟制者屡矣。臣等因其术以为应，刚柔互用，曲折相持，卒之情理所在，弥乐石亦无以易。历时七阅月，辩论数十次，幸而竣议。即如初章分利一节，以百分中二十五分报效国家，以十分津贴滇省，指为至优极渥，而于较有把握之矿税，则语涉含糊，力求减免，实则所谓百分者，系提去最厚股利，一切无定费用，暨十成公积，始行分派，非公司获无量利益，殊无余润可均。

又探悉滇省锡、铅各厂办有成效，若显夺滇民生计，恐为公道不容，遂欲以影射出之，预留日后争揽地步。其极费唇舌，久而始定者，约有四端：

一、禁制中国公司延聘矿师、贷用洋款。借口别国洋人驾名华商，妨碍彼之事业，实则欲尽夺权利，以为华人贫拙，非借资财力、工巧，势将不绝而自困。臣等责以于理不顺，于情不恕，再三磋磨，始以不入别国洋股，专用英、法矿师定议。

一、运矿自修铁路，接通滇越干路。滇省风习未开，议办一滇、越铁路，已至棘手。今复横添枝节，实属窒碍难行。弥乐石则谓陆运艰阻，非准接通干路，矿务无功，坚请议则先定，事则缓行。继见固执不许，复请于章程内声明，将来议章准办。臣等恐语涉沾滞，即启日后要挟，设法调停，订明俟干路成时，商议专章，然必须章程妥洽，奏奉国家核准，方能开办，并禁止售票、搭载客货，预存限制。

一、公司自买山地，萃两国财赋，饵瘠省愚民。苟听其自为购置，一举手而宝藏已尽。在彼根带益固，在滇地主无权，异日即有兴复之机，尚复从何探讨？且民自行交易，其中纠葛尤多，既听购为私产，则章程中所谓必经核准，始能交办，皆属虚词。

臣等坚执不可许，按民间租价，代为公平租赁，地由滇官指交，价由公司照给，逾限三年不办，原地归还业主。弥乐石谓各省办矿公司悉准购地，若候滇官租交，按年核缴租值，彼此烦琐，均甚不便。臣等答以甘任其难，非此则力难保安，固争始定。

一、按照价本值百抽五，完纳矿税。公司所谓价本者，譬如以一千金资本办矿，无论采得矿质，值市价数千金、数万金不等，其完税仍按一千金资本，值百抽五。较之核计矿质，以市价抽税，厚薄相去天渊。臣等始则援会典所载，以十分抽二抵税，继则照市价值百抽五定议。弥乐石均力拒不允，并称海关系按照价本抽税，山西福公司矿章亦然，碍难改紊。臣等诘以矿质系中国土产，焉能比例洋货？福公司尽办山西二府矿务，此则揽办全省，若照价本收税，实与值百抽五字义不符。争论至必不得已，始议定按出井炉矿，值百抽五，抵纳税课，抽法虽尚平允，究须自行变价，多费周折，彼于税章既不得逞，又欲蒙混取巧，议由公司三月缴税一次。臣等力争派员分矿监收，查核矿质、出数，比对该厂账目。弥乐石深以为苛，强而后允，电知法使照会外务部，斥滇一味作难，殊不知臣等以事当创办，深恐边民顽梗，致有他虞。所兢兢措意者，尤在于保权防患、分利纳税两事，虽亦在所必争，而隐为时势所屈，已无不曲意牵就。至英、法公司独专利益一节，臣等初亦拟据理折之，嗣经反覆筹计，同一见夺于人。缅越接壤于我，彼岂甘居人后，设致群雄竞趋，控驭并难，势必重为滇累，不如姑以市德，预戢纷纭。列邦即有违言，彼专利者，自当善解。

惟臣等智识短浅，虽竭勉思虑所能及，曲就情势以熟商，而未来事机难以逆睹，一切抵制之策仍虑未尽合宜，因与弥乐石订明，在章程会议妥竣，彼此钤印互换，均不签字署押，应俟奏奉谕旨批准遵立合同，并于会议章程另立专条，声明该公司愿办各矿，须俟矿师勘绘界址，呈送臣等详细查核，均无窒碍，然后载入合同，指交开采。原恐一经订立合同，该公司恃有成约，任意指索，致滋流弊。现在矿章甫经议竣，该公司派出查勘各矿师均未回省，弥乐石即已兼程入京，难保不耸其驻京公使向外务部催请先订合同。以目下时势而论，似宜俟臣等核定该公司可办矿厂若干处，开具清单，另行奏明立案，方与订立合同办法较为周妥，亦与现议相符。应否饬下外务部于核议矿务章程未经复奏请旨以前，先与英、法驻京使臣订明此节，以免临时周折之虞，伏候圣裁。所有遵议矿章一切详细缘由，臣光、臣经谨合词附片密陈。伏乞圣鉴训示。谨奏。

●再，据矿务公司总办绅耆王炽禀称：法员弥乐石照会，欲与公司合办厂务，曾蒙奏奉旨准，公司尚未与立合同。九月十七日，该法员面称：外洋来电，欲给公司三十万两，将全厂交代。窃思此乃民间商规，所谓接顶，并非合办。公司所办之厂三迤都有，若如所议，窃恐将来横生枝节，地随厂去，公司何敢蹈此罪戾！业已回覆各办各厂，恳请奏明立案等情。臣等覆查该法员既变初议，自应听公司分办，以免别生枝节。理合附片陈明。伏乞圣鉴。谨奏。

●照录清单

谨将会议云南隆兴矿务公司章程，缮具清单，恭呈御览。

查滇省开矿之法，不精不全，未能推广。现云南公司拟纠集资本，采用善法，借工程师、机器及一应专家从事开采，俾裕国计而利民生。因此，云贵总督、云南巡抚及矿务大臣，与云南公司所派之总办法国总领事官弥乐石，议定办矿章程如下：

第一款：云贵总督、云南巡抚会同督办云南矿务大臣，允奏国家准云南公司寻采滇省各项矿产如下：一、公家现在荒废之铜矿，并嗣后公司寻出之铜矿。一、曾经开采现在荒废之金、银、铁、煤矿。一、嗣后公司寻出之金、银、铁、煤矿及火油、宝石、朱砂矿，云南大吏允奏请国家给该公司以专办之利益，寻采上开各矿，嗣后别国公司概不准来滇办矿，惟中国官民在云南省增开各项新矿，应听照旧办理，随处可以开采。再，中国自立公司，筹集中国股本，呈请开矿，而但聘用英、法国矿师襄助，且比较云南公司分别完税章程，不再轻减者，应仍准予采办。

第二款：除开采官矿外，凡民间未开及荒废各矿，如公司愿开，可呈报云南大吏饬查，果无窒碍，地方官应向业主商议租山租地，其租价由公司认给。惟公司不得径向民间租赁，亦不得购买山地，永为业主。无论山地何时起租，均不得逾此章二十一款所定年限。凡矿山奏准开办后，倘三年之内公司未能开工，应将矿山及租券交滇官归还业主。

第三款：云南土地广阔，矿山散布，其利于开采第一款指明各矿，必须公司详为查勘，方有端倪，应俟工程师将可开之矿汇开清单，注明界址，绘图呈报大吏饬查，果无窒碍，奏准国家将清单列入合同，然后将地租妥，拨交公司开办。

第四款：云南公司可在矿厂附近荒地酌修必须之铁路，并开水路各道，以便工人来往及转运器具、矿质等用。此项道路占用民地，应呈请大吏查无窒碍，饬知地方官向业主公平议租，其租价由公司认给。至于修筑铁路，以接干路，系为运销矿质及转运器具、人工益臻利便起见，应俟干路告成，商议专章，奏奉中国国家核准，然后开办。惟公司永不得揽载客货。

第五款：开矿需用工人，公司应在云南省内觅雇，不敷则由邻省招补。凡招用工人，视其勤能，无分民教。如工人为工作受伤、残废、殒命，公司可公平偿恤。厂地词讼、命盗、争殴等案，均查照约章，分别办理。

第六款：公司开办铜矿，倘有起色，应岁缴京铜一百五十万斤，以表感忱如下：开办铜矿三年期满，即按年缴交京铜一百万斤；再二年期满，按年加缴京铜五十万斤，以后即以岁缴铜一百五十万斤为定额。公司应交之铜，含净质八成半，每百斤给价库平银二十两；每岁所出之铜，除按照以上年限交足京铜外，公司可以余铜照市价先售与滇省官用，并中国各省采买；再有余铜，转运出口，京铜免完税课。其余售与云南及各省并转运出口之铜，应按本质每百抽五，完纳落地税。

第七款：公司勘指矿山道路，凡有碍房屋、田地、坟墓、风俗，及中国国家商民现仍开办原有利益各矿产，公司概不开办侵占，永杜惊扰。

第八款：公司愿创学堂一所或数所，教授华人，以造就开矿及百工之材。嗣后公司需用之工程师及专门各工头等，应先尽学成诸生中，酌量选用。

第九款：查矿地广阔，转运艰难，中国国家为推广矿务、溥开利源起见，准云南公司分设开矿公司，将所得之权利交托承办，或让与自办。惟各该公司无论代办、自办，务须遵守现订之章程。中国国家既不担任亏折，则每矿应分立账目，不得以此矿之盈余抵彼矿之短耗。年终按股分利，应各归各矿核算。公司将来发售各矿股票时，应竭力设法广招华股，凡官绅、工、商，均可与公司合伙生理，与外国股东一律看待。出售股票，应在欧洲及中国各大埠同时举行。



第十款：云南公司开矿之股本不过关平银五千万两，将来倘需加增，可商允云南大吏，酌添股本。

第十一款：公司进款，除去下开各项，即为净利。一、各项费用及应完税课、租地价值。一、按股本银数提付八厘利息。一、按所购器件原价并修造学堂栈房等原价，提还一成，提足停止。一、按所余之款提出一成，作为公积，以备公司要需。此项公积日后提分，应照第十二款所定股分，公平均沾。

第十二款：除去上开各项，所余之款即为净利，应摊分如下：一、中国国家得百之二十五。一、云南省得百之十。一、公司各股东得百之六十五。每届年终，云南大吏及公司各派一员，查核每矿各账，分领应得之款。

第十三款：公司事业亏累，自行担任，与中国国家及云南省毫不干涉。

第十四款：公司开办诸矿，所出各项矿产，分别出炉、出井，均按本色每百抽五，缴交云南省，作为落地税，由驻厂委员随时查记矿产出炉、出井账目，核对厂内出数账簿。每届三个月，计数抽收。公司办运进口之开矿器具及出口之矿质，均照海关税则，分别完税。公司进口之办矿器具及出口之矿质，只完关税，而概免内地常税厘金。惟公司应遵守中国定章，不得违背条约夹带应完税厘常货及私运禁物。

第十五款：倘此章程讲解有异，及照办时或有争执，应由中国国家、云南大吏、法国公使、英国公使各派一员，会议判断，一俟断定，即用明文分别知照遵行。

第十六款：中国国家及云南省既分公司余利，则公司之矿务，关系国课，自应尽力保持，俾收实效。所有章程各款，皆应令地方官切实遵行。

第十七款：公司可体中国国家及云南大吏付托之重，应竭尽心力，与地方官敦好修睦，诚信相孚。如执事人等有失敬伤谊情事，经地方官指告后，查明属实，即行撤退。二年之内，不得录用。倘公司此后仍需此人，亦永不令在原厂办事。

第十八款：开矿处所，人类甚杂，公司可在附近地方招募土勇，遴选中、西武官各一员，会同管带，驻扎厂地，保护弹压，俾中、西执事人等均得安居，免滋事端。倘遇事故，土勇不敷弹压，则云南大吏酌派官兵，公司永远不得借故招调洋兵入境。

第十九款：公司之矿师人等来滇查勘矿苗，或从事开矿，或由厂行往各处，先期知照地方官派员保护，倘未预知而生意外之事，则云南官员不任其咎。

第二十款：滇省派员赴厂，动支薪水、火食及矿师人等寻勘矿地，派兵随护，以及保护矿厂，在在需费，应筹给津贴。现公司允自开办工日起，按年缴交云南大吏库平银二万两。

第二十一款：此章程从画押日起，以八十五年为期限。期限届满，所有已开之矿，无论新旧及成效如何，均连同公司名下之田地、房屋、器具、铁路并水陆各道等，概由公司经理人移交云南大吏，无庸给价。

第二十二款：云南为中国行省，如中国与欧、美、亚诸国有开战情事，酌定合理之章程，以防私济敌人，公司自应遵守。

第二十三款：云南公司系为开采云南各矿起见，取名隆兴矿务公司。

第二十四款：此章程缮备华文、法文各三分，如讲解有异，以法文为正。①

## 023. 赴美赛会应查照成案呈请核办由

光绪二十八年二月初八日（1902 年 3 月 17 日）



二月初八日，两广总督文称：光绪二十七年十二月初八日，据广州口美国领事照称：美国鲁伊城创设赛会，自西历一千九百零三年五月一号起至十一月一号止，陈设天下各处土产、新出什物，特开地场，俾华商大获利益。此系天下一至大新会景，即工商之大机会也！本领事官相应照会贵部堂知照，请出示布告两广军民人等知悉，并饬知工商匠师。兹将鲁伊城土民请中国协力同造巧艺告白照述呈察。其文累谓自西历一千九百零三年五月一号起至十一月一号止，在鲁伊城设一合国赛会。因忆美国前总统谭吗士遮花臣向法国置买鲁伊阿那之地，美国国会曾认拨出五百万金圆，以助新创赛会之举；总统又拨二十五万金圆，给作本属差事费用，代国家建会所一座；美说利人民亦助一百万金圆，鲁伊城并属邑土民亦助一千万金圆，共计金圆一千六百万有余。如赛会时有最奇巧之物能遂众心者，定然分选。因此次买受鲁伊阿那之地系与各国赛演技艺，所有水陆生物化而为人用之物，考其如何制法，无论野人、正人，亦赛其高矮；蔬菜、植物，亦赛其秀茂。他如牲口、矿物，凡令人共赏者，皆必分选。我商民、工匠、管库人等，彼此宽大忠厚端品，务肩担成其美举，以演大会，可

①台北“中央研究院”近史所藏：《外交档案》，馆藏号：02-04-028-01-005。

决此会华丽，后难为继，故请各国协力，同分利益，请中国技艺工人并各国会同我等，演天下未有之绝大会景，并请天下数国人会同我等称志其盛事。此景最大观、最华丽，凡赴会场者，我等必欣然欢迎。云现该会董事曾选出料呢士泊地段并许多屋宇以为会所，经蒙准许。查该地可充陈天下如何法制各技器，无论何处山海出产土矿，亦可收括。举凡赛材质、赛安息、赛晏乐、赛操练、赛要乐，并搜集水陆山林等处生物与未经驯伏野兽，诸多精巧什物，令人目不暇给，殊足开人毕生见识。至所有赛会什物，如农事、测学、化学、机器、首饰、家私、学问、教习、电气、精艺、食品等件，先后分别均有人管理，有屋储藏。本领事官再此详陈，甚喜贵部堂虚受，希准出示布告两广人等知悉，等由。前来。



查各国赛会之事，向章均由驻京大臣将章程照送总理衙门核明，咨行转饬办理。现文以美国鲁伊城于西历一千九百零三年五月一号起至十一月一号止，开设赛会等语。自应查照成案，呈请贵部查核办理，未便遽准出示。接文前由，除照复外，相应咨呈。为此咨呈贵部，谨请查核办理，赐复施行。①

## 024. 回民越界追获窃物雇工等情由

光绪二十八年三月二十五日（1902年5月2日）

收云贵总督电（光绪二十八年三月二十五日）：亥“东”电谕及准英使函称：奉缅甸政府电，有华官越界追获一华民，在南蚌地方正法，饬查明电复一节。查此案先准英领事电同前因，比经飞饬腾越镇、厅确查。兹据覆称：有回民马登科在红蚌河东岸贸易，因雇工窃物逃走，追至蛮募即新店地方捕获，解回中界，追贼致毙，此外别无弁兵过界等情。查南蚌即红蚌河东岸，系属中

①台北“中央研究院”近史所藏：《外交档案》，馆藏号：02-20-002-01-014。

地，该回民捕获窃贼，追赃致毙，本干严究，况越界不报缅官，尤碍交涉，已饬镇、厅勒拿，务获惩办。除函复烈领外，谨覆陈。焘、羲叩。漾。[①]

## 025. 回民追赃越界已饬勒拿惩办由

光绪二十八年三月二十五日（1902年5月2日）

光绪二十八年三月二十五日，收云贵总督电称：亥“东”电谕及准英使函称：奉缅甸政府电，有华官越界追获一华民，在南蚌地方正法，饬查明电复一节。查此案先准英领事电同前因，比经飞饬腾越镇、厅确查。兹据覆称：有回民马登科在红蚌河东岸贸易，因雇工窃物逃走，追至蛮募即新店地方捕获，解回中界，追赃致毙，此外别无弁兵过界等情。查南蚌即红蚌河东岸系属中地，该回民捕获窃贼，追赃致毙，本干严究，况越界不报缅官，尤碍交涉。已饬镇、厅勒拿，务获惩办。除函覆烈领外，谨覆陈。焘、羲叩。漾。[②]

## 026. 附奏蒙关起解还款一片钞咨由

光绪二十八年三月三十日（1902年5月7日）

光绪二十八年三月三十日，收云贵总督魏光焘文称：窃照本部堂于光绪二十八年二月二十七日，会同云抚部院李，由驿附奏蒙自关起解本年三月内摊还俄、法、英、德借款六成银两一片，所有片稿相应钞录咨呈，为此咨呈贵部。谨请查照施行。

●照录片稿

再，前准户部咨：云南蒙自关每年摊派应还俄、法、英、德借款银四万两，分作两次，于三月解交六成，九月解交四成，均

①台北“中央研究院”近史所藏：《外交档案》，馆藏号：01-23-001-01-033。

②台北“中央研究院”近史所藏：《外交档案》，馆藏号：01-23-002-01-007。

赴江海关交纳。嗣又准部咨，每年加拨银一万两，各等因。业经该关将上年九月内应摊四成银二万两解赴江海关交纳，并附片奏明在案。兹据云南临安开广道兼管关务刘春霖将本年三月内应摊六成银三万两，于六成洋税项下竭力腾挪，如数凑齐，委前云南补用知县吴蓥解省，发交同庆丰商号领赍汇解，定于本年正月十五日起程，限至三月十五日由上海天顺祥商号赴江海关交纳，不准稍有延误。所需汇解各费照案在六成洋税项下开支，另案造报等情。详请奏咨前来。臣覆核无异，除咨外务部暨户部南洋大臣查照外，谨会同云南巡抚臣李（经羲），附片具陈。伏乞圣鉴。谨奏。①

## 027. 总办界务称并无边界筑碑等情由

光绪二十八年四月初三日（1902 年 5 月 10 日）

收云贵总督电（光绪二十八年四月初三日）：亥密"艳"电谨悉。此案前准大咨，当即行查，据总办界务刘万胜覆称：二十四年十一月与英员在南坎会议时，只按段插树栽桩，并无"孟卯、新威两部落边界筑碑费用由两国均分"之议。谨先奉复，详咨续呈。魏光焘叩。东。②

## 028. 马武广追赃致毙并无正法由

光绪二十八年四月初九日（1902 年 5 月 16 日）

收云贵总督电（光绪二十八年四月初九日）：前奉"东"电饬查越界拿人之案，业将大概情形于"漾"电复陈在案。兹据腾越厅电称：此案现经提集，讯系马武广客店工人小杨窃赃逃走，马登科亦在该店佣工，追至新街获贼，解回中界。马武广将小杨拴拷追

①台北"中央研究院"近史所藏：《外交档案》，馆藏号：02-24-001-02-094。
②台北"中央研究院"近史所藏：《外交档案》，馆藏号：01-23-001-01-035。

赃致毙，并无正法之事。马武广于盗案讯明后，旋即病故。经该厅照会麻罩领事会验，照相备案等情。除仍饬讯明马登科有无在场助势，妥拟详办，并函达烈领事外，谨此电陈。焘叩。阳。[①]

## 029. 界碑费用无两国均摊之议等情由

光绪二十八年五月十六日（1902年6月21日）

光绪二十八年五月十六日，云贵总督魏文称：光绪二十八年二月十八日，准兵部火票递到贵部咨：光绪二十八年正月十三日，接准英萨使照称：滇缅划界大臣等于光绪二十四年十一月十二日在南坎地方互相商定孟卯、新威两部落边界，妥筑坚固界碑，其费由两国政府均分。现准五印度政府咨，以此项工程由本印度工部承办，于去年二月间告成，其费共用银一万一千一百十四鲁皮，请为转致中国政府，照两国划界大臣前定均分之议，付还五千五百五十七鲁皮。此项如汇至仰光，即交缅甸度支大臣，或汇至印度加尔各搭，即交印度布政司查收等因。应备文照会贵王大臣查照施行等因。前来。

查滇缅界碑费用两国分认之议，本部无案可稽。既据该使声称于光绪二十四年十一月十二日在南坎商定，自系当时贵省派员议定之事，相应咨行贵督查照。如系彼此议定，即将该款如数付给，拜将付款日期声复本部，以便转达该使可也。等因。承准此当经行查去后。兹据总办滇缅界务刘镇万胜覆称：查二十四年十一月与英总办司格德在南坎会议，仅只按照图约，委员分段插标栽桩，并无议及筑牌费由两国均摊之事。即单指孟卯、新威两部落之界亦无其说，且中英划界，凡有议定之事，必彼此立约签押，方能为凭。况筑牌立牌亦须全界划完，互相照会，彼此派员前往，按照分定界线所栽之桩，竖立永远碑牌。我立石碑，彼则筑牌，



①台北“中央研究院”近史所藏：《外交档案》，馆藏号：01-23-001-01-036。

系各立各界。如有不能并立之处，会商妥定，方能共立一牌。今彼不先为照会，径自筑牌，又要均摊其费，与前议办之旨大相悬左，应请咨明外务部查核覆答，实为公便等情。前来。本部堂覆查无异，相应据情咨覆。为此咨呈贵部，谨请查核转达英使知照施行。①

## 030. 土药设公司滇省未能筹集股本由

光绪二十八年七月二十一日（1902 年 8 月 24 日）

光绪二十八年七月二十一日，收云贵总督魏光焘文称：据布政使刘春霖会同厘金、农工商务两局司、道会详称：案奉行准外务部咨：本部会同户部议覆闽浙总督许试办膏捐一折，请旨饬下奉天等省妥议章程，奏明办理一折，于光绪二十八年二月初八日具奏，同日奉朱批：依议。钦此。相应钞录原奏，恭录谕旨，咨行贵督遵照办理可也。粘抄等因。咨院行司移局。奉此，查前奉文举办铺捐、膏捐，当由局查明滇省市面情形，难办铺捐，及滇省土药向俱贩运他省，未抽膏厘，膏捐更无从举办等因。会司详请咨覆在案。兹奉前因，查奉发抄奏内开：内地土药岁销本巨，尤以奉天、山东、四川、河南、江苏、云南、贵州等省出产为大宗，诚于省会设立公司，认真经理，实属有裨饷需，奏请饬令各省体察情形，妥议章程，奏明办理等因。复查设立公司，应将全滇土药尽数收买，归公司发卖，所有应抽厘金，加入本内核算。迨发运出滇时，由公司扣收厘金。如果办理得法，不惟厘金无所隐漏，而又可别开利源，诚一举而数善兼全。无如滇本瘠区，公家每年入款无多，出款甚巨，库储毫无积蓄，何能另筹巨款，创设公司。而土药及各行商贩素鲜巨本，且商情散漫，亦无力集股开设。况滇省土药向多有川、湖、两广客商到滇采办，贩运各省

①台北“中央研究院”近史所藏：《外交档案》，馆藏号：02-10-014-02-009。

售销。现在土药百斤抽厘二十四两，约在值百抽十。凡滇京饷需以及新筹赔款，无一不取给于土药，若设公司，滇土统归收买，非筹集重资较数省商力犹厚，必不能总其成，以有裨商务而裕饷需，实未便舍有着之厘金现款而创设毫无把握之公司也。本司道等再四思维，实属碍难仿照办理。所有滇省公家商力均未能筹集股本，设立土药公司各情形，理合会文详请俯赐查核，咨覆外务部查照，并分咨户部备案等情，到本兼署部院。据此，覆核无异。除分咨外，相应咨覆。为此咨呈贵部，谨请查照施行。[①]



## 031. 矿章内增入三项请照转饬删除由

光绪二十八年七月二十三日（1902 年 8 月 26 日）

光绪二十八年七月二十三日，收云贵总督呈王爷、中堂大人信称：王爷、中堂大人钧鉴：敬肃者，云南隆兴公司矿务章程，辩驳十余次，始行订安。到京后，奉驳令指定七处，允裁津贴、减京铜各款，酌改字句，大致无甚出入，钦佩荩筹，当具电覆遵办。昨奉咨寄矿章，第一款内，将白金、白铜、锡三项增入。查滇中诸矿，历以土法开采，办无成效，惟临安府属蒙自县之个旧锡矿厂，已有明效大验，砂丁集至数万之众，实为滇民养命之源。利之所在，人各争趋。该处民情强悍，即他处华商觊觎，犹且深闭固拒，其断不容外人插办，非可理喻势禁也。弥乐石在滇屡议及此，委曲开谕，亦即释然。故矿类独不及锡，并虑白金、白铜或有影射，一并删除。四月“元”“篠”二电一再声明，盖稍一通融，不惟大拂民情，将来奸商勾串，挟外逼中，祸变殆不可测。虽第七款有现开各矿概不侵占之语，而民情不愿，则锡矿又当别论。夫至卤莽决裂，厉阶为梗，地方官即任其咎。该公司亦岂能推行尽利？与其彼此交病，后悔莫追，曷若得失兼权，及时更正！

①台北“中央研究院”近史所藏：《外交档案》，馆藏号：02-07-022-01-028。

用特不揣冒渎，仰恳大力斡旋，切商英法公使，将此三项概予删除。如仍坚执，或留白金、白铜，为转图之地，专删锡矿，以弭衅端。诸荷曲成，滇民幸甚，临颖不胜急切待命之至。除另备公牍外，肃此，恭叩崇安。①

## 032. 矿章内增入三项请照删除咨呈由

光绪二十八年七月二十三日（1902年8月26日）

头品顶戴兵部尚书兼都察院右都御史总督云贵地方提督军务兼理粮饷西林巴图鲁魏，为咨呈事。

光绪二十八年六月十八日，承准贵部咨开：光绪二十八年五月初十日，本部覆奏云南矿务章程一折，本日奉朱批：依议。钦此。钞录原奏，并将画押汉、洋文章程一分咨行到滇。本部堂当即咨会督办云南矿务大臣，并督同司道暨洋务局员详加校对，除各款与原章无甚出入，应即遵照办理外，惟查第一款内载：一、公司寻出之金、银、煤、铁、白金、白铜、锡及火油、宝石、朱砂矿，如云南府、澂江府、临安府、开化府、楚雄府、元江直隶州、永北厅七处矿产，云南大吏允奏请国家，给该公司承办等语。查矿类白金、白铜、锡三项，为原章所无。弥乐石在滇即早觊觎三项，而尤注重于锡。因锡矿一宗，华民已办有成效，聚集砂丁极众，华商经办，犹时不免各启争端，一旦许与外人开办，此风一播，即将物议沸腾而后衅，且有不可思议者，弥乐石在滇年久，非不深知其情，而利厚生心，辄复涎伺，曲予剖析，彼亦无辞，故允删去锡矿一宗。继又虑其以白金、白铜影射，故并三项全删，彼已就范。是以四月“元”电声明金、银、铁、煤、火油、宝石、朱砂之外，不可听其含混。旋发“篠”电，又以临安锡厂已有成效，关系华民生计，外人不得开办，复赘声明，切恳照办在案。

①台北“中央研究院”近史所藏：《外交档案》，馆藏号：02-04-028-02-003。

乃弥乐石反覆无常，以滇中屡次磋磨议定之章在京含混增入，滇中万难遵办，应请查照滇中前定原章及曾经议删情节，切实照会英、法公使，转饬弥乐石仍将三项删除，以安滇民而毖后患。应否奏明办理之处，并希裁夺。相应据实咨呈。为此咨呈贵部，谨请查照办理，见覆施行。须至咨呈者。右咨呈外务部。光绪二十八年六月二十七日。①

## 033. 矿章内增入三项请饬弥领删除由

光绪二十八年七月二十三日（1902年8月26日）

王爷、中堂大人钧鉴：敬肃者，云南隆兴公司矿务章程，辩驳十余次，始行订妥。到京后奉驳令指定七处，允裁津贴、减京铜各款，酌改字句，大致无甚出入，钦佩荩筹，当具电覆遵办。昨奉咨寄矿章第一款内，将白金、白铜、锡三项增入。查滇中诸矿，历以土法开采，办无成效，惟临安府属蒙自县之个旧锡厂已有明效大验，砂丁集至数万之众，实为滇民养命之源。利之所在，人各争趋。该处民情强悍，即他处华商觊觎，犹且深闭固拒，其断不容外人插办，非可理喻，势禁也。弥乐石在滇屡议及此，委曲开谕，亦即释然。故矿类独不及锡，并虑白铜、白金或有影射，一并删除。四月"元""篠"二电一再声明，盖稍一通融，不惟大拂民情，将来奸商勾串，挟外逼中，祸变殆不可测。虽第七款有"现开各矿概不侵占"之语，而民情不愿，则锡矿又当别论。夫至卤莽决裂，厉阶为梗，地方官即任其咎，该公司亦岂能推行尽利？与其彼此交病，后悔莫追，曷若得失兼权，及时更正！用特不揣冒渎，仰恳大力斡旋，切商英法公使，将此三项概予删除。如仍坚执，或留白金、白铜，为转图之地，专删锡矿，以弭衅端。诸荷曲成，滇民幸甚，临颖不胜急切待命之至。除另备公牍外，肃

①台北"中央研究院"近史所藏：《外交档案》，馆藏号：02-04-029-01-010。

此，恭叩崇安。魏光焘谨肃。六月二十七日滇字第四号。①

## 034. 矿章内增入三项请饬弥领删除由

光绪二十八年七月二十三日（1902年8月26日）

光绪二十八年七月二十三日，收云贵总督文称：为咨呈事。光绪二十八年六月十八日，承准贵部咨开：光绪二十八年五月初十日，本部复奏云南矿务章程一折，本日奉朱批：依议。钦此。抄录原奏，并将画押汉、洋文章程一分咨行到滇。本部堂当即咨会督办云南矿务大臣，并督同司道暨洋务局员详加校对，除各款与原章无甚出入，应即遵照办理外，惟查第一款内载：一、公司寻出之金、银、煤、铁、白金、白铜、锡及火油、宝石、朱砂矿，如云南府、澂江府、临安府、开化府、楚雄府、元江直隶州、永北厅七处矿产，云南大吏允奏请国家，给该公司承办等语。查矿类白金、白铜、锡三项，为原章所无。弥乐石在滇即早觊觎三项，而尤注重于锡。因锡矿一宗，华民已办有成效，聚集砂丁极众，华商经办，犹时不免各启争端，一旦许与外人开办，此风一播，即将物议沸腾而后衅，且有不可思议者，弥乐石在滇年久，非不深知其情，而利厚生心，辄复涎伺，曲予剖析，彼亦无辞，故允删去锡矿一宗。继又虑其以白金、白铜影射，故并三项全删，彼已就范。是以四月“元”电声明金、银、铁、煤、火油、宝石、朱砂之外，不可听其含混。旋发“篠”电，又以临安锡厂已有成效，关系华民生计，外人不得开办，复赘声明，切恳照办在案。乃弥乐石反覆无常，以滇中屡次磋磨议定之章在京含混增入，滇中万难遵办，应请查照滇中前定原章及曾经议删情节，切实照会英、法公使，转饬弥乐石仍将三项删除，以安滇民而毖后患。应否奏明办理之处，并希裁夺。相应据实咨呈。为此咨呈贵部，谨



---

①台北“中央研究院”近史所藏：《外交档案》，馆藏号：02-04-029-01-011。

请查照办理，见复施行。须至咨呈者。①

## 035. 英兵越界滋事案希持命案议结由

光绪二十八年九月初一日（1902年10月2日）

光绪二十八年九月初一日，收云贵总督电称：宙密“养”电奉悉。查滇缅北纬二十五度三十五分之北一段，约章第四款内载：俟将来查明情形，两国再定界线等语。是此段并无界图，历来均以腾越厅属茨竹土把总管理之小江为界。英兵突于二十六年正月阑入距小江百余里之茨竹、派赖等处，诡称查界，杀毙土弁左孝臣并土练、土民百余名，经镇、厅往援退出。英员复捏称华兵先越界，并有该处未分界应先以恩买卡河与潞江中间之分水岭为暂时从权之界之议。当查无恩买卡河地名，所谓潞江之分水岭系在我茨竹、派赖各寨以内，距小江百余里。茨竹等处系我土把总承袭世守之地，向以小江为界，均有承袭图册可考，讵能于未经查明勘分，已先突入我界内百余里，立一从权之界？其意实欲借此抹煞命案，又图为侵占张本。此北段无图英欲占据之情形也。当经该厅率土弁于是年四月十九与英员新街、密芝那两府，并驻缅杜参赞会议，证以土弁承袭札付、疆界图册。英员语塞。议及命案，但云禀由两国政府议办，遂以寝置，经前署督丁先后缕晰电达钧署，并附奏陈明，曾经钧署照复窦英使，嗣后彼此各守现管之边界，禁止兵勇越境滋事，各在案。兹英员复萌故态，仍申前议，所称以小江即恩买卡河以东之分水岭为界，词尤含混，亦非潞、湄二江之分水岭。苟越过小江，遂其所欲，不惟腾属以北险要全失，即保山之登埂各土弁属地亦难保全，务恳钧署坚持，照覆英使，此段边界未经两国派员会同查明勘分以前，仍应各守现管之界，不得越扰，命案亦乞一并与之议结，以固邦交而维边界。

①台北“中央研究院”近史所藏：《外交档案》，馆藏号：02-04-028-02-002。

除抄录奏、电各件咨送查考外，谨先电复。泰叩。勘。[1]



## 036. 滇缅腾越夫高山以北段界务案

光绪二十八年九月初七日（1902年10月8日）

正月交哄处所驻扎者，英国驻缅提督已派兵至密芝那府，以备不虞，决无挑衅之意。惟边界迤西偶遇他国兵队，不能不立行驱逐，请电云督饬该兵确守前令暂时从权之界，以免滋虞等因。前来。查此事前据云贵总督电复，所有英兵正月间将茨竹、派赖、滚马、小江各寨烧杀之地均在边境界内，昨据镇道查明该处并无分水岭地名。其明光隘两抚夷所管地方，以小江为界，小江至滚马一百里，至派赖二十里，至茨竹三十里。英兵越界一百五十里，何以反谓华人越界？等语。业经照会在案。兹准函称前因，除电云贵总督饬令文武各员按照现管之界禁止兵勇越境滋事外，即希贵大臣转饬密芝那府，会同该处镇厅查明交哄情形，持平办理。嗣后务须彼此各守现管之边界，以免争端，至为切要。专此泐复。顺颂日祉！

为咨呈事。窃照本部堂于光绪二十八年八月廿六日准贵部"养"电内开：英使照称滇缅边境东界北段曾于二十四年声明以恩买卡河与萨尔温江即潞江中间之分水岭为暂时从权之界，本署未经照准，现由缅甸政府详细查明，此分水岭不但为边界天生界限，且为中国现时管辖之边疆。此岭以西并无华民居住，请即以小江即恩买卡河以东之分水岭作为定界等语。查滇缅分界，二十五六年间勘而未定，本部档案不全，无凭核议。此所称恩买卡河以东之分水岭是否即指滇省勘毕图中之湄、潞二江分水岭，岭西有无华民村落，望即详细查明电复，并将英人在边情形，暨勘界所用地图备文送部等因。准此，查滇缅界务，自光绪二十三年奉到贵衙门颁发重订续约及附款专条后，业经先后派员前往，会同英员

[1] 台北"中央研究院"近史所藏：《外交档案》，馆藏号：01-23-002-01-014。

逐段按图勘办。惟条约第四款内载“北纬二十五度三十五分之北一段边界，俟查明该处情形稍详，两国再定界线”等语。是此段界务即现在英使所称之北段也。两国现未勘分，自应仍各守现管之界，不得稍有侵越。二十六年正月十六日，据腾越镇总兵张松林、署腾越同知杨均电称：正月十四日，突有英兵数百阑入内地之茨竹、派赖等处，诡称查界，杀毙土弁左孝臣并土练、土民百余命，经镇、厅往援，始退出界外。当将一切情形电咨贵衙门，照会英使速饬英员密芝那府与该厅会勘查办。嗣经贵衙门复电，英使称滇缅交界滋事系华兵先越界，并云该处未分界，应先以恩买卡河与潞江中间之分水岭为暂时从权之界等语。当查茨竹、派赖各寨，系我土把总承袭世守之地，所管地方向以缅境接壤之小江为界。查小江至滚马一百里，至派赖二十里，至茨竹三十里，况茨竹、派赖两抚夷均有袭案图册可考，即将来两国照约勘定界线，亦应在滇缅交界处划分，方昭公允。英使所谓恩买卡河，查无其名，即潞江之分水岭系在我茨竹、派赖各寨之内，岂能于未查明勘分之先突入我现管界内百余里自立一从权之界？其意实欲借此抹煞命案，又图为侵占张本。此北段无图英使侵越之实情也。

嗣经该厅备文照会英员新街、密芝那两府并驻缅杜参赞，订期始于是年四月十九日在边界会议。该厅即率领通事、土弁，携持承袭部颁札付、疆界图册，前往会议。英员初仍坚执恩买卡河、潞江中间之分水岭为两国暂定界线，该厅驳以明光、茨竹一带山脚系小江及龙江之分水，并不流入潞江，亦无恩买卡河之名，证以土弁承袭札符、图册，英员始觉语塞。该厅议及烧杀命案，英员语尤支吾，但至事关重大，须奉由两国政府和衷商议。次日即相率回缅，未能强留议办等情。当经前兼署部堂丁先后缕晰电达贵衙门查核，并附奏陈明曾经贵衙照复窦英使，嗣后彼此各守现管之边界，禁止兵勇越境滋事，亦在案。迄今命案仍复因循悬延。兹英员复萌故智，又申前议所称以小江至恩买卡河以东之分水岭为界，词尤含混，亦非潞、湄二江之分水岭，苟越过小江遂其所欲，不惟腾属以北险要全失，即保山之登坎各土弁属地亦难保全，务恳贵衙门坚持，照复英使，声明此段边界未经两国派员会同查明勘分以前，仍应各守现管之界，不得越扰；命案亦乞一并与之议结，以固邦交而维边氓。

除将大概情形先行电复，并电饬腾越镇厅再行查勘究竟小江是否即恩买卡河，小江以东之分水岭是何山名、地名，距茨竹、派赖若干里，距潞江若干里，此岭以西果否并无华民居住，形势险要若何，绘具图说，呈候考核，以备辩驳；查探英人在边情形，随时电陈，暨将滇缅会勘已定、未定各段界图照会补咨查考外，此案原奏函件及往来电稿，相应抄录咨呈。为此咨呈贵部，谨请查核办理，施行。须至咨呈者。计咨呈抄件三件，咨呈外务部。光绪二十八年九月初七日。①

## 037. 夏廷绍等自备资斧随同出洋等情由

光绪二十八年十月初四日（1902 年 11 月 3 日）

光绪二十八年十月初四日，收云贵总督魏光焘文称：案查前奉行准军机大臣电传：奉上谕：造就人才，实为当今要务。前据湖南、湖北、四川等省选派学生出洋游学，用意甚善，着各省督抚一律仿照办理，务择心术端正、文理明达之士，遣往学习，将一切专门艺学认真肄业，实力讲求，学成领有凭照回华，即由该督抚、学政按其所学，分门考验，如果学有成效，即行出具切实考语，咨送外务部复加考验，据实奏请奖励。其游学经费着各直省妥筹发给，准其作正开销。如有自备旅资出洋游学者，着各该省督抚咨明该出使大臣，随时照料。如果学成得有优等凭照回华，准照派出学生一体考验奖励，候旨分别赏给进士、举人各项出身，以备任用而资鼓舞。将此通谕知之。钦此。当经恭录通行遵照

①台北“中央研究院”近史所藏：《外交档案》，馆藏号：01-23-003-02-007。

在案。

兹据委办云南武备学堂回避广西存记道汤鲁璠、试用道缪国钧禀称：方言学生廪生夏廷绍，现年二十四岁，系东川府学廪生；附生彭汝贤，现年二十三岁，系会泽县附生。在堂学习已满三年，虽于方言一门粗有门径，究难遽语学成，现闻考取各学生咨送在即，情愿自备资斧随同出洋就学，志在远到，禀恳赏准签给咨批，随同出洋游学学生，出洋就学。造具该生等履贯清折，禀请查核，咨明出使日本大臣随时照料等情，到本兼署部院。据此，应即照准。除给咨钦差出使日本大臣随时照料，暨札头批护送出洋学生张委员遵照外，相应咨呈。为此咨呈贵部，谨请查照转咨驻京日本公使知照施行。①



## 038. 滇缅向以小江为界钞呈原奏查核由

光绪二十八年十月十七日（1902年11月16日）

光绪二十八年十月十七日，云贵总督魏光焘文称：窃照本部堂于光绪二十八年八月二十六日准贵部“养”电内开：英使照称：滇缅边境东界北段曾于二十四年声明，以恩买卡河与萨尔温江即潞江中间之分水岭为暂时从权之界，本署未经照准，现由缅甸政府详细查明，此分水岭不但为边界天生界限，且为中国现时管辖之边疆。此岭以西并无华民居住，请即以小江即恩买卡河以东之分水岭作为定界等语。查滇缅分界，二十五六年间勘而未定，本部档案不全，无凭核议。此所称恩买卡河以东之分水岭是否即指滇省勘毕图中之湄、潞二江分水岭，西有无华民村落，望即详细查明电复，并将英人在边情形，暨勘界所用地图备文送部等因。准此，查滇缅界务，自光绪二十三年奉到贵衙门颁发重订续约及附款专条后，业经先后派员前往，会同英员逐段按图勘办。惟条

---

①台北“中央研究院”近史所藏：《外交档案》，馆藏号：02-12-045-02-007。

约第四款内载：北纬二十五度三十五分之北一段边界，俟查明该处情形稍详，两国再定界线等语。是此段界务即现在英使所称之北段也。两国既未勘分，自应仍各守现管之界，不得稍有侵越。二十六年正月十六日，据腾越镇总兵张松林、署腾越同知杨均电称：正月十四日，突有英兵数百阑入内地之茨竹、派赖等处，诡称查界，杀毙土弁左孝臣并土练、土民百余命，经镇、厅往援始退出界外。当将一切情形电咨贵衙门，照会英使速饬英员密芝那府与该厅会勘查办。嗣准贵衙门复电英使，称滇缅交界滋事系华兵先越界，并云该处未分界，应先以恩买卡河与潞江中间之分水岭为暂时从权之界等语。当查茨竹、派赖各寨，系我土把总承袭世守之地，所管地方向以缅境接壤之小江为界。查小江至滚马一百里，至派赖二十里，至茨竹三十里，况茨竹、派赖两抚夷均有袭案图册可考，即将来两国照约勘定界线，亦应在滇缅交界处划分，方昭公允。英使所谓恩买卡河，查无其名，即潞江之分水岭系在我茨竹、派赖各寨之内，岂能于未查明勘分之先突入我现管界内百余里，自立一从权之界？其意实欲借此抹煞命案，又图为侵占张本。此北段无图，英欲侵越之实情也。

嗣经该厅备文照会英员新街、密芝那两府并驻缅杜参赞，订期于是年四月十九日在边界会议。该厅即率领通事、土弁，携持承袭部颁札付、疆界图册，前往会议。英员初仍坚执恩买卡河与潞江中间之分水岭为两国暂定界线，该厅驳以明光、茨竹一带山脚系小江及龙江之分水，并不流入潞江，亦无恩买卡河之名，并证以土弁札付、图册，英员始觉语塞。该厅议及烧杀命案，英员语尤支吾，但云事关重大，须禀由两国政府和衷商议。次日即相率回缅，未能强留议办等情。当经前兼署部堂丁先后缕晰电达贵衙门查核，并附奏陈明曾经贵衙门照复窦英使，嗣后彼此各守现管之边界，禁止兵勇越境滋事，亦在案。迄今命案仍复因循悬延。兹英员复萌故智，又申前议所称以小江即恩买卡河以东之分水岭为界，词尤含混，亦非潞、湄二江之分水岭。苟越过小江遂其所欲，不惟腾属以北险要全失，即保山之登埂各土弁属地亦难保全，务恳贵衙门坚持，照覆英使，声明此段边界未经两国派员会同查明勘分以前，仍应各守现管之界不得越扰；命案亦乞一并与之议结，以固邦交而维边氓。

除将大概情形先行电覆，并电饬腾越镇厅再行查勘究竟小江是否即恩买卡河，小江以东之分水岭是何山名、地名，距茨竹、派赖若干里，距潞江又若干里，此岭以西果否并无华民居住，形势险要若何，绘具图说，呈候考核，以备辩驳，及查探英人在边情形，随时电陈，暨将滇缅会勘已定、未定各段界图照会补咨查考外，所有此案原奏函件及来往电稿，相应钞录咨呈。为此咨呈贵部，谨请查核办理、施行。



●照钞片稿

再，滇缅界务条约第四款内载：北纬二十五度三十五分之北一段边界，俟将来查明该处情形稍详，两国再定界线等语。查此段边界系在腾越厅属尖高山之北，两国既未勘分，自应仍各守现管之界，不得稍有侵越。乃于本年正月十六日，据云南腾越镇总兵张松林、署腾越同知杨均电称：正月十四日，突有英兵数百阑入内地，经茨竹土把总左孝臣理阻，英兵诡称查界，并无他意。讵于是夜忽发号开枪，烧杀茨竹、派赖各寨。左孝臣率土练、土民抵御，致被伤毙一百余命，左孝臣亦登时阵亡。英兵即占踞该处，威逼土民归顺。该镇厅闻警，派兵往援，并饬不准越界追击。英兵始退出界外。适提臣冯子材查阅营伍到腾，臣即电请提臣督同镇厅，妥为布置防务，绅民亦请留提臣暂驻腾城，以资镇慑，并将一切情形电咨总理各国事务衙门，照会英使速饬英员密芝那府与该厅会勘查办。嗣准总理衙门复电：英使称滇缅交界滋事，系华兵先越界，并云该处未分界，应先以恩买卡河与潞江中间之分水岭为暂时从权之界等语。

臣查茨竹、派赖各寨，系我土把总承袭世守之地，所管地方向以缅境接壤之小江为界，均有图册可考。即将来两国照约勘定界线，亦应在滇缅交界处划分，方昭公允。英使所谓恩买卡河，查无其名。即潞江之分水岭系在我茨竹、派赖各寨之内，岂能于未查明勘分之先突入我现管界内百余里，自立一从权之界？窥其意，显欲借此狡赖，遂可将烧杀之案抹煞，又可为将来侵占张本，用意甚谲，关系甚大。复经臣电请总理各国事务衙门切实照会英使，详告外部，应以现管小江为界，勿再越扰，以全邦交；一面仍饬该厅约会英员，妥为议办。

兹据该厅禀称：遵即备文照会英员新街、密芝那两府并驻缅杜参赞，订期四月十九日，在边界会议。该厅即率领通事、土弁，携持承袭部颁札付、疆界图册，前往会议。英员初仍坚执恩买卡河与潞江中间分水岭为两国暂定界线，经该厅驳以明光、茨竹一带山脚系小江及龙江分水，并不流入潞江，亦无恩买卡河之名，并证以土弁札付、图册，英员始觉语塞。该厅议及烧杀命案，英员语尤支吾，但云事关重大，须禀由两国政府和衷商议。次日即相率回缅，未能强留议办等情。请示前来。

臣查该处边界未经勘定以前，彼此均应各守现管之界，无相侵扰。乃英员突然纵兵犯境，烧杀多命，复欲入我内地，立一暂时从权之界，强横狡谲，莫此为甚！如此次人命不究，边民无以自立；界址不清，彼族益将肆扰。苟遂其所欲，不惟腾越厅属明光各隘险要全失，即保山县属之登梗、鲁掌各土弁所管之地亦难保全。惟人命、界址两事，该英员均称须禀由两国政府商办，意在不欲与滇议结。合无仰恳天恩饬下总理各国事务衙门，再行切实照会英使转告外部，饬知新街、密芝那两府，该处一段边界未经两国钦派大员查明勘分以前，仍应各守现管之界，勿再侵越滋扰；其英兵烧杀茨竹、派赖土弁、土民多命之案，应如何议结，一并由总理衙门会同英使妥议，饬遵办理，俾安边氓而敦睦谊。

除饬该镇、厅在沿边要隘严密设防，并派员前往各土司地方编联团营，勤加训练，以壮声援，及查明此次阵亡土弁兵民汇册奏咨照例议恤，暨咨总理各国事务衙门查照外，谨附片具陈。伏乞圣鉴训示。再，云南巡抚系臣本任，毋庸列衔。合并声明。谨奏。

光绪二十六年五月二十六日附奏，本年七月十八日奉朱批：该衙门知道。钦此。

●照钞来函（光绪二十六年四月初二日到）

徇卿制军阁下：密启者，中缅分界一事，前于二十四年六月间，据英使照会：中缅勘界，择要数端。当于六月十八日咨行酌核妥办。嗣于是年十月间，英使函称：南界既已分定，若循之而北，请以恩买卡河与潞江中间之分水岭为暂时从权之界，两国之兵皆无或逾，否则必致交哄等语。本年正月间，英使以英兵在分水岭遇华兵阻路交哄，重申前请，不令华兵越界。因于本年正月、二月先后电达，并由本署函复英使，以彼此各守现管之边界，以免争端在案。昨英使来署，述及华英防兵非各守界限，易致生衅。本国之意务以分水岭为暂时从权之界，彼此皆不越过等语。本署查滇缅续约第四条载：北纬二十五度三十五分之北一段边界，俟将来查明该处情形稍详，两国再定界线，云云。英使所指地段系在萨伯坪之北。前订滇缅交界尚未议定，现在似不能不暂时议一从权之界，以便为各驻兵丁界限，两无侵越。惟所称恩买卡河，中国地图未载，当系在于缅境，究竟潞江与恩买卡河中间之分水大岭是否与中国现管边界不相出入？本署无从悬揣，特将英使与本署来往信函照会抄送冰案，即希转饬镇道详细查明该处情形，与缅界英官酌议妥办，仍声明此界不作准定，将来应照第四条约文“两国查明，再定界线”，以符原议，并声复本署为要。专布。即颂勋绥。附钞件。

袁昶、吴廷芬、赵舒翘、徐用仪、王文韶、庆亲王、廖寿恒、崇礼、许景澄、桂春、联元，仝启（滇字一百零八号，三月初二日）。

●照录英窦使来函（光绪二十六年正月二十三日到）

径启者，中缅北纬二十五度三十五分之北一段边界，前于二十四年十月十六日曾以恩买卡河与萨尔温江即潞江中间之分水岭为暂时从权之界，两国之兵皆无或逾，否则必致交哄等语。函达在案。现准缅甸巡抚电称：本月十四日，有英兵在该处踏勘分水岭，在缅甸界内，忽遇华人两队拦阻去路，其一队不听理论，反行攻击，遂致交哄，经英兵将伊等攻退，其二队，即行遁去等语。本大臣准此，相应函请贵王大臣再行严电云督，务须饬属不得令华人如此成群越界滋闹，以免轇轕，是为切要！顺颂钧祺。

●照录复英窦使信（二十六年正月二十六日发）

径复者，接准函称：中缅北纬二十五度三十五分之北一段边界，前于光绪二十三年十月十六日曾以恩买卡河与萨尔温江中间之分水岭为暂时从权之界，两国之兵皆无或逾，否则必致交哄等语。函达在案。现准缅甸巡抚电称：本月十四日，有英兵在该处踏勘分水岭，在缅甸界内忽遇华人两队拦阻去路，遂致交哄，相应函请严电云督，不得令华人如此成群越界滋闹，以免轇轕等因。查贵大臣二十四年函内所论原为界未起勘、从权办理起见，现在该处分水岭一带如何画分，总应据条约为定。兹准前因，所有两国之兵即应照现在勘定之界，彼此皆无或逾，方免轇轕。除已电知云贵总督转饬带兵员弁照约办理外，相应函复贵大臣，转饬贵国兵官一体遵照可也。此布。顺颂日祉。

●照录英窦使照会（二十六年二月十四日到）

为照复事。本年二月初三日接准来文，以正月初旬英兵在缅甸、云南边界攻退华兵一事，谓英兵由界外入我内地，理阻不听，击毙土练、土民八十余名，伤者无数，云云。现准本国政府来电内称：印度电咨：正月十二日，有英员带护勇在恩买卡河与萨尔温江中间之分水岭迤西踏勘地舆，忽有两大队华兵拦阻去路，不听理论。十四日，反行攻击，我兵无奈，遂致交哄。查交哄之处在昔董东北一百华里，尚在暂时从权之界迤西二十五华里。据报该华兵先系拟用巧计谋害勘界英员，其队长带队两次西越恩买卡河，搅扰该处土民等语。合请贵大臣转告中国，声明本政府于此事是否应向中国责问，留待详细察明，再为置论。应先请中国电咨云贵总督，将恩买卡河与萨尔温江中间之分水岭迤西之华兵立即撤回为要等因。本大臣承准此，合即备文照请贵王大臣查照二十四年十月十六日本大臣函内所叙暂时从权之界，电咨云督立将界西之华兵一律撤回，以免轇轕而昭公允，是为切要。须至照会者。

●照录英窦使来信（二十六年二月二十六日到）

径启者，兹据印度政府来电：据缅甸巡抚电报：现闻滇缅边界自正月十三日英华兵勇交哄处所至太平江一带，中国派有陆路兵勇二千六百名、团练五千名，在彼分驻。据腾越厅电，此次所派兵团实因前此交哄之事不靖，务须弹压，惟不能过界，云云。然闻该兵团等仍有擅越暂时从权之界至正月十三日交哄处所驻扎者。英国驻缅提督业已派兵至密芝那府，以备不虞等语。本政府查此事已将本国不以为然之意分电云督及腾越厅查照，请转告总署，虽本国之兵决无挑衅之意，惟边界迤西倘遇他国兵队，不能不立行驱逐等因。本大臣准此，相应函请贵王大臣立电云督，俾其确守前定暂时从权之界，以免滋虞，是为切盼。此布。顺颂钧祺。

●照录复英窦使信（二十六年二月二十八日发）

径复者，接准函称：据印度政府来电，闻滇缅边界自正月十三日英华兵勇交哄处所至太平江一带，中国派有陆兵二千六百名、团练五千名在彼分驻，仍有擅越暂时从权之界至正月交哄处所驻扎者。英国驻缅提督已派兵至密芝那府，以备不虞，决无挑衅之意。惟边界迤西倘遇他国兵队，不能不立行驱逐，请电云督饬该兵团确守前定暂时从权之界，以免滋虞等因。前来。查此事前据云贵总督电复，所有英兵，正月间将茨竹、派赖、滚马、小江各寨烧杀之地，均在边境界内，并据镇道查明该处并无分水岭地名。其明光隘两抚夷所管地方，以小江为界，小江至滚马一百里，至派赖二十里，至茨竹三十里，英兵越界一百五十里，何以反谓华人越界等语。业经照会在案。兹准函称前因，除电云贵总督饬令文武各员按照现管之界禁止兵勇越境滋事外，即希贵大臣转饬密芝那府，会同该处镇厅查明交哄情形，持平办理。嗣后务须彼此各守现管之边界，以免争端，至为切要。专此泐复。顺颂日祉。





●照钞总理衙门来往电

总署来电（光绪二十六年正月二十七日到）

云贵总督：昨英使函称：本月十四日，英兵在分水岭遇华人两队阻路，遂至交斗，请电滇督，不令华人越界等语。究竟分水岭是否在界内，希查饬照约办理，并电复。宥。印。

●复总署电（正月二十八日发）

北京总理衙门王爷各堂钧鉴："宥"电敬悉。英使称英兵在分水岭遇华人阻路，遂交斗，请饬华人勿越界，并查分水岭是否在界内一节。查此案适据腾越镇厅电称：正月初旬，有英兵数百率蒲夷千余，由界外入我内地，茨竹、派赖等寨以理阻之。不听，并四索供应。十四伊遣通事巧言安慰左、杨两土弁，使其无备，忽于夜间发号开枪，将茨竹、派赖、滚马、小江各寨烧杀一空，枪毙土守备左孝臣，击毙土练、土民八十余名，伤者无算。未死余生，俱逼投顺归管，四处竖桩。翌日，行八十里，过我他戛寨，往下江而去，声言将攻古勇及占腾城，各等因。该镇厅当即调兵前去弹压抚恤，并办防守，屡次电询密芝那府，因何纵兵过界烧杀。伊始则佯为不知，继则云只有查界兵十名，横说华人越界。再与辩论，约其会同查办，伊竟不理。现在人心惊惶，愤恨已极，恐英兵再深入，边民不能束手待毙，势必激成大变。正欲转达，适奉钧电，英使云系在分水岭，并云华人过界各等语。查茨竹等寨距缅界甚远，乃英兵无故犯境，烧杀惨毒，密芝那府各回电内亦无分水岭名目，除饬镇厅再查外，请钧署嘱英使饬英员与该镇会同查办，先勘是谁界内，继勘死伤烧毁者在谁地面，曲直不明，边民难以聊生，尤虑他变叠出。现饬该镇前往抚恤，并布置防堵，该厅在城为策应，以防再有不测。除详咨外，合先电闻。铎叩。

勘。印。

●致总署电（四月初五日发）

北京总理衙门王爷、各堂钧鉴：宙密，英兵无故阑入腾境烧杀情形，已于“勘”电详达在案。兹复据该镇厅电称：委员查明实系枪毙土民、土练一百一十四名，英兵现虽退出，仍在边界游弋，并致书千崖土司，称欲改线枯利河修路以达内地，如不允，彼即自修。英员哈特哼乃又致书云，将我甘平寨地方暂为英属境，该处居民多被逼降，难以聊生。现派芮都司、杨管带率兵分扎明光、固东一带，以安民心。迭经该镇厅照会密芝那府，约其会勘。据称未奉彼国上宪饬知，未便会办，各情。前来。查此次英兵无故犯境，烧杀土弁、土民多命，复欲借故改线，侵占地方，殊属不尽情理！似此不守约章，有意寻衅，边民愤极，难保不激成大变。除饬镇厅督兵严守边界，以资镇静外，应请钧署据情照会英使，与之理论，嘱其速饬英员，各守疆土，勿再纵兵越界骚扰，免激他变而固邦交，并饬密芝那府亲会腾越镇厅，查明此案起衅根由，会勘办理，以安边氓为要。铎叩。歌。印。



●致总署电（二月十五日发）

北京总理衙门王爷、各堂钧鉴：宙密，前奉“宥”电，英使云：英兵在分水岭遇华人两队阻路，遂至交斗，请饬不令华人越界等语。究竟分水岭是否在界内，希查复等因。查英兵无故至我内地茨竹、派赖等寨烧杀，毙官民一百余命，约密芝那府会勘，伊仍不理。已于“勘”电详达，又于“歌”电再达。至所称分水岭，据镇厅确查无此地名，英使函询概系狡赖。查明光隘两抚夷所管地方，以小江为界，英兵越我小江而至滚马、茨竹、派赖开衅，官民被戕死者尚在，且小江至滚马一百里，至派赖二十里，至茨竹三十里，共越我界一百五十里，反谓我越境交斗，界址有定，是非昭然。况两抚夷官一名茨竹把总，一名派赖把总，有袭案可凭。查该镇等迭次所禀，均系实情，亦无起衅别故。惟官民横遭惨杀，愤恨难平，应请嘱英使饬密芝那府，同镇、厅会勘，究竟越界英兵是兵是匪，务期水落石出，以杜后患为要。铎叩。咸。印。

●总署来（三月二十日到）

云贵总督："咸"电悉。分水岭一段界务已由本署电达罗使，详告外部，并照会英使，仍以现管小江为界。俟得覆再达。巧。印。

●复总署电（三月二十二日到）

北京总理衙门王爷、各堂钧鉴：宙密，"巧"电敬悉。腾越分水岭一段界务，钧署已电罗使告外部，并照会英使，以现管小江为界，感甚。现据腾越厅电称：前因茨竹被杀之案，屡以理电责密芝那府，约其会勘，彼复电以北段未勘界址，坚执潞江及小江之分水岭为界，意在将茨竹惨杀华民之案借"越案"二字抹煞，又可遂含混进占之意，即与会议，仍不外争占界址。又接缅甸汉务社参赞专函称：明光隘茨竹、派赖二寨，因彼此兵丁不意触碰，并声言潞江即萨尔温江与南买卡河一段，系缅约第四条未勘之先由两国政府议以此二条河当中一带山底暂以为此段边界之界限，于西历一千八百九十八年七月二十八日，英使已照会钧署。十一月，钧署会同英使议定公文，已寄滇督，可为明验。又云中国向有兵丁越界，久经英使照会钧署等语。反覆纠缠，仍不外以未定之界线，希图恃强进占而已。查缅约第四条，北纬二十五度三十五分之北一段边界，俟将来查明该处情形稍详，两国再定界线等语。夫曰查明该处情形，是将来应查明，系缅者归缅，系中者归中。曰将来再定，是未定界线可知。曰会详再定，试问会于何日？详于何文？均无凭据。其未会详也明甚。既未会详，又未查明，亦未再定，则以潞江南买卡河当中一带山底暂为此段边界之说从何处出？且约内既无此二语，此段又未绘图画押，其为捏造无疑！若果然照此画分，则腾越失去北地甚多，永昌无险可守，不独中国世守土职改归英属矣。此段虽未勘，诚如钧示应以现管之界为凭。滇中自奉续约后，并未奉有钧署别样明文，杜参赞所言各节，其不合处，该厅已专函驳复在案。所称一千八百九十八年七月廿八日英使照会钧署，十一月钧署与英使议定，有文可为明验，不知何指？或当时有别样照会牵论此段界务耶？或其蓄意已久，当时即捏谓中英越界预定一暂时边界，于照会中含混其辞，以为后来张本耶！祈钧署检查陈案有无此语，速即赐覆，以凭辩驳，并乞达知罗使，如彼执此狡赖，罗使更为有词。余容续达。振铎叩。养。印。

●总署来电（三月二十五日到）

云贵总督："养"电悉。英员所称一千八百九十八年七月间照会，业经本署于廿四年六月十八日咨滇查核在案。此节未据咨复，十一月间亦并未与英使议定。今年正月间，英使来函，重提分水岭界事，本署握定现管之界为辞，自接尊处"元"电，已切实照会英使，现应以现管小江为界，并电达罗使，详告外部。此事英谋占界，务当内外坚持，不稍松劲，俟彼有覆，当随时电达。漾。印。

●复总署电（三月二十六日）

北京总理衙门王爷、各堂钧鉴：宙密，"漾"电敬悉。英员所称之一千八百九十八年七月间照会，经钧署廿四年六月咨滇，此节未据滇咨复等因。查此事业于廿四年七月咨复，在滇缅界务，英使所拟办法三端，卷内英文所称上年十二月间有华官带领兵丁二百名，进入恩买卡河北境内，应请华官于恩买卡河与萨尔温江中间之分水岭西境，不得有干预治理地方之举等语。检查图约，并无恩买卡河，且萨尔温江经过之境甚多，处处皆有分水岭，不知所指何处，无以查复，须俟后来勘定，是以复钧署咨文内只云至潞江。至湄江一段，如英国本年同时派员开办，乞电知，以便另行派员办理，即指此一节而言也。盖英蓄意侵占已久，故以图约并无之河名与无定之分水岭，含混叙入照会内，使我无可查考，无从照复，彼即据为侵占张本。及至今年烧杀派赖等寨，始指明即茨竹、派赖内之分水岭，狡诈真属异常。好在廿四年钧署并未与定议，而小江为界系我土目现管之地。又蒙钧署电知罗使，照会英使，立意坚持，不胜感激。惟有转饬镇厅恪遵钧示，不稍松劲，嗣后如何办法，随时电达。铎叩。宥。印。

●总署来电（三月初一日到）

云贵总督：英使函称：印度政府来电：滇缅边界太平江一带，中国派陆兵二千六百名、团练五千名，并有越界在今正交斗处所驻扎者。英已派兵至密芝那府，决无挑衅之意，已分电云督查照。惟边界以西倘遇他国兵队，不能不立行驱逐，请饬华兵覇守暂时从权之界等语。希转饬镇道查明情形酌办。宥。印。

●总署来电（三月十二日到）

云贵总督：腾缅界事，接正月“勘”电，当经电达罗使，属咨外部查明越界滋事人员惩办，并饬英员勿再纵兵骚扰。顷接罗使电称：外部覆接印督所报腾缅交界滋事系华兵先行越界，已电窦使，请总署饬将分水岭西境之兵暂撤，余俟详报到日再办等语。窦使亦称该处尚未分界，应先以恩买卡河与潞江中间之分水岭为暂时从权之界，华兵勿越分水岭西，英兵勿越岭东，免致交斗等语。该使所指分水岭，于现管边界地势如何，本署无从遥揣，希饬该镇、道详晰查明，与英员妥商，以免轇轕。详情已函达。蒸。印。

●复总署电（三月十三日）

北京总理衙门王爷、各堂钧鉴：宙密，“蒸”电奉悉。英使称腾缅交界滋事系华兵先越界，并云该处未分界，应先以恩买卡河与潞江中间之分水岭为暂时从权之界，华兵勿越岭西，英兵勿越岭东，免致交斗等语。实属异常狡执。钧署查询该使所指分水岭于现管边界，地势如何，即洞悉其侵占之隐矣。查此段即缅约第四条所谓尚未划分之界，然现管之界甚明晰，即将来画分，亦应在滇缅交界处为界，岂能于未画之先入人现管界内百余里立一从权之说，以逞其久假不归之谋？查茨竹土把总袭职，自乾隆初年，载在册籍。左孝臣即茨竹土弁，世守至今。所辖之地，以滇缅交界处之小江为界，即钧署所谓现管之界也。其为中国地毫无疑义。英使所谓分水岭，考其地在茨竹、派赖之内，距小江滇缅交界处已百余里，若从分水岭横截为暂时从权之界，则茨竹、派赖均截在外，中国世袭之土弁将改归英属，有是理乎？前次英兵突入茨竹烧杀，其为英兵越界不查可知，英员哈特亨乃前致腾越厅函，有请甘平寨暂归英属之语，大约指此一节而言。盖英欲由此路通西藏，蓄谋已久，曰暂归英属者，明知本非英属，欲我让地也。曰从权之界者，明知不是滇缅交界处，欲我从权退守，彼即据为己有也。用意甚谲，关系甚大。若不将土职现管之界明白剖晰，不独已死百余性命无从勘办，恐将来界务尤不堪问，应请钧署详细电达罗使，并切实照复窦使，破其阴谋，俾知我断不肯含糊退让，贪心或可稍已。诸费荩筹，容再续达。铎叩。元。印。[①]



## 039. 钞录滇缅边界各函电咨呈查核由

光绪二十八年十月十七日（1902年11月16日）

光绪二十八年十月十七日，云贵总督魏文称：窃照本部堂于光绪二十八年八月二十六日准贵部“养”电内开：英使照称：滇缅边境东界北段曾于二十四年声明：以恩买卡河与萨尔温江即潞江中间之分水岭为暂时从权之界。本署未经照准。现由缅甸政府详细查明此分水岭不但为边界天生界限，且为中国现时管辖之边疆。此岭以西并无华民居住，请即以小江即恩买卡河以东之分水岭作为定界等语。查滇缅分界二十五六年间，勘而未定，本部档案不全，无凭核议。此所称恩买卡河以东之分水岭是否即指滇省勘毕图中之湄、潞二江分水岭，西有无华民村落，望即详细查明电复，并将英人在边情形暨勘界所用地图备文送部等因。准此，查滇缅界务自光绪二十三年奉到贵衙门颁发重订续约及附款专条

①台北“中央研究院”近史所藏：《外交档案》，馆藏号：01-23-002-01-015。

后，业经先后派员前往，会同英员逐段按图勘办。惟条约第四款内载北纬二十五度三十五分之北一段边界，俟查明该处情形，稍详两国，再定界线等语。是此段界务即现在英使所称之北段也。两国既未勘分，自应仍各守现管之界，不得稍有侵越。

二十六年正月十六日，据腾越镇总兵张松林、署腾越同知杨均电称：正月十四日突有英兵数百阑入内地之茨竹、派赖等处，诡称查界，杀毙土弁左孝臣，并土练、土民百余命，经镇、厅往援，始退出界外。谨将一切情形电咨贵衙门，照会英使速饬英员密芝那府，与该厅会勘查办。嗣准贵衙门复电：英使称滇缅交界滋事，系华兵先越界，并云该处未分界，应先以恩买卡河与潞江中间之分水岭为暂时从权之界等语。当查茨竹、派赖各寨系我土把总承袭世守之地，所管地方向以缅境接壤之小江为界。查小江至滚马一百里，至派赖二十里，至茨竹三十里。况茨竹、派赖两抚夷均有袭案图册可考，即将来两国照约勘定界线，亦应在滇缅交界处划分，方昭公允。英使所谓恩买卡河，查无其名。即潞江之分水岭系在我茨竹、派赖各寨之内，岂能于未查明勘分之先突入我现管界内百余里，自立一从权之界？其意实欲借此抹煞命案，又图为侵占张本。此北段无图英欲侵越之实情也。嗣经该厅备文照会英员新街、密芝那两府并驻缅杜参赞，以期于是年四月十九日在边界会议。该厅即率领通事、土弁，携持承袭部颁札付、疆界图册前往会议。英员初仍坚执恩买卡河与潞江中间之分水岭为两国暂定界线，该厅驳以明光、茨竹一带山脚系小江及龙江分水，并不流入潞江，亦无恩买卡河之名，并证以土弁札付、图册，英员始觉语塞。该厅议及烧杀命案，英员语尤支吾，但云事关重大，须禀由两国政府和衷商议，次日即相率回缅，未能强留议办等情。当经前兼署部堂丁先后缕晰电达贵衙门查核，并附奏陈明曾经贵衙门照复窦英使，嗣后彼此各守现管之边界，禁止兵勇越境滋事亦在案，迄今命案仍复因循悬延。兹英员复萌故智，又申前议所称以小江即恩买卡河以东之分水岭为界，词尤含混，亦非潞、湄二江之分水岭。苟越过小江，遂其所欲，不惟腾属以北险要全失，即保山之登埂各土弁属地亦难保全，务恳贵衙门坚持，照覆英使，声明此段边界未经两国派员会同查明勘分以前，仍应各守现管之界，不得越扰；命案亦迄一并与之议结，以固邦交而维边氓。除将大概情形先行电复，并电饬腾越镇、厅再行查勘究竟小江是否即恩买卡河，小江以东之分水岭是何山名、地名，距茨竹、派赖若干里，距潞江又若干里，此岭以西果否并无华民居住，形势险要若何，绘具图说，呈候考核，以备辩驳，及查探英人在边情形，随电陈，暨将滇缅会勘已定、未定各段界图照会补咨查考外，所有此案原奏函件及来往电稿，相应钞录咨呈。为此咨呈贵部，谨请查核办理，施行。

●照录来往电

照抄总理衙门来往电

总署来电（光绪二十六年正月二十七日到）

云贵总督：昨英使函称：本月十四日，英兵在分水岩遇华人两队阻路，遂至交斗，请电滇督不令华人越界等语。究竟分水岩是否在界内，希查饬照约办理，并电复。宥，印。

●复总署电（正月二十八日发）

北京总理衙门王爷、各堂钧鉴："宥"电敬悉。英使称英兵在分水岭遇华人阻路，遂交斗，请饬华人勿越界，并查分水岩是否在界内一节。查此案适据腾越镇、厅电称：正月初旬，有英兵数百，率蒲夷千余，由界外入我内地茨竹、派赖等寨，以理阻之不听，并四索供应。十四，伊遣通事巧言安慰左、杨两土弁，使其无备，忽于夜间发号开枪，将茨竹、派赖、滚马、小江各寨烧杀一空，枪毙土守备左孝臣，击毙土练、土民八十余名，伤者无算，未死余生，俱逼投顺，归管四处竖桩。翌日，行八十里，过我他戛寨，往下江而去，声言将攻古勇及占腾城各等因。该镇、厅当即调兵前去弹压抚恤，并办防守，屡次电询密芝那府，因何纵兵过界烧杀。伊始则佯为不知，继则云只有查界兵十名，横说华人越界。再与辩论，约其会同查办，伊竟不理。现在人心惊惶，愤恨已极，恐英兵再入，边民不能束手待毙，势必激成大变。正欲转达，适奉钧电，英使云系在分水岩，并云华人过界各等语。查茨竹等寨距缅界甚远，乃英兵无故犯境，烧杀惨毒，密芝那府各回电内亦无分水岩名目。除饬镇厅再查外，请钧署嘱英使饬英员与该镇、厅会同查办，先勘是谁界内，继勘死伤烧毁者在谁地面，曲直不明，边民难以聊生，尤虑他变叠出。现饬该镇前往抚恤，并布置防堵，该厅在城为策应，以防再有不测。除详咨外，合先电闻。铎叩。勘。印。

●致总署电（四月初五日发）

北京总理衙门王爷、各堂钧鉴：宙密：英兵无故阑入腾境烧杀情形，已于"勘"电详达在案。兹复据该镇、厅电称：委员查明实系枪毙土民、土练一百一十四名，英兵现虽退出，仍在边界游弋，并致书千崖土司，称欲改线枯利河修路以达内地，如不允，彼即自修。英员哈特哼及又致书云，将我甘平寨地方暂为英属境。该处居民多被逼降，难以聊生。现派芮都司、杨管带率兵分扎明光、固东一带，以安民心。迭经该镇、厅照会密芝那府，约其会勘。据称未奉彼国上宪饬知，未便会办各情，前来。查此次英兵无故犯境，烧杀土弁、土民多命，复欲借故改线，侵占地方，殊属不尽情理！似此不守约章，有意寻衅，边民愤极，难保不激成大变。除饬镇、厅督兵严守边界，以资镇静外，应请钧署据情照会英使，与之理论，嘱其速饬英员各守疆土，勿再纵兵越界骚扰，免激他变而固邦交，并饬密芝那府亲会腾越镇、厅，查明此案起衅根由，会勘办理，以安边氓为要。铎叩。歌。印。

●致总署电（二月十五日发）

北京总理衙门王爷、各堂钧鉴：宙密：前奉"宥"电：英使云英兵在分水岭遇华人两队阻路，遂至交斗，请饬不令华人越界等语。究竟分水岭是否在界内，希查复等因。查英兵无故至我内地茨竹、派赖等寨烧杀，毙官民一百余命，约密芝那府会勘，伊仍不理，已于“勘”电详达，又于“歌”电再达。至所称分水岭，据镇、厅确查无此地名，英使函询概系狡赖。查明光隘两抚夷所管地方，以小江为界，英兵越我小江而至滚马、茨竹、派赖开衅，官民被戕，死者尚在。且小江至滚马一百里，至派赖二十里，至茨竹三十里，共越我界一百五十里，反谓我越境交斗，界址有定，是非昭然！况两抚夷官一名茨竹把总，一名派赖把总，有袭案可凭。查该镇等迭次所禀，均系实情，亦无起衅别故。惟官民横遭惨杀，愤恨难平，应请嘱英使饬密芝那府同镇、厅会勘，究竟越界英兵是兵是匪，务期水落石出，以杜后患为要。铎叩。咸。印。



●总署来电（三月二十日到）

云贵总督咸电悉。分水岭一段界务已由本署电达罗使，详告外部，并照会英使，仍以现管小江为界，俟得覆再达。巧。印。

●复总署电（三月二十二日到）

北京总理衙门王爷、各堂钧鉴：宙密，“巧”电敬悉。腾越分水岭一段界务，钧署已电罗使告外部，并照会英使以现管小江为界，感甚。现据腾越厅电称：前因茨竹被杀之案屡以理电责密芝那府，约其会勘，彼复电以北段未勘界址，坚执潞江及小江之分水岭为界，意在将茨竹惨杀华民之案借“越案”二字抹煞，又可遂含混进占之意。即与会议，仍不外争占界址。又接缅甸汉务杜参赞专函称：明光隘茨竹、派赖二寨，因彼此兵丁不意触碰，并声言潞江即萨尔温江与南买卡河一段，系缅约第四条未勘之先由两国政府议以此二条河当中一带山底暂以为此段边界之限，于西历一千八百九十八年七月二十八日，英使已照会钧署。十一月，钧署会同英使议定公文已寄滇督，可为明验。又云中国向有兵丁越界，久经英使照会钧署等语。反覆纠缠，仍不外以未定之界线，希图恃强进占而已。查缅约第四条，北纬二十五度三十五分之北一段边界，俟将来查明该处情形，稍详两国，再定界线等语。夫曰查明该处情形，是将来应查明，系缅者归缅，系中者归中。曰将来再定，是未定界线可知。曰会详再定，试问会于何日？详于何文？均无凭据，其未会详也明甚。既未会详，又未查明，亦未再定，则以潞江南买卡河当中一带山底暂为此段边界之说从何处出？且约内既无此二语，此段又未绘图画押，其为捏造无疑！若果然照此画分，则腾越失去北地甚多，永昌无险可守，不独中国世守土职改归英属矣。此段虽未勘，诚如钧示应以现管之界为凭。滇中自奉续约后，并未奉有钧署别样明文。杜参赞所言各节，其不合处，该厅已专函驳覆在案。所称一千八百九十八年七月二十八日英使照会钧署，十一月钧署与英使议定，有文可为明验，不知何指？或当时有别样照会牵论此段界务耶？或其蓄意已久，当时即捏谓中英越界预定一暂时边界，于照会中含混其词，以为后来张本耶？祈钧署检查陈案有无此语，速即赐覆，以凭辩驳，并乞达知罗使，如彼执此狡赖，罗使更为有词。余容续达。振铎叩。养。印。

●总署来电（三月二十五日到）

云贵总督："养"电悉。英员所称一千八百九十八年七月间照会，业经本署于廿四年六月十八日咨滇查核在案。此节未据咨复，十一月间亦并未与英使议定。今年正月间，英使来函，重提分水岭界事，本署握定现管之界为辞，自接尊处"元"电，已切实照会英使，现应以现管小江为界，并电达罗使，详告外部。此事英谋占界，务当内外坚持，不稍松劲，俟彼有覆，当随时电达。漾。印。

●复总署电（三月二十六日）

北京总理衙门王爷、各堂钧鉴：宙密"漾"电敬悉。英员所称之一千八百九十八年七月间照会，经署廿四年六月咨滇，此节未据滇咨复等因。查此事业于廿四年七月咨复，在滇缅界务英使所拟办法三端，卷内英文所称上年十二月间有华官带领兵丁二百名，进入恩买卡河北境内，应请华官于恩买卡河与萨尔温江中间之分水岭西境，不得有干预治理地方之举等语。检查图约，并无恩买卡河，其萨尔温江经过之境甚多，处处皆有分水岭，不知所指何处，无以查复，须俟后来勘定，是以复钧署咨文内只云潞江至湄江一段，如英国本年同时派员开办，乞电知，以便另行派员办理，即指此一节而言也。盖英蓄意侵占已久，故以图约并无之河名与无定之分水岭含混叙入照会内，使我无可查考，无从照复，彼即据为侵占张本。及至今年烧杀派赖等寨，始指明即茨竹、派赖内之分水岭，狡诈真属异常。好在廿四年钧署并未与定议，而小江为界系我土目现管之地。又蒙钧署电知罗使照会英使，立意坚持，不胜感激！惟有转饬镇、厅恪遵钧示，不稍松劲，嗣后如何办法，随时电达。铎叩。宥。印。



●总署来电（三月初一日到）

云贵总督：英使函称：印度政府来电：滇缅边界太平江一带，中国派陆兵二千六百名、团练五千名，并有越界在今正交斗处所驻扎者。英已派兵至密芝那府，决无挑衅之意，已分电云督查照。惟边界以西倘遇他国兵队不能不立行驱逐，请饬华兵霸守暂时从权之界等语。希转饬镇、道查明情形酌办。宥。印。

●总署来电（三月十二日到）

云贵总督：腾缅界事，接正月“勘”电，当经电达罗使，属咨外部查明越界滋事人员惩办，并饬英勿再纵兵骚扰。顷接罗使电称：外部覆接印督所报腾缅交界滋事系华兵先行越界，已电窦使，请总署饬将分水岭西境之兵暂撤，余俟详报到日再办等语。窦使亦称该处尚未分界，应先以恩买卡河与潞江中间之分水岭为暂时从权之界，华兵勿越分水岭西，英兵勿越岭东，免致交斗等语。该使所指分水岭，于现管边界地势如何，本署无从遥揣，希饬该镇、道详晰查明，与英员妥商，以免轇轕。详情已函达。蒸。印。

●复总署电（三月十三日）

北京总理衙门王爷、各堂钧鉴：宙密，“蒸”电奉悉。英使称腾缅交界滋事系华兵先越界，并云该处未分界，应先以恩买卡河与潞江中间之分水岭为暂时从权之界，华兵勿越岭西，英兵勿越岭东，免致交斗等语。实属异常狡执！钧署查询该使所指分水岭于现管边界地势如何，即洞悉其侵占之隐矣。查此段即缅约第四条所谓尚未划分之界，然现管之界甚明晰，即将来画分，亦应滇缅交界处为界，岂能于未画之先入人现管界内百余里立一从权之说，以逞其久假不归之谋？查茨竹土把总袭职，自乾隆初年，载在册籍。左孝臣即茨竹土弁，世守至今。所辖之地，以滇缅交界处之小江为界，即钧署所谓现管之界也。其为中国地毫无疑义。英使所谓分水岭，考其地在茨竹、派赖之内，距小江滇缅交界处已百余里，若从分水岭横截为暂时从权之界，则茨竹、派赖均截在外，中国世袭之土弁将改归英属，有是理乎？前次英兵突入茨竹烧杀，其为英兵越界，不查可知。英员哈特哼乃前致腾越厅函，有请将甘平寨暂归英属之语，大约指此一节而言。盖英欲由此路通西藏，蓄谋已久，曰暂归英属者，明知本非英属，欲我让地也。曰从权之界者，明知不是滇缅交界处，欲我从权退守，彼即据为己有也。用意甚谲，关系甚大。若不将我土职现管之界明白剖晰，不独已死百余性命无从勘办，恐将来界务尤不堪问！应请钧署详细电达罗使，并切实照复窦使，破其阴谋，俾知我断不肯含糊退让，贪心或可稍已。诸费荩筹，容再续达。铎叩。元。印。

●照录片稿

再，滇缅界务条约第四款内载：北纬二十五度三十五分之北一段边界，俟将来查明该处情形，稍详两国再定界线等语。查此段边界系在腾越厅属尖高山之北，两国既未勘分，自应仍各守现管之界，不得稍有侵越。乃于本年正月十六日，据云南腾越镇总兵张松林、署腾越同知杨均电称：正月十四日，突有英兵数百阑入内地，经茨竹土把总左孝臣理阻，英兵诡称查界，并无他意。讵于是夜忽发号开枪，烧杀茨竹、派赖各寨。左孝臣率土练、土民抵御，致被伤毙一百余命，左孝臣亦登时阵亡。英兵即占踞该处，威逼土民归顺。该镇厅闻警，派兵往援，并饬不准越界追击。英兵始退出界外。适臣冯子材查阅营伍到腾，臣即电请提臣督同镇、厅，妥为布置防务，绅民亦请留提臣暂驻腾城，以资镇慑，并将一切情形电咨总理各国事务衙门，照会英使速饬英员密芝那府与该厅会勘查办。嗣准总理衙门复电：英使称滇缅交界滋事，系华兵先越界，并云该处未分界，应先以恩买卡河与潞江中间之分水岭为暂时从权之界等语。臣查茨竹、派赖各寨，系我土把总承袭世守之地，所管地方向以缅境接壤之小江为界，均有图册可考。即将来两国照约勘定界线，亦应在滇缅交界处划分，方昭公允。英使所谓恩买卡河，查无其名。即潞江之分水岭系在我茨竹、派赖各寨之内，岂能于未查明勘分之先突入我现管界内百余里自立一从权之界？窥其意，显欲借此狡赖，遂可将烧杀之案抹煞，又可为将来侵占张本，用意甚谲，关系甚大。复经臣电请总理各国事务衙门切实照会英使详告外部，应以现管小江为界，勿再越扰，以全邦交；一面仍饬该厅约会英员，妥为议办。兹据该厅禀称：遵即备文照会英员新街、密芝那两府并驻缅杜参赞，订期四月十九日，在边界会议。该厅即率领通事、土弁，携持承袭部颁札付、疆界图册，前往会议。英员初仍坚执恩买卡河与潞江中间分水岭为两国暂定界线，经该厅驳以明光、茨竹一带山脚系小江及龙江分水，并不流入潞江，亦无恩买卡河之名，并证以土弁札付、图册，英员始觉语塞。该厅议及烧杀命案，英员语尤支吾，但云事关重大，须禀由两国政府和衷商议。次日即相率回缅，未能强留议办等情。请示前来。

臣查该处边界未经勘定以前，彼此均应各守现管之界，无相侵扰。乃英员突然纵兵犯境，烧杀多命，复欲入我内地，立一暂时从权之界，强横狡谲，莫此为甚！如此次人命不究，边民无以自立；界址不清，彼族益将肆扰。苟遂其所欲，不惟腾越厅属明光各隘险要全失，即保山县属之登梗、鲁掌各土弁所管之地亦难保全。惟人命、界址两事，该英员均称须禀由两国政府商办，意在不欲与滇议结。合无仰恳天恩饬下总理各国事务衙门，再行切实照会英使转告外部，饬知新街、密芝那两府，该处一段边界未经两国钦派大员查明勘分以前，仍应各守现管之界，勿再侵越滋扰；其英兵烧杀茨竹、派赖土弁、土民多命之案，应如何议结，一并由总理衙门会同英使妥议，饬遵办理，俾安边氓而敦睦谊。

除饬该镇、厅在沿边要隘严密设防，并派员前往各土司地方编联团营，勤加训练，以壮声援，及查明此次阵亡土弁兵民，汇册奏咨，照例议恤，暨咨总理各国事务衙门查照外，谨附片具陈。伏乞圣鉴训示。再，云南巡抚系臣本任，毋庸列衔。合并声明。谨奏。

光绪二十六年五月二十六日附奏，本年七月十八日奉朱批：该衙门知道。钦此。

●照录来函

●照钞来函（光绪二十六年四月初二日到）

徇卿制军阁下：密启者，中缅分界一事，前于二十四年六月间据英使照会，中缅勘界，择要数端，当于六月十八日咨行酌核妥办。嗣于是年十月间英使函称：南界既已分定，若循之而北，请以恩买卡河与潞江中间之分水岭为暂时从权之界，两国之兵皆无或逾，否则必致交哄等语。本年正月间，英使以英兵在分水岭遇华兵阻路交哄，重申前请，不令华兵越界。因于本年正月、二月先后电达，并由本署函复英使，以彼此各守现管之边界，以免争端在案。昨英使来署，述及华英防兵非各守界限，易致生衅。本国之意务以分水岭为暂时从权之界，彼此皆不越过等语。本署查滇缅续约第四条载：北纬二十五度三十五分之北一段边界，俟将来查明该处情形，稍详两国再定界线，云云。英使所指地段系在萨伯坪之北，前订滇缅交界尚未议定，现在似不能不暂时议一从权之界，以便为各驻兵丁界限，两无侵越。惟所称恩买卡河，中国地图未载，当系在于缅境，究竟潞江与恩买卡河中间之分水岭是否与中国现管边界不相出入？本署无从悬揣，特将英使与本署来往信函、照会抄送冰案，即希转饬镇、道详细查明该处情形，与缅界英官酌议妥办，仍声明此界不作准定，将来应照第四条约文“两国查明，再定界线”，以符原议，并声复本署为要。专布。即颂勋绥。

●附钞件

庆亲王、王文韶、廖寿恒、徐用仪、崇礼、赵舒翘、许景澄、吴廷芬、桂春、袁昶、联元，仝启（滇字壹百零捌号，三月初二日）。

●照录英窦使来函（光绪二十六年正月二十三日到）

径启者，中缅北纬二十五度三十五分之北一段边界，前于二十四年十月十六日曾以恩买卡河与萨尔温江即潞江中间之分水岭为暂时从权之界，两国之兵皆无或逾，否则必致交哄等语。函达在案。现准缅甸巡抚电称：本月十四日，有英兵在该处踏勘分水岭，在缅甸界内，忽遇华人两队拦阻去路，其一队不听理论，反行攻击，遂致交哄，经英兵将伊等攻退，其二队即行遁去等语。本大臣准此，相应函请贵王大臣再行严电云督，务须饬属不得令华人如此成群越界滋闹，以免轇轕，是为切要。顺颂，钧祺。

●照录复英窦使信（二十六年正月二十六日发）

径复者，接准函称：中缅北纬二十五度三十五分之北一段边界，前于光绪二十三年十月十六日曾以恩买卡河与萨尔温江中间之分水岭为暂时从权之界，两国之兵皆无或逾，否则必致交哄等语。函达在案。现准缅甸巡抚电称：本月十四日，有英兵在该处踏勘分水岭，在缅甸界内忽遇华人两队拦阻去路，遂致交哄，相应函请严电云督，不得令华人如此成群越界滋闹，以免轇轕等因。查贵大臣二十四年函内所论，原为界未起勘、从权办理起见，现在该处分水岭一带如何画分，总应据条约为定。兹准前因，所有两国之兵即应照现在勘定之界，彼此皆无或逾，方免轇轕。除已电知云贵总督转饬带兵员弁照约办理外，相应函复贵大臣，转饬贵国兵官一体遵照可也。此布。顺颂日祉。

●照录英窦使照会（二十六年二月十四日到）

为照复事。本年二月初三日接准来文，以正月初旬英兵在缅甸、云南边界攻退华兵一事，谓英兵由界外入我内地，内地理阻不听，击毙土练、土民八十余名，伤者无数，云云。现准本国政府来电内称：印度电咨：正月十二日，有英员带护勇在恩买卡河与萨尔温江中间之分水岭迤西踏勘地舆，忽有两大队华兵拦阻去路，不听理论。十四日，反行攻击，我兵无奈，遂致交哄。查交哄之处在昔董东北一百华里，尚在暂时从权之界迤西二十五华里。据报该华兵先系拟用巧计谋害勘界英员，其队长带队两次西越恩买卡河，搅扰该处土民等语。合请贵大臣转告中国，声明本政府于此事是否应向中国责问，留待详细察明，再为置论，应先请中国电咨云贵总督，将恩买卡河与萨尔温江中间之分水岭迤西之华兵立即撤回为要等因。本大臣承准此，合即备文照请贵王大臣查照二十四年十月十六日本大臣函内所叙暂时从权之界，电咨云督立将界西之华兵一律撤回，以免轇轕而昭公允，是为切要。须至照会者。

●照录英窦使来信（二十六年二月二十六日到）

径启者，兹据印度政府来电：据缅甸巡抚电报：现闻滇缅边界自正月十三日英华兵勇交哄处所至太平江一带，中国派有陆路兵勇二千六百名、团练五千名，在彼分驻。据腾越厅电，此次所派兵团实因前此交哄之事不靖，务须弹压，惟不能过界，云云。然闻该兵团等仍有擅越暂时从权之界至正月十三日交哄处所驻扎者，英国驻缅提督业已派兵至密芝那府，以备不虞等语。本政府查此事已将本国不以为然之意分电云督及腾越厅查照，请转告总署，虽本国之兵决无挑衅之意，惟边界迤西倘遇他国兵队，不能不立行驱逐等因。本大臣准此，相应函请贵王大臣立电云督，俾其确守前定暂时从权之界，以免滋虞，是为切盼。此布。顺颂钧祺。

●照录复英窦使信（二十六年二月二十八日发）

径复者，接准函称：据印度政府来电，闻滇缅边界自正月十三日英、华兵勇交哄处所至太平江一带，中国派有陆兵二千六百名、团练五千名在彼分驻，仍有擅越暂时从权之界至正月交哄处所驻扎者，英国驻缅提督已派兵至密芝那府，以备不虞，决无挑衅之意。惟边界迤西倘遇他国兵队，不能不立行驱逐，请电云督饬该兵团确守前定暂时从权之界，以免滋虞等因。前来。查此事前据云贵总督电复，所有英兵，正月间将茨竹、派赖、滚马、小江各寨烧杀之地均在边境界内，并据镇、道查明该处并无分水岭地名。其明光隘两抚夷所管地方，以小江为界，小江至滚马一百里，至派赖二十里，至茨竹三十里，英兵越界一百五十里，何以反谓华人越界等语。业经照会在案。兹准函称前因，除电云贵总督饬令文武各员按照现管之界禁止兵勇越境滋事外，即希贵大臣转饬密芝那府，会同该处镇、厅查明交哄情形，持平办理。嗣后务须彼此各守现管之边界，以免争端，至为切要。专此泐复。顺颂日祉。[①]



## 040. 王志恕自备资斧赴洋游学等情由

光绪二十八年十月二十八日（1902年11月27日）

光绪二十八年十月二十八日，收云贵总督魏光焘文称：案查前奉行准军机大臣电传：奉上谕：造就人才，实为当今要务。前据湖南、湖北、四川等省选派学生出洋游学，用意甚善，着各省督抚一律仿照办理，务择心术端正、文理明达之士，遣往学习，将一切专门艺学认真肄业，实力讲求，学成领有凭照回华，即由该督抚、学政按其所学分门考验，如果学有成效，即行出具切实考语，咨送外务部覆加考验，据实奏请奖励。其游学经费着各直省妥筹发给，准其作正开销。如有自备旅资出洋游学者，着各该省督抚咨明该出使大臣随时照料，如果学成得有优等凭照回华，准照派出学生一体考验奖励，候旨分别赏给进士、举人各项出身，

①台北“中央研究院”近史所藏：《外交档案》，馆藏号：02-10-017-01-003。

以备任用而资鼓舞。将此通谕知之。钦此钦遵。当经恭录通行遵照在案。

兹据署布政使刘春霖详称：案据署昭通府龙文禀：据恩安县属在籍丁忧指分广东候补知县王志恕禀称：职员现年三十二岁，现值丁忧，趁此出游东洋，俾得稍增学识，将来服阕，拟即赴粤需次。现在多方设措，只能自备一年资斧，如须到省考试，则道远时促，旅费不资，恳祈赏准免考，迅赐咨文，俾得由昭首途，取道川楚，出洋学习，庶省绕道之劳等情。据此，伏查该职员王志恕志趣向上，学有渊源，如因格于定章致使人才淹滞，似无以启聪明而长志气。现既复恳前来，合无仰恳宪恩宽免赴省考试，迅赐给咨出洋游学等情。前来。本署司查该职员系丁忧指分广东候补知县，与考选出洋学生稍有区别，既称自备资斧，情殷出洋游学，似可准其免考。理合据情详请衡核，咨明外务部，转咨驻京日本公使查照，并一面径咨钦差出使日本大臣，请其分拨肄业，照料保送，并照会各该地方官，俟该员到日，即照约保护；仍祈将咨文、护照发司，以便转给祗领呈投等情，到本兼署部院。据此，应即照准。除给咨钦差出使日本大臣妥为照料，并照会拨堂肄业，暨咨钦差南洋大臣、两江督部堂转饬上海关道照会驻沪日本领事核发执照，及饬招商局照料，暨札头批护送出洋学生张委员遵照外，相应咨呈。为此咨呈贵部，谨请查照转咨驻京日本公使知照施行。①

## 041. 三角地租费作为边防经费立案由

光绪二十八年十一月十五日（1902 年 12 月 14 日）

光绪二十八年十一月十五日，收云贵总督魏文称：据云南腾越同知兼管关务叶如桐电禀：查卑厅猛卯土司所属三角地一段，

①台北“中央研究院”近史所藏：《外交档案》，馆藏号：02-12-045-02-010。

中英续议新约作为永租，经总办界务刘镇于廿四年冬月同英国界务总办司格德照约划租与英，租银未获，计已三年，卑厅因赴边地设立分关卡，在猛卯地方，据该土司禀请将三角地租银与英员会议，兹准麻领事照复，由缅政议准每年定给租价印度小洋一千元，以西历一千八百九十九年二月初九勘划之日起，至一千九百二年二月初八日止，共计三年，租费印洋三千元。惟滇官尚有赔缅案之款，以此划抵，可省彼此汇兑之烦等语。查西历二月初八日，即本年正月初一日，所有前三年三角地租洋三千元，除照复麻领事并由孟税务司拨兑抵还应偿边案赔款外，将来此项租银拟恳俯念猛卯土司地方赤贫，边防需用，以后新街府如按年拨到时，请即照数转发该土司，作为筹边经费，以期有备无患。电请核咨立案等情，到本部堂。

据此，查中缅条约附款第二条内载：南碗河之南那木喀相近有三角地一段，西濒南莫江之支河及蛮秀岭之垒周尖高山，从此尖高山遵岭东北至瑞丽江，此段地英国认为中国之地。惟是地乃中国永租与英国管辖，其地之权咸归英国，中国不用过。问其每年租价若干，嗣后再议等语。兹此段地之租价既经该厅与英员议定每年给租价银印度小洋一千元，以勘划之日起，前三年租费拨抵应偿赔款，应准照办，以后租费所请按年照数转发猛卯土司作为边防经费，系以该地之租仍充该地公用，亦应准行。除札司局转行该厅遵照外，相应咨呈。为此咨呈贵外务部，谨请查照立案施行。①

## 042. 咨送会奏咨遣学生出洋折稿清单由

光绪二十八年十一月十五日（1902 年 12 月 14 日）

十一月十五日，云贵总督魏文称：窃照本兼署部院于光绪二

①台北“中央研究院”近史所藏：《外交档案》，馆藏号：02-11-003-02-001。

十八年十月十四日会同云南学院吴（鲁）由驲具奏遵旨资遣学生出洋，以资游历而宏造就一折，所有折稿相应钞录原折及诸生姓名、年贯清单，备文咨送。为此咨呈贵部，谨请查核施行。

●照录钞折

头品顶戴云贵总督兼署云南巡抚臣魏光焘跪[1]奏，为遵旨资遣学生出洋，以资游历而宏造就，恭折仰祈圣鉴事。

窃查光绪二十七年八月初五日奉上谕：造就人才，实为当今要务。前据湖南、湖北、四川等省选派学生出洋游学，用意甚善，着各省督抚一律仿照办理，务择心术端正、文理明达之士遣往学习，将一切专门艺学认真肄业，实力讲求，学成领有凭照回华，即由该督抚、学政按其所学，分门考验，如果学有成效，即行出具切实考语，咨送外务部覆加考验，据实奏请奖励。其游学经费着各直省妥筹发给，准其作正开销。如有自备旅资出洋游学者，着各该省督抚咨明该出使大臣随时照料，如果学成得有优等凭照回华，准照派出学生一体考验、奖励，候旨分别赏给进士、举人各项出身，以备任用而资鼓舞。将此通谕知之。钦此。当经恭录转行，并咨查湖南章程，札饬遵办在案。

臣维古者春秋、战国最尚游学，近如俄、日及暹罗，皆以游历归国而强者也。自海禁大开，前大学士臣曾国藩督两江时，即有资遣幼童出洋之议。自时厥后，南、北洋数遣学生、京员，亦间出游历，虽未必大收厥效，然其中亦未尝无成材足以备一时之用者。上年拳匪难作，朝廷愤在事诸臣见闻之不广，图开通风气，遣派亲王出洋，尤足新一时之听睹。滇省虽僻处南荒，亦不乏闻风向往之士，冀资阅历以蕲至于富强。顾游学以欧美为最，而行远自迩又莫如自同洲同文之日本，始以其地近而情通，费省而效速也。

[1]此前衔据原件（台北故宫博物院藏：《军机及宫中档》，文献编号：408007185）校补。

臣自奉谕旨，即与司道会商遴选，务以心术端正、文理明达方为合格，取定廪生钱良骏等十名，每名按给川资银二百两，旅费、学费每名岁需洋银三百元，并自备资斧出洋游学之广东尽先试用知县恩安县举人王志恕一员，均由选派前易门县教谕陈雍、补用游击张贵祚护送前往。每员月给薪水银五十两、川资银二百两，酌带翻译、书识各一名，一切悉照学生开支，并先行酌发杂费银五百两，以资办公。兹据藩司详请具奏前来。

臣覆核无异，均经先后各给咨批，咨明出使日本大臣照会日本外部，照约保护，俟其到日，查看各生姿质所近，分拨学堂肄习，随时严加管束，按期卒业，给照回滇，分别办理；并俟查看三月后，如有不堪造就者，即行护送回滇，以昭慎重。已饬各该学生等于九月十八日由滇起程，取道越南去讫。臣仍当随时留意，俟有及格之学生，再行接续资送。

除将此次各生姓名、年贯开单咨送外务部、礼部查照外，所有资遣学生出洋缘由，谨会同云南学政臣吴鲁，恭折具陈。伏乞皇太后、皇上圣鉴。再，云贵总督系臣本任，毋庸列衔。合并陈明。谨奏。光绪二十八年十月十四日。①

●清单

谨将考选及自备资斧出洋游学学生姓名、年岁、籍贯清单，开呈查核。

计开

钱良骏，年二十二岁，昆明县廪生。

由宗龙，年二十四岁，姚州附生。

吴锡忠，年二十四岁，云南府附生。

李葶芬，年二十五岁，昆明县廪生。

邵光年，年二十岁，定远县廪生。

---

①此具奏日期据原件（台北故宫博物院藏：《军机及宫中档》，文献编号：408007185）校补。

陈贻恭，年二十一岁，云南府附生。

刘昌明，年二十二岁，鲁甸厅举人。

李培元，年二十三岁，晋宁州廪生。

李燮元，年二十三岁，定远县廪生。

何鸿翼，年二十五岁，四川金堂县从九职衔。

王志恕，年三十二岁，恩安县举人，在籍丁忧，广东候补知县。[①]

## 043. 夏廷绍等呈缴咨批等情由

光绪二十八年十一月十六日（1902 年 12 月 15 日）

十一月十六日，云贵总督魏光焘文称：据委办云南大学堂总办回避广西存记道汤鲁璠验报：案准武备学堂移开：案查前据方言学生廪生夏廷绍、附生彭汝贤禀，自备资斧，随同出洋游学学生钱良骏等十名出洋就学，呈请照案签给咨批，禀蒙发给转发祗领，亲赍呈投去后。兹据该生夏廷绍禀称：头批学生出洋，起程日促，措资不及，恳归附二批出洋游学，呈缴咨批，等由，前来。并访闻彭汝贤现亦回籍，尚未到省，应请从宽归附二批随同出洋就学，并呈缴咨批等情，到本兼署部院。据此，查此案出洋学生，前据武备学堂禀请签给咨批，当经核明于八月二十八日发给转发，并咨明贵部转咨驻京日本公使知照在案。兹据将咨批呈缴查核前来，除注销备案并分咨外，相应咨呈。为此咨呈贵部，谨请查照转咨施行。[②]

①台北“中央研究院”近史所藏：《外交档案》，馆藏号：02-12-045-02-011。

②台北“中央研究院”近史所藏：《外交档案》，馆藏号：02-12-045-02-012。

# 光绪二十九年（1903）



## 044. 金陵关增收进口税银汇沪由

光绪二十九年三月二十二日（1903年4月19日）

光绪二十九年三月二十二日，南洋大臣魏文称：查接管卷内，据金陵关道徐树钧详称：案奉宪札，赔款奏请免提二成洋税，准户部议复，令各省关约计增收数目，按月提解，不必拘执二成等因。奉经遵办，并解至二十九年正月初三日止在案。兹据税司查明，光绪二十九年正月初四日起至二月初二日止，即西历二月分，共增收进口税银一百六十二两八钱四分一厘，函致前来。遵即照提关平银一百六十二两八钱四分一厘，备具文批，发交号商源成承领，汇解赴沪，准于二十九年二月二十日以前上兑。除移江海关并详苏抚宪外，理合详祈核咨等情。移交到本大臣。据此，除批示外，相应咨明。为此咨呈贵外务部，谨请查照施行。①

## 045. 金款应付利息送江海关分交等情由

光绪二十九年三月二十二日（1903年4月19日）

光绪二十九年三月二十二日，收南洋大臣魏光焘文称：查接管卷内：据副总税务司裴式楷函称：续借四厘五金款，光绪二十九年二月初七日第五十三次应付利息，缮具银票，合库平银四十

①台北“中央研究院”近史所藏：《外交档案》，馆藏号：02-07-004-02-040。

万两，送交江海关道查收分交。其不敷金镑之数，由关另筹他款补足，并将呈报贵部禀函一件送请转寄等因。移交前来。相应咨送。为此咨呈贵部，谨请查照施行。

●照录禀函

敬启者，案查续借四厘五金款按月付利一事，前经改订按各厘局副税务司交到之款，除扣留足用之经费外，即可尽数拨解等因。所有第五十二次应交银两，已于上年十二月二十八日由本副总税务司拨解在案。现将届西历一千九百三年三月初五日，即华历光绪二十九年二月初七日，按照合同应付利息六万九千六百二镑十三西林四本士，例由总税务司交付第五十三次厘金还款之期。兹由本副总税务司缮具汇丰银票二纸，每票规平银二十一万九千二百两，共合规平银四十三万八千四百两，即按每规平银一百九两六钱合库平银一百两，统合库平银四十万两，业于本日送交江海关道查收，以便届期分交汇丰、德华两银行各一纸。其不敷金镑之数，仍请由江海关道另筹他款补足，俾免贻误。除呈报南洋大臣鉴核外，相应报名贵部查核，即希贵总办转呈可也。再，此件系由南洋转递。合并声明。此颂升祺。①

## 046. 通商银行将户部息银交沪道收存由

光绪二十九年三月二十五日（1903年4月22日）

光绪二十九年三月二十五日，南洋大臣魏文称：查接管卷内，据江海关道袁树勋详称：光绪二十九年正月二十五日，奉督办铁路总公司事务大臣前工部左堂盛札：案查光绪二十三年正月二十一日，准前江海关刘道咨：解户部拨存通商银行官款规银一百万两，当经如数发存，议定长年五厘起息，每届还本交息亦如领款之时，就近在沪关兑付，以期简易。所有光绪二十七年十二月底

①台北“中央研究院”近史所藏：《外交档案》，馆藏号：02-24-003-01-057。

以前应交息银，业经照案备文发交江海关道兑收转报，取有印收存查，并由本大臣径行咨报户部查照各在案。兹据上海通商总银行总董、大班等将前项存款应缴自光绪二十八年正月初一日起至十二月底止长年五厘息款规银五万两，如数备齐，呈请照案转解前来。本大臣覆核相符。除咨行外，合将前项息款规银五万两如数札发，札道即便查照兑收具复，一面仍转报户部查核，一面出具印收呈送备案等因，到关。奉此，并蒙扎发规平银五万两，除照数兑收，另款存储备还本年克萨洋款，并出印收呈送备案外，理合详祈核咨等情。移交到本大臣。据此，除批示外，相应咨明。为此咨呈贵外务部，谨请查照施行。①



## 047. 金陵关应解美赛会银已交商汇沪由

光绪二十九年四月十六日（1903 年 5 月 12 日）

光绪二十九年四月十六日，收南洋大臣魏文称：据金陵关道徐树钧详称：本年三月初二日奉宪台札：昨准户部来电：美国赛会经费，奏准江苏筹拨银十万两，限三月内解沪。并准苏抚部院电：前项经费应宁、苏各半分认，宁应解五万，现酌定金陵关解一万两，抄电饬即遵限照解具报等因。奉此，自应遵办。兹在洋税征存项下筹银一万两，于三月初十日交商汇交江海关道兑收。除详苏抚宪查考外，理合详祈核咨等情，到本大臣。据此，查此项赛会经费，江苏应解之十万两，系由苏、宁两属各认五万两，宁、苏应解之五万系派藩、运两库及金陵关各一万两，支应、筹防、厘捐三局及粮道各五千两，当分饬遵限筹解在案。兹据前情，除批示外，相应咨明。为此咨呈贵外务部，谨请查照施行。②

---

①台北“中央研究院”近史所藏：《外交档案》，馆藏号：02-24-003-01-062。

②台北“中央研究院”近史所藏：《外交档案》，馆藏号：02-20-002-02-021。

## 048. 应付息银交江海关查收分交由

光绪二十九年四月十六日（1903 年 5 月 12 日）

光绪二十九年四月十六日，收两江总督魏文称：据副总税务司裴世楷函称：续借四厘五金款。光绪二十九年三月初八日第五十四次应付利息，缮具银票，合库平银四十万两，送交江海关道查收分交。其不敷金镑之数，由关另筹他款补足，并将呈报贵部禀函一件送请转寄等因。前来。相应咨送。为此咨呈贵部，谨请查照施行。①

## 049. 提解洋税增收银两交商汇沪由

光绪二十九年四月十六日（1903 年 5 月 12 日）

光绪二十九年四月十六日，收南洋大臣魏文称：据金陵关道徐树钧详称：案奉赔款奏请免提二成洋税，准户部议复，令各省关约计增收数目，按月提解，不必拘执二成等因。奉经遵办，并解至二十九年二月初二日止在案。兹据税司查明光绪二十九年二月初三日起至三月初三日止，即西历三月分，共增收进口税银八十三两五钱八分一厘，函致前来。遵即照提关平银八十三两五钱八分一厘，发交号商源成承领，汇解赴沪上兑。理合详祈核咨等情，到本大臣。据此，除批示外，相应咨明。为此咨呈贵外务部。谨请查照施行。②

---

①台北“中央研究院”近史所藏：《外交档案》，馆藏号：02-24-003-02-007。

②台北“中央研究院”近史所藏：《外交档案》，馆藏号：02-07-005-01-016。

## 050. 金陵关本年三月赔款交商汇沪由

光绪二十九年四月十六日（1903 年 5 月 12 日）

光绪二十九年四月十六日，收南洋大臣魏文称：据金陵关道徐树钧详称：窃照金陵关税厘倾耗项下应提一半防费银两，奉饬全数提出，留作赔款，按月解沪等因。业经提解至本年二月初二日止在案。所有二十九年二月初三日起至三月初三日止，即西历三月分洋税倾耗项下提存防费银五十一两九钱二厘二毫二丝，又药厘倾耗项下提存防费银三十五两八钱八厘，共关平银八十七两七钱一分二毫二丝，遵即备具文批，发交号商源成承领，汇解赴沪，准于三月二十日以前上兑。除移江海关并详苏抚宪外，理合详祈核咨等情，到本大臣。据此，除批示外，相应咨明。为此咨呈贵外务部，谨请查照施行。①

## 051. 美国赛会应择地建屋等情咨呈由

光绪二十九年四月十六日（1903 年 5 月 12 日）

光绪二十九年四月十六日，收南洋大臣魏文称：光绪二十九年三月十一日，准代办美、日、秘、古国大臣沈申呈：窃查美国明年新路易举行万国赛会一事，前承准来文饬查会中起建房屋工程约需经费若干，当经备文申复在案。现晤该会督办及工程处总办，请其指拨相宜地段，以备中国建造房屋，并派在美学生欧阳祺驰赴会场，查勘地段，何处最为合式。旋据勘明禀复：美国新路易会场在美都西南，离华盛顿三十五点钟火车路程，勘得会场总办公所前面正对有地方一段，纵横各一百二十五尺，地基高爽，最近大门，实为往来孔道。除各国已指定地段外，此地最为相宜，

---

①台北“中央研究院”近史所藏：《外交档案》，馆藏号：02-07-005-01-017。

当经询商总办酌留此地，据称此地如合中国政府之意，尽可指定；如不合，另行拣选，亦听其便等语。并向会中各员细加询访，佥谓此地合宜，各员意见甚欲中国仿内地名胜处所建一房屋，或苑囿，或园林，随意布景，最为宜称。屋内间架，无论多少，只须纵横各五六十尺，即不寒俭。此地专为赴会官商游憩聚会之所。至商民陈设赛会之物，另分行列，各以类聚，不必孱入其中。如有珍异，亦可在此陈设。惟格于成例，不能得会中赏格等语。旋向该处工程师核实估计建造五六十尺房屋约需经费若干。据称一层之屋约美银七万五千元，两层约十万元，三层约十二万五千元之谱。此数是就美国工料估计，未免稍昂，若由中国采办雕刻精细木料，绘定图式，酌带巧匠数名来美拼合，其余粗工、砖石仍就近在美采购建造，价当可省等情。查会中章程：各国建造会中房屋，是专为各国官商游览之处，与陈设货物之所各不相蒙，特另具图式，并译汉文，以备省览，应如何酌仿古今名胜屋宇建造之处，听候卓裁。又查各国建造房屋，约就所拨之款三分之一，以为鸠工集料之需。兹就各国拨款派员略列一表于后。至会中陈设各物，则矿产五金地中地工、动植、飞潜各物、茶酒各品、蚕丝、缫茧及织成缣帛、漆器、瓷器、雕镂象牙、木器、玉器、玩具、古书、古画、各种文具，均为相宜，恳将情形通饬各关知照。又，学生欧阳祺是广东香山县人，自备资斧，来美游学，已领高等学堂文凭，现在纽约专门律学。兹因使馆无员可调，特派驰赴会场查勘一切，对答明晰，甚有条理。方今译材难得，将来如须派员来美赴会，该学生就近兼充翻译，只须配给月中薪水，可免往来川资糜费，似属两有裨益。合并陈明。所有派员查勘建造赛会房屋情形，理合申请察照施行等因并图折到本大臣。准此。查中国赴美赛会已派有监督，所有会场择地仿建屋宇及一切布置事宜，自应由赛会监督酌核办理。惟现既由沈代办大臣考察地势办法，自可借资参酌。除行上海道俟监督至沪时呈请核办外，相应抄折绘图咨明。为此咨呈贵外务部，谨请查照，希即转咨核办，望切施行。[①]

## 052. 赛会经费解交江海关备拨由

光绪二十九年四月十七日（1903 年 5 月 13 日）

光绪二十九年四月十七日，收南洋大臣魏文称：案查美国赛会经费，前准户部电拨江苏十万两，当由宁、苏两属各认五万两。宁、苏应解之五万两系派藩、运两库及金陵关各一万，支应、筹防、厘捐三局及粮道各五千两，分饬遵限筹解。昨据金陵关江藩司、淮运司各解银一万两，江粮道、筹防局各解银五千两，先后详报，均经分咨贵外务部在案。兹据支应局、宁厘局各解银五千两，交江海关备拨前来。查宁署认解五万两，业已照数解齐，相应咨明。为此咨呈贵外务部，谨请查照施行。[②]



## 053. 赛会经费银两解交江海关备拨由

光绪二十九年四月十七日（1903 年 5 月 13 日）

光绪二十九年四月十七日，收南洋大臣魏文称：案查美国赛会经费，前准户部电拨江苏十万两，当由宁、苏两属各认五万两，宁属应解之五万两系派藩、运两库及金陵关各一万两，支应、筹防、厘捐三局及粮道各五千两，分饬遵限筹解。昨据金陵关详解一万两，业经分咨查照在案。兹据江藩司、淮运司各解银一万两，江粮道、筹防局各解银五千两，先后呈报，均已解交江海关备拨前来。相应咨明。为此咨呈贵外务部，谨请查照施行。[③]

---

①台北“中央研究院”近史所藏：《外交档案》，馆藏号：02-20-002-02-020。
②台北“中央研究院”近史所藏：《外交档案》，馆藏号：02-20-002-02-022。
③台北“中央研究院”近史所藏：《外交档案》，馆藏号：02-20-002-02-023。

## 054. 奏解旗营加饷银两抵付赔款录稿咨呈由

光绪二十九年四月十七日（1903 年 5 月 13 日）

光绪二十九年四月十七日，收南洋大臣魏文称：窃照江苏省遵解光绪二十八年下半年旗营加饷银两，抵付新案赔款，嗣后仍按半年奏报一次缘由，除附片会奏外，所有片稿相应咨呈。为此咨呈贵部，谨请查照施行。

●照录片稿

再，江苏省筹解旗营加饷银两，经前督臣等奏明自光绪十二年起每年解银三十万两，江宁、苏州两属各半分认，按春、夏、秋三季批解户部兑收。前年接准行在户部咨：江苏省旗兵加饷全数提留新案赔款，每年匀作十二次解沪汇付。又准部电：关平百两应加补水库平银一两六钱四分三厘，各等因。当经先后转行遵照，业将二十八年上半年宁、苏两属应解前项银两分别筹解，经前督臣刘坤一附片奏明在案。所有江宁应解下半年银两，在于江安粮道库月提银一万两，金陵厘捐局月提银二千五百两，解过六次，共计银七万五千两，另筹补水库平银一千二百三十二两二钱五分。苏州仍由向派之司、关、道、局照案分筹，亦解过六次，共计银七万五千两，另筹补水库平银一千二百三十二两二钱五分，均交号商汇解江海关兑收转付，以清一年之款。据江宁、江苏两藩司按月解报，均经随时分咨外务部、户部查照。除饬各该藩司嗣后仍按半年详奏一次外，理合会同江苏巡抚臣恩寿，附片陈明。伏乞圣鉴。谨奏。光绪二十九年三月二十八日。[①]

①台北“中央研究院”近史所藏：《外交档案》，馆藏号：02-07-005-01-019。

## 055. 各国请在九江运米即希商阻由

光绪二十九年四月十七日（1903年5月13日）

光绪二十九年四月十七日，收南洋大臣魏文称：据署广饶九南道宝棻禀称：窃查德商怡昌洋行拟在九江购米三万石前往上海，华商裕安祥在浔贩运高粮一千余石赴粤一案，职道因九江向不产米，搬运出口，固与地方有碍，而高粮为乡民口食，售贩太多，亦妨贫民接济。惟德总领事来函称：由驻京大臣与外务部商议允准，事关交涉，未敢草率，是以电禀请示。兹蒙宪台两次电询，准外务部复电，并无应允怡昌商人运米之事，德使亦未来商，自可照旧禁止等因。仰见顾全民食，训谕周详，下怀莫名钦感。伏查九江地方背山面江，土地硗瘠，大江以南山多田少，江北一带尽属沙洲，不宜禾稻，是以仅出杂粮，不产米谷。中外通商以后，商民侨居贸易，烟户繁盛，需米日多，本地并无米栈砻坊，专赖商贩由湖北、南昌等处船运来浔，零粜接济。每值风雨兼旬，米船在途阻滞，商民即有悬釜之虞。年来收成歉薄，鲜有大帮米船来浔售粜。光绪二十四五年间，轮船装米出口，搬运无度，时适阴雨，市中米粮匮乏，民情汹汹，群将上轮之米拦阻夺回，几至酿成事端。当由合郡绅民禀经前道禀蒙前宪禁止出口，以顾民食，照会领事、税司立案。自是以后，迄未弛禁。本年春雨连绵，米价涨至五元有奇。目下茶市将届，各茶栈工商人等聚集甚多，万一米粮缺乏，难免不滋事端。此次德总领事来函，该商怡昌洋行拟购之米为数较多，不特有碍民食，且一时亦难购齐。奉谕后遵经职道切实函复克总领事，嘱其转饬该商改赴他口产米之区，照章购买。至税务司所请华商贩运高粮一层，虽数无多，然乡间贫民每至青黄不接，实借牟麦高粮等杂粮糊口，倘经弛禁，亦恐任意贩运，有妨贫民生计。现经职道妥与税司商办，设法阻止。如果该华商业已购就，则与议定即以所购之千石为限，以后无论何人，不得再行搬运。俟秋冬察看收成丰歉，再行酌办。所有德商拟在九江运米、华商拟运高粮一案，实与地方有碍及现在办理情形，是否有当？理先抄录德总领事来往函稿禀复，俯赐查核等情并清折，到本大臣。据此，除批示外，相应咨明。为此咨呈贵外务部，谨请查照。以后凡各国请在九江运米，希即一体商阻，以保民食，望切施行。

●照录来折

驻沪德总领事克约贝来函

启者，据德商怡昌洋行禀称：拟由九江运米三万石，系运往上海，禀请转致给予准单，验放出口等情。前来。据此，合即函请贵道查照允准，并希转致九江关税务司给单验放出口，仍希见复为荷。此颂日祉。二月二十一日。

再，运米出口，现已由本国驻京大臣与外务部商议，业经允准，务请贵道允准为要。此启。

●复驻沪德总领事克

径复者，昨准来函，以据德商怡昌洋行禀拟由九江运米三万石前往上海，已由本国驻京大臣与外务部商议允准，函称查照，转致税司给单验放，等由。查九江地方向不产米，通商以后，中外商民侨居贸易，烟户繁盛，需米日多，本地既无米粮粜售，又乏米栈砻坊，民间食米专赖商贩船运接济，故风雨兼旬，米船在途阻滞，商民既有悬釜之虞。年来收成歉薄，鲜有大帮米船来浔售粜，是以历经绅民禀请禁运出口，籍顾民食。本年春雨连绵，米价颇涌，当此青黄不接，各处业茶工商聚集甚多，市中米粮不特未便贩运，且恐不敷民食承示一节，本道既未奉准外务部公文，且禀请商宪核示，亦谓有碍民食，应仍禁止出口，有方台嘱，实系不能不顾地方，尚祈谅之。缘准前因，相应函复贵总领事查照，希即转饬该商改赴他处购买为盼。专泐，复颂日祉。①

①台北“中央研究院”近史所藏：《外交档案》，馆藏号：02-13-009-04-017。

## 056. 江安粮道汇解改折节省运费银两由

光绪二十九年四月二十九日（1903年5月25日）

光绪二十九年四月二十九日，收南洋大臣魏文称：据江安粮道胡延呈称：案奉札饬新定赔款，奉派江安粮道在改折节省运费项下每年提银二十万两，分作十二次，按期先行解沪转交；又饬关平百两，应加补水库平银一两六钱四分三厘，各等因。业将应解本年第四期连同补水库平银汇解在案。兹查本年应解第五期派付银一万六千六百六十两六钱六分六厘，连补水库平银二百七十三两八钱三分三厘；又应解旗营加饷银一万两，连补水库平银一百六十四两三钱；又应解加复俸饷银八十三两三钱三分三厘，连补水库平银一两三钱六分九厘，于三月初四日堂期，发交豫昌厚商号汇解上海道兑收转解，理合呈祈鉴核等情，到本部堂。据此，相应咨呈。为此咨呈贵部，谨请查照施行。①

## 057. 江安粮道汇解改折节省运费银两由

光绪二十九年四月二十九日（1903年5月25日）

光绪二十九年四月二十九日，收南洋大臣魏文称：查接管卷内，据江安粮道胡延呈称：案奉札饬新定赔款，奉派江安粮道在改折节省运费项下，每年提银二十万两，分作十二次，按期先行解沪转交；又饬关平百两，应加补水库平银一两六钱四分三厘，各等因。业于二十八年十二月将应解本年第三期连同补水库平银汇解在案。所有本年应解第四期派付银一万六千六百六十六两六钱六分六厘，连补水库平银二百七十三两八钱三分三厘；又应解旗营加饷银一万两，连补水库平银一百六十四两三钱；又应解加

---

①台北“中央研究院”近史所藏：《外交档案》，馆藏号：02-07-005-01-033。

复俸饷银八十三两三钱三分三厘，连补水库平银一两三钱六分九厘，于二月初四日堂期，发交宝善源商号，汇解上海道兑收转解，理合呈祈鉴核等情。移交到本部堂。据此，相应咨呈。为此咨呈贵部，谨请查照施行。①





## 058. 江海关筹还英德借款由

光绪二十九年四月二十九日（1903年5月25日）

光绪二十九年四月二十九日，收南洋大臣魏文称：据江海关道袁树勋详称：窃照中国息借英、德洋款，一年共还本息九十六万六千九百五十二镑。兹查光绪二十八年十一月二十一日系第七十八次应还汇丰、德华两银行各英金四万二百八十九镑十三先令四本士之期。经职道查照是日英金市价，每规银一两以二先令二本士三七五核算，共计规银七十三万三千二百三十三两七钱四分。又查十二月二十二日第七十九次应还前项本息，复经查照是日英金市价，每规银一两以二先令一本士七五核算，共计规银七十五万一千三十一两六钱八分。先后函送新关税务司，转交汇丰、德华两银行收讫，取回第八十一、二两号关票各二纸，并据另详查光绪二十九年正月二十三日系第八十次应还汇丰、德华两银行各英金四万二百八十九镑十三先令四本士之期，经职道查照是日英金市价每规银一两以二先令一本士六二五核算，共计规银七十五万四千六百九十四两二钱六分。又查二月二十二日第八十一次应还前项本息，复经查照是日英金市价，每规银一两以二先令一本士六二五核算，共计规银七十五万四千六百九十四两二钱六分，先后函送新关税务司，转交汇丰、德华两银行收讫，取回第八十三、四两号关票各二纸，具文详缴，仰祈分咨查照各等情并关票，到本部堂。据此。除将关票存销外，相应咨呈。为此咨呈贵部，

---

①台北“中央研究院”近史所藏：《外交档案》，馆藏号：02-07-005-01-034。

谨请查照施行。[①]

## 059. 克萨金磅付清关票遵送户部核销由

光绪二十九年四月二十九日（1903 年 5 月 25 日）

光绪二十九年四月二十九日，收南洋大臣魏文称：据江海关道袁树勋详称：窃奉札准户部咨：北档房案呈：准两江总督咨：据江海关道详称：所借克萨六厘金磅一款，现接英京伦敦总行来函，云去年英五月初一日起至七月初一日止，所有该接款每百磅之关票六百六十六纸，款已付清，票应即销，请代询等情，到关。禀请转咨外务部、户部核示遵行，是否将前项关票寄关转送外务部详销了案等因。前来。本部查克萨磅款既已付清，关票自应送部缴销，当经片查由何处查销。兹据片复前项关票，应令江海关道申送户部查销等因。相应咨行转饬江海关道，即将还清克萨金磅关票送部查销可也等因。准此，札关遵办等因。奉经函致税务司转饬麦加利银行，将前项关票送道详销去后。兹准将克萨借款业已清讫之关票六百六十六纸并另附该关票洋文清单一纸，一并送请转缴前来。理合详祈鉴核，俯赐将前项关票并洋文清单转送户部核销，并请咨明外务部查照等情并关票清单，到本部堂。据此，除将送到关票并清单咨送户部核销外，相应咨呈。为此咨呈贵部，谨请查照施行。[②]

## 060. 汇解还款并加拨磅价银两由

光绪二十九年四月二十九日（1903 年 5 月 25 日）

光绪二十九年四月二十九日，收南洋大臣魏文称：据江宁布政使李有棻呈称：窃照江宁藩库与宁厘局每年奉派认解俄、法、



①台北“中央研究院”近史所藏：《外交档案》，馆藏号：02-24-003-02-020。

②台北“中央研究院”近史所藏：《外交档案》，馆藏号：02-24-003-02-022。

英、德还款及续奉部咨加拨磅价，共银十二万五千两。内解俄、法款银五万两，英、德款七万五千两，业经遵照部定限期将光绪二十八年分应拨银两连同加拨磅价先后解清。所有本年二月期应筹英、德还款并加拨共银一万八千七百五十两，亦已筹拨移解报明在案。兹届三月期应筹俄、法还款并加拨磅价，合共银三万两，前经移准金陵厘捐局拨存银二万一千二百五十两，兹由司凑拨银八千七百五十两，除于二月十三日饬库放交宝善源、豫昌厚、兆丰号商汇解江海关兑收，理合呈候汇案核咨等情，到本部堂。据此，相应咨呈贵部，谨请查照施行。①

## 061. 江海关筹还续借英德四厘五金款由

光绪二十九年四月二十九日（1903 年 5 月 25 日）

光绪二十九年四月二十九日，收南洋大臣魏文称：据江海关道袁树勋详称：窃奉札准总理衙门咨：总税务司申称：按照合同第八款所载，江海关票应由两江总督暨江海关道盖印，由江海关税务司签字，现经备妥两分，各系自第一号至五百四十号，且于每年二月之票上注明应付经收费用之数，以便按期备发，将关票两分咨送两江总督办理，此项票根即存道署备案。关票盖印，札关遵照等因。遵经将票加盖海关关防，函请雷税务司签字，分别转给，并将票根截存道署备案。旋准税务司先后函称，第一期至第八期镑款业在伦敦、柏灵收讫，将票函送到道，当经具文详缴。

嗣于十月初二日奉札准户部咨：据总理衙门咨：准总税务司申呈：所有七处厘金每月应拨利息四十二万两，倘各局有不照数交齐，以致总税务司不能按月底照定数交付道署，另筹他款补足等语。奉经将第九期起至第五十八期止应付本息，先后接准总税务司送到月付各款，按期由道补足，送交新关税务司查收转付，

①台北“中央研究院”近史所藏：《外交档案》，馆藏号：02-24-003-02-023。

取回关票详缴在案。兹查光绪二十八年十二月初七日，即西历正月初五日，系续借英、德四厘五金款第五十九次应付本息六万九千六百二镑十三先令四本士之期，查照是日英金市价，每规银一两合二先令二本士一二五，核算共计规银六十三万九千四百十二两六分。先准副总税务司寄到规银四十万两，并由道加筹规银二十三万九千四百十二两六分，一并送请好税务司查收转付。

又查光绪二十九年正月初八日，即西历二月初五日，系第六十次应付前项本息之期，复经查照是日英金市价，每规银一两合二先令一本士七五核算，共计规银六十四万八千七百二十三两八钱八分，先准副总税务司寄到规银四十万两，并由道加筹规银二十四万八千七百二十三两八钱八分，一并送请好税务司查收转付。旋准该税务司来函，以此项借款每年西历二月分应给酬费一次。所有本届应给该行等前项酬费，计各英金一千四十四镑十本士，亦按前市作算，各计规银九千七百三十两八钱七分，请照给等因。当经职道查核无异，即由道筹备规银一万九千四百六十一两七钱四分，函送该税务司查收，分给汇丰、德华两银行收讫，按期取回关票各二纸，先后转送到道。

伏查前两期还款，买镑不敷，及本届酬费共垫规银五十万七千五百九十七两六钱八分，照案在于英、德还款存项内挪凑，以应急需。惟查此项垫款自第九期起至第四十八期止，并四次酬费，共垫规银三百二十四万二千六百八十三两九钱五分，业已按年分开清折，汇案详销在案。所有二十八年分接付第四十九期起至第六十期止，计十二期并酬费一次，共放规银七百三十四万八千二十两八钱二分，内除总税务司按月送到七处厘金还款，共合规银五百二十三万三千四百四十两抵付外，共垫规银二百十一万四千五百八十两八钱二分。除俟造报二十八年分英、德还款销册，将前项垫款列入开报，并另缮细数清折附呈，一并详请核咨外，兹将收回第五十九及六十号关票四纸，具文详缴，仰祈察销，分咨户部、外务部查照等情并关票，到本部堂。据此，除将关票存销外，相应咨呈。为此咨呈贵部，谨请查照施行。[①]

## 062. 金陵关汇解本年第三次赔款银两由

光绪二十九年四月二十九日（1903 年 5 月 25 日）

光绪二十九年四月二十九日，收南洋大臣魏文称：查接管卷内，据金陵关道徐树钧详称：案照金陵关每年认筹各国赔款银十万两，奉饬匀分十二次，照关平先期如数解沪等因。遵经先后解至正月分第二次在案。所有二十九年二月分应解第三次前项赔款，兹于续征税厘内提出关平银八千三百三十四两，发交号商兆丰承领，汇解赴沪，准于二月二十日以前上兑。理合详祈鉴核，咨明外务部、户部查照等情。移交到本部堂。据此，相应咨呈。为此咨呈贵部，谨请查照施行。[②]

## 063. 金陵关汇解本年第四次赔款银两由

光绪二十九年四月二十九日（1903 年 5 月 25 日）

光绪二十九年四月二十九日，收南洋大臣魏文称：据金陵关道徐树钧详称：案照金陵关每年认筹各国赔款银十万两，奉饬匀分十二次，照关平先期如数解沪等因。遵经先后报解至二月分第三次在案。所有光绪二十九年三月分第四次前项赔款，兹于续征税厘内提出关平银八千三百三十三两，发交号商兆丰承领，汇解赴沪，准于三月二十日以前上兑。理合详祈鉴核，咨明外务部、户部查照等情，到本部堂。据此，相应咨呈。为此咨呈贵部，谨请查照施行。[③]

---

①台北“中央研究院”近史所藏：《外交档案》，馆藏号：02-24-003-02-021。

②台北“中央研究院”近史所藏：《外交档案》，馆藏号：02-07-005-01-035。

③台北“中央研究院”近史所藏：《外交档案》，馆藏号：02-07-005-01-036。

## 064. 宁藩库厘捐局汇解四期偿款银两由

光绪二十九年四月二十九日（1903 年 5 月 25 日）

光绪二十九年四月二十九日，收南洋大臣魏文称：据江宁布政使李有棻呈称：奉札：和约偿款，奉派司库银四十万两，每年分十二次解沪；又饬关平百两，应加补水银一两六钱四分三厘，各等因。遵经解至光绪二十九年二月分第二年第三期止，所有司库应解前项第二年第四期库平银三万三千三百三十三两三钱三分三厘三毫三丝，又补水钱五百四十七两六钱六分六厘；又金陵厘捐局应解旗兵加饷，现抵新案赔款第二年第四期银二千五百两，又补水银四十一两七分五厘；又厘捐局应解京官津贴，改为加复俸饷及加增边防经费两款第二年第四期银七百五十两，又补水银十二两三钱二分二厘；又司库淮北盐课项下应解旗兵加饷，每月省出一半银二千五百两，亦奉拨抵赔款。所有应解第二年第四期银二千五百两，又补水银四十一两七分五厘，均于二月十三日放交宝善源、豫昌厚、兆丰等号商，汇解江海关兑收汇付。呈候核咨等情。前来。相应咨呈。为此咨呈贵部，谨请查照施行。[①]

## 065. 申送各国领事姓名及洋行清册由

光绪二十九年四月二十九日（1903 年 5 月 25 日）

光绪二十九年四月二十九日，收南洋大臣魏文称：据署九江关道宝棻申称：案奉前宪曾札：准总理衙门咨，饬将各该口岸现驻各国领事姓名并洋商行栈各字号一律查明，按结咨送备查等因。奉饬遵照办理在案。兹自光绪二十八年十二月初三日起至二十九年三月初三日止，英月三个月第一百七十结期满。查九江口岸，

①台北“中央研究院”近史所藏：《外交档案》，馆藏号：02-07-005-01-037。

惟英国派有领事官驻扎，其洋商开设行栈，亦只英、俄、美、德数国。此外各国既未派设领事，亦无洋商行栈，遇有交涉事件，如俄、美二国均归汉口领事官兼管，俄国现系敖领事，美国系归甘受和代理，法国仍系上海总领事巨籁达兼管，丹国系归上海厉克司密甫兼管；荷国虽派有驻浔副领事，然向系英商兼充，其人亦来去靡常；日本国现归汉口领事矢田兼管。所有九江本口现在各国领事姓名及洋商行栈各字号，理合照案查明，开折申报核咨等情。并清折到本大臣。据此，相应将清折咨送。为此咨呈贵外务部，谨请查照施行。①

## 066. 汇解第二年第四期偿款银两由

光绪二十九年五月初三日（1903年5月29日）

光绪二十九年五月初三日，南洋大臣魏文称：据江南派办处司道等呈称：案奉前宪台刘札饬和约偿款，江苏省每年银二百五十万两案内，指拨鄂岸、湘岸、西岸、皖岸四督销，正阳卡，淮北盐务局，盐巡道，海分司八处，加价新厘等项银九十七万两，应解由派办处汇齐转解。自光绪二十七年十二月二十二日起，每年分十二次，按月先期解沪。又奉另饬，此项偿款按照关平核算，每百两应加补水库平银一两六钱四分三厘等因，到处。奉经遵解至二十九年二月二十二日第二年第三期止，咨明并呈报，各在案。所有本年三月二十二日第二年第四期连前共十六期应解银八万零八百三十三两三钱三分四厘，按照关平加补水银一千三百二十八两零九分二厘，共合库平银八万二千一百六十一两四钱二分六厘。查有各局卡解存本月偿款堪以尽数动拨，间有未到之处，亦由本处向钱庄设法筹足，先期汇解，以免贻误。

除于本月初五日放交宝善源商号汇解，限三月二十日以前到

①台北“中央研究院”近史所藏：《外交档案》，馆藏号：02-08-012-01-075。

沪，解交江海关衙门兑收汇付，并呈报抚宪外，相应具文呈祈鉴核，汇案核咨等情，到本部堂。据此，相应咨明。为此合咨贵大臣，请烦查照施行。①



## 067. 金陵关奉拨第五次赔款提汇沪关由

光绪二十九年五月十七日（1903年6月12日）

光绪二十九年五月十七日，南洋大臣魏文称：据金陵关道徐树钧详称：案照金陵关每年认筹各国赔款银十万两，奉饬匀分十二次，照关平先期如数解沪等因。遵经先后报解至三月分第四次在案。所有光绪二十九年四月分第五次前项赔款，兹于续征税厘内提出关平银八千三百三十三两，备具文批，发交号商源成承领，汇解赴沪，准于四月二十日以前上兑。除移江海关兑收，详祈鉴核，咨明外务部、户部查照等情，到本部堂。据此，相应咨呈。为此咨呈贵部，谨请查照施行。②

## 068. 江宁藩库奉拨第五期各项赔款由

光绪二十九年五月十七日（1903年6月12日）

光绪二十九年五月十七日，南洋大臣魏文称：据江宁布政使李有棻呈称：奉札：和约偿款，奉派司库银四十万两，每年分十二次解沪。又饬关平百两应加补水银一两六钱四分三厘，各等因。遵经解至光绪二十九年三月分第二年第四期止。所有司库应解前项第二年第五期库平银三万三千三百三十三两三钱三分三厘三毫三丝，又补水银五百四十七两六钱六分六厘，又金陵厘捐局应解旗兵加饷现抵新案赔款第二年第五期银二千五百两，又补水银四

---

①台北“中央研究院”近史所藏：《外交档案》，馆藏号：02-07-005-01-043。

②台北“中央研究院”近史所藏：《外交档案》，馆藏号：02-07-005-01-052。

十一两七分五厘，又厘捐局应解京官津贴改为加复俸饷及加增边防经费两款第二年第五期银七百五十两，又补水银十二两三钱二分二厘，又司库淮北盐课项下应解旗兵加饷每月省出一半银二千五百两亦奉拨抵赔款。所有应解第二年第五期银二千五百两，又补水银四十一两七分五厘，均于三月十三日放交宝善源、豫昌厚、兆丰等号商，汇解江海关兑收汇付，呈候核咨等情。前来。相应咨呈。为此咨呈贵部，谨请查照施行。①

## 069. 还款本息兹将税司禀函咨呈由

光绪二十九年五月十七日（1903 年 6 月 12 日）

光绪二十九年五月十七日，收南洋大臣魏光焘文称：据兼署副总税务司好博逊函称：续借四厘五金款，光绪二十九年四月初九日第五十五次应付利息，缮具银票，合库平银四十万两，送交江海关道查收分交。其不敷金镑之数，由关另筹他款补足，并将呈报贵部禀函一件送请转寄等因。前来。相应咨送。为此咨呈贵部，谨请查照施行。

●照录禀函

敬启者，案查续借四厘五金款按月付利一事，前经改订按各厘局副税务司交到之款，除扣留足用之经费外，即可尽数拨解等因。所有第五十四次应交银两，已于上月初三日由副总税务司拨解在案。现将届西历一千九百三年五月初五日，即华历光绪二十九年四月初九日，按照合同应付利息六万九千六百二镑十三西林四本士，例由总税务司交付第五十五次厘金还款之期。兹由本兼署副总税务司缮具汇丰银票二纸，每票规平银二十一万九千二百两，共合规平银四十三万八千四百两，即按每规平银一百六钱合库平银一百两，统共库平银四十万两，业于本日送交江海关道查

①台北“中央研究院”近史所藏：《外交档案》，馆藏号：02-07-005-01-053。

收，以便届期分交汇丰、德华两银行各一纸。其不敷金镑之数，仍请由江海关道另筹他款补足，俾免贻误。除呈报南洋大臣鉴核外，相应函呈贵部察核备案，即希贵总办转呈可也。再，此件系由南洋转寄。合并声明。此颂，升祺。①

## 070. 汇解第二年第三期偿款银两由

光绪二十九年闰五月初三日（1903 年 6 月 27 日）

光绪二十九年闰五月初三日，收南洋大臣魏文称：查接管卷内，据江南派办处江宁布政使李有棻等呈称：案奉前宪台刘札饬，和约偿款，江苏省每年二百五十万两案内，指拨鄂岸、湘岸、西岸、皖岸四督销，正阳卡，淮北盐务局，盐巡道，海分司八处，加价新厘等项九十七万两，应解由派办处汇齐转解。自光绪二十七年十二月二十二日起，每年分十二次，按月先期解沪。又奉另饬此项偿款，按照关平计算，每百两应加补水库平银一两六钱四分三厘等因，到处。奉经遵解至二十九年正月二十二日第二年第二期止，咨明并呈报各在案。所有本年二月二十二日第二年第三期，连前共十五期，应解银八万零八百三十三两三钱三分四厘，按照关平加补水银一千三百二十八两零九分二厘，共合库平银八万二千一百六十一两四钱二分六厘。查有各局卡解存本月偿款，堪以尽数动拨，间有未到之处，亦由本处向钱庄设法筹足，先期汇解，以免贻误。除于本月初五日放交宝善源商号汇解，限二月二十日以前到沪，解交江海关衙门兑收汇付，并呈报抚宪外，相应具文呈祈鉴核，汇案核咨等情。移交到本部堂。据此，相应咨明。为此咨呈贵大臣，请烦查照施行。②



①台北“中央研究院”近史所藏：《外交档案》，馆藏号：02-24-003-02-029。

②台北“中央研究院”近史所藏：《外交档案》，馆藏号：02-07-005-02-001。

## 071. 金陵关汇解增收税银赴沪交纳由

光绪二十九年闰五月初三日（1903年6月27日）

光绪二十九年闰五月初三日，收南洋大臣魏光焘文称：据金陵关道徐树钧详称：案奉宪札：赔款奏请免提二成洋税，准户部议复，令各省关约计增收数目，按月提解，不必拘执二成等因。奉经遵办并解至二十九年三月初三日止在案。兹据税司查明，光绪二十九年三月初四日起至四月初四日止，即西历四月分共增收进口税银一百六十一两一钱三分六厘，函致前来。遵即照提关平银一百六十一两一钱三分六厘，备具文批，发交号商源成承领，汇解赴沪，准于二十九年四月二十日以前上兑。除移江海关并详苏抚宪外，理合详祈核咨等情，到本大臣。据此，除批示外，相应咨明。为此咨呈贵外务部，谨请查照施行。①

## 072. 金陵关汇解倾耗项下防费赴沪交纳由

光绪二十九年闰五月初三日（1903年6月27日）

光绪二十九年闰五月初三日，收南洋大臣魏文称：据金陵关道徐树钧详称：案照金陵关税厘倾耗项下应提一半防费银两，奉饬全数提出留作赔款，按月解沪等因。业经遵饬提解至本年三月初三日止在案。惟查提解前项防费，系按银号开报收数核提。今据税务司送到结折，核悉第一百六十七、八、九结九个月洋税倾耗项下提解六分防费，因银号未将存票换现银两于收数内扣除，以致多提银一两七分三厘一毫三丝六忽解沪，应于本月提解银内如数扣回，以符册案。兹查二十九年三月初四日起至四月初四日止，即西历四月分洋税倾耗项下应提防费银六十三两一钱七分六

---

①台北“中央研究院”近史所藏：《外交档案》，馆藏号：02-07-005-02-002。

厘二毫五丝，又药厘倾耗项下应提防费银三十两四分八厘，共应提关平银九十三两二钱二分四厘二毫五丝。除扣回多解银一两七分三厘一毫三丝六忽，实应解银九十二两一钱五分一厘一毫一丝四忽，遵即备具文批，发交号商源成承领，汇解赴沪，准于四月二十日以前上兑。除移江海关并详苏抚宪外，理合详报，并将一百六十七、八、九结提解银数开折并呈，仰祈鉴核，咨明外务部、户部查照，实为公便等情，到本大臣。据此，除批示外，相应咨明。为此咨呈贵外务部，谨请查照施行。

●照录来折

计开

光绪二十八年二月二十三日起，三月二十三日止，即西历四月分，解沪六分防费银六十三两九钱八分七厘三毫七丝八忽。

光绪二十八年三月二十四日起，四月二十四日止，即西历五月分，解沪六分防费银五十二两一分六厘九毫七丝。

光绪二十八年四月二十五日起，五月二十五日止，即西历六月分，解沪六分防费银四十八两三钱六厘八毫四丝。

以上一百六十七结洋税倾耗项下，共解六分防费银一百六十四两三钱一分一厘一毫八丝八忽，系按银号开报收数提解。兹查税司送到结折，是结共征税钞银二万七千三百八十五两一钱九分八厘。除存票换现银二十三两二分四厘，实征银二万七千三百六十二两一钱七分四厘，照章剔除船钞，应提六分防费银一百六十四两一钱七分三厘四丝四忽，核之前解银数，计多提一钱三分八厘一毫四丝四忽，系因银号未将存票换现银两于征数内扣除，以致误提。

光绪二十八年五月二十六日起，六月二十七日止，即西历七月分，解沪六分防费银五十三两九钱一分四厘八忽。

光绪二十八年六月二十八日起，七月二十八日止，即西历八月分，解沪六成防费银五十二两六分七厘一毫七丝八忽。

光绪二十八年七月二十九日起，八月二十九日止，即西历九月分，解沪六分防费银五十七两四钱五分九厘二毫八丝二忽。

以上六十八结洋税倾耗项下，共解六分防费银一百六十三两四钱四分四毫六丝八忽，系按银号开报收数提解。兹查税司送到结折，是结共征税钞银二万七千二百四十三两五钱七分八厘。除存票换现银十三两五钱，实征银二万七千二百三十两七分八厘，照章剔除船钞，应提六分防费银一百六十三两三钱五分九厘四毫六丝八忽，核之前解银数，计多提银八分一厘，系因银号未将存票换现银两于征数内扣除，以致误提。

光绪二十八年八月三十日起，十月初一日止，即西历十月分，解沪六分防费银七十六两七钱二分七厘九丝四忽。

光绪二十八年十月初二日起，十一月初一日止，即西历十一月分，解沪六分防费银五十七两九钱一分九厘二毫三丝。

光绪二十八年十一月初二日起，十二月初二日止，即西历十二月分，解沪六分防费银六十一两三钱五分一厘三毫二忽。

以上一百六十九结洋税倾耗项下，共解六分防费银一百九十五两九钱九分七厘六毫二丝六忽，系按银号开报收数提解。兹查税司送到结折，是结共征税钞银三万二千七百八十六两一钱七分一厘。除存票换现银一百四十二两三钱三分二厘，实征银三万二千六百四十三两八钱三分九厘，照章剔除船钞，应提六分防费银一百九十五两一钱四分三厘六毫三丝四忽，核之前解银数，计多提银八钱五分三厘九毫九丝二忽，系因银号未将存票换现银两于征数内扣除，以致误提。

统计一百六十七、八、九结洋税倾耗项下，多提解沪六分防费银一两七分三厘一毫三丝六忽。今于本年四月分提解前项银内如数扣回，照章另造结册呈送，应请宪台咨明外务部、户部查照。合并登明。①



①台北“中央研究院”近史所藏：《外交档案》，馆藏号：02-07-005-02-003。

## 073. 俄约惟有坚拒待英美日与之理论由

光绪二十九年闰五月初五日（1903 年 6 月 29 日）

光绪二十九年闰五月初五日，收南洋大臣函称：敬肃者，三省开通之议，前谈洋务者，早已发端。近因俄事逼迫，愈益情见势绌，中外议论蜂起，厝注稍一失当，即无以保亚东太平之局。俄人狡谋，刻接日本近卫君来函，阐发无遗。其所借筹，非以为我，亦即所以自为。然时至今日，舍牵制亦别无良策，想荩宪亦筹之熟矣。刻下俄约，我惟有坚拒之法，待英、美、日与之理论，彼自不能向我要求，我则万不可与议。盖一经会议，即允退兵，亦必有所希冀，允一字即受一字之累，允俄一利，各国即向我照索一利，所谓均沾是也。大局即不堪设想！三省退兵还地，早有成约，万不容再为更议。为今计，惟有坚拒，不与商议，以为自全之策。细审英、美、日情形，必不甘于坐视，惟事会之来，间不容发，是所望于当幾能断之君子。原函及满洲统治策转达尊览，亦言者无罪，闻者足戒之意云尔。专肃驰呈，敬希亮察不宣。

附原函一件并统治策一本。以上原函统治策详见光绪二十九年五月初三日日本近卫公给外务部函内。①

## 074. 函寄日本近卫公函由

光绪二十九年闰五月初五日（1903 年 6 月 29 日）

光绪二十九年闰五月初五日，收南洋大臣魏光焘函称：三省开通之议，十年前谈洋务者早已发端。近因俄事逼迫，愈益情见势绌，中外议论蜂起，厝注稍一失当，即无以保亚东太平之局。俄人狡谋，刻接日本近卫君来函，阐发无遗。其所借筹非以为我，

---

①台北“中央研究院”近史所藏：《外交档案》，馆藏号：02-26-004-01-003。

亦即所以自为。然时至今日，舍牵制亦别无良策，想荩宪亦筹之熟矣。刻下俄约，我惟有坚拒之法，待英、美、日与之理论，彼自不能向我要求，我则万不可与议。盖一经会议，即允退兵，亦必有所希冀，允一字即受一字之累。允俄一利，各国即向我照索一利，所谓均沾是也。大局即不堪设想！三省退兵还地，早有成约，万不容再为更议。为今计，惟有坚拒，不与商议，以为自全之策。细审英、美、日情形，必不甘于坐视。惟事会之来间不容发，是所望于当幾能断之君子。原函及满洲统治策转达尊览，亦言者无罪，闻者足戒之意云尔。专肃驰呈。敬。①

## 075. 通商银行缴到利息照数兑收由

光绪二十九年闰五月十三日（1903 年 7 月 7 日）

光绪二十九年闰五月十三日，收南洋大臣魏文称：据江海关道袁树勋详称：光绪二十九年四月二十五日，奉督办铁路大臣前工部左部堂盛札：光绪二十九年四月十一日，承准户部片开：本部前存通商银行官款规银一百万两，原议自二十九年起按年分还二十万两。现有急需，能否将本年二十万如数提回现银，务希即日声复，以凭拨用，相应片行贵大臣查照办理等因。承准此，查前奉户部奏准饬由江海关道在于提存沪关伦敦汇丰镑款项下，拨存通商银行官款规银一百万两。当经议定自光绪二十三年四月二十六银行开张拨存之日起，长年五厘起息存放，自第一年至第五年，按年付息；自第六年起，分作五年，每年归还本银二十万两，息亦递减。至第十年即光绪三十三年四月二十六日，本银全数还清，缮具票据五纸，送交江海关道存案备查，并声明每届还本缴息，亦如领款之时，就近在沪关兑付；还本一次，掣回票据一纸，以昭慎重而期简易，各等因。于光绪二十三年八月二十七日由本

①台北“中央研究院”近史所藏：《外交档案》，馆藏号：02-10-003-05-012。

大臣会同直隶总督、湖广总督部堂抄录票式，备文咨复户部查照备案，并将光绪二十八年以前按年应缴五厘息款银两照案就近解交江海关道兑收清楚，历经转报户部查核各在案。承准前因，所有本年四月二十六日第一期银行应还前项官本规银二十万两，自应如期照数筹还，以备拨用。除咨复户部请将银行第一期本银二十万两票据迅速发交江海关道，一俟届期即由该道收银还票，以符原案，并饬上海通商银行总董大班赶紧筹备足数，依期照案就近解交江海关道兑收转拨，掣回票据，呈缴涂销，嗣后每届还本缴息，务仍查照原议，按期如数解清，不准稍有延误外，札道遵照办理具复等因，到关。奉此，并于四月二十六日，据通商银行缴到第一期还本规平银二十万两，又自本年正月初一日起至四月二十五日止，应缴前项利息规平银三千一百九十四两四钱四分，当经照数兑收。所有领银票据五纸，前经由关收存备查，照录票据详咨在案。兹奉前因，除将前项本息银两专款存储候拨，并检第一期存案票据一纸呈缴盛大臣察收核销外，理合详祈鉴核，俯赐转咨户部、外务部查照，实为公便等情，到本大臣。据此，除批示外，相应咨明。为此咨呈贵外务部，谨请查照施行。①

## 076. 镑价不敷拟将厘金余款挪补等情由

光绪二十九年闰五月十七日（1903年7月11日）

光绪二十九年闰五月十七日，收南洋大臣魏文称：据江海关道袁树勋详称：窃奉札开：据该关呈送总理衙门咨：总税务司申称：按照合同第八款所载，江海关票应由两江总督暨江海关道盖印，由江海关税务司签字。现经备妥两分，各系自第一号至五百四十号，且于每年二月之票上注明应付经手费用之数，以便按期备发，将关票两分咨送两江总督办理。此项票根即存道署备案，

①台北“中央研究院”近史所藏：《外交档案》，馆藏号：02-13-010-01-049。

关票盖印，札关遵照等因。遵经将票加盖海关关防，函请雷税务司签字分别转给，并将票根截存道署备案。旋准税务司先后函称：第一期至第八期镑款，业在伦敦柏灵收讫，将票函送到道，当经具文详缴，嗣奉札准户部咨：据总理衙门咨：准总税务司申呈，所有七处厘金每月应拨利息四十二万两，倘各局有不照数交齐，以致总税务司不能按月底照定数交付道署，另筹他款补足等语。奉经将第九期起至第六十期止应付本息先后接准总税务司送到月付各款，按期由道补足，送交新关税务司查收转付，取回关票详缴在案。

兹查光绪二十九年二月初七日，即西历三月初五日，系续借英、德四厘五金款第六十一次应付本息六万九千六百二镑十三先令四本士之期，经职道查照是日英金市价，每规银一两，合二先令一本士七五，核算共计规银六十四万八千七百二十三两八钱八分，先准副总税务司寄到规银四十三万八千四百两，并由道加筹规银二十一万三百二十三两八钱八分，一并送请好税务司查收转付。又，查光绪二十九年三月初八日，即西历四月初五日，系第六十二次应付前项本息之期，复经查照是日英金市价，每规银一两，合二先令二本士一二五，核算共计规银六十三万九千四百十二两六分，先准副总税务司寄到规银四十三万八千四百两，并由道加筹规银二十万一千十二两六分，一并送请好税务司查收转付，按期取回关票各二纸，先后转送到道。

伏查前二期还款，买镑不敷，共垫规银四十一万一千三百三十五两九钱四分。因原借英、德款存银已罄，另在各关解充赔款之常洋增税项下挪凑济急。此项垫款历年积数甚巨，均在英、德还款余存项下拨用，就款报销。近来镑价奇昂，约计本年尚短二百四十万。原借英、德洋款既无存款可挪，各关常洋增税亦不敷抵补，深虑难乎为继，当以户部拨存之七处厘金经费积存余银七十四万两，若能留关挹注，亦可稍纾喘息。电奉户部复示，因先已奏明垫给美国赛会经费无可更改，何敢再事渎求。惟沪关为经理各债总会，财力有限，不得不预为设筹，拟请咨商户部，准俟各省将奉筹赛会经费解沪归垫之后，仍将厘金余款拨作沪关购磅不敷之需，俾得稍资周转。

除俟一年届满再将收放垫付各数缮折详咨外，兹将收回第六十一、二两号关票四纸具文详缴，仰祈鉴核察销，并乞分咨户部、外务部查照等情并关票，到本部堂。据此，除将关票存销外，相应咨呈。为此咨呈贵部，谨请查照施行。①



## 077. 拨付克萨款取回关票咨送由

光绪二十九年闰五月十七日（1903年7月11日）

光绪二十九年闰五月十七日，收南洋大臣魏文称：据江海关道袁树勋详称：窃奉总理衙门札：前由出使龚大臣在伦敦与英商克萨借银一百万镑，改由户部借用，并奉札发副总票一纸，将前项借款分期全数收清，一面遵照合同归还本利，清单拟刊关票四十张，呈奉盖印发关，加盖海关关防，函请税务司签印转给，收回总票，送道详咨缴销，并将第一期至第十四期应还本息先后付清，取回关票详咨缴销在案。兹查光绪二十八年十二月初三日，系克萨镑款应还第十五期利息之期，先奉户部札开：克萨磅款十一月二十一日应付息银，拨山东税厘盐课银三万两，云南税厘盐课银四万两，山西厘金盐课银三万两，通商银行息银五万两，河东盐商摊捐银三千两等因。奉经职道查明克萨镑款应还第十五期利息二万六千磅，查照合同先期十四天付给。旋接麦加利银行来函，按十一月十九日英金市价，每规银一两合英金二先令二本士六二五核算，共合规银二十三万四千三百七十五两二钱。当经如数筹备，函送该银行查收，并将是期关票送请新关税务司转送到道。

①台北"中央研究院"近史所藏：《外交档案》，馆藏号：02-24-003-02-048。

伏查前项还款，先于光绪二十八年十月二十日准山西河东道解到盐商摊捐银三千两，十一月初十日准山西藩司解到厘金银一万两，十一月二十一日准河东道交商汇到盐课银二万两，并划收长芦运司拨解盐商摊捐银三千两。以上共收库平银三万六千两，照章申合规平银三万九千四百五十六两，连同沪关报存通商银行应缴二十七年分存款利息，实解到规平银三万两，共合规平银六万九千四百五十六两，尽数抵付前项还款，尚不敷规银十六万四千九百十九两二钱。所有奉拨云南税厘盐课银四万两，前届第十三期欠款并未补解。此次拨款电准云南藩司来文，无从筹解，业已详咨仍请改拨。又，山东税厘盐课银三万两，前届第十三期欠款业已如数补筹划解到沪，归还旧垫。至此次奉拨银两尚未解到，应请咨催补解。惟沪关经付汇丰、克萨两项还款二十八年分计四期，共垫银八十余万两，虽在提存、未解各饷设法挪移，时虑转掉不灵，贻误大局，并乞转咨户部，务令各省赶将二十九年分奉拨汇丰、克萨镑债如数依限筹解，不得短少丝毫，仍补筹前两届欠项，以清悬款，俾免挪垫为难。除将收放不敷银数归于二十八年分奉部拨付各款汇开清折，另行禀请转咨外，合将收回沪字第十五号关票一纸，详祈察销，分咨户部、外务部查照等情并关票，到本部堂。据此，相应将关票咨送。为此咨呈贵部，谨请查照核销施行。①

## 078. 江安粮道拨解各项赔款由

光绪二十九年闰五月十七日（1903 年 7 月 11 日）

光绪二十九年闰五月十七日，收南洋大臣魏文称：据江安粮道胡延呈称：案奉札饬新定赔款，奉派江安粮道自上届冬漕起，在改折节省运费项下，每年提银二十万两，分作十二次，按期先

①台北“中央研究院”近史所藏：《外交档案》，馆藏号：02-24-003-02-051。

行解沪转交；又奉札饬关平百两，应加补水库平银一两六钱四分三厘，各等因。业将应解本年第五期，连同补水库平银汇解上海道库兑收转解，并报明在案。兹查本年应解第六期派付银一万六千六百六十六两六钱六分六厘，连补水库平银二百七十三两八钱三分三厘；又应解营旗营加饷银一万两，连补水库平银一百六十四两三钱；又应解加复俸饷银八十三两三钱三分三厘，连补水库平银一两三钱六分九厘。兹职道稔知款关紧要，应即提前汇解。除于本月初四日堂期发交志诚信商号汇解上海道兑收转解外，理合具文呈祈鉴核查考等情，到本部堂。据此，相应咨呈。为此咨呈贵部，谨请查照施行。①



## 079. 拨付汇丰镑款取回关票核销由

光绪二十九年闰五月十七日（1903年7月11日）

光绪二十九年闰五月十七日，收南洋大臣魏文称：据江海关道袁树勋详称：窃奉札准总衙门咨：光绪二十年十月十二日，本衙门会同户部具奏息借汇丰银行银一千万两；二十一年正月十二日，本衙门复会同户部具奏息借汇丰银行洋款三百万镑，前后奉旨允准，钦遵办理在案。兹将副票盖印札关遵办等因。奉经将第一期起至第十一期、第十二期至第十五期应还本息均由各省解到，奉拨抵款汇付，不敷银两由关挪垫，先后取回关票，详缴在案。兹查光绪二十八年十一月十一日，即西历十二月十号，系息借汇丰金款应付第十六期本息之期，先奉户部札开汇丰镑款十一月二十日应付本息拨浙江税厘盐课盈余银十万五千两、广东裁节厘捐盐务盈余银一百六十万两、安徽裁减经费办公盈余银七万两、广西办公经费并州县外销局费银四万两、江西关税厘金节省并鄂皖淮盐加价银二十一万三千两等因。奉经查明汇丰镑款应还第十六

①台北“中央研究院”近史所藏：《外交档案》，馆藏号：02-07-005-02-020。

期本息二十七万八千镑，按照是日金镑市价，每规银一两，合英金二先令一本士八七五核算，共计规银二百五十七万八千五百五十两七钱二分，当经照数筹备，函送新关税务司转付，并将是期副票取回，转送到道。

伏查是期还款，先于光绪二十八年十一月初八日，准江西藩司解到银二十一万三千两，十一月十五日准浙江藩司解到银十万五千两，十一月准安徽藩司解到银七万两，又准广东厘务局解到银八十五万两、广东运司解到银二十万两，十一月二十一日准广东藩司解到银十五万两，十一月二十五日准广东善后局解到银四十万两。以上共收库平银一百九十八万八千两，申合规平银二百十七万八千八百四十八两，尽数抵付是期还款，尚不敷规银三十九万九千七百二两七钱二分。至奉拨广西银四万两，前准来电因难急筹，请息借商款垫，应由西省认还本息等语。业经电复催解，至今未到。即前两届各省欠解之数，虽奉户部行催，并由职道分别电请补解，仅准闽海关解到十五期汇丰镑款内拨武卫军饷库平银五万两，其余所欠银两仍未补足。此外云南、四川等省欠款亦迭次来电，均称委难筹解，仍请改拨。

惟沪关筹垫汇丰镑款，上年两期共银五十余万两，为数既巨，关税项下难以凑拨，只有在提存未解各项饷款内移缓就急，暂行垫借。除将收放不敷银两归于二十八年分奉部拨付各款另行汇开清折禀请转咨外，合将取回金字第十六号副票一纸详祈察销，分咨户部、外务部查照，暨咨催广西省将所欠是期拨款四万两从速如数汇解归垫等情并关票，到本部堂。据此，相应将关票咨送。为此咨呈贵部，谨请查照核销施行。①

①台北“中央研究院”近史所藏：《外交档案》，馆藏号：02-24-003-02-049。

## 080. 江海关付汇丰利息取回关票咨送由

光绪二十九年闰五月十七日（1903 年 7 月 11 日）

光绪二十九年闰五月十七日，收南洋大臣魏文称：据江海关道袁树勋详称：奉札准总理衙门咨：光绪二十年十月十二日，本衙门会同户部具奏息借汇丰银行银一千万两；二十一年正月十二日，本衙门会同户部具奏息借汇丰银行洋款三百万镑，前后奉旨允准，钦遵办理在案。兹将金银两款副票各四十分咨送用印后，交江海关道遵照办理等因。将副票盖印札关，遵将奉发金银两项副票各四十张一律盖印，发交沪关税务司贺璧理签字加印，转付上海汇丰银行查收。业将第十六次以前应付汇丰银款利息按期如数转给该银行收讫，先后取回副票缴销在案。兹查光绪二十九年三月十二日，即西历一千九百三年四月九号，系息借汇丰银款第十七次付利之期，当经职道查照关票应给发规平银三十八万一千五百两，如数备齐，送交新关税务司转给该银行查收，并将是期副票取回到道。

伏查是期还款，前奉户部抄单札开：汇丰银行三月十三日应付息银，拨四川盐斤加价银三十六万两，广东省归还息借商款腾出银十三万五千两等因。奉经转电筹解去后。旋于二月二十三日准粤海关解到银十三万五千两，二月二十八日准四川藩司盐局解到银三十六万两，共收库平银四十九万五千两，申合规平银五十四万二千五百二十两，内除拨还是期利息规银三十八万一千五百两外，尚余规银十六万一千二十两，专款存储，以备凑付下届及汇丰镑款不敷之用。除将收放各数仍俟另行汇开清折，禀请核咨外，所有收回银字第十七号副票一纸，理合具文详缴，仰祈鉴核察收，并请分咨户部、外务部查照等情并关票，到本部堂。据此，相应将关票咨呈。为此咨呈贵部，谨请查收施行。①



## 081. 江海关拨还银数收回关票待销由

光绪二十九年闰五月二十四日（1903 年 7 月 18 日）

光绪二十九年闰五月二十四日，收两江总督魏文称：据江海关道袁树勋详称：窃照中国息借英、德洋款，一年共还本息九十六万六千九百五十二镑。兹查光绪二十九年三月二十三日，系第八十二次应还汇丰、德华两银行各英金四万二百八十九镑十三先令四本士之期，经职道查照是日英金市价，每规银一两以二先令二本士六二五核算，共计规银七十二万六千三百四十八两九钱二分。又查四月二十四日第八十三次应还前项本息，复经查照是日英金市价，每规银一两以二先令四本士六二五核算，共计规银六十七万五千五百九十九两六钱六分，先后函送新关税务司，转交汇丰、德华两银行收讫，取回第八十五、六两号关票各二纸送道。合将收回关票四纸具文详缴，仰祈鉴核察销，分咨查照等情并关票，到本部堂。据此，除将关票存销外，相应咨呈。为此咨呈贵部，谨请查照施行。②



## 082. 宁藩库五月拨解英德还款汇沪由

光绪二十九年闰五月二十四日（1903 年 7 月 18 日）

光绪二十九年闰五月二十四日，收两江总督魏文称：据江宁布政使李有棻呈称：窃照江宁藩库与宁厘局每年奉派认解俄、法、英、德还款及续奉部咨加拨磅价，共银十二万五千两。内解俄、法款银五万两，英、德款银七万五千两。业经遵照部定限期，将光绪二十八年分应拨银两连同加拨磅价先后解清。所有本年二月

---

①台北“中央研究院”近史所藏：《外交档案》，馆藏号：02-24-003-02-050。

②台北“中央研究院”近史所藏：《外交档案》，馆藏号：02-24-003-02-061。

期应筹英、德还款并加拨磅价共银一万八千七百五十两，三月期俄、法还款并加拨磅价共银三万两，亦按期筹拨移解报明在案。兹届五月期应解英、德还款并加拨磅价合共银一万八千七百五十两，应即由司筹拨批解。除于五月初三日放交宝善源兆丰号商汇解江海关兑收汇付外，理合呈候核咨等情，到本部堂。据此，相应咨呈。为此咨呈贵部，谨请查照施行。①

## 083. 咨送五月还四厘五息款报部禀函由

光绪二十九年闰五月二十四日（1903年7月18日）



光绪二十九年闰五月二十四日，收两江总督魏文称：据兼署副总税务司好博逊函称：续借四厘五金款。光绪二十九年五月初十日第五十六次应付利息缮具银票，合库平银三十五万两，送交江海关道查收分交，其不敷金镑之数由关另筹他款补足，并将呈报贵部禀函一件送请转寄等因。前来。相应咨送。为此咨呈贵部，谨请查照施行。

●照录禀函：

敬启者，案查续借四厘五金款按月付利一事，前经改订按各厘局副税务司交到之款，除扣留足用之经费外，即可尽数拨解等因。所有第五十五次应交银两，已于本年四月初八日拨解在案。现将届期西历一千九百三年六月初五日，即华历光绪二十九年五月初十日，按照合同应付利息六万九千六百二镑十三西林四本士，例由总税务司交付。第五十六次厘金还款之期，本副总税务司本拟循利拨解，奈是月各厘局解到之款不敷甚多，万难凑足库平银四十万两之数。兹特缮具汇丰银票二纸，每票规平银十九万一千八百两，共合规平银三十八万三千六百两，即按每规平一百九两六钱合库平一百两，统合库平银三十五万两，业于本日送交江海

①台北“中央研究院”近史所藏：《外交档案》，馆藏号：02-24-003-02-062。

关查收，以便届期分交汇丰、德华两银行各一纸。其不敷金镑之数，仍请由江海关道另筹他款补足，俾免贻误。除呈明南洋大臣鉴核外，相应函报贵部鉴核备案，即希贵总办转呈可也。再，此件系由南洋转递。合并声明。此颂升祺。名另具。光绪二十九年五月初七日。①

## 084. 江宁藩库拨解六期赔款一并汇沪由

光绪二十九年闰五月二十四日（1903 年 7 月 18 日）

光绪二十九年闰五月二十四日，收两江总督魏文称：据江宁布政使李有棻呈称：和约赔款，光绪二十九年五月二十二日第二年第六期司库应解库平银三万三千三百三十三两三钱三分三厘三毫三丝，连加补平水银五百四十七两六钱六分六厘；又金陵厘捐局应解拨抵赔款旗兵加饷银二千五百两，补水银四十一两七分五厘；又拨抵赔款京官津贴改为加复俸饷及加增边防经费两款，连补水共库平银七百六十二两三钱二分二厘；又海州分司应解拨抵赔款旗兵加饷，连补水共库平银二千五百四十一两七分五厘。均于五月初三日放交宝善源、豫昌厚、兆丰号商汇解沪关兑收汇付呈（请）核咨，各等情，到本部堂。据此，相应咨呈。为此咨呈贵部，谨请查照施行。②

## 085. 江安粮道拨解赔款等项一并汇沪由

光绪二十九年闰五月二十四日（1903 年 7 月 18 日）

光绪二十九年闰五月二十四日，收两江总督魏文称：据江安粮道胡延呈称：案奉札饬，新定赔款，奉派江安粮道每年提银二十万两，分作十二次，按期先行解沪转交；又奉札饬关平百两，

①台北“中央研究院”近史所藏：《外交档案》，馆藏号：02-24-003-02-063。
②台北“中央研究院”近史所藏：《外交档案》，馆藏号：02-07-005-02-029。

应加补水库平银一两六钱四分三厘，各等因。兹查本年应解第七期派付银一万六千六百六十六两六钱六分六厘，连补水库平银二百七十三两八钱三分三厘；又应解旗营加饷银一万两，连补水库平银一百六十四两三钱；又应解加复俸饷银八十三两三钱三分三厘，连补水库平银一两三钱六分九厘，于五月初四日发交宝善源商号，汇解上海道兑收转解外，理合呈祈鉴核查考等情，到本部堂。据此，相应咨呈。为此咨呈贵部，谨请查照施行。①

## 086. 金关提解洋税药厘备抵赔款汇沪由

光绪二十九年闰五月二十四日（1903年7月18日）

光绪二十九年闰五月二十四日，收两江总督魏文称：据金关道徐树钧详称：案照金陵关税厘倾耗项下，应提一半防费银两，奉饬全数提出，留作赔款，按月解沪等因。业经遵饬提解至本年四月初四日止在案。所有二十九年四月初五日起至五月初五日止，即西历五月分洋税倾耗项下应提防费银四十九两二钱三分一厘三毫六丝二忽，又药厘倾耗项下应提防费银四十二两四分八厘，共提关平银九十一两二钱七分九厘三毫六丝二忽，遵即备具文批，发交号商源成承领，汇解赴沪，准于五月二十日以前上兑。理合详祈鉴核，咨明查考等情，到本部堂。据此，相应咨呈。为此咨呈贵部，谨请查照施行。②

## 087. 金陵关提解五月六期赔款汇沪由

光绪二十九年闰五月二十四日（1903年7月18日）

光绪二十九年闰五月二十四日，收两江总督魏文称：据金陵关道徐树钧详称：案照金陵关每年认筹各国赔款银十万两，奉饬

---

①台北“中央研究院”近史所藏：《外交档案》，馆藏号：02-07-005-02-030。

②台北“中央研究院”近史所藏：《外交档案》，馆藏号：02-07-005-02-031。

匀分十二次，照关平先期如数解沪等因。遵经先后报解至四月分第五次在案。所有光绪二十九年五月分第六次前项赔款，兹于续征税厘内提出关平银八千三百三十四两，备具文批，发交号商兆丰承领，汇解赴沪，准于五月二十日以前上兑。理合详祈鉴核，咨明查照等情，到本部堂。据此，相应咨呈。为此咨呈贵部，谨请查照施行。①

## 088. 金陵关提解五月税司增收税银汇沪由

光绪二十九年闰五月二十四日（1903年7月18日）

光绪二十九年闰五月二十四日，收两江总督魏文称：据金陵关道徐树钧详称：案奉宪札：赔款奏请免提二成洋税，准户部议复，令各省关约计增收数目，按月提解，不必拘执二成等因。奉经遵办并解至二十九年四月初四日止在案。兹据税司查明，光绪二十九年四月初五日止，西历五月分，共增收进口税银一百十四两六钱八分一厘，备具文批，发交号商源成承领，汇解赴沪，准于二十九年五月二十日以前上兑。理合详祈鉴核，咨明查照等情，到本部堂。据此，相应咨呈。为此咨呈贵部，谨请查照施行。②

## 089. 请俟保险捐章议定再准续运入池由

光绪二十九年闰五月二十六日（1903年7月20日）

光绪二十九年闰五月二十六日，收南洋大臣魏文称：据镇江关郭道道直详禀称：英商燧源公司在丹徒设立火油池，拟俟保险捐章议定，再准续运火油入池，请咨存案等情。并绘图，到本大臣。据此，除批详禀均悉，此等约外捐款，当动以情理，与之妥商。火油系危险之物，与别货不同，彼虽议章存款保险，遇险照

①台北“中央研究院”近史所藏：《外交档案》，馆藏号：02-07-005-02-032。

②台北“中央研究院”近史所藏：《外交档案》，馆藏号：02-07-005-02-033。

章赔恤。然此指火灾等项大险而言，若平时之不便于民，及因此小小受损之处，实在所不免，则左近居民即不免暗受其累。该商不愿贩运储箱之油，乃筑池储油分售，无非图其费省利厚，因欲自图厚利而使居民暗中受累，未免迹近损人利己。今商令查照汉章，酌缴捐项，以为地方警务之须，俾地方借占利益。且在界内本有巡捕等捐，今在界外酌缴警务之款，不独有例可援，且设立警务即为保商安民，亦与该商有益。此就事理言之，至该商所云鄂省应办洋货甚多，如不缴捐，以后即不向瑞记购办。此节本未载诸章程，惟彼既有是语，该道亦可因势利导，查明该商所业何项洋货，如南洋各局厂有可需用，不妨作为该道之意，告以如允缴此捐款，该行在沪所售别项洋货苟能货真价廉，亦可允其代向各局厂说项，以后一体向其议价购办。事在人为，该商但能处处克己营谋，更不难驰名而获大利。此即动之以情之说。该道现与税司商酌，拟改为岁缴池捐，但得该商照捐汉章，不为牵动，无不可以照允，议章似不宜再缓，未经定章以前，暂缓运油，亦不妨向其转商，并候据详咨明外部，如英使论及，请即照此意答复，并告以此等地方用款及与该商贸易有益之事，尽可由外熟商，不必作公事论，俾免执约争辩，仰即遵照邀同税司，相机妥商办理，仍候抚部院批示缴印发外，相应抄录详稟，并将绘图咨送。为此咨呈贵外务部，谨请查核施行。照钉钞案并图。①

## 090. 赔款还银一事仍恳始终坚持等情由

光绪二十九年闰五月二十八日（1903年7月22日）

光绪二十九年闰五月二十八日，收南洋大臣函称：顷奉钧谕并抄折，谨聆一是。赔款一事，内外协力，坚争年余，虽仍未一律允我还银，然每月还款至今付银，彼亦照收，未尝别生枝节。

①台北“中央研究院”近史所藏：《外交档案》，馆藏号：02-13-010-01-068。

循此商办，即或一时仍难遽定，但得坚持勿懈，依旧按期付银，较之按期偿金，暗中获益，已非浅鲜。且考诸和约、保票以及分年还表，而又证以赔款定案后，英萨使致外部之电皆系还银铁据，是以伍大臣去岁考询著名公法家，即谓各国无理取闹，中国可请保和会公断，盖国势虽有强弱，办事同凭一理，况美国已允还银，英亦照允九年收银。虽有“少收之数作为欠款，应否偿还，将来商办”之语，不过因各国尚未全允，为此留以有待之词，推求各国所以未能遽允者，实因金价翔贵，收银易金，暗受大亏，且闻德、法、俄等国有已将赔款抵债，若允收银，则不敷之款须自筹补，故虽明知索金理屈，因不肯受此暗亏，仍复相持不允还银。惟既迫于理，又知中国财力实亦不能还金，德、法、俄又创议税金为我贴补，又以税金非英、日等国所愿，复借零票开载以为愚我之计，欲使我坐实还金以后不能再执和约、保票与之争论，届期力难偿金，彼即可各择利益以为要求之计。此为各国隐衷，一堕其计，大局即不堪设想。现在因应之法，惟有始终坚守约票，与之次第商办。目前系给零票，应即先与商酌。票文、和约第六款丙字下既载明零票由总票分出，则票文即应悉照保票，未便稍有改易。如彼自愿仿照美票载明“照和约第六款甲字下所定汇兑价值办理”字样，亦无不可，舍此无论如何恫喝，务为坚执勿摇，俟票载商定，然后再行相机与之辩论还银。如此对付，非特各国不致因此决裂，即中国亦断不致实受偿金巨累也。务求钧处俯赐主持大局，幸甚。

至四月“感”电请电驻使商各外部，系专指票文而言。此项票式如各使一时难于自转改换，或请察照伍大臣致香帅电意，商各使仿美国办法，请给权沪上各银行总办，俾得在沪和商，亦属一法。专肃奉复，敬请钧安。两江总督魏光焘谨上。①

①台北“中央研究院”近史所藏：《外交档案》，馆藏号：02-07-016-03-013。

## 091. 派办处奉解五期赔款汇沪由

光绪二十九年六月初三日（1903 年 7 月 26 日）

光绪二十九年六月初三日，收南洋大臣魏光焘文称：据江南派办处司、道等呈称：案奉前院台刘札饬：和约偿款，江苏省每年银二百五十万两案内，指拨鄂岸、湘岸、西岸、皖岸四督销，正阳卡，淮北盐务局，盐巡道，海分司八处加价、新厘等项银九十七万两，应解由派办处汇齐转解，自光绪二十七年十二月二十二日起，每年分十二次，按月先期解沪。又奉另饬：此项偿款按照关平核算，每百两应加补水库平银一两六钱四分三厘等因，到处。奉经遵解至二十九年三月二十二日第二年第四期止，咨明并呈报各在案。所有本年四月二十二日第二年第五期，连前共十七期应解银八万零八百三十三两三钱三分四厘，按照关平补水银一千三百二十八两零九分二厘，共合库平银八万二千一百六十一两四钱二分六厘。

查有各局卡解存本月偿款，堪以尽数动拨，间有未到之处，亦由本处向钱庄设法筹足，先期汇解，以免贻误。除于本月初五日放交宝善源商号汇解，限四月二十日以前到沪，解交江海关衙门兑收汇付外，相应具文呈请核咨等情，到本部堂。据此，相应咨明。为此合咨贵大臣，请烦查照施行。①

## 092. 派办处奉解六期赔款汇沪由

光绪二十九年六月初三日（1903 年 7 月 26 日）

光绪二十九年六月初三日，收南洋大臣魏文称：据江南派办处司、道等申称：案奉前院刘札饬：和约偿款，江苏省每年银二

①台北“中央研究院”近史所藏：《外交档案》，馆藏号：02-07-005-02-046。

百五十万两案内，指拨鄂岸、湘岸、西岸、皖岸四督销，正阳卡，淮北盐务局，盐巡道，海分司八处加价、新厘等项银九十七万两，应解由派办处汇齐转解，自光绪二十七年十二月二十二日起，每年分十二次，按月先期解沪。又奉另饬：此项偿款按照关平核算，每百两应加补水库平银一两六钱四分三厘等因，到处。奉经遵解，至二十九年四月二十二日第二年第五期止，咨期并呈报各在案。

所有本年五月二十二日第二年第六期，连前共十八期应解银八万零八百三十三两三钱三分四厘，按照关平加补水银一千三百二十八两零九分二厘，共合库平银八万二千一百六十一两四钱二分六厘。查有各局卡解存本月偿款，堪以尽数动拨，间有未到之处，亦由本处向钱庄设法筹足，先期汇解，以免贻误。除于本月初五日放交宝善源商号汇解，限五月二十日以前到沪，解交江海关衙门兑收汇付外，相应呈祈核咨等情，到本部堂。据此，相应咨明。为此合咨贵部，请烦查照施行。①

## 093. 前撞翻民船钞录原案示复由

光绪二十九年六月初三日（1903年7月26日）

光绪二十九年六月初三日，收南洋大臣魏光焘文称：案查光绪七年间，准总理衙门咨送英、德两国新定行船免碰章程，因内港江河船只行驶，应由各国自行设立专章，经刘前大臣饬由江海关道另拟内港行停免碰五项章程，咨请总理衙门核夺。旋于光绪八年二月间准复以拟章均妥，已抄章照会英国威大臣，以免事后争论。旋又准咨以和国费公使向索前项专章，谓可行知该国船只，复将章程录送费公使，先后咨行查照，当经前大臣札饬江海关道汇刊成本，咨行沿江、沿海各省饬属遵照晓谕，各在案。现据沪道呈称：前因公茂厂小轮撞翻民船，溺毙人命，援章商给恤银。

①台北“中央研究院”近史所藏：《外交档案》，馆藏号：02-07-005-02-047。

英总领事以该署并无此项章程存案，谓当初并未中外一体准行，碍难照办为词等情。查内河行驶船只，本应各国自设专章，《英国行船免碰章程》第二十五款亦经载明中国内河行船避碰专章，本应自立。又经总理衙门照会英国威大臣有案。该小轮碰案虽已了结，近来内河行轮日多，时有碰撞。之前项专章，若不查案声明，将来遇事借口推诿，不允照办，则民船必更受亏，相应抄录原案，并刊章咨请。为此咨呈贵外务部，谨请查核，希即照询各国大臣当时如未通行各领事有案，应请补录通札饬知，仍希示复施行。

●照录粘单



照录总理衙门来咨（光绪九年正月二十三日发、二月初七日到）

为咨复事。英国续拟增改行船免碰章程一案，本年正月十二日接准咨开：据关道详称：此次增改各条不难照办，惟商船舵手人等皆系海隅愚民，即使章程颁给，亦不能遵行。将来设遇碰撞情事，仍当原情酌量等因。咨请核复前来。本衙门核复无异，除据情照复英国格署大臣查照外，相应抄录本衙门照会一件，咨复贵大臣查照饬遵可也。须至咨者。

●粘单

照录给英国照会

为照复事。光绪八年八月初四日，准贵大臣照称：现接本国总理各国事务丞相歌咨文，并附送本国水师、兵政、商政暨度支院各衙门所特选派官商会议核复一件，嘱封送查阅，早日允准，按照核复内开新旧各章颁行等因。当经本衙门咨行南、北洋大臣转饬查照去后。兹准南、北洋大臣咨称：查此次章程各条，与德国章程略同，且第二十五、六两款已声明无论何国另立章程及地方官所设内河船只行驶专例，均毫无关碍，自毋庸再行详议。中国往来外洋海船，自必不难照办。惟沿海商、渔各船仅在近处行驶，未悉外国章程居多，且渔户以及商船舵水人等皆系海隅愚民，性成顽梗，目不识丁，即便章程颁给，恐亦未尽周知。将来设遇在洋与英船有碰撞情事，仍当原情酌量定断，未可责以违章竟置不理，以示格外体恤。倘英船驶入中国内港江河，则按中国所定专章而行，以期中外章程并行不悖。遇有碰案，彼此量情酌办，于华船亦有益无损；一面即将新章刊印，颁发中国官商查阅仿办，并通行沿海各省，晓谕商、渔等船一体遵照等因。咨请核办前来。本衙门查核咨复各节，系属实在情形。除由本衙门咨行南、北洋大臣转饬照办外，相应照会贵署大臣，转咨贵国总理各国事务丞相歌查照可也。须至照会者。

●照录总理衙门来咨（光绪八年正月二十五日发、二月初八日到）

为咨复事。光绪八年正月初六日，准贵大臣咨开：英国新定行船防碰章程，中国海船不难照行。惟中国沿海辽阔，商、渔各船恐一时未能遍悉定章，以致碰撞失事，仍当量情酌办等因。并将该道所拟专章一本咨请核示前来。查所拟章程均尚周妥，惟牵涉轮船，并有赔偿审断各项章程，自应知照英国威大臣，以免事后争论。除照录该关道所拟章程照会威大臣外，相应抄录照会原文，咨复贵大臣查照可也。须至咨者。

●粘抄照录给英国照会（正月二十五日行）

为照复事。案查光绪六年二月十一日准贵大臣照称：昨准本国丞相萨咨议有航海来往船支免碰章程，特将章程一本致送前来，当经本衙门咨行南、北洋大臣，按照章程所开，体察中外情形，转饬核复并照复在案。嗣准北洋大臣咨：据津海关道详：查天津海口驻防各兵船管带官员，均系船政衙门学生，其如何行船挂灯，与此项章程大略相同。商局轮船系雇用洋驾驶，于行船之例尤应熟悉。至内港行往各船章程，业经黎前升道酌拟。此项外海行船章程，自可无庸再议。除分咨酌办外，理合详复。据此咨复查核等因。复准南洋大臣咨：据江海关道详：查英国新定行船防碰章程，中国海船不难照行。惟中国海口纷繁，华船林立，一时恐难周知，似可将英国章程刊本分发沿海各华船，使之熟悉遵守。第沿海地方辽阔，商、渔各船恐一时未能遍悉定章，以致碰撞失事，仍当量情酌办，并拟内港江河各船行停免碰，及救护赔偿审断五项专章，详请咨行核办，各等因。前来。查南、北洋大臣咨复，已将英国章程转饬华船照行。惟中国沿海辽阔，商、渔各船甚多，偏僻海隅，恐一时不及遍告，或有未悉定章，以致碰撞失事，仍当量情酌办等情。所见亦甚周密。至所拟内港江河各船章程五项，系中国自设专章，与贵国章程第二十五款所载“此等章程与地方官所设港口内河船支行驶专例毫无关碍”等语。用意亦相符合。相应照录所拟内港各船行停等项章程，照会贵大臣查照可也。须至照会者。[①]



## 094. 金款利息缮具银票送交道由

光绪二十九年六月初十日（1903年8月2日）

光绪二十九年六月初十日，收南洋大臣魏文称：副总税务司裴世楷函称：续借四厘五金款，光绪二十九年闰五月十一日第五十七次应付利息，缮具银票，合库平银三十二万两，送交江海关道查收分交。其不敷金镑之数，由关另筹他款补足，并将呈报贵部禀函一件送请转寄等因。前来。相应咨送。为此咨呈贵部，谨请查照施行。

●照录禀函

敬启者，案查续借四厘五金款按月付利一事，前经改订按各厘局副税务司交到之款，除扣留足用之经费外，即可尽数拨解等因。所有第五十六次应交银两，已于本年五月初七日解拨在案。现将届西历一千九百三年七月初五日，即华历光绪二十九年，又五月十一日，按照合同应付利息六万九千六百二镑十三西林四本士，例由总税务司交付。第五十七次厘金还款之期，本副总税务

①台北“中央研究院”近史所藏：《外交档案》，馆藏号：02-06-004-03-017。

司本拟循例拨解，奈是日各厘局解到之款不敷甚多，万难凑足库平银四十万两之数。兹特缮具汇丰银票二纸，每票规平银十七万五千三百六十两，共合规平银三十五万七百二十两，即按每规平一百九两六钱合库平银一百两，统合库平银三十二万两，业于本日送交江海关道查收，以便届期分交汇丰、德华两银行各一纸。其不敷金镑之数，仍请由江海关道另筹他款补足，俾免贻误。除呈明南洋大臣外，相应函报贵部鉴核备查，即希贵总办转呈可也。再，此件系由南洋转寄。合并声明。专此，顺颂升祺。名另具。①

## 095. 筹还第六十三四次英德金款由

光绪二十九年六月二十五日（1903年8月17日）

光绪二十九年六月二十五日，收南洋大臣魏文称：据江海关道袁树勋详称：窃奉札开：据该关呈送总理衙门咨：总税务司申称：按照合同第八款所载江海关票应由两江总督暨江海关道盖印，由江海关税务司签字，现经备妥两分，各系自第一号至五百四十号，且于每年二月之票上注明应付、经收费用之数，以便按期备发，将关票两分咨送两江总督办理，此项票根即存道署备案，关票盖印，札关遵照等因。遵经将票加盖海关关防，函请雷税务司签字分别转给，并将票根截存道署备案。旋准税务司先后函称：第一期至第八期镑款，业在伦敦、柏林收讫，将票函送到道，当经具文详缴。嗣奉札准户部咨：据总理衙门咨：准总税务司申呈：所有七处厘金，每月应拨利息四十二万两，倘各局有不照数交齐，以致总税务司不能按月底照定数交付道署，另筹他款补足等语。奉经将第九期起至第六十二期止应付本息，先后接准总税务司送到月付各款，按期由道补足，送交新关税务司查收转付，取还关票详缴在案。兹查光绪二十九年四月初九日，即西历五月初五日，

①台北“中央研究院”近史所藏：《外交档案》，馆藏号：02-24-003-02-081。

系续借英、德四厘五金款第六十三次应付本息六万九千六百二镑十三先令四本士之期，经职道查照是日英金市价，每规银一两，合二先令四本士二五，核算共计规银五十九万一千三百十四两七钱。先准副总税务司寄到规银四十三万八千四百两，并由道加筹规银十五万二千九百十四两七钱，一并送请好税务司查收转付。又，查光绪二十九年五月初十日，即西历六月初五日，系第六十四次应付前项本息之期，复经查照是日英金市价，每规银一两，合二先令三本士七五，核算共计规银六十万一千九百六十九两二分。先准副总税务司寄到规银三十八万三千六百两，并由道加筹规银二十一万八千三百六十九两二分，一并送请好税务司查收转付，按期取回关票各二纸，先后转送到道。

伏查前两期还款买镑不敷，共垫规银三十七万一千二百八十三两七钱二分。为数既巨，原借英、德存款已罄，仍在各关解充赔款之常洋增税项下挪凑济急。惟此项厘金抵款副税务司每月向交库平银四十万两，尚须由道加筹。今届五月分一期，副总税务司以各厘局解解款不敷，仅交库银三十五万两，交数愈少，垫数愈多，万难为继，即经由电禀请转嘱副总税务司饬令各厘局税司如数补解送道归垫，以后勿再短交，俾得稍资周转。

除俟一年届满再将收放、垫付各数缮折详咨外，兹将收回第六十三、四两号关票四纸具文详缴，仰祈鉴核，俯赐察销，分咨查照等情，到本部堂。据此，除将关票存销外，相应咨呈。为此咨呈贵部，谨请查照施行。①

## 096. 筹解第二年第七期偿款银两由

光绪二十九年六月二十五日（1903年8月17日）

光绪二十九年六月二十五日，收南洋大臣魏文称：据江南派

①台北“中央研究院”近史所藏：《外交档案》，馆藏号：02-24-003-02-087。

办处江宁布政使李有棻等呈称：案奉前院刘札饬：和约偿款，江苏省每年银二百五十万两案内，指拨鄂岸、湘岸、西岸、皖岸四督销，正阳卡，淮北盐务局，盐巡道，海分司八处加价、新厘等项银九十七万两，应解由派办处汇齐转解，自光绪二十七年十二月二十二日起，每年分十二次，按月先期解沪。又奉另饬：此项偿款按照关平核算，每百两应加补水库平银一两六钱四分三厘等因，到处。奉经遵解至二十九年五月二十二日第二年第六期止，咨明并呈报各在案。所有本年闰五月第二年第七期，连前共十九期应解银八万零八百三十三两三钱三分四厘，按照关平加补水银一千三百二十八两零九分二厘，共合库平银八万二千一百六十一两四钱二分六厘。查有各局卡解存本月偿款，堪以尽数动拨，间有未到之处，亦由本处向钱庄设法筹足，先期汇解，以免贻误。除于本月十五日放交宝善源商号汇解，限六月初一日以前到沪，解交江海关衙门兑收汇付外，相应呈祈鉴核，汇案核咨等情，到本部堂。据此，相应咨明。为此合咨贵部，请烦查照施行。①

## 097. 江宁司库厘捐局筹解拨抵赔款由

光绪二十九年六月二十五日（1903 年 8 月 17 日）

光绪二十九年六月二十五日，收南洋大臣魏文称：据江宁布政使李有棻呈称：和约赔款，光绪二十九年六月二十二日第二年第七期，司库应解库平银三万三千三百三十三两三钱三分三厘三毫三丝，连加补平水银五百四十七两六钱六分六厘。又金陵厘捐局应解拨抵赔款、旗兵加饷银二千五百两，补水银四十一两七钱五分；又拨抵赔款、京官津贴改为加复俸饷，及加增边防经费两款，连补水共库平银七百六十二两三钱二分二厘；又海州分司应解拨抵款旗兵加饷连补水共库平银二千五百四十一两七分五厘，

①台北“中央研究院”近史所藏：《外交档案》，馆藏号：02-07-005-02-070。

均于五月二十三日放交宝善源、豫昌厚、兆丰号商汇解沪关兑收汇付，呈候核咨各等情，到本部堂。据此，相应咨呈。为此合咨贵部，谨请查照施行。①

## 098. 金陵关筹解第七次赔款银两由

光绪二十九年六月二十五日（1903 年 8 月 17 日）

光绪二十九年六月二十五日，收南洋大臣魏文称：据金陵关道徐树钧详称：案照金陵关每年认筹各国银十万两，奉饬匀分十二次，照关平先期如数解沪，闰年仍按二次摊解，闰五月解款，六月朔解沪等因。遵经先后报解至五月分第六次在案。所有光绪二十九年六月分第七次前项赔款，兹于续征税厘内提出关平银八千三百三十三两，备具文批，发交号商源成承领，汇解赴沪，准于六月初一日以前上兑。除移江海关兑收外，理合详祈鉴核，咨明查照等情，到本部堂。据此，相应咨呈。为此咨呈贵部，谨请查照施行。②

## 099. 江海关经理汇丰洋款开折察核由

光绪二十九年六月二十五日（1903 年 8 月 17 日）

光绪二十九年六月二十五日，收南洋大臣魏文称：据江海关道袁树勋禀称：窃查江海关经理奉部拨还汇丰克萨洋款等项银两，业将光绪二十七年以前收放各数汇开清折，禀蒙前宪台分咨在案。兹查光绪二十八年分奉户部拨还汇丰金、银两项借款及克萨洋款等项本息并华泰洋款还本银两，共收规平银四百二十四万三千二十四两，内除上届折报垫放规银二十二万五千六百十六两二钱五分九厘一丝三忽六微外，实存规银四百一万七千四百七两七钱四

①台北“中央研究院”近史所藏：《外交档案》，馆藏号：02-07-005-02-071。

②台北“中央研究院”近史所藏：《外交档案》，馆藏号：02-07-005-02-072。

分九厘八丝六忽四微，共放规银五百二十九万四百九十五两二钱六分三厘，以收抵放，仍不敷规银一百二十七万三千八十七两五钱二分二厘一丝三忽六微，即在新案赔款奉提各关解到常洋税银项下照数拨用。所有折列各省欠款，经职道详请咨催，只有山东、闽海关补解银八万两，余欠仍未解清。至云南、福建、四川等省并未补解，而本年应还前项洋款，已奉户部札行，仍照上年指拨各款归还。惟云南福建奉拨银两能否照解，应请转咨户部，严饬各该省按款筹解，勿再短欠，并将旧欠银两一律解清，免误还款。兹将收放不敷各数汇开清折，禀祈查核，咨明查照等情并清折，到本部堂。据此，相应将清折咨呈。为此合咨贵部，谨请查照施行（原清折已送户部）。①

## 100. 徐州土药统捐交商汇部查照由

光绪二十九年七月十四日（1903年9月5日）

光绪二十九年七月十四日，南洋大臣魏文称：据徐州土药统捐局江宁布政使李有棻、徐州道桂嵩庆详称：案奉札准户部咨，各省土药税厘全数解部，奉准抄单咨行遵照等因。遵将光绪二十八年第一至第三三批土药捐款银十五万两，详请咨批交商汇解在案。兹查本年续收捐款，业已积有成数，拟由义善源号商汇解第四批土药统捐银五万两，所需咨批具文详请饬发，起解户部。光绪二十八年第四批徐州土药统捐库平银五万两，咨批下局，以便交解，并乞咨明外务部、江南道查考等情，到本部堂。据此，相应咨呈。为此咨呈贵部，谨请查照施行。②

---

①台北“中央研究院”近史所藏：《外交档案》，馆藏号：02-24-003-02-088。

②台北“中央研究院”近史所藏：《外交档案》，馆藏号：02-07-022-02-025。

## 101. 徐州土药统捐交商汇部查照由

光绪二十九年七月十四日（1903年9月5日）

光绪二十九年七月十四日，南洋大臣文称：据徐州土药统捐局江宁布政使李有棻、徐州道桂嵩庆详称：案奉札准户部咨，各省土药税厘全数解部，奏准抄单咨行遵照等因。遵经先后详请咨批二十八年第一至第四批土药捐款银二十万两汇解在案。该年自四月起至本年三月底截数之日止，除各项费用外，尚有应解捐款银三万九千四百五十六两五钱八分八厘业已照数兑足，拟由义善源号商解京交纳。所需咨批具文详请鉴核，俯赐饬发起解户部光绪二十八年徐州土药统捐尾批库平银三万九千四百五十六两五钱八分八厘咨批下局，以便交解，仍乞咨明外务部、江南道查考等情，到本部堂。相应咨呈。为此咨呈贵部，谨请查照施行。①

## 102. 江海关还款不敷开折查照由

光绪二十九年七月十八日（1903年9月9日）

光绪二十九年七月十八日，南洋大臣魏文称：窃照光绪二十八年分江海关经理四国还款，并垫放续借英、德款不敷各数造册详报一案，除恭折会奏外，相应将送到册折咨呈。为此咨呈贵部，谨请查照施行。②

## 103. 金陵关应提防费交商汇沪由

光绪二十九年七月十八日（1903年9月9日）

光绪二十九年七月十八日，南洋大臣魏文称：据金陵关道徐

---

①台北“中央研究院”近史所藏：《外交档案》，馆藏号：02-07-022-02-026。
②台北“中央研究院”近史所藏：《外交档案》，馆藏号：02-24-004-02-008。

树钧详称：案照金陵关税厘倾耗项下应提一半防费银两，奉饬全数提出，留作赔款，按月解沪等因。业经遵饬提解至本年闰五月初六日止在案。所有本年闰五月初七日起至六月初八日止，即西历七月分洋税倾耗项下应提防费银五十八两一钱四分六厘三毫九丝，又药厘倾耗项下应提防费银三十一两九钱六分八厘，共提关平银九十两一钱一分四厘三毫九丝，随即备具文批，发交号商源成承领，汇解赴沪，准于七月初一日以前上兑。除移江海关并详苏抚宪外，理合详祈核咨等情，到本大臣。据此，除批示外，相应咨明。为此咨呈贵外务部，谨请查照施行。①



## 104. 金陵关增收进口税交商汇沪由

光绪二十九年七月十八日（1903年9月9日）

光绪二十九年七月十八日，南洋大臣魏文称：据金陵关道徐树钧详称：案奉宪札：赔款奏请免提二成洋税，准户部议复，令各省关约计增收数目，按月提解，不必拘执二成等因。奉经遵办并解至二十九年闰五月初六日止在案。兹据税司查明光绪二十九年闰五月初七日起至六月初八日止，即西历七月分，共增收进口税银八十七两六钱一分二厘，函致前来。遵即照提关平银八十七两六钱一分二厘，备具文批，发交号商源成承领，汇解赴沪，准于二十九年七月初一日以前上兑。除移江海关并详苏抚宪外，理合详祈核咨等情，到本大臣。据此，除批示外，相应咨明。为此咨呈贵外务部，谨请查照施行。②

---

①台北“中央研究院”近史所藏：《外交档案》，馆藏号：02-07-005-03-008。
②台北“中央研究院”近史所藏：《外交档案》，馆藏号：02-07-005-03-009。

## 105. 江海关应还十六期镑款交讫由

光绪二十九年七月二十二日（1903年9月13日）

光绪二十九年七月二十二日，收南洋大臣魏光焘文称：据江海关道袁树勋详称：窃奉总理衙门札：前由出使龚大臣在伦敦与英商克萨借银一百万镑，改由户部借用，并奉札发副总票一纸，前项借款分期全数收清，一面遵照合同归还本利，清单拟刊关票四十张，呈奉盖印，发关加盖海关关防，函请税务司签印转给，收回总票送道详咨缴销，并将第一期至第十五期应还本息先后付清，取回关票详咨缴销在案。兹查光绪二十九年闰五月初七日，系克萨镑款应还第十六期本息之期，先奉户部札开克萨镑款四月二十二日应付本息，拨福建铁路经费银五万两，闽海关经费银五万两，湖北、湖南、广东、四川各拨铁路经费银五万两，江苏船厂经费银十万两，两淮督销局船厂经费银五万两等因。奉经职道查明克萨镑款应还第十六期本息九万二千七百一镑，按照合同先期十四天付给，当经筹备现银八十万两，函送麦加利银行查收。旋据该行结算，是期镑款照西历六月十七号英金市价二先令四本士核算，共计规银七十九万四千五百八十两，尚余规银五千四百二十两，如数找还，并将是期关票送请新关税务司转送到道。当查是日银行市价，系二先令四本士一二五。该行高抬市价，多收款项，又经函致将溢算银两如数缴还。乃该行复称，以来函所说市价不确，不能遵照办理等语。职道与之辩论，迄未据复。

兹查前项还款，前准两淮运司解到督销局船厂经费银二万两，又准苏粮道解到船厂经费银二万两，并由职道在于关税项下动拨二十九年分船厂经费银六万两。以上共收库平银五十七万两，照章申合规平银六十二万四千七百二十两。除尽数抵付是期还款外，尚不敷规银十六万九千八百六十两，即在收存各关解到新增常洋税内暂行挪垫。所有此次奉拨闽省及闽海关、铁路经费银十万两，并二十七、八两年分，尚欠银二十万两均未解到，合将收回沪字第十六号关票一纸具文详缴，仰祈鉴核查销，分咨查照等情并关票，到本部堂。据此，相应将关票咨送。为此咨呈贵部，谨请查照核销施行。①

## 106. 金陵关筹垫云南认解赔款汇沪由

光绪二十九年七月二十二日（1903年9月13日）

光绪二十九年七月二十二日，南洋大臣魏文称：据金陵关道徐树钧详称：窃奉札：据江宁布政使议详，筹垫云南认解赔款四个月，共计十万两，请饬由金陵关筹银一万两等情。据此，札关如数筹拨等因。奉经将勉力筹垫情形详覆在案。兹于六月初六日在药厘内如数拨关平银一万两，备具文批，发交源成号商承领汇沪。理合详祈鉴核，咨明查照等情，到本部堂。据此，相应咨呈。为此咨呈贵部，谨请查照施行。②

## 107. 金陵关应解各国赔款交商汇沪由

光绪二十九年七月二十二日（1903年9月13日）

光绪二十九年七月二十二日，南洋大臣魏文称：据金陵关道徐树钧详称：案照金陵关每年认筹各国赔款银十万两，奉饬匀分十二次，照关平先期如数解沪等因。遵经先后报解至六月分第七次在案。所有光绪二十九年七月分第八次前项赔款，兹于续征税厘内提出关平银八千三百三十三两，备具文批，发交号商裕源祥承领，汇解赴沪，准于七月初一日以前上兑。除移江海关兑收外，理合详请咨明查照等情，到本部堂。据此，相应咨呈。为此咨呈贵部，谨请查照施行。③

---

①台北“中央研究院”近史所藏：《外交档案》，馆藏号：02-24-004-02-012。
②台北“中央研究院”近史所藏：《外交档案》，馆藏号：02-07-005-03-013。
③台北“中央研究院”近史所藏：《外交档案》，馆藏号：02-07-005-03-014。

## 108. 江安粮道应解赔款交商汇沪由

光绪二十九年七月二十二日（1903 年 9 月 13 日）

光绪二十九年七月二十二日，南洋大臣魏文称：据江安督粮道胡延呈称：案奉札饬：新定赔款，奉派江安粮道自上届冬漕起，在改折节省运费项下每年提银二十万两，分作十二次，按年先行解沪转交。又奉札饬关平百两，应加补水库平银一两六钱四分三厘，各等因。业将应解本年第七期连同补水库平银，汇解上海道库兑收转解，并报明在案。兹查本年应解第八期派付银一万六千六百六十六两六钱六分六厘，连补水库平银二百七十三两八钱三分三厘；又应解旗营加饷银一万两，连补水库平银一百六十四两三钱；又应解加复俸饷银八十三两三钱三分三厘，连补水库平银一两三钱六分九厘。兹职道稔知款关紧要，应即提前汇解。除于本月初四日堂期发交豫昌厚商号汇解上海道兑收转解外，理合呈祈鉴核查考等情，到本部堂。据此，相应咨呈。为此咨呈贵部，谨请查照施行。①

## 109. 江海关应还第十七期汇丰利息交讫由

光绪二十九年七月二十二日（1903 年 9 月 13 日）

光绪二十九年七月二十二日，收南洋大臣魏光焘文称：据江海关道袁树勋详称：窃奉札准总理衙门咨：光绪二十年十月十二日，本衙门会同户部具奏息借汇丰银行银一千万两，二十一年正月十二日，本衙门复会同户部具奏息借汇丰银行洋款三百万镑，奉旨允准，钦遵办理在案。兹将副票盖印札关遵办等因。奉经将第一期起至第十六期应还本息均由各省解到奉拨底款汇付，不敷

①台北“中央研究院”近史所藏：《外交档案》，馆藏号：02-07-005-03-015。

银两由关挪垫，先后取回关票详缴在案。

兹查光绪二十九年五月十四日，即西历六月九号，系息借汇丰金款应付第十七期利息之期，先奉户部札开汇丰镑款五月十四日应付息银拨浙江武卫中军饷银六万两，福建武卫中军饷银十万两，闵海关武卫中军饷银十万两，甘肃船厂经费银五万两，江宁铁路经费银五万两，江苏铁路经费银五万两，江西铁路经费银五万两，浙江铁路经费银五万两等因。奉经查明汇丰镑款应还第十七期利息七万二千镑，先期函托新关税务司转致汇丰银行，按照市价购镑结算去后。旋接税司来函，以是日英金市价每规银一两合英金二先令三本士六二五核算，共须规银六十二万五千五百二十两三钱六分，即经照数筹齐，函送查收转付。惟查华历五月十四日汇丰银行英金市价，系二先令三本士七五，乃该行购价强抬一二五，殊未公允。此次还款既由税司代付，姑准通融照拨，以后金镑还款务当查照市价结算，不应稍有高抬，致令无端亏耗。如该行或因镑少价贵难购，应归职道自行购付。当托税司先与订明，以免后论，并将是期关票取回到道。

兹查本届还款，前准江南筹防局划到铁路经费银八千三百两，江安粮道解到铁路经费银八千三百两，金陵支应局划解到铁路经费银八千三百两，宁藩司解到藩运局应筹铁路经费银二万五千一百两，苏藩司解到司库及厘金项下应筹铁路经费银二万六千两，镇江关解到铁路经费银四千，并由职道在于关税项下动拨二十九年分铁路经费银二万两，河南藩司解到铁路经费银五万两，江西藩司解到铁路经费银五万两，甘肃藩司汇到船厂经费银三万五千两，浙江藩、运司解到武卫军饷银六万两、铁路经费银五万两，安徽藩司解到铁路经费银五万。以上共收库平银三十九万五千两，照章申合规银四十三万二千九百二十两。除尽数抵付是期还款外，尚不敷规银十九万二千六百两三钱六分，即在收存各关解到新增常洋税内暂行挪垫。

所有此次奉拨闽省及闽海关武卫军饷银二十万两，并二十七年分尚欠银十万两，及二十八年分亦欠银十五万两，均未解到。合将取回金字第十七号副票一纸具文详缴，仰祈鉴核查销，分咨查照等情并关票，到本部堂。据此，相应将关票咨送。为此咨呈贵部，谨请查照核销施行。①

## 110. 应付英德利息交江海关查收转寄由

光绪二十九年七月二十二日（1903 年 9 月 13 日）

光绪二十九年七月二十二日，南洋大臣魏文称：据副总税务司裴世楷函称：续借英、德四厘五金款，光绪二十九年六月十三日第五十八次应付利息，缮具银票，合库平银四十万两，送交江海关道查收分交。其不敷金镑之数，由关另筹他款补足，并将呈报贵部禀函一件送请转寄等因。前来。相应咨送。为此咨呈贵部，请查照施行。②

## 111. 派办处应解偿款交商汇沪由

光绪二十九年八月初二日（1903 年 9 月 22 日）

光绪二十九年八月初二日，收南洋大臣魏光焘文称：据江南派办处江宁布政使李有菜等呈称：案奉前宪台刘札饬：和约偿款，江苏省每年银二百五十万两案内，指拨鄂岸、湘岸、西岸、皖岸四督销，正阳卡，淮北盐务局，盐巡道，海分司八处加价、新厘等项银九十七万两，应解由派办处汇齐转解，自光绪二十七年十二月二十二日起，每年分十二次，按月先期解沪。又奉另饬：此项偿款按照关平核算，每百两应加补水库平银一两六钱四分三厘等因，到处。奉经遵解至二十九年闰五月第二年第七期止，咨明并呈报各在案。所有本年六月第二年第八期，连前共二十期应解

①台北“中央研究院”近史所藏：《外交档案》，馆藏号：02-24-004-02-013。

②台北“中央研究院”近史所藏：《外交档案》，馆藏号：02-24-004-02-014。

银八万零八百三十三两三钱三分四厘，按照关平加补水银一千三百二十八两零九分二厘，共合库平银八万二千一百六十一两四钱二分六厘。查有各局卡解存本月偿款，堪以尽数动拨，间有未到之处，亦由本处向钱庄设法筹足，先期汇解，以免贻误。除于本月十五日放交宝善源商号汇解，限七月初一以前到沪，解交江海关衙门兑收汇付外，相应具文呈祈汇案核咨等情，到本部堂。据此，相应咨明。为此合咨贵部，请烦查照施行。①

## 112. 日本大操派总兵丁华容等往观由

光绪二十九年八月十五日（1903年10月5日）

光绪二十九年八月十五日，收南洋大臣魏光焘文称：准北洋大臣来电：准外务部电开：驻日本蔡使电称：日本西历十一月初，特别大操，请电各省派员看操，统计二十员为度等语。希将派定衔名、人数电知，以便转复等因，到本大臣。准此，查西历十一月初即中国九月初，应派提督衔署福山镇总兵丁华容、候补总兵魏荣斌、候补道朱恩绂、徐乃光前往阅看。除电复并札委外，相应咨呈。为此咨呈贵部，谨请查照施行。②

## 113. 江海关呈送商旗图样立案知照公使由

光绪二十九年八月二十二日（1903年10月12日）

光绪二十九年八月二十二日，南洋大臣魏文称：据苏松太道袁树勋禀称：窃自各国通商以来，海上飙轮往来如织③，其间如军舰商迫悬用国家旗帜之外，莫不另有特设旗帜，以为标志。如水师统领提督以及分统将领座船旗号各有分别，使人一望而知。公

①台北“中央研究院”近史所藏：《外交档案》，馆藏号：02-07-005-03-022。

②台北“中央研究院”近史所藏：《外交档案》，馆藏号：02-12-040-01-116。

③“织”，原件误成“识”，兹改正。

司商船亦然，或一国订用一律商旗，或公司各自禀定，均须知会各国查照备考，俾遇事得以分别办理，不致与公家船只相混，甚郑重也。近年来中国商务日新月盛，而商旗一项尚付缺如。职道曾经考询及之，据税务司好博逊查复各洋商家所设公司、行栈，需用商旗，除遇与某国之国旗同其式样在所不准外，余皆不妨听商各自为样等因。并送各国旗式图样到道。伏思外洋著（各）〔名〕公司莫不自设旗号，所以示识别而昭①诚信。我国整顿商务之际，此节未可视为缓图。现办通州大生纱厂张殿撰，平时于工商利害素所讲究，比从海外游历而归，考察外洋商情，尤为详明。职道与之商酌中国商民公司之旗，拟以红旗黄月月中一行龙四爪、或三爪青色行龙，乃国旗寓龙于黄月之中，以示崇奉国家之意。是否可行？理合禀祈察核批示，俾便饬遵，并请咨明外务部立案，仍照会驻京各公使转咨各国政府分行水陆各军一体知照，以昭②信守，实为公便等情并图式，到本大臣。据此，除批据禀并送到商旗图式原系慎重徽章，以便商轮往来易于识别，洵属有裨商务，应准照办，仰即通饬一体遵照，候将图式咨送外务部立案，并照会驻京各国公使查照办理，仍候抚部院批示缴印发外，相应将图式咨送。为此咨呈贵外务部，谨请立案施行，并请照会驻京各国公使查照。③



## 114. 英德金款利息送交沪道查收由

光绪二十九年八月二十二日（1903年10月12日）

光绪二十九年八月二十二日，南洋大臣魏文称：据副总税务司裴世楷函称：续借英、德四厘五金款，光绪二十九年七月十四日第五十九次应付利息，缮具银票，合库平银四十万两，送交江

①“昭”，原件误成“照”，兹改正。

②“昭”，原件误成“照”，兹改正。

③台北“中央研究院”近史所藏：《外交档案》，馆藏号：02-13-011-01-071。

海关道查收分交。其不敷金镑之数，由关另筹他款补足，并将呈报贵部禀函一件送请转寄等因。前来。相应咨送。为此咨呈贵部，谨请查照施行。

●照录禀函

敬启者，案查续借四厘五金款按月付利一事，前经改订按各厘局副税务司交到之款，除扣留足用之经费外，即可尽数拨解等因。所有第五十八次应交银两，已于六月初三日由本副总税务司拨解在案。现将届西历一千九百三年九月初五日，即光绪二十九年七月十四日，按照合同应付利息六万九千六百二镑十三两西林四本士，例由总税务司交付。第五十九次厘金还款之期，兹由本副总税务司缮具汇丰银票二纸，每票规平银二十一万九千二百两，共合规平银四十三万八千四百两，即按每规平一百九两六钱合库平银一百两，统合库平银四十万两，业于前日送交江海关道查收，以便届期分交汇丰、德华两银行各一纸。其不敷金磅之数，仍请由江海关道另筹他款补足，俾免贻误。除报明南洋大臣察阅外，相应呈明贵部鉴核备案，即希贵总办转呈可也。①

## 115. 金陵关应解第九次赔款交商汇沪由

光绪二十九年八月二十二日（1903年10月12日）

光绪二十九年八月二十二日，南洋大臣魏文称：据金陵关道徐树钧详称：案照金陵关每年认筹各国赔款银十万两，奉饬匀分十二次，照关平先期如数解沪等因。遵经先后报解至七月分第八次在案。所有光绪二十九年八月分第九期前项赔款，兹于续征税厘内提出关平银八千三百三十四两，备具文批，发交号商源成承领，汇解赴沪，准于八月初一日以前上兑。除移江海关兑收外，理合详祈鉴核，咨明外务部、户部查照等情，到本部堂。据此，

①台北“中央研究院”近史所藏：《外交档案》，馆藏号：02-24-004-02-031。

相应咨呈。为此咨呈贵部，谨请查照施行。①

## 116. 江安粮道应解九期赔款汇沪由

光绪二十九年八月二十二日（1903 年 10 月 12 日）

光绪二十九年八月二十二日，南洋大臣魏文称：据江安粮道胡延呈称：案奉札饬：新定赔款，奉派江安粮道在改折节省运费项下，每年提银二十万两，分作十二次，按期先行解沪解交。又饬关平百两，应加补水银一两六钱四分三厘，各等因。业将本年第八期连同补水库平银汇解在案。兹查本年应解第九期派付银一万六千六百六十六两六钱六分六厘，连补水库平银二百七十三两八钱三分三厘；又应解旗营加饷银一万两，连补水库平银一百六十四两三钱；又应解加复俸饷银八十三两三钱三分三厘，连补水库平银一两三钱六分九厘，于七月初四日堂期发交志成信商号汇解上海道兑收转解外，理合呈祈鉴核查考等情，到本部堂。据此，相应咨呈。为此咨呈贵部，谨请查照施行。②

## 117. 藩库第九期应还赔款交商汇沪由

光绪二十九年八月二十二日（1903 年 10 月 12 日）

光绪二十九年八月二十二日，南洋大臣文称：据江宁布政使黄建笎呈称：和约赔款，光绪二十九年八月二十二日第二年第九期，司库应解库平银三万三千三百三十三两三钱三分三厘三毫三丝，连加补平水银五百四十七两六钱六分六厘。又金陵厘捐局应解拨抵赔款、旗兵加饷银二千五百两，补水银四十一两七分五厘；又拨抵赔款、京官津贴改为加复俸饷及加增边防经费两款，连补水共库平银七百六十二两三钱二分二厘；又海州分司应解拨抵赔

①台北“中央研究院”近史所藏：《外交档案》，馆藏号：02-07-005-03-042。

②台北“中央研究院”近史所藏：《外交档案》，馆藏号：02-07-005-03-043。

款、旗兵加饷，连补水共库平银二千五百四十一两七分五厘，均于七月初三日放交宝善源、豫昌厚、裕源祥号商汇解沪关兑收汇付，呈候核咨，各等情，到本部堂。据此，相应咨呈。为此咨呈贵部，谨请查照施行。①

## 118. 筹还英德借款收回关票查销由

光绪二十九年八月二十二日（1903 年 10 月 12 日）

光绪二十九年八月二十二日，南洋大臣魏文称：据江海关道袁树勋详称：窃奉札开：据该关呈送总理衙门咨：总税务司申称：按照合同第八款所载江海关票应由两江总督暨江海关道盖印，由江海关税务司签字。现经备妥两分，各系自第一号至五百四十号，且于每年二月之票上注明应付经收费用之数，以便按期备发，将关票两分咨送两江总督办理。此项票根即存道署备案，关票盖印，札关遵照等因。遵经将票加盖海关关防，函请雷税务司签字分别转给，并将票根截存道署备案。

旋准税务司先后函称：第一期至第八期镑款，业在伦敦、柏灵收讫，将票函送到道，当经具文详缴。嗣奉札准户部咨：据总理衙门咨：准总税务司申呈：所有七处厘金每月应拨利息四十二万两，倘各局有不照数交齐，以致总税务司不能按月底照定数交付道署，另筹他款补足等语。奉经将第九期起至第六十四期止应付本息，先后按准总税务司送到月付各款，按期由道补足，送交新关税务司查收转付，取还关票详缴在案。兹查光绪二十九年闰五月十一日，即西历七月初五日，系续借英、德四厘五金款第六十五次应付本息六万九千六百二镑十三先令四本士之期，经职道查照是日英金市价，每规银一两合二先四本士核算，共计规银五十九万六千五百九十四两三钱，先准副总税务司寄到规银三十万



①台北“中央研究院”近史所藏：《外交档案》，馆藏号：02-07-005-03-044。

二十两，并由道加筹规银二十四万五千八百七十四两三钱，一并送请好税务司查收转收。又查光绪二十九年六月十三日，即西历八月初五日，系第六十六次应付前项本息之期，复经查照是日英金市价，每规银一两合二先令五本士核算，共计规银五十七万六千二十二两六分。先准副总税务司寄到规银四十三万八千四百两，并由道加筹规银十三万七千六百二十二两六分，一并送请好税务司查收转付，按期取回关票各二纸，先后转送到道。

伏查前两期还款买镑不敷，共垫规银三十八万三千四百九十六两三钱六分，仍在各关解充赔款之常洋增税项下挪凑济急。除俟一年届满再将收放、垫付各数缮折详咨外，兹将收回第六十五六两号关票四纸具文详祈鉴核查销，分咨查照等情，到本部堂。据此，除批示并将关票存销外，相应咨呈。为此咨呈贵部，谨请查照施行。①



## 119. 呈送俄法借款清单及函牍等情由

光绪二十九年八月二十二日（1903年10月12日）

光绪二十九年八月二十二日，两江总督魏文称：据江海关道袁树勋详称：案照中国息借俄、法洋款，计一年应还本息二千一百十五万四千七百五十二佛朗，一年分两期付还。一期还息约需银一百八九十万两，一期还本并息约需银三百一二十万两。各省所收地丁、盐课，盐厘、货厘、杂税及各海关所收洋税、洋药厘金项下，除常年应解京饷等项仍照常分别批解留支外，其余无论何款，俱准酌量划提，各照分认数目，按期解交江海关道汇总付还等因。奉经将第十五期以前应还本息遵饬付清，照译收单，详请分咨在案。兹查光绪二十九年闰五月初七日，系还俄、法借款第十六期本息之期，按照合同应付息银七百十八万五千七百二十

①台北“中央研究院”近史所藏：《外交档案》，馆藏号：02-24-004-02-032。

五佛朗五十生丁，又还本银六百七十八万三千三百一佛朗，先期二十天付给。嗣因前届第九期还款，该行购镑提前作价，溢算十余万金。旋据京行总董璞科第来沪订定，以后每年两期还款，各按西历五月十五，十一月十五起，每期各分四次，按次由道付给。

至该行买镑，夏则西四月二十五日起，冬则西十月二十五日起，均尽四十五日之内如数购齐，开单核算，奉总署行知亦在案。所有是期还款先经职道查照续订办法，分作四次，先后付给规银五百万两，函送道胜银行查收，购买佛朗汇总结算去后。旋据该行将购单开送到道。当查单开共计规银四百九十一万一千五百六十两二钱七分，合法银一千四百万三千九百五十佛朗五十七生丁，外加二五行用银一万二千二百七十八两九钱，统计规银四百九十二万三千八百三十九两一钱七分，出具收据，将溢付余剩规银七万六千一百六十两八钱三分并认缴先期付款贴还四厘利息规银八千四百九十三两一钱五分一并函送前来。即经分别照收归款。

惟此项佛朗购价前与璞科第所订成约声明购镑之价准与上海行市核对，不得差过八分本士之一，自应遵守。今该行开来价单内金镑兑价竟有高抬至八分本士之六，相差甚巨，显违定约。即检汇丰银行价单函致该行复算，将溢算银两如数缴还。旋接函复，以汇丰价单不能作凭，应核对掮客传单，悉皆符合等语。职道又查成约载明照上海行市，尚未叙及掮客传单。上年十五期还款，该行强按掮客传单之价核算，曾经详咨转饬沪行不得以掮客行情取巧有案。此次该行仍以此朦饰，即经由电先后禀请外务部、户部，严饬京行电致沪行，须按银行市价复算。嗣接北京道胜银行总办宝至德函商，当将此次还款清形详细函复，并请饬令将溢收之款如数缴还。兹接复称，圣彼得堡总行已将价单开呈外务部，作为完结等语。又经驳复在案。

伏查本届还款，除将各省关解到六成银两尽数拨付外，其余不敷银一百十余万两，系在各关解存新增常洋税银内挪凑。除将收放各数列入二十九年分四国还款案内造销汇核详报外，理合照译收据及应还佛朗价值清单，暨往来辩论函牍，一并开折具文，详祈鉴核，咨明外务部、户部查照，转饬京行宝至德将是期还款按照银行市价复算，饬令沪行将溢算银两如数缴还归款等情并折，到本部堂。据此，相应将清折咨呈。为此咨呈贵部，谨请查照核办，饬遵施行。

●照录清折

照译道胜银行总收据

收到上海道台袁大人规银四百九十二万三千八百三十九两一钱七分。此款汇交彼得堡通商总行，系一千八百九十五年中国四厘借款项下，应于一千九百三年七月初一日付还之款。此照西历一千九百三年六月十五日上海道胜银行，具右计规银四百九十二万三千八百三十九两一钱七分。

●照录清单

谨将译出道胜银行购付第十六期俄、法洋款佛朗价值清单，录呈宪鉴。

外务部谕令购汇彼得堡通商总行，应于一千九百三年七月初一日期付还一千八百九十五年中国四厘借款法银一千四百万三千九百五十佛朗五十七生丁。

一、西历一千九百零三年四月二十五日，电汇英金四万镑，价二先令三本士五，合规银三十四万九千九十两九钱一分，每镑兑换法银二十五佛朗五生丁。以下各条英金换法银价均同。应得一百万二千佛朗。

一、西历一千九百零三年四月二十五日，电汇法银五十万佛朗，价二佛朗八十八生丁，合规银十七万三千六百十一两一钱一分，实得五十万佛朗。

一、西历一千九百零三年四月二十七日，电汇英金三千镑，价二先令四本士，合规银二万五千七百十四两二钱九分，照前兑价，应得七万五千一百五十佛朗。

一、西历一千九百零三年五月初一日，电汇英金三千镑，价二先令三本士八七五，合规银二万五千八百二十九两六钱，照前兑价，应得七万五千一百五十佛朗。

一、西历一千九百零三年五月初六日，电汇法银十万佛朗，价二佛朗九十五生丁，合规银三万三千八百九十八两三钱一分，实得十万佛朗。

一、西历一千九百零三年五月初九日，电汇英金六千镑，价二先令四本士，合规银五万一千四百二十八两五钱七分，照前兑价，应得十五万三百佛朗。

一、西历一千九百零三年五月十一日，电汇法银十万佛朗，价二佛朗九十一生丁，合规银三万四千三百六十四两二钱六分，实得十万佛朗。

一、西历一千九百零三年五月十四日，买四个月期法银五万佛朗，价三佛朗二生丁五，合规银一万六千五百二十八两九钱二分，扣除印费，净得四万九千三十七佛朗五十生丁。

一、西历一千九百零三年五月十九日，电汇法银五万佛朗，价二佛朗九十九生丁，合规银一万六千七百二十二两四钱一分，实得五万佛朗。

一、西历一千九百零三年五月二十三日，买四个月期法银五万佛朗，价三佛朗二生丁五，合规银一万六千五百二十八两九钱二分，扣除印费，净得四万九千三十七佛朗五十生丁。

一、西历一千九百零三年五月二十五日，电汇英金二千五百镑，价二先令三本士八七五，合规银二万一千五百二十四两六钱六分，照前兑价，应得六万二千六百二十五佛朗。

一、西历一千九百零三年五月二十七日，电汇法银六十万佛朗，价二佛朗八十八生丁五，合规银二十万七千九百七十二两二钱七分，实得六十万佛朗。

一、西历一千九百零三年五月二十八日，电汇法银二百五十万佛朗，价二佛朗八十六生丁，合规银八十七万四千一百二十五两八钱七分，实得二百五十万佛朗。

一、西历一千九百零三年五月二十八日，电汇英金二万镑，价二先令三本士三七五，合规银十七万五千三百四十二两四钱七分，照前兑价，应得五十万一千佛朗。

一、西历一千九百零三年五月二十九日，电汇英金二十万镑，价二先令三本士一二五，合规银一百七十六万九千五百八十五两三钱，照前兑价，应得五百一万佛朗。

一、西历一千九百零三年五月二十九日，电汇法银二百万佛朗，价二佛朗八十四生丁，合规银七十万四千二百二十五两三钱三分，实得二百万佛朗。

一、西历一千九百零三年五月二十九日，买六个月期英金四万镑，价二先令三本士八七五，合规银三十四万四千三百九十四两六钱二分，扣除印费，净得三万八千九百三十镑，照前兑价，应得九十七万五千一百九十六佛朗五十生丁。

一、西历一千九百零三年六月初五日，买四个月期英金四千镑，价二先令四本士一八七五，合规银三万四千五十七两六钱五分，扣除印费，净得三千九百二十三镑，照前兑价，应得九万八千二百七十一佛朗十五生丁。

一、西历一千九百零三年六月初八日，电汇法银十万六千一百八十二佛朗九十二生丁，价二佛朗九十生丁，合规银三万六千六百十四两八钱，实得十万六千一百八十二佛朗九十二生丁。

以上共计银四百九十一万一千五百六十两二钱七分，合法银一千四百万三千九百五十佛朗五十七生丁，外加二五行用银一万二千二百七十八两九钱，统计规银四百九十二万三千八百三十九两一钱七分。

●致道胜银行

启者，佛朗借款前经北京政府与贵京行总办璞科第订立成约，声明购票之价，准与上海所印逐日行市核对，虽不画符，但所差不得过八分本士之一等因。彼此均当遵守，以昭公允。今夏季还款，贵行开来价单，核之上海行市，竟有抬至八分本士之六，实属违背定约。除电达北京政府核办外，相应开单函致，即祈贵行查照，立将溢算之银如数缴还弗延为荷。此颂日祉。

●计开清单一纸

道胜银行单开之价

西四月二十五日，电汇二先令三本士七五；西四月二十七日，电汇二先令四本士；又五月初一日，又二先令三本士八七五；又五月二十五日，又二先令三本士八七五；又二十八日，又二先令三本士三七五；又二十九日，又二先令三本士五；又六月初五日，四个月期二先令四本士一八七五。

上海行市公共之价：西四月二十五日，二先令三本士八七五；西四月二十七日，二先令四本士三七五；又五月初一日，二先令四本士；又五月二十五日，二先令四本士三七五；又二十八日，二先令三本士八七五；又二十九日，二先令三本士六二五；又六月初五日，二先令四本士零六二五。

●照译道胜银行来函

上海道台袁大人钧鉴：启者，接奉贵道华五月十九日来函，具悉一一。惟所持市价不符，本行单开西四月二十五日电汇，系二先令三本士一之二，非若来函二先令三本士一之八，而是日行市乃二先令三本士五之八；西四月二十七日行市电汇系二先令四本士之八，非二先令四本士三之八；西五月二十五日行市电汇系二先令四本士正，非二先令四本士三之八；西五月二十八日又系二先令三本士一之二，非二先令三本士七之八；西五月二十九日又系二先令三本士一之四，非二先令三本士五之八；西六月初五日又四个月系二先令四本士五之十六，非二先令四本士五之八。

贵道由此可见本行所开清单并无错误，而来函所开系本诸逐日行市之与银行定约相差八分之一者也。合亟函复。顺颂日祉。西历一千九百三年六月十五日。上海道胜银行具

●复道胜银行

启者，昨接复函，以所开清单系照行市之价，与定约仅差八

分本士之一等因。查定约所谓上海行市者，即指上海各银行公共通行之市价而言。是贵银行逐日之市价，应与各银行之市价一律相同。今本道将各该日汇丰银行金镑价单与贵银行帐目核对，实不止相差八分本士之一。兹检汇丰市价单，送请核阅，即希贵银行查照原议，按照上海行市公共之价，详细复算，立将溢收之款全数缴还，至要至盼。此颂日祉。

●照译道胜银行来函

启者，接奉贵道华五月二十二日来函，具悉。查附来之单，并不作数，应请贵道核对掮客通行传单，即知本行所开之价悉皆符合矣。相应函复，即祈查照是荷。此颂日祉。西历一千九百三年六月十八日。上海道胜银行具

●复北京道胜银行总办实

径复者，自违尘范，数易蟾圆。昨展惠章，恍亲曜教，就稔筹画精详，贤劳聿著，为颂无量，承示一切，足征贵总办卓识明通，无任感佩，本道自当遵办。所有佛朗还款一事，前因沪行所开价目不能核实，曾经敝国政府与璞前总办订立成约，声明购票之价准与上海所印逐日行市核对。虽不画符，但所差不得过八分本士之一等因。行知沪关遵办有案。本年夏季债项，沪行开来价单，核之上海汇丰各银行通行行市之价多有不符，竟有相差至八分本士之四者。本道奉有责成，不得不摘出数款，函商沪行，嘱其算还溢收之银。讵知沪行执事人谓上海行市之价不得为凭，须照掮客传单核对方能符合，不允缴还，致令无从商办不获，已电请政府办理，尚祈鉴而原之。

兹本道复查成约，所谓上海行市者，明明言应按上海银行之市价，并无应照掮客传单之说。且本道衙门经理各国债款，历系按照银行市价核算，从无以掮客传单为凭。中俄债务既订成约在先，彼此均当遵守。夙钦贵总办公正和平，又辱荷示商，用特详细布陈，拟请转嘱沪行，迅将此次溢收之款如数偿还，以昭公道，并乞饬令以后务遵定约，照银行市价结帐，勿凭掮客传单，以免

再烦辩论，尤为感祷，仍祈□复为荷。沪行开来帐目暨上海银行各期市价，酌开数项，另纸附呈，察核比较，便知相差之甚巨也。顺颂日祉，台祺！

●复京城俄华银行宝

启者，昨接展复函，具悉一是。查本期俄法还款，敝处前以沪行两开价单内有多款与银行市价不符，一再备函辩论，而沪行坚执掮客价单为凭，不允查照贵璞前总办所定之章程办理，敝处始行电禀外部转嘱贵总办转达沪行遵照。迨后接到台函，知此事已经外部达到。惟尊意以为可以径函尊处，毋须上达外部，本道深佩贵总办处事持平，是以复函特陈梗概，敬候复音，以便再与沪行商酌，取还溢算银两，而乃迟之许久，未见沪行知照接有贵总办特饬商办之信。正深疑讶，不意来函竟有沪行禀复已和平了结之语。本道实所未解。

查本道自上达外部后，应候宪示遵行，不便再向沪行理论，致增意见。中间仅复贵总办一信，此外绝未再向沪行一言。今沪行所谓知乎了结，究系何人奉何人之命与之了结？应请再赐饬查见示，以便核办。至贵总行如何开价送请外部作为定结，本道未奉明文，无从承认。事关还款，为数甚巨，为日甚长，既有成约在先，彼此自当遵守，决不能舍银行市价而凭掮客价单，务请贵总办查照本道前函，迅赐转饬沪行秉公改正，算还余银，免乖信谊，并望见复，是为至幸。此颂，日祉。

●北京华俄银行宝来函

径复者，久违芝宇，倍切葭思！日前专函通诚，后因公赴张家口一行，昨始回行，得读华翰，备悉一切，当即电询沪行，据云磅价一事现已和平了结等语。且闻彼得堡总行所开数目，刻已达外务部，所事均已完毕。鄙人倾听之余，甚为忻慰。此后如贵道与敝行再有应行筹商之事，即希俯照前函所请，径行达知，鄙人无论如何，自当通融办理，既可免辗转之需时，更可免彼此误会。鄙人处事，素喜和平，久稔贵道交涉才长，顾全睦谊，推诚相待，知必乐为照办也。此布。顺颂时祉。①

## 120. 江海关二次付还克萨借款关票核销由

光绪二十九年八月二十二日（1903 年 10 月 12 日）

光绪二十九年八月二十二日，南洋大臣魏文称：据江海关道袁树勋详称：光绪二十九年六月二十八日，接新关税务司好博逊函称：案查西历一千八百九十五年中国息借克萨六厘金款第二期还本早经清讫，所有关票六百六十七纸，兹据本埠麦加利银行将该关票如数送请转交前来，函请查收详销等因。并将关票转送到道。



伏查克萨借款还本清讫，关票由道详销，业将第一次本银还清之关票遵饬详送缴销在案。所有第二次应还本镑六万六千七百镑，已于西历一千九百二年七月一号即光绪二十八年五月二十六日先期照市合银，如数付讫。兹据麦加利银行将前项关票六百六十七纸交由税司转缴前来。理合详祈鉴核，俯赐转送户部核销，并请咨明外务部查照等情并关票，到本部堂。据此，除将关票咨送户部查销外，相应咨呈。为此咨呈贵部，谨请查照施行。②

## 121. 金陵关提防费汇沪备还赔款银数由

光绪二十九年八月二十四日（1903 年 10 月 14 日）

光绪二十九年八月二十四日，收南洋大臣魏文称：据金陵关道徐树钧详称：案照金陵关税厘倾耗项下应提一半防费银两，奉饬全数提出，留作赔款，按月解沪等因。业经遵饬提解至本年六月初八日止在案。所有本年六月初九日起至七月初九日止，即西历八月分洋税倾耗项下应提防费银四十八两七钱八分八厘八毫二

①台北“中央研究院”近史所藏：《外交档案》，馆藏号：02-24-004-02-033。

②台北“中央研究院”近史所藏：《外交档案》，馆藏号：02-24-004-02-030。

忽，又药厘倾耗项下应提防费银三十三两二钱一分六厘，共提关平银八十二两四厘八毫二忽，遵即备具文批，发交号商源成承领，汇解赴沪，准于八月初一日以前上兑。除移江海关并详苏抚宪外，理合详祈核咨等情，到本大臣。据此，除批示外，相应咨明。为此咨呈贵外务部，谨请查照施行。①





## 122. 金陵关提六月增收税银汇沪由

光绪二十九年八月二十四日（1903 年 10 月 14 日）

光绪二十九年八月二十四日，收南洋大臣魏文称：据金陵关道徐树钧详称：案奉宪札：赔款奏请免提二成洋税，准户部议复，令各省关约计增收数目，按月提解，不必拘执二成等因。奉经遵办并解至二十九年六月初八日止在案。兹据税司查明，光绪二十九年六月初九日起至七月初九日止，即西历八月分，共增收进口税银一百二十三两二钱七分七厘，函致前来。遵即照提关平银一百二十三两二钱七分七厘，备具文批，发交号商源成承领，汇解赴沪，准于二十九年八月初一日以前上兑。除移江海关并详苏抚宪外，理合详祈核咨，等情，到本大臣。据此，除批示外，相应咨明。为此咨呈贵外务部，谨请查照施行。②

## 123. 芜湖关造报英派领事姓名等情由

光绪二十九年八月二十四日（1903 年 10 月 14 日）

光绪二十九年八月二十四日，收南洋大臣魏光焘文称：据芜湖关道童德璋申称：案奉宪行：近来各国在通商口岸派设领事，不时更调；设立行栈，闭歇无常，饬将各该口岸现驻领事姓名并洋商行栈各字号及并无领事行栈之国，或无领事而别国领事兼办

---

①台北“中央研究院”近史所藏：《外交档案》，馆藏号：02-07-005-03-047。

②台北“中央研究院”近史所藏：《外交档案》，馆藏号：02-07-005-03-048。

者，一律查明咨复，嗣后按季造送备查等因。遵将光绪二十九年春季分开折申报在案。兹查自光绪二十九年四月初一日起至六月底止，夏季分连闰计四个月，芜湖口岸英国派设领事姓名及各洋商开设洋行字号，理合开折申祈核咨等情并清折到本大臣。据此，相应咨送。为此咨呈贵外务部，谨请查照施行。

●照录清折

二品衔监督芜湖新关安徽徽宁池太广道谨将芜湖口岸自光绪二十九年四月初一日起至六月底止夏季分连闰计四个月英国派设领事姓名及各洋商开设洋行字号分晰，开具清折，敬呈鉴核。



计开

一、英国派驻芜署领事官葛福，查该领事系于光绪二十九年五月初三日到口任事，其他有约各国均未派有领事。合并声明。

一、英商太古洋行

一、英商怡和洋行

一、英商麦边洋行

一、英商启昌洋行

一、英商鸿安洋行

一、英商牲义洋行

一、英商新顺昌洋行

一、德商利康洋行

一、日商大坂洋行

一、英商立生洋行

一、德商瑞记洋行

一、英商华昌洋行

一、英商瑞祥洋行

查前项洋行十三家，均系英、德、日本等国商人开设，遇有内地商民交涉之事，或由英领事官照会到道，会同办理；或由德国、日本国驻沪领事照会办理。合并声明。①



## 124. 总税司所拟出口杂货等情核办由

光绪二十九年八月二十四日（1903 年 10 月 14 日）

光绪二十九年八月二十四日，南洋大臣魏文称：据江海关道袁树勋详称：案奉宪札：准外务部咨：据总税务司申称：查条约订明洋商将不合销售之货复运出口，如经查明实系原色原货，并未拆动抽换，准将原纳之税发给存票，历办有年。大宗货物照此办理，与商情并无窒碍。惟杂货色件势须通融办理，俾免烦琐，亦与税课无损。其杂货内有首饰一类，系属贵重之物，且每包内式样甚多，均系按件零售，不得不定立专章，各口一体照办等因。并附拟专章前来。本部查该总税务司所拟首饰一类专章，系为便商起（见），亦于税课无损，自可照准。除札复外，相应将所拟专章抄咨贵大臣查照，转饬各关道一律照办可也。等因。并抄单到本大臣。承准此，除咨行外，抄单札饬遵照办理，并确切考究有无流弊具复等因。奉此，当以总税务司所拟专章内贩运首饰进口查验征税以及复运出口时查明相符，发给存票各办法是否专指外国首饰而言？现在如何办理？函询税务司好博逊去后。兹接函复：沪关于本年四月三十日，自奉总税务司札发前项专章到关之后，除遵饬缮用洋文出示晓谕本口各洋商等一体遵行外，并复面嘱各洋商如果遇有将外国首饰复运出口者，必须查得实系原件原号，核与原单一一相符，方准放行出口，给还存票等语去后，均各遵办无异。专章原文字面却系专指洋商，设由华商贩运此项外国首饰，亦应照专章办理等因。职道伏查专章所订，首饰完税进口之后，原物复运出口，准其查明发还存票，既系专指外国首饰，为数当亦无多，且从前外国首饰本在自用免征之列，此次按照新章



①台北“中央研究院”近史所藏：《外交档案》，馆藏号：02-08-012-02-033。

一体收税，纵使华、洋商人一律贩运，援请存票，而事有限制，尚于税课无甚妨碍。所虑行之日久，或有不肖商人混将中国首饰搀杂朦报出口，希图偷漏，似宜预为之防。可否请宪台咨商外务部，饬令总税务司行文各关税务司，万一日后查有此等情事，立将原物入官罚办，以示儆戒。如查有别项情弊，亦即将所定专章随时酌改，以图挽救之处，理合详祈察核批示，实为公便等情，到本大臣。据此，除批据详已悉，候咨请外务部转饬总税务司行文各税司认真查办，至外国首饰亦有在中国口岸所制，其式样或与原进口之件相同，冒充原货索给存票，应如何区别之处，仰即转商税司酌定办法，以杜弊混；仍将商办情形报查缴印发外，相应咨请。为此咨呈贵外务部，谨请查照，希即核饬总税司分饬认真查办，望切施行。①

## 125. 附奏遵解旗营加饷一片钞知由

光绪二十九年九月十五日（1903 年 11 月 3 日）

光绪二十九年九月十五日，收两江总督魏光焘文称：窃照江苏省遵解光绪二十九年上半年旗营加饷银两，抵付新案赔款，嗣后仍按半年奏报一次缘由，除附片会奏外，所有片稿相应咨呈。为此咨呈贵部，谨请查照施行。

●照录片稿

再，江苏省筹解旗营加饷银两，经前督臣等奏明自光绪十二年起，每年解银三十万两。江宁、苏州两属各半分认，按春、夏、秋三季批解户部兑收。前年接准行在户部咨：江苏省旗兵加饷，全数提留新案赔款，每年匀作十二次解沪汇付。又准部电：关平百两应加补水库平银一两六钱四分三厘，各等因。当经先后转行遵照，业将二十八年下半年宁、苏两属应解前项银两分别筹解，

①台北“中央研究院”近史所藏：《外交档案》，馆藏号：02-13-011-01-072。

附片奏明在案。所有江宁应解光绪二十九年上半年银两，在于江安粮道库月提银一万两，金陵厘捐局月提银二千五百两，解过六次，共计银七万五千两，另筹补水库平银一千二百三十二两二钱五分；苏州仍由向派之司、关、道、局照案分筹，亦解过六次，共计银七万五千两，另筹补水库平银一千二百三十二两二钱五分，均交号商汇解江海关兑收转付。据江宁、江苏两藩司按月详报，均经随时分咨外务部、户部查照。除饬各该藩司嗣后仍按半年详奏一次外，理合会同江苏巡抚臣恩寿，附片陈明。伏乞圣鉴。谨奏。①

## 126. 金陵关洋税药厘应提防费交商汇沪由

光绪二十九年九月十五日（1903 年 11 月 3 日）

光绪二十九年九月十五日，收两江总督魏光焘文称：据金陵关道徐树钧详称：案照金陵关税厘倾耗项下应提一半防费银两，奉饬全数提出，留作赔款，按月解沪等因。业经遵饬提解至本年七月初九日止在案。所有本年七月初十日起至八月初十日止，即西历九月分洋税倾耗项下应提防费银六十九两八钱七分九厘三丝六忽，又药厘倾耗项下应提防费银四十六两三钱九分二厘，共提关平银一百十六两二钱七分一厘三丝六忽，遵即备具文批，发交号商源成承领，汇解赴沪，准于九月初一日以前上兑。理合详祈鉴核，咨明外务部、户部查照等情，到本大臣。据此，除批示外，相应咨明。为此咨呈贵外务部，谨请查照施行。②

---

①台北“中央研究院”近史所藏：《外交档案》，馆藏号：02-07-006-01-016。

②台北“中央研究院”近史所藏：《外交档案》，馆藏号：02-07-006-01-017。

## 127. 金陵关增收进口税银交商汇沪由

光绪二十九年九月十五日（1903 年 11 月 3 日）

光绪二十九年九月十五日，收两江总督魏光焘文称：据金陵关道徐树钧详称：案奉宪札：赔款奏请免提二成洋税，准户部议覆，令各省关约计增收数目，按月提解，不必拘执二成等因。奉经遵办并解至二十九年七月初九日止在案。兹据税司查明光绪二十九年七月初十日起至八月初十日止，即西历九月分，共增收进口税银一百六十九两三钱八分，函致前来。遵即照提关平银一百六十九两三钱八分，备具文批，发交号商源成承领，汇解赴沪，准于二十九年九月初一日以前上兑。除移江海关并详苏抚宪外，理合详祈核咨等情，到本大臣。据此，除批示外，相应咨明。为此咨呈贵外务部，谨请查照施行。①

## 128. 江安粮道应解赔款交商汇沪由

光绪二十九年九月二十二日（1903 年 11 月 10 日）

光绪二十九年九月二十二日，收两江总督魏文称：据江安粮道胡延呈称：案奉札饬：新定赔款，奉派江安粮道自上届冬漕起，在改折节省运费项下每年提银二十万两，分作十二次，按期先行解沪转交。又饬关平百两，应加补水库平银一两六钱四分三厘，各等因。业将本年第九期连同补水库平银汇解上海道库兑收转解在案。兹查本年应解第十期派付银一万六千六百六十六两六钱六分六厘，连补水库平银二百七十三两八钱三分三厘；又应解旗营加饷银一万两，连补水库平银一百六十四两三钱；又应解加复俸饷银八十三两三钱三分三厘，连补水库平银一两三钱六分九厘，

①台北“中央研究院”近史所藏：《外交档案》，馆藏号：02-07-006-01-018。

于八月初四日发交宝善源商号汇解上海道兑收转解，理合呈祈鉴核查考等情，到本部堂。据此，相应咨呈。为此咨呈贵部，谨请查照施行。[①]





## 129. 借款利息送交江海关请将禀函转寄由

光绪二十九年九月二十二日（1903年11月10日）

光绪二十九年九月二十二日，收两江总督魏文称：据副总税务司裴世楷函称：续借英德四厘五金款，光绪二十九年八月十五日第六十次应付利息，缮具银票，合库平银四十万两，送交江海关道查收分交。其不敷金镑之数，由关另筹他款补足，并将呈报贵部禀函一件送请转寄等因。前来。相应咨送。为此咨呈贵部，谨请查照施行。

●照录禀函

敬启者，案查续借四厘五金款按月付利一事，前经改订按各厘局副税务司交到之款，除扣留足用之经费外，即可尽数拨解等因。所有第五十九次应交银两，已于七月初九日由本副总税务司拨解在案。现将届西历一千九百三年十月初五日，即光绪二十九年八月十五日，按照合同应付利息六万九千六百二镑十三西林四本士，例由总税务司交付。第六十次厘金还款之期，兹由本副总税务司缮具汇丰银票二纸，每票规平银二十一万九千二百两，共合规平银四十三万八千四百两，即按每规平银一百九两六钱合库平银一百两，统合库平银四十万两，业于本日送交江海关道查收，以便届期分交汇丰、德华两银行各一纸。其不敷金镑之数，仍请由江海关道另筹他款补足，俾免贻误。除报明南洋大臣察阅外，相应呈明贵部鉴核备案，即希贵总办转呈可也。再，此件系由南洋转递。合并声明。专此。顺颂升祺。[②]

---

①台北“中央研究院”近史所藏：《外交档案》，馆藏号：02-07-006-01-026。

②台北“中央研究院”近史所藏：《外交档案》，馆藏号：02-24-004-02-055。

## 130. 藩库应解第十期赔款交商汇沪由

光绪二十九年九月二十二日（1903年11月10日）

光绪二十九年九月二十二日，收两江总督魏光焘文称：据江宁布政使黄建笎呈称：和约赔款，光绪二十九年九月二十二日第二年第十期司库应解库平银三万三千三百三十三两三钱三分三厘三毫三丝，连加补平水银五百四十七两六钱六分六厘；又，金陵厘捐局应解拨抵赔款、旗兵加饷银二千五百两，补水银四十一两七分五厘；又拨抵赔款、京官津贴改为加复俸饷及加增边防经费两款，连补水共库平银七百六十二两三钱二分二厘；又，海州分司应解拨抵赔款、旗兵加饷，连补水共库平银二千五百四十一两七分五厘，均于七月十三日发交宝善源、豫昌厚、裕源祥号商汇解沪关汇付，呈候核咨，各等情，到本部堂。据此，相应咨呈。为此咨呈贵部，谨请查照施行。①

## 131. 江海关节省盈余移请拨报作收由

光绪二十九年九月二十二日（1903年11月10日）

光绪二十九年九月二十二日，收两江总督魏光焘文称：据江宁布政使黄建笎呈称：窃照江宁藩库与宁厘局每年奉派认解俄、法、英、德还款及续奉部咨加拨磅价，共银拾二万五千两，内解俄、法款银五万两，英、德款银七万五千两，业经遵照部定限期将本年二月期英、德款，三月期俄、法款，五月期英、德款，连同加拨磅价计共银六万七千五百两，已按期筹拨移解并报明各在案。所有八月期英、德还款并加拨磅价计银一万八千七百五十两，九月期俄、法还款并加拨磅价计银二万两，共库平银三万八千七

①台北“中央研究院”近史所藏：《外交档案》，馆藏号：02-07-006-01-027。

百五十两，又届应还之期。现值司库异常支绌，筹拨维难。查江海关每年应解节省盈余规平银十万两内，除常关改归税务司代征剔除不计外，实应解二十九年盈余规平银七万五千两；又应解裁撤上海商务局规元浙湘平银二千二百八十两。此项银两未准解到，应请拨放作收司库解到八九月两期英、德、俄、法还款及加拨磅价，共库平银三万八千七百五十两，先行就数划收，以免互解之烦。

除备批移请江海关核作收放外，理合呈候汇案核咨等情，到本部堂。据此，相应咨呈。为此咨呈贵部，谨请查照施行。①

## 132. 总共二十一期应解偿款交商汇沪由

光绪二十九年九月二十三日（1903 年 11 月 11 日）

光绪二十九年九月二十三日，收两江总督魏光焘文称：据江南派办处司、道等呈称：案奉前院刘札饬：和约偿款，江苏省每年银二百五十万两案内，指拨鄂岸、湘岸、西岸、皖岸四督销，正阳卡，淮北盐务局，盐巡道，海分司八处加价、新厘等项银九十七万两，应解由派办处汇齐转解，自光绪二十七年十二月二十二日起，每年分十二次，按月先期解沪。又奉另饬此项偿款按照关平核算，每百两应加补水库平银一两六钱四分三厘等因，到处。奉经遵解至二十九年六月十五日第二年第八期止，咨明并呈报各在案。所有本年七月十五日第二年第九期，连前共二十一期应解银八万零八百三十三两三钱三分四厘，按照关平加补水银一千三百二十八两零九分二厘，共合库平银八万二千一百六十一两四钱二分六厘。查有各局卡解存本月偿款，堪以尽数动放，间有未到之处，亦由本处向钱庄设法筹足，先期汇解，以免贻误。除于本月十五日放交宝善源商号汇解，限八月初一日以前到沪解交江海

①台北“中央研究院”近史所藏：《外交档案》，馆藏号：02-24-004-02-056。

关衙门兑收汇付外，呈祈鉴核，汇案核咨等情，到本部堂。据此，相应咨明。为此合咨贵部，请烦查照施行。①

## 133. 总共二十二期应解偿款交商汇沪由

光绪二十九年九月二十三日（1903年11月11日）

光绪二十九年九月二十三日，收两江总督魏文称：据江南派办处司、道等呈称：案奉前院刘札饬：和约偿款，江苏省每年银二百五十万两案内，指拨鄂岸、湘岸、西岸、皖岸四督销，正阳卡，淮北盐务局，盐巡道，海分司八处加价、新厘等项银九十七万两，应解由派办处汇齐转解，自光绪二十七年十二月二十二日起，每年分十二次，按月先期解沪。又奉另饬，此项偿款按照关平核算，每百两应加补水库平银一两六钱四分三厘等因，到处。奉经遵解至二十九年七月第二年第九期止，咨明并呈报各在案。所有本年八月第二年第十期，连前共二十二期应解银八万零八百三十三两三钱三分四厘，按照关平加补水银一千三百二十八两零九分二厘，共合库平银八万二千一百六十一两四钱二分六厘。查有各局卡解存本月偿款，堪以尽数动拨，间有未到之处，向钱庄设法筹足，先期汇解，以免贻误。除于本月十五日放交宝善源商号汇解，限九月初一日到沪解交江海关衙门兑收汇付外，相应呈祈鉴核，汇案核咨等情，到本部堂。据此，相应咨明。为此合咨贵部，请烦查照施行。②

## 134. 具奏埠工用款报销一折钞稿知照由

光绪二十九年十月初八日（1903年11月26日）

光绪二十九年十月初八日，南洋大臣魏文称：窃照吴淞自辟

---

①台北“中央研究院”近史所藏：《外交档案》，馆藏号：02-07-006-01-028。

②台北“中央研究院”近史所藏：《外交档案》，馆藏号：02-07-006-01-029。

商埠作为沿海关分卡工程告竣全案用款核实报销一案，经本大臣于光绪二十九年九月二十二日专差具奏，所有折稿及清册、图说相应咨送。为此咨呈贵外务部，谨请查照施行。①



## 135. 遵议赴赛会货物件数等情查照由

光绪二十九年十月初九日（1903 年 11 月 27 日）

光绪二十九年十月初九日，南洋大臣魏文称：据江南商务局司道等会详称：案奉宪台札：据江南派办处司道申称：奉宪台批司道等详请赴美国赛会，拟恳设立公司，官商合办由，奉批以物赴赛，原为考究制造，图畅销路，其事实重在商而不在官。若以中国风气未开，必得由官提倡。惟运物赴会，总须由商人自往考究，方获实益，是以出使法国大臣孙亦以宜由商家鸠设公司、亲运货物往赛为言。凡事一涉官场，不独繁费，且以素未谙习，与其毫不相关之事令其讲究，亦断不能收实益。日本由官办物赴赛，即为识者所讥，且物既不合行销，其耗费不能获益，已可概见。



美国相距更为穹远，现在既由国家钦派大员前往监督，论办法，各行省只须劝导华商遴选相宜之货，亲往比赛，最为妥洽；即欲官办货物，以为先路之导，亦只须酌办品样，交商带往，以试销路。今拟设公司、官商合办，深虑耗费需时，有损无益，且正监督来电应用地段须五月节前电复，现在公司尚无眉目，计时亦虑不及，不若一面劝招商家，一面酌提款项，遴购样品寄往为妥。如粤中雕刻牙件、闽省漆器、苏杭绸缎、苏粤绣货、西省磁器等类，皆可酌办，仰再切实妥筹酌办。至欲设立公司，广运货物赴美销售，尽可俟赴赛后察看销物情形，再行斟酌也。仍候抚部院批示缴。又，奉抚宪批司道等详前事由，奉批据详赴美赛会拟官商合办，设立公司，所拟办法均极妥协。宁苏应否合办，抑

①台北“中央研究院”近史所藏：《外交档案》，馆藏号：02-13-012-01-018。

或分办，仰即妥商会议章程，呈候核夺。仍候督部堂核示，录报缴，各等因。

奉此，伏查赛会事宜，本关商政。前奉宪饬，拟仿日本国会办法，派员选货赴会。当由商务局转移到处，彼因官运货物赴会，司道等有筹款用人之责，自须径由司道等筹议具详。兹奉宪批，现在公司尚无眉目，不若劝招商家、酌提款项，遴购样品寄往为妥等因。司道等遵即悉心会议，此后如何劝导商家设法试办，只须体察商情，酌量详定。目下既无用人拨款之举，司道等即无从凭虚筹议。江南全省商务向由商务总局经理，赛会事宜既须暂归商家设法试办，自应仍归商务总局体察情形，议章开办，庶期切实而收速效。除移知商务总局遵照宪批筹议详办，并移苏派办处一体知照外，合将会议暂归商务局筹办情形申祈鉴核等情，到本大臣。据此，查赴美赛会货物件数及占地尺寸各若干，昨准溥监督电询，业经查案饬局会议详办在案。据申前情，合行札催札局立即遵照批札，赶速将商家如何劝招、款项如何酌提、样品如何遴购，体察情形，筹议一定办法，详候核示等因，到局。奉此，查此案前奉宪台札饬，准美国赛会正监督溥电询赴美赛会货物件数及占地尺寸各若干，饬局会议详办等因。奉经移会派办处酌议禀复并申报在案，兹奉前因，并准派办处抄稿移会前来。伏查运物赴赛，本为考究制造、体验销路，为推广商务之一助。宪谕其事实重在商而不在官，诚为至论，自应由商人酌带货物前往，亲切考究，何物相宜，足广销路，方获实效。本司道等会同筹议，拟即遵照宪示，一面出示招商，令其慎选相宜货物运往比赛，如以海路窎远或各商合办归一人随同带往，均听其便。

至所带货物，均准向就近海关监督报明，发给护照，准其分别自行运往，并将由官如何保护及其中比赛此后足以行销之利益剀切劝导，明白晓谕。第恐华商风气未开，赴赛无多，一面酌筹款项，由官遴购各处著名出产合宜样品，以辅商运之不足，而备应此盛会，届时拟即寄呈正监督溥出洋时携同赴会，以归一气。

所有应留各货占地尺寸，拟请宪台先行电咨正监督溥预为留地百余方尺，以备一二百件之货可以位置。所需备办各物款项，虽库储支绌，而现在正值振兴商务，自应由本司道等设法筹拨，核实动用。

至应否派员随同前往观会，以资考察，届时应候宪台酌核委派。其苏省应否合办，除俟奉批再行遵照外，所有遵饬议复赴美赛会拟办缘由，是否有当？理合挈衔详请批示，并咨明外务部、正监督查照，实为公便等情，到本大臣。据此，除批据详已悉候咨溥监督查照核办，并咨呈外务部查照，至宁、苏应否合办，既据并详苏抚部院应俟奉到批示录报，再行核夺缴印发外，相应咨明。为此咨呈贵外务部，谨请查照施行。①

## 136. 藩司应解十二期赔款交商汇沪由

光绪二十九年十月二十一日（1903年12月9日）

光绪二十九年十月二十一日，收两江总督魏文称：据江宁布政使黄建筦呈称：和约赔款，光绪二十九年十一月二十二日第二年第十二期司库应解库平银三万三千三百三十三两三钱三分三厘三毫三丝，又补解每年十二期不敷银四丝，连加补平水银五百四十七两六钱六分六厘。又，金陵厘捐局应解拨抵赔款、旗兵加饷银二千五百两，补水银四十一两七分五厘；又拨抵赔款、京官津贴改为加复俸饷及加增边防经费两款，连补水共库平银七百六十二两三钱二分二厘；又，海州分司应解拨抵赔款、旗兵加饷，连补水共库平银二千五百四十一两七分五厘，均于九月十三日发交裕源祥、鼎泰、兆丰号商汇解沪关汇付，呈候核咨，各等情，到本部堂。据此，相应咨呈。为此咨呈贵部，谨请查照施行。②

①台北“中央研究院”近史所藏：《外交档案》，馆藏号：02-20-002-03-021。
②台北“中央研究院”近史所藏：《外交档案》，馆藏号：02-07-006-01-054。

## 137. 金陵关提增收进口税银交商汇沪由

光绪二十九年十月二十四日（1903 年 12 月 12 日）

光绪二十九年十月二十四日，两江总督魏文称：据金陵关道徐树钧详称：案奉宪札：赔款奏请免提二成洋税，准户部议复，令各省关约计增收数目，按月提解，不必拘执二成等因。奉经遵办并解至二十九年八月初十日止在案。兹据税司查明八月十一日起至九月十二日止，即西历十月分，共增收进口税银一百五十三两八钱九分八厘，函致前来。遵即照提关平银一百五十三两八钱九分八厘，备具文批，发交号商源成承领，汇解赴沪，准于十月初一日以前上兑。除移江海关并详苏抚宪外，理合详祈咨明外务部、户部查照等情，到本大臣。据此，除批示外，相应咨明。为此咨呈贵外务部，谨请查照施行。①

## 138. 应解司库等银拨抵赔款汇沪由

光绪二十九年十月二十五日（1903 年 12 月 13 日）

光绪二十九年十月二十五日，两江总督魏文称：据江宁布政使黄建筦呈称：和约赔款，光绪二十九年第十一期司库应解库平银三万三千三百三十三两三钱三分三厘三毫三丝，连加补平银五百四十七两六钱六分六厘；又，金陵厘捐局应解拨抵赔款、旗兵加饷银二千五百两，补水银四十一两七分五厘；又，拨抵赔款、京官津贴改为加复俸饷及加增边防经费两款，连补水共库平银七百六十二两三钱二分二厘；又，淮北督销局、海州分司应解拨抵赔款、旗兵加饷，连补水共库平银二千五百四十一两七分五厘，均于八月十三日放交宝善源、豫昌厚、裕源祥号商汇解沪关兑收

①台北“中央研究院”近史所藏：《外交档案》，馆藏号：02-07-006-01-055。

汇付，呈候核咨，各等情，到本部堂。据此，相应咨呈。为此咨呈贵部，谨请查照施行。①

## 139. 本年第十次赔款提出税厘汇沪由

光绪二十九年十月二十五日（1903 年 12 月 13 日）

光绪二十九年十月二十五日，两江总督魏文称：据金陵关道徐树钧详称：案照金陵关每年认筹各国赔款银十万两，奉饬匀分十二次，照关平先期如数解沪等因。遵经先后报解至八月分第九次在案。所有二十九年九月分第十次前项赔款，兹于续征税厘内提出关平银八千三百三十三两，备具文批，发交号商裕源祥承领，汇解赴沪，准于九月初一日以前上兑。除移江海关兑收外，理合详祈鉴核，咨明外务部、户部查照等情，到本部堂。据此，相应咨呈。为此咨呈贵部，谨请查照施行。②

## 140. 应解十一期赔款各银交商汇沪由

光绪二十九年十月二十五日（1903 年 12 月 13 日）

光绪二十九年十月二十五日，两江总督魏文称：据江安粮道胡延呈称：札饬新定赔款，奉派江安粮道在改折节省运费项下每年提银二十万两，分作十二次，按期先行解沪转交。又饬关平百两，应加补水库平银一两六钱四分三厘，各等因。业将本年应解第十期连同补水库平银汇解上海道库兑收转解在案。所有本年九月分应解第十一期派付银一万六千六百六十六两六钱六分六厘，连补水库平银二百七十三两八钱三分三厘；又应解旗营加饷银一万两，连补水库平银一百六十四两三钱；又应解加复俸饷银八十三两三钱三分三厘，连补水库平银一两三钱六分九厘，除于九月

①台北“中央研究院”近史所藏：《外交档案》，馆藏号：02-07-006-01-058。
②台北“中央研究院”近史所藏：《外交档案》，馆藏号：02-07-006-01-059。

十九日堂期发交豫昌厚商号汇解上海道兑收转解外，理合具文呈祈鉴核查考等情，到本部堂。据此，相应咨呈。为此咨呈贵部，谨请查照施行。①

## 141. 英德借款本息收回关票分别存销由

光绪二十九年十月二十五日（1903年12月13日）

光绪二十九年十月二十五日，两江总督魏文称：据江海关道袁树勋详称：窃奉札开：据该关呈送总理衙门咨总税务司申称：按照合同第八款所载江海关票应由两江总督暨江海关道盖印，由江海关税务司签字。现经备妥两分，各系自第一号至五百四十号，且于每年二月之票上注明应付经收费用之数，以便按期备发，将关票两分咨送两江总督办理。此项票根即存道署备案，关票盖印，札关遵照等因。遵经将票加盖海关关防，函请雷税务司签字分别转给，并将票根截存道署备案。旋准税务司先后函称：第一期至第八期镑款业在伦敦、柏林收讫，将票函送到道，当经具文详缴。嗣奉札准户部咨：据总理衙门咨准总税务司申呈：所有七处厘金每月应拨利息四十二万两，倘各局有不照数交齐，以致总税务司不能按月底照定照交付道署，另筹他款补足等语。奉经将第九期起至第六十六期止应付本息，先后接准总税务司送到月付各款，按期由道补足，送交新关税务司查收转付，取还关票详缴在案。

兹查自光绪二十九年七月十四日，即西历九月初五日，系续借英、德四厘五金款第六十七次应付本息六万九千六百二镑十三先令四本士之期，经职道查照是日英金市价，每规银一两合二先令六本士八七五核算，共计规银五十四万一千四十两九钱六分。先准副总税务司寄到规银四十三万八千四百两，并由道加筹规银十万二千六百四十两九钱六分，一并送请好税务司查收转付。又



①台北“中央研究院”近史所藏：《外交档案》，馆藏号：02-07-006-01-060。

查光绪二十九年八月十五日，即西历十月初五日，第六十八次应付前项本息之期，复经查照是日英金市价，每规银一两合二先令六本士七五核算，共计规银五十四万三千二百四十两三钱二分。先准副总税务司寄到规银四十三万八千四百两，并由道加筹规银十万四千八百四十两三钱二分，一并送请好税务司查收转付，按期取还关票各二纸，先后转送到道。

伏查前两期还款买镑不敷，共垫规银二十万七千四百八十一两二钱八分，仍在各关解充赔款之常洋增税项下挪凑济急。除俟一年届满再将收放、垫付各数缮折详咨外，兹将收回第六十七八两号关票四纸具文，详祈鉴核察销，分咨外务部、户部查照等情，到本部堂。据此，除批示并将关票存销外，相应咨呈。为此咨呈贵部，谨请查照施行。①



## 142. 英德借款应付本息关票存销由

光绪二十九年十月二十五日（1903年12月13日）

光绪二十九年十月二十五日，两江总督魏文称：据江海关道袁树勋详称：窃照中国息借英德洋款，计一年共还本息九十六万六千九百五十二磅。兹查光绪二十九年六月二十八日，系第八十六次应还汇丰、德华两银行各英金四万二百八十九镑十三先令零四本士之期，经职道查照是日英金市价，每规银一两以二先令五本士六二五核算，共计规银六十五万二千七百九十四两六钱。又查七月二十九日，系第八十七次应还前项本息，复经查照是日英金市价，每规银一两以二先令六本士一二五核算，共计规银六十四万一千九百五十九两八钱四分，先后函送新关税务司，转交汇丰、德华两银行收讫，取回第八十九、九十两号关票各二纸送道。合将收回关票四纸具文，详祈鉴核察销，分咨外务部、户部查照

---

①台北“中央研究院”近史所藏：《外交档案》，馆藏号：02-24-004-03-018。

等情并关票，到本部堂。据此，除将关票存销外，相应咨呈。为此咨呈贵部。谨请查照施行。①

## 143. 应付英德借款利息交沪查收等情由

光绪二十九年十月二十五日（1903年12月13日）

光绪二十九年十月二十五日，收两江总督魏文称：据副总税务司裴式楷函称：续借英德四厘五金款，光绪二十九年九月十七日六十一次应付利息，缮具银票，合库平银三十六万四千九百六十三两五钱，送交江海关道查收分交。其不敷金镑之数，由关另筹他款补足，并将呈报贵部禀函一件送请转寄等因。前来。相应咨送。为此咨呈贵部，谨请查照施行。

●照录原函

敬启者，案查续借四厘五金款按月付利一事，前经改订按各厘局副税务司交到之款，除扣留足用之经费外，即可尽数拨解等因。所有第十六次应交银两，已于本年八月十一日拨解在案。现将届西历一千九百三年十一月初五日，即华历光绪二十九年九月十七日，按照合同应付利息六万九千六百二镑十三西林四本士，系第六十一次例由总税务司交付厘金还款之期，本副总税务司本应循例拨解，奈是月各厘局解到之款不敷甚多，殊难凑足库平银四十万两之数。兹缮具汇丰银票二纸，每票规平银二十万两，共合规平银四十万两，即按每规平一百九两六钱合库平银一百两，统合库平银三十六万四千九百六十三两五钱，业于本日送交江海关道查收，以便届期分交汇丰、德华两银行各一纸。其不敷金镑之数仍请由江海关道另筹他款补足，俾免贻误。除函呈南洋大臣察鉴外，相应报明贵部鉴核备案。即希贵总办转呈可也。再，此件系由南洋转寄，合并声明。专此，顺颂升祺。名另具。光绪二

---

①台北“中央研究院”近史所藏：《外交档案》，馆藏号：02-24-004-03-019。

十九年九月十四日。[①]



## 144. 英商小轮应否准其行驶请查由

光绪二十九年十月二十六日（1903年12月14日）

光绪二十九年十月二十六日，收南洋大臣魏光焘文称：据芜湖关道童德璋详称：本年九月十六日，准新关税务司墨贤理函称：兹有元发小轮船经理人陈双德来关报称：该船准于大通、安庆两处往来，专装客人，不装货物，亦不拖船，请给单准其行驶等情。查该小轮船行驶二处皆不通商口岸之内地，其每次往来业已谕知遵章办理，用特函请发给准单，准其往来行驶，以符章程等因。职道当查安庆、大通两处均非通商口岸，按照英国续议内港行轮修改章程，非奉中国政府允准，不得往来之语，应候据情详咨核覆遵行。惟该两处为长江华洋商人大轮船往来准其上下搭客之地，该元发小轮声明专装客人，不装货物，亦不拖船，核与大轮船上下搭客无异，自可暂准行驶，不能作为定案，仍候详咨奉覆饬遵。该元发小轮究是洋商抑华商，此项准单各关是否已有备存，本关应另备稿，刻印旧有小轮船牌，载有“拖船载货”字样，亦须另备。均祈查示函复去后。兹准复称：元发小轮系英国船，在芜属华商经理，行驶安庆、大通不通商口岸，自应饬候详请上宪转咨核复定准。此项小轮准单想各关奉章未久，已否备存，尚须探访。本税务司亦即申请总税务司核示办理。现在元发小轮本关照章准其自芜湖口驶至安庆往来，沿途经过厘卡，停轮候验，饬缴江海关船牌，另换本关船牌，虽载有“拖船载货”字样，而实在拖船载货，每次应另给与准单，元发小轮不发此项准单，不能拖船载货等因。前来。职道伏查英商元发小轮行驶大通、安庆两处，虽在沿江六口准轮船上下搭客之列，究属内地，非通商口岸，照章应奉咨请核准，方可行驶往来。理合详祈核咨外务部、商部核示



---

①台北“中央研究院”近史所藏：《外交档案》，馆藏号：02-24-004-03-020。

遵行等情，到本大臣。据此，除批示并咨商部核复外，相应咨请。为此咨呈贵外务部，谨请查核示复，以凭饬遵施行。①

## 145. 招商轮船请仍用旧式商旗等情由

光绪二十九年十一月初六日（1903年12月24日）

光绪二十九年十一月初六日，收南洋大臣魏文称：据上海轮船招商局禀称：窃于九月二十八日准江海关道袁道移称：本年八月十三日，奉宪台批：该道禀中国商民所设公司、行栈拟用旗式，由奉批据禀并送到商旗图式，原系慎重徽章，以便商轮往来，易于识别，洵属有裨商务，应准照办，仰即通饬一体遵照，候将图式咨送外务部立案，并照会驻京各国公使查照办理；仍候抚部院批示缴等因。奉此，除分别移行并函知税务司外，仰即转饬一体遵照等因。准此，当经照会沪局总董遵照办理，并申报北洋大臣袁察核在案。兹据各总董声称：招商轮船悬挂红地黄月旗式已历三十余年，久为华、洋商民共知共见，即此便是商轮特别标识，与日本国旗白地红月者不同，此旗之外，船尾悬挂国旗，所以昭商民崇奉之意，使人一望而知，各国皆然。今若将沿用已久之船旗改换式样，恐非所宜，应请免其更改，仍用红地黄月之旗作为招商轮船特别旗号，以示区别等情。前来。职道等察核，所称不为无见。窃查各洋商所设公司行栈，需用商旗，均听商家各自为样。袁道禀内亦经声叙上海西国商船公司林立，如英公司怡和、太古、天祥、新旗昌等洋行同系英商，而各家之旗号不同；德公司美最、时禅、臣礼和、瑞记等洋行同系德商，而各家之旗号亦不同。即袁道所禀，亦称外洋著名公司莫不自设旗号，所以示识别而昭诚信。职局船旗红地黄月式样即是此意，行用已久，未便纷更，应如该总董等所议，永远著为定式，以昭划一。袁道所拟

①台北“中央研究院”近史所藏：《外交档案》，馆藏号：02-06-004-03-040。

旗式红地黄月度内加绘青色行龙四爪或三爪，应作为中国别项公司行用之旗。所有职局船旗应请仍用旧式，以示特别。其黄地青色行龙图旗仍照常悬挂，以明崇奉。是否有当？理合禀请鉴核、批示立案，并咨明外务部查照等情，到本大臣。据此，除批示外，相应咨明。为此咨呈贵外务部，谨请查照施行。①

## 146. 江南应解十一期赔款交商汇沪由

光绪二十九年十一月二十日（1904 年 1 月 7 日）

光绪二十九年十一月二十日，收南洋大臣魏文称：据江南派办处司道等呈称：案奉前院刘札饬：和约偿款，江苏省每年二百五十万两案内，指拨鄂岸、湘岸、西岸、皖岸四督销，正阳卡，淮北盐务局，盐巡道，海分司八处加价、新厘等项银九十七万两，应解由派办处汇齐转解，自光绪二十七年十二月二十二日起，每年分十二次，按月先期解沪。又奉另饬此项偿款按照关平核算，每百两应加补水库平银一两六钱四分三厘等因，到处。奉经遵解至二十九年八月第二年第十期止，咨明并呈报各在案。所有本年九月第二年第十一期，连前共二十三期应解银八万零八百三十三两三钱三分四厘，按照关平加补水银一千三百二十八两零九分二厘，共合库平银八万二千一百六十一两四钱二分六厘。查有各局卡解存本月偿款，堪以尽数动放，间有未到之处，亦有本处向钱庄设法筹足，先期汇解，以免贻误。除于本月十五日放交宝善源商号汇解，限十月初一日到沪解交江海关衙门兑收汇付外，相应呈祈汇咨等情，到本部堂。据此，相应咨明。为此合咨贵部，请烦查照施行。②

---

①台北“中央研究院”近史所藏：《外交档案》，馆藏号：02-13-012-02-007。

②台北“中央研究院”近史所藏：《外交档案》，馆藏号：02-07-006-02-025。

## 147. 江南应解十二期赔款交商汇沪由

光绪二十九年十一月二十日（1904 年 1 月 7 日）

光绪二十九年十一月二十日，收南洋大臣魏文称：据江南派办处司道等呈称：案奉前院刘札饬：和约偿款，江苏省每年二百五十万两案内，指拨鄂岸、湘岸、西岸、皖岸四督销，正阳卡，淮北盐务局，盐巡道，海分司八处加价、新厘等项银九十七万两，应解由派办处汇齐转解，自光绪二十七年十二月二十二日起，每年分十二次，按月先期解沪。又奉另饬此项偿款按照关平核算，每百两应加补水库平银一两六钱四分三厘等因，到处。奉经遵解至二十九年九月第二年第十一期止，咨明并呈报各在案。所有本年十月第二年第十二期，连前共二十四期应解银八万零八百三十三两三钱三分四厘，按照关平加补水银一千三百二十八两零九分二厘，共合库平银八万二千一百六十一两四钱二分六厘。查有各局卡解存本月偿款，堪以尽数动放，间有未到之处，亦由本处向钱庄设法筹足，先期汇解，以免贻误。除于本月十五日放交宝善源商号汇解，界限十一月初一日以前解交江海关衙门兑收汇付外，相应呈祈汇咨等情，到本部堂。据此，相应咨明。为此合咨贵部，请烦查照施行。①

## 148. 金陵关应解赔款银两交商汇沪由

光绪二十九年十一月二十一日（1904 年 1 月 8 日）

光绪二十九年十一月二十一日，收两江总督魏文称：据金陵关道徐树钧详称：案照金陵关每年认筹各国赔款银十万两，奉饬匀分十二次，照关平先期如数解沪等因。遵经先后报解至九月分

①台北“中央研究院”近史所藏：《外交档案》，馆藏号：02-07-006-02-026。

第十次在案。所有光绪二十九年十月分第十一次前项赔款，兹于续征税厘内提出关平银八千三百三十三两，备具文批，发交号商源成承领，汇解赴沪，准于十月初一日以前上兑。除移江海关兑收外，理合具文详祈鉴核，咨明查照等情，到本部堂。据此，相应咨呈。为此咨呈贵部，谨请查照施行。①

## 149. 英金款利银送交江海关查收等情由

光绪二十九年十一月二十一日（1904 年 1 月 8 日）

光绪二十九年十一月二十一日，收两江总督魏文称：据副总税务司裴式楷函称：续借英、德四厘五金款，光绪二十九年十月十七日第六十二次应付利息，缮具银票，合库平银三十四万六千两，送交江海关道查收分交。其不敷金镑之数，由关另筹他款补足，并将呈报贵部禀函一件送请转寄等因。前来。相应咨送。为此咨呈贵部，谨请查照施行。

●照录禀函

敬启者，案查续借四厘五金款按月付利一事。前经改订按各厘局副税务司交到之款，除扣留足用之经费外，即可尽数拨解等因。所有第六十一次应交银两，已于本年九月十四日拨解在案。现将届西历一千九百三年十二月初五日，即华历光绪二十九年十月十七日，按照合同应付利息六万九千六百二镑十三西林四本士，例由总税务司交付第六十二次厘金还款之期。本副总税务司本应循例拨解，奈是月各厘局解到之款不敷甚多，万难凑足库平银四十万两之数。核计上月解款项下尚余规平银一千一百五十五两四钱三分，自上月至今共收规平银四十二万八百六十八两二钱八分。除经费十分之一合规平银四万二千八十六两八钱三分外，尚余规平银三十七万八千七百八十一两四钱五分，连上月余银，共存规

①台北“中央研究院”近史所藏：《外交档案》，馆藏号：02-07-006-02-028。

平银三十七万九千九百三十六两八钱八分。兹特缮具汇丰银票二纸，每票规平银十八万九千六百八两，共合规平银三十七万九千二百十六两。即按每规平一百九两六钱合库平银一百两，统共合库平银三十四万六千两，业于是日送交江海关道查收，以便届期分交汇丰、德华两银行各一纸。其不敷金镑之数，仍请由江海关道另筹他款补足，俾免贻误。除呈明南洋大臣鉴核外，合行函呈贵部察核，即希贵总办转呈可也。再，此件系由南洋转寄。合并声明。此颂升祺。①



## 150. 汇丰银款应付利银如数交给等情由

光绪二十九年十一月二十一日（1904 年 1 月 8 日）

光绪二十九年十一月二十一日，收两江总督魏文称：据江海关道袁树勋详称：窃奉札准总理衙门咨：光绪二十年十月十二日，本衙门会同户部具奏，息借汇丰银行洋款三百万镑，前后奉旨允准，钦遵办理在案。兹将金、银两款副票各四十分咨送，用印后交江海关道遵照办理等因。将副票盖印札关遵将奉发金、银两项副票各四十张一律盖印，发交沪关税务司贺璧理签字加印，转付上海汇丰银行查收，业将第十七次以前应付汇丰银款利息按期如数转给该银行收讫，先后取回副票缴销在案。

兹查光绪二十九年八月二十日，即西历一千九百三年十月十号，系息借汇丰银款第十八次付利之期，当经职道查照关票，应给发规平银三十八万一千五百两，如数备齐送交新关税务司转给该银行查收，并将是期副票取回到道。伏查是期还款，前奉户部抄单札开汇丰银款八月二十一日应付息银，拨四川盐斤加价银八万两，浙江税厘、盐课盈余银二十万两，云南减平银六万七千两等因。奉经分电筹解去后。旋于八月十九日准浙江藩司解到银十

①台北“中央研究院”近史所藏：《外交档案》，馆藏号：02-24-004-03-039。

七万九百两，八月二十日准浙海关解到银二万四千五百两，八月二十二日准瓯海关解到银四千六百。又于八月二十等日准四藩司、盐局解到银八万两，八月二十九日准云南藩司电汇到银二万七千两。以上共收库平银三十万七千两，申合规平银三十三万六千四百七十二两。除尽数抵付是期利息外，尚不敷规银四万五千二十八两，即在上届还款余银内凑拨，仍俟年终将收放各数另行汇开清折，禀请核咨。惟此项汇丰银款每年奉拨云南减平银六万七千两，二十七年第十四期尚欠银四万两，二十八年第十六期奉拨银六万七千两全数未解，本年第十八期仍短银四万两。前接云南藩司来电，以滇省新章减平，岁仅二万七千有奇，奉拨汇丰洋款二十六年初次所解之六万七千系历年累积，所以二十七年分仅能解银二万七千两。上年奏准留滇供饷无可再解，本年仍饬照解。现于万难之中设法腾挪银二万七千两，交商电汇。嗣后滇省每年减平只能尽扣尽解等因。准将云南汇到前项减平银两照收抵付在案。兹将收回银字第十八号副票一纸，理合具文详缴，仰祈鉴核，俯赐察收，并请分咨外务部、户部查照等情并关票，到本部堂。据此，相应将关票咨呈。为此咨呈贵部，谨请查收施行。①

## 151. 金陵关提拨瑞记洋款本息交商汇沪由

光绪二十九年十一月二十一日（1904 年 1 月 8 日）

光绪二十九年十一月二十一日，收两江总督魏文称：据金陵关道徐树钧详称：奉札照得瑞记洋款，本年十一月十四日系届第十七次本息兼还之期，约需库平银六十六七万两。所有金陵关派本银二万两，限于十月二十五日以前筹齐，解交江海关兑收汇付。除分行外，札关遵照，依限筹解具报等因，到关。奉此，遵即照案于洋税项下提拨银二万两，于九月十九日填批，发交号商兆丰

①台北“中央研究院”近史所藏：《外交档案》，馆藏号：02-24-004-03-040。

承领，汇解赴沪，交江海关兑收汇付。理合具文详祈鉴核，咨明查照等情，到本部堂。据此，相应咨呈。为此咨呈贵部，谨请查照施行。①

## 152. 江安粮道应解新定赔款交商汇沪由

光绪二十九年十一月二十一日（1904年1月8日）

光绪二十九年十一月二十一日，收两江总督魏文称：据江安粮道呈称：案奉札饬：新定赔款，奉派江安粮道在改折节省运费项下每年提银二十万两，分作十二次，按期先行解沪转交。又饬关平百两，应加补水库平银一两六钱四分三厘，各等因。业将本年应解第十一期连同补水库平银汇解上海道库兑收转解在案。所有本年十月分应解第十二期派付银一万六千六百六十六两六钱六分六厘，连补水库平银二百七十三两八钱三分三厘；又应解旗营加饷银一万两，连补水库平银一百六十四两三钱；又应解加复俸饷银八十三两三钱三分三厘，连补水库平银一两三钱六分九厘，除于十月十九日堂期发交志诚信商号汇解上海兑收，转解清款。理合具文呈祈鉴核查考。再，本年奉饬应解赔款，业已按月解讫，合并声明等情，到本部堂。据此，相应咨呈。为此咨呈贵部，谨请查照施行。②

## 153. 七处厘金汇交沪道归还金款等情由

光绪二十九年十一月二十一日（1904年1月8日）

光绪二十九年十一月二十一日，收两江总督魏文称：据副总税务司裴式楷函称：七处厘金征抽银两，按月汇交沪道归还四厘五金款。现查自第九结起至第二十三结止，已据各该管副税务司

---

①台北“中央研究院”近史所藏：《外交档案》，馆藏号：02-24-004-03-041。

②台北“中央研究院”近史所藏：《外交档案》，馆藏号：02-07-006-02-027。

先后具折呈报，用特备就三分，每分计一百五本，并将二分呈报贵部，及禀函一件送请转寄合检一分，函呈备查等因。前来。除函呈一分备案外，相应将函、折各件咨送。为此咨呈贵部，谨请查照核收施行。

●照录函件

敬启者，案查七处厘金征抽银两，由总税务司代收，按月汇交沪道，归还四厘五金款一事，所有自第一结起至第八结止各该管副税务司按结造报清折，曾经总税务司陆续汇齐转呈在案。本副总税务司现查自第九结起（即自光绪二十五年十二月初一日起至二十六年三月初一日止）至第二十三结止（即自光绪二十九年闰五月初七日起至八月初十日止），已据各该管副税务司先后具折呈报前来，当经饬属核对无讹，用特备就三分，每分计一百五本。除将一分送交南洋大臣鉴核，一分送由贵部转交户部存查外，相应检齐一分，函呈贵部察鉴备案，即希贵总办查收转呈可也。再，此件系由南洋转递。合并声明。此颂，升祉。①

## 154. 金陵关增收进口税项下提银汇沪由

光绪二十九年十一月二十九日（1904年1月16日）

光绪二十九年十一月二十九日，收南洋大臣魏文称：据金陵关道徐树钧详称：案奉宪札赔款奏请免提二成洋税，准户部议复，令各省关约计增收数目，按月提解，不必拘执二成等因。奉经遵办并解至二十九年九月十二日止在案。兹据税司查明九月十三日起至十月十二日止，即西历十一月分，共增收进口税银二百五十二两五分三厘，函致前来。遵即照提关平银二百五十二两五分三厘，备具文批，发交号商源成承领，汇解赴沪，准于十一月初一日以前上兑。除移江海关并详苏抚宪外，理合详祈鉴核，俯赐咨

①台北“中央研究院”近史所藏：《外交档案》，馆藏号：02-24-004-03-038。

明外务部、户部查照，实为公便等情，到本大臣。据此，除批示外，相应咨明。为此咨呈贵外务部，谨请查照施行。①



## 155. 金陵关税厘倾耗项下提银汇沪由

光绪二十九年十一月二十九日（1904 年 1 月 16 日）

光绪二十九年十一月二十九日，收南洋大臣魏文称：据金陵关道徐树钧详称：案照金陵关税厘倾耗项下应提一半防费银两，奉饬全数提出，留作赔款，按月解沪等因。业经遵饬提解至本年九月十二日止在案。所有本年九月十三日起至十月十二日止，即西历十一月分洋税倾耗项下应提防费银九十八两二钱七分一厘三毫六丝六忽，又药厘倾耗项下应提防费银四十四两七钱三分六厘，共提关平银一百四十三两七厘三毫六丝六忽，遵即备具文批，发交号商源成承领，汇解赴沪，准于十一月初一日以前上兑。除移江海关并详苏抚宪外，理合详祈鉴核，咨明外务部、户部查照，实为公便等情，到本大臣。据此，除批示外，相应咨明。为此咨呈贵外务部，谨请查照施行。②

## 156. 阜康织布公司援案完税等因咨照由

光绪二十九年十二月初三日（1904 年 1 月 19 日）

光绪二十九年十二月初三日，收南洋大臣魏文称：据金陵关道徐树钧详称：据阜康织布公司商人陈佑朋禀称：现经筹集股本洋六千元，仿照洋厂造成手机四十架，运抵金陵，在仪凤门外下关鲜鱼巷内赁屋一区，雇工纺织柳条各色花样布匹，定立牌号，分别价值，请援上海织布局、金陵洋皂厂完税章程，转详刊发联照，运往各地，俾轻成本等情。当经札饬县委前诣该公司，查明

①台北“中央研究院”近史所藏：《外交档案》，馆藏号：02-07-006-02-037。

②台北“中央研究院”近史所藏：《外交档案》，馆藏号：02-07-006-02-036。

赁屋设机之处有无妨碍，所积资本六千元是否足数去后。兹据县委联衔禀称：实勘得阜康织布公司房屋一所，坐落仪凤门外鲜鱼巷地方，其屋前后四进，前门通巷，后门通至内河，屋内分别男厂、女厂并执事、堆货各房，所设木机约有四十架，现已开织多时，与附近居民尚无妨碍；资本六千元，置办木机并各色纱货等件，所存现款无多。查验织成各色柳条布匹，与外洋运来售卖者想去不远，实足以开风气等情。禀复前来。职道伏查马关约准口岸，任便工艺制造，各国均沾优利，于华民生计大有妨碍。奉旨招商，广为制造，以收利权，遵经各省劝谕遵办，并经湖广总督张奏准暂缓加收离厂税，以资鼓舞。上年本口职商郑宜元等创设公茂洋皂等物机器厂禀蒙前宪台批准，仿照上海织布局案完纳正税一道，概免沿途税厘，并咨明外务部核复遵照。本年十月间，奉准外务部咨：芜湖鸿昌肥皂公司应完税项，暂照金陵成案办理，各在案。今阜康商人陈佑朋筹资购机，试造柳布，饬据县委勘明，机屋尚无妨碍；织成之布与外洋运来者相等，自应准其开设，并照上海织布局及金陵公茂试造洋皂等物成案，凡阜康柳布就地销售，免完厘税。如装运出口及分运内地，暂准完纳正税一道，概免沿途厘金，以轻成本而分进口洋货之利；仍俟新约举办之日起，概照新约纳税，以归一律。是否有当？理合详祈示遵，并乞咨明外务部查照等情，到本大臣。据此，除批查商人陈佑朋购机在仪凤门外设立阜康织布公司，既经派委勘明机屋尚无妨碍，织成之布与外洋运来者相等，自应准其开办。现在织成货物如有报运出口及分运内地销售者，应准援案完纳正税一道，沿途概免重征，一俟新约开办，仍照新约纳税，以归一律，候咨明外务部查照，并札商务局查取章程办法，汇详核咨，仰即转谕该商遵照缴印发外，相应咨明。为此咨呈贵外务部，谨请查照施行。[①]

①台北“中央研究院”近史所藏：《外交档案》，馆藏号：02-13-012-03-004。

## 157. 英德借款应付利息送关分交等情由

光绪二十九年十二月十五日（1904年1月31日）

光绪二十九年十二月十五日，收两江总督魏光焘文称：据副总税务司裴式楷函称：续借英、德四厘五金款，光绪二十九年十一月十八日第六十三次应付利息，缮具银票，合库平银三十七万五千两，送交江海关道查收分交，其不敷金镑之数，由关另筹他款补足，并将呈报贵部禀函一件送请转寄等因。前来。相应咨送。为此咨呈贵部，谨请查照施行。

●照录禀函

敬启者，案查续借四厘五金款按月付利一事，前经改订按各厘局副税务司交到之款，除扣留足用之经费外，即可尽数拨解等因。所有第六十二次应交银两，已于十月十三日由本副总税务司拨解在案。现将届西历一千九百四年正月初五日，即光绪二十九年十一月十八日，按照合同应付利息六万九千六百二镑十三西林四本士，例由总税务司交付第六十三次厘金还款之期。本副总税务司本应循例拨解，奈是月各厘局解到之款不敷甚多，仍难凑足库平银四十万两之数。兹缮具汇丰银票二纸，每票规平银二十万五千五百两，共合规平银四十一万一千两。即按每规平银一百九两六钱合库平银一百两，统共合库平银三十七万五千两，业于本日送交江海关道查收，以便届期分交汇丰、德华两银行各一纸。其不敷金镑之数，仍请由江海关道另筹他款补足，俾免贻误。除报明南洋大臣察阅外，相应呈明贵部鉴核备案，即希贵总办转呈可也。再，此件系由南洋转递。合并声明。专此，顺颂升祺。①

---

①台北“中央研究院”近史所藏：《外交档案》，馆藏号：02-24-004-03-058。

## 158. 行轮试办章程等情请加详审由

光绪二十九年十二月十六日（1904 年 2 月 1 日）

光绪二十九年十二月十六日，收南洋大臣魏文称：光绪二十九年十一月二十六日，准贵外务部电开："敬"电悉。查内港行轮第八条内载：非奉中国政府允准，不得由此不通商处至彼不通商处等语。约文已寓准行之意，特未奉此项允准凭据，不得任便往来，如将来洋商执约请办，已不能处处饰词拒绝，是以本部预定试办章程，仍本约文声明俟政府允准，方能给照，并非于约外更于通融。此章原系自定，以备各省关临时遵用，并未知照各使，勿庸撤销等因。前来。查内港行轮不准由此不通商处至彼不通商处，所以附载第八条行轮处所者，即系分别指明准与不准之意。若在口岸内或由通商此口至通商彼口，或由口岸至内地，并由内地至口岸，此皆为准行之处。若由此不通商之内地至彼不通商之内地，所谓非奉中国政府允准不得往来，盖正所以揭明不准行驶之处，极言必须允准，方能行驶。若始终不允，即永远不得往来。如有洋商执约请办，在我只须执约载未允为言，不必别为饰词以拒。今立有章程，若欲阻拒，即须随地饰词。然既有此试办之章，其势即不能到处饰词终拒，故前电谓定立章程即系已寓准行之意，事理所在，不待烦言而解。又实见近来行驶小轮，案牍繁兴，弊难枚举，苟能稍立限制，于地方商民即少受一分之害。此章约若仅通行各省，事诚无碍。惟既饬知总税务司必分行各口税司，难保不为宣播，事关交涉，不厌推求，用再沥陈，究应如何办理，应请贵外务部再加详察，相应咨复。为此咨呈贵外部，谨请察核施行。①

①台北"中央研究院"近史所藏：《外交档案》，馆藏号：02-06-004-03-055。

## 159. 金陵关增收进口税项下提银汇沪由

光绪二十九年十二月二十日（1904年2月5日）

光绪二十九年十二月二十日，收南洋大臣魏光焘文称：据金陵关道徐树钧详称：案奉宪札赔款奏请免提二成洋税，准户部议复，令各省关约计增收数目，按月提解，不必拘执二成等因。奉经遵办并解至二十九年十月十二日止在案。兹据税司查明十月十三日起至十一月十三日止，即西历十二月分，共增收进口税银一百三十五两九钱六分一厘，函致前来。遵即照提关平银一百三十五两九钱六分一厘，备具文批，发交号商源成承领，汇解赴沪，准于十二月初一日以前上兑。除移江海关并详苏抚宪外，理合具文详祈鉴核，咨明外务部、户部查照等情，到本大臣。据此，除批示外，相应咨明。为此咨呈贵外务部，谨请查照施行。①

## 160. 金陵关洋税倾耗等项提银汇沪由

光绪二十九年十二月二十日（1904年2月5日）

光绪二十九年十二月二十日，收南洋大臣魏光焘文称：据金陵关道徐树钧详称：案照金陵关税厘倾耗项下应提一半防费银两，奉饬全数提出，留作赔款，按月解沪等因。业经遵饬提解至本年十月十二日止在案。所有本年十月十三日起至十一月十三日止，即西历十二月分洋税倾耗项下应提防费银八十七两四钱七分二厘七毫八丝八忽，又药厘倾耗项下应提防费银四十八两二钱八分八厘，共提关平银一百三十五两七钱六分七毫八丝八忽，遵即备具文批，发交号商源成承领，汇解赴沪，准于十二月初一日以前上兑。除移江海关并详苏抚宪外，理合详祈鉴核，咨明外务部、户

①台北“中央研究院”近史所藏：《外交档案》，馆藏号：02-07-006-02-058。

部查照等情，到本大臣。据此，除批示外，相应咨明。为此咨呈贵外务部，谨请查照施行。①



## 161. 拟送旗式请照会各国驻使等情由

光绪二十九年十二月二十三日（1904年2月8日）

光绪二十九年十二月二十三日，收两江总督魏文称：据苏松太道袁道树勋呈称：案奉札准外务部咨：光绪二十九年八月二十二日，接准咨称：据江海关道禀：中国整顿商务之际，而商旗一项尚付缺如，酌拟商旗图式呈核，请咨明外务部立案，仍照会各国驻京使臣转达各国政府等因。除由本部准予立案暨照知各国使臣外，相应咨复贵大臣查照可也。等因。当经转行该关遵照。嗣复迭准商部咨取各项局、厂公司章程案据报部立案，亦经分饬遵办各在案。查此项商旗所以示识别而昭诚信，现值整顿商务之际，关系尤为紧要，应由该关补绘图式多纸，呈候本大臣咨送商部立案，并请分咨各省通行遵办，札道遵照办理，仍将咨准立案之旗式分别移行晓谕一体遵照，并照会各领事知照等因，到道。奉此，除分移各海关一体晓谕遵照，并照会驻沪各国总领事查照外，理合补绘旗式二十纸呈送，伏候察收核办等情并图式，到本大臣。据此，查前据该道禀呈拟送旗式禀内声明系商民公司之旗，嗣查贵部复文，但云商旗如照会各国驻使，未曾叙明系“商民公司旗式”字样，恐有误会，应请贵部查案，补行照会各国驻使，声明系商公司之旗。且各国只有海军，并无水师名目，前次禀叙请各国政府分行水师各军，亦请于此次照会内声请分饬海军一体知照，以期允洽。除照绘旗式，分咨沿江、沿海、沿边各省一体转饬遵照外，相应咨请。为此咨呈贵外务部，谨请查照核办，见复施行。②



①台北“中央研究院”近史所藏：《外交档案》，馆藏号：02-07-006-02-059。
②台北“中央研究院”近史所藏：《外交档案》，馆藏号：02-13-012-03-063。

## 162. 沪款折息如何酌提容与苏抚妥商由

光绪二十九年十二月二十四日（1904年2月9日）

光绪二十九年十二月二十四日，两江总督魏光焘函称：十月十七日，接奉九月三十日密缄饬查沪款折息一节，当经遴派廉干之员，分途赴沪密查去后。兹据各员先后查明回宁禀称：此项赔款部咨原作每年两期解交，各省解沪定为先期一月，嗣解为一月一交。虽仍饬各省先期解沪，然未明指定一月之限；各省协解赔款均无现银，由商号汇兑投文沪道，即将此款登折，仍作为寄存该号行息。按期交款则由该号与银行息借划抵，以为周转。商人计较锱铢，未必遽行先期上兑，先后扯算，度亦为日无几，惟洋债为四国还款，皆系派定月分，而道署还付之期，各有分限。又，关税所入亦巨，此中不无腾挪，通计常储之款，分存钱庄，按月折息，以六厘计之，大约在三十万左右等情。查此项洋款为数太巨，各省解现则缓不及急，洋行到期则刻不容迟，而沪上自通商以来，白镪外溢，银根日短，又未设有国家银行，是以解款存庄生息，虽近营私，而亦有不得不然之势，盖不如是，则市面不能流通，商号不敢承接。惟当此时事艰难，度支竭蹶，缺分稍优者尚拟酌提，岂容一关道坐拥巨资不为清理？但沪上通商巨埠，华洋杂处，中外冠盖往来，酬应纷烦。该道入款固巨，出款亦不少，应如何酌提之处，容俟与苏抚妥商办理。但冀以后任斯缺者能得一清廉自矢之员，竭诚报效，涓滴归公，则有赢余之裨益，无查提之流弊，尤为幸事。专肃奉复，敬请钧安！伏惟垂鉴。①

---

①台北“中央研究院”近史所藏：《外交档案》，馆藏号：02-07-006-02-076。

## 163. 沪款折息如何酌提容与苏抚妥商由

光绪二十九年十二月二十四日（1904年2月9日）

光绪二十九年十二月二十四日，收两江总督信称：十月十七日，接奉九月三十日密缄，饬查沪款折息一节，当经遴派廉干之员，分途赴沪密查去后。兹据各员先后查明回宁禀称：此项赔款部咨原作每年两期解交，各省解沪定为先期一月，嗣解为一月一交，虽仍饬各省先期解沪，然未明指定一月之限；各省协解赔款均无现银，由商号汇兑投文沪道，即将此款登折，仍作为寄存该号行息；按期交款，则由该号与银行息借划抵，以为周转。商人计较锱铢，未必遽行先期上兑，先后扯算，度亦为日无几。惟洋债为四国还款，皆系派定月分，而道署还付之期各有分限。又，关税所入亦巨，此中不无腾挪，通计常储之款，分存钱庄，按月折息，以六厘计之，大约在三十万左右等情。查此项洋款为数太巨，各省解现则缓不及急，洋行到期则刻不容迟，而沪上自通商以来，白镪外溢，银根日短，又未设有国家银行，是以解款存庄生息，虽近营私，而亦有不得不然之势，盖不如是，则市面不能流通，商号不敢承接。惟当此时事艰难，度支竭蹶，缺分稍优者尚拟酌提，岂容一关道坐拥巨资不为清理？但沪上通商巨埠，华洋杂处，中外冠盖往来，酬应纷烦。该道入款固巨，出款亦不少，应如何酌提之处，容俟与苏抚妥商办理。但冀以后任斯缺者能得一清廉自矢之员，竭诚报效，涓滴归公，则有赢余之裨益，无查提之流弊，尤为幸事。专肃奉复，敬请钧安！①

---

①台北“中央研究院”近史所藏：《外交档案》，馆藏号：02-07-009-02-086。

# 光绪三十年（1904）

## 164. 筹解第十三期偿款交商汇沪由

光绪三十年正月初二日（1904年2月17日）

光绪三十年正月初二日，收两江总督魏文称：据江南派办处司道等呈称：案奉前宪台刘札饬：和约偿款，江苏省每年银二百五十万两案内，指拨鄂岸、湘岸、西岸、皖岸四督销，正阳卡，淮北盐务局，盐巡道，海分司八处加价、新厘等项银九十七万两，应解由派办处汇齐转解，自光绪二十七年十二月二十二日起，每年分十二次，按月先期解沪。又奉另饬此项偿款按照关平核算，每百两应加补水库平银一两六钱四分三厘等因，到处。奉经遵解至二十九年十月第二年第十二期止，咨明并呈报各在案。所有本年十一月第二年第十三期，连前共二十五期应解银八万零八百三十三两三钱三分四厘，按照关平加补水银一千三百二十八两零九分二厘，共合库平银八万二千一百六十一两四钱二分六厘。查有各局卡解存本月偿款，堪以尽数动拨，间有未到之处，亦由本处向钱庄设法筹足，先期汇解，以免贻误。除于本月十五日放交宝善源商号汇解，限十二月初一日以前解交江海关衙门兑收汇付并呈报抚宪查核外，相应具文呈祈鉴核汇案核咨等情，到本部堂。据此，相应咨明。为此合咨贵部，请烦查照施行。①

①台北“中央研究院”近史所藏：《外交档案》，馆藏号：02-07-010-01-001。

## 165. 第三年第一期赔款交商汇沪由

光绪三十年正月初五日（1904年2月20日）

光绪三十年正月初五日，收两江总督魏文称：据江宁布政使黄建筦呈称：和约赔款，光绪二十九年十二月二十二日第三年第一期司库应解库平银三万三千三百三十三两三钱三分三厘三毫三丝，连加补平水银五百四十七两六钱六分六厘；又，金陵厘捐局应解拨抵赔款、旗兵加饷银二千五百两，补水银四十一两七分五厘；又拨抵赔款、京官津贴改为加复俸饷及加增边防经费两款，连补水共库平银七百六十二两三钱二分二厘；又，海州分司应解拨抵赔款、旗兵加饷，连补水共库平银二千五百四十一两七分五厘，均于十月十三日放交宝善源、豫昌厚、裕源祥、兆丰号商汇解沪关汇付，呈候核咨，各等情，到本部堂。据此，相应咨呈。为此咨呈贵部，谨请查照施行。①

## 166. 俄法还款溢收银已缴还等情由

光绪三十年正月初五日（1904年2月20日）

光绪三十年正月初五日，收两江总督魏文称：据江海关道袁树勋详称：窃照俄、法借款，本年闰五月初七日期付还第十六期本息，当因道胜银行开送购价核与上海行市不符，即与辩论不理，先后电禀外务部、户部察核，并将付还是期佛郎及二五行用统计规银四百九十二万三千八百三十九两一钱七分，照录该行收据及购价清单暨往来辩论函件，分缮清折详咨在案。一面函催京行宝总办迅饬沪行按照公平市价复算，从速议结，并将溢收银两核实如数缴还。旋接道胜银行来函，以是期还款实系遵照成约办理，

①台北“中央研究院”近史所藏：《外交档案》，馆藏号：02-07-010-01-006。

惟自该款议结后兑价骤涨，送还规银二万两作为结款等语。职道当以该行开来金镑及佛郎价值合之各银行通行市价相差之数何止五六万金，今仅缴还二万，原可通融了结，然以后还款应按银行市价核对，其揁客传单永远不作为凭。复迭经函致该行认定办法，俾免再烦辩论。嗣据复称：以后恪遵成约，按照市价核算。惟相差之数不过八分本士之一，并将按日市价开送请查照前来。

伏查前项佛郎抬价溢收，现已缴还规银二万两，并允按成约行市办理，业经照收归款，掣还收据，自应准予完结。所有是期还款实计规银四百九十万三千八百三十九两一钱七分，仍俟年终汇案造报。兹将此案议结缘由照录来往辩论各函，开折呈祈鉴核，咨明外务部、户部查照等情并折，到本部堂。据此，相应将清折咨送。为此咨呈贵部，谨请查照施行。

●照录清折

谨将第十六期俄、法还款溢算银两来往辩论各函，录呈宪鉴。

计开

致道胜银行

启者，本年夏季佛郎还款，前因开价不敷，曾由京行宝总办转饬商办，迄已多时，而贵行尚无切实办法见告。转晌下半年还期即届，亟应从速办结。兹本道再将应办各节详细开单送上，即希贵行查照，刻日见复，幸勿再延，至盼。此颂日祉。

计开单

一、上年佛郎还款，因贵行查照揁客传单，故抬金价，核与定约不符，即经本道切实致函商减，并又禀请外务部核办。嗣后外务部与总行如何议结，未得而知。

一、本年佛郎还款，因贵行仍照揁客传单作价，相差甚巨，商减未允。雷蒙外务部商令总行电达贵行诘问。

一、本道衙门承汇外洋金镑，交汇丰转汇为多，历系按照该行所刊金镑价单结算，从无别照他等价值之事，不得谓有行市而无交易。

一、贵行代汇金镑，如应照掮客传单办理，则京行自必径行禀后，外部今转嘱与本道商办，可见贵行前项办法实非公允，况掮客传单本有数等价值，而贵行必以最贵之价结帐，尤为无此办法，本道无从照办。

一、现在所辩论者仅在金镑，而贵行开来佛郎价值，亦系照掮客传单开算，难免亦有高抬情事，如将来查出与通行市价不符，尚须另行办理。

一、华历七月二十七日，贵总办惠顾，并无切实办法见告，核与京行宝总办来意不符。兹本道再将掮客单价与定约所谓行市不同，不足为凭，特再声明，即希贵行查照宝总办之意，将溢算银两如数算还，否则亦望见复，以便再行函请北京总行核办。

●照译道胜银行来函

启者，接准贵道西十月十八日即华历八月二十八日来函，祗悉种切，准已转致本行驻京总理宝致德查核。除俟奉到复信再行奉致外，合先函复，即祈贵道查照为荷。此颂日祉。西一千九百三年十月二十一日，上海道胜银行具，九月初二日到。

●照译道胜银行来函

启者，查本行于西历本月二十一日肃具一函，其一千九百三年七月初一日期还款，实系遵照本行驻京总理濮与外务部成约办理，是以贵道所指该款兑价，本行未便专主。惟自该款议结后，兑价骤涨，本行为好意起见，持送奉贵国政府规银二万两作为结款，以资贴补而示和好。兹送上如数支票一纸，又正、副收条二纸，即祈贵道察收，并将收条盖印签字掷还为荷。顺颂日祉。西历一千九百三年十月二十六日，上海道胜银行具，九月初七日到。

●函复道胜银行

启者，昨接来函，以一千九百三年七月初一日期还款议结后，兑价骤涨，兹特贴补规银二万两等因。并附支票一纸，正、副收条二纸前来。查贵行开来金镑及佛郎价值，合之各银行通行市价，相差之数何止五六万金。今贵行仅缴还二万，本道为顾全交谊，原可代恳北京政府准即通融了结，然来函之意与本道迭次指出贵行不照定约各节仍属不符，即所拟收条词意亦未妥合，不能足适本道之意，姑将来银暂存，另行改缮签印送上，即希察收。至以后还款，或凭本道衙门交银之日，按银数核上海各银行公共市价作贵八分本士之一结定金镑、佛郎数目，或贵行于某日买金镑、佛郎若干，即于当日开单知照本道衙门，按银行市价核对，其掮客传单永远不足为凭。此两层之中可以择一定为办法，如贵行以为然，希即从速见复，俾免再烦辩论，此案即可完结，否则本道仍须函商贵京行总办可也。专复，顺颂日祉。



●照译道胜银行来函

启者，接准贵道西本月二十七日来函，具悉一一。查本行西本月二十六日去函之意，贵道尚有误会。本届一千九百三年七月初一日还款，其结价一切实系遵照一千九百年四月间京行总理濮科第与总理衙门所定成约办理，即约载由银行按照市价结算，不得抬过八分本士之一等语。合再陈明之。至昨日函送之二万两一款，本行不过为好意起见，并以顾全本行与贵国政府之交谊。既贵道不允，将送上之收条签字，应请即将支票掷还为荷。至于以后还款，惟有仍照京行总理濮与总理衙门成约办理，遵依至今，断无更改之理。合并附陈。耑复，顺颂日祉。西历一千九百三年十月二十八日，上海道胜银行具，九月初九日到。

●函复道胜银行

启者，昨准复函，嘱将所送二万两之支票送还等因。查此二万两本系中国之款，因贵行不照市价核算，溢收甚巨，以致中国大为受亏。今仅认缴二万，缘可通融了结。惟所要者，日后办法。今来函仍坚谓此办法不误，不肯更正，又复借口翻悔索还，实非本道意料所及，惟有函商北京总行办理而已。兹将支票送上，即希查收为荷。此颂日祉。计送支票一纸，九月初十日发。

●照译道胜银行来函

顷接九月十一日来示，诵悉一切，并欣悉为本年七月一号赔款股票定夺时价之事，贵道愿不再行争辨，惟须敝行交付银二万两。兹再附上银票一纸，计二万两，请即查收，仍请将西本月二十六日函送之收据签字掷下是荷。耑此，即颂日祉。道胜银行谨具，十月三十号。九月十一日到。





●函复道胜银行

启者，昨接西十月三十号来函并二万两支票一纸，借悉一一。兹将贵行前送代拟不合式之收据及本道现缮之收据各正、副两纸送希查收。惟西十月二十七号本道去函，所拟以后还款办法两层，究竟贵行能否照办，务望从速见复，切实声明，幸勿再延为荷。此颂日祉。计送收据四纸。

●照译道胜银行致锺元函

启者，兹送上收条二纸，即祈贵翻译转呈道宪签字盖印掷下，并附缴原来收条二纸，并乞转呈道宪核销为荷。此颂日祉。西历一千九百三年十月三十一日，上海道胜银行施璧满具，九月十二日到。

●函致道胜银行

启者，昨据本署翻译委员面呈贵行代拟改妥之收条，并本道原缮收条各二纸，而于本道所拟以后还款办法两层，仍无只字复及，殊深悬盼，应再请贵行先将以后还款办法如何遵依，切实复示修案，以便本道再将贵行代拟之收条准行签字，以昭妥协，相应函布，即希查照为荷。此颂日祉。九月十六日发。

●照译道胜银行来函

启者，昨接贵行西历本月初四日来函，仍以一千八百九十五年四厘借款，以后还款如何办法为询，殊深诧异！查本行于西上月二十八日肃具一函，现特再为陈说，本行只应恪遵一千九百年四月总理衙门与本行总理濮科第所订成约办理，按约载每届还款，应由道台分作一样四批拨付，上半年于西五月十五、二十二、二十九及六月初五付给，下半年于西十一月十五、二十二、二十九及十二月初五付给，限四十五日。上半年由西四月二十五起至六月初十止，下半年由西十月二十五起至十二月初十止，由银行购票汇寄欧洲，即银行可以在所限期内自每届西四月二十五及十月二十五起，即可购票还款，银行自可随便择日，及所购之款由银行按照是日兑价核算，惟不过八分本士之一，以为行用等语。至于本届西十一月十五、二十二、二十九及十二月初五，约计贵道应付款若干，再当照章奉告可也。此复，顺颂日祉。西历一千九百三年十月初六日，上海道胜银行具，九月十八日到。

●函复道胜银行

启者，接西十一月初六日来函，译悉一一。查西十月二十七日本道去函，所问者为以后还款须照成约订明之银行公共市价结算，永不凭掮客传单。如贵行认定照此办理，则本道从前商拟办法两层，贵行采用其一固好。即全不采用，而仍照约由贵行随时购汇，本道亦可无异议。今来函但言成约中之分期付银购票办法，而于不凭掮客传单一层仍未切实声明，与此次本道通融办结应有之义未能完足，将来仍难免再烦辩论，是以本道亟望早日订定，俾彼此交谊从此长久完好也。合再函复，即祈贵行将日后还款不凭掮客传单，准按成约所订银行市价核结一节，刻日复示修案，是所至盼。此颂日祉。九月二十二日发。

●照译道胜银行来函

启者，顷接贵道西本月初九日来函，具悉种切。一千八百九十五年中国四厘借款，本行当恪遵总理衙门与本行总理濮科第所订成约办法，由本行按照市价核算，惟不过八分本士之一，以为行用。嗣后当将按日市价奉告，以副雅爱，俾本行与贵道暨贵国政府彼此交谊永敦和好也。相应函复，即祈贵道查照是荷。顺颂日祉。西历一千九百三年十一月初十日，上海道胜银行具，九月二十二日到。

●函复道胜银行

启者，昨接西十一月初十日来函，以中国四厘借款当恪遵总理衙门与京行濮总理所订成约办法，按照市价核算，相差不过八分本士之一，嗣后并将按日市价开送等因。译悉一一。以后还款，贵行既允遵成约照市价核算，所有捐客传单自当永不足凭、足征，贵行顾全交谊，本道曷胜欣幸！兹将正、副收条两纸一律签字送还，即希察存。再，此次开来市价仅有电汇行情，并望贵行将逐日金镑、佛郎远期市价，一并开入，以便复核为荷。此颂日祉。计送收条两纸。九月二十五日发。

●函致北京道胜银行总办宝

敬启者，不通音问又一月余矣，驰系之至。本年夏季佛郎还款，沪行开价不符，迭蒙执事持以公道函电饬查，良深感佩！惟沪行意在舍弃濮前总办所订成约，仍凭捐客传单，并无切实办法与本道熟商，殊负贵总办持平之意，深为可惜。查原订合同本无令中国交付银两，银行代购佛郎、金镑之条。只以中俄交谊极笃，我政府是以特嘱贵行经理此事，并给二五行用以资办公，复又格外通融，另订交银购镑之约，冀彼此永息争论。然则沪行不应于沾用二五行用之外别图他项利益明矣。乃沪行不明此理，任意抬价居奇，大非立约之本旨，转晌冬季还期又届，而前期尚未结清，殊令人难以办理。然既承贵总办谆嘱于前，不欲再陈外部，只有仍求贵总办转饬沪行从速议结，立将溢收银两核实如数缴还，免日后再烦辩论。如沪行仍前延宕，不照定约办事，则后届偿期拟由本道衙门自行购修佛郎、金镑，照案分次交付，庶彼此俱照公允。既无兑价参差，亦可免有后言。此仍系本道顾全彼此交谊办法，否则借款合同第十条载明每年应还本息由中国驻俄使馆经理，约计预备。外务部如欲改照合同办理，事属甚便，恐非贵行之利也。贵总办深明事理，用特密陈，即祈详细示复为荷。顺颂台祺。八月二十八日发。

●北京道胜银行来函

敬复者，接奉八月二十八日来函，备悉一是，遥维政祺绥福，履祉凝厘为祝。镑价一节，愚意此事刻已作为了结矣。惟鄙人敢进一言，敝行与贵国来往事件办理极多，贵道现独据一对手之银行行市作为定评，未免有失公道耳。阁下鸿材，硕画定卜，福禄永康，无任祷祝！专此布复。顺颂近祉，并候潭绥。宝至德顿启，九月十六日。



●致北京道胜银行总办宝

径启者，华历八月杪寄奉寸函，谅达台览。所有沪行不照市价溢收之款，就金镑计已须三万余金，而佛郎尚未核结在内，迟至昨日，仅据缴还二万两，本道为顾全交谊，又迭承执事再三谆嘱，极欲代陈政府就此通融了结，但期早日订一切实公允办法，永不再烦辩论，庶彼此有益。乃沪行非惟不允，转翻悔索还已经认缴之数，未免不情。除将二万两支票送还沪行外，合抄近日与沪行来往各函，另纸附呈察阅，即祈贵总办迅赐转饬沪行，照帐结算，如数缴还溢收银两。刻下，俄、法借款还息之期已届，务须将此案速结，并订一办法，俾以后还款实照市价开算，以符成约捐客传单永不作凭，庶免后论究意。究竟尊意若何？尚乞查照前函，从速酌核见复，是为至荷。顺颂筹祺。九月初十日发。

●北京道胜银行来函

径复者，前接九月十一日颁到手书并信稿等一纸，附送前来，适值鄙人旅顺公干未回，未得即时裁复，至以为歉！溢算磅价一事，刻得沪函，业已妥善了结，逖还之下，莫名欣慰！鄙人于该处情形不甚谙熟，现已函知沪行，令其妥筹善法，俾免后来辩论。但不悉于掮客传单外，是否尚有可据之行市，俾得彼此永远遵守？愚意万不能认一对手银行价单为凭，惟望贵道尽力筹画，商同沪行公平妥办，是为至荷。至有需鄙人赞助之处，仍请随时函知，乐效绵力也。此复，即颂升祉。名正具。十月十七日。①

①台北“中央研究院”近史所藏：《外交档案》，馆藏号：02-24-005-01-003。

## 167. 应还英德洋款交银行收讫等情由

光绪三十年正月初五日（1904年2月20日）

光绪三十年正月初五日，收两江总督魏文称：据江海关道袁树勋详称：窃照中国息借英、德洋款计一年共还本息九十六万六千九百五十二镑，每期还本并息约须银五十余万。各省所收地丁、盐厘、货厘、杂税及各海关所收洋税、洋药厘金项下，除常年应解京饷等项外，其余无论何款，俱准酌量划提，各照分认数目，按期解交江海关汇总付还等因。奉经将第一期至八十七期英、德金镑照市合银分交付讫，按期取回关票详销在案。兹查光绪二十九年九月初一日系第八十八次应还汇丰、德华两行各英金四万二百八十九镑十三先令四本士之期，经职道查照是日英金市价，每规银一两以二先令七本士二五核算，共计规银六十一万八千八百四十九两二钱八分；又查十月初二日系第八十九次应还前项本息，复经查照是日英金市价，每规银一两以二先令五本士七五核算，共计规银六十五万五十一两七钱六分，先后函送新关税务司转交汇丰、德华两银行收讫，取回第九十一二两号关票各二纸送道。合将收回关票四纸具文详缴，仰祈鉴核察销，分咨查照等情，到本部堂。据此，除关票存销外，相应咨呈。为此咨呈贵部，谨请查照施行。①

## 168. 义领事兼管云南事照条约核办由

光绪三十年正月初八日（1904年2月23日）②

正月初八日，云贵总督魏光焘、云南巡抚李经羲文称：案准贵王大臣咨：四月二十四日：准义国驻京大臣萨照会内开：照得

---

①台北“中央研究院”近史所藏：《外交档案》，馆藏号：02-24-005-01-002。

②此篇日期存疑。

奉本国照文内称：内拉奇呢派为驻扎上海总领事官，兼管江苏、浙江、安徽、四川、湖南、江西等省事件；伯玛派为驻扎天津领事，兼管直隶、东三省、山西、陕西、甘肃、河南、山东等省事件。再者，现时驻扎广州领事罗毕车利添兼管广东、广西、福建、云南、贵州事件。相应照会贵王大臣查照，饬令各处官员将以上所载数员认为义国实任领事可也等因，到本王大臣。准此。除咨行外，相应咨行，请烦转饬查照向章办理等因。当经转行遵照去后。



兹据云南临安开广道兼管关务刘春霖详称：查义国原未议与滇省通商，今既派驻广州领事福罗毕车利添兼管云南事件，自必有所经营。考核该国通商条约，均与英、法两国相同。现在法于蒙自设有安兴洋行，一切俱按中法旧约办理，并未议有新行专条。如义国欲来通商，虽无滇省专条可按，自有该国旧约可循，且义国通商既无需设官，暂交友国从权代办，则交英、交法条约俱同，想亦不至别有歧异。惟各口通商银钱、货物往来，向无派兵保护之条。法之安兴洋行所带银元，领事每函请派兵保护，已据约照复不允。而滇边荒僻，伏莽堪虞，一经抢劫，虽只照盗案办理，而纠缠已多。若必通融办理，设外商鳞集，动须保护，亦复应接不暇，此须先为斟酌者也。又，通商各口各国俱有领事，遇有违禁之事，可以互为调停，如去岁方领事私带军火入滇，据约争论，一味横估，韩税司即有“若蒙自能有别国通商领事在此，较易调停，法亦不敢公然违禁”之语。此又无可抵制者也。窃计义国欲来通商，当在铁路既修之后，则商人通归一路往来，保护稽核，自有定章，较易办理。此时水陆交错，防闲极为不易。至蒙自商路，由河口入口舟运仅仅至蛮耗，再由蛮耗改运马驮到蒙过关，虽与外省海道不同，而起货、落货，完纳税钞，俱与各省关政无异。至改运马驮，查安兴洋行系由该商自向马户议价，核与中法原议约章由法商自向船户雇船办法相合。义国亦有是约，后如通商，不难仿办。其余原议约章，逐条考核，似无须再为损益。此外若别有要求及租地、建屋、设行等事，自当临时审察情形，酌议办理等情，到本部堂、院。据此，查该道所筹办法，尚属妥协，应俟临时查酌办理。除批示并咨明南洋大臣查照外，相应先行咨呈。为此咨呈贵部，谨请查照施行。①

## 169. 苏报犯请商英使饬领从严速定由

光绪三十年正月十二日（1904年2月27日）

光绪三十年正月十二日，收南洋大臣电称："庚"电饬据沪道电复，续接领袖函称：上年华文照会内载再由中西各国会审，实系笔误，系请再由中西判官会同商议一次，并非会审，合行更正，公廨堂谕应由中西判官定案等语。现遵饬与律法官筹商定妥，再与领事商议云。按照约章，应行将犯交归中国自行审办。今中国重以各使之意一再迁就，应请钧处转商英使，饬领事纵不永远监禁，亦当将监禁年限从最多者商定，以示儆戒。此实为保全地方商务，请勿误会。缘英领等前者仅允三年，是以不能不先商英使饬遵，以期案得早结。祷甚。焘。文。②

## 170. 金陵关增收进口税银交商汇沪由

光绪三十年正月十九日（1904年3月5日）

光绪三十年正月十九日，收南洋大臣魏文称：据金陵关道徐树钧详称：案奉宪札赔款奏请免提二成洋税，准户部议复令各省关约计增收数目，按月提解，不必拘执二成等因。奉经遵办并解至二十九年十一月十三日止在案。兹据税司查明十一月十四日起至十二月十五日止，即西历正月分，共增收进口税银五十四两七钱三分五厘，函致前来。遵即照提关平银五十四两七钱三五厘，

①台北"中央研究院"近史所藏：《外交档案》，馆藏号：02-08-011-02-001。

②台北"中央研究院"近史所藏：《外交档案》，馆藏号：02-09-003-03-002。

备具文批，发交号商源成承领，汇解赴沪，准于三十年正月初一日以前上兑。除移江海关并详苏抚宪外，理合详祈鉴核，咨明外务部、户部查照等情，到本大臣。据此，除批示外，相应咨明。为此咨呈贵外务部，谨请查照施行。①



## 171. 金陵关倾耗等银留作赔款汇沪由

光绪三十年正月十九日（1904年3月5日）

光绪三十年正月十九日，收南洋大臣魏文称：据金陵关道徐树钧详称：税厘倾耗项下应提一半防费银两，奉饬全数提出，留作赔款，按月解沪等因。业将本年十一月十三日以前提存防费如数清解在案。所有本年十一月十四日起至十二月十五日止，即西历正月分洋税倾耗项下应提防费银九十七两五钱四分五厘五毫四忽，又药厘倾耗项下应提防费银五十二两一钱二分八厘，共提关平银一百四十九两六钱七分三厘五毫四忽，遵即备具文批，发交号商源成承领，汇解赴沪，准于三十年正月初一日以前上兑。除移江海关并详苏抚宪外，理合详祈核咨等情，到本大臣。据此，除批示外，相应咨明。为此咨呈贵外务部，谨请查照施行。②

## 172. 江南盐厘应解赔款交商汇沪由

光绪三十年正月十九日（1904年3月5日）

光绪三十年正月十九日，收两江总督魏文称：据江南派办处司道等呈称：案奉前院刘札饬：和约偿款，江苏省每年银二百五十万两案内，指拨鄂岸、湘岸、西岸、皖岸四督销，正阳卡，淮北盐务局，盐巡道，海分司八处加价、新厘等项银九十七万两，应解由派办处汇齐转解，自光绪二十七年十二月二十二日起，每

---

①台北“中央研究院”近史所藏：《外交档案》，馆藏号：02-07-010-01-012。

②台北“中央研究院”近史所藏：《外交档案》，馆藏号：02-07-010-01-013。

年分十二次，按月先期解沪。又奉另饬此项偿款，按照关平核算，每百两应加补水库平银一两六钱四分三厘等因，到处。奉经遵解至二十九年十一月第二年第十三期止，咨明并呈报各在案。所有本年十二月第二年第十四期，连前共二十六期应解银八万零八百三十三两三钱三分四厘，按照关平加补水银一千三百二十八两零九分二厘，共合库平银八万二千一百六十一两四钱二分六厘。查有各局卡解存本月偿款，堪以尽数动拨，间有未到之处，亦由本处向钱庄设法筹足，先期汇解，以免贻误。除于本月十五日放交宝善源商号汇解，限十二月二十外解交江海关衙门兑收汇付外，相应呈祈鉴核，汇案核咨等情，到本部堂。据此，相应咨明。为此咨呈贵部，请烦查照施行。①

## 173. 英德金款利息送交沪道由

光绪三十年正月二十日（1904年3月6日）

光绪三十年正月二十日，收两江总督（魏光焘）文称：据副总税务司裴式楷函称：续借英、德四厘五金款，光绪二十九年十二月二十日第六十四次应付利息，缮具银票，合库平银四十万两，送交江海关道查收分交。其不敷金镑之数，由关另筹他款补足，并将呈报贵部禀函一件送请转寄等因。前来。相应咨送。为此咨呈贵部，谨请查照施行。

●照录禀函

敬再启者，案查续借四厘五金款按月付利一事，前经改订按各厘局副税务司交到之款，除扣留足用之经费外，即可尽数拨解等因。所有第六十三次应交银两，已于本年十一月十三日拨解在案。现将届西历一千九百四年二月初五日，即华历光绪二十九年十二月二十日，按照合同应付利息六万九千六百二镑十三西林四

①台北“中央研究院”近史所藏：《外交档案》，馆藏号：02-07-010-01-014。

本士，例由总税务司交付第六十四次厘金还款之期。兹由本副总税务司缮具汇丰银票二纸，每票规平银二十一万九千二百两，共合规平银四十三万八千四百两，即按每规平银一百九两六钱合库平银一百两，统合库平银四十万两，业于本日送交江海关道查收，以便届期分交汇丰、德华两银行各一纸。其不敷金镑之数，仍请由江海关道另筹他款补足，俾免贻误。除报明南洋大臣察阅外，相应呈明贵部鉴核备案，即希贵总办转呈可也。再，此件系由南洋转递。合并声明。专此，顺颂升祺。①



## 174. 划解冬月期英德还款由

光绪三十年正月二十四日（1904年3月10日）

光绪三十年正月二十四日，收两江总督魏文称：据江宁布政使黄建筦呈称：窃照江宁藩库与宁厘局每年奉派认解俄、法、英、德还款及续奉部咨加拨磅价共银十二万五千两，内解俄、法款银五万两，英、德款银七万五千两，业经遵照部定限期将本年二、五、八等月三期英、德款，三、九月两期俄、法款并加拨磅价共银十万六千二百五十两，已按期筹拨在案。兹届本年冬月期，应解英、德款银一万五千两，又加拨磅价银三千七百五十两，计共银一万八千七百五十两，亟应筹解。兹查有江海关应解二十九年节省盈余暨上海商务局经费银两，除八、九两期划拨银三万八千七百五十两外，其余银两未准解司，应请拨放作收司库解到冬月期英、德还款及加拨磅价共库平银一万八千七百五十两，先行就数划收，以免互解之烦。除备批移请江海关核作收放外，理合具文呈报，伏候电鉴，汇案核咨等情，到本部堂。据此，相应咨呈。为此咨呈贵部，谨请查照施行。②

---

①台北“中央研究院”近史所藏：《外交档案》，馆藏号：02-24-005-01-008。

②台北“中央研究院”近史所藏：《外交档案》，馆藏号：02-24-005-01-012。

## 175. 江海关收回两号关票查照由

光绪三十年正月二十四日（1904 年 3 月 10 日）

光绪三十年正月二十四日，收两江总督魏文称：据江海关道袁树勋详称：窃奉札开：据该关呈送总理衙门咨：总税务司申称：按照合同第八款所载，江海关票应由两江总督暨江海关道盖印，由江海关税务司签字。现经备妥两分，各系自第一号至五百四十号，且于每年二月之票上注明应付经收费用之数，以便按期备发，将关票两分咨送两江总督办理，此项票根即存道署备案，关票盖印，札关遵照等因。遵经将票加盖海关关防，函请雷税务司签字，分别转给，并将票根截存道署备案。旋准税务司先后函称：第一期至第八期镑款业在伦敦、柏灵收讫，将票函送到道，当经具文详缴。嗣奉札准户部咨：据总理衙门咨：准总税务申呈：所有七处厘金每月应拨利息四十二万两，倘各局有不照数交齐以致总税务司不能按月底照定数交付道署，另筹他款补足等语。奉经将第九期起至第六十八期止应付本息，先后接准总税务司送到月付各款，按期由道补足，送交新关税务司查收转付，取还关票详缴在案。兹查光绪二十九年九月十七日即西历十一月初五日，系续借英、德四厘五金款第六十九次应付本息六万九千六百二镑十三先令四本士之期，经职道查照是日英金市价，每规银一两合二先令六本士五核算，共计规银五十四万七千六百九十三两一钱，先准副总税务司寄到规银四十万两，并由道加筹规银十四万七千六百九十三两一钱，一并送请好税务司查收转付；又查光绪二十九年十月十七日即西历十二月初五日，第七十次应付前项本息之期，复经查照是日英金市价，每规银一两合二先令四本士七五核算，共计规银五十八万一千三十两九钱六分，先准副总税务司寄到规银三十七万九千二百十六两，并由道加筹规银二十万一千八百十四两九钱六分，一并送请好税务司查收转付，按期取回关票各二纸，先后转送到道。伏查前两期还款买镑不敷，共垫规银三十四万九千五百八两六分，仍在各关解充赔款之常洋增税项下挪凑济急。除俟一年届满再将收放、垫付各数缮折详咨外，兹将收回第六十九、七十两号关票四纸具文详祈鉴核察销，分咨户部、外务部查照等情并关票，到本部堂。据此，除批示并将关票存销外，相应咨呈。为此咨呈贵部，谨请查照施行。①



## 176. 提解三十年第一次赔款发商汇沪由

光绪三十年正月二十四日（1904 年 3 月 10 日）

光绪三十年正月二十四日，收两江总督魏文称：据金陵关道徐树钧详称：案照金陵关每年认筹各国赔款银十万两，奉饬匀分十二次，照关平先期如数解沪等因。遵经先后报解至十一月分第十二次在案。兹于光绪二十九年十一月提解三十年第一次赔款，于续征税厘内提出关平银八千三百三十三两，备具文批，发交号商兆丰承领，汇解赴沪，准于十二月初一日以前上兑。除移江海关兑收，并详报苏抚院外，理合具文详祈鉴核，俯赐咨明外务部、户部查照等情，到本部堂。据此，相应咨呈。为此咨呈贵部，谨请查照施行。②

## 177. 应解第三年第二期赔款发商汇沪由

光绪三十年正月二十四日（1904 年 3 月 10 日）

光绪三十年正月二十四日，收两江总督魏文称：据江宁布政使黄建筦呈称：和约赔款，光绪三十年正月二十二日第三年第二期司库应解库平银三万三千三百三十三两三钱三分三厘三毫三丝，连加补平水银五百四十七两六钱六分六厘；又，金陵厘捐局应解拨抵赔款、旗兵加饷银二千五百两，补水银四十一两七分五厘；

---

①台北“中央研究院”近史所藏：《外交档案》，馆藏号：02-24-005-01-013。

②台北“中央研究院”近史所藏：《外交档案》，馆藏号：02-07-010-01-021。

又拨抵赔款、京官津贴改为加复俸饷及加增边防经费两款，连补水共库平银七百六十二两三钱二分二厘；又，海州分司应解拨抵赔款、旗兵加饷，连补水共库平银二千五百四十一两七分五厘，均于十一月放交宝善源、裕源祥、裕昌厚、庚源号商汇解沪关汇付，呈候核咨，各等情，到本部堂。据此，相应咨呈。为此咨呈贵部，谨请查照施行。①

## 178. 金陵关应解十二次赔款发商汇沪由

光绪三十年正月二十四日（1904年3月10日）

光绪三十年正月二十四日，收两江总督魏文称：据金陵关道徐树钧详称：案照金陵关每年认筹各国赔款银十万两，奉饬匀分十二次，照关平先期如数解沪等因。遵经先后报解至十月分第十一次在案。所有光绪二十九年十一月分第十二次前项赔款，兹于续征税厘内提出关平银八千三百三十四两，备具文批，发交号商源成承领，汇解赴沪，准于十一月初一日以前上兑。除移江海关，并详报苏抚院外，理合具文详祈鉴核，俯赐咨明外务部、户部查照等情，到本部堂。据此，相应咨呈。为此咨呈贵部，谨请查照施行。②

## 179. 漕折应解三十年第二期赔款汇沪由

光绪三十年正月二十四日（1904年3月10日）

光绪三十年正月二十四日，收两江总督魏文称：据江安粮道胡延详称：案奉前督院刘札饬新定赔款，奉派江安粮道自光绪二十七年冬漕起在改折节省运费项下每年提银二十万两，分作十二次，按期先行解沪转交。又奉札饬关平百两，应加补水库平银一

---

①台北“中央研究院”近史所藏：《外交档案》，馆藏号：02-07-010-01-022。
②台北“中央研究院”近史所藏：《外交档案》，馆藏号：02-07-010-01-024。

两六钱四分三厘，各等因。业将三十年第二期连同补水库平银汇解上海道库兑收转解，并报明院鉴在案。所有应解三十年第三期派付银一万六千六百六十六两六钱六分六厘，连补水库平银二百七十三两八钱三分三厘；又应解旗营加饷银一万两，连补水库平银一百六十四两三钱；又应解加复俸饷银八十三两三钱三分三厘，连补水库平银一两三钱六分九厘，兹职道稔知款关紧要，应即提前汇解，除于本月初九日堂期发交志诚信商号汇解上海道兑收转解，并报明漕抚院外，理合具文呈祈鉴核查考等情，到本部堂。据此，相应咨呈。为此咨呈贵部，谨请查照施行。①



## 180. 节省运费应解第一期赔款汇沪由

光绪三十年正月二十四日（1904年3月10日）

光绪三十年正月二十四日，收两江总督魏文称：据江安粮道胡延详称：案奉前督院札饬新定赔款，奉派江安粮道在改折节省运费项下每年提银二十万两，分作十二次，按期先行解沪转交。又饬关平百两，应加补水库平银一两六钱四分三厘，各等因。业将二十七年十一月起至二十九年十月止，应派赔款银两连同补水库平银汇解上海道库兑收转解在案。所有光绪三十年分应解第一期派付银一万六千六百六十六两六钱六分六厘，连补水库平银二百七十三两八钱三分三厘；又应解旗营加饷银一万两，连加补水库平银一百六十四两三钱；又应汇解加复俸饷银八十三两三钱三分三厘，连加补水库平银一两三钱六分九厘，除于十月十九日堂期发交宝善源商号汇解上海道兑收转解外，理合具文呈祈鉴核查考等情，到本部堂。据此，相应咨呈。为此咨呈贵部，谨请查照施行。②

---

①台北“中央研究院”近史所藏：《外交档案》，馆藏号：02-07-010-01-025。

②台北“中央研究院”近史所藏：《外交档案》，馆藏号：02-07-010-01-026。

## 181. 节省运费应解第二期赔款汇沪由

光绪三十年正月二十四日（1904年3月10日）

光绪三十年正月二十四日，收两江总督魏文称：据江安粮道胡延呈称：案奉前督院札饬新定赔款，奉派江安粮道在改折节省运费项下每年提银二十万两，分作十二次，按期先行解沪转交。又饬关平百两，应加补水库平银一两六钱四分三厘，各等因。业将二十七年十一月起至二十九年十月止，应派赔款银两及三十年分应解第一期，连同补水库平银汇解上海道库兑收转解在案。所有光绪三十年分应解第二期派付银一万六千六百六十六两六钱六分六厘，连补水库平银二百七十三两八钱三分三厘；又应解旗营加饷银一万两，连补水库平银一百六十四两三钱；又应解加复俸饷银八十三两三钱三分三厘，连补水库平银一两三钱六分九厘，除于十一月初九日堂期发交豫昌厚商号汇解上海道兑收转解外，理合具文呈祈鉴核查考等情，到本部堂。据此，相应咨呈。为此咨呈贵部，谨请查照施行。①

## 182. 咨报汇寄杨大臣等经费日期由

光绪三十年二月初六日（1904年3月22日）

光绪三十年二月初六日，南洋大臣文称：据江南关道袁树勋上年十二月十七日奉外务部“篠”电内开：即拨驻比杨大臣经费一万两，并于本月十八日承准杨大臣来电，请交义丰各等因，到关。奉准此，遵在提存出使经费项下动支库平银一万两，于十二月二十三日送交上海义丰银行查收，即由该银行妥速汇寄比国都城，转呈中国使署交纳，一面由道备具文批，呈请杨大臣饬收印

①台北“中央研究院”近史所藏：《外交档案》，馆藏号：02-07-010-01-027。

发批回备案，并呈报外务部外，理合呈祈鉴核。又据另文呈称：上年十二月十一日，奉外务部“真”电内开：即拨驻韩许大臣经费一万两等因，到关。奉此，遵在提存出使经费项下照数动支库平银一万两，于十二月二十日照案发交协昌公司职商王予坊收领，即由该公司妥速汇寄韩京中国使署交收，一面备具文批，咨呈许大臣饬收印发批回备案，理合呈祈鉴核。又据另文呈请：上年十二月十一日，奉外务部“真”电内开：即拨驻义许大臣经费一万两等因，到关。奉此，遵在提存出使经费项下照数动支库平银一万两。案查光绪二十八年九月二十四日，承准许大臣文开：本大臣奉使义国，所有部拨常年经费，派妥实商号承领。查义善源银号殷实可信，此后部拨经费即交该号承领汇兑等因。遵经照办在案。现将奉拨前项经费库平银一万两，于十二月十九日发交上海义善源商号收领，即由该号妥速汇寄义国京城中国使署交纳，一面由道备具文批，咨呈许大臣饬收印发批回备案。除呈报外务部外，理合呈祈鉴核，各等情，到本大臣。据此，相应咨明。为此咨呈贵外务部，谨请查照施行。①

## 183. 咨报汇寄梁大臣等经费日期由

光绪三十年二月初六日（1904年3月22日）

光绪三十年二月初六日，南洋大臣魏文称：光绪三十年正月初七日，准贵外务部咨：光绪二十九年十二月十七日，准驻美梁大臣电称请拨春季暨开办墨馆经费，又十八日准驻日本杨大臣函称请拨经费，各等语。除由本部电饬江海关道拨汇驻美梁大臣经费暨墨馆开办费各一万两，又驻日本杨大臣经费一万两外，相应咨行贵大臣查照，转饬江海关道，仍将拨汇日期申复本部可也等因，到本大臣。承准此，查此案同日据江海关分文呈报：奉电饬

①台北“中央研究院”近史所藏：《外交档案》，馆藏号：02-12-052-04-003。

拨梁大臣经费，当在出使经费项下动支库平银二万两，于十二月二十六日遵照梁大臣来文，送交上海电报局朱道查收；汇寄杨大臣经费，遵在出使经费项下，照数动支银一万两，照杨大臣来电，于十二月二十四日送交上海正金银行收领、汇寄，各等情。前来。除行江海关备案外，相应咨复。为此咨呈贵外务部，谨请查照施行。①

## 184. 咨报汇寄驻英张大臣经费日期由

光绪三十年二月初六日（1904 年 3 月 22 日）

光绪三十年二月初六日，南洋大臣文称：光绪三十年正月初七日，准贵外务部咨：光绪二十九年十二月二十一日，准驻英张大臣电称：经费罄，盼电饬沪道拨汇等语。除已电饬江海关道拨汇经费银一万两外，相应咨行贵大臣查照，转饬江海关道，将拨汇经费日期申报外部可也。等因，到本大臣。承准此，查此案同日据江海关呈报，奉电饬拨，并准张大臣电，经费一万，即交汇丰汇英等因。遵在出使经费项下照数动支，于十二月二十六日送交上海汇丰银行查收汇寄等情。前来。除行江海关备案外，相应咨复。为此咨呈贵外务部，谨请查照施行。②

## 185. 咨报汇寄驻法孙大臣经费日期由

光绪三十年二月初六日（1904 年 3 月 22 日）

光绪三十年二月初六日，南洋大臣魏文称：光绪三十年正月初七日，准贵外务部咨：驻法孙大臣经费一万两等因，到本大臣。承准此，查此案同日据江海关呈报，奉电饬拨，并准孙大臣文开，使署经费现与源丰润号商订明，请随时发给该号承领转交银行，

---

①台北“中央研究院”近史所藏：《外交档案》，馆藏号：02-12-052-04-004。

②台北“中央研究院”近史所藏：《外交档案》，馆藏号：02-12-052-04-005。

汇至巴黎等因。兹拨库平银一万两，于十二月二十六日发交源丰润号商查收，速交银行汇寄等情。前来。除行江海关备案外，相应咨复。为此咨呈贵外务部，谨请查照施行。①

## 186. 咨日本领事速将日僧撤回等情由

光绪三十年二月十二日（1904 年 3 月 28 日）

二月十二日，闽浙总督魏文称：为咨呈事。光绪三十年十二月二十八日，接日本驻厦上野领事照会内开，准贵部堂所发照会内开：一切均悉。查我国布教使在漳、泉一带内地开教之案，前经本领事明白电复贵部堂在案。该案复经我驻扎北京钦差大臣节次细详照会贵国外务部，声明我国佛教僧侣来贵国建寺传道，照日清条约第二十五款第二项，同各国传教使一体均沾特权免除，自得照行，故各国传教使在贵国内地开设教堂传道，我亦一体可行照办。所有贵部堂申由贵国外务部转饬将我僧侣撤回，我钦差断难承认等因。又在案。本领事自应遵奉照我钦差大臣照会贵国外务部之文办理，等由。前来。查耶稣、天主两教来华传习，系于条约内专款载明，并非包括在一体均沾特权免除之列，日本国自亦不能借一体均沾之条，为准日僧传教之据。中日通商行船条约第二十五款，专指两国交际及臣民应享商务利益而言，业经本部堂检查通商行船条约第四款及通商行船条约续约第九款为之证明，详晰照会在案，毋庸赘述。且本部堂节次承准外务部电咨，亦以第二十五款与传教无涉，不能强为牵引等因。是日本僧侣如领执照赴内地游历，自当按约照平常日本人一例保护；若系传教，则中国断不能认允，况日本国与中国系属同文，中国各省学堂多延日本人为教习，中国士人之游学日本者，亦不知凡几，彼此情意实已日增亲密，何必多此传教一举！且中国之习洋教者，绝少



①台北“中央研究院”近史所藏：《外交档案》，馆藏号：02-12-052-04-006。

上等体面之人，上野领事亦所深悉，若竟听日僧前来传教，其进教必多莠民，徒知借教滋事，于两国交际不能有丝毫裨益，可预决可，仍请上野领事细核约章，详察情形，迅将传教日僧撤回，至纫睦谊。

除照复外，相应咨呈。为此咨呈贵部，谨请察照，迅即再与日使切实辩论，速将日本僧侣撤回，以免贻患。望切施行！须至咨呈者。①

## 187. 陈琪作为守备派充驻法随员由

光绪三十年二月十二日（1904 年 3 月 28 日）



光绪三十年二月十二日，收两江总督魏光焘文称：窃准贵部函开：准出使法国大臣孙函请选派武随员，以资考究武备，函转办理等因。当经行令选派去后。兹据总办江南陆师学堂江苏候补道钱德培禀称：查有湖南武备学堂监督兼管兵目学堂奏留候补同知陈琪，浙江青田县附生，于光绪二十二年投考江南陆师学堂，学习三年，历考优等，期满考取一等第一名毕业。由都察院都事保升同知。该员品学均优，精娴武备内外功课，并熟谙英文、英语，亦能乘马随同国君大阅操演，前年曾赴日本联队，随同大操。该员近来本有禀请赴美国大会、考究学艺之意，湖南一差，似可遴员接办，以之派充武随员，实堪胜任。惟须暂作武员，请援荫大臣从前以县丞作把总，今同知可作为备。职道偶有所见，理合禀乞鉴核，咨请外务部核夺施行。再，孙大臣驻扎法国巴黎都城，该员即派法国，英语可通，人地亦宜等情。前来。相应咨呈。为此咨呈贵部，谨请查照施行。②

---

①台北“中央研究院”近史所藏：《外交档案》，馆藏号：02-05-009-01-005。

②台北“中央研究院”近史所藏：《外交档案》，馆藏号：02-12-022-01-001。

## 188. 英轮撞沉寰泰练船案册备案由

光绪三十年二月十八日（1904年4月13日）

光绪三十年二月十八日，南洋大臣魏文称：据苏松太道袁树勋、副律法官罗道桢意呈称：窃照南洋寰泰练船装运江鄂军械赴粤，行过汕头洋面，被英国兴昌公司印度皇后轮船撞沉，溺毙管带等轮水手人等十三名，遵奉宪饬向英按察署控赔全赢一案，业将办理禀报在案。所有此案证供、堂判刻已译就汉文，理合照录清册三分，连同原供洋文三册，一并申送，仰祈查收存查，并乞分咨外务部暨湖广督宪一体查照备案等情，到大臣。据此，相应咨呈。为此咨呈贵外务部，谨请查照施行。①

## 189. 英德金款应付利银已交沪道由

光绪三十年三月初一日（1904年4月16日）

光绪三十年三月初一日，收两江总督魏文称：据副总税务司裴式楷函称：续借英、德四厘五金款，光绪三十年正月十九日第六十五次应付利息，缮具银票，合库平银四十万两，送交江海关道查收分交。其不敷金磅之数，由关另筹他款补足，并将呈报贵部禀函一件送请转寄等因。前来。相应咨送。为此咨呈贵部，谨请查照施行。

●照录原函

敬启者，案查续借四厘五金款按月付利一事，前经改订按各厘局副税务司交到之款，除扣留足用之经费外，即可尽数拨解等因。所有第六十四次应交银两，已于去年十二月十六日拨解在案。现将届西历一千九百四年三月初五日，即华历光绪三十年正月十

---

①台北“中央研究院”近史所藏：《外交档案》，馆藏号：02-06-001-01-005。

九日，按照合同应付利息六万九千六百二磅十三西林四本士，例由总税务司交付第六十五次厘金还款之期。兹由本副总税务司缮具汇丰银票二纸，每票规平银二十一万九千二百两，共合规平银四十三万八千四百两，即按每规平银一百九两六钱合库平银一百两，统合库平银四十万两，业于昨日送交江海关道查收，以便届期分交汇丰、德华两银行各一纸。其不敷金磅之数，仍请由江海关道另筹他款助足，俾免贻误。除呈报南洋大臣查核外，合就函致贵部鉴核备案，即希贵总办转呈可也。再，此件系由南洋转递。合并声明。①



## 190. 金陵关照提增收进口税银汇沪由

光绪三十年三月初二日（1904年4月17日）

光绪三十年三月初二日，收南洋大臣魏文称：据金陵关道徐树钧详称：案奉宪札赔款奏请免提二成洋税，准户部议复，令各省关约计增收数目，按月提解，不必拘执二成等因。奉经遵办并解至二十九年十二月十五日止在案。兹据税司查明二十九年十二月十六日起至本年正月十四日止，即西历二月分，共增收进口税银一百五十九两九钱五分四厘，函致前来。遵即照提关平银一百五十九两九钱五分四厘，备具文批，发交号商源成承领，汇解赴沪，准于二月初一日以前上兑。除移江海关并详苏抚宪外，理合详祈鉴核，咨明外务部、户部查照，实为公便等情，到本大臣。据此，除批示外，相应咨明。为此咨呈贵部，谨请查照施行。②

①台北“中央研究院”近史所藏：《外交档案》，馆藏号：02-24-005-01-024。

②台北“中央研究院”近史所藏：《外交档案》，馆藏号：02-07-010-01-055。

## 191. 金陵关照提洋税倾耗银两汇沪由

光绪三十年三月初二日（1904年4月17日）

光绪三十年三月初二日，收南洋大臣魏文称：据金陵关道徐树钧详称：案照金陵关税厘倾耗项下应提一半防费银两，奉饬全数提出，留作赔款，按月解沪等因。业将二十九年十二月十五日以前提存防费如数清解在案。所有二十九年十二月十六日起至本年正月十四日止，即西历二月分洋税倾耗项下应提防费银五十四两三钱六厘五毫七丝六忽，又药厘倾耗项下应提防费银二十七两四钱五分六厘，共提关平银八十一两七钱六分二厘五毫七丝六忽，遵即备具文批，发交商号源成承领，汇解赴沪，准于二月初一日以前上兑。除移江海关并详苏抚宪外，理合详祈鉴核，咨明外务部、户部查照，实为公便等情，到本大臣。据此，除批示外，相应咨明。为此咨呈贵外务部，谨请查照施行。①

## 192. 苏报馆案与公使商定乞裁酌由

光绪三十年三月初二日（1904年4月17日）

光绪三十年三月初二日，收两江总督电称：苏报馆案，前承电令照公使所请，公同定断，当一再饬沪道照办。顷据电乘领袖，古领催商，当与密商办法，彼谓各领无权，兼以意见不合，不如由部与公使断结。诘以既无权，何催议，且谓否则释放。彼谓意见参差，有只允两年或三年者，有宽禁数年未尝不可者。议论纷歧，难衷一是。即勉强会议，仍须由公使断定，径商公使较为简捷。该道以会议必须众论佥同，方能定断。各领既难合一议同，且前次会审，翟领梗议，此次与议，与翟一孔出气，不问可知。

①台北“中央研究院”近史所藏：《外交档案》，馆藏号：02-07-010-01-056。

翟既密告，系深知此中窾窍，请照商核办云。查此案英使前向钧处面称永远监禁太重，应酌减年限断结。答由内间与公使商，彼既云永远太重，则酌减当亦不能过少。若由外商势必仍执二三年之说，不特年限太少，不足以示惩儆，且由外议而未合，欲再宽年限为难，不如就执英使请减年限之说，询其宜减为若干年，如较外商为多，再与磋商宽展几年，即可就此定案。纵或未能过宽年限，但能多禁一年即可稍示一分严意。尚乞钧处酌裁商办为祷。焘。东。①



## 193. 上海会审公廨现委黄丞煊接办由

光绪三十年三月初二日（1904年4月17日）

光绪三十年三月初二日，收南洋大臣魏光焘文称：据苏松太道袁树勋呈称：窃照上海公共租界会审公廨审理华洋交涉事宜，前因邓丞文堉具禀告退，札委关丞炯戒代办在案。兹关丞另有差委，所遗会审事务，查有同知衔候补知县黄丞煊，堪以接办。除由职道会同藩司札委并分致外，理合具文报明。伏候鉴核，咨明外务部、吏部立案等情，到本大臣。据此，相应咨明。为此咨呈贵部，谨请查照施行。②

## 194. 司库厘局应解赔款银两汇沪由

光绪三十年三月初七日（1904年4月22日）

光绪三十年三月初七日，收两江总督魏文称：据江宁布政使黄建筦呈称：和约赔款，光绪三十年二月二十日第三年第三期司库应解库平银三万三千三百三十三两三钱三分三厘三毫三丝，连加补平水银五百四十七两六钱六分六厘；又，金陵厘捐局应解拨

①台北“中央研究院”近史所藏：《外交档案》，馆藏号：02-09-003-03-003。
②台北“中央研究院”近史所藏：《外交档案》，馆藏号：02-26-021-01-001。

抵赔款、旗兵加饷银二千五百两，补水银四十一两七分五厘；又，拨抵赔款、京官津贴改为加复俸饷及加增边防经费两款，连补水共库平银七百六十二两三钱二分二厘；又，海州分司应解拨抵赔款、旗兵加饷，连补水共库平银二千五百四十一两七分五厘，均于十二月放交裕源祥、庚源、宝善源、裕昌厚号商汇解沪关汇付，呈核俟咨，各等情，到本部院。据此，相应咨呈。为此咨呈贵部，谨请查照施行。①

## 195. 应还汇丰德华银两送税司转交由

光绪三十年三月初七日（1904 年 4 月 22 日）

光绪三十年三月初七日，收两江总督魏文称：据江海关道袁树勋详称：窃照中国息借英、德洋款，计一年共还本息九十六万六千九百五十二镑，每期还本并息约须银五十余万。各省所收地丁、盐厘、货厘、杂税及各海关所收洋税、洋药厘金项下，除常年应解京饷等项外，其余无论何款，俱准酌量划提，各照分认数目，按期解交江海关汇总付还等因。奉经将第一期至八十九期英、德金镑照市合银分交付讫，按期取回关票，详请在案。兹查光绪二十九年十一月初二日系第九十次应还汇丰、德华两银行各英金四万二百八十九镑十三先令四本士之期，经职道查照是日英金市价，每规银一两以二先令四本士六二五核算，共计规银六十七万五千五百九十九两六钱六分；又查十二月初四日系第九十一次应还前项本息，复经查照是日英市价，每规银一两以二先令七本士二五核算，共计规银六十一万八千八百四十九两二钱八分，先后函送新关税务司转交汇丰、德华两银行收讫，取回第九十三四两号关票各二纸送道，合将收回关票四纸具文详祈鉴核察销，分咨外务部、户部查照等情并关票，到本部堂。据此，除关票存销外，

①台北“中央研究院”近史所藏：《外交档案》，馆藏号：02-07-010-01-061。

相应咨呈。为此咨呈贵部，谨请查照施行。①





## 196. 江海关应还汇丰德华银两送税司交由

光绪三十年三月初七日（1904 年 4 月 22 日）

光绪三十年三月初七日，收两江总督魏文称：据江海关道袁树勋详称：窃奉札开：据该关呈送总理衙门咨：总税务司申称：案照合同第八款所载，江海关票应由两江总督暨江海关道盖印，由江海关税务司签字。现经备妥两分，各系自第一号至五百四十号，具于每年二月之票上注明应付、经收费用之数，以便按期备发，将关票两分咨送两江总督办理，此项票根即存道署备案，关票盖印，札关遵照等因。遵经将票加盖海关关防，函请雷税务司签字，分别转结，并将票根截存道署备案。旋准税务司先后函称：第一期至第八期镑款，业在伦敦、柏灵收讫，将票函送到道。当经具文详缴。嗣札奉准户部咨：据总理衙门咨：准总税务司申呈：所有七处厘金每月应拨利息四十二万两，倘各局有不照数交齐，以致总税务司不能按月底照定数交付道署，另筹他款补足等语。奉经将第九期起至七十期止应付本息先后接准总税务司送到月付各款，按期由道补足，送交新税务司查收转付，取还关票详缴在案。兹查光绪二十九年十一月十八日即西历正月初五日，系续借英、德四厘五金款第七十一次应付本息六万九千六百二镑十三先令四本士之期，经职道查照是日英金市价，每规银一两合二先令五本士八七五核算，共计规银五十五万九千一百五十一两一钱二分，先准副总税务司寄到规银四十一万一千两，并由道加筹规银十四万八千一百五十一两一钱二分，一并送请好税务司查收转付；又查光绪二十九年十二月二十日即西历二月初五日，第七十二次应付前项本息之期，复经查照是日英金市价，每规银一两合二先令六本士二五核算，共计规银五十四万五千四百五十七两六钱四

①台北“中央研究院”近史所藏：《外交档案》，馆藏号：02-24-005-01-027。

分，先准副总税务司寄到规银四十三万八千四百两，并由道加筹规银十万七千五十七两六钱四分，一并送请好税务司查收转付。旋准该税务司来函，以此项借款每年西历二月分应给酬费一次，所有本届应给该行等前项酬费，计各英金一千四十四镑十本士，亦按前市做算，各计规银八千一百八十一两八钱八分，请照给等因。当经职道查核无异，即由道筹备规银一万六千三百六十三两七钱六分，函送该税务司查收，分给汇丰、德华两银行收讫，按期取回关票各二纸，先后转送到道。伏查前两期还款买镑不敷及本届酬费，共垫规银二十七万一千五百七十二两五钱二分。所有此项垫款，前届自第九期起至第六十期止并五次酬费，共垫规银五百三十五万七千二百六十四两七钱七分，均在英、德还款存项内拨付，按年分开清折汇案详销在案。兹查二十九年分，接付第六十一期起至第七十二期止，计十二期，并第六届酬费，共放规银六百九十八万八千十三两八钱八分，内除总税务司按月送到七处厘金还款，共合规银四百九十九万三千三百三十六两抵付外，共垫规银一百九十九万四千六百十七两八钱八分。惟英、德还款并无余存，即在各关解到常洋增税内提付。除另行汇开清折详报核销外，兹将收回第七十一、七十二两号关票四纸，理合具文详祈察销，分咨户部、外务部查照等情并关票，到本部堂。据此，除将关票存销外，相应咨呈。为此咨呈贵部，谨请查照施行。①



## 197. 金陵关应解第二次赔款汇沪由

光绪三十年三月初七日（1904年4月22日）

光绪三十年三月初七日，收两江总督魏文称：据金陵关道徐树钧详称：案照金陵关每年认筹各国赔款银十万两，奉饬匀分十二次，照关平先期如数解沪等因。历经遵办并将本年十二月分第

①台北“中央研究院”近史所藏：《外交档案》，馆藏号：02-24-005-01-028。

一次银两清解在案。所有光绪三十年正月分应解第二次赔款，兹于续征税厘内提出关平银八千三百三十三两，备具文批，发交号商源成承领，汇解赴沪，准于光绪三十年正月初一日以前上兑。理合详祈鉴核，咨明外务部、户部查照等情，到本部院。据此，相应咨呈。为此咨呈贵部，谨请查照施行。①

## 198. 江海关拨驻俄胡大臣等经费日期由

光绪三十年三月初十日（1904 年 4 月 25 日）

光绪三十年三月初十日，收南洋大臣魏文称：据江海关道袁树勋呈称：光绪二十九年十二月二十七日，奉外务部“感”电内开，即拨驻俄胡大臣经费二万两，内应扣还“支”电拨款一千两；并于二十九日承准胡大臣来电，交道腾汇，各等因，到关。奉准此，查二十九年十二月初四日奉外务部“支”电：驻俄胡大臣电：请拨经费陆征祥库平银一千两，以资起程，下次使费扣还即照拨。又于十二月二十一日承准胡大臣“号”电：请续拨陆征祥库平八百，下次使费扣还，各等因。遵在出使经费项下先后动支共库平银一千八百两，送交陆参赞徵祥查收，取有收据存案。现于此次奉拨经费内如数扣抵外，核计尚应找解库平银一万八千二百两，当在使费项下动支，于光绪三十年正月初八日送交上海道腾银行查收，即由该银行妥速由电汇寄俄京中国使署交纳，一面由道备具文批咨呈胡大臣察收，将划款列作收放造报，并请印发批回备案。除呈报外务部外，理合呈祈鉴核。又据另文呈称：光绪二十九年十二月二十七日，奉外务部“感”电内开即拨驻粤吴大臣经费一万两，并于二十九日承准吴大臣电开，请购英镑交汇丰电汇，各等因，到关。奉准此，遵在提存出使经费项下照数动支库平银一万两，于光绪三十年正月初八日送交上海汇丰银行查收，即由

①台北“中央研究院”近史所藏：《外交档案》，馆藏号：02-07-010-02-001。

该银行按照市价兑购英镑，电汇伦敦英粤银行转汇粤京中国使署交纳，一面由道备具文批咨呈吴大臣饬收，印掣批回备（案），并呈报外务部外，理合呈祈鉴核。又据另文呈称：光绪二十九年十二月二十五日，奉外务部"有"电内开即拨海参威委员李家鳌经费银二万两，又于三十年正月初八日奉到"齐"电饬交道腾电汇，索取切实收据，各等因，到关。奉此，遵在提存出使经费项下照数动支库平银二万两，于三十年正月十四日送交上海华俄道道腾银行收领，即由该行妥速由电汇寄海参威公解交纳，一面由道备具文批移送李委员查收，印掣回照备案，并呈报外务部外，理合呈祈鉴核，各等情，到本大臣。据此，查此案先后准贵外务部来咨，均经札饬该关道如数拨汇在案。兹据前情，相应咨明。为此咨呈贵外务部，谨请查照施行。①

## 199. 附奏凑还洋款一片钞稿知照由

光绪三十年三月十一日（1904年4月26日）

光绪三十年三月十一日，收两江总督魏文称：窃照江苏省前借瑞记洋款，各司、关、局凑还第十七期本息银两一案，除经本部堂附片具奏外，所有片、稿相应咨呈。为此咨呈贵部，谨请查照施行。

●照录奏稿

再，江苏省前借瑞记洋款英金一百万镑，订以二十年为期，前五年半只付全款之息，后十四年半本息并还，业将光绪二十八年下半年第十五次本息并还，分饬各司、关、局设法筹拨银数缘由，经前署督臣张之洞于上年二月初二日附片奏明在案。兹查前项洋款，上年五月第十六期只还息英金二万四千镑，业已照案筹付。又，上年十一月十四日系届第十七次本息兼还之期，共需英

①台北"中央研究院"近史所藏：《外交档案》，馆藏号：02-12-052-04-012。

金九万六百六十六镑十三先令四本士，合规平银七十四万三千九百三十一两六钱三分，仍照案分饬各关司局通力合作，设法匀筹。嗣据镇江关筹解本银二万两，金陵关筹解本银二万两，江宁藩司筹解本银二万两，金陵厘捐局筹解本银六万两，芜湖米捐局筹解息银三万两，皖南茶厘局筹解息银二万两，两淮运司筹解四分之一本息由江西、五河、正阳各督销盐厘局卡分摊银十四万两，另筹本银二万两；江苏藩司筹解本银六万两，另筹厘金项下息银六万两；芜湖关筹解息银二万两，九江关筹解息银二万两，江海关筹解本银十五万两，共收库平银六十四万两，申合规银七十万一千四百四十两，并上届第十六期还款余剩及两淮运司溢解存项，共合规银三万七千八百八十两九钱三厘二毫九丝二忽一微，共规银七十三万九千三百二十两九钱三厘二毫九丝二忽一微，尽付拨付，尚不敷规银四千六百十两七钱二分六厘七毫七忽九微，由江海关挪垫足数，送交该洋行查收，取回关票存销。尚有两淮运司是期还镑应摊四分之一规银十八万五千九百八十二两九钱七厘五毫，除收库申规银十五万三千四百四十两，并上届摊还余存规银一万九千五百八十两八钱七厘五毫外，尚短规银一万二千九百六十二两一钱。又，九江关所欠上届第十六期还款加拨库平银六千两，迄未解到，应俟补解到日，即行分别归垫余银，凑付下届还款之用。据江海关道详请奏咨前来。

臣查该关挪垫银两，已饬迅速补解归垫。除分咨外务部、户部查照外，理合会同江苏抚臣恩寿，附片陈明。伏乞圣鉴。谨奏。光绪三十年二月十九日。①

## 200. 具奏赔款清款一折钞稿知照由

光绪三十年三月十一日（1904年4月26日）

光绪三十年三月十一日，收两江总督魏文称：窃照江苏省奉

①台北“中央研究院”近史所藏：《外交档案》，馆藏号：02-24-005-01-030。

派新案赔款，自光绪二十八年十二月起至二十九年十一月止共十二期按期匀解清款缘由，除恭折会奏外，所有折稿相应咨呈。为此咨呈贵部，谨请查照施行。

●照录奏稿

臣魏跪奏，为江苏省派解赔款自光绪二十八年十二月起至二十九年十一月止共十二期，按期匀解清款，恭折仰祈圣鉴事。

窃照新案赔款，江苏奉派银二百五十万两，当经前督臣刘坤一会电奉准概减三成，声明以洋[①]、常各关加收及漕折节省等款抵拨，其余七成，分期认解。旋奉电传谕旨：仍照部定十成原数，按月汇解沪道，转交银行存储备还，统俟年终汇计洋、常各关收数及漕折银两均有的确数目，再行核减等因。钦此。复饬各该司、道、关、局等按照部派原数，分别认筹。计江宁藩司认筹银四十万两，苏州藩司认筹银八十万两，金陵关认筹银十万两，两淮盐务合认筹银一百二十万两，共合银二百五十万两，并照关平补水计加银四万一千七十五两，均令遵照部电通年匀分十二次，按期解交沪道汇付还款。自光绪二十七年十二月分第一期起至二十八年十一月分第十二期止，扣满一年，经前署督臣张之洞奏咨在案。

兹查光绪二十八年十二月分第十三期起，至二十九年十一月分第二十四期止，扣满一年，所有江苏省应解正款及补水银两，均由各该司、道、关、局等按期如数汇解江海关道库兑收，一律照认解清，并无短少贻误。又另饬江安粮道每年解银二十万两，亦已连同补平银两分期解沪。计第二年赔款全数交清。据江南派办处司道详请汇奏前来。

臣覆核无异，除分咨外务部查照外，谨会同江苏巡抚臣恩寿，恭折具陈。伏乞皇太后、皇上圣鉴。谨奏。光绪三十年二月十九日。[②]

---

①“洋”疑为“扬”之误。

②台北“中央研究院”近史所藏：《外交档案》，馆藏号：02-07-010-02-005。

## 201. 派办处筹解偿款交商汇沪由

光绪三十年三月二十一日（1904 年 5 月 6 日）

光绪三十年三月二十一日，收南洋大臣魏文称：据江南派办处司、道呈称：案奉前院宪刘札饬和约偿款，江苏省每年银二百五十万两案内，指拨鄂岸、湘岸、西岸、皖岸四督销，正阳卡，淮北盐务局，盐巡道，海分司八处加价、新厘等项银九十七万两，应解由派办处汇齐转解，自光绪二十七年十二月二十二日起，每年分十二次，按月先期解沪。又奉另饬此项偿款，按照关平核算，每百两应加补水库平银一两六钱四分三厘等因，到处。奉经遵解至二十九年十二月第三年第二期止，咨明并呈报各在案。所有本年正月第三年第三期，连前共二十七期应解银八万零八百三十三两三钱三分四厘，按照关平加补水银一千三百二十八两零九分二厘，共合库平银八万二千一百六十一两四钱二分六厘，查有各局卡解存本月偿款，堪以尽数动拨，间有未到之处，亦由本处向钱庄设法筹足，先期汇解，以免贻误。除于本月十五日放交号商宝善源、裕源祥合解，限二月初一日以前解交江海关衙门兑收汇付，并报明抚宪查核外，相应具文呈乞鉴核，汇案核咨等情，到本部堂。据此，相应咨明。为此合咨贵大臣，请烦查照施行。①

## 202. 苏报馆案古领允转商各领等情由

光绪三十年三月二十六日（1904 年 5 月 11 日）

光绪三十年三月二十六日，收南洋大臣电称：苏报案，三月“东”电详陈商议情形，并请执英使永远监禁太重，请减年限之说，请其减为几年，与之磋商定案，想邀钧鉴。顷据沪道电古领，

①台北“中央研究院”近史所藏：《外交档案》，馆藏号：02-07-010-02-017。

以廿六即满一月限期，届时无复，定须释放。商之至再，始允明日转商各领，请为缓期。余再备函切恳外，请速达部示遵云。如尚未请过英使，务乞查照“东”电，询明拟减年数，磋商定案，以免释放转行宽纵，仍求电示。祷切。焘。有。①

## 203. 未定各犯必释放乞速商定电示由

光绪三十年三月二十六日（1904 年 5 月 11 日）

光绪三十年三月廿六日，收南洋大臣电称：“有”电想邀钧鉴。顷据沪道电商各领仅允缓期十日，乞达部速定云。到期未定，各犯必释放，务乞钧处速商定案，仍求速赐电示为盼。焘。宥。②



## 204. 金陵关照提增收进口税银汇沪由

光绪三十年三月二十六日（1904 年 5 月 11 日）

光绪三十年三月二十六日，收南洋大臣魏文称：据金陵关道徐树钧详称：案奉宪札赔款奏请免提二成洋税，准户部议复令各省关约计增收数目，按月提解，不必拘执二成等因。奉经遵办并解至三十年正月十四日止在案。兹据税司查明三十年正月十五日起至二月十五日止，即西历三月分，共增收进口税银五十五两九钱一分九厘，函致前来。遵即照提关平银五十五两九钱一分九厘，具备文批，发交号商源成承领，汇解赴沪，准于三月初一日以前上兑。除移江海关并详苏抚宪外，理合详祈鉴核，咨明外务部、户部查照等情，到本大臣。据此，除批示外，相应咨明。为此咨呈贵外务部，谨请查照施行。③

---

①台北“中央研究院”近史所藏：《外交档案》，馆藏号：02-09-003-03-004。
②台北“中央研究院”近史所藏：《外交档案》，馆藏号：02-09-003-03-006。
③台北“中央研究院”近史所藏：《外交档案》，馆藏号：02-07-010-02-027。

## 205. 金陵关照提税厘倾耗银两汇沪由

光绪三十年三月二十六日（1904年5月11日）

光绪三十年三月二十六日，收南洋大臣魏文称：据金陵关道徐树钧详称：案照金陵关税厘倾耗项下应提一半防费银两，奉饬全数提出，留作赔款，按月解沪等因。业将本年正月十四日以前提存防费如数清解在案。所有正月十五日起至二月十五日止，即西历三月分洋税倾耗项下应提防费银五十五两七钱七分九厘六毫四丝八忽，又药厘倾耗项下应提防费银三十九两三钱六分，共提关平银九十五两一钱三分九厘六毫四丝八忽，遵即备具文批，发交号商源成承领，汇解赴沪，准于三月初一日以前上兑。除移江海关并详苏抚宪外，理合详祈核咨等情，到本大臣。据此，除批示外，相应咨明。为此咨呈贵外务部，谨请察照施行。①

## 206. 本年二月第三次赔款交商汇沪由

光绪三十年三月二十八日（1904年5月13日）

光绪三十年三月二十八日，收两江总督魏文称：据金陵关道徐树钧详称：案照金陵关每年认筹各国赔款银十万两，奉饬匀分十二次，照关平先期如数解沪等因。历经遵办并将本年正月分第二次银两清解在案。所有二月分第三次赔款，兹于续征税厘内提出关平银八千三百三十四两，备具文批，发交号商源成承领，汇解赴沪，准于二月初一日以前上兑。理合详祈鉴核，咨明外务部、户部查照等情，到本部堂。据此，相应咨呈。为此咨呈贵部，谨请查照施行。②

---

①台北“中央研究院”近史所藏：《外交档案》，馆藏号：02-07-010-02-029。

②台北“中央研究院”近史所藏：《外交档案》，馆藏号：02-07-010-02-030。

## 207. 江安粮道应解四期赔款汇沪由

光绪三十年三月二十八日（1904年5月13日）

光绪三十年三月二十八日，收两江总督魏文称：据江安粮道胡延呈称：案奉札饬新定赔款，奉派江安粮道在改折节省运费项下每年提银二十万两，分作十二次，按期解沪。又饬关平百两应加补水库平银一两六钱四分三厘，各等因。所有应解三十年第四期派付银一万六千六百六十六两六钱六分六厘，连补水库平银二百七十三两八钱三分三厘；又应解旗营加饷银一万两，连补水库平银一百六十四两三钱；又应解加复俸饷银八十三两三钱三分三厘，连补水库平银一两三钱六分九厘，除于正月十九日发交宝善源商号汇解上海道兑收外，呈祈鉴核等情，到本部堂。据此，相应咨呈。为此咨呈贵部，谨请查照施行。①

## 208. 咨送道胜银行购付佛郎价值清单由

光绪三十年三月二十八日（1904年5月13日）

光绪三十年三月二十八日，收两江总督魏文称：据江海关道袁树勋详称：案照中国息借俄、法洋款，计一年应还本息二千一百十五万四千七百五十二佛郎，一年分两期付还，一期还息约须银一百八九十万两，一期还本并息约需银三百一二十万两。各省所收地丁、盐课、盐厘、货厘、杂税及各海关所收洋税、洋药厘金项下，除常年应解京饷等项仍照常分别批解留支外，其余无论何款，俱准酌量划提，各照分认数目，按期解交江海关道汇总付还等因。奉经将第十六期以前应还本息遵饬付清，照译收单，详请分咨在案。

①台北“中央研究院”近史所藏：《外交档案》，馆藏号：02-07-010-02-031。

兹查光绪二十九年十一月十四日，系还俄、法借第十七期利息之期，按照合同应付息银七百五万五十九佛郎五十生丁，先期二十天付给，嗣因前届第九期还款该行购镑提前作价溢算拾余万金，旋据京行总董濮科第来沪订定以后每年两期还款各按西历五月十五、十一月十五起，每期各分四次，按次由道付给。至该行买镑，夏则西四月二十五日起，冬则西十月二十五日起，均尽四十五日之内如数购齐，开单核算，奉总署行知，亦在案。所有是期还款，先经职道查照续订办法，分作四次，并该行索找，先后付给规银二百三十三万五千两，函送查收，购买佛郎，汇总给算去后。旋据该行将购单开送到道，当查单开共计规银二百三十三万一千四百六十五两二钱五分，合法银七百八万二千六百八十四佛郎十四生丁，外加二五行用银五千八百三两六钱六分，统计规银二百三十二万七千二百六十八两九钱一分，出具收据，将溢付余剩规银七千七百三十一两九分并认缴先期付款贴还四厘利息规银二千八百两，一并函送前来，即经分别照收归款。除将收放各数列入二十九年分四国还款案内造销汇核详报外，理合照译收据及应还佛郎价值清单，开折具文，详析鉴核，咨明外务部、户部查照等情并折，到本部堂。据此，相应将清折咨呈。为此咨呈贵部，谨请查照施行。

●照录清折

照译道胜银行总收据

收到上海道台袁大人规银二百三十二万七千二百六十八两九钱一分。此款解交彼得通商银行系一千八百九十五年中国四厘借款项下应于一千九百四年正月初一日期付还之款，此照西历一千九百三年十二月十八日上海道胜银行具右总收据，计规银二百三十二万七千二百六十八两九钱一分。

●照录清折

谨将译出道胜银行购付第十七期俄、法洋款佛郎价值清单，录呈宪鉴。

外务部谕令购汇彼得堡通商总行应于一千九百四年正月初一日期付还一千八百九十五年中国四厘借款法银七百八万二千六百八十四佛郎十四生丁。

一、西历一千九百三年十月二十六日，电汇法银十万佛郎，价三佛郎二十三生丁五，合规银三万九百十一两九钱，实得十万佛郎。

一、又十月二十八日，电汇法银七万五千佛郎，价三弗朗十八生丁五，合规银二万三千五百四十七两八钱八分，实得七万五千佛郎。

一、又十月三十日，买四个月期法银十一万佛郎，价三佛郎二十八生丁五，合规银三万三千四百八十五两五钱四分。扣除印费，净得十万七千八百八十二佛郎五十生丁。

一、又十一月初二日，买四个月期英金五千镑，价二先令七本士一二五，合规银三万八千五百五十四两二钱二分。加除印费，净得四千九百三镑十五先令。每镑兑换法银二十五佛郎十生丁(以下各条英金换法银价均同)，应得十二万三千八十四佛郎十二生丁。

一、又十一月初六日，买四个月期法银十万佛郎，价三佛郎二十三生丁，合规银三万九百五十九两七钱五分。扣除印费，净得九万八千七十五佛郎。

一、又十一月十一日，买四个月期法银十五万佛郎，价三佛郎二十生丁五，合规银四万六千八百一两八钱七分。扣除印费，净得十四万七千一百十二佛郎五十生丁。

一、又十一月十三日，电汇法银六十万佛郎，价三佛郎八生丁，合规银十九万四千八百五两一钱九分，实得六十万佛郎。

一、又十一月十六日，电汇英金五千镑，价二先令五本士七五，合规银四万三百三十六两一钱三分。照前兑价，应得十二万五千五百佛郎。

一、又十一月十九日，电汇法银十万佛郎，价三佛郎十一生丁，合规银三万二千一百五十四两三钱四分，实得十万佛郎。

一、又十一月二十一日，电汇英金二千五百镑，价二先令五本士六二五，合规银二万二百五十三两一钱六分。照前兑价，应得六万二千七百五十佛郎。

一、又十一月二十一日，电汇法银二十万佛郎，价三佛郎十一生丁，合规银六万四千三百八两六钱八分，实得二十万佛郎。

一、又十一月二十四日，电汇英金八千镑，价二先令五本士三七五，合规银六万五千三百六十一两七钱。照前兑价，应得二十万八百佛郎。

一、又十一月二十五日，买四个月期法银三十万佛郎，价三佛郎十四生丁五，合规银九万五千三百八十九两五钱。扣除印费，净得二十九万四千二百二十五佛郎。

一、又十一月二十八日，买四个月期英金六千镑，价二先令五本士七五，合规银四万八千四百三两三钱六分。加除印费，净得五千八百八十四镑十先令。照前兑价，应得十四万七千七百佛郎九十五生丁。

一、又十一月三十日，电汇法银二十万佛郎，价三佛郎六生丁，合规银六万五千三百五十九两四钱七分，实得二十万佛郎。

一、又十二月初一日，电汇英金二万镑，价二先令五本士，合规银十六万五千五百十七两二钱四分。照前兑价，应得五十万二千佛郎。

一、又十二月初二日，买四个月期法银七十五万佛郎，价三佛郎十二生丁，合规银二十四万三百八十四两六钱一分。加除印费，净得七十三万五千五百六十二佛郎五十生丁。

一、又十二月初四日，电汇法银八十万佛郎，价三佛郎四生丁五，合规银二十六万二千七百二十五两七钱八分，实得八十万佛郎。

一、又十二月初五日，电汇英金四万镑，价二先令四本士六二五，合规银三十三万五千三百七十一两一钱八分。照前兑价，应得一百万四千佛郎。

一、又买四个月期法银四十二万五千佛郎，价三佛郎八生丁，合规银十三万七千九百八十七两一分。扣除印费，净得四十一万六千八百十八佛郎七十五生丁。

一、又十二月初七日，电汇英金五千镑，价二先令四本士七五，合规银四万一千七百三十九两一钱三分。照前兑价，应得十二万五千五百佛郎。

一、又十二月初九日，电汇英金二万镑，价二先令四本士五，合规银十六万八千四百二十一两五分。照前兑价，应得五十万二千佛郎。

一、又电汇法银二十五万佛郎，价二佛郎九十九生丁，合规银八万三千六百十二两四分，实得二十五万佛郎。

一、又十二月初十日，电汇法银十六万四千六百七十二佛郎八十二生丁，合规银五万五千七十四两五钱二分。照前兑价，实得十六万四千六百七十二佛郎八十二生丁。

以上共计银二百三十二万一千四百六十五两二钱五分，合法银七百八万二千六百八十四佛郎十四生丁。外加二五用银五千八百三两六钱六分，统计规银二百三十二万七千二百六十八两九钱一分。①

## 209. 本年二月应筹英德还款交商汇沪由

光绪三十年三月二十八日（1904年5月13日）

光绪三十年三月二十八日，收两江总督魏文称：据江宁布政使黄建笎呈称：窃照江宁藩库与宁厘局每年奉派认解俄、法、英、德还款及加拨磅价共银十二万五千两，内解俄、法款银五万两，英、德款银七万五千两，业经遵照部定限期，将光绪二十九年分

①台北“中央研究院”近史所藏：《外交档案》；馆藏号：02-24-005-01-047。

应拨银两连同加拨磅价先后解清在案。所有本年还款计二月期应筹英、德还款并加拨磅价合银一万八千七百五十两，现准金陵厘捐局筹拨，应即转解。除于正月十三日饬库放交裕源祥号汇解江海关兑收汇付外，理合呈候汇案核咨等情，到本部堂。据此，相应咨呈。为此咨呈贵部，谨请查照施行。①

## 210. 咨送裴税司应付英德利息函件由

光绪三十年三月二十八日（1904年5月13日）

光绪三十年三月二十八日，收两江总督（魏光焘）文称：据副总税务司裴式楷函称：续借英、德四厘五金款，光绪三十年二月二十日第六十六次应付利息，缮具银票，合库平银四十万两，送交江海关道查收分交。其不敷金镑之数，由关另筹他款补足，并将呈报贵部禀一件送请转寄等因。前来。相应咨送。为此咨呈贵部，谨请查照施行。

●照录禀函

敬启者，案查续借四厘五金款按月付利一事，前经改订按各厘局副税务司交到之款，除扣留足用之经费外，即可尽数拨解等因。所有第六十五次应交银两，已于上月由本副税务司拨解在案。现将届西历一千九百零四年四月初五日，即光绪三十年二月二十日，按照合同应付利息六万九千六百二镑十三西林四本士，例由总税务司交付第六十六次厘金还款之期，兹由本副总税务缮具汇丰银票二纸，每票规平银二十一万九千二百两，共合规平银四十三万八千四百两，即按每规平银一百九两六钱合库平银一百两，统合库平银四十万两，业于本日送交江海关道查收，以便届期分交汇丰、德华两银行各一纸。其不敷金镑之数，仍请由江海关道另筹他款补足，俾免贻误。除呈明贵部鉴核备案，即希贵总办转

①台北“中央研究院”近史所藏：《外交档案》；馆藏号：02-24-005-01-048。

呈可也。再，此件系由南洋转递。合并声明。专此，顺颂升祺。①

## 211. 第三年第四期赔款交商汇沪由

光绪三十年三月二十八日（1904年5月13日）

光绪三十年三月二十八日，收两江总督魏文称：据江宁布政使黄建筦呈称：和约赔款，光绪三十年二月二十二日第三年第四期司库应解库平银三万三千三百三十三两三钱三分三厘三毫三丝，连加补平水银五百四十七两六钱六分六厘。除划解河南盐道二十九年第四批拨补松沪厘金银一万五千两外，实应找解第四期赔款及补水银一万八千八百八十两九钱九分九厘三毫三丝。又，金陵厘捐局应解拨抵赔款、京官津贴改为加复俸饷及加增边防经费两款，连补水共库平银七百六十二两三钱二分二厘；又，金陵厘捐局应解拨抵赔款、旗兵加饷银二千五百两，补水银四十一两七分五厘；又，海州分司应解拨抵赔款、旗兵加饷银，补水共库平银二千五百四十一两七分五厘，均于正月十三日放交宝善源、豫昌厚、裕源祥、庚源等号商汇解沪关汇付，呈候核咨，各等情，到本部堂。据此，相应咨呈。为此咨呈贵部，谨请查照施行。②



## 212. 应还十七期息银收回关票核销由

光绪三十年三月二十八日（1904年5月13日）

光绪三十年三月二十八日，收两江总督（魏光焘）文称：据江海关道袁树勋详称：窃奉总理衙门札：由前出使龚大臣在伦敦与英商克萨借款一百万镑，改由户部备用，并奉札发副总票一纸，将前项借款分期全数收清，一面遵照合同归还本利清单，拟刊关票四十张，呈奉盖印，发关加盖海关关防，函送税务司签印转给，

①台北“中央研究院”近史所藏：《外交档案》，馆藏号：02-24-005-01-044。
②台北“中央研究院”近史所藏：《外交档案》，馆藏号：02-07-010-02-032。

收回总票送道，详咨缴销，并将第一期至第十六期应还本息先后付清，取回关票，详咨缴销在案。兹查光绪二十九年十一月十四日系克萨镑款应还第十七期利息之期，先奉户部札开，克萨镑款十月三十日应付息银，拨山东税厘、盐课银三万两，云南税厘、盐课银四万两，山西厘金、盐课银三万两，通商银行息款银五万两，河东盐商摊捐银三千两等因。奉经职道查明克萨镑款应还第十七期利息二万四千镑，查照合同先期十四天付给，当经筹备规银二十万两，函送麦加利银行查收。旋据该行结算是期镑款，照西历十二月十七号英金市价二先令四本士七五核算，共计规银二十万三百四十七两八钱二分，请找拨前来。职道核数相符，即经如数找付清讫，将关票交由新关税务司转送到道。伏查是期还款，先准浙江粮道解到折漕运费划抵云南藩司应解是期克萨镑款银四万两，又准山西藩司解到盐课银二万两，并盐商摊捐银三千两，又由德华银行先后交到胶关常税厘金存款内划拨山东藩司应解到是期克萨镑款银三万两，并补解二十八年应还第十五期奉拨银三万两；又准长芦运司照案划解到盐商摊捐银三千两，以上共收库平银十三万六千两，照章申合规平银十四万九千五十六两，连同沪关报存通商银行缴到二十八年分存款利息规银五万两，共合规平银十九万九千五十六两，尽数抵付是期还款，尚不敷规平银一千二百九十一两八钱二分，系在各关解充新案赔款内常洋增税项下挪垫。合将收回沪字第十七号关票一纸详祈核销，并请分咨户部、外务部查照等情并关票，到本部堂。据此，相应将关票咨呈。为此咨呈贵部，谨请查照核销施行。①



## 213. 报犯一案乞商英使速定年限由

光绪三十年四月初二日（1904年5月16日）

光绪三十年四月初二日，收南洋大臣电称：上月“宥”电，

①台北“中央研究院”近史所藏：《外交档案》，馆藏号：02-24-005-01-046。

当饬沪道设法切商。兹据电禀：晤商古领，据称两犯监禁十年，各领尚可设法照允。惟英领意一犯禁二年，一犯即释放。日、葡惟英是从。查英使虽允于十年之内酌减，尚未饬知英领，致内外立意不同。此案展期以四月初七日为止，万不允再缓，求迅电钧处转商英使，将年限商定，急电饬英领遵办，否则英领故意以一二年为词，借端延宕，一届限满，即行释放。诸领又不愿与英为难，非由商定不可云。英领意在宽纵，与商必故延，俾逾初七日之期即可释放。英使既有至少在十年以内，由钧处与商，断不致一犯即释，一犯只禁两年，即或商减至五六年，亦较英领之意为重。期限已迫，务求钧处速商英使以年限，急电英领遵照，以免释放，一面并求电示，以凭饬遵。祷切。焘。东。①



## 214. 苏松太道绘呈商民旗式等情由

光绪三十年四月初八日（1904 年 5 月 22 日）

光绪三十年四月初八日，收南洋大臣魏光焘文称：案据苏松太道袁树勋禀：前定红地黄月月中一行龙四爪或三爪青色，作为中国公司商民一律旗式，咨准外部照知驻京各国大臣，暨咨行在案。嗣奉行知，招商局用红地黄月商旗行用已久，仍应照旧，未便纷更。招商系官督商办公司，与民间个人及合众公司产业不同，亦与外洋公司自设旗号之例相符，自应仍如其旧。惟现据通州大生等公司均请自设旗号，恐滋案牍而炫观瞻，转不足以昭慎重，趁此重加规定，将个人事业与合众事业各定画一旗式，大众遵守与各绅董及平日考究商务者详核，请以前定之黄月中一龙者为商民个人事业寻常通用之旗，另定一黄月中二行龙者为商民合众公司事业特别之旗，凡经奏准及禀定有案者，方准悬用，亦不得另定别样旗式。禀请分咨照会各国驻京大臣，行文海陆各军知照，

①台北“中央研究院”近史所藏：《外交档案》，馆藏号：02-09-003-03-007。

咨行各省转饬示谕，仍照会各领事一体立案，谕知洋商遵照等情。前来。当核所拟，较前尤为妥洽，批饬照会多张呈候分咨转饬遵办，一面仍先据禀转咨贵部、商部核办。嗣准贵部咨复已照会各国使臣在案。兹据该道照绘旗式，呈请分咨前来。相应咨送。为此咨呈贵外务部，谨请查照，照送各国使臣立案施行。计咨送图式各十八张。①

## 215. 江海关遵拨驻德荫大臣经费由

光绪三十年四月十一日（1904 年 5 月 25 日）

光绪三十年四月十一日，南洋大臣文称：据江海关道袁树勋呈称：本年三月初一日，奉外务部“东”电内开即拨汇驻德荫大臣经费一万两，并于初九日奉荫大臣“庚”电，经费交德华汇，各等因，到关。奉此，遵在提存出使经费项下照数动支库平银一万两，于三月十三日送交上海德华银行收领，即由该银行妥速汇寄德国柏林都城中国使署交纳，一面由道备具文批，呈请荫大臣查收，印发批回备案。除呈报外务部外，理合备文呈祈鉴核等情，到本大臣。据此，查此案昨准贵外务部来咨，业经札饬该关遵照如数拨汇在案。兹据前情，相应咨明。为此咨呈贵外务部，谨请查照施行。②

## 216. 金陵关税厘倾耗赔款交商汇沪由

光绪三十年四月十七日（1904 年 5 月 31 日）

光绪三十年四月十七日，南洋大臣魏文称：据金陵关道徐树钧详照：案照金陵关税厘倾耗项下应提一半防费银两，奉饬全数提出，留作赔款，按月解沪等因。业将本年二月十五日以前提存

---

①台北“中央研究院”近史所藏：《外交档案》，馆藏号：02-13-051-02-002。

②台北“中央研究院”近史所藏：《外交档案》，馆藏号：02-12-052-04-019。

防费如数清解在案。所有二月十六日起至三月十五日止，即西历四月分洋税倾耗项下应提防费银七十一两三钱九分六厘九毫六丝四忽，又药厘倾耗项下应提防费银四十二两六钱二分四厘，共提关平银一百十四两二分九毫六丝四忽，遵即备具文批，发交号商源成承领，汇解赴沪，准于四月初一日以前上兑。除移江海关并详苏抚宪外，理合详祈核咨等情，到本大臣。据此，除批示外，相应咨明。为此咨呈贵外务部，谨请查照施行。①

## 217. 金陵关增收进口税应提赔款汇沪由

光绪三十年四月十七日（1904年5月31日）



光绪三十年四月十七日，南洋大臣魏文称：据金陵关道徐树钧详称：案奉宪札赔款奏请免提二成洋税，准户部议复令各省关约计增收数目，按月提解，不必拘执二成等因。奉经遵办并解至三十年二月十五日止在案。兹据税司查明三十年二月十六日起至三月十五日止，即西历四月分，共增收进口税银五十八两九钱五分九厘，函致前来。遵即照提关平银五十八两九钱五分九厘，备具文批，发交号商源成承领，汇解赴沪，准于四月初一日以前上兑。除移江海关并详苏抚宪外，理合详祈鉴核，咨明外务部、户部查照，实为公便等情，到本大臣。据此，除批示外，相应咨明。为此咨呈贵外务部，谨请查照施行。②

## 218. 应解第三年第四期偿款汇沪由

光绪三十年四月十九日（1904年6月2日）

光绪三十年四月十九日，南洋大臣（魏光焘）文称：据江南派办处司道呈称：案奉前院札饬和约偿款，江苏省每年银二百五

---

①台北“中央研究院”近史所藏：《外交档案》，馆藏号：02-07-010-02-051。
②台北“中央研究院”近史所藏：《外交档案》，馆藏号：02-07-010-02-052。

十万两案内，指拨鄂岸、湘岸、西岸、皖岸四督销，正阳关，淮北盐务局，盐巡道，海分司八处加价、新厘等项银九十七万两，应解由派办处汇齐转解，自光绪二十七年十二月二十二日起，每年分十二次，按月先期解沪。又奉另饬此项偿款，按照关平核算，每百两应加补水库平银一两六钱四分三厘等因，到处。奉经遵解至三十年正月第三年第三期止，咨明并呈报各在案。所有本年二月第三年第四期，连前共二十八期应解银八万零八百三十三两三钱三分四厘，按照关平加补水银一千三百二十八两零九分二厘，共合库平银八万二千一百六十一两四钱二分六厘，查有各局卡解存本月偿款，堪以尽数动拨，间有未到之处，亦由本处向钱庄设法筹足，先期汇解，以免贻误。除于本月十五日放交号商宝善源、裕源祥合解，限三月初一日以前解交江海关道兑收汇付，并报明抚宪查核外，具文呈乞汇案核咨等情，到本部堂。据此，相应咨明。为此合咨贵大臣，请烦查照。①



## 219. 应解第三年第五期偿款汇沪由

光绪三十年四月十九日（1904年6月2日）

光绪三十年四月十九日，南洋大臣魏文称：据江南派办处司道呈称：案奉前院札和约偿款，江苏省每年银二百五十万两案内，指拨鄂岸、湘岸、西岸、皖岸四督销，正阳关，淮北盐务局，盐巡道，海分司八处加价、新厘等项银九十七万两，应解由派办处汇齐转解，自光绪二十七年十二月起，每年分十二次，按月先期解沪。又奉另饬此项偿款，按照关平核算，每百两应加补水库平银一两六钱四分三厘等因，到处。奉经遵解至三十年二月第三年第四期止，咨明并呈报各在案。所有本年三月第三年第五期，连前共二十九期应解银八万零八百三十三两三钱三分四厘，按照关

①台北“中央研究院”近史所藏：《外交档案》，馆藏号：02-07-010-02-053。

平加补水银一千三百二十八两零九分二厘，共合库平八万二千一百六十一两四钱二分六厘，查有各局卡解存本月偿款，堪以尽数动拨，间有未到之处，亦由本处向钱庄设法筹足，先期汇解，以免贻误。除于本月十五日放交号商宝善源、裕源祥合解，限四月初一日以前解交江海关衙门兑收汇付外，呈祈鉴核，汇案核咨等情，到本部堂。据此，相应咨明。为此合咨贵大臣，请烦查照施行。①

## 220. 金陵关应解第四次赔款银两汇沪由

光绪三十年四月二十二日（1904年6月5日）



光绪三十年四月二十二日，南洋大臣魏光焘文称：据金陵关道徐树钧详称：案照金陵关每年认筹各国赔款银十万两，奉饬匀分十二次，照关平先期如数解沪等因。历经遵照并将本年二月分第三次银两清解在案。所有三月分第四次赔款，兹于续征税厘内提出关平银八千三百三十三两，发交号商源承领，汇解赴沪，准于三月初一日以前上兑。详祈鉴核，咨明外务部、户部查照等情，到本部堂。据此，相应咨呈。为此咨呈贵部，谨请查照施行。②

## 221. 江安道应解五期新定赔款汇沪由

光绪三十年四月二十二日（1904年6月5日）

光绪三十年四月二十二日，南洋大臣文称：据江安粮道胡延呈称：案奉札饬新定赔款，奉派江安粮道在改折节省运费项下每年提银二十万两，分作十二次，按期解沪。又饬关平百两应加补水库平银一两六钱四分三厘，各等因。业将三十年第四期连补水银奉解在案。所有应解三十年第五期派银一万六千六百六十六两

①台北“中央研究院”近史所藏：《外交档案》，馆藏号：02-07-010-02-054。
②台北“中央研究院”近史所藏：《外交档案》，馆藏号：02-07-010-02-059。

六钱六分六厘，补水库平银二百七十三两八钱三分三厘；又应解旗营加饷银一万两，补水库平银一百六十四两三钱；又应解加复俸饷银八十三两三钱三分三厘，补水库平银一两三钱六分九厘，除于二月十九日发交豫昌厚商号汇解上海道兑收外，呈祈鉴核查考等情，到本部堂。据此，相应咨呈。为此咨呈贵部，谨请查照施行。①

## 222. 沪道兑还两次英德金款本息由

光绪三十年四月二十二日（1904年6月5日）

光绪三十年四月二十二日，南洋大臣魏光焘文称：据江海关道袁树勋详称：窃奉札开：据该关呈送总理衙门咨：总税务司申称：按照合同第八款所载江海关票应由两江总督暨江海关道盖印，由江海关税务司签字，现经备妥两分，各系自第一号至五百四十号，且于每年二月之票上注明应付经收费用之数，以备按期备发，将关票两分咨送两江总督办理。此项票根即存道署备案，关票盖印札关遵照等因。遵经将票加盖海关关防，函请雷税务司签字，分别转给，并将票根截存道署备案。旋准税务司先后函称：第一期至第八期镑款业在伦敦、柏林收讫，将票函送到道，当经具文详缴。奉札准户部咨：北档房案呈：据总理衙门咨：准总税务司申呈：所有七处厘金，每月应拨利息四十二万两，倘各局有不照数交齐，以致总税务司不能按月底照定数交付道署，另筹他款补足等语。奉经将第九期起至第七十二期止应付本息先后接准总税务司送到月付各款，按期由道补足，送交新关税务司查收转付，取还关票详缴在案。

兹查光绪三十年正月十九日，即西历三月初五日，系续借英、德四厘五金款第七十三次应付本息六万九千六百十三先令四本士

①台北“中央研究院”近史所藏：《外交档案》，馆藏号：02-07-010-02-060。

之期，经职道查照是日英金市价，每规银一两合二先令七本士二五核算，共计规银五十三万四千五百四十八两四钱八分，先准副总税务司寄到规银四十三万八千四百两，并由道加筹规银九万六千一百四十八两四钱八分，一并送请好税务司查收转付。又查光绪三十年二月二十日，即西历四月初五日，第七十四次应付前项本息之期，复经查照是日英金市价，每规银一两合二先令五本士二五合算，共寄规银五十七万一千九十八两八钱二分，先准副总税务司寄到规银四十三万八千四百两，并由道加筹规银十三万二千六百九十八两八钱二分，一并送请好税务司查收转付，按期取还关票各二纸，先后转送到道。



伏查前两期还款买磅不敷，共垫规银二十二万八千八百四十七两三钱，仍在各关解充赔款之常洋增税项下挪凑济急。除俟一年届满再将收放、垫付各数缮折详咨外，兹将收回第七十三、七十四两号关票四纸具文，详祈鉴核查销，分咨户部、外务部查照等情并关票，到本部堂。据此，除将关票存销外，相应咨呈。为此咨呈贵部，谨请查照施行。①

## 223. 藩库应解第五期赔款银两汇沪由

光绪三十年四月二十二日（1904年6月5日）

光绪三十年四月二十二日，南洋大臣文称：据江宁布政使黄建筦呈称：和约赔款，光绪三十年四月二十二日第三年第五期司库应解库平银三万三千三百三十三两三钱三分三厘三毫三丝，连加补平水银五百四十七两六钱六分六厘。又，金陵厘捐局应解拨抵赔款、京官津贴改为加复俸饷及加增边防经费两款，连补水共库平银七百六十二两三钱二分二厘；又，金陵厘捐局应解拨抵赔款、旗兵加饷银二千五百两，补水银四十一两七分五厘；又，海

①台北“中央研究院”近史所藏：《外交档案》；馆藏号：02-24-005-02-012。

州分司应解拨抵赔款、旗兵加饷，连补水共库平银二千五百四十一两七分五厘，均于二月十三日放交裕源祥、宝善源、豫昌厚、庚源等号商汇解沪关汇付，呈候核咨，各等情，到本部堂。据此，相应咨呈。为此咨呈贵部，谨请查照施行。①



## 224. 沪道兑还两次英德洋款本息由

光绪三十年四月二十二日（1904年6月5日）

光绪三十年四月二十二日，南洋大臣魏文称：据江海关道袁树勋详称：窃照中国息借英、德洋款，计一年共还本息九十六万六千九百五十二镑，每期还本并息约须银五十余万。各省所收地丁、盐厘、货厘、杂税及各海关所收洋税、洋药、厘金项下，除常年应解京饷等项外，其余无论何款，俱准酌量划提，各照分认数目，按期解交江海关汇总付还等因。奉经将第一期至第九十一期英、德金镑照市合银分交付讫，按期取回关票详销在案。兹查光绪三十年正月初五日，系第九十二次应还汇丰、德华两银行各英金四万二百八十九镑十三先令四本士之期，经职道查照是日英金市价，每规银一两以二先令八本士五核算，共计规银五十九万五千四十七两三钱八分。又查二月初四日，系第九十三次应还前项本息，复经查照是日英金市价，每规银一两以二先令六本士三七五核算，共计规银六十三万六千六百七十六两二钱，先后函送新关税务司转交汇丰、德华两银行收讫，取回第九十五六两号关票各二纸送道，合将收回关票四纸具文，详祈鉴核查销，分咨外务部、户部查照等情并关票，到本部堂。据此，除关票存销外，相应咨呈。为此咨呈贵部，谨请查照施行。②



①台北“中央研究院”近史所藏：《外交档案》，馆藏号：02-07-010-02-061。
②台北“中央研究院”近史所藏：《外交档案》；馆藏号：02-24-005-02-013。

## 225. 应解三月期俄法还款银两汇沪由

光绪三十年四月二十二日（1904 年 6 月 5 日）

光绪三十年四月二十二日，南洋大臣魏光焘文称：据江宁布政使黄建芫呈称：窃照江宁藩库与宁厘局每年奉派认解俄、法、英、德还款及加拨磅价共银十二万五千两，内解俄、法款银五万两，英、德款银七万五千两，业将光绪二十九年分应拨银两连同加拨磅价先后解清，所有本年二月期应筹英、德还款并加拨银两筹解在案。兹届三月期应筹俄、法还款并加拨磅价合共银三万两，前经移准金陵厘捐局拨存银二万一千二百五十两，兹由司凑拨银八千七百五十两，除于二月十三日放交裕源祥、宝善源、豫昌厚、庚源号商汇解江海关兑收汇付外，呈候核咨等情，到本部堂。据此，相应咨呈。为此咨呈贵部，谨请查照施行。[①]

## 226. 附奏遵解旗营加饷银两知照由

光绪三十年五月初七日（1904 年 6 月 20 日）

光绪三十年五月初七日，南洋大臣魏光焘文称：窃照江苏省遵解光绪二十九年下半年旗营加饷银两抵付新案赔款，嗣后仍按半年奏报一（次）缘由附片会奏外，所有片稿相应咨呈。为此咨呈贵部，谨请查照施行。

●照录片稿

再，江苏省筹解旗营加饷银两，经前督臣等奏明自光绪十二年起，每年解银三十万两，江宁、苏州两属各半分认，按春、夏、秋三季批解户部兑收。前年接准行在户部咨：江苏省旗兵加饷全数提留新案赔款，每年匀作十二次解沪汇付。又准部电关平百两

①台北“中央研究院”近史所藏：《外交档案》；馆藏号：02-24-005-02-014。

应加补水库平银一两六钱四分三厘，各等因。当经先后转行遵照，业将二十九年上半年宁、苏两属应解前项银两分别筹解，附片奏明在案。所有江宁省岁筹银十五万两，内派江粮道库平十二万两，系由道径筹解沪。其金陵厘捐局每年认筹银三万两，向系解司转详。计光绪二十九年下半年银一万五千两，又关平补水银二百四十六两四钱五分，共银一万五千二百四十六两四钱五分，已准厘捐局按月解司转解江海关兑收汇付；苏州仍由派之司、关、道、局照案分筹，亦解过六次共计银七万五千两，另筹补水库平银一千二百三十二两二钱五分，已由各处按月解沪。据江宁、江苏两藩司详请具奏前来。除咨部查照并饬各该藩司嗣后仍按半年详奏一次外，理合会同江苏巡抚臣恩寿，附片陈明。伏乞圣鉴。谨奏。①

## 227. 金陵关增收进口税提还赔款汇沪由

光绪三十年五月十六日（1904 年 6 月 29 日）

光绪三十年五月十六日，两江总督魏文称：据金陵关道徐树钧详称：案奉宪札赔款奏请免提二成洋税，准户部议复令各省关约计增收数目，按月提解，不必拘执二成等因。奉经遵办并解至三十年三月十五日止在案。兹据税务司查明三十年三月十六日起至四月十七日止，即西历五月分，共增收进口税银二百七两六钱六分二厘，函致前来。遵即照提关平银二百七两六钱六分二厘，备具文批，发交号商源成承领，汇解赴沪，准于五月初一日以前上兑。理合详祈核咨等情，到本大臣。据此，除批示外，相应咨明。为此咨呈贵部，谨请查照施行。②

①台北“中央研究院”近史所藏：《外交档案》，馆藏号：02-07-011-01-007。
②台北“中央研究院”近史所藏：《外交档案》，馆藏号：02-07-011-01-018。

## 228. 金关洋税倾耗提还赔款汇沪由

光绪三十年五月十六日（1904年6月29日）

光绪三十年五月十六日，两江总督魏文称：据金陵关道徐树钧详称：案照金陵关税厘倾耗项下应提一半防费银两，奉饬全数提出，留作赔款，按月解沪等因。业将本年三月十五日以前提存防费如数清解在案。所有三月十六日起至四月十七日止，即西历五月分洋税倾耗项下应提防费银五十八两九钱四分三厘五毫九丝八忽，又药厘倾耗项下应提防费银三十三两四钱八厘，共提关平银九十二两三钱五分一厘五毫九丝八忽，遵即备具文批，发交号商源成承领，汇解赴沪，准于五月初一日以前上兑。除移江海关并详苏抚宪外，理合详祈核咨等情，到本大臣。据此，除批示外，相应咨明。为此咨呈贵外务部，谨请查照施行。①

## 229. 裴税务司函送罚款清折由

光绪三十年五月十六日（1904年6月29日）

光绪三十年五月十六日，收南洋大臣魏光焘文称：据副总税务司裴式楷函称：以通商各关造报第一百七十四结所收罚款清折函呈鉴核，附上贵外务部函件，祈代转寄等情。前来。除函复外，相应将函件咨送。为此咨呈贵外务部，谨请查照施行（计咨送电函一件、清折一包）。②

---

①台北“中央研究院”近史所藏：《外交档案》，馆藏号：02-07-011-01-019。

②台北“中央研究院”近史所藏：《外交档案》，馆藏号：02-13-050-01-001。

## 230. 本年第六期应解赔款银两汇沪由

光绪三十年五月二十七日（1904年7月10日）

光绪三十年五月二十七日，两江总督魏文称：据江南派办处江宁布政使黄建筦等申称：案奉前院札和约偿款，江苏省每年银二百五十万案内，指拨鄂岸、湘岸、西岸、皖岸四督销，正阳关，淮北盐务局，盐巡道，海分司八处加价、新厘等项银九十七万两，应解由派办处汇齐转解，自光绪二十七年十二月二十二日起，每年分十二次，按月先期解沪。又奉另饬此项偿款，按照关平核算，每百两应加补水库平银一两六钱四分三厘等因，到处。奉经遵解三十年三月第三年第五期止，咨明并呈报各在案。所有本年四月第三年第六期，连前共三十期应解银八万零八百三十三两三钱三分四厘，又加补水银一千三百二十八两零九分二厘，共合库平八万二千一百六十一两四钱二分六厘，查有各局卡解存本月偿款，堪以尽数动拨，间有未到之处，亦由本处向钱庄设法筹足，先期汇解，以免贻误。除于本月十五日放交号商宝善源、裕源祥合解，限五月初一日以前解交江海关衙门兑收汇付外，相应呈乞鉴核，汇案核咨等情，到本部堂。据此，相应咨明。为此合咨贵部，请烦查照施行。①

## 231. 藩库厘局应解第六期赔款汇沪由

光绪三十年五月二十八日（1904年7月11日）

光绪三十年五月二十八日，两江总督魏光焘文称：据江宁布政使黄建筦呈称：和约赔款，光绪三十年五月二十二日第三年第六期司库应解库平银三万三千三百三十三两三钱三分三厘三毫三

①台北“中央研究院”近史所藏：《外交档案》，馆藏号：02-07-011-01-021。

丝，连加补平水银五百四十七两六钱六分六厘；又，金陵厘捐局应解拨抵赔款、京官津贴改为加复俸饷及加增边防经费两款，连补水共库平银七百六十二两三钱二分二厘；又，金陵厘捐局应解拨抵赔款、旗兵加饷银二千五百两，补水银四十一两七分五厘；又，海州分司应解拨抵赔款、旗兵加饷，连补水共库平银二千五百四十一两七分五厘，均于三月十三日放交宝善源、豫昌厚、裕源祥、庚源等号商汇解沪关汇付，呈候核咨，各等情，到本部堂。据此，相应咨呈。为此咨呈贵部，谨请查照施行。①



## 232. 金陵关应解第四次赔款汇沪由

光绪三十年五月二十八日（1904 年 7 月 11 日）

光绪三十年五月二十八日，两江总督魏文称：据金陵关道徐树钧详称：案照金陵关每年认筹各国赔款银拾万两，奉饬匀分十二次，照关平先期如数解沪等因。历经遵办并将本年三月分第四次银两清解在案。所有四月分第五次赔款，兹于续征税厘内提出关平银八千三百三十三两，备具文批，发交号商裕源祥承领，汇解赴沪，准于四月初一日以前上兑。除移江海关兑收外，理合具文详祈鉴核，俯赐咨明外务部、户部查照等情，到本部堂。据此，相应咨呈。为此咨呈贵部，谨请查照施行。②

## 233. 江安粮道应解第六期赔款汇沪由

光绪三十年五月二十八日（1904 年 7 月 11 日）

光绪三十年五月二十八日，两江总督文称：据江安粮道胡延呈称：案奉札饬新定赔款，奉派江安粮道在改折节省运费项下每年提银二十万两，分作十二次，按期先行解沪转交。又奉饬关平

①台北“中央研究院”近史所藏：《外交档案》，馆藏号：02-07-011-01-022。
②台北“中央研究院”近史所藏：《外交档案》，馆藏号：02-07-011-01-023。

百两应加补水库平银一两六钱四分三厘，各等因。业将三十年第五期连同补水库平银汇解上海道库兑收转解并报明在案。所有应解三十年第六期派银一万六千六百六十六两六钱六分六厘，补水库平银二百七十三两八钱三分三厘；又应解旗营加饷银一万两，补水库平银一百六十四两三钱；又应解加复俸饷银八十三两三钱三分三厘，补水库平银一两三钱六分九厘，兹职道稔知款关紧要，应即提前汇解。除于本月十九日堂期发交志诚信商号汇解上海道兑收转解外，理合呈祈鉴核等情，到本部堂。据此，相应咨呈。为此咨呈贵部，谨请查照施行。①



## 234. 江安粮道应解第七期赔款汇沪由

光绪三十年五月二十八日（1904年7月11日）

光绪三十年五月二十八日，两江总督魏文称：据江安粮道胡延呈称：案奉札饬新定赔款，奉派江安粮道在改折节省运费项下每年提银二十万两，分作十二次，按期解沪。又饬关平百两应加补水库平银一两六钱四分三厘，各等因。业将三十年第六期连同补水银汇解在案。所有应解三十年第七期派银一万六千六百六十六两六钱六分六厘，补水库平银二百七十三两八钱三分三厘；又应解旗营加饷银一万两，补水库平银一百六十四两三钱；又应解加复俸饷银八十三两三钱三分三厘，补水库平银一两三钱六分九厘，除于四月十九日发交宝善源商号汇解上海道兑收外，呈祈鉴核查（考）等情，到本部院。据此，相应咨呈。为此咨呈贵部，谨请查照施行。②

①台北“中央研究院”近史所藏：《外交档案》，馆藏号：02-07-011-01-025。
②台北“中央研究院”近史所藏：《外交档案》，馆藏号：02-07-011-01-024。

## 235. 第六十八次应付英金款银交沪由

光绪三十年五月二十八日（1904 年 7 月 11 日）

光绪三十年五月二十八日，收两江总督魏光焘文称：据副税务司裴式楷函称：续借英、德四厘五金款，光绪三十年四月二十二日第六十八次应付利息，缮具银票，合库平银四十万两，送交江海关道查收分交。其不敷金磅之数，由关另筹他款补足，并将呈报贵部禀函一件送请转寄等因。前来。相应咨送。为此咨呈贵部，谨请查照施行。计咨呈禀函一件。①



## 236. 息借汇丰银款等情咨呈由

光绪三十年五月二十八日（1904 年 7 月 11 日）

光绪三十年五月二十八日，收两江总督魏光焘文称：据江海关道袁树勋详称：奉札准总理衙门咨：会同户部具奏息借汇丰银行银一千万两，奉旨允准，札关遵办等因。业将第十八次以前应付汇丰银款利息按期如数转给该银行收讫，先后取回副票缴销在案。兹查光绪三十年二月二十四日，即西历一千九百四年四月九号，系息借汇丰银款第十九次付利之期，当经查照关票应给规平银三十八万一千五百两，如数备齐，送交新关税务司转给该银行查收，并将是期副票取回到道。

伏查是期还款，前奉户部抄单札开汇丰银款二月二十五日应付息银拨四川盐斤加价银三十六万两，广东省归还息借商款腾出银十三万五千两等因。奉经分电筹解去后。旋于二月二十三日准粤海关解到银十三万五千两，二月二十八日准四川藩司道局解到银三十六万两，共收库平银四十九万五千两，申合规平银五十四

---

①台北“中央研究院”近史所藏：《外交档案》，馆藏号：02-24-008-01-001。

万二千五百两。内除拨还是期利息规银三十八万一千五百两外，尚余规平银十六万一千二十两，专款存储，以备下届还款及汇丰镑款不敷之用。除将收放各数仍俟另行汇开清折禀请核咨外，所有收回银字第十九号副票一纸，详请分咨外务部、户部查照。再，本年下半年汇丰银款尚有还本银一百九万两未蒙拨定，业经电禀户部预为筹拨，应请一并转咨，仍恳指拨的款，以便届期归还等情并关票，到本部堂。据此，相应将关票咨呈。为此咨呈贵部，谨请查照施行。①

## 237. 江海关付还十九次银款并缴关票由

光绪三十年五月二十八日（1904 年 7 月 11 日）

光绪三十年五月二十八日，收两江总督魏光焘文称：据副总税务司裴式楷函称：续借英德四厘五金款，光绪三十年四月二十二日第六十八次应付利息，缮具银票，合库平银四十万两，送交江海关道查收分交。其不敷金镑之数，由关另筹他款补足，并将呈报贵部禀函一件送请转寄等因。前来。相应咨送。为此咨呈贵部，谨请查照施行。

●照录禀函

敬启者，案查续借四厘五金款按月付利一事，前经改订按各厘局副税务司交到之款，除扣留足用之经费外，即可尽数拨解等因。所有第六十七次应交银两，已于上月十七日拨解在案。现将届西历一千九百四年六月初五日，即华历光绪三十年四月二十二日，按照合同应付利息六万九千六百二镑十三西林四本士，例由总税务司交付第六十八次厘金还款之期。兹由本副总税务司缮具汇丰银票二纸，每票规平银二十一万九千二百两，共合规平银四十三万八千四百两，即按每规平银一百九两六钱合库平一百两，

①台北“中央研究院”近史所藏：《外交档案》；馆藏号：02-24-005-02-029。

统合平银四十万两，业于昨日送交江海关查收，以便届期分交汇丰、德华两银行各一纸。其不敷金镑之数，仍请由江海关道另筹他款补足，俾免贻误。除呈明南洋大臣鉴核外，合行函致贵部察核备案，即希贵总办转呈可也。再，此函系由南洋转寄。合并致明。此颂升祺。①

## 238. 第六十七次应付英德金款交沪由

光绪三十年五月二十八日（1904 年 7 月 11 日）



光绪三十年五月二十八日，收两江总督魏光焘文称：据副总税务司裴式楷函称：续借英德四厘五金款，光绪三十年三月二十日第六十七次应付利息，缮具银票，合库平银三十五万两，送交江海关道查收分交。其不敷金镑之数，由关另筹他款补足，并将呈报贵部禀函一件送请转寄等因。前来。相应咨送。为此咨呈贵部，谨请查照施行。

●照录禀函

敬启者，案查续借四厘五金款按月付利一事，前经改订按各厘局副税务司交到之款除扣留足用之经费外，即可尽数拨解等因。所有第六十六次应交银两，已于上月拨解在案。现将届西历一千九百四年五月初五日，即华历光绪三十年三月二十日，按照合同应付利息六万九千六百二镑十三西林四本士，例由总税务司交付第六十七次厘金还款之期，本副总税务司本拟循例拨解，奈是月各厘局解到之款不敷甚多，万难凑足库平银四十万两之数。兹特缮具汇丰银票二纸，每票规平银十九万一千八百两，共合规平银三十八万三千六百两，即按每规平银一百九两六钱合库平银一百两，统合库平银三十五万两，业于本日送交江海关道查收，以便届期分交汇丰、德华两银行各一纸。其不敷金镑之数，仍请由江

①台北“中央研究院”近史所藏：《外交档案》；馆藏号：02-24-005-02-028。

海关道另筹他款补足，俾免贻误。除呈报南洋大臣察鉴外，相应函报贵部鉴核备案，即希贵总办转呈可也。再，此件系由南洋转寄。合并声明。专此，顺颂升祺。①





## 239. 瓯海关造报一百七十四结罚款由

光绪三十年六月初八日（1904 年 7 月 20 日）

光绪三十年六月初八日，收南洋大臣魏光焘文称：据瓯海关道童兆蓉详称：案奉户部札行，罚款银两按三个月造册呈报，以三成解总理衙门、三成归监督、四成归税务司，用资办公等因。奉将一百七十三结以前罚款分次造报，各在案。今准税务司将光绪二十九年十一月十四日起至三十年二月十五日第一百七十四结期满止所收罚款银两开折前来。职道复核无异，理合造册详祈核咨等情并清册到本大臣。据此，除批示外，相应将清册咨送。为此咨呈贵外务部，谨请查照施行（计咨送清册一本）。②

## 240. 金陵关应提防费等银交商汇沪由

光绪三十年六月二十四日（1904 年 8 月 5 日）

光绪三十年六月二十四日，南洋大臣魏文称：据金陵关道徐树钧详称：案照金陵关税厘倾耗项下应提一半防费银两，奉饬全数提出，留作赔款，按月解沪等因。业将本年四月十七日以前提存防费如数清解在案。所有四月十八日起至五月十七日止，即西历六月分洋税倾耗项下应提防费银五十四两四钱六厘三毫六丝八忽，又药厘倾耗项下应提防费银三十三两三钱三分八厘四毫，共提关平银八十七两七钱四分四厘七毫六丝八忽，遵即备具文批，发交号商源成承领，汇解赴沪，准于六月初一日以前上兑。除移

①台北“中央研究院”近史所藏：《外交档案》；馆藏号：02-24-005-02-014。
②台北“中央研究院”近史所藏：《外交档案》，馆藏号：02-13-050-01-005。

江海关并详苏抚宪外，理合详祈核咨外务部、户部查照，实为公便等情，到本大臣。据此，除批示外，相应咨明。为此咨呈贵外务部，谨请查照施行。①



## 241. 江安粮道八期赔款交商汇沪由

光绪三十年六月二十五日（1904年8月6日）

光绪三十年六月二十五日，南洋大臣魏文称：据江安粮道胡延详称：案奉札饬新定赔款，奉派江安粮道在改折节省运费项下每年提银二十万两，分作十二次，按期先行解沪转交。又奉饬关平百两应加补水库平银一两六钱四分三厘，各等因。业将三十年第七期连同补水库平银汇解上海道兑收转解并报明在案。所有应解三十年第八期派银一万六千六百六十六两六钱六分六厘，补水库平银二百七十三两八钱三分三厘；又应解旗营加饷银一万两，补水库平银一百六十四两三钱；又应解加复俸饷银八十三两三钱三分三厘，补水库平银一两三钱六分六厘，兹职道稔知款关紧要，应即提前汇解，于本月十九日堂期，发交豫昌厚商号汇解上海道兑收转解，理合具文呈祈鉴核查考等情，到本部堂。据此，相应咨呈。为此咨呈贵部，谨请查照施行。②

## 242. 金陵关认筹五月赔款交商汇沪由

光绪三十年六月二十五日（1904年8月6日）

光绪三十年六月二十五日，南洋大臣魏文称：据金陵关道徐树钧详称：案照金陵关每年认筹各国赔款银十万两，奉饬匀分十二次，照关平先期如数解沪等因。历经遵办并将本年四月分第五次银两清解在案。所有五月分第六次赔款，兹于续征税厘内提出

---

①台北“中央研究院”近史所藏：《外交档案》，馆藏号：02-07-011-01-042。

②台北“中央研究院”近史所藏：《外交档案》，馆藏号：02-07-011-01-045。

关平银八千三百三十四两，备具文批，发交号商源成承领，汇解赴沪，准于五月初一日以前上兑。除江海关兑收外，理合详祈鉴核，咨明查照，实为公便等情，到本部堂。据此，相应咨呈。为此咨呈贵部，谨请查照施行。①

## 243. 五月期英德还款并加磅价汇沪由

光绪三十年六月二十五日（1904 年 8 月 6 日）

光绪三十年六月二十五日，南洋大臣魏文称：据江宁布政使黄建筦呈称：窃照江宁藩库与宁厘局每年奉派认解俄、法、英、德还款及续奉部咨加拨磅价共银十二万五千两，内解俄、法款银五万两，英、德款银七万五千两，业经遵照部定限期将光绪二十九年分应拨银两连同加拨磅价先后解清。所有本年二月期应筹英、德还款并加拨磅价共银一万八千七百五十两，三月期俄、法还款并加拨磅价共银三万两，亦按期筹拨移解报明在案。兹届五月期应筹英、德还款并加拨磅价合共银一万八千七百五十两，应即由司筹拨批解。除于四月十三日放交宝善源号商汇解江海关兑收汇付，理合具文呈候汇案核咨等情，到本部堂。据此，相应咨呈。为此咨呈贵部，谨请查照施行。②

## 244. 拨解第七期赔款交商汇沪由

光绪三十年六月二十五日（1904 年 8 月 6 日）

光绪三十年六月二十五日，南洋大臣魏文称：据江宁布政使黄建筦呈称：和约赔款，光绪三十年六月二十二日第三年第七期司库应解库平银三万三千三百三十三两三钱三分三厘三毫三丝，连加补平水银五百四十七两六钱六分六厘；又，金陵厘捐局应解

①台北“中央研究院”近史所藏：《外交档案》，馆藏号：02-07-011-01-046。

②台北“中央研究院”近史所藏：《外交档案》；馆藏号：02-24-005-02-041。

拨抵赔款、京官津贴改为加复俸饷及加增边防军费两款，连补水共库平银七百六十二两三钱二分二厘；又，金陵厘捐局应解拨抵赔款、旗兵加饷银二千五百两，补水银四十一两七分五厘；又，海州分司应解拨抵赔款、旗兵加饷，连补水共库平银二千五百四十一两七分五厘，均于四月十三日放交宝善源、裕源祥、豫昌厚、庚源等号商汇解沪关兑收汇付，呈候核咨，各等情，到本部堂。据此，相应咨呈。为此咨呈贵部，谨请查照施行。[①]

## 245. 抵还汇丰镑款本息取回关票核销由

光绪三十年六月二十五日（1904年8月6日）



光绪三十年六月二十五日，南洋大臣魏文称：据江海关道袁树勋详称：窃奉札开：据该关呈送总理衙门咨：总税务司申称：按照合同第八款所载，江海关票应由两江总督暨江海关道盖印，由江海关税务司签字。现经备妥两分，各系自第一号至五百四十号，且于每年二月之票上注明应付、经收费用之数，以便按期备发，将关票两分咨送两江总督办理，此项票根即存道署备案，关票盖印，札关遵照等因。遵经将票加盖海关关防，函请雷税务司签字，分别转给，并将票根截存道署备案。旋准税务司先后函称：第一期至第八期镑款，业在伦敦、柏灵收讫，将票函送到道，当经具文详缴。嗣奉札准户部咨：北档房案呈：据总理衙门咨：准总税务司申呈：所有七处厘金每月应拨利息二十二万两，倘各关有不照数交齐，以致总税务司不能按月底照数交付道署，另筹他款补足等语。奉经将第九期起至第七十四期止应付本息先后接准总税务司送到月付各款，按期由道补足，送交新关税务司查收转付，取还关票详缴在案。兹查光绪三十年三月二十日即西历五月初五日，系续借英、德四厘五金款第七十五次应解本息六万九千

①台北“中央研究院”近史所藏：《外交档案》，馆藏号：02-07-011-01-047。

六百二镑十三先令四本士之期，经职道查照是日英金市价，每规银一两合二先令五本士二五核算，共计规银五十七万一千九十八两八钱二分，先准副总税务司寄到规银三十八万三千六百两，并由道加筹规银十八万七千四百九十八两八钱二分，一并送请好税务司查收转付；又查光绪三十年四月二十二日即西历六月初五日，系第七十六次应付前项本息之期，复经查照是日英金市价每规银一两合二先令五本士八七五核算，共计规银五十五万九千一百五十一两一钱二分，先准副总税务司寄到规银四十三万八千四百，并由道加筹规银十二万七百五十一两一钱二分，一并送请好税务司查收转付，按期取还关票各二纸，先后转送到道。伏查前两期还款买镑不敷，共垫规银三十万八千二百四十九两九钱四分，仍在各关解充赔款之常洋增税项下挪凑济急。除俟一年届满再将收放、垫付各数缮折详咨外，兹将收回第七十五、七十六两号关票四纸具文详祈鉴核察销，分咨查照等情并关票，到本部堂。据此，除将关票存销外，相应咨呈。为此咨呈贵部，谨请查照施行。①

## 246. 江海关付洋行本息函送新关转交由

光绪三十年六月二十五日（1904年8月6日）

光绪三十年六月二十五日，南洋大臣魏文称：据江海关道袁树勋详称：窃照中国息借英、德洋款，计一年共还本息九十六万六千九百五十二镑，每期还本并息约须银五十余万。各省所收地丁、盐厘、货厘、杂税及各海关所收洋税、洋药厘金项下，除常年应解京饷等项外，其余无论何款，俱准酌量划提，各照分认数目，按期解交江海关汇总付还等因。奉经将第一期至九十三期英、德金镑照市合银分交付讫，按照取回关票详销在案。兹查光绪三十年三月初五日系第九十四次应还汇丰、德华两银行各英金四万

①台北“中央研究院”近史所藏：《外交档案》，馆藏号：02-24-005-01-045。

二百八十九镑十三先令四本士之期，经职道查照是日英金市价，每规银一两以二先令四本士五核算，共计规银六十七万八千五百六十二两八钱；又查四月初六日系第九十五次应还款项本息，复经查照是日英金市价，每规银一两以二先令五本士七五核算，共计规银六十五万五十一两七钱六分，先后函送新关税务司转交汇丰、德华两银行收讫，取回第九十七八两号关票各二纸送道。合将收回关票四纸具文详祈鉴核察销，分咨外务部、户部查照等情，到本部堂。据此，存关票存销外，相应咨呈。为此咨呈贵部，谨请查照施行。①



## 247. 盐厘抵作三十一期偿款汇沪由

光绪三十年六月二十八日（1904年8月9日）

光绪三十年六月二十八日，南洋大臣魏文称：据江南派办处司、道呈称：案奉前院刘札饬和约偿款，江苏省每年银二百五十万两案内，指拨鄂岸、湘岸、西岸、皖岸四督销，正阳卡，淮北盐务局，盐巡道，海分司八处加价、新厘等项银九十七万两，应解由派办处汇齐转解，自光绪二十七年十二月二十二日起，每年分十二次，按月先期解沪；又奉另饬此项偿款，按照关平核算，每百两应加补水库平银一两六钱四分三厘等因，到处。奉经遵解至三十年四月第三年第七期，连前共三十一期，应解银八万零八百三十三两三钱三分四厘，按照关平加补水银一千三百二十八两零九分二厘，共合库平银八万二千一百六十一两四钱二分六厘，查有各局卡解存本月偿款，堪以尽数动拨，间有未到之处，亦由本处向钱庄设法筹足，先期汇解，以免贻误。除于本月十五日放交宝善源、裕源祥商号汇解，交江海关衙门兑收汇付，并呈报抚院查核外，相应具文呈祈鉴核，汇案核咨等情，到本部堂。据此，

①台北“中央研究院”近史所藏：《外交档案》，馆藏号：02-24-005-02-042。

相应咨明。为此合咨贵部，请烦查照施行。[①]



## 248. 咨商部顾问张謇议商律等情由

光绪三十年七月初六日（1904年8月16日）

光绪三十年七月初六日，收南洋大臣魏光焘文称：光绪三十年六月十四日，准商部头等顾问官翰林院修撰张謇咨呈：本年五月二十二日，承准贵大臣照会：准商部咨：所有奏定商律第三十五条及第五十七条意义系指附股而言，并非指设厂而言。嗣后洋商附股均应按照商律第三十八条原文办理，并援照铁路矿务章程，不得余逾华股之数，以示限制，咨行查照等因，到本大臣。准此，事关全国内地商务权利，统核英约全案第八款，洋商设厂既经限以口岸，凡准附股，只能附于华商所设之厂，并抄商部来文照会，究竟商部所复于约章及内地商务利弊若何？事关全国商务利害，应如何设法补救之处，并望筹示等因。承准此，查商法尤重国际，国际商法兢胜之本原，一在国势，一在商智。国势强则外人不能夺其内地之权利。若日虽通商口岸，并无外人之著名公司是也；商智开则内地自有团结之气局；若犹太，虽国已尽失，尚有大资本家散寄于各国是也。绎商部所奏定之商律第三十五、三十八、五十七条，似外国人附股于华公司，即于华商同遵中国商律及公司所定规条，隐寓收回治外法权之意，具有深心。惟中国今日国势不兢，商智不开，而内地各行省地大物博，农工商实业可兴之利正多，华人势散力薄，偷懦惮事，设外人各以其高掌远跖之资，行其捭阖飞钳之策，勾我奸商，借给资本出名择要设立公司，复明目张胆遵律附股，即使一一遵我商律，而在我可以图强之资已转而供人殖民之用，由是而思，贵大臣咨请商部，于五十七条“中国人”不加在口岸三字为必不可少，且于治外法权之意亦尤为满足，否则麻木商、□商方畏公司之名若避仇，无赖少年正借商



①台北“中央研究院”近史所藏：《外交档案》，馆藏号：02-07-011-01-052。

律之说以向外，设有支离，变成交涉。国势不足以达理，商部必因之损名，是又不得先事绸缪，宁为过计而毋为不及者。所有遵照筹议，合据管见，呈祈鉴核等因，到本大臣。准此，除分咨外，相应咨明。为此咨呈贵外务部，谨请查照酌核施行。[①]



## 249. 应还汇丰磅价第十九期利息由

光绪三十年七月二十三日（1904年9月2日）

光绪三十年七月二十三日，收南洋大臣魏文称：据江海关道袁树勋详称：窃奉札：准总理衙门咨：光绪二十年十月十二日，本衙门会同户部具奏息借汇丰银行银一千万两，二十一年正月十二日本衙门复会同户部具奏息借汇丰银行洋款三百万镑，前后奉旨允准钦遵办理在案。兹将副票盖印札关遵办等因。奉经将第一期起至第十八期应还本息，均由各省解到奉拨抵款汇付，不敷银两由关挪垫，先后取回关票详缴在案。兹查光绪三十年四月二十六日即西历六月九号，系息借汇丰金款应付第十九期利息之期，先奉户部札开光绪三十年应还汇丰镑款息银，仍照上年指拨各款数目，届期归还，开单札关遵照。查抄单内开：汇丰镑款四月二十六日应付息银，拨浙江武卫中军饷银六万两、福建武卫中军饷银十万两、闽海关武卫中军饷银十万两、甘肃船厂经费银三万五千两、河南铁路经费银五万两、安徽铁路经费银五万两、江宁铁路经费银五万两、江苏铁路经费银五万两、江西铁路经费银五万两、浙江铁路经费银五万两等因。并奉督宪暨抚宪札同前由各到关，奉经查明汇丰镑款应还第十九期利息六万六千镑，按照是日金镑市价每规银一两合二先令六本士二五核算，共计规银五十二万三千六百三十六两三钱六分，当经照数筹备，函送新关税务司查收转付，并将是期副票取回，转送到道。

①台北“中央研究院”近史所藏：《外交档案》，馆藏号：02-13-051-02-012。

伏查是期还款，前准江南筹防局划解到铁路经费银八千三百两，江安粮道解到铁路经费银八千三百两，金陵支应局划解到铁路经费银八千三百两，宁藩司解到藩运司局应筹铁路经费银二万五千一百两，镇江关解（铁）路经费银四千两，苏藩司解到司库及厘金项下应筹铁路经费银二万六千两，并由职道在于关税项下动拨三十年分铁路经费银二万两，甘肃藩司汇到船厂经费银三万五千两，河南藩司解到铁路经费银五万两，浙江藩、运司解到武卫军饷银六万两、铁路经费银五万两，安徽藩司解到铁路经费银五万两。以上共收库平银三十九万五千两，照章申合规银四十三万二千九百二十两。除尽数抵付是期还款外，尚不敷规银九万七百十六两三钱六分，仍在收存各关解到新增常洋税内暂行挪垫。

所有本届奉拨福建闽海关武卫军饷银二十万两，仍未解到福建省旧欠二十七八九年分每年奉拨银十万两，闽海关尚欠二十八年分下短银五万两、二十九年分奉拨银十万两，均未补解，共计积欠银六十五万。除将收、放不敷各数仍俟年终汇案开折禀请核咨外，合将收回金字第十九号副票一纸详祈核销，并请分咨户部、外务部查照，仍恳咨催闽海关将所欠前项银两按年如数汇解清款等情并关票，到本部堂。据此，相应将关票咨送。为此咨呈贵部，谨请查照核销施行。①

## 250. 金陵关应解第七次赔款交商汇沪由

光绪三十年七月二十三日（1904年9月2日）

光绪三十年七月二十三日，南洋大臣魏文称：据金陵关道徐树钧详称：案照金陵关每年认筹各国赔款银十万两，奉饬匀分十二次，照关平先期如数解沪等因。历经遵办并将本年五月分第六次银两清解在案。所有六月分第七次赔款，兹于续征税厘内提出

①台北“中央研究院”近史所藏：《外交档案》，馆藏号：02-24-005-02-048。

关平银八千三百三十三两，备具文批，发交号商源成承领，汇解赴沪，准于六月初一日以前上兑。除移江海关兑收外，理合具文详祈鉴核，俯赐咨明外务部、户部查照等情，到本部堂。据此，相应咨呈。为此咨呈贵部，谨请查照施行。①



## 251. 咨送裴税司六十九次付息函件由

光绪三十年七月二十三日（1904年9月2日）

光绪三十年七月二十三日，收南洋大臣魏文称：据副总税司裴式楷函称：续借英、德四厘五金款，光绪三十年五月二十二日第六十九次应付利息，缮具银票，合库平银四十万两，送交江海关道查收分交。其不敷金镑之数，由关另筹他款补足，并将呈报贵部禀函一件送请转寄等因。前来。相应咨送。为此咨呈贵部，谨请查照施行。

●照录原函

敬启者，案查续借四厘五金款按月付利一事，前经改订各厘局副税务司交到之款，除扣留足用之经费外，即可尽数拨解等因。所有第六十八次应交银两，已于上月拨解申报在案。现将届西历一千九百四年七月初五日，即华历光绪三十年五月二十二日，按照合同应付利息六万九千六百二镑十三西林四本士，例由总税务司交付。第六十九次厘金还款之期，兹由本副总税务司缮具汇丰银票二纸，每票规平银二十一万九千二百两，共合规平银四十三万八千四百两，即按每规平银一百九两六钱合库平银一百两，统合库平银四十万两，业于前日送交江海关道查收，以便届期分交汇丰、德华两银行各一纸。其不敷金镑之数，仍请由江海关道另筹他款补足，俾免贻误。除呈明南洋大臣察阅外，相应报明贵部鉴核备案，即希贵总办转呈可也。再，此件系由南洋转递。合并

①台北“中央研究院”近史所藏：《外交档案》，馆藏号：02-07-011-02-004。

声明。此颂升祺。①

## 252. 应还瑞记洋款第十八期利息由

光绪三十年七月二十三日（1904年9月2日）

光绪三十年七月二十三日，收南洋大臣魏光焘文称：据江海关道袁树勋详称：光绪三十年三月十八日奉札开：瑞记洋行款，本年五月十八日又届第十八次还息之期，仍应照案筹拨。所有此次苏省牙厘局应解银六万两，自应仍由苏藩司在于奉部拨补厘金项下照数筹措。其余并由淮运司仍按四分之一筹解银五万两，芜湖米捐局拨银三万两，皖南茶厘局及芜湖、九江两关各拨银二万两，均限四月底解交江海关兑收汇付，札关遵照。再，此次还息只须二万二千磅，所拨各司关局之款，共有库平银二万两，除还息外，余银若干，另款存储，留备下届凑付之用等因，到关。奉此，遵查本年五月十八日自还瑞记洋款第十八期息、利息二万二千磅，经职道查照是日英金市价，每规银一两合二先令□本士六二五核算，共计规银十七万二千四百八两一钱五分，如数函送瑞记洋行查收清楚。所有是期还款先准江宁藩司解到金陵厘局筹拨芜湖米厘银三万两，芜湖关解到银二万两，两淮运司解到银五万两，九江关解到银二万两，皖南茶厘局解到银二万两，苏藩司解到拨补厘金项下筹银六万两，并先准两淮运司补解到第十七期找款规合库平银一万一千八百二十六两七钱三分三厘。以上共收库平银二十一万一千八百二十六两七钱三分三厘，申合规平银二十三万二千一百二十六两二钱九分九厘三毫六丝八忽，内除归还上届第十七期垫放不敷规银四千六百十两七钱二分六厘七毫七忽九微，又付还本届第十八期利息规银十七万二千四百八两一钱五分外，尚余规银五万五千一百四十三两二分二厘六毫六忽一微，内应除淮运司奉派是期还磅，仍照四分之一应摊规银四万三千一百

①台北“中央研究院”近史所藏：《外交档案》，馆藏号：02-24-005-02-047。

二两三分七厘五毫，核计解到库申规银五万四千八百两，尚存溢解规银一万一千六百九十七两九钱六分二厘五毫，留抵下届还款，再行核算外，净存是期还款余剩规银四万三千四百四十五两二钱六分一毫六丝一微。又查九江关所欠第十六期还款加拨银六千两，屡请补解未到。除再移催补解到日连同前项余银一并储库凑还第十九期本息之用，并将取回沪字第十八号江海关印票一纸存销并分移外，详祈鉴核，俯赐分咨户部、外务部查照等情，到本部堂。据此，相应咨呈。为此咨呈贵部，谨请查照施行。①



## 253. 江宁第八期应解赔款交商汇沪由

光绪三十年七月二十三日（1904年9月2日）

光绪三十年七月二十三日，南洋大臣魏光焘文称：据江宁布政使黄建笎呈称：和约赔款，光绪三十年七月二十二日第三年第八期司库应解库平银三万三千三百三十三两三钱三分三厘三毫三丝，连加补平水银五百四十七两六钱六分六厘；又，金陵厘捐局应解拨抵赔款、京官津贴改为加复俸饷及加增边防经费两款，连补水共库平银七百六十二两三钱二分二厘；又，金陵厘捐局应解拨抵赔款、旗兵加饷银二千五百两，补水银四十一两七分五厘；又，海州分司应解拨抵赔款、旗兵加饷，连补水共库平银二千五百四十一两七分五厘，均于五月十三日放交宝善源、裕源祥、豫昌厚、庚源等号商汇解沪关汇付，呈候核咨，各等情，到本部堂。据此，相应咨呈。为此咨呈贵部，谨请查照施行。②

①台北“中央研究院”近史所藏：《外交档案》，馆藏号：02-24-008-01-005。
②台北“中央研究院”近史所藏：《外交档案》，馆藏号：02-07-011-02-005。

## 254. 咨报改善还款办法由

光绪三十年七月二十三日（1904年9月2日）

光绪三十年七月二十三日，收南洋大臣魏文称：据江海关道袁树勋禀称：窃查新案赔款，照约载还期、银数，前三年除每年还本息海关银一千八百十二万九千五百两，另带还首次欠息关平银三百万并息外应加之利，前经职道拟定办法，将每年应还原定本息及欠息两项，按月摊还一百八十二万两，俟十二月期满结算一次。其息外之息，应以预付还款贴还息银抵算，另行找清，知照公会，一面将第一、第二两年各应还海关银二千一百八十二万九千五百两如数还讫，并将本年第三年上半年六个月先还银一千九十二万，均取有银行公会收据在案。此系按照约表办理，前两年之款已还足，毫无短少。本年上半年还款亦在一半有余，只有欠息之利须待公会将每月预收赔款应有之息补还。在我始得核明，我送迭次函商公会，始终置之不复，以致无从核办，延误在彼，与我不涉。乃公会参赞于第一年上半年收清本息之后，忽来账单一纸，将各国派款数目计金开列，即以结账日之市价合作银数。旋每届半年必开送清账一次，前半系照和约金价列作关平银两，后半又照结账日市价列银，以致每期溢算银二百余万至一百四五十万不等，硬将五期带还之欠息七百五十万抵渠溢算；本息镑价，另索额外不敷之银。所有首次欠息作为未还仍列原欠九百万，开单计息。照此核算，第一年起截至现在止，计两年有半，已不敷银一千余万之巨，无论财力艰窘，无以应彼族之搜求；就使府库充盈，亦万不能如所索以取偿，转实其还金之说。历届接到公会来账，节经立时驳回，然历届之账不过声明短欠之数，并未索付欠息。今届西历六月底来函，则提明年内须付欠息九百万。转瞬一千九百四年十二月底欠息满期，诚恐外人强以未还为辞，无理逼索，不得不预为陈明，理合照录五次来往各函清账禀陈，仰祈察核，分咨外务部、户部备查，实为公便等情。并另禀及清册。

到本部堂。据此，除批查此项赔款，照约本系还银，数年来坚持力争，幸得美已签票还银，英虽未全许，然已允拾年收银款为各国公共。美允还银实系主持公道，此时无论各国如何要索，无非恫喝之计。国有强弱，理无贰致，各国虽强，其势亦未便遽违公理。如其款须还金，美国岂肯签票还银？英美既允收银，此外各国何能因违约远众，强欲索金，别生枝节？此中机括业已显然，仍当始终力与争持，不仅约理宜尔，且今时仅两年照公会索补还金之数，业已如此之巨，若定还金，则金价必又增昂，新旧各款更复增累，亦为中国财力万不能受此巨亏也。察阅公会办法，无非意在盘剥，该道与之剖办甚是。另单所陈亦深切事理，仰候一并咨明外务部、户部备查，缴册存送印发外，相应照录另禀并清册咨送。为此咨呈贵部。谨请查照施行。

●照录原禀

敬再禀者，本年正月二十三日奉宪台札示，以此项赔款美已签票还银，英允十年收银，即德国亦不过极言当照金价短交之款索补而已。事关各国公共，互相牵制，似不致由一国独用其强，搅乱大局。此时自应查照约案，仍行付银。饬即查明现在金价，按切近事妥议具复等因。并蒙录颁英、德、奥三公使照会，循诵之下，仰见我宪台洞澈欧情，绸缪时局，钦佩无以为喻！窃思争辩金银之始，我仅据约表之意义反复讨论，借此相持亦既两年有余。今则英允十年，美先签票还金之说，愈见为诬。援期案以抗争，尤足助约表所未及，何以德、奥独从中胶执，一再行文，岂其势力独雄，分款独巨！良以金钱涨落，银行实操其权，不难于结账之时故昂其值，亦不难将逐日市价逐步抬高。

观于前年沪关承办赔款时主金之说起，镑价遂贵至规银一两仅合二先令一本士有零。迨后我执定还银，延至去年，美允用银签票，始逐渐跌落，至今在二先令六七本士之间。此中盈虚消息可想而知。再，观于历次公会清账，仍将英、美应得之款牵连并列，计金核银，不分皂白，其为银行参赞之臆断，实非大公，而英美之未经与闻，尤可想见矣。匪特此也。赔款既不偿金，金可不贵，则新旧镑债亦不受镑贵之亏，暗中裨补，每岁何止数百万，况目前金钱市价纵较往年减跌，然核之约载定价，犹相差数本士之多，约计银数亦属匪细，实未可以寻常视之！为今之计，只有遵饬力持约表本旨，仍按银交付，好在各国银行仍照常收纳，并未退回，似不必另议办法。但求内外一心，坚持罔懈，实为全国之幸。锥指管窥，是否有当？伏祈钧察，仍恳宪台随时指示，俾有遵循，云云。

●照录清册

谨将沪关经理赔款内银行公会函送五届账单并往来各函，录呈宪鉴。

照译银行公会参赞薛福德来函

启者，西七月初一日期金款，照本日市价计合规银若干，本公会兹特开具清单，送祈钧鉴，以昭核实。计开如左：

德国二百七十五兆十六万五千四百二十三马克三十三。六个月四厘利五百五十万三千三百零八马克四十六，欠付一千九百一年利十一万零六十六马克十五，共五百六十一万三千三百七十四马克六十一（二马克三十二），合规银二百四十一万九千五百五十八两零二分。

奥国十四兆三十九万四千零九十二克勒尼四十。六个月四厘利二十八万七千八百八十一克勒尼八十四，欠付一千九百一年利五千七百五十七克勒尼六十四，共二十九万三千六百三十九克勒尼四十八（二克勒尼七百二十五），合规银十万七千七百五十七两六钱一分。

比国三十一兆八十一万六千二百九十三佛朗七十五。六个月利六十三万六千三百二十五佛朗八十六，欠付一千九百一年利一万二千七百二十六佛朗五十三，共六十四万九千零五十二佛朗三十九（二佛朗八百五十五），合规银二十二万七千三百三十八两八钱四分。

日斯巴国五十万七千四百三十一佛朗二十五。六个月利一万一百四十八佛朗六十二，欠付一千九百一年利二百零二佛朗九十九，共一万零三百五十一佛朗六十一（二佛朗八百五十五），合三千六百二十五两七钱八分。

美国二十四兆四十四万七百七十八圆八十一。六个月利四十八万八千八百十五圆五十六，欠付一千九百一年利九千七百七十六圆三十一，共四十九万八千五百九十一圆八十七（□□），合九十万零三百九十一圆六十四。

法国二百六十五兆七十九万三千四百佛朗。六个月利五百三十一万五千八百六十八佛朗，欠付一千九百一年利十万六千三百十七佛朗三十四，共五百四十二万二千一百八十五佛朗三十四（二佛朗八百五十五），合一百八十九万九千一百八十九两二钱六分。

英国七兆五十九万三千零八十一镑十五先令。六个月利十五万一千八百六十一镑十二先令八本士，欠付一千九百一年利三千零三十七镑四先令八，共十五万四千八百九十八镑十七先令四本士（□□[1]），合一百三十六万四千二百四十六两八钱九分。

葡国一万三千八百三十七镑十先令。六个月利二百七十六镑十四先令十一本士，欠付一千九百一年利五镑十先令八本士，共二百八十二镑一先令七本士（□□），合二千四百八十六万（两）一钱二分。

意国九十九兆八十一万三千七百六十八佛朗七十五。六个月利一百九十九万六千二百七十五佛朗三十六，欠付一千九百一年利三万九千九百二十五佛朗五十，共二百零三万六千二百佛朗八十六（二佛朗八百五十五），合七十一万三千二百零五两二钱二分。

日本四十八兆九十五万三千八百九十一圆七十。六个月利九

---

①此处为汇率换算，待考。以下同。

十七万九千零七十七圆八十二，欠付一千九百一年利一万九千五百八十一圆五十六，共九十九万八千六百五十九圆三十八（□□），合八十九万八千八百八十三两三钱二分。

和国一百四十万四千六百五十一弗乐林六十。六个月利二万八千零九十三弗乐林零二，欠付一千九百一年利五百六十一弗乐林八十六，共二万八千六百五十四弗乐林八十八（一弗乐林三百七十五），合二万八百三十九两九钱一分。

俄国鲁布一百八十四兆八万四千零二十一鲁布四十四。六个月利三百六十八万一千六百八十鲁布四十二，欠付一千九百一年利七万三千六百三十三鲁布六十一，共三百七十五万五千三百十四鲁布零三（一鲁布七十六），合三百四十九万零六十八两八钱。

各国二万二千四百五十镑十先令。六个月利四百四十九镑二本士，欠付一千九百一年利八镑十九先令七本士，共四百五十七镑十九先令九本士（□□），合四千零三十三两六钱五分。

瑞瑙国九千四百二十三镑。六个月利一百八十八磅九先令二本士，欠付一千九百一年利三磅十五先令五本士，共一百九十二镑四先令七本士（□□），合一千六百九十三两零三分。

以上共计规银一千二百零五万三千三百八十两零九分。银行公会代中国政府收执余数规银十一万一千五百六十一两九钱一分，统计规银一千二百十六万四千八百八十两正。每月海关银一百八十二万两，六个月共一千零九十二万两（□□），合规银一千二百十六万四千八百八十两正。此颂日祉。一千九百二年六月三十日，上海银行公会参赞薛福德具。

●函复银行公会薛参赞

启者，顷接来函，将各国分派本期息款及购买金价各数开单见示，已悉。查此案赔款约载全数四百五十兆，照本年约表核计，中国只应归还海关银二千一百八十二万九千五百两，及加付一千九百一年欠款息银三十余万为止，即令买镑，亦止能照当日约载定数。至于各国如何分派，以及照现时市价购买金币，应归各国自理，中国但照约表核计应还银数付给，则责任已完，是以本道奉文经理之初，即经专开节略声明在案。本年第一期还款结数，本道仍照前、昨复函，只知内有预付关平银二十四万，外加预付期内未扣四厘息银九万五千八百两，归作第二期还款结算。所有单开各数与约载办法不符，本道未敢闻命，用再沥复，即祈贵参赞查照为荷。此颂日祉。

●照译银行公会参赞蒲宝来函

启者，本公会查西历本月三十一日应付各国偿款，本届年底约需解规银三百六十万两，以符约文而足偿款。此款应请仍照历届分数，分派各银行等因。嘱为函致，相应函达，即祈贵道查照施行是荷。顺颂日祉。西历一千九百二年十二月二十二日。上海银行公会参赞蒲宝具。



●函复蒲参赞

启者，昨接来函，以西历本月三十一日应付各国偿款约需规银三百六十万两等因。查此项赔款按照约票所载各数核算，计一千九百二年七月初一日及一千九百三年正月初一日，各应付息银九百万两，又带还欠付一千九百一年息银三百万两，又本银八十二万九千五百两，共应付关平银二千一百八十二万九千五百两。除每月付银一百八十二万，先后十一次共付过关平银二千零二万两外，本年实应找付银一百八十万九千五百两。来函所称三百六十万两，数目与约载不符，本道未敢闻命。至所欠首年息款，应加付之四厘息银以及中国逐月提前交款应收回之四厘息银，均当核明开单另行函送。相应布复，即希贵参赞查照为荷。此颂日祉。

●照译银行公会参赞蒲宝来函

启者，一千九百二年十二月三十一日，照约应付各国欠款，本公会开列清单，送呈察核。各金款按照本日市价合成银数，计规银一千四百零六万八千一百八十九两九千八分，内应扣去前半年付款余银十一万一千五百六十一两九钱一分，本届第二次半年只须付规银一千三百九十五万六千六百二十八两零七分。前五个月业蒙贵道付过规银一千零十三万七千四百两正，实应找付规银三百八十一万九千二百二十八两零七分，仍照历届分数分派各银行可也。相应函请贵道查照施行为荷。此颂日祉。西历一千九百二年十二月三十一日。上海银行公会参赞蒲宝具。

●照译银行公会参赞蒲宝来函

启者，叠准来函，具悉一一，暂勿具复。本公会查中国国家应查照昨日所呈清单，付给规银一千四百六万八千一百八十九两九钱八分内，计五个月，每月付过海关银一百八十二万两，共九百十万两，又一百八十万九千五百两，共计海关银一千零九十万九千五百两（三四），申合规银一千二百十五万三千一百八十三两。再加第一半年余规银十一万一千五百六十一两九钱一分，统共计规银一千二百二十六万四千七百四十四两九钱一分，实应找付规银一百八十万三千四百四十五两零七分。此款务请贵道照约迅赐付给为荷。顺颂日祉。西历一千九百零三年正月初三日。上海银行公会参赞蒲宝具。

●函复银行公会参赞蒲

启者，两接来函并赔款表，译悉一一。查新约及本息表办法，系将各国应得赔款按照西历一千九百一年四月一号市价合作海关平色银两，本道按期照付，均与和约所载金价核数相符，并未尝丝毫短少，来表固已胪列，贵参赞亦既知之矣，何以表末复无端添入一千九百二年十二月三十一号付款之日之市价，函索找补，竟与和约原定之一千九百一年四月一号之市价相去悬殊耶？此本道所大惑不解者也。至于所有一千九百二年七月初一日应付利银九百万两，一千九百三年正月初一日应付本利银九百八十二万九千五百两，又第一年应带还欠息三百万两，共二千一百八十二万九千五百两。以本道逐月所付之款合之，此次贵参赞来表上一层办法银数，业经照约付足，并未短少。惟应找欠息展期之四厘利银十三万九千六百两三钱，前经开单函告，一俟公会核明派定，请贵参赞函示之后，即当找送。相应函复，即祈贵参赞查照为荷。

此颂日祉。

●照译银行公会参赞蒲宝来函

启者，兹送上清帐一纸，结至一千九百三年六月三十日止，贵国共应付给签约各国计合规平银十四兆二万八千一百八十五两二钱七分。本公会先后六次共收关平银十兆九十二万两正(□□)，申合规平银十二兆十六万四千八百八十两正。除收尚规平银一百八十六万三千三百零五两二钱七分，即祈贵道查照，迅赐饬令付给为荷。顺颂日祉。西历一千九百三年七月初七日。上海银行公会参赞蒲宝具。(闰五月十五日到)。



●函致银行公会参赞班

启者，前接贵前参赞蒲君来函并本年第一期赔款表一纸，译悉一是。查新约及本息表办法，系将各国应得赔款按照西历一千九百一年四月一号市价合作海关平色银两，业经本道按期是项办法，将第一年应还本息银一千八百八十二万九千九千五百两，及带还第一期欠息三百万两，如数还清，并于上年十二月初七日致明蒲参赞在案。本年应还本息关平银各前数，按照十二月匀解，每月还银一百八十二万，计还过六个月银一千九十二万，核与本年上半年应还之数有盈无绌。今查贵公会计数表前半开载亦既知按照合约金价列作关平银两，而下半忽又另照一千九百三年六月三十金钱市价核银，与约表不符者一。第一期欠付九百万，业于上年还过三百万，即应利随本减，乃表内仍叙作欠付九百万，并索取九百万半年利上之利，计银十八万两，此不符者二。上年两期本息及带还之三百万，均已如数还清，乃本表仍叙有上年第二期欠付一款，并又另索利上之利，此不符者三。有此三端，所有贵公会来函索补规银一百八十六万余两，无从得其解法，本道实未敢闻命，用特奉致，即祈贵参赞查照为荷。再，上年带还欠付息款三百万，另有利上加利一款，前经本道于上年末次付款时开列清单，请以按月预付赔款应补还四厘息银抵算，并将应找付银十三万九千六百两，备函送交公会，旋即退回，又未言明不收之故，本道久已有疑莫释。兹值贵参赞轮办会务，合亟奉询现应如何办理，尚祈查酌见示。盼切。此颂日祉。

●照译银行公会参赞班罗来函

启者，兹送上清账一次结至一千九百三年十二月三十一日止，贵国共应付各国规平银十四兆六十七万六百二两五钱，本公会六次共收规银十二兆十五万三千一百八十三两正。除收尚少规平银二兆五十一万七千四百十九两五钱，即祈贵道查照，迅赐饬令照付为荷。再，一千九百四年本公会参赞事务，现归法国委员东方汇理银行即法兰西银行总办安利育（译音）接办。嗣后贵道与本公会所有往来文移，应请径送安参赞核办可也。相应函达，即祈贵道查照是荷。顺颂日祉。西历一千九百四年正月初七日。上海银行公会参赞班罗具。

●致银行公会参赞东方汇理银行总办安

启者，昨接贵前参赞班君来函并本年第二期赔款表一纸，译悉一一。查新约及本息表办法，系将各国应得赔款按照西历一千九百一年四月一号市价合足海关平色银两，业经本道按照是项办法，将第一、第二两年应还本息三千七百六十五万九千两及带还第一期欠息六百万两，如数付清在案。本年第一期结算时，因蒲参赞表列各数核与约表办法未符，当将索补一节于闰五月二十日逐条驳复，备函致明班参赞去后，迄未得复以谓嗣后付还赔款，总当按照约表办理，不致再有纠葛。乃查阅班参赞此次所送计数表，仍与从前办法无异，种种与约不符。虽经前函逐细指明，本毋庸赘，惟贵参赞接办伊始，恐未悉其底蕴，特将不符之故再为贵参赞重言以申明之：一、表内前半开载既知按照和约金价列作海关银两，而下半忽又另照一千九百三年十二月三十一号金钱市价核银。二、第一期欠付九百万，业于上、今两年先后还过六百万，即应利随本减，乃表内仍叙作欠付九百万，并索取九百万全数利上之利，计银十八万两。三、本年上半年还款，本属有盈无绌，乃表内叙有一千九百三年六月三十日欠付数目以及欠款之利，故今中国意外受亏，殊难索解。所有贵公会来函索补规银二百五十一万七千余两，既与约表不符，自应逐条申说，以免误会，用特奉致，即祈贵参赞查照为荷。

再，上年带还欠付息款三百万，另有利上加利一款，前经本道于上年末次付款时开列清单，请以按月预付赔款，应补还四厘息银抵算，并将应找付银十三万九千六百两备函送交公会，旋即退回，又未言明不收之故，以致本年第二届应还欠息项下之加利一款无从找付清楚，本道不胜懊闷。兹值贵参赞轮办会务，合再奉询现应如何办理，尚祈查酌见示。盼切，祷切。此颂日祉。



●照译银行公会参赞安（利育）来函

启者，兹送上清账一纸，结至一千九百四年六月三十日止，贵国共应付各国规平银十三兆六十三万三千六百三十八两六钱三分，本公会六次共收规银十二兆十六万四千八百八十两正。除收尚少规银一百四十六万八千七百五十八两六钱三分，即祈贵道查照，迅赐饬令照付为荷。再，贵道应于西历年内付给本公会海关银九百万两，按照和约市价及该款之息，自一千九百四年六月三十日起至付款之日止，是即按照和约中国国家展在自一千九百零二年正月初一日起，于三年内付还此款，合特附陈，即祈查照。再，现届半年，本公会参赞事务轮归汇丰银行总办裴维司（译音）君接办，此后所有贵道与本公会往来文移，应请径送裴参赞核办可也。相应函达，统祈贵道查照是荷。顺颂日祉。西历一千九百四年七月初十日。上海银行公会参赞安利育具。

●致银行公会裴维司

启者，日前接准贵前参赞安君来函，并一千九百三年十二月三十一日至四年六月三十日，即第三年上半年赔款清账，译悉一一。查新约及本息表办法，系将各国应得赔款按照西历一千九百一年四月一号市价合作海关平色银两，业经本道查照表载分年银数，将第一、第二两年各应还本息银一千八百八十二万九千五百两，及每年各应带还欠付息银三百万，按年如数还清，并于华历二十八年十二月初七日、二十九年闰五月二十日、十一月二十八日，先后致明蒲、班两参赞在案。

本年第三年应还本息关平银一千八百八十二万九千五百两，按十二个月匀解，每月还银一百八十二万，计还过六个月银一千九十二万，核与本年上半年应还之数有盈无绌。今查贵公会开来清账前半开载既知按照和约金价列作海关银两，而下半忽又另照一千九百四年六月三十号金钱市价核银，与约表不符者一。第一期欠付九百万，业于第一、第二两年各还过三百万，利应随本减少，乃账内仍叙欠付九百万原数，并索取六个月利上之利，计十八万两，此不符者二。第一、第二两年本息及每年带还三百万，暨本年上半年本息，既以如数付清，有盈无绌，乃账内又叙有一千九百三年十二月三十一日欠付之款之四厘利息五万余两，及一千九百四年六月三十日欠付之款一百四十六万八千余两，此不符者三。有此三端，所有贵公会安参赞来函索补之银，无从得其解法，本道实未敢闻命，用特函复，即祈贵参赞查照为荷。

再，第一、第二两年带还欠付息款三百万。另有利上加利一款，前经本道于华历二十八年十一月三十日开列清单，请以按月预付赔款应补还之四厘息银抵算，并将应找第一年利上利银十三万九千六百两，备函送交公会，旋即退回，并未言明不收之故，本道久已怀疑莫释。华历二十九年闰五月间，函询班参赞，亦未得复。兹值贵参赞轮办会务，究应如何办理，并望查案酌核见示为荷。此颂日祉。

谨将沪关经理赔款内银行公会函送五届账单并来往各函，录呈宪鉴。

●照译银行公会参赞薛福德来函

启者，西七月初一日期金款照本日市价计合规银若干，本公会兹特开具清单，送祈钧鉴，以昭核实。计开如左：

德国二百七十五兆十六万五千四百二十三马克三十三。六个月四厘利五百五十万三千三百零八马克四十六，欠付一千九百一年利十一万零六十六马克十五，共五百六十一万三千三百七十四马克六十一（二马克三十二），合规银二百四十一万九千五百五十八两零二分。

奥国十四兆三十九万四千零九十二克勒尼四十。六个月四厘利二十八万七千八百八十一克勒尼八十四，欠付一千九百一年利五千七百五十七克勒尼六十四，共二十九万三千六百三十九克勒尼四十八（二克勒尼七百二十五），合规银十万七千七百五十七两六钱一分。

比国三十一兆八十一万六千二百九十三佛朗七十五。六个月利六十三万六千三百二十五佛朗八十六，欠付一千九百一年利一万二千七百二十六佛朗五十三，共六十四万九千零五十二佛朗三十九（二佛朗八百五十五），合规银二十二万七千三百三十八两八钱四分。

日斯巴国五十万七千四百三十一佛朗二十五。六个月利一万一百四十八佛朗六十二，欠付一千九百一年利二百零二佛朗九十九，共一万零三百五十一佛朗六十一（二佛朗八百五十五），合三千六百二十五两七钱八分。

美国二十四兆四十四万七百七十八圆八十一。六个月利四十八万八千八百十五圆五十六，欠付一千九百一年利九千七百七十六圆三十一，共四十九万八千五百九十一圆八十七（□□），合九十万零三百九十一圆六十四。

法国二百六十五兆七十九万三千四百佛朗。六个月利五百三十一万五千八百六十八佛朗，欠付一千九百一年利十万六千三百十七佛朗三十四，共五百四十二万二千一百八十五佛朗三十四（二佛朗八百五十五），合一百八十九万九千一百八十九两二钱六分。

英国七兆五十九万三千零八十一镑十五先令。六个月利十五万一千八百六十一镑十二先令八本士，欠付一千九百一年利三千零三十七镑四先令八，共十五万四千八百九十八镑十七先令四本士（□□），合一百三十六万四千二百四十六两八钱九分。

葡国一万三千八百三十七镑十先令。六个月利二百七十六镑十四先令十一本士，欠付一千九百一年利五镑十先令八本士，共二百八十二镑一先令七本士（□□），合二千四百八十六万（两）一钱二分。

意国九十九兆八十一万三千七百六十八佛朗七十五。六个月利一百九十九万六千二百七十五佛朗三十六，欠付一千九百一年利三万九千九百二十五佛朗五十，共二百零三万六千二百佛朗八十六（二佛朗八百五十五），合七十一万三千二百零五两二钱二分。

日本四十八兆九十五万三千八百九十一圆七千。六个月利九十七万九千零七十七圆八十二，欠付一千九百一年利一万九千五百八十一圆五十六，共九十九万八千六百五十九圆三十八（□□），合八十九万八千八百八十三两三钱二分。

和国一百四十万四千六百五十一弗乐林六十。六个月利二万八千零九十三弗乐林零二，欠付一千九百一年利五百六十一弗乐林八十六，共二万八千六百五十四弗乐林八十八（一弗乐林三百七十五），合二万八百三十九两九钱一分。

俄国鲁布一百八十四兆八万四千零二十一鲁布四十四。六个月利三百六十八万一千六百八十鲁布四十二，欠付一千九百一年利七万三千六百三十三鲁布六十一，共三百七十五万五千三百十四鲁布零三（一鲁布七十六），合三百四十九万零六十八两八钱。

各国二万二千四百五十镑十先令。六个月利四百四十九镑二本士，欠付一千九百一年利八镑十九先令七本士，共四百五十七镑十九先令九本士（□□），合四千零三十三两六钱五分。

瑞瑙国九千四百二十三镑。六个月利一百八十八磅九先令二本士，欠付一千九百一年利三磅十五先令五本士，共一百九十二镑四先令七本士（□□），合一千六百九十三两零三分。

以上共计规银一千二百零五万三千三百八十两零九分。银行公会代中国政府收执余数规银十一万一千五百六十一两九钱一分，统共计规银一千二百十六万四千八百八十两正。每月海关银一百八十二万两，六个月共一千零九十二万两（□□），合规银一千二百十六万四千八百八十两正。此颂日祉。一千九百二年六月三十日，上海银行公会参赞薛福德具。

●函复银行公会薛参赞

启者，顷接来函，将各国分派本期息款及购买金价各数开单见示，已悉。查此案赔款约载全数四百五十兆，照本年约表核计，中国只应归还海关银二千一百八十二万九千五百两，及加付一千九百一年欠款息银三十余万为止，即令买镑，亦止能照当日约载定数。至于各国如何分派，以及照现时市价购买金币，应归各国自理，中国但照约表核计应还银数付给，则责任已完，是以本道奉文经理之初，即经专开节略声明在案。本年第一期还款结数，本道仍照前、昨复函，只知内有预付关平银二十四万，外加预付期内未扣四厘息银九万五千八百两，归作第二期还款结算。所有单开各数与约载办法不符，本道未敢闻命，用再泐复，即祈贵参赞查照为荷。此颂日祉。五月二十六日发。

●照译银行公会参赞蒲宝来函

启者，本公会查西历本月三十一日应付各国偿款，本届年底约需解规银三百六十万两，以符约文而足偿款。此款应请仍照历届分数，分派各银行等因。嘱为函致，相应函达，即祈贵道查照施行是荷。顺颂日祉。西历一千九百二年十二月二十二日。上海银行公会参赞蒲宝具。

●函复蒲参赞

启者，昨接来函，以西历本月三十一日应付各国偿款约需规银三百六十万两等因。查此项赔款按照约票所载各数核算，计一千九百二年七月初一日及一千九百三年正月初一日，各应付息银九百万两，又带还欠付一千九百一年息银三百万两，又本银八十二万九千五百两，共应付关平银二千一百八十二万九千五百两。

除每月付银一百八十二万，先后十一次共付过关平银二千零二万两外，本年实应找付银一百八十万九千五百两。来函所称三百六十万两，数目与约载不符，本道未敢闻命。至所欠首年息款应加付之四厘息银以及中国逐月提前交款应收回之四厘息银，均当核明开单另行函送。相应布复，即希贵参赞查照为荷。此颂日祉。十一月二十六日发。

●照译银行公会参赞蒲宝来函

启者，一千九百二年十二月三十一日照约应付各国欠款，本公会开列清单，送呈察核。各金款按照本日市价合成银数，计规银一千四百零六万八千一百八十九两九钱八分，内应扣去前半年付款余银十一万一千五百六十一两九钱一分。本届第二次半年只须付规银一千三百九十五万六千六百二十八两零七分。前五个月业蒙贵道付过规银一千零十三万七千四百两正，实应找付规银三百八十一万九千二百二十八两零七分，仍照历届分数分派各银行可也。相应函请贵道查照施行为荷。此颂日祉。西历一千九百二年十二月三十一日。上海银行公会参赞蒲宝具。

●照译银行公会参赞蒲宝来函

启者，叠准来函，具悉一一，暂勿具复。本公会查中国国家应查照昨日所呈清单，付给规银一千四百六万八千一百八十九两九钱八分内，计五个月每月付过海关银一百八十二万两，共九百十万两。又一百八十万九千五百两，共计海关银一千零九十万九千五百两（三四），申合规银一千二百十五万三千一百八十三两，再加第一半年余规银十一万一千五百六十一两九钱一分，统共计规银一千二百二十六万四千七百四十四两九钱一分，实应找付规银一百八十万三千四百四十五两零七分。此款务请贵道照约迅赐付给为荷。顺颂（日祉）。

●函复银行公会参赞蒲

启者，两接来函并赔款表，译悉一一。查新约及本息表办法系将各国应得赔款按照西历一千九百一年四月一号市价合作海关平色银两，本道按期照付，均与和约所载金价核数相符，并未尝丝毫短少，来表固已胪列，贵参赞亦既知之矣，何以表末复无端添入一千九百二年十二月三十一号付款之日之市价，函索找补，竟与和约原定之一千九百一年四月一号之市价相去悬殊耶？此本道所大惑不解者也。至于所有一千九百二年七月初一日应付利银九百万两，一千九百三年正月初一日应付本利银九百八十二万九千五百两，又第一年应带还欠息三百万两，共二千一百八十二万九千五百两，以本道逐月所付之款合之此次贵参赞来表上一层办法银数，业经照约付足，并未短少。惟应找欠息展期之四厘利银十三万九千六百两三钱，前经开单函告，一俟公会核明派定，请贵参赞函示之后，即当找送。相应函复，即祈贵参赞查照为荷。此颂日祉。十二月初七日发。



●照译银行公会参赞蒲宝来函

启者，兹送上清帐一纸，结至一千九百三年六月三十日止，贵国共应付给签约各国计合规平银十四兆二万八千一百八十五两二钱七分。本公会先后六次共收关平银十兆九十二万两正(□□)，申合规平银十二兆十六万四千八百八十两正，除收尚少规平银一百八十六万三千三百零五两二钱七分，即祈贵道查照迅赐饬令付给为荷。顺颂日祉。西历一千九百三年七月初七日。上海银行公会参赞蒲宝具。(闰五月十五日到)。

●函致银行公会参赞班

启者，前接贵前参赞蒲君来函并本年第一期赔款表一纸，译悉一是。查新约及本息表办法，系将各国应得赔款按照西历一千九百一年四月一号市价合作海关平色银两，业经本道按期是项办法，将第一年应还本息银一千八百八十二万九千五百两及带还第一期欠息三百万两，如数还清，并于上年十二月初七日致明蒲参赞在案。本年应还本息关平银各前数，按照十二月匀解，每月还银一百八十二万，计还过六个月银一千九十二万，核与本年上半年应还之数有盈无绌。今查贵公会计数表前半开载，亦既知按照合约金价列作关平银两，而下半忽又另照一千九百三年六月三十金钱市价核银，与约表不符者一。第一期欠付九百万，业于上年还过三百万，即应利随本减，乃表内仍叙作欠付九百万，并索取九百万半年利上之利，计银十八万两，此不符者二。上年两期本息及带还之三百万，均已如数还清，乃本表仍叙有上年第二期欠付一款，并又另索利上之利，此不符者三。有此三端，所有贵公会来函索补规银一百八十六万余两，无从得其解法，本道实未敢闻命，用特奉致，即祈贵参赞查照为荷。再，上年带还欠付息款三百万，另有利上加利一款，前经本道于上年末次付款时开列清单，请以按月预付赔款应补还四厘息银抵算，并将应找付银十三万九千六百两，备函送交公会，旋即退回，又未言明不收之故，本道久已有疑莫释。兹值贵参赞轮办会务，合亟奉询现应如何办理，尚祈查酌见示。盼切。此颂日祉。闰五月二十日发。

●照译银行公会参赞班罗来函

启者，兹送上清账一次，结至一千九百三年十二月三十一日止，贵国共应付各国规平银十四兆六十七万六百二两五钱，本公会六次共收规银十二兆十五万三千一百八十三两正，除收尚少规平银二兆五十一万七千四百十九两五钱，即祈贵道查照，迅赐饬令照付为荷。再，一千九百四年上半年本公会参赞事务，现归法国委员东方汇理银行即法兰西银行总办安利育（译音）接办。嗣后贵道与本公会所有往来文移，应请径送安参赞核办可也。相应函达，即祈贵道查照是荷。顺颂日祉。西历一千九百四年正月初七日。上海银行公会参赞班罗具。（十一月二十三日到）。

●致银行公会参赞东方汇理银行总办安

启者，昨接贵前参赞班君来函并本年第二期赔款表一纸，译悉一一。查新约及本息表办法，系将各国应得赔款按照西历一千九百一年四月一号市价合足海关平色银两，业经本道按照是项办法，将第一、第二两年应还本息银三千七百六十五万九千两及带还第一期欠息六百万两，如数付清在案。本年第一期结算时，因蒲参赞表列各数核与约表办法未符，当将索补一节于闰五月二十日逐条驳复，备函致明班参赞去后，迄未得复。以谓嗣后付还赔款，总当按照约表办理，不致再有纠葛。乃查阅班参赞此次所送计数表，仍与从前办法无异，种种与约不符。虽经前函逐细指明，本毋庸赘，惟贵参赞接办伊始，恐未悉其底蕴，特将不符之故再为贵参赞重言以申明之：一、表内前半开载既知按照和约金价列作海关银两，而下半忽又另照一千九百三年十二月三十一号金钱市价核银。二、第一期欠付九百万，业于上、今两年先后还过六百万，即应利随本减，乃表内仍叙作欠付九百万，并索取九百万全数利上之利，计银十八万两。三、本年上半年还款，本属有盈无绌，乃表内叙有一千九百三年六月三十日欠付数目以及欠款之利，故令中国意外受亏，殊难索解。所有贵公会来函索补规银二百五十一万七千余两，既与约表不符，自应逐条申说，以免误会，用特奉致，即祈贵参赞查照为荷。

再，上年带还欠付息款三百万，另有利上加利一款，前经本道于上年末次付款时开列清单，请以按月预付赔款应补还四厘息银抵算，并将应找付银十三万九千六百两备函送交公会，旋即退回，又未言明不收之故，以致本年第二届应还欠息项下之加利一款无从找付清楚，本道不胜懊闷。兹值贵参赞轮办会务，合再奉询现应如何办理，尚祈查酌见示。盼切，祷切。此颂日祉。十一月二十八日发。

●照译银行公会参赞安（利育）来函

启者，兹送上清账一纸，结至一千九百四年六月三十日止，贵国共应付各国规平银十三兆六十三万三千六百三十八两六钱三分，本公会六次共收规银十二兆十六万四千八百八十两正。除收尚少规银一百四十六万八千七百五十八两六钱三分，即祈贵道查照，迅赐饬令照付为荷。再，贵道应于西历年内付给本公会海关银九百万两，按照和约市价及该款之息，自一千九百四年六月三十日起至付款之日止，是即按照和约中国国家展在自一千九百零二年正月初一日起，于三年内付还此款，合特附陈，即祈查照。再，现届半年，本公会参赞事务轮归汇丰银行总办裴维司（译音）君接办，此后所有贵道与本公会往来文移，应请径送裴参赞核办可也。相应函达，统祈贵道查照是荷。顺颂日祉。西历一千九百四年七月初十日。上海银行公会参赞安利育具。（六月初二日到）。

●致银行公会裴维司

启者，日前接准贵前参赞安君来函，并一千九百三年十二月三十一日至四年六月三十日，即第三年上半年赔款清账，译悉一一。查新约及本息表办法，系将各国应得赔款按照西历一千九百一年四月一号市价合作海关平色银两，业经本道查照表载分年银数，将第一、第二两年各应还本息银一千八百八十二万九千五百两，及每年各应带还欠付息银三百万，按年如数还清，并于华历二十八年十二月初七日、二十九年闰五月二十日、十一月二十八日，先后致明蒲、班两参赞在案。本年第三年应还本息关平银一千八百八十二万九千五百两，按十二个月匀解，每月还银一百八十二万，计还过六个月个银一千九十二万，核与本年上半年应还之数有盈无绌。今查贵公会开来清账前半开载既知按照和约金价列作海关银两，而下半忽又另照一千九百四年六月三十号金钱市价核银，与约表不符者一。第一期欠付九百万，业于第一、第二两年各还过三百万，利应随本减少，乃账内仍叙欠付九百万原数，并索取六个月利上之利十八万两，此不符者二。第一、第二两年本息及每年带还三百万，暨本年上半年本息，既以如数付清，有盈无绌，乃账内又叙有一千九百三年十二月三十一日欠付之款之四厘利息五万余两，及一千九百四年六月三十日欠付之款一百四十六万八千余两，此不符者三。有此三端，所有贵公会安参赞来函索补之银，无从得其解法，本道实未敢闻命，用特函复，即祈贵参赞查照为荷。再，第一、第二两年带还欠付息银三百万，另有利上加利一款，前经本道于华历二十八年十一月三拾日开列清单，请以按月预付赔款应补还之四厘息银抵算，并将应找第一年利上利银十三万九千六百两，备函送交公会，旋即退回，并未言明不收之故，本道久已怀疑莫释。华历二十九年闰五月间，函询班参赞，亦未得复。兹值贵参赞轮办会务，究应如何办理，并望查案酌核见示为荷。此颂日祉。六月初九日发。①

## 255. 应还俄法洋款第十八期本息由

光绪三十年七月二十三日（1904年9月2日）



光绪三十年七月二十三日，南洋大臣魏文称：据江海关道袁树勋详称：案照中国息借俄、法洋款，计一年应还本息二千一百十五万四千七百五十二佛郎，照现在佛郎合银市价，均需银五百余万两，一年分两期付还，一期还息约需银一百八九十万两，一期还本并息约需银三百一二十万两。各省所收地丁、盐课、盐厘、货厘、杂税及各海关所收洋税、洋药、厘金项下，除常年应解京饷等项仍照常分别批解留支外，其余无论何款，俱准酌量划提，各照分认数目，按期解交江海关道汇总付还等因。奉经将第十七期以前应还本息遵饬付清，照译收单，详请分咨在案。

兹查光绪三十年五月十八日系还俄、法借款第十八期本息之期，按照合同应付息银七百五万五十九佛郎五十生丁，又还本银七百五万四千六百三十三佛郎，先期二十天付给。嗣因前届第九期还款该行购镑提前作价溢算十余万金，旋据金行总董璞科第来沪订定以后每年两期还款，各按西历五月十五、十一月十五起，每期各分四次，按次由道付给。至该行买镑，夏则西四月二十五日起，冬则西十月二十五日起，均尽四十五日之内尽数购齐，开单核算，奉总署行知亦在案。所有是期还款，先经职道查照续订办法，分作四次先后付给规银四百七十万两，函送道胜银行查收，购买佛郎汇总结算去后。兹据该行将购单开送到道。当查单开共

①台北“中央研究院”近史所藏：02-07-014-01-006。

计规银四百六十一万四千五十四两五钱六分，合法银一千四百十三万九千九百五十四佛郎七十四生丁，外加二五行用银一万一千五百三十五两一钱四分，统计规银四百六十二万五千五百八十九两七钱，出具收据，将溢付余剩规银七万四千四百十两三钱，并认缴先期付款贴还四厘利息规银七千九百六两九钱二分一并函送前来。

除分别照收归款并将收、放各数列入三十年分四国还款案内汇造清册，详请核销外，理合照译收据及应还佛郎购价清单，开折具文详祈鉴核，咨明外务部、户部查照等情并折，到本部堂。据此，相应将清折咨呈。为此咨呈贵部，谨请查照施行。



●照录清折

谨将译出道胜银行购付第十八期俄、法洋款佛郎价值清单，录呈宪鉴。

外务部谕令购汇彼得堡通商总行应于一千九百四年七月初一日期付还一千八百九十五年中国四厘借款法银一千四百十三万九千九百五十四佛郎七十四生丁。

一、西历四年四月二十五日，电汇英金二千镑，价二先令六本士，合规银一万六千两，每磅兑换法银二十五佛郎五生丁。以下各条英金换法银价均同，应得五万一百佛郎。

一、又四月二十六日，电汇英金二万四千镑，价二先令五本士二五，合规银十九万六千九百二十三两八分，照前兑价，应得六十万一千二百佛郎。

一、又四月二十七日，电汇英金三万镑，价二先令五本士二五，合规银二十四万六千一百五十三两八钱五分，照前兑价，应得七十五万一千五百佛郎。

一、又四月二十八日，电汇英金一万二千磅，价二先令五本士五，合规银九万七千六百二十七两一钱一分，照前兑价，应得三十万六百佛郎。

一、又四月二十九日，电汇英金三万五千磅，价二先令五本士三七五，合规银二十八万五千九百五十七两四钱四分，照前兑价，应得八十七万六千七百五十佛郎。

一、又四月三十日，电汇英金三万磅，价二先令五本士一二五，合规银二十四万七千二百十两三钱，照前兑价，应得七十五万一千五百佛郎。

一、又电汇法银一百三十万佛郎，价三佛郎五生丁，合规银四十二万六千二百二十九两五钱，实得一百三十万佛郎。

一、又五月初二日，电汇英金四万磅，价二先令五本士一二五，合规银三十二万九千六百十三两七钱三分，照前兑价，应得一百万二千佛郎。

一、又买四个月期英金二万磅，价二先令五本士七五，合规银十六万一千三百四十四两五钱四分，扣除印费，净得一万九千六百五十六磅十三先令四本士，照前兑价，应得四十九万二千三百九十九佛郎五十生丁。

一、又五月初三日，电汇英金三万五千磅，价二先令五本士一二五，合规银二十八万八千四百十二两二分，照前兑价，应得八十七万六千七百五十佛郎。

一、又买四个月期法银九十万佛郎，价三佛郎十三生丁，合规银二十八万七千五百三十九两九钱三分，扣除印费，净得八十八万四千五百五十佛郎。

一、又买四个月期英金二万磅，价二先令五本士七五，合规银十六万一千三百四十四两五钱四分，扣除印费，净得一万九千六百五十六磅十三先令四本士，照前兑价，应得四十九万二千三百九十九佛郎五十生丁。

一、又五月初四日，电汇英金二万磅，价二先令五本士二五，合规银十六万四千一百二两五钱六分，照前兑价，应得五十万一千佛郎。

一、又五月初五日，买四个月期英金三万磅，价二先令五本士八七五，合规银二十四万一千四两一钱八分，扣除印费，净得二万九千四百八十五磅，照前兑价，应得七十三万八千五百九十九佛郎二十五生丁。

一、又电汇英金二万磅，价二先令五本士二五，合规银十六万四千一百二两五钱六分，照前兑价，应得五十万一千佛郎。

一、又五月初六日，电汇英金一万二千磅，价二先令五本士三七五，合规银九万八千四十二两五钱六分，照前兑价，应得三十万六百佛郎。

一、又电汇法银六十万佛郎，价三佛郎八生丁，合规银十九万四千八百五两二钱，实得六十万佛郎。

一、又买四个月期英金四万磅，价二先令六本士，合规银三十二万两，扣除印费，净得三万九千三百十三磅六先令八本士，照前兑价，应得九十八万四千七百九十九佛郎。

一、又五月初七日，电汇英金一万四千磅，价二先令五本士六二五，合规银十一万三千四百十七两七钱三分，照前兑价，应得三十五万七百佛郎。

一、又买四个月期英金五千磅，价二先令六本士二五，合规银三万九千六百六十九两四钱二分，扣除印费，净得四千九百十四磅三先令四本士，照前兑价，应得十二万三千九十九佛郎八十七生丁。

一、又五月十二日，电汇英金二千磅，价二先令五本士八七五，合规银一万六千六十六两九钱五分，照前兑价，应得五万一百佛郎。

一、又五月十三日，买四个月期英金二千磅，价二先令六本士五，合规银一万五千七百三十七两七钱，扣除印费，净得一千九百六十五磅十三先令四本士，照前兑价，应得四万九千二百三十九佛郎九十五生丁。

一、又五月十七日，电汇英金三千磅，价二先令五本士七五，合规银二万四千二百一两六钱八分，照前兑价，应得七万五千一百五十佛郎。

一、又五月二十日，买四个月期英金二千磅，价二先令六本士一八七五，合规银一万五千九百两六钱二分，扣除印费，净得一千九百六十五磅十三先令四本士，照前兑价，应得四万九千二百三十九佛郎九十五生丁。

一、又电汇英金一万磅，价二先令五本士六二五，合规银八万一千十二两六钱六分，照前兑价，应得二十五万五百佛郎。

一、又五月二十一日，电汇英金一万二千磅，价二先令五本士六二五，合规银九万七千二百十五两二钱，照前兑价，应得三十万六百佛郎。

一、又五月二十四日，电汇英金四千磅，价二先令五本士六二五，合规银三万二千四百五两七分，照前兑价，应得四万二百佛郎。

一、又五月二十五日，电汇英金五千磅，价二先令五本士七五，合规银四万三百三十六两一钱四分，照前兑价，应得十二万五千二百五十佛郎。

一、又六月初一日，电汇英金五千磅，价二先令五本士七五，合规银四万三百三十六两一钱四分，照前兑价，应得十二万五千二百五十佛郎。

一、又六月初二日，电汇法银十万佛郎，价三佛郎十二生丁，合规银三万二千五十一两二钱八分，实得十万佛郎。

一、又六月初四日，电汇英金五千磅，价二先令五本士七五，合规银四万三百三十六两一钱四分，照前兑价，应得十二万五千二百五十佛郎。

一、又六月初六日，电汇英金二千磅，价二先令五本士八七五，合规银一万六千六十六两九钱四分，照前兑价，应得五万一百佛郎。

一、又六月初七日，电汇法银七万五千佛郎，价三佛郎十三生丁，合规银二万三千九百六十一两六钱六分，实得七万五千佛郎。

一、又电汇英金五千磅，价二先令五本士八七五，合规银四万一百六十七两三钱六分，照前兑价，应得十二万五千二百五十佛郎。

一、又六月初八日，电汇法银五万九千二百七十七佛郎七十二生丁，价三佛郎十六生丁，合规银一万八千七百五十八两七钱七分，实得五万九千二百七十七佛郎七十二生丁。

以上共计规银四百六十一万四千五十四两五钱六分，合法银一千四百十三万九千九百五十四佛郎七十四生丁，外加二五用银一万一千五百三十五两一钱四分。统计规银四百六十二万五千五百八十九两七钱。①



## 256. 江海关应还洋款函送税司转交由

光绪三十年七月二十三日（1904 年 9 月 2 日）

光绪三十年七月二十三日，南洋大臣魏文称：据江海关道袁树勋详称：窃照中国息借英、德洋款，计一年共还本息九十六万六千九百五十二镑，照现在金镑市价核算，约须银六百数十万，一年分十二期付还，每期还本并息约须银五十余万。各省所收地丁、盐厘、货厘、杂税及各海关所收洋税、洋药厘金项下，除常年应解京饷等项仍照常分别批解留支外，其余无论何款，俱准酌量划提，各照分认数目，按期解交江海关汇总付还等因。奉经将第一期至九十五期英、德金磅照市合银，分交付讫，按期取回关票详销在案。

兹查光绪三十年五月初七日系第九十六次应还汇丰、德华两银行各英金四万二百八十九磅十三先令四本士之期，经职道查照是日英金市价，每规银一两以二先令六本士一二五核算，共计规银六十四万一千九百五十九两八钱四分。又查六月初八日系第九

①台北“中央研究院”近史所藏：《外交档案》，馆藏号：02-24-005-02-049。

十七次应还前项本息，复经查照是日英金市价，每规银一两以二先令六本士八七五核算，共计规银六十二万六千三百六十五两六钱六分，先后函送新关税务司转交汇丰、德华两银行收讫，取回第九十九、一百两号关票各二纸送道。

除将收支各数遵饬分造清册，另行汇案详请奏咨外，合将收回关票四纸具文详缴，仰祈鉴核查销，分咨查照等情并关票，到本部堂。据此，除关票存销外，相应咨呈。为此咨呈贵部，谨请查照施行。①



## 257. 开送九江各国领事及洋行字号由

光绪三十年七月二十八日（1904年9月7日）

光绪三十年七月二十八日，收南洋大臣魏文称：据九江关道瑞澂申称：案奉前宪札：准总理衙门咨，饬将各该口岸现驻各国领事姓名并洋商行栈各字号一律查明，按结咨送备查等因。奉经遵办在案。兹自光绪三十年二月十六日起至五月十七日止，英月三个月第一百七十五结期满，查九江口岸惟英国派有领事官驻扎，其洋商开设行栈，亦只英、俄、美、德数国，此外各国既未派设领事，亦无洋商行栈。遇有交涉事件，如俄、美二国均归汉口领事官兼管，俄国仍系敖领事，美国现系魏礼格，德国仍系归江宁领事盖萨时管理，法国仍系上海总领事巨籁达兼管，丹国系归上海厉克司密甫兼管；荷国虽派有驻浔副领事，然向系英商兼充，其人亦来去靡常；日本国现归汉口领事永泷兼管。所有九江本口现在各国领事姓名及洋商行栈各字号，理合照案查明，开折申报核咨等情并清折，到本大臣。据此，相应将清折咨送。为此咨呈贵外务部，谨请查照施行。②

①台北“中央研究院”近史所藏：《外交档案》，馆藏号：02-24-005-02-050。
②台北“中央研究院”近史所藏：《外交档案》，馆藏号：02-08-010-01-002。

## 258. 金陵关遵提增收进口税汇沪由

光绪三十年八月初五日（1904 年 9 月 14 日）

光绪三十年八月初五日，收南洋大臣魏文称：据金陵关道徐树钧详称：案奉宪札赔款奏请免提二成洋税，准户部议复令各省关约计增（收）数目，按月提解，不必拘执二成等因。奉经遵办并解至三十年五月十七日止在案。兹于七月初一日，据税司查明三十年五月十八日起至六月十九日止，即西历七月分，共增收进口税银三十二两二钱三分三厘，函致前来。遵即照提关平银三十二两二钱三分三厘，备具文批，发交号商源成承领，汇解赴沪上兑。除移江海关并详苏抚宪外，理合详祈核咨等情，到本大臣。据此，除批示外，相应咨明。为此咨呈贵外务部，谨请查照施行。①

## 259. 金陵关遵提洋税等银交商汇沪由

光绪三十年八月初五日（1904 年 9 月 14 日）

光绪三十年八月初五日，收南洋大臣魏文称：据金陵关道徐树钧详称：案照金陵关税厘倾耗项下应提一半防费银两，奉饬全数提出，留作赔款，按月解沪等因。业将本年五月十七日以前提存防费如数清解在案。所有五月十八日起至六月十九日止，即西历七月分洋税倾耗项下应提防费银七十四两八钱二分一厘七毫六丝四忽，又药厘倾耗项下应提防费银四十七两七钱一分二厘，共提关平银一百二十二两五钱三分三厘七毫六丝四忽，遵即备具文批，发交号商源成承领，汇解赴沪上兑。除移江海关并（详）苏抚宪外，理合请②祈核咨等情，到本大臣。据此，除批示外，相应

①台北“中央研究院”近史所藏：《外交档案》，馆藏号：02-07-011-02-022。

②“请”，疑为“详”之误。

咨明。为此咨呈贵外务部，谨请查照施行。①

## 260. 江海关认筹协济邮政经费银两由

光绪三十年八月初十日（1904年9月19日）

光绪三十年八月初十日，收南洋大臣魏文称：据江海关道袁树勋详称：光绪三十年五月初九日，奉户部札：准外务部咨：光绪三十年二月初一日，据总税务司申：邮政一事，总办拟具明年推广之法则，明年约需经费一百零九万两，以入款三十万两计之，不敷约七十四万两之谱，不得不设法筹备。所需之数，若可照行，则每月津海、江汉、江海、闽海、潮海、粤海等六关各拨银一万两，计共六万两，作为协济邮政之费。俟各邮局入可敷出时，再行停拨等情。当经本部以库储支绌，实难拨此巨款，因饬总税务司拟一节省经费办法。兹复函称：邮局出售邮票，每年约三四十万两，加以所请之常年经费七十二万两，可得一百余万，户部款项充裕，能允此款，最为相宜；如户部只允一半三十六万两，加以邮票进款三四十万两，得此款项，现时已设之邮局仍可照办。倘户部一无所允，则邮政只得停，诚为可惜，外国邮局必即刻乘虚入手。此事实为中国利权所系，甚望经费有着，俾得照常办理等语。查邮政一项，关系中国权利甚大，该总税务司所陈各节不为无见。现在部库支绌异常，无从筹措，惟有仍就该总税务司所拟由津海等六关税收项下，每月各拨银一万两，应令该关监督酌量筹解，仍不得有误例解、例支各款，相应飞札江海关道遵照可也等因，到关。奉此，遵查此项邮政经费，奉饬月解银一万两，系为维持邮政，自应筹拨。惟查俄、日开衅以来，商贾裹足，沪关税收大为减绌，而奉拨各项如织造活计、工料及补足淮练等饷，骤增二三十万左右，竭蹶万分，所有前项邮费既蒙饬令酌量筹解，拟请勉认银六万两，余俟税收稍旺，再请酌添，俾纾喘息，即经



①台北“中央研究院”近史所藏：《外交档案》，馆藏号：02-07-011-02-023。

由电禀复户部察核在案。旋接新关税务司来函，以津海等六关每月各拨协济邮政经费银一万两，饬自西历七月起请领等因。并准函请筹拨前来。当经职道按照认筹银六万两之数，在于关税项下动拨本年西历七月分协济邮政经费银五千两，函送税务司查收。除将认筹银两按月拨解外，理合详祈鉴核分咨等情，到本大臣。据此，除批示外，相应咨明。为此咨呈贵外务部。谨请查照施行。①





## 261. 美使请派军医赴会南洋无人可派由

光绪三十年八月二十二日（1904 年 10 月 1 日）

光绪三十年八月二十二日，收南洋大臣魏文称：七月二十五日，准贵外务部电开：本年二月间，美使函请派军医赴会，业经咨行在案。是否派员？希电复等因。前来。查此案前准贵外务部来咨，当经分行水陆各营遴举医官赴会，未据各属选举有人。惟南洋向无军医学院，刻尚无人可派。除先行电达外，相应咨复。为此咨呈贵外务部，谨请查照施行。②

## 262. 外船入鄱阳湖演炮均经商阻等情由

光绪三十年八月二十四日（1904 年 10 月 3 日）

光绪三十年八月二十四日，收南洋大臣魏光焘文称：窃照本年三月间，英、美两国兵舰先后驶入江西鄱阳湖，演炮游弋。五、六月间，德兵舰又至该湖游弋。前准西抚部院来电及九江关道江西派办处先后禀详，均经批令照约驳阻，并电饬沪道向各该领事商阻。嗣虽商允停止演炮，而往来游弋仍有数起，均随时经该省地方官执约切阻，旋即驶去。顷准驻宁英领事孙德雅迭次来函辩

①台北“中央研究院”近史所藏：《外交档案》，馆藏号：02-02-009-02-022。
②台北“中央研究院”近史所藏：《外交档案》，馆藏号：02-20-009-01-006。

论此事，亦经照约驳复各在案。查近年各国兵轮游弋长江通商各埠，以保护商务教堂为名，势难禁阻。鄱阳湖系属内港，非通商口岸可比，况江右民情浮动，教案叠出，若任外国兵舰无故闯入，不特堂奥潜窥，后患莫测，亦恐居民疑阻，易启衅端。虽经随时商阻即行驶去，未致久停生事，然往来业有数次，此后设更接踵而至，更费周章。顷英领事函称，此案已请驻京钦使开议。且据上海道来呈：五月二十三日，接驻沪德总领事克纳贝函复，称此事已经汉口领事禀报驻京大臣，请径咨商外务部等情。是英、德两国必已向大部商论此事，咨将此案择抄来往电稿并紧要批牍，呈送冰案，以备察核办理，应如何申明条约，妥订章程，为防微杜渐之计。为此咨呈贵部，谨请查核，申明约章，照会各国公使妥商定议，转饬各兵船一体遵办。仍祈示复，以凭饬遵，望切施行。

●照录来往电稿

南昌来电（三十年三月二十九日到）

南京督帅鉴：洪昨浔道电禀，英舰名图意德拟赴鄱阳湖演炮，此事为条约所无，且时局多事，恐致人心惶惑，关系匪轻，饬令婉词坚阻。顷浔道复电，已派翻译向领事竭力商阻，讵料英舰已开，只得婉领事作函，饬该员持往婉阻，能否中止，容另禀闻。又有美舰名威力路博，已启行赴省游历等情。应否由尊处挈衔电商外部，转致该国公使饬阻，务祈酌定，速复。时“艳”即。

●电上海（三月二十九日）

袁道台：洪顷得夏中丞电，浔道禀英舰名图意德拟赴鄱阳湖演炮，饬令婉词坚阻，据复派翻译向领事商阻，讵英舰已开，只得婉领事作函，由该员持往婉阻，能否中止另禀。又有美舰名威力路博，已启行赴省游历，嘱饬商阻，前来。查各国兵轮，照约只应至口岸护商，不应深入内地游历，更不应至内湖演炮。前项英、美兵轮作此举动，均属违约，且难保不因此民间惊惶，滋生事端。应即由道向各该领事切实商诘调回，以后勿再违约前往为要。仍将商阻情形电复，为盼。督院。艳。

●电南昌（三月二十九日到）

夏抚台：洪"艳"电悉。各国兵轮照约只能至口岸护商，凡不通商之处，皆不应前往。今英舰至鄱湖演炮，美舰至省游历，均属违约妄行，该关道乃不执约立时切实商阻，总由平日未能详考约章，以致临时无从措手。现已切电沪道，向英美商诘，并嘱以后勿再前往。此时该两舰究至何处，如何情形，尊处尽可查明详电外部商论，或挈鄙衔，均无不可。艳。

●上海来（四月初二日）

督宪钧鉴：英兵轮忽入鄱湖演炮，英领事允即电转致美，尚未复。勋。冬。

●上海来（十三日到）

督宪钧鉴：英美兵舰赴鄱阳湖演炮及江西游历事，前奉"艳"电，遵即分投商阻，并将英领允即转致情形于"冬"电禀复。兹美领函已转请公使酌夺办理云。谨闻。树勋。文。

●南昌来（四月初三日到）

督帅钧鉴：英舰图意德经翻译持领事函追姑塘以上数十里，彼已设铁试炮，出函婉商，始得阻止。美舰威力路圃行至樵舍，其兵官威理等两人来省，旋即回船。现据浔道禀两舰均已回浔。时已径电外部，请照会公使，禁止各船，勿再驶入。谨闻。时。江。

●南昌来电（七月初一日到）

督帅钧鉴：洪先后据浔道电复：德小兵轮探名窝塔论、英小兵轮司乃普，均赴鄱阳湖，阻止不允，且语多生硬，实与约章不符。除饬沿江湖各属确探禀报，并保护、弹压外，可否请尊处电致各总领事，转致各国水师提督，谕饬各船嗣后照约勿再驶入，以免内地人心惊惶，或起谣言，乞示。时。东。

●电南昌（七月初一日到）

夏抚台：洪"东"电悉。前月据沪道呈，复商英领，允即转致美领，已转公使酌办。光绪二十八年，江西洋务局会同饶九道，详蒙李抚院札道照会驻沪各领事，各国兵舰游弋鄱阳，先期知照。德舰游鄱湖，先由领事知照，核案相符，商德领不能函阻，禀公使核办等语。虽经按约批令剖驳商阻，但德、美既均执转公使核办为定。此时令沪道再商，领事亦必仍推公使核办，似不如由尊处执约沥情，电请外部商办，较为有益。是否？乞裁夺。焘。东。

●电九江瑞道台：前据江西派办处司道呈报：德兵舰发特难德于六月二十八日驶入省河，据称于当日两点钟仍开赴九江。昨据驻宁英领事函称：德舰于三十五日内已驶入鄱阳湖五次，外国兵舰驶入内港本属违约，况经迭次游弋，尤启各国觊觎之渐，仰即迅速查明，详细电复核办。焘。三十。



●九江关禀英、美兵舰违约入湖游历演炮辩难情形

敬禀者，窃查英、美两国兵舰前往鄱阳湖演炮游历，业经禀蒙抚宪转准宪台，电谕英舰至鄱阳湖演炮，美舰至省游历，均属违约妄行，该关道乃不执约立时切实商阻，总由平日未能详考约章，以致临时无从措手。现已切电沪道，向英美商诘，并嘱以后勿再前往此湖等因。仰见防微杜渐、力挽狂澜至意，实深钦佩！伏思中外通商以后，各国水师舰队时至江海各口游历，或驻泊口岸，久暂不等。揆之情理，大抵通商各口为各国商民财产所寄，故不时来往，借以保护。各省内地洋商不能开设行栈，条约载有明文，既无商务，即无须赖兵轮保卫，而各国水师舰队亦鲜前往游历。前年英、美等国兵轮擅往江西内地鄱阳湖游弋，曾经职道会商洋务局，详蒙前抚宪转咨前宪札饬上海道，照会驻沪总领事，转嘱兵轮管带以后勿再前往，有案可稽。当时英、美领事即援英约第五十二款“师船驶入中国，无论何口，水师各官与中国官员平等相待”之语，强词辩难。职道窃以英约第五十二款所载无论何口，系指中国江海各口而言，如条约之“三口通商”“五口通商”并非指各省内地，词义甚为明显，且本约尚载“或因捕盗驶入”之语。江西鄱湖一带既非江海口岸，又无盗贼可捕，亦无商

务须卫，何庸兵轮驶往？英美领事强谓“各口”二字即系内地，往返驳诘，莫可理喻。旋因时届冬令，湖水浅涸，兵舰不能驶入，遂彼此寝息。此次英美兵舰驶入鄱湖，先于三月二十七日英领事乐民乐偕图意德兵轮管带启迪来署通谒面称：该兵舰定于次晨前往鄱湖演炮，职道告以鄱湖内地，非比商埠，兵舰前往操炮，有悖条约，决不可行。领事亦称知悉，然云条约五十二款载有明文。职道答以鄱湖附近地方民居鳞栉，湖中民船帆樯络绎，兵轮演炮不特摇惑人心，且可滋酿事端。外海空阔，尽可操演。领事则谓外海风涛汹涌，该船较小，本备内港行驶，数年以前曾自去操炮，并未滋事。此次格外谨慎，决无疏虞。职道复以该轮自往操炮，固与条约未符，且职道任内并未闻有此事，亦无案据可考。乃反复辩论，始则婉词力阻，领事既不允从；继则执约力争，又不肯认，是以宁任劳怨，由道电禀抚宪酌夺。俟奉复电，再行前往，以符归善于上之义。次日，接奉抚宪电谕，饬再婉商力阻，又即派委翻译前向领事商说，以期阻止。讵该船已先开行，只得挽领事作函商阻。该翻译持函追赶，兵轮行驶骛速，翌晨赶至姑塘以上数十里，始见该兵轮设靶湖心，演放快炮。翻译上船出函相示，力嘱停止。该管带即令收靶停演，启轮回浔。此英轮前往鄱湖演炮力阻未从之情形也。

美舰威力路博同于三月二十七日抵浔，管带既未来谒，英领事亦未谈及。湖口在九江下游六十里，该舰开驶入湖之后，职道始行探知，是以更无从拦阻。四月初二日，该船由省回浔，访闻本拟赴省后再往饶河游弋，因行至吴城以上萧家庄地方淹毙水手一名，故即回浔。此美舰赴省无从拦阻之情形也。

伏思泰西兵轮前往内地，固为情理所不准，亦恐滋生事端。今英美兵轮一则并不通知，辄自游行；一则力阻不从，强往演炮；连年辩诘，总以约无禁止明文借口抵制。职道职司交涉，按约理论，为分所当为之事，固不敢一味迁就，使其得寸思尺，亦何敢刚愎用事，致启衅端，只以时局艰虞，外人倚势，往往不循理法，悖约妄行，而兵轮行驶又非比他事可以人力阻拦，设或相持决裂，必致骤启争端，是以电禀请示。惟此次虽幸未滋事，而以后彼此效尤，实无以杜争执而昭折服。

现蒙抚宪咨陈外务部核办，难保各国驻京大臣不以英约第五十二款借词搪抵，应否将约内“各口”二字剀切解释，咨请照会各国驻京大臣转饬各兵轮管带，以后勿再驶往内地，以符约章本义，而免肇衅；抑应如何办理之处，伏乞指授机宜，俾可遵守。

所有英美兵舰违约入湖，先后商阻情形，理合禀复大人俯赐察核批示。祇遵，实为公便。除禀抚宪外，肃此具禀，恭请崇安。伏乞垂鉴。职道瀓谨禀。谨呈清折一扣。



●抄录禀抚宪电

南昌抚宪钧鉴：洪美兵轮管带启迪偕英领事来谒，该轮拟明晨入鄱湖演炮。瀓告以鄱湖内地，非比商埠，领事亦知事非条约所准。惟言鄱湖空旷，数年前曾自去操炮，此次格外慎重，决无疏虞。再三商阻，坚嘱通融，意在必行。现定禀奉宪示后再前往，应如何办理，乞速赐电示。瀓禀。感。三月二十七日酉刻。

●南昌抚宪钧鉴：洪“勘”电谨悉。兵轮入湖，现查明又有美舰名威力路博，已启行祇赴省游历，英舰名图意德拟演炮。昨误译美字，奉谕后即派翻译向领事竭力商阻，讵料英舰已开，只得挽领事作函阻止，现饬该员持函赶往，相机婉阻，能否中止，容另禀闻。悖约强行，后虑方长，应否禀咨外部酌定办法，乞示遵行。瀓禀。俭。三月二十八日未刻。

●南昌抚宪钧鉴：洪“艳”“东”电谨悉。兵舰入湖，前岁曾商洋务局会详请阻有案。此次执约力争，领事亦知非约所准，故允作函，已禀明。翻译赶至姑塘以上数十里，始及英舰，时已设靶试炮，出函商阻，亦即停止，刻已回浔。美舰闻昨过南康，乞电外部照会严禁。余禀详。瀓。先。四月初一日申刻。

●南昌抚宪钧鉴：洪美舰威力路博闻到萧家庄，因水浅，昨下午回浔。瀓禀。江。四月初三日巳刻。

●本衙门批：查英约五十二款所载，系指在海捕盗缺乏食物、甜水，或有损坏难于行驶，亟须修理，不得不驶近各口购办一切。所谓各口者，固指沿海地方而言。其购办食物、甜水等事，亦为济急起见，与第二十款遭风准其收口照料，意义相同，约文所载甚明。该关道不执此与之剖驳，乃以三口、五口浮泛不切之语与之分辩宜乎？彼不能服，然该领事亦知非约所准，足见所援五十二款不合，且前准抚部院来电，当饬沪道诘阻。嗣据电复英总领事允即电转致，并经抚部院电达外务部核办在案。各国兵轮甚多，此后难保无再有前项情事。该关道但当立时执约切阻，毋稍大意。至前年英美兵轮游弋，该道会同洋务局详请抚院转咨本署之件，查无案据，并即录送备查，仍候抚部院批示缴。折存。



●九江关禀德兵船拟往鄱阳等湖游弋演炮，沪道电请保护

敬禀者，窃查泰西各国兵舰，不能前往内地游历操炮。前奉宪台暨抚宪严饬照约禁止，咨明外务部照会各国驻京大臣在案。本年四月十七日，接准江汉关梁道来文：德领事照会兵轮富卫司及法德兰得于西历五月驻泊汉口，随赴洞庭湖操演放炮。七月，往鄱阳湖。八月，又到洞庭。当因内港各处条约并无兵轮游巡操演明文照复阻止，移经职道移请随时查探，切实拦阻；一面申报宪台暨抚宪查核有案。满谓各省内地兵轮不能前往游历，一经拦阻，必能听从。讵四月三十日，接江海关袁道来电：德兵舰佛微赐拟五六月，又兵舰发特兰得拟六七月，均往鄱阳湖游弋，德领事照案先期知照，乞饬属保护等语。职道伏查袁道电请保护之佛微赐、发特兰得二舰，与江汉关来文“富卫司、法得兰德”字面虽异，译音相同。前项兵舰自即驻汉之二艘，该管带拟往鄱阳湖游历，前经职道移请汉关拦阻，今上海领事又嘱袁道电请保护，窥其意旨，似置约章于不问。该轮现既不驻九江，诚恐届时不再通知，擅往游弋，职道欲阻无从。除电嘱袁道竭力阻止，并禀报抚宪外，理合据实禀请大人俯赐查核，照会驻沪总领事，转饬该船管带切弗违约驶入，并恳批示祗遵，实为公便，云云。

●批

查英美两国兵船往鄱阳等处游弋演炮，前经西抚部院来电，当经电饬沪道向各该领事商阻，盖鄱阳等湖系属内地，照约非兵船所能到之地，更何能至该湖演炮，是以允即阻止。今德兵船又欲至该处游弋演炮，该道业由汉关照约驳阻，今既复商沪道为言，自应执约援案即电沪道向德领切实商阻，岂能遇事均由本大臣径行照会！据禀前情，仰候札行沪道商阻，该道仍随时访察，勿稍大意为要。仍候抚部院批示。缴。

●为札饬事。据九江关道禀称云云等情，到本大臣。据此，除批云云“缴”印发外，合行札饬。札到该道即便遵照，切实商阻，报查毋违。

●札江海关道

江西派办处详：英美兵舰违约驶入鄱湖请咨

为详请核咨事。洋务所案呈光绪三十年四月十五日奉署抚宪夏批饶九道禀英美兵舰违约驶入鄱湖游历演炮，执约力争，彼此辩难情形，应如何办理，禀乞核示，由奉批来禀已悉。查此次英美兵舰驶入内地，昨准外务部电，已分别函致两驻使，嗣后勿再驶入，当经电转该道，并行洋务所移行查照在案。今据禀称，各国驻京大臣难保不以英约第五十二款借词搪抵，请将约内“各口”二字剀切解释咨请照会各国驻京大臣，转饬各兵轮管带，以后勿再驶往内地，以符约章本义，而免肇衅。所虑甚是，应准照办。派办政事处核明约章，叙具妥详请咨，仍移该道知照，并候督部堂批示。此致禀抄发等因。奉此，查奉发抄禀内称：窃查英美两国兵舰前往鄱阳湖演炮游历，前经电禀蒙谕已电陈外部，另札行知。伏思中外通商以后，各国水师舰队时至江海各口游历，或驻泊口岸，久暂不等。揆之情理，大抵通商各口为各国商民财产所寄，故不时来往，借以保护。各省内地洋商不能开设行栈，条约载有明文，既无商务，即无须赖兵轮保卫，而各国水师舰队亦鲜前往游历。前年英美等国兵轮擅往江西内地鄱阳游弋，曾经职道会商洋务局，详蒙前宪转咨南洋商宪，札饬上海道照会驻沪总领事，转嘱兵轮管带以后勿再前往，有案可稽。当时英、美领事即援英约第五十二款“师船驶入中国，无论何口水师各官与中国官员平等相待”之语，强词辩难。职道窃以英约第五十二款所载“无论何口”系指中国江海各口而言，如条约之“三口通商”“五口通商”并非指各省内地，词义甚为明显，且本约尚载“或因捕盗驶入”之语。江西鄱湖一带既非江海口岸，又无盗贼可捕，亦无商务须卫，何庸兵轮驶往？英、美领事强谓“各口”二字即系内地，往返驳诘，莫可理喻。

旋因时届冬令，湖水浅涸，兵舰不能驶入，遂彼此寝息。此次英、美兵舰驶入鄱湖，先于三月二十七日英领事乐民乐偕图意德兵轮管带启迪来署通谒，面称该兵轮定于次晨前往鄱湖演炮，职道告以鄱湖内地，非比商埠，兵舰前往操炮，有悖条约，决不可行。领事亦称知悉，然云条约五十二款载有明文。职道答以鄱湖附近地方民居鳞栉，湖中民船帆樯络绎，兵轮演炮，不特摇惑人心，且恐滋酿事端。外海空阔，尽可操演。领事则谓外海风涛汹涌，该船较小，本备内港行驶，数年以前曾自去操炮，并未滋事。此次格外谨慎，决无疏虞。职道复以该轮自往操炮，固与条约未符，且职道任内并未闻有此事，亦无案据可考。乃反复辩论，始则婉词力阻，领事既不允从；继则执约力争，领事又不首认，是以宁任劳怨，由道电禀宪台酌夺。俟奉复电，再行前往，以符归善于上之义。次日，接奉电谕，饬再婉商力阻，又即派委翻译前向领事商说，以期阻止。讵该船已先开行，只得挽领事作函商阻。该翻译持函追赶，兵轮行驶骛速，翌晨赶至姑塘以上数十里，始见该兵轮设靶湖心，演放快炮。翻译上船出函相示，力嘱停止。该管带即令收靶停演，启轮回浔。此英舰前往鄱湖演炮力阻未从之情形也。

美舰威力路博同于三月二十七日抵浔，管带既未来谒，英领事亦未谈及。湖口在九江下游六十里，该舰开驶入湖之后，职道始行探知，是以更无从拦阻。四月初二日，该船由省回浔，访闻本拟赴省后再往饶河游弋，因行至吴城以上萧家庄地方淹毙水手一名，故即回浔。此美舰赴省无从拦阻之情形也。

伏思泰西兵轮前往内地，固为情理所不准，亦恐滋生事端。今英、美兵轮一则并不通知，辄自游行；一则力阻不从，强往演炮；连年辩诘，总以约无禁止明文，借口抵制。职道职司交涉，按约理论，为分所当为之事，固不敢一味迁就，使其得寸思尺，亦何敢刚愎用事，致启衅端！只以时局艰虞，外人倚势往往不循理法，悖约妄行，有非言语笔墨可以折服之者。下情为难，当在宪台洞鉴之中。此次虽幸未滋事，而以后彼此效尤，实无以杜争执而昭折服。现蒙宪台咨陈外务部核办，难保各国驻京大臣不以英约第五十二款借词搪抵，应否将约内“各口”二字剀切解释，咨请照会各国驻京大臣转饬各兵轮管带，以后勿再驶往内地，以符约章本义而免肇衅。理合禀请察核批示。祗遵等情。本司、职道等覆查英约第五十二款内载：一、英国师船别无他意，或因捕盗驶入中国无论何口，一切买取食物、甜水，修理船只，地方官妥为照料，船上水师各官与中国官员平行相待等语。细译约文“无论何口”，句下即贯以“买取甜水”一语，是明指各该兵轮由外海驰入长江，凡通商口岸，洋人设有行栈之处，始准其往来游弋，借资保护，且既申明或因捕盗，是虽准其驶入通商各口，尚明明示有限制，否则船已入江，何须买取甜水？且查该约第五十三款有“中华海面每多贼盗抢劫”之语，则上条捕盗驶入一节，尤为由海入江之明证，而“无论何口”四字系专指通商各口而言，意义甚为明晰。

今鄱阳湖系属内地，既无盗贼须捕，江省非通商口岸，即不能任意驶行，况驶入内地演炮，更属漫无限制。乃上年各国兵轮迭次违约驶入鄱湖，曾经饶九瑞道会同前洋务局，详请升任护抚宪柯咨明前宪刘，札饬上海道照会驻沪总领事转嘱兵轮管带，以后勿再前往。当时德领事照覆饶九道，已经应允转饬知照。惟英领事以英约第五十二款“师船驶入中国无论何口”之语强辩，当经饶九瑞道，以条约既有“无论何口”字样，明系指沿江、沿海口岸而言。南昌等处并非通商口岸，又无盗贼须捕，无须前往，按约照覆在案。此次美舰威力路博赴省游历，该管带并未知会，无从拦阻；英舰图意德往鄱湖演炮，力阻不允，悖约强行，诚非唇舌可以折服。虽蒙抚宪电陈外务部函致两驻使嗣后勿再驶入内地，若不将条约意义剀切解释咨明外务部照会各驻使转饬各国兵轮管带以后务须照约勿再驶入，窃恐悖约之行行将接踵而至，况内地民居栉比，鄱湖民船络绎，倘再驶往演炮，必致摇惑人心，滋酿衅端，地方官亦难认咎。

伏思该道所请系为慎重邦交、预弭后患起见，自应照办，以符约章本义。是否有当？除详请抚宪核明咨达外务部，照会驻京各国大臣转饬各兵轮管带，嗣后务当恪守条约，勿再驶往内地，以免居民惊扰，并咨明宪台转饬上海道照会各国驻沪领事一体查照，并移饶九道外。合将遵批核议缘由具文详请宪台俯赐察核批示。祇遵。为此备由呈乞照详施行。须至呈者。

●本衙门批：

此案前据九江关道来禀，当以英约五十二款所载系指在海捕盗，缺乏食物、甜水，或有损坏难于行驶，亟须修理，不得不驶近各口，购办一切。所谓各口者，固指沿海地方而言。其购办食物、甜水等事，亦为济急起见，与第二十款“遭风准其收口照料”意义相同。约文所载甚明。该关道不执此与之剖驳，乃以“三口”“五口”浮泛不切之语与之分辩，宜乎？彼不能服，然该领事亦知非约所准，足见所援五十二款不合，且前准抚部院来电，当饬沪道诘阻。嗣据电复英总领事允即电转致，并经抚部院电达外务部核办在案。各国兵轮甚多，此后难保不再有前项情事，该关道但当立时执约切阻，毋稍大意。嗣据该关道来禀，德兵船又欲至鄱湖游弋操炮，当又批以既由汉关照约驳阻，自应执约援案，即电沪道，向德领切实商办，并令随时访察；一面札行沪道切实商阻，各在案。既据并详仰候西抚部院核办。缴。

●上海道呈复遵饬向德领事商阻兵轮驶入洞庭湖游弋演炮情形

为呈复事。本年五月十六日，奉宪台札开：据九江关道禀：德兵舰佛微赐、发特兰得拟往鄱阳湖游弋，请照会转饬切勿违约驶入等情。除批查英、美两国兵船往鄱阳等处游弋演炮，前准西抚部院来电，当经电饬沪道向各该领事商阻，盖鄱阳等湖系属内地，照约非兵船所能到之地，更何能至该湖演炮？是以允即阻止。今德兵船又欲至该处游弋演炮，业由汉关照约驳阻，复向沪道为言，自应执约援案即电沪道向德领切实商阻，岂能遇事均由本大臣径行照会！据禀前情，仰候札行沪道商阻，该道仍随时访察，勿稍大意为要！仍候抚部院批示。缴印发外，札道遵照，切实商阻报查等因。奉此，职道伏查英、美两国兵舰往鄱阳湖游弋演炮一事，四月初一日奉宪台"艳"电，饬向各该领事商请调回，以后勿再前往，遵经分头商阻，并将英总领霍必兰允即转致美总领事古纳，已转饬驻京公使酌办各情形先后由电禀陈在案。至德舰佛微赐、发特兰得等拟往鄱阳、洞庭游弋，驻沪德总领事克纳贝来函并无"演炮"字样，当查各国兵舰游弋鄱阳先期知照办法，系江西洋务局会同饶九道拟详，咨蒙前护抚李于光绪二十八年九月间札到，照会驻沪各领转致有案。此次德舰佛微赐等拟往鄱阳湖游弋，由德领事先期函知，核案相符，是经电致九江关道饬属保护。惟洞庭湖是否可行，未奉明文，由电禀奉两湖督宪张宫保，复谕遵即商阻。旋准德领事函复，洞庭、鄱阳各国兵舰常往游弋，领事不能函阻，须禀公使核办。驻汉领事已照会江汉关道，并引咸丰十一年德约三十款、咸丰八年五十二款，借口各处皆可游弋。今先函知系照华官请先照会之办法，以后兵轮照前游弋，不便知照云。随又由电禀蒙张宫保电谕，前既札饬照会各领，是已明许驶入内地湖河，势难坚阻。惟仅许其游弋，未许其演炮，饬与商劝，勿再内港操演，以免居民惊扰等因。又经切实函商，迄未得复。兹奉前因，除再遵饬商阻复到再行禀陈外，理合具文呈复，仰祈宪台俯赐察核。为此备由呈乞照验施行。须至呈者。

●本衙门批：

查德约三十及三十一两款所载，与英约二十及五十二款相同，系指在海捕盗缺乏食物、甜水，或有遭风损坏难于行驶，亟须修理，不得不驶近各口购办一切。所谓各口者，固指沿海口岸而言。其理修船只，购办食物、甜水等事，亦为济急起见，此为救护敦睦而设。约文所载甚明，该道自应执此与之剖驳，切实商阻，勿稍大意。仰即遵照。缴此批。

●上海道呈德兵舰拟游鄱阳、洞庭湖一案，领事请商外部核办

为呈报事。案照德兵舰佛微赐、发特兰得拟往鄱阳、洞庭湖游弋一案。前奉宪札英、美两国兵船往鄱阳湖等处游弋演炮，前经电道商阻，盖鄱阳等湖系属内地，非兵船所能演炮，德国兵船欲至该处演炮，饬道商阻等因。奉经函致德总领事商阻，并将办理情形呈复宪鉴，一面又告该总领事德约所载三十及三十一两款，系指在海捕盗缺乏食物、甜水，或遭风损坏，不得不驶进各口。所谓各口者，实系沿海口岸，约文甚明，内地湖河情形迥然不同，讵可率行牵混，与之切实剖辩。兹于本年五月二十三日接驻沪德总领事克纳贝函复：此事既经汉口领事官禀报驻京大臣，则本总领事不能抽身事内，张宫保、魏制台欲如何办理，请径咨商外务部可也。且查此事并非如何临敌，实在放炮之事，不过为练习准头，及用他项炮身放甚小之炮弹以打极近之靶而已，乃以此极小之事而传扬如是重大，似属无须函复查照转禀，等由。到道。除呈报两湖督宪察核外，理合具文呈报，仰祈宪台俯赐察核。为此备由呈乞，照验施行。须至呈者。

●本衙门转行稿

为札饬事。据苏松太道呈称云云等情，到本大臣。据此，查两湖既在内地，纵用小炮练习准头，既非约章所准，似未便允行，

合行札饬，札到该关道即便详请抚部院汇案核办，毋违。札九江关道。[①]

## 263. 八月分增收进口税银交商汇沪由

光绪三十年八月二十九日（1904年10月8日）

光绪三十年八月二十九日，收南洋大臣魏文称：据金陵关道徐树钧详称：案奉宪札赔款奏请免提二成洋税，准户部议复令各省关约计增收数目，按月提解，不必拘执二成等因。奉经遵办并解至三十年六月十九日止在案。兹据税司查明三十年六月二十日起至七月二十一日止，即西历八月分，共增收进口税银三十二两四钱三厘，函致前来。遵即照提关平银三十二两四钱三厘，备具文批，发交号商源成承领，汇解赴沪上兑。除移江海关并详报苏抚宪外，理合详祈核咨等情，到本大臣。据此，除批示外，相应咨明。为此咨呈贵外务部，谨请查照施行。[②]

## 264. 金陵关应解第八次赔款交商汇沪由

光绪三十年八月二十九日（1904年10月8日）

光绪三十年八月二十九日，收南洋大臣魏文称：据金陵关道徐树钧详称：案照金陵关每年认筹各国赔款银十万两，奉饬匀分十二次，照关平先期如数解沪等因。历经遵（办）并将本年六月分第七次银两清解在案。

所有七月分第八次赔款，兹于续征税厘内提出关平银八千三百三十三两，发交号商源成承领，汇解赴沪，准于七月初一日以前上兑。理合详祈鉴核，咨明外务部、户部查照等情，到本部堂。



①台北“中央研究院”近史所藏：《外交档案》，馆藏号：02-06-001-01-031。
②台北“中央研究院”近史所藏：《外交档案》，馆藏号：02-07-011-02-044。

据此，相应咨呈。为此咨呈贵部，谨请查照施行。①

## 265. 第九期司库应解赔款交商汇沪由

光绪三十年八月二十九日（1904年10月8日）

光绪三十年八月二十九日，收南洋大臣魏文称：据江宁布政使黄建筦呈称：和约赔款，光绪三十年八月二十二日第三年第九期司库应解库平银三万三千三百三十三两三钱三分三厘三毫三丝，连加补平银五百四十七两六钱六分六厘；又，金陵厘捐局应解拨抵赔款、京官津贴改为加复俸饷及加增边防经费两款，连补水共库平银七百六十二两三钱二分二厘；又，金陵厘捐局应解拨抵赔款、旗兵加饷连补水银四十一两七分五厘；又，海州分司应解拨抵赔款、旗兵加饷，连补水共库平银二千五百四十一两七分五厘，均于六月十三日放交宝善源、裕源祥、豫昌厚、庚源等号商汇解沪关汇付，呈候核咨，各等情，到本部堂。据此，相应咨呈。为此咨呈贵部，谨请查照施行。②

## 266. 本年第九期粮道应解赔款汇沪由

光绪三十年八月二十九日（1904年10月8日）

光绪三十年八月二十九日，收南洋大臣魏文称：据江安粮道胡延呈称：案奉札饬新定赔款，奉派江安粮道在改折节省运费项下每年提银二十万两，分作十二次，按期先行解沪转交。又奉札饬关平百两应加补水库平银一两六钱四分三厘，各等因。业将三十年第八期转解在案。所有应解三十年第九期派银一万六千六百六十六两六钱六分六厘，补水库平银二百七十三两八钱三分三厘；又应解旗营加饷银一万两，补水库平银一百六十四两三钱；又应

---

①台北“中央研究院”近史所藏：《外交档案》，馆藏号：02-07-011-02-045。
②台北“中央研究院”近史所藏：《外交档案》，馆藏号：02-07-011-02-046。

解加复俸饷银八十三两三钱三分三厘，补水库平银一两三钱六分九厘，兹职道稔知款关紧要，应即提前汇解，于六月十九日堂期，发交志诚信商号汇解上海道兑收转解，理合呈祈鉴核查考等情，到本部堂。据此，相应咨呈。为此咨呈贵部，谨请查照施行。①

## 267. 本年第十期粮道应解赔款汇沪由

光绪三十年八月二十九日（1904年10月8日）

光绪三十年八月二十九日，收南洋大臣魏文称：据江安粮道胡延呈称：案奉札饬新定赔款，奉派江安粮道在改折节省运费项下每年提银二十万两，分作十二次，按期先行解沪转交。又饬关平百两应加补水库平银一两六钱四分三厘，各等因。业将三十年第九期连同补水库平银汇解上海道库兑收转解在案。所有应解三十年第十期派银一万六千六百六十六两六钱六分六厘，补水库平银一百六十四两三钱；又应解加复俸饷银八十三两三钱三分三厘，补水库平银一两三钱六分九厘，除于七月十九日堂期发交宝善源商号汇交上海道兑收转解外，理合呈祈鉴核等情，到本部堂。据此，相应咨呈。为此咨呈贵部，谨请查照施行。②

## 268. 八月洋税倾耗应提防费交商汇沪由

光绪三十年八月二十九日（1904年10月8日）

光绪三十年八月二十九日，收南洋大臣魏文称：据金陵关道徐树钧详称：案照金陵关税厘倾耗项下应提一半防费银两，奉饬全数提出，留作赔款，按月解沪等因。业将本年六月十九日以前提存防费如数清解在案。所有六月二十日起至七月二十一日止，即西历八月分洋税倾耗项下应提防费银六十两七钱三分四厘五毫

---

①台北“中央研究院”近史所藏：《外交档案》，馆藏号：02-07-011-02-048。

②台北“中央研究院”近史所藏：《外交档案》，馆藏号：02-07-011-02-047。

四丝四忽，又药厘倾耗项下应提防费银四十两二分二厘四毫，共提关平银一百两七钱五分六厘九毫四丝四忽，遵即备具文批，发交号商源成承领，汇解赴沪上兑。除移江海关并详苏抚宪外，理合详祈核咨等情，到本大臣。据此，除批示外，相应咨明。为此咨呈贵外务部。谨请查照施行。①

## 269. 沪道收回两号关票分别存销由

光绪三十年八月二十九日（1904年10月8日）

光绪三十年八月二十九日，收南洋大臣魏文称：据江海关道袁树勋详称：窃查续借英、德四厘五金款一案，光绪二十四年四月初二日奉前院台札开：据该关呈送总理各国事务衙门咨：总税务司申称：按照合同第八款所载江海关票应由两江总督暨江海关道盖印，由江海关税务司签字。现经备妥两分，各系自第一号至五百四十号，且于每年二月之票上注明应付经收费用之数，以便按期备发，将关票两分呈请咨送两江总督办理，并于每张存根及票上注明“二十四年二月初九日”字样，存根截存督署，其关票经盖印、签字讫，饬由税司于四月十三日以前分交德华及汇丰银行查收，以符合同等语。咨送查照办理。此项票根即存道署备案，关票盖印，札关遵照核明，分别办理等因。遵经将票加盖海关关防，函请雷税务司签字，分别转给，并将票根截存道署备案。旋准税务司先后函称，第一期至第八期镑款业在伦敦、柏灵收讫，将票函送道署，当经具文详缴。嗣奉札准户部咨：据总理衙门咨：准总税务司申呈：所有七处厘金，每月应拨利息四十二万两，倘各局有不照数交齐，以致总税务司不能按月底照数交付道署，另筹他款补足等语。奉经将第九期起至第七十六期止应付本息先后接准总税务司送到月付各款，按期由道补足，送交新关税务司查

①台北“中央研究院”近史所藏：《外交档案》，馆藏号：02-07-011-02-049。

收转付，取还关票详缴在案。

兹查光绪三十年五月二十二日即西历七月初五日，系续借英、德四厘五金款第七十七次应付本息六万九千六百二镑十三先令四本士之期，经职道查照是日英金市价，每规银一两合二先令七本士二五核算，共计规银五十三万四千五百四十八两四钱八分，先准副总税务司寄到规银四十三万八千四百两，并由道加筹规银九万六千一百四十八两，一并送请好税务司查收转付。又查光绪三十年六月二十四日即西历八月初五日，系第七十八次应付前项本息之期，复经查照是日英金市价，每规银一两合二先令六本士八七五核算，共计规银五十四万一千四十两九钱六分，先准副总税务司寄到规银四十三万八千四百两，并由道加筹规银十万二千六百四十两九钱六分，一并送请好税务司查收转付，按期取回关票各二纸，先后转送到道。



伏查前两期款买镑不敷共垫规银十九万八千七百八十九两四钱四分，仍在各关解充赔款之常洋增税项下挪凑济急。除俟一年届满再将收放、垫付各数缮折详咨外，兹将收回第七十七、七十八两号关票四纸具文，详祈鉴核察销，分咨户部、外务部查照等情并关票，到本部堂。据此，除将关票存销外，相应咨呈。为此咨呈贵部，谨请查照施行。①

## 270. 七十次付英德利息交沪道查收由

光绪三十年八月二十九日（1904年10月8日）

光绪三十年八月二十九日，收南洋大臣魏光焘文称：据副总税务司裴式楷函称：续借英、德四厘五金款，光绪三十年六月二十四日第七十次应付利息，缮具银票，合库平银四十万两，送交江海关道查收。其不敷金镑之数，由关另筹他款补足，并将呈报

①台北“中央研究院”近史所藏：《外交档案》，馆藏号：02-24-005-02-070。

贵部禀函一件，送请转寄等因。前来。相应咨送。为此咨呈贵部，谨请查照施行。

●照录禀函

敬启者，案查续借四厘五金款按月付利一事，前经改订按各厘局副税务司交到之款，除扣留足用之经费外，即可尽数拨解等因。所有第六十九次应交银两，已于上月拨解申报在案。现将届西历一千九百四年八月初五日即光绪三十年六月二十四日，按照合同应付利息六万九千六百二镑十三西林四本士，例由总税务司交付。第七十次厘金还款之期，兹由本副总税务司缮具汇丰银票二纸，每票规平银二十一万九千二百两，共合规平银四十三万八千四百两。即按每规平银一百九两六钱合库平银一百两，统合库平银四十万两，业于本日送交江海关道查收，以便届期分交汇丰、德华两银行各一纸。其不敷金镑之数，仍请由江海关道另筹他款补足，俾免赔累。除呈明南洋大臣查阅外，相应报明贵部鉴核备案，即希贵总办转呈可也。再，此件系由南洋转寄。合并声明。此颂升祺。名另具。光绪三十年六月二十日。①

## 271. 咨报本年第三年第八期偿款解沪由

光绪三十年九月二十二日（1904 年 10 月 30 日）

光绪三十年九月二十二日，收南洋大臣魏文称：据江南派办处司道呈称：案奉前院刘札饬和约偿款，江苏省每年银二百五（十）万两案内，指拨鄂岸、湘岸、西岸、皖岸四督销，正阳卡，淮北盐务局，盐巡道，海分司八处加价、新厘等项银九十七万两，应解由派办处汇齐转解，自光绪二十七年十二月二十二日起，每年分十二次，按月先期解沪。又奉另饬此项偿款，按照关平核算，每百两应加补水库平银一两六钱四分三厘等因，到处。奉经遵解

①台北“中央研究院”近史所藏：《外交档案》，档号：02-24-005-02-071。

至三十年六月第三年第八期止，咨明并呈报各在案。所有本年七月分第三年第九（期），连前共三十三期应解银八万零八百三十三两三钱三分四厘，按照关平加补水银一千三百二十八两零九分二厘，共合库平银八万二千一百六十一两四钱二分六厘，查有各局卡解存本月偿款，堪以尽数动拨，间有未到之处，亦由本处向钱庄设法筹足，先期汇解，以免贻误。除于本月十五日放交（宝）善源、裕源祥商号汇解，限八月初一日以前到沪，解交江海衙门兑收汇付，并呈报抚宪查核外，相应呈乞鉴核，汇案核咨等情，到本部堂。据此，相（应）咨明。为此咨呈贵部，请烦查照施行。①



## 272. 咨报第三年第九期偿款解沪由

光绪三十年九月二十二日（1904 年 10 月 30 日）

光绪三十年九月二十二日，收南洋大臣文称：据江南派办处司道等呈称：案奉前院刘札饬和约赔款，江苏省每年银二百五十万两案内，指拨鄂岸、湘岸、西岸、皖岸四督销，正阳卡，淮北盐局，盐巡道，海分司八处加价、新厘等项银九十七万两，应解由派办处汇齐转解，自光绪二十七年十二月二十二日起，每年分十二次，按月先期解沪。又奉另饬此项赔款，按照关平核算，每百两应加补水库平银一两六钱四分三厘等因，到处。奉经遵解至三十年五月第三年第七期止，咨明并呈报各在案。所有本年六月分第三年第八期，连前共三十二期应解银八万零八百三十三两三钱三分四厘，按照关平加补水银一千三百二十八两零九分二厘，共合库平银八万二千一百六十一两四钱二分六厘，查有各局卡解存本月赔款，堪以尽数动拨，间有（未）到之处，亦由本处向钱庄设法筹足，先期汇解，以免贻误。除于本月十五日放交宝善源、

①台北“中央研究院”近史所藏：《外交档案》，馆藏号：02-07-011-02-060。

裕源祥商号汇解，限七月初一日以前到沪，解交海关衙门兑收汇付，并呈报抚宪查核外，相应呈乞鉴核，汇案核咨等情，到本部堂。据此，相应咨明。为此合咨贵部，请烦查照施行。①

## 273. 转寄税司应付英德金款利息函件由

光绪三十年九月二十四日（1904 年 11 月 1 日）

光绪三十年九月二十四日，收两江总督魏文称：据兼副总税务司好博逊函称：续借英、德四厘五金款，光绪三十年七月二十六日第七十一次应付利息，缮具银票，合库平银四十万两，送交江海关道查收分交。其不敷金镑之数，由关另筹他款补足，并将呈报贵部禀函一件送呈转寄等因。前来。相应咨送。为此咨呈贵部，谨请查照施行。②



## 274. 杭州关一百七十五结罚款清册由

光绪三十年十月初一日（1904 年 11 月 7 日）

光绪三十年十月初一日，收南洋大臣魏光焘文称：据杭州关道崔永安详称：案奉前抚院札：准总理衙门咨：洋关有无罚款，应随结声明，札饬按结声明，请核咨等因。遵经按结造具清册详送在案。今自光绪三十年二月十六日起至五月十七日止第一百七十五结期满，准税务司单尔开送罚款案清折前来。理合查照来折，造具清册，详祈核咨等情，清册到本大臣。据此，除批示外，相应咨送。为此咨呈贵外务部，谨请查照施行。（计咨送清册一本）

●附抄造送第一百七十五结罚款案由

册称：监督杭州关浙江分巡杭嘉湖道呈，为造送事。今将杭州关自光绪三十年二月十六日起至五月十七日止第一百七十五结

①台北“中央研究院”近史所藏：《外交档案》，馆藏号：02-07-011-02-061。

②台北“中央研究院”近史所藏：《外交档案》，馆藏号：02-24-006-01-005。

期内所收各项罚款造具清册，呈送查核施行。须至册者。

今开

光绪三十年二月十六日，在嘉兴分关，于中国恒裕小轮船查有华客俞翰芳将应税之洋钟十架，估值关平银三十两，表面七各罗斯，估值关平银七两，藏匿船内进口，查拿于是日罚充入官，准货主照关订减价买回，得银二十两。

光绪三十年二月十七日，在本关码头，于中国利川小轮船查有不识姓名华客将应税之田七重四十五斤，估值关平银五十九两五钱，藏匿船内进口。查拿于是日罚充入官，变价得银二十五两。



光绪三十年二月十九日，在本关验货厂，查有华商和大号将镜子七百面，估值关平银二十两二钱；珊瑚钮扣一千五百颗，估值关平银六十两；椰壳珠二千四百二十串，估值关平银七十三两，报运进口。查明该货实系镜子七百面，估值关平银二十两二钱；珊瑚钮扣一千五百颗，估值关平银□；椰壳珠二千四百二十串，估值关平银七十三两；铜钮扣重五十二斤。该商系假报进口货色、斤两，于二十二日将漏报之货罚充入官，准货主照关订减价买回，得银二十五两。

光绪三十年二月二十一日，在嘉兴分关，于中国飞虎小轮船查有华商升和小轮船局将未载总单及舱口单内已完税厘之川土重二百斤，小土重二百五十一斤，装运进口。查明于次日罚银二十两。

光绪三十年二月二十六日，在本关码头，于中国利川小轮船查有不识姓名华客，将应（税）之绸缎重八斤八两，藏匿船内出口。查拿于是日罚充入官，变价得银三十一两一钱。

光绪三十年二月二十六日，在本关码头，于中国祥源小轮船查有华客王杨廷将应税之绸缎重九十四斤，藏匿船内出口，查拿于次日，罚充入官，准货主照关订减价买回，得银二百两。

光绪三十年二月二十六日，在本关码头，于中国彩云轮船查有华客钱□记将应税之金线货八件，估值关平银十二两；绢扇三百五十把，估值关平银三十五两，藏匿船内出口。查拿于次日罚充入官，准货主照关订减价买回，得银三十两。

光绪三十年三月二十一日，在本关验货厂，查有华商万永和号将青矾重五百五十八担，报运进口。查明该货实系重六百十担，该商系误报进口货物斤两，于是日罚银二十两。

光绪三十年三月二十一日，在本关验货厂，查有华商万永和号将青矾重一百八十担，报运进口。查明该货实重二百四担，该商系误报进口货物斤两，于是日罚银十两。

光绪三十年三月二十七日，在本关码头，于日本国义源小轮船查有华客孙鲁卿将应税之毡十八条，估值关平银九两；棉被胎十三条，白铜器重二十四斤，藏匿船内进口。查拿于是日罚充入官，准货主照关订减价买回，得银十两。

光绪三十年三月二十八日，在本关验货厂，查有华商和大号将大剪子三百把，估值关平银三十两；小剪子二千六百十把，估值关平银七十八两三钱，报运出口。查明该货实系大剪子一千三百五把，估值关平银一百二十九两七钱；小剪子一千六百把，估值关平银四十八两，该商系误报出口货色价值，于是日罚款银十两。

光绪三十年三月二十九日，在本关验货厂，查有华商万永和号将面巾八十打，长二十九寸，估值关平银五十六两，报运进口。查明该货实系面巾七十打，长三十二寸，估值关平银五十六两；又八打长八十寸，估值关平银四十六两。该商系误报进口货数、尺寸，于是日罚银五两。

光绪三十年四月初二日，在嘉兴分关，于中国芥航小轮船查有华客廖顺利将应税之土布重八十五斤，绒绳重四斤，洋颜料三十五盒，估值关平银五两二钱五分，藏匿船内进口。查拿于次日罚充入官，准货主照关订减价买回，得银二十五两。

光绪三十年四月初二日，在嘉兴分关，于中国飞虎小轮船查有华客张元盛将应税之绸缎重十七斤，藏匿船内进出。查拿于次日罚充入官，变价银得八十两。

光绪三十年四月初六日，在本关验货厂，查有华商戴生昌小轮船局将饼料重三十六斤，估值关平银五十六两七钱，报运进口。查明货实重二百四十斤，估值关平银三十六两，核与总单斤数不符，于十三日罚银五两。

光绪三十年四月十一日，在本关验货厂，查有华商万永和号未领准单，擅起火油一百箱，白糖十包，查出于是日罚银五十两。

光绪三十年四月十三日，在本关验货厂，查有华商恒义公号将牛皮重八十五斤报运进口。查明该货实系熟驴皮，重八十七斤，估值关平银六十九两六钱，该商系假报进口货色、斤两，于二十三日罚充入官，准货主照关订减价买回，得银五十两。



光绪三十年四月十九日，在本关码头，于中国恒和桂号民船查有华商永源丰号将未载总单及舱口单内之木香重七十八斤，磨过印字纸重五十六斤，装运进口。查拿于次日罚充入官，变价得银十七两。

光绪三十年四月二十八日，在本关码头，于中国景星小轮船查有华客童长生将应税之罗重十斤藏匿船内出口。查拿于是日罚充入官，准货主照关订减价买回，得银四十两。

光绪三十年五月初二日，在本关码头，于中国景星小轮船查有华商戴生昌小轮船局，将铜元六千四百枚，未领准单，擅自下船。查拿于是日罚充入官，变价得银四十七两八分。

光绪三十年五月十二日，在本关码头，于中国公义小轮船查有华商洽坤顺号将未载总单及舱口单内应税之洋酒十八瓶、肥皂五打，估值关平银五两；咖啡重二十五斤，饼干十八盒，估值关平银三两；绿豆四十八盒，估值关平银五两；汤十八盒，估值关平银六两，装运进口。查拿于是日罚银十两。

光绪三十年五月十五日，在本关验货厂，查有华商和大号将象牙器重五十斤报运进口。查明该货实重六十九斤，该商系误报进口货物斤两，于是日罚银十二两八钱三分。

光绪三十年五月十五日，在本关码头，于中国祥源小轮船查有招商小轮船局未领准单擅起印字木板一件、行李一件，查出于是日罚银十两。

查前项银两，按照总理各国事务衙门定章，饬从第十五结起，按结将罚款银两统以十成计算，酌提三成解交本衙门查收。其余七成，三成归监督充赏，四成归税务司充赏，仍按结造册送查等因。历经遵办在案。兹查第一百七十五结，共收罚款银七百五十三两四钱一分，由税务司支给缉私杂费银九十八两三钱四分，实存银六百五十五两七分。除照章分成提赏外，应提三成解交外务部银一百九十六两五钱二分。除俟积有成数再行汇同三成船抄汇解投约外，理合登明。①



## 275. 派筹镑亏请由沪代借由闽认利由

光绪三十年十一月初八日（1904 年 12 月 14 日）

光绪三十年十一月初八日，收闽浙总督致本部、户部电称：洪“东”电敬悉。奉派借解镑款，饬将闽省本年内应解各款京饷十万，预提来年盐课京饷六万，又借用粮道库米折四万，陆续汇沪。此系尽力搜罗之款，此外委实无从再筹。现时闽省银根万紧，大号钱商相继倒闭，虽欲暂借商款数万，亦苦不能应手，惟有电问沪道设法代借，由闽认利，仍请将来年各款京饷截留解还，以免贻误。光泰。齐。

●照录赔款说帖

按照本大臣接得贵国所欠各国赔款数目，至西历本年十二月三十一号止所欠之款，开列于下。为此赔款数目之事，最紧要者共有四条：

第一条：贵国欠各国赔款，除本年下半年六月外，前所欠之

①台北“中央研究院”近史所藏：《外交档案》，馆藏号：02-13-050-01-008。

款，至本年六月三十号止，按照订约所欠海关平银之数一百二十万零八千六百六十五两九钱六分。甲加六个月四厘利息二万四千一百七十三两三钱二分，乙于西历一千九百零一年贵国所欠各国赔款九百万两，丙加六个月四厘利息十八万两，共合一千零四十一万二千八百三十九两二钱八分。

第二条：按照和约，为本年下半年六个月海关平银九百八十六万三千三百四十三两六钱。

第三条：各国大臣接得各国驻上海管理赔款银行总办来电：贵国于西历一千九百四年七月一号共收到五次贵国所交之款，系一千零一十三万七千四百两。此系上海平合海关平九百一十万，此数目不符和约所订海关银数。譬如贵国付此六个月之赔款系关平一千零九十二万两，合成上海平应得银一千二百一十六万四千八百八十两。如若以上海平银买金磅，每一两上海平银合二先令八个本士；如照和约内订关平，即一千零八百一十三万二千二百六十两六钱七分。贵大臣应知贵国寄到赔款数目至西历本年十二月三十一号止，本大臣查贵国不符一千零九十二万两海关平，欲付一千二百九十二万三千三百四十四两海关平。此款内不但包含应付本利，并且包含付过关平三百万，及又加此三百万两，利息六万两。此三百万系补交九百万两之数一并在内。按此合计贵国所付数目，为此六个月内应多出银九十四万九千八百八十三两零四分。



第四条：按照以上第一条内载贵国应付一千零四十一万二千八百三十九两二钱八分，按照第三条所载贵国多付九十四万九千八百八十三两零四分，西历本年十二月三十一号，即应付九百四十六万二千九百五十六两二钱一分海关平银，或付一百四十一万九千四百四十三磅八先令八本士。

●照录说帖

甲、按照上海道管理赔款银行总办所算，至西历本年六月三十号止，所欠之款一百四十六万八千七百五十八两六钱三分。此数目按照西历本年六月三十号金价二先令五本士五八，合上海照约关平银一百二十万零八千六百六十五两九钱六分。

乙、按照一百二十万八千六百六十五两九钱六分，加六个月四厘行息，合照和约关平二万四千一百七十三两三钱二分。

丙、于西历一千九百零一年所欠第二次赔款，按照和约关平九百万两。

丁、再加六个月四厘行息，按照和约关平十八万两。

以上四个数目，共合一千零四十一万二千八百三十九两二钱八分。

贵国自西历本年七月初一日起至本年十二月三十一号止，每月要付一百八十二万两海关平银，六个月共计一千零九十二万两。按照一百一十一两四钱合上海平，共合上海平银一千二百一十六万四千八百八十两。如若将此数目换成金镑，按照二先令八本士合上海平一两，共合一千零八十一万三千二百二十六两六钱七分。按照和约所订数目，加上利息，共合九百八十六万三千三百四十三两六钱。

贵国于西历本年十二月三十一号要付一千零八十一万三千二百二十六两六钱七分，各国按照和约应得九百八十六万三千三百四十三两六钱。如此比较，贵国多付九十四万九千八百八十三两零七分，所以各国将此九十四万九千八百八十三两零七分，由一千零四十一万二千八百三十九两二钱八分开除。

贵国于西历一千九百零五年正月初一日应付各国九百四十六万二千九百五十六两二钱一分，合镑一百四十一万九千四百四十三镑八先令八本士。

照会称赔款还银一事，本部查照约文及还款表并保票所载，应以海关银四百五十兆两年息四厘为偿款一定总数，已于本月初三日照会贵署大臣在案。旋准复称：近来镑价加增，不能因此与约有违等因。本爵大臣等覆查光绪二十七年六月十五日，领衔葛大臣照称：诸国全权大臣嘱为转致海关银四百五十兆两，应照西历一千九百零一年四月初一日，即中历光绪二十七年二月十三日市价易按四厘息，即为偿款一定总数等语。按定约画上年在七月二十五日，彼时不按七月二十五日镑价核算，而必于照会内声明二月十三日市价者，原因二月十三日以后之镑价较贵，中国无此力量。此皆各国格外体谅，始行照此定议，可见将来摊还之时，不愿中国更有镑价之亏，毫无疑义。

兹据出使伍大臣电称：英国蓝皮书载有贵大臣、英国萨大臣上年西七月二十六号致贵国、英国外部谓四百五十兆海关银两系照西四月一号市价易金计算。又据美国、贵国柔前大臣声称：各国索款初未开列细数，众议止合索四百五十兆两，由各国自行均派，中国原不管其易作何项金钱。柔大臣又称西九月七号立约日之金价较高，故各国以四月一号之价为定，原是美意等情。本爵大臣等窃思柔大臣系原议之大臣，其于当日定约情形自必确有可据，且与贵大臣、英国萨大臣电报贵国、英国外部之语正相吻合。本部前次照会实系照约申明，现在中国财力艰窘，万难复因镑价增昂再加搜括，想各国必能鉴及，务希贵署大臣竭力勷助，转致贵国外部允照约载四百五十兆两之一定总数，分期还银，以纾中国财力，实为厚幸。



●照录赔款节略（以资斟酌照会文稿之用）

一、新约第六款赔款或付金或付银一节。现将久未定议者拟出办法，是以由外务部知照各国请为应允。其办法有五端：

一系中国每月交银行董事收存之款，应按四厘算回利息。

一系每月汇兑金款市价，应照上月市价酌中之数为准。

一系日后应照此办理，其以前所付之款亦应照此复算。

一系所有本年十二月以前亏短各国磅价欠款之利息，请各国允不要索。

一系俟各国应允以上四端，中国即允将十二月以前之欠款付清，并将全数保票之零票各纸交付，以及日后应付各款用金，按以上各端付给办理。

一、倘将欠款照以上办理，则中国应交之款较少，而各国领收之款亦随之较少。照汇丰银行所算，若付银款则少付少领之数约二十七万金磅；若付金款则少付少领之数约四十五万金磅。此总数内分而言之，有磅价欠款之利息七万二千磅，有月款应付回之利息七万八千磅，有按酌中之兑价较银行各董事自定之兑价省出之数约三十万磅，共四十五万镑。此次所拟办法系为赔款按金付给起见。十一月底应付之欠款，现拟一律付给金款。

一、外务部致各国大臣之公文，至今尚未答复。惟十月十六日比国大臣赴外务部面云，驻京大臣内有数位以为月款付回利息，欠价不索利息，不能一并允办，只可报由政府择一端施行之。且兑金一层指何数为上月酌中之价，亦属难言。缘上海兑价即无所谓准市价也。其酌中定价之难言，中国亦以为然。缘其价系由衡度而出，并非各银号必以为然之价也。至驻京数大臣不允并办之端，中国为和平结局起见，即将所请不索欠款利息一端作为罢论。惟月款付回利息，计七万八千磅，及酌中平定市价省数计三十万磅。此两端不能不请照办，以昭公允。此后应付各款，既能照此办理。其以前已付未定之款，均应按此例核定。

一、至本年十二月以前所付未定之数，其应如何定局，并无较以上所定再为公平之办法。其本年十一月以后应付之款，中国现拟照新约第六款，按本息用市间所买之金付给办理，并请各国或请在上海所谓专收中国款项之银行，在各本国都城另指一领收中国金款之行号，方由中国出使各该国大臣按月将金款交付该行号；一面将所具收条封寄转交上海银行，凭此再发收单，以为各国收到中国款项之据。至如此月付金款，自付款日起应收回之利息，所有付本之款，其利息应于每年底结算，扣出付利之款，其利息应于每六个月结算扣出。如此则中国早经允许，各国之事无不实行，而条约所列各款彼此均为遵照矣。

一、以上办法若各国均已允从，中国即允于十一月二十五日将欠款以金付给，计一百四十六万五千金磅，惟仍应按照以上所请付回利息及平定市价之三十七万八千磅，由此数内扣出。此次应付之款既有定日付金，则中国于期前自有如许应办事件，是以务请各国于十一月初五日以前答复为要。现欲照会各使，必先清算三年内总欠数目，欲算总欠数目则美款应否提出另算，尚须俟美使照复定夺。其欠款之利息究竟免算与否，亦须再与比使斟问明白。汇丰所算之账系连美款在内，而每期因镑价酌中溢出之银数又未扣回利息，未能即据为定数也。

敬启者：赔款事不日已可定议。前三年所欠八百万两（即一百二十万镑），定议后十五日内即须交清。除将汇丰借款九十一万镑拨抵外，尚短二十九万镑。又，此款之四厘息至交清日截止，约计作四个月，需一万六千镑。是临时尚须添购三十万六千镑，恐非仓卒所能购齐，须于定议后迅电沪道办理。惟分给各国须各用其本国金钱，此项三万六千镑应购何国金钱，须预拟定。查此款应付俄国者，除扣去茶箱赔款外，实应付二百六十一万余卢布，连四个月息则二百六十四万余卢布，约计与三十万六千镑之数，所少无几。如届时电饬沪道专购应付俄国之卢布，其余各国之款由借款项下指拨，尚差一二万镑，则不难临时购办矣。是否如此办理，应由贵部预为酌定示复，以便届时可以迅速照行。①

## 276. 和约赔款第十二期应解银两汇沪由

光绪三十年十一月十七日（1904年12月23日）

光绪三十年十一月十七日，收署闽浙总督魏文称：据福建财政局司道会同藩、臬两司，粮、盐二道，详请奏咨闽省筹解第三年第十期新定偿款，发商汇沪汇付等由，到本调署部堂。据此，除给咨批解并附片具奏外，相应抄录片稿呈送。为此咨呈贵部，谨请查照施行。

①台北“中央研究院”近史所藏：02-07-017-01-013。

●照录片稿

再，准部咨：新定偿款摊派福建省岁解银八十万两，并钦奉谕旨：各该省前次指派之款，应即按月分分匀赶紧筹措，先期解交上海道转付等因。钦此。业经按月筹解至本年八月第三年第九期，分匀如数汇解上海道查收清楚，先后奏咨在案。兹光绪三十年九月应解第三年第十期前项库平纹银六万六千六百七十两，除奉户部议准将闽海关药厘由税务司径拨汇解银二万两外，实尚应解库平纹银四万六千六百七十两。现于司、道、局库筹集如数，于本年九月十三日交号商领汇，定限九月二十三日以前解交江海关道查收汇付。至号商汇费银一千五百八十六两七钱八分，及药厘拨银两应需汇费，仍请随正支给。据福建财政局司道会同藩、臬两司，粮、盐二道详请奏咨前来。臣覆核无异，除给咨批解并分咨外务部查照外，谨附片具奏。伏乞圣鉴。谨奏。[①]



①台北“中央研究院”近史所藏：02-07-012-01-062。

# 光绪三十一年（1905）

## 277. 查明条约请商日使撤回日僧由

光绪三十一年正月初五日（1905年2月8日）



头品顶戴闽浙总督兼理粮饷盐课兼管福建巡抚事西林巴图鲁魏，为咨呈事。

光绪三十年十二月初二日，承准贵部咨开：日僧在泉郡建堂传教一事，准本年十月十五日来电，迭经照会日使将约无佛教明文止能按照游历人员一体保护，并请将本愿寺日僧商撤等因切实声明在案。十一月十六日，准松井代理使复称：中日行船条约第二十五条第二节载有“一体均沾”字样，应与各国教士一律照行。至商撤日僧，断难应允等语。查中日行船条约第二十五条第二节，并无“佛教”字样，与各国天主、耶稣两教约有专款者不同，迭与该使往返辩论，该使不允将日僧商撤，相应钞录来往照会，咨行查照声覆，以凭核办可也。等因。附抄件一纸到本部堂。承准此，查利益均沾，各国条约均有此款，而于传教一事，则无一不分别教派，于条约内专款载明。日本与中国同文，佛教亦中国所早有，无所用其传布，是以中日两国订立约章，绝未议及传教之事，自不能借他国传教专条强为援引。自日本僧人擅赴漳、泉等处传教收徒以来，不安本分之人多借进日教为护符，横行无忌，甚至刊刻教规，有“教徒遭难布教师代为伸雪”之语，并设协、相、员、助、成员及总理各名目，刁民、讼棍用银捐充，包揽词讼，借遂鱼肉平民、寻衅他教之计。本年十月间，接驻厦日本上野领事电称：安海分教堂被陈欃党众攻毁，并先据晋江县禀报，均经饬县查办，并以日本并无订有传教条约，何得在内地设立教堂？漳、泉等处所设日本教堂，虽于四五年前曾有地方官出示保护，然未奉上宪核准，即有其事，亦系地方官不谙条约所致，何能援以为据？陈欃一案，自应核其情罪，按律惩办。日本臣民持照赴内地游历，地方官自当按约保护。至日僧设立教堂传教，则断不能认。节经文电驳阻，并电达贵部察照。十二月二十一日，奉贵部"号"电，以日使不允撤堂，仍应内外坚持，不能照认等因。复经转行遵照各在案。

兹承准前因，复查光绪二十二年《中日通商行船条约》第二十五款，虽有"中国如有给予别国国家或臣民优例豁除利益，日本国家及臣民亦一律享受"之语，细核约意，明指两国交际及臣民应享商务利益而言。若各国之以耶稣、天主两教来华传习，皆意在推广其宗教，故明立专条，不惮烦劳，不惜耗费，为尽其教中义务起见，初无利益可图。传教既无所谓利益，日本佛教又为中国所旧有，约内复无此传教专条，何得以日本臣民应与各国一律享受利益一语移作应行传教之据？况查光绪二十九年《中日通商行船条约续约》第九款，即系将通商行船条约第二十五款重为声说，内载日本国政府官员、臣民于中国允与别国政府官员、臣民通商行船转运工艺以及财产之一切优例豁除及利益，无论其现已允与或将来允与，一体均享，完全无缺等语。两约参观，更可见优例豁除利益，系专为通商行船转运工艺及财产立说，与传教两不相涉。

又，查光绪二十二年通商行船条约第四款，载有"日本臣民准在中国通商口岸所定外国人居住地界之内租地起造礼拜堂、医院、坟茔"等语。是准日本人起建自行礼拜之堂，尚于约内载明。日本人如应赴内地传教，断无不于约内载明之理。日本公使若将通商行船条约第二十五款与通商行船条约续约第九款互证参观，当知所谓优例豁除利益，约内业已事事指明，与传教全不相涉。

条约具在，断不能将有明文者置而不论，而反撰约外之词，且天主、耶稣两教每与民间未能浃洽，动滋事端，此中外所共知。中日交谊至厚，自当引为前车，勿令彼此百姓因教生衅，以期睦谊永敦。相应咨呈贵部，谨请察照，切商日本公使迅将传教日僧撤回，至深盼祷。倘日本公使仍前固执，似应咨行出使日本大臣，按约向日本外部切实商论，以杜后患。须至咨呈者。右咨呈外务部。光绪三十年十二月初七日。①

## 278. 日僧传教之事谨请查核等情由



光绪三十一年正月初五日（1905年2月8日）

光绪三十一年正月初五日，闽浙总督魏文称：为咨呈事。光绪三十年十二月初二日，承准贵部咨开：日僧在泉郡建堂传教一事，准本年十月十五日来电，迭经照会日使，将约无佛教明文止能按照游历人员一体保护，并请将本愿寺日僧商撤等因切实声明在案。十一月十六日，准松井代理使复称，中日行船条约第二十五条第二节载有“一体均沾”字样，应与各国教士一律照行。至商撤日僧，断难应允等语。查中日行船条约第二十五条第二节，并无“佛教”字样，与各国天主、耶稣两教约有专款者不同，迭与该使往返辩论，该使不允将日僧商撤，相应抄录来往照会咨行查照声覆，以凭核办可也。等因。附抄件一纸到本部堂。承准此，查利益均沾，各国条约均有此款，而于传教一事，则无一不分别教派，于条约内专款载明。日本与中国同文，佛教亦中国所早有，无所用其传布，是以中日两国订立约章，绝未议及传教之事，自不能借他国传教专条强为援引。自日本僧人擅赴漳、泉等处传教收徒以来，不安本份之人多借进日教为护符，横行无忌，甚至判刻教规，有“教徒遭难布教师代为伸雪”之语，并设协、相、员、

---

①台北“中央研究院”近史所藏：《外交档案》，馆藏号：02-05-010-01-004。

助、成员及总理各名目，刁民、讼棍用银捐充，包揽词讼，借遂鱼肉平民、寻衅他教之计。本年十月间，接驻厦日本上野领事电称：安海分教堂被陈欃党众攻毁，并先据晋江县禀报，均经饬县查办，并以日本并无订有传教条约，何得在内地设立教堂？漳、泉等处所设日本教堂，虽于四五年前曾有地方官出示保护，然未奉上宪核准，即有其事，亦系地方官不谙条约所致，何能援以为据！陈欃一案，自应核其情罪，按律惩办，日本臣民持照赴内地游历，地方官自当按约保护。至日僧设立教堂传教，则断不能认。节经文电驳阻，并电达贵部察照。十二月二十一日，奉贵部"号"电，以日使不允撤堂，仍应内外坚持，不能照认等因。复经转行遵照各在案。

兹承准前因，复查光绪二十二年《中日通商行船条约》第二十五款，虽有"中国如有给予别国国家或臣民优例豁除利益，日本国家及臣民亦一律享受"之语，细核约意，明指两国交际及臣民应享商务利益而言，若各国之以耶稣、天主两教来华传习，皆意在推广其宗教，故明立专条，不惮烦劳，不惜耗费，为尽其教中义务起见，初无利益可图。传教既无所（谓）利益，日本佛教又为中国所旧有，约内复无此传教专条，何得以日本臣民应与各国一律享受利益一语移作应行传教之据？况查光绪二十九年《中日通商行船条约续约》第九款，即系将通商行船条约第二十五款重为声说，内载日本国政府官员、臣民于中国允与别国政府官员、臣民通商行船转运工艺以及财产之一切优例豁除及利益，无论其现已允与或将允与，一体均享，完全无缺等语。两约参观，更可见优例豁除利益，系专为通商行船转运工艺及财产立说，与传教两不相涉。

又，查光绪二十二年通商行船条约第四款，载有"日本臣民准在中国通商口岸所定外国人居住地界之内租地起造礼拜堂、医院、坟茔"等语。是准日本人起建自行礼拜之堂，尚于约内载明。日本人如应赴内地传教，断无不于约内载明之理。日本公使若将通商行船条约第二十五款与通商行船条约续约第九款互证参观，当知所谓优例豁除利益，约内业已事事指明，与传教全不相涉。条约具在，断不能将有明文者置而不论，而反撰约外之词，且天主、耶稣两教每与民间未能浃洽，动滋事端，此中外所共知。中日交谊至厚，自当引为前车，勿令彼此百姓因教生衅，以期睦谊永敦。相应咨呈贵部，谨请察照切商日本公使，迅将传教日僧撤回，至深盼祷。倘日本公使仍前固执，似应咨行出使日本大臣，按约向日本外部切实商论，以杜后患。须至咨呈者。①



## 279. 照会日使转饬日领事缴清讼费由

光绪三十一年正月初五日（1905年2月8日）

光绪三十一年正月初五日，收闽浙总督魏文称：光绪三十年十一月二十八日，准署理两江督部堂兼南洋大臣周咨开：据苏松太道禀称：窃照古柏律法官奉饬偕同黄道诰赴厦办理交涉一案，业经职道由电禀奉前宪台李电谕准拨银千两交黄道应用，律法官即照原订加付等因。遵即筹拨公费银一千两，函送黄道应用。该道与古律法官及张翻译即于八月二十八日由沪起程赴厦。兹接古律法官来函，到厦查阅卷宗，讯得日商所控并无确据，判不准理，已由两造具结完案，于九月十七日午后回沪。所有本律师公费，自八月二十八日起至九月十七日止，计银二千二百八十两，请核给等因，到道。

伏查蔡前升道禀请延聘担律法官暨添用华帮办，原案声明奉派离沪往他处，除常薪外，每日加给银一百二十两。今古律法官带同张翻译赴厦办事，计十九天，自应加给银二千二百八十两，业经如数函送古律法官查收，取有洋文收据备案。惟古律法官此次偕同黄道赴厦问案，本系闽省交涉要件，所有职道衙门先后垫

①台北“中央研究院”近史所藏：《外交档案》，馆藏号：02-05-009-01-004。

拨公费等项银三千二百八十两，仰恳咨明闽浙督宪拨还归垫等情，到本署大臣。据此，除批查此案该关道先后垫拨银三千二百八十两，候据情咨请闽浙督部堂如数拨还归垫，仰即遵照缴印发外，咨请查照拨还等因，到本部堂。准此，卷查本案日斯巴尼亚籍民马甘保，即黄瑞曲前控黄子德各款均无确据，而恃入洋籍，意图讹诈，缠讼多年。迨经贵部于本年八月电由南洋大臣遴派江苏候补道黄诰赴厦审讯，并约日贾署使亲往观审该籍民马甘保，仍无确据呈验。贾署使知其所控全属子虚，始商诸黄道劝令两造息讼，具结完案。是本案本由马甘保图诈而起，所有前项讼费银三千二百八十两，理应责令马甘保呈缴。为此合咨贵部，谨请察核，照会日斯巴尼亚国驻京大臣转饬日领事迅饬该籍民马甘保，刻日将前项讼费如数缴由领事转送厦门道查收，解沪归垫，并祈赐覆施行。①

## 280. 请切商日使迅将日僧撤回等情由

光绪三十一年正月初五日（1905年2月8日）

光绪三十一年正月初五日，收闽浙总督魏文称：光绪三十年十二月初二日，承准贵部咨开：日僧在泉郡建堂传教一事，准本年十月十五日来电，迭经照会日使将约无佛教明文，止能按照游历人员一体保护，并请将本愿寺日僧商撤等因切实声明在案。十一月十六日，准松井代理使复称：中日行船条约第二十五条第二节载有“一体均沾”字样，应与各国教士一律照行。至商撤日僧，断难应允等语。

查中日行船条约第二十五条第二节，并无“佛教”字样，与各国天主、耶稣两教约有专款者不同。迭与该使往返辩论，该使不允将日僧商撤，相应钞录来往照会，咨行查照声覆，以凭核办

①台北“中央研究院”近史所藏：《外交档案》，馆藏号：02-26-026-11-001。

可也。等因。附抄件一纸，到本部堂。承准此，查利益均沾，各国条约均有此款，而于传教一事，则无一不分别教派，于条约内专款载明。日本与中国同文，佛教亦中国所早有，无所用其传布，是以中日两国订立约章，绝未议定及传教之事，自不能借他国传教专条，强为援引。自日本僧人擅赴漳、泉等处传教收徒以来，不安本分之人多借进日教为护符，横行无忌，甚至刊刻教规，有"教徒遭难布教师代为伸雪"之语，并设协相员、助成员及总理各名目。刁民、讼棍用银捐充，包揽词讼，借遂鱼肉平民、寻衅他教之计。



本年十月间，接驻厦日本上野领事电称：安海分教堂被陈欉党众攻毁，并先据晋江县禀报，均经饬县查办。并以日本并无订有传教条约，何得在内地设立教堂？漳、泉等处所设日本教堂，虽于四五年前曾由地方官出示保护，然未奉上宪核准，即有其事，亦属地方官不谙条约所致，何能援以为据？陈欉一案，自应核其情罪，按律惩办。日本臣民持照赴内地游历，地方官自当按约保护。至日僧设立教堂传教，则断不能认。节经文电驳阻，并电达贵部察照。十二月二十一日，奉贵部"号"电，以日使不允撤堂，仍应内外坚持，不能照认等因。复经转行遵照各在案。兹承准前因，复查光绪二十二年《中日通商行船条约》第二十五款，虽有"中国如有给予别国国家或臣民优例、豁除利益，日本国家及臣民亦一律享受"之语。细核约意，明指两国交际及臣民应享商务利益而言。若各国之以耶稣、天主两教来华传习，皆意在推广其宗教，故明立专条，不惮烦劳，不惜耗费，为尽其教中义务起见，初无利益可图。传教既无所谓利益，日本佛教又为中国所旧有，约内复无此传教专条，何得以日本臣民应与各国一律享受利益一语移作应行传教之据？况查光绪二十九年《中日通商行船条约续约》第九款，即系将《通商行船条约》第二十五款重为声说，内载日本国政府官员、臣民于中国允与别国政府官员、臣民通商行船，转运工艺以及财产之一切优例豁除及利益，无论其现已允与，或将来允与，一体均享，完全无缺等语。两约参观，更可见优例豁除利益，系专为通商行船转运工艺及财产立说，与传教两不相涉。

又，查光绪二十二年《通商行船条约》第四款，载有“日本臣民准在中国通商口岸所定外国人居住地界之内，租地起造礼拜堂、医院、坟茔”等语。是准日本人起建自行礼拜之堂，尚于约内载明，日本人如应赴内地传教，断无不于约内载明之理。日本公使若将《通商行船条约》第二十五款与《通商行船条约续约》第九款互证参观，当知所谓优例豁除利益，约内业已事事指明，与传教全不相涉。条约具在，断不能将有明文者置而不论，而反撰约外之词。且天主、耶稣两教每与民间未能浃洽，动滋事端，此中外所共知。中日交谊至厚，自当引为前车，勿令彼此百姓因教生衅，以期睦谊永敦。相应咨呈贵部，谨请察照，切商日本公使，迅将传教日僧撤回。至深盼祷！倘日本公使仍前固执，似应咨行出使日本大臣，按约向日本外部切实商论，以杜后患。[①]

## 281. 马甘保应负讼费商日大臣速缴由

光绪三十一年正月初九日（1905 年 2 月 12 日）

光绪三十一年正月初九日，收闽浙总督魏文称：光绪三十年十二月十六日，准署理两江督部堂兼南洋大臣周咨开：案查前派候补道黄诰赴厦门审办交涉案件，曾经饬由支应局垫拨薪水、盘费银一千二百两，由沪道垫拨公费银一千两；又律法官古柏按照原议除常薪水每日应加给银一百二十两，共付过银二千二百八十两。前据沪道具禀，业经据情咨请拨还在案。兹据黄道将用过各款开单，分送局道核明，开折详请转咨饬拨还垫前来。

查黄道所领支应局银一千二百两，除支用外，尚不敷洋三十

---

①台北“中央研究院”近史所藏：《外交档案》，馆藏号：01-12-021-04-009。

三元二角，按照市价合银二十三两四分一厘，计支应局共垫拨湘平银一千二百二十三两四分一厘。又，黄道所领沪关银一千两，现仍缴回银二百六十五两二钱一分六厘，计实用银七百三十四两七钱八分四厘。连前加给古柏公费一项，合计三项共垫过银四千二百三十七两八钱二分五厘，抄折咨送查照，饬行司局迅将前项垫款银两如数汇还归垫，以清款目等因。计抄折一纸，到本部堂。准此，查此案前准来咨，据苏松太道禀，该道衙门先后垫拨公费等项银三千二百八十两，咨闽拨还归垫等因。当经本部堂以本案查由日斯巴尼亚籍民马甘保图诈而起，前项讼费理应责令马甘保呈缴，咨请贵部照会日斯巴尼亚国驻京大臣转饬日领事迅饬该籍民马甘保刻日将前项讼费如数缴由领事，转送厦门道查收解沪归垫，并咨行各在案。兹准前因，合并咨呈贵部，谨请察核，迅赐汇案照会办理、赐覆。

照录清折

●照录上海道禀送黄道诰赴厦办案支用各款折

计开

请洋人酒席四次，每次一百五十五元（菜钱七十五元，生花二十元，洋酒四十元，赏钱二十元），共六百二十元。

叠次与洋人晤谈，款待洋人洋酒二百元（三边酒三十樽，每樽五元，计银一百五十元；寻常洋酒共用银五十元）。

款待洋人茶烟、水果、饼食等六十元。

拜洋人马车、轿钱五十元。

电报费六十二元九角。

共用公费银九百九十二元九角，折合规平钱七百三十四两七钱八分四厘。

●照录支应局详送黄道赴厦门讯案用款折

计开

收款：金陵支应局发给盘费湘平银一千二百两（内以九百二十两在上海兑英洋一千二百九十四元）。

支款：由省至下关马车等费并搬行李上江轮，共洋十五元。

江轮官舱一人，写生房舱一人，仆役、亲兵统舱七名，共价洋十八元九角。

江轮路费、杂用并赏茶房共洋六元。

登上海岸马车、行李费洋十二元。

住上海洋酒店十日（每日八元，并赏下人十元），共洋九十元（因与日使来往，以便面商案件）。

写生、仆役、亲兵住上海客栈（并赏茶房），共洋三十六元。

在上海拜关道轿力并茶点、杂用，共洋三十五元。

由上海往福州下公司轮船，马车、行李费，洋十二元。

往福州轮船（大餐房五十元，写生二等舱十八元，仆役、亲兵下舱四十二元），共价洋一百一十元。

往福州船上路费、杂用并赏茶房，共洋二十元。

由马尾至南台雇艇、搬行李，洋十二元。

由南台进福州城，轿夫、挑力并在南台点心，共洋十七元。

住福州客栈（并赏茶房）共洋二十四元。

在福州往拜官场，轿力并点心、杂用，共洋二十七元。

由福州到南台轿力、挑力并在南台晚饭，共洋十九元。

由南台至马尾雇艇、搬行李下轮船，洋十二元。

往厦门轮船（大餐房四十元，写生二等舱十元，仆役、亲兵大舱三十元），共价洋八十元。

往厦门船上路费、杂用并赏茶房，共洋十四元。

赏厦门当差人等，洋四十元。

返上海轮船（大餐房五十元，写生、仆役、亲兵大舱七十元，买让住宿房一间十元），共洋一百三十元。

返上海船上路费、杂用并赏茶房，共洋十四元。

登上海岸马车、行李费，洋十二元。

住上海客栈官房（写生、仆役、亲兵住客栈）并赏茶房，共洋三十六元。

在上海拜关道轿力并茶点、杂用，共洋二十二元。

由上海搭江轮马车、行李费，洋十二元。

返宁江轮船价洋十八元九角。

江轮路费、杂用并赏茶房共洋六元。

由江轮搬行李上岸，由下关进城行李、马车费，共洋十五元。

纸张笔墨费洋三十元。

文案、写生工洋六十元。

仆役三名、亲兵四名工洋八十四元。

随员（姚诗声、邓文瑗）薪水（每员一百四十元），共洋二百八十元（该员等供差三月，甚属辛苦，酌给薪水此数）。



盘费（每员一百四十两），共银二百八十两（另有报销清折附呈）。总共支银二百八十两，洋一千三百一十九元八角。以收抵支，尚不敷洋二十五元八角。再，敝道薪水未曾领取。合并登明。

●照录支应局详送委员姚诗声等随赴厦门讯案用款折

计开

收款：每员各领盘费湘平银一百四十两，兑英洋一百九十八元九角。

支款：由省至下关马车、行李、仆从车费、茶点并搬行李上轮，共洋三元八角。

江轮官舱一人、客舱二人，共价洋七元二角。

江轮路、菜并赏茶房共洋一元六角。

登上海岸马车、人车费洋二元二角。

住上海客栈三人十日（并赏茶房），共洋十一元四角。

在上海车轿、茶点、杂费，共洋十元三角。

由上海下船行李、车费，共洋二元二角。

往福州二等舱一人十八元、三等舱二人十四元，共价洋三十二元。

海船路、菜并赏酒钱共洋二元二角。

福州登岸搬费并由南台至省轿挑力，共洋五元。

福〔州〕轿力、菜点、杂费并客栈、酒钱，共洋五元六角。

由福州至南台轿挑力晚饭，共洋五元。

由南台至马尾小艇并搬行李下船，共洋一元八角。

往厦门海船二等舱一人十元、三等舱二人十元，共价洋二十元。

海船路、菜、茶点、酒钱，共洋二元二角。

在厦门过鼓浪屿小艇并轿力、茶点、杂费，共洋十四元。

赏厦门公馆亲兵、打杂人等二元。

回上海轮船（三人三十元，买让房一间十元），共洋四十元。

船上路、菜、点心、茶房、酒钱共洋四元八角。

回上海上、下船行李搬力，马车，共洋六元。

在上海住客栈三人三天，连酒钱共洋四元六角。

在上海油烛、点心、杂费、车力，共洋三元八角。

至南京江轮官舱一人、客舱二人，共价洋七元二角。

江轮路费、点心并酒钱共洋一元八角。

下关入城马车、行李、仆人车费、搬力、茶点，共洋三元八角。

沿途治装网篮、头绳、油纸等费，洋二元一角。

每员总共支洋二百二元六角。以收抵支，尚不敷洋三元七角。合并登明。①

## 282. 汇解第三年第十一期债款由

光绪三十一年正月十一日（1905年2月14日）

光绪三十一年正月十一日，收闽浙总督魏光焘文称：据福建财政局司道会同藩、臬两司，粮、盐二道详请奏咨闽省筹解第三年第十一期新定偿款，发商汇沪汇付等由，到本部堂。据此，除

①台北“中央研究院”近史所藏：《外交档案》；馆藏号：02-26-026-11-002。

给咨批解并附片具奏外，相应抄录片稿呈送。为此咨呈贵部，谨请查照施行。

●照录钞稿

再，准部咨：新定偿款，摊派福建省岁解银八十万两，并钦奉谕旨“各该省前次指派之款，应即按月分匀，赶紧筹措，先期解交上海道转付等因。钦此。业经按月筹解至本年九月第三年第十期分匀如数汇解上海道查清楚，先后奏咨在案。兹光绪三十年十月应第三年第十一期前项库平纹银六万六千六百七十两，除奉户部议准将闽海关药厘由税务司径拨汇解银二万两外，实尚应解库平纹银四万六千六百七十两，现于司道局库筹集如数，于本年十月十三日交号商领汇，定限十月二十四日以前解交江海关道查收汇付。至号商汇费银一千五百八十六两七钱八分及药厘拨抵银两，应需汇费仍请随正支给。据福建财政局司道会同藩、臬两司，粮、盐二道，详请奏咨前来。臣覆核无异，除给咨批解并分咨外务部、户部查照外，谨附片具奏。伏乞圣鉴。谨奏。①

## 283. 请商日使速将僧侣撤回由

光绪三十一年正月十二日（1905 年 2 月 15 日）

头品顶戴闽浙总督兼理粮饷盐课兼管福建巡抚事西林巴图鲁魏，为咨呈事。

光绪三十年十二月二十八日，接日本驻厦上野领事照会内开：准贵部堂所发照会内开一切均悉。查我国布教使在漳、泉一带内地开教之案，前经本领事明白电复贵部堂在案。该案复经我驻扎北京钦差大臣节次细详照会贵国外务部，声明我国佛教僧侣来贵国建寺传道，照日清条约第二十五款第二项，同各国传教使一体均沾特权免除，自得照行，故各国传教使在贵国内地开设教堂传

---

①台北“中央研究院”近史所藏：《外交档案》，馆藏号：02-07-007-01-012。

道，我亦一体可行照办。所有贵部堂申由贵国外务部转饬将我僧侣撤回，我钦差大臣断难承认等因。又在案。本领事自应遵奉照我钦差大臣照会贵国外务部之文办理，等由。前来。

查耶稣、天主两教来华传习，系于条约内专款载明，并非包括在一体均沾特权免除之列，日本国自亦不能借一体均沾之条，为准日僧传教之据。《中日通商行船条约》第二十五款，专指两国交际及臣民应享商务利益而言，业经本部堂检查《通商行船条约》第四款及《通商行船条约续约》第九款为之证明，详晰照会在案，毋庸赘述。且本部堂节次承准外务部电咨，亦以第二十五款与传教无涉，不能强为牵引等因。是日本僧侣如领执照赴内地游历，自当按约照平常日本人一例保护；若系传教，则中国断不能认允，况日本国与中国系属同文，中国各省学堂多延日本人为教习，中国士人之游学日本者，亦不知凡几，彼此情意实已日增亲密，何必多此传教一举！且中国之习洋教者，绝少上等体面之人，上野领事亦所深悉，若竟听日僧前来传教，其进教者必多莠民，徒知借教滋事，于两国交际不能有丝毫裨益，可预决可，仍请上野领事细核约章，详察情形，迅将传教日僧撤回，至纫睦谊。

除照复外，相应咨呈。为此咨呈贵部，谨请察照，迅即再与日使切实辩论，速将日本僧侣撤回，以免贻患。望切施行！须至咨呈者。右咨呈外务部。光绪三十一年正月十二日。①

## 284. 三都澳码头捐不应全行停止由

光绪三十一年正月二十一日（1905年2月24日）

光绪三十一年正月二十一日，收闽浙总督电称："肴"电饬查三都码头捐，咨准将军复称：饬据税司申复，此项码头捐于商务无碍，似不应全行停止。又经札饬详查复办等因。应俟税司复到，

①台北"中央研究院"近史所藏：《外交档案》，馆藏号：02-05-010-01-005。

再行会同核明电达。光焘。个。①

## 285. 会议樟脑办法希照日使转饬日领由

光绪三十一年正月二十二日（1905年2月25日）

光绪三十一年正月二十二日，收开缺闽浙总督魏电称："号"电谨悉。日使既允不碍中国主权，不背中外各国条约，自易商结。前已派定盐法鹿道会同领事妥议，上野领事若携照会来省，便可收回开议。前在官脑局办事之日本人间有未回者，如其循规蹈矩，地方官无不以礼相待。至免厘一节，如所运之脑系归官脑局账内核算，自可照准。应请钧部照商日使，转饬上野遵照。光焘。个。②



## 286. 遵谕会议闽省脑务办结情形由

光绪三十一年正月二十四日（1905年2月27日）

光绪三十一年正月二十四日，收闽浙总督魏文称：据福建洋务局详称：窃照英商永昌等行在闽省上游一带办运樟脑脑油，被官脑局技师擅派日本人先后在各处截留，计共十一起，经英领事详报彼国驻京大臣向外务部索偿被留各脑价及亏折等项，计银三万四千元，奉饬由闽商办，当经前宪台李饬由职局与英领事妥商办结。正在开议间，续有英商永昌裕昌行运脑至水口地方，又被日本人截留两起。该领事因复并案增索赔偿，要求愈甚，迭次婉转与议，始终坚持前索之数，不肯稍减。嗣奉前兼署宪崇饬职局派委提调福防同知吕丞与领事再四磋商，始允以前后十三起一切赔价偿失，共索银三万元，不能再减，当经禀奉前兼署宪崇核准照给，并批饬在银元局所存铜元盈余项下筹拨七一七库平洋银三

①台北"中央研究院"近史所藏：《外交档案》，馆藏号：02-13-035-01-003。
②台北"中央研究院"近史所藏：《外交档案》，馆藏号：02-13-019-03-005。

万元，合二七库平洋银二万一千七百二十六两五钱六分二厘五毫，交由吕丞转送领事照收，将前后各脑案一律了结。再，查各案扣留油脑，大半被技师爱久泽直哉所派日本人擅行运往别处，无从稽查，其余所存各处之油脑尚可变价归补者已属无多。现在官局停办待议，所有脑务一切用款，应俟将来商定办法，综计前后共用若干，统归官脑案内专款报销，以昭核实。现经详奉宪台批饬核详请咨，遵将英商永昌等行在本口办运油脑被留各案开具清折并议赔完结各情形，详请核咨立案等情。计送清折，到本部堂。据此，除详批示外，相应将局送清折咨呈。为此咨呈贵部，谨请察照立案施行。

●照录清折

福建全省洋务总局盐法道、候补道、丁忧广东候补道：谨将英商在内地采办樟脑脑油被日本人截留各案分起摘略，造具清折，呈送宪鉴。

谨开

一、英领事照称永昌行经手人福昌、裕昌、协裕昌等号在沙县购运脑油壹百贰拾叁罐，被日本人拦截送县，英领事索赔油价玖佰玖拾陆元叁角，又生理亏损洋壹千元一案。此案已经官脑局委员查复，系于光绪贰拾玖年捌月初拾日由分局在沙县船中拿获送县，旋经该分局之日本人领回运厦，现在不知运售何处。理合声明。

一、英领事照称永昌行经手人盛玉在顺昌县办脑，于光绪贰拾玖年玖月初贰日被日本人勒令送县一案。此案饬据顺昌县申复，光绪贰拾玖年玖月初肆日，由日本人城末雄送县樟脑拾余斤、脑油拾伍斤，称系盛玉号所办，旋即携去，现在不知运售何处。理合声明。

一、英领事照称永昌商行代理人晋和号在沙县运脑肆箱赴延平，于拾月初壹日船经琅口被拿一案。此案饬据沙县申复，前项樟脑系官脑分局在琅口会营起获，比经由局移请发还，未据照办，脑无下落，亦不知斤重若干。理合声明。

一、英领事照称永昌行经手施全顺在沙县代办樟脑贰箱，被县扣留一案。此案业经饬县发还承领。理合声明。

一、英领事照称永昌行在延平办脑拾箱，赴厘局呈验联单被日本人扣留一案。

一、英领事照称永昌行经手怡和生在延平办脑肆箱，又被扣留，连前扣拾箱未放一案。此两案樟脑先饬南平县起存官署，妥为存储，乃延平分局之日本人不允交出，嗣由该日人运售何处，不知下落，亦不知斤重若干。理合声明。

一、英领事照称永昌行代理人德泰、宝陞等号在内地购运油脑壹拾伍件，被水口县丞将人货一并拘押一案。此案饬据水口县丞申称：光绪贰拾玖年拾贰月贰拾肆日，由官脑分局拿获私脑拾叁箱，约伍百斤，又脑油贰罐，约伍拾斤，均交日人城末雄领运，现在不知运售何处。理合声明。

一、英领事照称巴安乐在延平运脑两次被日本人夺去樟脑贰拾玖担、脑油伍百贰拾斤一案。此案先据南平县禀报，巴安乐两次运脑捌拾壹件过延被阻，起存县署，现已委员提解到省，交由福防厅变价归补赔款。理合声明。

一、英领事照称永昌行洋口代理人万祥号，由上游桥头等处办脑肆百柒拾余斤、脑油叁百陆拾余斤，于正月贰拾叁日被脑局拦截，起存上洋厅署一案。此案据上洋厅禀永昌办脑拾柒箱、油拾贰箱，被官脑代办所截留，油脑起存厅署，现已饬厅运省变价归补赔款。理合声明。

一、英领事照称永昌行代理人晋和号在延平安寨乡办脑捌罐，重贰百贰拾斤，又脑油四罐，重壹百贰拾斤，于上年拾贰月拾叁日被脑局扣留一案。此案饬据南平县禀复，安寨乡即安济乡之误。上年拾贰月贰拾叁日，官脑局在安济乡豆腐店起获私脑捌箱，约重贰百余斤，脑油肆箱，重壹百贰拾余斤，本案油脑不知运售何处。理合声明。

一、英领事照称永昌行遣伙代往古田采办樟脑贰拾柒箱，计重约柒百捌拾叁斤，在古邑拾捌都平湖街拦截送县一案。此案饬据古田县禀复，叁拾年肆月初捌日，英商傅森荣代永昌行采运樟脑贰拾柒箱，至县辖拾捌都地方，被日商卢道德拦截，将脑起存县署，现已饬县运省变价归补赔款。理合声明。

一、英领事照称永昌遣伙代往建宁等处采买樟脑共贰拾玖箱，净重约壹千贰佰贰拾捌斤，被收口县丞扣留一案。此案据水口县丞详报，此次永昌行由建宁采办樟脑大小共贰拾玖箱，约计壹千四百余斤，运至水口，确有单据，而日本人强欲截留，经该县丞押起存署，忽被该日人纠众抢去两箱。此外，现据解局转发福防厅存储，听候变价归补赔款。理合声明。

一、英领事照称裕昌行代理人所办樟脑贰百捌拾斤，价值叁百元，在水口地方被日本人抢夺一案。此案由局饬令水口县丞查明樟脑下落，以便运省变价，归补赔款。理合声明。[①]

## 287. 建邵汀矿产合办法领照请核示由

光绪三十一年二月初三日（1905年3月8日）

光绪三十一年二月初三日，收闽浙总督魏文称：闽省华洋合办建、邵、汀三属矿产一案，光绪三十年十二月初二日承准贵部咨：准法吕使照送公司经理人古尔燮呈请赔偿，抄录禀稿，咨行按照合同并奏定章程，妥为核复等因。即经本部堂详晰核议，于本年十二月十二日咨请贵部会商商部，从速核定，即由外务部照会法使，转饬该公司遵办，并请商部颁发开矿执照来闽，以凭转发给领，各在案。兹于本年十二月十四日接法国驻福州口高领事照送公司经理人古阿西冶即古尔燮禀词前来。除照复并咨呈商部察照外，合将法领事照会并附件暨本部堂复稿抄录咨呈贵部，谨

①台北“中央研究院”近史所藏：《外交档案》，馆藏号：02-13-013-07-002。

请察照，迅赐核定，先行电示，俾有遵循。

●大法钦命驻扎福州领事官高，为照会事。

照得敝领事准贵部堂十二月初四日照会，当即转行福建勘验公司总办古阿西冶知照。兹据禀复，恳请转达前来。相应附送察阅，并恳示覆，果否有意与该总监工商议此事。该总监工现在福州，亦只为此一事，深愿早知消息，免使其公司耽时糜费也。须至照会者。西一千九百五年正月十九日。

●领事官台鉴：兹奉行知闽浙总督部堂照覆，不胜感谢。但查此次照复，即系都宪与前任督宪累次照会之意，与贵领事官近示驻京钦使电文所称由外务部咨交闽浙督宪核办之案毫无相涉。累月以来，福建勘验公司静心守候，满望华官改意，译解合约意义，务令彼此各有裨益。嗣见其分明执意，除将所约之事作废，使合约无用外，别无他说。勘验公司自知前此允给权利今日断不能开办，只得降为禀请体恤之举。其所请之意，曾于西历一千九百四年十一月二十二日所投驻京钦使禀内详叙明白，并由钦使照会外务部，覆由部转咨督宪，各在案。一经禀请体恤之后，开矿之事已决计置于不议。今所论者，只在体恤一节。敝总监工所以回闽者，因驻京钦使传谕敝公司，云务须听候督宪会议此事，敢恳探明督宪意旨，作何办法，是否要撇却公司，自行核办，果尔则无庸文件往还，空费有用时日。此等文件且未尝争及是非，盖华官于所陈情节有意不覆，以便仍执初意也。西一千九百五年正月十八日。古阿西冶押。

●总办福建勘验公司矿师古，为照会事。

本月十四号，捧诵手谕，并夹闽浙总督照复贵衙门日前照会等件。读之该照复与前累次之烦絮无异，绝不提及敝公司索偿情事。夫此赔偿实经中国外务部咨闽查办之事，缘敝公司办矿已待之甚久，其间皆望华官终悟合同原意，准予敝公司速办。俾两者各受其益，惜不幸华官偏执意见，竟令此约成空，即阻吾人不能开办是也。卒之，敝公司知此事无望矣，抑亦中国自害其所利者。

故敝公司不得已特向索偿，借抵其害我之利，而敝公司索偿情节，经已详晰言于一千九百零四年十一月廿二号我驻京公使禀内。旋蒙我公使照会中国外务部，并经该部咨行闽浙总督查核矣。今敝公司欲再直言于贵领事一次，矿务可不必言。所言者，惟我被害之利将何以处而已。敝公司此次来闽，乃由我驻京公使命与闽浙总督商権，应请为敝公司再询闽浙总督一遭，彼于此事是否自行核办，不愿与敝公司熟商。果诚此意，敝公司则不必居此废时破钱，而任受如此无益之空文也。须至照会者。右照钦命驻闽法国领事官高。一千九百零五年一月十七号。



●为照复事。光绪三十年十二月十四日，接贵领事西一千九百五年正月十九日洋文照会，以接准本部堂十二月初四日照会，当即转行福建勘验公司总办古阿西冶知照。兹据禀复，相应附送察阅，并恳示覆，果否有意与该总监工商议此事，深愿早知消息，克使其耽时靡费等由，并附送古阿西冶原禀前来。均经译悉。查闽省华洋合股典设公司，开办建、汀、邵三府属矿产，但使公司恪遵合同，原属彼此两有利益之举，请领开矿执照，视成本值百抽一，缴纳照费，系奏定新章载明之款，亦即合同内所声明悉愿遵照中国外务部奏定新章应缴之款。且查他国商人在中国他省承办矿务，亦均遵缴此项照费，断无法商独不应缴之理。乃该公司代理人古阿西冶辄以虚费资本，妄索中国赔偿，实属无理取闹。商政局饬缴照费，本系按照合同办理，而该代理人于合同并不详加体会，一味固执，吝此区区照费，致使已勘之矿不能开办，延误之咎实全在古阿西冶一人。前接贵领事照送节略，即经札行商政局核议。昨据逐条议覆，详请核咨外务部、商部核夺前来。本部堂覆加察核，秉公酌议，拟以光绪二十八年外务部奏定之矿务新章为定准，与公司合同两相比较，除照费之必应遵缴，其余红利、课税等项悉按合同完缴外，尚无应征之别项规例，将来续定矿章，如有增加课税、规例之事，自可与该公司无涉。业已咨请外务部、商部从速核定，就近照会贵国驻京大臣转饬该公司遵办，并请颁发开矿执照来闽，以凭转发给领在案，自应静俟部复办理。合就照复贵领事，请烦查照，转饬该公司遵照可也。须至照复者。一照复大法钦命驻扎福州管理台厦各口通商事务领事官高。[①]

## 288. 日僧传教请再商日使速撤由

光绪三十一年二月十二日（1905年3月17日）

光绪三十一年二月十二日，收闽浙总督魏光焘文称：光绪三十年十二月二十八日，接日本驻厦上野领事照会内开：准贵部堂所发照会内开一切均悉，查我国布教使在漳、泉一带内地开教之案，前经本领事明白电复贵部堂在案。该案复经我驻扎北京钦差大臣节次细详照会贵国外务部，声明我国佛教僧侣来贵国建寺传道，照日清条约第二十五款第二项，同各国传教使“一体均沾”特权免除，自得照行。故各国传教使在贵国内地开设教堂传道，我亦一体可行照办。所有贵部堂申由贵国外务部转饬，将我僧侣撤回，我钦差大臣断难承认等因。又在案。本领事自应遵奉照我钦差大臣照会贵国外务部之文办理，等由。前来。查耶稣、天主两教来华传习，系于条约内专款载明，并非包括在“一体均沾”特权免除之列，日本国自亦不能借“一体均沾”之条为准日僧传教之据。《中日通商行船条约》第二十五款专指两国交际及臣民应享商务利益而言，业经本部堂检查《通商行船条约》第四款，及《通商行船条约续约》第九款为之证明，详晰照会在案，毋庸赘述，且本部堂节次承准外务部电咨，亦以第二十五款与传教无涉，不能强为牵引等因。是日本僧侣如领执照赴内地游历，自当按约照平常日本人一例保护，若系传教，则中国断不能认允，况日本国与中国系属同文，中国各省学堂多延日本人为教习，中国士人之游学日本者，亦不知凡几，彼此情意实已日增亲密，何必多此



①台北“中央研究院”近史所藏：《外交档案》，馆藏号：02-04-026-02-021。

传教一举？且中国之习洋教者绝少上等体面之人，上野领事亦所深悉，若竟听日僧前来传教，其进教者必多莠民，徒知借教滋事，于两国交际不能有丝毫裨益，可预决可，仍请上野领事细核约章，详察情形，迅将传教日僧撤回，至纫睦谊。除照复外，相应咨呈。为此咨呈贵部。谨请察照，迅即再与日使切实辩论，速将日本僧侣撤回，以免贻患。望切施行。①

## 289. 法公司承办各矿商议抄稿咨呈由

光绪三十一年二月二十一日（1905年3月26日）

光绪三十一年二月二十一日，收闽浙总督魏文称：光绪三十一年正月十四日，接驻福州口法国高领事照会内称：敝领事准贵部堂前月二十七日照会，当即转行古阿西冶知照。所有该总监工奉读此件之后一切意见，相应据实代陈。该总监工首先先极力剖辩贵部堂所驳其公司索请，甚属无谓非理一条。盖自前年四月间，经前任部堂李决绝辞复之后，所有调停门路一起闭塞。复文所称系无论何等章程，但经政府核准，即应与合同一律遵守。倘公司不遵章程，即是废约云云。是前任部堂必欲该公司遵守以后续出部章，如果该公司不愿遵照，即行文知会，合约因此作废。中国既强该公司以不可遵行之条款，使所签之约不得举行，无怪该公司视此约之废出自中国政府之意，自顾受亏若此，故向政府请给体恤银两。似此情形，谁谓此请尚属非理无谓乎？

该公司所禀各节，曾经贵部堂核阅在案。荷蒙明见洞烛，秉公察核。敝领事暨该总监工实不胜钦佩。贵部堂察阅之后，作何决断，岂依然重述前任李部堂之语意乎？非也，贵部堂照复，实与前文有大相径庭者。前任李部堂文称：无论何等章程，但经政府核准，即应与合约一体遵守；贵部堂则谓除照费红股及合约所

①台北“中央研究院”近史所藏：《外交档案》，馆藏号：01-12-021-04-015。

载各税外，别无重征之款。续出章程所载赋税各条，与该公司无涉。是贵部堂与古阿西冶意见符合，与前任李部堂意见不同。惟有照费一层，究属细故，但何以使该公司虚度一年？又加以各种谣言诬辱，何以李部堂奏请收回公司权利，使公司种种糜费经营，又使不得开办邵武金矿，以致失信亏本，并何以照称因该公司不愿遵照无谓之条款，当江合约作废。如果前年四月间李部堂照复亦如今日所奉贵部堂复文之意，自不至有各种烦难，且易于商议，虽然如此，敝领事惟愿今日事势尚有可为，仍为中国政府与该公司之大利益。惟古阿西冶现彼其公司谕帖所拘，必须函达欧洲听候回信。所以至此者，皆因华官自始至兹，并无调停之意故耳。贵部堂可以深信敝领事必竭力与法公司各人剖说，使知和衷商办之利益，并使其只作合理之请，敝领事且深知贵部堂亦必具此同心也。其首先示信于人，并可以补救公司要害者，莫如展限一年，至一千九百六年十二月三十一号止。盖公司虚度一年，非公司之过，实由李部堂争执合约之故，于理公司不任其咎。如蒙订期商议，俾得馨陈敝领事于此事期望之情，则不胜欣幸矣。伏维察照施行等因。前来。除照复并咨行外，相应抄录复稿咨呈贵部，谨请察照施行。



●照录清折

为照复事。光绪三十一年正月十四日，接贵领事西历一千九百五年二月十四日法文照会，以法公司经李前部堂决绝辞覆之后，所有调停门路一齐闭塞。如果前年四月间李前部堂照复亦如本部堂复文之意，自不致有种种烦难，且易于商议。虽然如此，贵领事仍必竭力与法公司各人剖说，使其只作合理之请，莫如展限一年，如蒙订期商议，俾得馨陈，不胜欣幸等由，前来。均经译悉。贵领事和衷共济之意，溢于言表，深所感佩！然此事咎之所在，本部堂不得不再为辩明。法公司与闽省原订合同既有该公司承办各矿，应完一切课税，应声明悉愿遵照中国外务部及路矿局奏定新章办理之语。李前部堂饬令该公司遵守中国新定章程办理，乃系按照合同持论。本部堂咨外务部、商部，拟以光绪二十八年二月外务部奏定矿务章程为准，只令该公司照缴照费及合同所列各款，以后续定章程，如有增加课税、规例之事，与该公司无涉，意在体恤公司，免滋疑虑。其实解释合同意义，与李前部堂并不背驰，且查李前部堂初意，亦只令该公司缴纳照费。该公司如将合同悉心体会，遵照办理，何致有此争执？是耽误之咎，实全在该公司也。至从前谣言，早经禁止。李前部堂奏设矿务总公司折内亦无请将法公司所办矿务收回之语。该公司总监工古阿西冶以此借口，更属无谓。贵领事所请展限一年，事关奏案，本部堂未便擅允。至订期商议一节，本部堂当饬总办商政局盐法道鹿道与贵领事会商一切也。相应照复。为此照会贵领事，请烦查照。①





## 290. 具奏汇解新定偿款一片录稿咨呈由

光绪三十一年三月初四日（1905 年 4 月 8 日）

光绪三十一年三月初四日，收闽浙总督魏文称：据福建财政局司道会同藩、臬两司，粮、盐二道详请奏咨闽省筹解第四年第一期新定偿款，发商汇沪汇付等由，到本部堂。据此，除给咨批解并附片具奏外，相应抄录片稿咨呈。为此咨呈贵部，谨请查照施行。

●照录片稿

再，准部咨：新定偿款，摊派福建省岁解银八十万两，并钦奉谕旨“各该省前次指派之款，应即按月分匀，赶紧筹措，先期解交上海道转付等因。钦此”。业经按月筹解至本年十一月第三年第十二期止，先后奏咨在案。兹光绪三十年十二月应解第四年第一期前项库平纹银六万六千六百七十两，除奉户部议准将闽海关药厘由税务司径拨汇解银二万两外，实尚应解库平纹银四万六千

①台北“中央研究院”近史所藏：《外交档案》，馆藏号：02-04-026-02-024。

六百七十两，现于司道局库筹集如数，于本年十二月十八日交号商领汇，定限十二月二十六日以前解交江海关道查收汇付。至号商汇费银一千五百八十六两七钱八分及药厘拨抵银两，应需汇费仍请随正支给。据福建财政局司道会同藩、臬两司，粮、盐二道，详请奏咨前来。臣覆核无异，除给咨批解库平纹银四万六千六百七十两并分咨外务部、户部查照外，谨附片具奏。伏乞圣鉴。谨奏。①



①台北“中央研究院”近史所藏：《外交档案》，馆藏号：02-07-007-01-046。

# 附　录

## 01. 委任魏光焘等署理道府等缺片（左宗棠）

同治八年八月十一日（1869年9月16日）

再，臣于同治八年二月二十二日准吏部咨开：二月初二日奉旨：甘肃平庆泾道员缺，着方臻大补授。钦此。臣维平庆泾道所属二府一州，地当秦陇之冲，陕回构乱以来，蹂躏殆遍。贼踞董志原四载，人民死徙殆尽，城野荒寂，千里蒿莱，受祸之惨，甚于各处。荡平以后，抚辑残黎，筹画防剿，垦荒散赈，诸务繁兴，员缺最关紧要。新授道员方臻大尚未来甘，署理道篆之甘肃兰州府知府鲍彤轩久未履任，亟应遴员委署，以资治理而重地方，查有二品顶戴陕西题补道西林巴图鲁魏光焘，勤慎明干，兼通方略，堪以委署。

其庆阳府知府员缺，臣前奏以运同衔升用直隶州知州翁健署理，翁健到任后，巡行田野，督课耕垦，触受暑热，患病甚重，禀请给假。查有调营之浙江遇缺即补同知谢大舒，朴干耐劳，堪以代理。

其平凉府一缺，原系甘肃知府李超群署理，李超群久未到任。平凉城大而坚，三次失陷以后，城中虽仅残黎百数十人，而地居甘省南北之中，为陕西入甘大道。知府有地方之责，员缺未可虚悬。查有随营拟保知府衔留甘补用同知直隶州知州王时迈，奋勉有为，堪以代理。谨附片陈明。伏乞圣鉴，施行。谨奏。

军机大臣奉旨：知道了。钦此。①

## 02. 请以魏光焘补授平庆泾道片（左宗棠）

同治八年（1869 年）

再，甘肃平庆泾道方臻大于同治八年十月十五日到营呈缴文凭，当经臣备文咨送部、科验销在案。嗣该道在营患病，禀请给假赴西安就医，至西安病愈后，适臣西征粮台翰林学士袁保恒因江苏协饷积欠甚巨，咨请委该道赴江苏守催，臣即委令前往。兹据方臻大禀称：抵苏后，感受风寒，引起痰逆旧疾，医云气血两亏，药石难以骤效，恳为奏请开缺，俾得安心调理，等情。

臣查方臻大既称旧疾举发，难以速愈，自应准其开缺调理。惟平庆泾道一缺所属二府一州，地当秦陇之冲，事极繁重。现在陕甘降回皆在平固一带择地安插，各属灾黎亦渐次来归，弹压抚绥，均关紧要。即臣将来移营前进，后路布置一切，尤非知兵大员，不能得力。前方臻大到营时，臣察看该员气体羸弱，才具平庸，即病痊坐补，亦难望其胜任。

查有奉旨署理平庆泾道统领武威军二品顶戴陕西题补道西林巴图鲁魏光焘，勤慎明干，兼通方略，自署任以来，于地方及防剿诸务俱能实力筹办，悉臻妥协，合无仰恳天恩饬部将平庆泾道方臻大开缺，即以魏光焘补授，实于地方、军务两有裨益。是否有当？理合附片具陈。伏乞圣鉴训示，施行。谨奏。

军机大臣奉旨：吏部议奏。钦此。②



①中国第一历史档案馆藏：《朱批奏片》，档号：04-01-12-0508-057。

②中国第一历史档案馆藏：《录副奏片》，档号：04-01-13-0316-046。

## 03. 请准魏光焘展缓引见缘由片

光绪四年八月十九日（1878 年 9 月 15 日）

再，臣准吏部谘开：查定例：运使、道、府、直隶州俸满调取，甘肃定期七年，吏部查明已及年分者，行文调取。查甘肃平庆泾固道魏光焘，湖南文童，同治十年三月补授今职，连闰历俸已满七年，例应调取相应行文饬令交代，给咨赴部引见等因，经臣檄行遵办。兹据甘肃布政使崇保详称：查魏光焘平庆泾固所属赈务甫经办竣，而安辑客、土难民，劝办积谷以及善后各事宜，头绪纷繁，现正次第举办，均应责成该道经理，未便遽易生手，应请奏明暂缓送部引见等情，具详请奏前来。

臣维平庆泾固道所属庆阳一府，上年被旱，灾黎嗷嗷，兼有陕西来此待赈者，亦复不少。魏光焘筹办赈抚，深资得力，赈务虽甫办竣，而现正办理安辑客、土难民，劝办积谷以及善后各事宜，头绪纷繁，应仍责成该道魏光焘一手经理，以资得力。

合无仰恳天恩俯准将平庆泾固道魏光焘暂行展限，俟安辑、善后一切各事宜办理完竣，再行送部引见，以符定例。是否有当？谨据实附片陈明。伏乞圣鉴训示。谨奏。[①]



## 04. 奏委魏光焘署理甘肃臬司片（左宗棠）

光绪六年十月初四日（1880 年 11 月 6 日）

再，甘肃按察使史念祖钦奉谕旨陛见，所遗按察司篆务为甘肃刑名总汇，职任綦重，亟应遴员接署。臣查有二品顶戴按察使衔卓异候升甘肃平庆泾固道魏光焘，才品优长，实心任事，堪以委署。除由臣檄委接署外，理合附片具陈。伏乞圣鉴。谨奏。

---

①中国第一历史档案馆藏：《朱批奏片》，档号：04-01-13-0434-032。又，《录副奏片》，档号：03-5131-075。

光绪六年十月十四日，军机大臣奉旨：知道了。钦此。①

## 05. 委任魏光焘接办营务片（护甘督杨昌濬）

光绪七年正月二十四日（1881 年 2 月 22 日）

再，总理关内防军营务处前署兰州道刘璈业经督臣左宗棠派委管带后靖右营赴张家口驻扎，所有关内防军营务，仍应拣委大员接办，以资整顿而专责成。查有正任平庆泾固道署甘肃按察使魏光焘，明干有为，于关内情形极为熟悉，堪以委任。除檄饬遵照外，理合附片陈明。伏乞圣鉴。谨奏。



光绪七年二月十五日，军机大臣奉旨：知道了。钦此。②

## 06. 奏报魏光焘过境日期折（哈密办事大臣）

光绪十一年四月十一日（1885 年 5 月 24 日）

奴才明春、奴才祥麟跪奏，为恭报调任甘肃新疆藩司过境日期，仰祈圣鉴事。

窃奴才等前将新授甘肃新疆巡抚臣刘锦棠移赴乌鲁木齐由哈起程日期，具折奏报在案。兹有调补甘肃新疆布政使臣魏光焘于本年四月初五日行抵哈密，即于初八日自哈起程西进讫。谨将该藩司过境日期恭折驰奏。伏乞皇太后、皇上圣鉴。谨奏。四月十一日。

光绪十一年五月初七日，军机大臣奉旨：知道了。钦此。③

---

①中国第一历史档案馆藏：《录副奏片》，档号：03-5150-031。
②中国第一历史档案馆藏：《录副奏片》，档号：03-5814-075。
③中国第一历史档案馆藏：《录副奏折》，档号：03-5196-017。

## 07. 颁发魏光焘关防片（刘锦棠）

光绪十一年五月十三日（1885年6月25日）

再，藩司魏光焘以道员统兵，转战关陇，懋著战功，尤能尽心屯垦。嗣在甘肃藩司任内经督臣委综关内防军营务，治军转辘，悉协机宜，于边地情形亦极熟悉。该藩司现抵新任，应即檄委综理臣军营务，以资臂助。除檄饬遵照外，谨附片具陈。伏乞圣鉴。谨奏。

光绪十一年六月十三日，军机大臣奉旨：知道了。钦此。[①]



## 08. 檄委藩司魏光焘总理军务片（刘锦棠）

光绪十一年五月二十五日（1885年7月7日）

再，藩司魏光焘以道员统兵，转战关陇，懋著战功，尤能尽心屯垦。嗣在甘肃藩司任内，经督臣委综关内防军营务，治军转辘，悉协机宜，于边地情形亦极熟悉。该藩司现抵新任，应即檄委综理臣军营务，以资臂助。除檄饬遵照外，谨附片具陈。伏乞圣鉴。谨奏。

军机大臣奉旨：知道了。钦此。[②]

## 09. 委饬藩司魏光焘经理粮台事务片（刘锦棠）

光绪十四年六月十五日（1888年7月23日）

再，臣前会同督臣谭钟麟奏设伊塔道、府、厅、县等官，业经部议覆准，应即委员署理，以重职守。查伊塔道以守兼巡，为冲、繁、疲、难请旨最要缺，兹查有办理新疆粮台三品衔甘肃遇

---

①中国第一历史档案馆藏：《录副奏片》，档号：03-5197-031。

②中国第一历史档案馆藏：《朱批奏片》，档号：04-01-16-0217-065。

缺尽先题奏道陈晋蕃，才长识卓，为守兼优，堪以委署。

除由臣给委并刊给木质关防祗领赴任，所遗粮台事务，即饬交由藩司魏光焘等经理，以专责成外，谨会同伊犁将军臣色楞额、陕甘总督臣谭钟麟，附片具陈。伏乞圣鉴训示。谨奏。

光绪十四年六月十五日，奉朱批：吏部知道。钦此。[①]

## 10. 请准布政使魏光焘暂缓陛见片（刘锦棠）

光绪十四年八月十二日（1888年9月17日）



再，据甘肃新疆布政使魏光焘详称：光绪六年，在平庆泾固道任内，因大计保荐卓异及本任俸满，并案请咨，赴部引见，蒙恩召见一次，领照回甘，旋署甘肃按察使。七年正月，补授甘肃按察使。九年三月，补授甘肃布政使。十年十月，调补新疆布政使。均于叩谢天恩折内吁恳陛见，奉旨：着毋庸来见。钦此。遵于十一年四月二十八日，到新疆藩司任，扣至十四年四月任满。计自六年回甘以后，迄今已阅八载，应请陛见，以伸犬马依恋之忱，等情。详请代奏前来。

臣查藩司魏光焘，器识闳通。当新疆改设行省之初，事务极繁，创始匪易。该司在任三载，于用人理财诸要政，殚竭荩悃，因地制宜，罔不措置裕如，悉臻妥善，且素娴军旅，洞达边情。臣派兼管营务，兵制饷章，力求整顿，深资臂助。

臣自膺疆寄，病苦侵寻，现复陈请开缺，回籍医治。藩司责任綦重，未便遽易生手，可否仰恳天恩，准藩司魏光焘暂缓陛见之处，恭候命下遵行。谨附片具陈。伏乞圣鉴训示。谨奏。

光绪十四年九月十三日，奉朱批：着照所请。钦此。[②]

---

①中国第一历史档案馆藏：《录副奏片》，档号：03-5237-041。

②中国第一历史档案馆藏：《录副奏片》，档号：03-5239-027。

## 11. 密陈新疆时局情形折（塔参赞额尔庆额）

光绪十六年五月二十七日（1890年7月13日）

奴才额尔庆额跪奏，为伊犁事局紧要，拟请将地方文武升迁降调各事宜，由将军会同督抚办理，以重事权，并请旨饬催在籍巡抚速回本任，以资镇抚，谨恭折密陈，仰祈圣鉴事。

窃维伊犁为极边要地，控驭素难。将军系专阃大员，事权宜重。溯查新疆自乾隆年间勘定以来，设立将军员缺，统辖南北两路，印信、敕书特加总统字样，节制都统、提督以下，所以隆体制而重事权也。自新疆改建行省，伊犁新设府道，而将军之权遂轻，伊犁事局因之日坏。

查已故伊犁将军色楞额于前年赴任时，道过新疆省城，自以于关外情形不甚熟习，商之抚臣调员差遣，以收指臂之效。于是劣员钻营，转相汲引，随同该将军前往办事，名相维持，实则钳制。道府则虚文崇奉而呼应不灵，将弁则骄蹇奢华而积习不改。其余同城文武皆以旗、绿各别，无所忌惮，每存轻视之心。色楞额见遇事龃龉，业已积忿难平。兹复因属员朦蔽钱法，办理不善，贻害地方，而且牵涉俄商，恐生边衅。自以累世受恩深重，愧愤交集，服毒捐生。虽咎由自取，而情实可矜。

奴才之愚以为色楞额之事既往矣，无可深求，似宜亟思变计，以图补救之方。惟伊犁地处极边，毗连俄境，中外交涉，关系匪轻，将军员缺自非他省驻防可比。查陕甘总督距伊犁五千余里，甘肃新疆巡抚距伊犁一千余里，均属鞭长莫及。拟请将伊犁文武员弁自镇道以下如有优劣，应听伊犁将军随时举劾。凡升迁、调补各事宜，并由将军随时会同督抚办理，以重事权。如此酌量变通，庶属吏知所敬畏，而边防得以措手矣。倘邀俞允，并恳天恩饬部立案，以便遵守。

抑奴才更有请者，新疆行省初立，一切粗有规模，惟南路缠回苦官吏之烦苛，狡焉思逞，徒以慑于兵威，暂就羁縻，苟安无事，游匪潜踪。各处稽查难遍，遇事生风，吏治渐习因循，民气日趋浇薄。整顿抚绥，实非易易。护理甘肃新疆巡抚布政使魏光焘，居心刻薄，物议沸腾，众望未孚，难资表率。

查准假在籍甘肃新疆巡抚刘锦棠，夙著声威，军民悦服，行省之议，实总其成。相应请旨饬催该抚臣，迅速驰回本任，俾得一手经理，以资镇抚而竟全功。奴才愚昧之见，是否有当？谨恭折密陈。伏乞皇上圣鉴训示。谨奏。光绪十六年五月二十七日。①

## 12. 代缴前护抚魏光焘朱批折件折

光绪十八年四月十八日（1892 年 5 月 14 日）



头品顶戴甘肃新疆巡抚臣陶模跪奏，为恭缴朱批事。

窃查前护理巡抚臣魏光焘自光绪十七年十月初三日起至十二月初九日交卸止，所有奏事朱批折、片，历次奉到共计四十三件，理合汇封呈缴。伏乞圣鉴。谨奏。四月十八日。

光绪十八年六月初四日，奉朱批：知道了。钦此。②

## 13. 请饬魏光焘等来京备任片（御史余联沅）

光绪十八年七月三十日（1892 年 9 月 20 日）

再，保边之策，得人则安。赵有廉颇、李牧，而秦人震慑；宋有韩琦、范仲淹，而夏人破胆。现在英、俄构衅，边事孔棘，非老成宿将，不足以资镇慑，亦非洞悉该处情形者办理，不足以协机宜。如前任新疆巡抚刘锦棠、前任新疆布政使魏光焘，皆身经百战，久历戎行，平定回疆，著有成效。其才猷干济，久在圣明洞鉴之中。如于此时起而用之，缓急操纵，必有以顾大局而服远人。况该抚等皆受恩深重，值此时事多艰，断不敢稍耽安逸而

①中国第一历史档案馆藏：《录副奏折》，档号：03-5265-083。

②中国第一历史档案馆藏：《录副奏折》，档号：03-5293-008。

自外生成。

合无仰恳天恩饬令刘锦棠、魏光焘迅速来京，以备任使。其如何擢用之处，出自圣裁，非微臣所敢擅请。是否有当？伏乞圣鉴。谨奏。光绪十八年七月三十日。[①]

## 14. 魏军行粮作正开支片（护湘抚臬司王廉）

光绪二十年九月初十日（1894 年 10 月 8 日）

再，前新疆布政使魏光焘奉旨募勇六营，统率北上，当经臣札饬善后局宽筹行粮。兹据总理善后局署布政使翁曾桂等详称：湘省近年奉文提拨之款逐渐繁多，入款无可增益，左支右绌，艰窘异常，以致京、协各饷及本省军饷常有短欠，不能依期如数供支。今骤筹数万巨款，刻不容缓，实属无可罗掘，不得已在于裁减水陆营勇应解部之节省银两项下拨银四万两，送交魏前藩司应用，俾得即早起程等情，详请具奏前来。

臣查湘省库储奇绌，委系实在情形，抚臣吴大澂奉旨随带四营北上，行粮即无款可筹，系在本年应解土药、厘税项下预支银四万两，借拨济用。此次魏光焘所带六营，行粮实属无法设措，迭奉谕旨严催，自不得不先其所急，腾挪应付，以利师行。所有预支土药、厘税及动拨节省项下银各四万两，相应吁恳天恩俯念湘省饷需艰窘，准其作正开支，俾资周转。至魏光焘所带六营已于九月初四日由湘省陆续开拔，兼程前进。谨以上纾宸廑，理合附片陈明。伏乞圣鉴。谨奏。

（朱批：）着照所请，户部知道。[②]

---

①中国第一历史档案馆藏：《录副奏片》，档号：03-5888-072。

②中国第一历史档案馆藏：《朱批奏片》，档号：04-01-01-1000-056。

## 15. 请发魏光焘等部饷银片（湘抚吴大澂）

光绪二十年十一月初九日（1894 年 12 月 9 日）

再，臣奏带刘树元所统湘军四营，曾经附片陈明拟照直隶绥巩军章程，正勇月给银三两九钱，护兵、领旗、亲兵月给银四两二钱，什长月给银四两五钱，伙夫月给银三两，已蒙俞允饬部知照在案。兹据前新疆布政使魏光焘、高州镇总兵余虎恩先后禀称：拟照历届湘军出征饷章，请发正勇饷银月给四两二钱，领旗、护勇、亲兵月给四两五钱，什长月给四两八钱，伙夫月给三两三钱；长夫每营一百八十名，月给口粮银三两。呈请具奏前来。

臣查天津至山海关一带大军云集，柴草米粮，无一不实，银价日贱一日。该营勇等远道北来，颇形苦累，不能不优以体恤。合无仰恳天恩俯准援照湘军向章，每勇加给三钱，合计每营所加饷银不及二百两，俾军士感戴皇仁，益当激发忠义之气，同仇敌忾，奋勇争先！蒙俞允旨，自当饬知臣部各军一律照发，以免参差不一，致有向隅之感。是否有当？谨附片奏明。伏祈圣鉴训示。谨奏。

光绪二十年十一月十三日，奉朱批：着照所请，该部知道。钦此。①

## 16. 奏报联络魏光焘等同仇敌忾折

光绪二十年十一月二十七日（1894 年 12 月 23 日）

头品顶戴湖南巡抚臣吴大澂跪奏，为恪遵圣训，联络诸将，开诚布公，不敢稍执己见，贻误事机，恭折复陈，仰祈圣鉴事。

光绪二十年十一月十一日，准军机大臣字寄：十一月初八日

①中国第一历史档案馆藏：《录副奏片》，档号：03-6030-028。

奉上谕：御史安维峻奏，抚臣未经战事，将领不受约束，请旨训饬一折。据称山海关内外驻扎各军，归吴大澂统带者共四十二营，均受该抚节制，事权不为不专。该抚未经接战，专主洋操，湘军皆不恃此，闻误传立营不寨，并不挑挖地窖、地沟，以为避炮之计。魏光焘、陈湜位在藩臬，有素不相下之势，恐难指挥如意等语。吴大澂任事颇能勇往，所统湘军数亦不少，第恐诸将意见各殊，临敌进止不能合力同心，或竟互相观望，必致贻误事机。该御史所奏不为无见，该抚惟当联络诸将，推诚布公，虚衷商榷，务令各抒所见，折衷一是，以期于事有济，庶无负谆谆诰诫至意！原折着抄给阅看。等因。钦此。本月二十日，接准总理各国事务衙门电传谕旨：给事中余联沅奏，吴大澂未经战阵，以虚骄之气作夸大之词，请加训诫，等语。吴大澂驻守榆关，责任甚重，该抚陈奏之词颇觉勇往。惟言行必须相顾，当凛慎战之义，与各将领和衷商榷，团结军心，熟筹战守之策，勿为纸上空言，有负委任。钦此。钦遵转电到营。闻命之下，钦悚莫名！

臣思天道亏盈而益谦，人道恶盈两好谦，将骄卒惰，尤为兵家所忌。臣与将领遇事筹商，虚衷采纳，不敢稍存意见。师克在和，古今不易之理。带兵大员系勇往任事之人，各取所长，亦不能求全责备。而调和诸将，联络各军，乃臣之专责。魏光焘稳练精详，韬略素裕，与臣二十年旧交，足资臂助。余虎恩为刘锦棠部下知名之将，刘树元为彭玉麟军中倚重之人，皆与臣共事两年，深知共忠勇可用。谭文焕、曾广钧尤为臣荐举之才，提督熊铁生、副将吴元恺为张之洞旧部，虽未到关，无与臣相知有素。如果将领有不受约束情弊，臣当随时据实奏参，不敢以保荐在先稍存回护之见。俟各军陆续到齐，各即当勤加训练，以成劲旅。榆关炮台为卞得祥各营驻守，亦能实心任事，与臣所部诸将领不分畛域，遇事妥筹，互相犄角，亦无各不相下之势。臣惟有以至诚相待，俾得各尽所长。款款愚诚，愿合千万人为一心，庶足以破狡谋而寒敌胆。

言官所虑，皆疆臣药石之箴，有则改之，无则加勉，臣不敢自蹈危机，上烦圣虑。屡蒙训勉，尤当审慎周详，竭诚图报，庶不负朝廷谆谆告诫之意！

所有微臣感激下忱及与诸将领联络情形，谨缮折由驿驰奏。伏乞皇上圣鉴训示。谨奏。十一月二十七日。

光绪二十年十二月初一日，奉朱批：知道了。钦此。①

## 17. 奏报魏光焘服满起复备案片（刘坤一）

光绪二十一年四月二十日（1895年5月14日）



再，据接统湘、鄂各军前新疆布政使魏光焘禀称，该前司于光绪十七年在护理新疆巡抚任内奏请开缺回籍省亲，仰蒙恩准，旋经交卸起程，于十六年六月行抵湖南邵阳县原籍，是年十二月三十日丁亲母李氏忧，即经呈报邵阳县转详奏咨在案。闻于二十年六月奉旨，饬令募勇北上，当以尚在服中，呈请两湖总督代奏恳请终制，未邀俞允，遵即招募成军，出关援剿。岁月不居，遂届服阕。兹扣至光绪二十一年三月三十日，不计闰已满二十七个月。谨于四月初五日释服，墨经从戎，涓埃未报，折冲无术，忠孝徒亏。所有起复日期，禀恳奏咨备案等情。前来。

臣查该前司魏光焘至性过人，忠勇奋发。自牛庄败后，无日不激励将士，简练军实，以期大举复仇。其从前服官，卓著政声，久在圣明洞鉴。兹据报服满起复，除咨吏部查照外，理合附片陈明。伏乞圣鉴。谨奏。

光绪二十一年四月二十四日，奉朱批：知道了。钦此。②

---

①中国第一历史档案馆藏：《录副奏折》，档号：03-5899-001。

②中国第一历史档案馆藏：《朱批奏片》，档号：04-01-16-0246-007。又，《录副奏片》，档号：03-5903-061。

## 18. 请饬藩司魏光焘赶紧赴任折

光绪二十一年五月二十六日（1895 年 6 月 18 日）

头品顶戴江西巡抚奴才德馨跪奏，为奴才假期已满，病体稍愈，应请销假，并请旨敕催新任藩、臬两司暨督粮道赶紧赴任，以重职守，恭折仰祈圣鉴事。

窃奴才前因感冒风寒，触发心悸、头、脸、四肢麻木，夜不能寐等病，奏请赏假调理。光绪二十一年五月初十日，奉到朱批：着赏假一个月。钦此。钦遵赶紧延医调治。兹假期届满，所患四肢麻木、夜不能寐等症，已逐渐医痊，而心悸头眩时发时愈，未能脱体。

伏思刻下日事虽和议已定，而一切善后事宜胥关紧要，际此国事艰难，正臣子卧薪尝胆之时。奴才忝领封圻，受恩深重，现虽病体未痊，何敢畏难苟安一再陈请？应即如期销假。惟江西新任藩、臬两司，督粮道蒙恩简放，均未到任，奴才以一人统摄其间，诚恐思虑未周，致有贻误，获咎匪轻，合无仰恳天恩俯准敕催新任江西布政使魏光焘、按察使翁曾桂、督粮道刘汝翼赶紧赴任，以重职守而资臂助。奴才为慎重地方起见。

所有奴才假期已满，病体稍愈，应请销假，并请敕催新任藩、臬两司暨督粮道赶紧赴任缘由，谨恭折具奏。伏乞皇上圣鉴训示。谨奏。光绪二十一年五月二十六日。

（朱批：）另有旨。①

## 19. 代奏魏光焘补江西藩司谢恩折

光绪二十一年闰五月十五日（1895 年 7 月 7 日）

钦差大臣两江总督臣刘坤一跪奏，为据情代奏叩谢天恩，恭

①中国第一历史档案馆藏：《朱批奏折》，档号：04-01-12-0567-032。

折仰祈圣鉴事。

窃臣接据统带湘鄂各军新授江西布政使魏光焘禀称：窃光焘接奉行知内开：准吏部知照：光绪二十一年五月十四日，内阁抄出十三日奉上谕：江西布政使着魏光焘补授。钦此。转饬钦遵，等因。当即恭设香案，望阙叩头谢恩讫。

伏念光焘湖湘下士，樗栎庸材，负羽从戎，初转战于闽粤；开藩陈臬，旋承乏于陇疆。忝摄抚符，鹈濡倍懔！幸安边圉，乌哺伸情，思叨窃之已多，愧涓埃之莫报。适倭夷犯顺，辽境戒严，谬领偏师，达临前敌，折冲乏术，挞伐未伸，乃荷圣慈宽其风青，更膺宠遇，锡以新恩，闻命自天，抱惭无地！

查江右为富庶之地，政务较繁；藩司总财赋之成，吏治尤重。光焘梼昧，深惧弗深，况今豨突未平，貔军远役，方励戎行而深入，敢缘吏职以即安。恩深而图报愈难，窃愿致身于师旅；军整则征防有备，惟期竭力于驽骀。

除俟关外撤再当趋诣阙廷，跪请训示外，所有感激下忱，恳为先行代奏，等情。前来。理合据情代奏，叩谢天恩。伏乞皇上圣鉴。谨奏。光绪二十一年闰五月十五日。

（朱批：）知道了。①

## 20. 奏报魏光焘暂缓赴任缘由片（刘坤一）

光绪二十一年闰五月十五日（1895年7月7日）

再，准吏部咨：魏光焘补授江西布政使文凭一道，封发臣营转给，令其赴任等因，前来。查该司前经奉旨接统出关湘、鄂各军，应俟防务告竣，再行饬令赴任。除将文凭转发并咨部查照外，理合附片陈明。伏乞圣鉴。谨奏。

（朱批：）知道了。②

---

①中国第一历史档案馆藏：《朱批奏折》，档号：04-01-12-0567-072。

②中国第一历史档案馆藏：《朱批奏片》，档号：04-01-16-0246-103。

## 21. 奏报魏光焘率部抵陕片（护陕抚张汝梅）

光绪二十一年十一月十九日（1896年1月3日）

再，陕西抚臣魏光焘统率湘军援甘，由直隶分起开拔头队，于十一月初六日抵陕，各营均相继而至。魏光焘于十二日亦抵西安，即整饬各军，将应行添换帐房、枪械、铁锅、锨镢等件赶办完全，随于十六日即行开队西发，魏光焘定于二十四日督队前进矣。至魏军所添换军械等物，按期宽为制备，是以无须守候。

所有湘军由西安开行日期，谨附片陈明。伏乞圣鉴。谨奏。

光绪二十一年十二月初一日，奉朱批：知道了。钦此。[①]

## 22. 特参陕西巡抚魏光焘拥兵欺饰折

光绪二十二年五月初二日（1896年6月12日）

江南道监察御史臣李擢英跪奏，为疆臣拥兵欺饰，难进易退，请旨饬查惩处，以慎名器而固封疆事。

窃维我朝官制承流宣化，责在布政使。至总督、巡抚则晋秩兵部兼衔，提督原以寄将帅之任，诚以疆圉为重，故必镇抚得人，有事之日，更无论己。陕西巡抚魏光焘前在新疆以候补道带兵四营，为左宗棠修理运道，并未与贼接仗。前年关东有警，魏光焘为湘军前敌统领，与李光久相犄角。李光久被围，魏光焘不救，致令李光久大败，湘豫诸军遂相率溃退，此牛庄、营口所以失也。后来何以入告，外间不得而知。然贻误戎机，魏光焘已难辞咎矣。

皇上明见万里，贤否真伪，讵不烛照无遗！而帝德含宏，功疑惟重，旋授魏光焘为陕西巡抚，仍令剿平回匪，以观后效。该抚具有天良，宜何如感激图报，乃闻其驻扎多巴及巴燕戎格也，

①中国第一历史档案馆藏：《录副奏片》，档号：03-6031-161。

自去夏至今，闻虽捏报胜仗，无非空言搪塞，实未能破一堡、灭一股，故历次奏报接仗情形，如出一辙。

夫以董福祥之忠勇，飙驰电掣，所向克捷，既已进规西宁，果使魏光焘同心戮力，蠢兹小丑，早宜一鼓荡平。无如观望因循，一意主抚，又不密为防范，遂使逆回窜入青海，滋蔓难图，坐失事机，魏光焘咎更难辞！尤可恨者，今年正月，闻逆回玩视湘军，以八骑前来窥探，讵魏光焘闻风惊溃，军械粮饷委弃一空。贼只八人，亦难尽携，过后多日，尚有在道捡拾者。远近传为笑谈。此关外所共闻者也。



现在奉旨令回陕西巡抚本任，天恩优渥，固所以宽其过而使之自新。第以该抚资望之轻。而寄以疆域之重，万一地方稍有不靖，臣恐其屡经摧挫，难冀奋兴，内无以服士卒之心，外无以摄逆氛之胆；而顾欲保障闾里，巩固苞桑，臣知其断断不能也。

相应请旨饬查惩处，俾凡统兵大员咸知进可以立功，退不免获罪，庶各怀儆惧，不至效尤以图侥幸矣。臣为慎名器以固封疆起见，是否有当？伏乞皇上圣鉴。谨奏。光绪二十二年五月初二日。①

## 23. 请以魏光焘等兼兵部等衔折

光绪二十七年二月初十日（1901年3月29日）

吏部尚书臣宗室敬信等谨奏，为奏明请旨事。

光绪二十六年闰八月初三日，奉上谕：陶模着调补两广总督，陕甘总督着魏光焘补授，岑春煊着补授陕西巡抚，等因。钦此。查定例：各省总督授为都察院右都御史，巡抚授为都察院右副都御史，总督应否兼兵部尚书衔，巡抚应否兼兵部侍郎衔，吏部具奏请旨。如由头品顶戴补授巡抚者，应否兼兵部尚书衔或兼兵部

①中国第一历史档案馆藏：《录副奏折》，档号：03-6688-058。

侍郎衔之处，奏明请旨等语。除陶模系调任两广总督毋庸奏请兼衔外，查魏光焘，湖南监生，由现任陕西巡抚补授陕甘总督，复经调补云贵总督；岑春煊广西举人，由头品顶戴甘肃布政使补授陕西巡抚，复经调补山西巡抚。魏光焘应否兼兵部尚书衔、岑春煊应否兼兵部尚书衔或兼兵部侍郎衔之处，理合奏明请旨。伏乞皇太后、皇上圣鉴。再，此折前因军务倥偬，未及具奏。今和议已定，是以具奏稍迟。合并声明。谨奏。二月初十日。

吏部尚书臣宗室敬信，协办大学士吏部尚书臣徐郙，吏部左侍郎臣宗室溥善、臣李殿林，署吏部左侍郎臣陈邦瑞（随扈），吏部右侍郎臣宗室溥颐、臣张英麟。



光绪二十七年二月二十三日，奉朱批：已有旨矣。钦此。[①]

## 24. 请改派督臣魏光焘接办片（丁振铎）

光绪二十七年五月初二日（1901年6月17日）

再，臣前于光绪二十六年准兵部咨：二月初二日奉上谕：本年轮应查阅湖北等省营伍，云南派丁振铎认真查阅，等因。钦此。彼时督臣崧蕃奉旨入觐，正值滇缅界务、中法铁路交涉纷繁，未能出省，奏请展缓，俟督臣回任，臣即出巡。嗣因崧蕃调补陕甘新任，督臣魏光焘刻始抵滇，臣奉命又调广西巡抚，并谕以毋庸前来行在请训，等因。钦此。臣于交卸督篆后自当即赴粤西新任，且滇省向来巡阅多在冬春，缘夏秋之际水雨过多，瘴疠尤重，计三迤周历，非三四月不能竣事，臣自未便久羁。此次查阅营伍，相应请旨改派督臣魏光焘接办，以肃戎政。是否有当？谨附片具陈。伏乞圣鉴训示。谨奏。

光绪二十七年五月二十六日，奉朱批：着魏光焘认真查阅。钦此。[②]

---

①中国第一历史档案馆藏：《录副奏折》，档号：03-5401-070。

②中国第一历史档案馆藏：《录副奏片》，档号：03-5407-081。

## 25. 遵议陕督请以刘堃与杨培源对调折

光绪二十七年九月十四日（1901年10月25日）

大学士管理兵部事务臣宗室昆冈等谨奏，为请旨事。

前经臣部具奏部中档案不全，遇有奉旨交议事件，无从查核，应令直省督抚将原奏折稿抄录，专咨报部，以凭核议等因。奉朱批：知道了。钦此。钦遵通行在案。今据陕甘总督崧蕃咨称：经前署陕甘总督魏光焘片奏，请补凉州镇属岔口营都司杨培源，距是缺在五百里以内，例应回避，应令拣员对调。查有凉州镇标后营都司刘堃，营务谙练，办事勤能，堪以调补。所遗凉州镇标后营都司员缺，即以杨培源调补，均属人地相宜等因一片，于光绪二十六年五月二十五日奉朱批：兵部议奏。钦此。未准议覆，抄录原奏咨覆到部。

查杨培源前由补用都司请补甘肃凉州镇属岔口营都司，因距籍在五百里以内，例应回避，行令拣员对调，俟调准后，再行给咨赴部在案。今该署督请以凉州镇标后营都司刘堃与杨培源对调，查杨培源，兰州府皋兰县人，今调补都司系在五百里以外；刘堃，湖北人。该员等对调都司，与例相符，应如所请，杨培源准其调补甘肃凉州镇标后营都司，刘堃准其调补甘肃凉州镇属岔口营都司。该二员前补都司均未赴部，今调补都司，恭候命下，臣部行文该督即行按限给咨该员等赴部引见后，再行给与札付，令其赴任，以符定制。

所有臣等查明遵旨议奏缘由，理合恭折具陈。伏乞皇太后、皇上圣鉴训示。遵行。再，臣部左侍郎贻谷现在行在，未经列衔。合并声明。谨奏请旨。光绪二十七年九月十四日。

（朱批：）依议。[①]

---

①中国第一历史档案馆藏：《朱批奏折》，档号：04-01-17-0168-003。

## 26. 请饬魏光焘拨济黔省快炮片（署黔抚曹鸿勋）

光绪二十九年十月初二日（1903 年 11 月 20 日）

再，黔边与粤境接壤，绵延二千余里。自光绪二十二年游匪倡乱，筹防筹剿，势非增兵，不敷分布，然增兵而无利械与无兵同。接年购运各厂快枪四千余枝，现又在香港购法国老毛瑟一千枝、前膛枪一千枝。明知库款奇绌，筹办不易，然非此则防剿均无可恃，现择边隘修建碉营，以资扼守，可否请旨饬下两江总督魏光焘由沪局拨济黔省快炮十尊，配给弹丸等件，以备守御之用。如蒙俞允，再由臣派员给咨前往领运。是否有当？伏乞圣鉴训示。谨奏。

光绪二十九年十月二十四日，奉朱批：着照所请。钦此。①

## 27. 奏参魏光焘难胜重寄缘由折

光绪三十年七月十八日（1904 年 8 月 28 日）

掌江西道监察御史臣周树模跪奏，为江南吏治污浊，诸务废弛，督臣竭蹶因循，难胜重要，恭折纠参，仰祈圣鉴事。

臣窃惟今日时局奇艰，百废待理，全赖各直省疆吏修明政事，整饬官常。而两江为东南财赋之源，南洋实中外交涉所汇，其重大尤倍他省，断非寻常阘冗之流所能胜任。臣查督臣魏光焘起家营伍，洊至兼圻，碌碌未有奇节，历官秦、陇、滇、黔，徒以安谨著闻，可幸无过。及移督两江，见其文书旁午，事务殷繁，一切委诸幕友，拱手受成，百弊丛生，诸事不振，前经有人列款纠弹，有旨令该督确查，闻该督将历办优差侵蚀多款之道员潘汝杰、沈邦宪、志钧等勒罚巨款有十余万金至六八万金不等，一切敷衍

①中国第一历史档案馆藏：《录副奏片》，档号：03-6038-050。

了事，曲为弥缝，故其覆奏不曰传闻之诬，即曰空言无据。夫簠簋帷簿之私，暧昧居多，谓之曰无谁能质证。至魏光焘移督两江近二年矣，其办事之有无效验，地方之有无起色，一经循名责实，则有为耳目所周知昭著而不可掩者，臣谨为皇太后、皇上缕析言之。

方今各省要务，不外军政、财政、学务、吏治数端而已。江南总统防营为杨金龙，总炮台官为王世绶，两人朋淫聚赌，狼狈相依，全置军律于不顾，惟以工于逢迎谄事督臣得以保其官职。候补道员杜俞，该督所称为知兵者也。该道统领盐捕营，搜拿枭匪，是其专责，顾何以青红两帮横行大江南北？联樯而闯关卡，结伙而劫市村，蠢动之事，时有所间，真不知平日之缉捕防范者安在矣。至于镇江开办警察，以兵丁凌辱居民，致酿烧毁局所之案。杜俞剿办南汇等县枭匪，冶游沪上，致有兵丁劫掠乡村之事，则军政之废弛可知也。

江南地大物博，夙号丰饶。盐政乃督臣专司，课厘为一省巨款。自私枭充斥以来，引滞商疲，日形短绌，百货厘税各省常报多收。江南则未闻溢额，徒以中饱官吏者多，补益公家者少，商瘠而官日以肥，下损而上不能益。各省设局开铸铜元，其利甚厚，每年赢余动累数十万。江南铸造最多，销流最广，视他省不止三倍，乃大利尽归局员私索，每岁呈报羡余不过十数万，则财政之废弛可知也。

兴学为今日要务，屡经诏旨催办。江南为人文荟萃之区，风气开通最久，与边远省分不同，乃闻各府、州、县学堂均未认真办理。今春省城新修高等学堂，工费以巨万计，乃因承修委员章某减料自肥，开学之日，讲堂坍塌，压毙学生一名，伤者无数，其为遇事草率含糊可想。省城向有格致、实业学堂，该督委道员刘世珩为总理。世珩少年纨绔，行止多亏，向为众论所鄙。到堂之日，诸生鸣鼓斥逐，该道内怀羞忿，以裁减经费为名，令诸生于暑假退学，使已成之功废于一旦，以快其私，则学务之废弛可知也。

至于吏治之坏，积渐已非一朝，至今日而尤甚，缘江南地本佳丽，差缺多腴，以故仕宦征逐，如蚁附膻。候补道员积至二三百人，半属贵游子弟、多财贾人，错杂其间，明目张胆，为秦淮花月之游，引类呼朋，作蒱博猪奴之戏，又借此联络声气，勾结幕僚，为请托营求之地。即如亲属回避，例有专条。从前署督臣鹿传霖曾经查究，今则顾忌全无，如席汇湘、席启骅，如徐乃昌、徐乃光，如唐治尧、唐致隆，皆以胞兄弟同官一省，其儿女姻亲比肩听鼓者，不可胜数，盖以亲族姻娅连合一方，盘踞要路，彼此相为引援，于是孤方远宦、廉谨自守者，终无自见之期，则吏治之污浊可知也。

臣以上所陈，只举大端，其余琐细秽亵之事，虽有所闻，不敢上渎圣听，伏请饬派公正大臣严密查究，别简贤能以继两江之任，俾免贻误封疆，兼得振兴庶务，实为东南大局之幸。臣参考清议，博采舆评众论，确凿可据，不敢避嫌以安隐默，谨据实纠参。伏乞皇太后、皇上圣鉴，施行。臣谨奏。光绪三十年七月十八日。①

【附】军机大臣字寄：光绪三十年七月十八日，奉上谕：有人奏，江南吏治污浊，诸务废弛，督臣魏光焘竭蹶因循，难胜重要，请饬查办一折。着铁良按照所参各节，确切查明，据实具奏，毋稍循隐。原折着抄给阅看。将此谕令知之。钦此。遵旨寄信前来。②

---

①台北故宫博物院藏：《军机及宫中档》，文献编号：162093、162124。

②台北故宫博物院藏：《军机及宫中档》，文献编号：162118。

# 参考书目


**一、档案**

[01] 中国第一历史档案馆藏．朱批奏折、朱批奏片、录副奏折、录副奏片．北京

[02] 中国第一历史档案馆藏．谕旨、咨文、单、咨呈、军机处随手登记档．北京

[03] 中国第一历史档案馆藏．户科题本、刑科题本、呈状、禀文．北京

[04] 台北故宫博物院藏．军机及宫中档（含朱批、录副、清单、廷寄）．台北

[05] 台北"中央研究院"近代史所档案馆藏．外交档案．台北

**二、典籍**

[01] 中国第一历史档案馆编．乾隆朝上谕档．桂林：广西师范大学出版社，1999.

[02] 中国第一历史档案馆编．嘉庆朝上谕档．桂林：广西师范大学出版社，1998.

[03] 中国第一历史档案馆编．道光朝上谕档．桂林：广西师范大学出版社，1999.

[04] 中国第一历史档案馆编．咸丰朝上谕档．桂林：广西师范大学出版社，1998.

[05] 中国第一历史档案馆编．同治朝上谕档．桂林：广西师范大学出版社，1998.

［06］中国第一历史档案馆编．光绪朝上谕档．桂林：广西师范大学出版社，1996.

［07］中华书局影印．清实录·仁宗睿皇帝（嘉庆）实录．北京：中华书局，1986.

［08］中华书局影印．清实录·宣宗成皇帝（道光）实录．北京：中华书局，1986.

［09］中华书局影印．清实录·文宗显皇帝（咸丰）实录．北京：中华书局，1986.

［10］中华书局影印．清实录·穆宗毅皇帝（同治）实录．北京：中华书局，1987.

［11］中华书局影印．清实录·德宗景皇帝（光绪）实录．北京：中华书局，1987.

［12］中国第一历史档案馆编．光绪朝朱批奏折．北京：中华书局，1995.

［13］秦国经主编．清代官员履历档案全编．华东师范大学出版社，2008.

［14］清高宗敕撰．清朝文献通考．杭州：浙江古籍出版社，1988.

［15］刘锦藻．清朝续文献通考．杭州：浙江古籍出版社，1988.

［16］中国第一历史档案馆，福建师大历史系编．清末教案．北京：中华书局，1996.

［17］台北中研院近史所编．教务教案档．台北：中央研究院近代史所，1974.

［18］顾廷龙主编．清代朱卷集成．台北：成文出版社，1992.

［19］中央民族大学图书馆藏．钦定平定陕甘新疆回匪方略．

［20］王锡祺．小方壶斋舆地丛钞三补编．沈阳：辽海出版社，2005.

[21] 中国第一历史档案馆编．清代军机处电报档汇编．北京：中国人民大学出版社，2005.

## 三、著作

[01] 左宗棠．左文襄公全集．上海：上海书店出版社，1986.

[02] 沈云龙主编．曾惠敏公（劼刚）遗集．台北：文海出版社，1966.

[03] 沈云龙主编，萧荣爵编．曾忠襄公（国荃）奏议．台北：文海出版社，1966.

[04] 沈云龙主编，魏光焘编．勘定新疆记．台北：文海出版社，1966.

[05] 曾国藩．曾文正公全集．光绪二年秋传忠书局刊.

[06] 李翰章编纂，李鸿章校勘．足本曾文正公全集．长春：吉林人民出版社，1995.

[07] 左宗棠．左宗棠全集·奏稿．上海：上海书店，1986.

[08] 朱玉泉．李鸿章全书．长春：吉林人民出版社，1999.

[09] 顾廷龙，戴逸主编．李鸿章全集．合肥：安徽出版集团，2008.

[10] 沈云龙主编，鲁一同．通甫类稿．台北：文海出版社，1996.

[11] 沈云龙主编，刘岳昭．滇黔奏议．台北：文海出版社，1966.

[12] 沈云龙主编，岑毓英．岑襄勋公遗集．台北：文海出版社，1966.

[13] 沈云龙主编，唐炯．成山老人自订年谱．台北：文海出版社，1966.

[14] 沈云龙主编，宝鋆等修．筹办夷务始末．（同治朝）台北：文海出版社，1966.

［15］沈云龙主编，黎成礼编．黎文肃公（培敬）遗书．台北：文海出版社，1966.

［16］沈云龙主编，蔡冠洛纂．清代七百名人传．台北：文海出版社，1971.

［17］朱寿朋．光绪朝东华录．北京：中华书局，1958.

［18］王先谦等．东华续录·同治朝．光绪戊戌年文澜书局石印本.

［19］蒋良骐．东华录．北京：中华书局，1980.

［20］黄盛陆等标点．岑毓英奏稿．南宁：广西人民出版社，1989.

［21］贵州大学历史系近代史教研室点校．平黔纪略．贵州人民出版社，1988.

［22］王延熙，王树敏．皇清道咸同光奏议．台北：文海出版社，1969.

［23］清史编委会．清代人物传稿．沈阳：辽宁人民出版社，1990.

［24］戚其章，王如绘编．晚清教案纪事．北京：东方出版社，1990.

［25］汪兆镛．碑传集三编．台北：文海出版社，1980.

［26］郭嵩焘．郭嵩焘日记．长沙：湖南人民出版社，1982.

［27］李慈铭．越缦堂读书记．上海：上海书店出版社，2000.

［28］李慈铭．越缦堂文集．台北：文海出版社，1971.

［29］李慈铭．越缦堂日记．线装书局，2003.

［30］郭廷以，尹仲容等．郭嵩焘先生年谱．台北：中究院近代史研究所，1971.

［31］翁同龢著，陈义杰整理．翁同龢日记．北京：中华书局，1993.

［32］窦宗仪．李鸿章年谱．台北：文海出版社，1977.

［33］吴洪均，吴汝纶．李肃毅伯（鸿章）奏疏．台北：文海出版社，1968.

［34］欧阳辅之．刘忠诚公（坤一）遗集·书牍．台北：文海出版社，1968.

［35］沈云龙主编，许景澄．许文肃公（景澄）遗集．台北：文海出版社，1966.

［36］金梁．近世人物志．台北：文海出版社，1977.

［37］裘毓麟．清代轶闻．台北：华文书局，1932.

［38］费行简．近代名人小传．台北：文海出版社，1967.

［39］沈桐生．光绪政要．台北：文海出版社，1971.

［40］王树枏．张文襄公（之洞）全集．台北：文海出版社，1970.

［41］来新夏．近三百年人物年谱知见录．上海：上海人民出版社，1983.

［42］苏树蕃．清朝御史题名录．台北：文海出版社，1967.

［43］汤志钧．戊戌变法人物传稿．北京：中华书局，1982.

［44］李林年，杨忠．清人别集总目．合肥：安徽教育出版社，2000.

［45］章伯锋，顾亚．近代稗海．成都：四川人民出版社，1989.

［46］邓云生校点．左宗棠全集·札件．长沙：岳麓书社，1986.

［47］邸永君．清代翰林院制度．北京：社会科学文献出版社，2002.

［48］商衍鎏．清代科举考试述录．北京：三联书店，1958.

［49］李世愉．清代科举制度考辨．北京：中央广播电视大学出版社，1999.

［50］王德昭．清代科举制度研究．北京：中华书局，1984.

［51］赵尔巽等．清史稿．北京：中华书局，1976.

［52］王钟翰点校．清史列传．北京：中华书局，1987.

［53］中国社会科学院近代史研究所编．曾国藩未刊往来函稿．长沙：岳麓书社，1986.

［54］曾麟书等撰；王澧华等整理．曾氏三代家书．长沙：岳麓书社，2002.

［55］王彦威、王亮、王敬立编．清季外交史料（全五册）．北京：书目文献出版社，1987.

［56］李侃等．中国近代史．北京：中华书局，2004.

［57］沈云龙主编，谭宝箴等编．谭文勤公（钟麟）奏稿．台北：文海出版社，1966.

［58］湖南《左宗堂全集》整理组编．左宗棠未刊奏折．长沙：岳麓书社，1987.

［59］湖南省地方志编纂委员会编．湖南省志·人物志．长沙：湖南出版社，1992.

［60］丁凤麟，王欣之编：薛福成选集．上海：上海人民出版社，1987.

［61］北京大学图书馆馆编辑．北京大学图书馆藏稿本丛书．天津：天津古籍出版社，1991.

［62］新疆维吾尔自治区档案局，中国社会科学院边疆史地研究中心《新疆通史》编委会编．近代新疆蒙古历史档案．乌鲁木齐：新疆人民出版社，2008.

［63］马大正，吴丰培等编．清代新疆稀见奏牍汇编·同治、光绪、宣统朝卷．乌鲁木齐：新疆人民出版社，1996.

# 跋

本书自2014年开始收集材料，并于次年进行整理。在此期间，山东大学教授杜泽逊先生，殷殷教诲，鼎力赞襄；西北大学教授赵小刚先生，时加鞭策，勉励有加；岳麓书社编辑刘文先生，往复函商，补苴良多；石河子大学历史学耿凯玲同学，录文五万，辛苦不辞。谨此一并致谢。

由于本人才智庸愚，学识浅陋，兼之时间仓促，纰谬之处，实所难免，尚祈方家赐正，是所希企。

杜宏春

**图书在版编目(CIP)数据**

魏光焘集/杜宏春,高彬彬整理.—长沙:岳麓书社,2021.12
ISBN 978-7-5538-1123-9

Ⅰ.①魏… Ⅱ.①杜…②高… Ⅲ.①魏光焘(1837—1916)—文集 Ⅳ.①Z429.52

中国版本图书馆 CIP 数据核字(2019)第 092889 号

WEI GUANGTAO JI
**魏光焘集**(全六册)
作　　者:〔清〕魏光焘
整　　理:杜宏春　高彬彬
责任编辑:刘　文　黄金武
责任校对:舒　舍
封面设计:罗志义

岳麓书社出版发行
地址:湖南省长沙市爱民路 47 号
直销电话:0731-88804152　0731-88885616
邮编:410006

版次:2021 年 12 月第 1 版
印次:2021 年 12 月第 1 次印刷
开本:640mm×960mm　1/16
印张:212.75
字数:2820 千字
ISBN 978-7-5538-1123-9
定价:1490.00 元

承印:长沙超峰印刷有限公司

如有印装质量问题,请与本社印务部联系
电话:0731-88884129